KB269591

선지

국어 독서

고난도 선지로 논리 훈련하기

하움출판사

CONTENT

작가의 말

수능 국어 문제를 푸는 데 필요한 능력은 두 가지이다. 첫 번째로 지문에서 선지 방향인, 지문을 잘 이해하는 능력이다. 두 번째로는 선지에서 지문방향인, 선지를 읽고 논리적으로 지문에서 설명한 내용이 맞는 지 거꾸로 생각할 수 있는 능력이다.

대부분 첫 번째 방식으로만 훈련을 하고 있을 것이다. 하지만 두 번째 방식으로 수능 국어 출제진들이 어디서 오답 선지를 만드는 지, 맞는 선지를 어떤식으로 바꾸는 지를 알고 푼다면 문제를 푸는 속도가 빨라지고 실수도 줄일 수 있다.

또한 수능 문제에 해당하는 논리에 익숙하지 않은 분도 있을 것이다. 처음부터 긴 지문을 읽고 문제를 푸는 방법 보다, 논리를 쪼개어 세부적으로 익히고 전체적인 지문과 문제를 푸는 연습을 하는 방법이 더욱 도움이 될 것이다.

이 문제집에서는 지문과 선지 발췌를 통해 해당 유형을 집중적으로 훈련할 수 있도록 해 놓았다. 긴 지문을 읽고 어느 부분에서 답을 찾을 수 있는 지 감이 오지 않는 3등급 이하 학생들은 이 책에서처럼 짧은 지문을 읽고 답을 도출하는 논리부터 익힌 후 전체 지문을 읽는 방법이 효과적일 것이다.

선지를 선택한 기준으로는 최신 8개년 평가원 6월 9월 수능 모의고사에서 오답률이 15위 안에 드는 문제와 개인적으로 중요하다고 생각하는 선지들을 골라서 수록해놓았다. 또한 선지 단원에 발췌해놓은 지문이 중복되어 책을 한 번 풀면 기출을 여러 번 학습하는 효과가 있을 것이다.

이 문제집을 풀고 난 뒤 전체적인 지문을 읽는 연습을 추가적으로 하길 바란다.

선지는 단어, 구, 절, 조사로 끊어 읽어서 판단하여야 한다. 대강 한 문장으로 뭉뚱그려서 감으로 판단한다면 함정에 빠져들기 쉽다. 단어, 구, 절로 끊어 읽고, 지문 내용과 일치시켜 파악해보는 방법을 먼저 알아야 한다.

제
1
장

단어

단어

2025학년도 6월 모의고사 9번 정답률 21.2%

에틸렌은 두 개의 탄소 원자가 서로 이중 결합을 하고 각각의 탄소 원자는 두 개의 수소 원자와 단일 결합을 한다.

(중략)

에틸렌의 중합에는 여러 가지 방법이 있는데 그중에 하나는 과산화물 개시제를 사용하는 것이다. 열을 흡수한 과산화물 개시제는 가장 바깥 껍질에 7개의 전자가 있는 불안정한 상태의 원자를 가진 분자로 분해된다. 이 불안정한 원자는 안정해지기 위해 에틸렌이 가진 탄소의 이중 결합 중 더 약한 결합을 끊어 버리면서 에틸렌의 한쪽 탄소 원자와 전자를 공유하며 단일 결합한다. 그러면 다른 쪽 탄소 원자는 공유되지 못한, 홀로 남은 전자를 갖게 된다. 이 불안정한 탄소 원자는 같은 방식으로 다른 에틸렌 분자와 반응을 하게 되고, 이와 같은 반응이 이어지며 불안정해지는 탄소 원자가 계속 생성된다. 에틸렌 분자들이 결합하여 더해지면 이것들은 사슬 형태를 이루며, 이 사슬은 지속적으로 성장하고 사슬 끝에는 불안정한 탄소 원자가 존재하게 된다. 성장하는 두 사슬의 끝이 서로 만나 결합하여 안정한 상태가 되면 반복적인 반응이 멈추게 된다.

① 성장 중의 사슬은 그 양쪽 끝부분에서 불안정한 탄소 원자가 생성된다.

에틸렌은 두 개의 탄소 원자가 서로 이중 결합을 하고 각각의 탄소 원자는 두 개의 수소 원자와 단일 결합을 한다.

(중략)

에틸렌의 중합에는 여러 가지 방법이 있는데 그중에 하나는 과산화물 개시제를 사용하는 것이다. 열을 흡수한 과산화물 개시제는 가장 바깥 껍질에 7개의 전자가 있는 불안정한 상태의 원자를 가진 분자로 분해된다. 이 불안정한 원자는 안정해지기 위해 에틸렌이 가진 탄소의 이중 결합 중 더 약한 결합을 끊어 버리면서 에틸렌의 한쪽 탄소 원자와 전자를 공유하며 단일 결합한다. 그러면 다른 쪽 탄소 원자는 공유되지 못한, 홀로 남은 전자를 갖게 된다. 이 불안정한 탄소 원자는 같은 방식으로 다른 에틸렌 분자와 반응을 하게 되고, 이와 같은 반응이 이어지며 불안정해지는 탄소 원자가 계속 생성된다. 에틸렌 분자들이 결합하여 더해지면 이것들은 사슬 형태를 이루며, 이 사슬은 지속적으로 성장하고 사슬 끝에는 불안정한 탄소 원자가 존재하게 된다. 성장하는 두 사슬의 끝이 서로 만나 결합하여 안정한 상태가 되면 반복적인 반응이 멈추게 된다.

① 성장 중의 사슬은 그 양쪽 끝부분에서 불안정한 탄소 원자가 생성된다.

에틸렌이 연결되는 과정을 설명한 지문이다. 과산화물 개시제는 에틸렌 탄소의 2개 중 하나와 단일 결합을 한다. 그렇다면 에틸렌의 다른 탄소는 남게 되는데, 이 탄소는 이와 같은 반응(=에틸렌의 탄소 하나와 결합해서 다른 탄소는 남게 되는 방식)으로 계속해서 결합하게 된다고 하고, 이렇게 만들어진 사슬 끝에는 불안정한 탄소 원자가 존재하게 된다고 하였다. 그림으로 설명하면

$$C = C \implies C - C \implies \begin{matrix} & & & C - C \\ & & & | \\ C - C & & \end{matrix} \quad \cdots$$

따라서 사슬 한 쪽에는 개시제가, 다른 쪽에는 탄소가 있다. '한 쪽'을 '양쪽'이라고 바꿔서 오답을 만들어낸 선지이다.

아래 문제들부터 선지를 지문에서 근거를 찾아 맞는지 틀린지 여부를 생각해본 후 답지1과 답지2를 통해 맞춰보기를 바란다.

2023년 11월 수능 5번

「공직선거법」의 규정에 따르면, 당선인을 예상케 하는 여론조사를 실시하는 것은 언제든지 가능하지만, 그 결과의 보도는 선거일 6일 전부터 투표 마감 시각까지 금지된다. 이러한 규정이 국민의 알 권리와 언론의 자유를 침해하는지에 대해 헌법재판소는 신뢰할 수 있는 여론조사 결과라 하더라도 선거일에 임박해 보도하면 선거에 영향을 끼칠 수 있다며 합헌 결정을 내렸다.

00**1**. 국민의 알 권리와 언론의 자유가 서로 충돌하는지의 문제를 헌법재판소에서 논의한 적이 있다.

2024년 9월 모의고사 9번

블록체인 기술은 데이터를 블록이라는 단위로 묶어 체인 형태로 연결한 것을 여러 대의 컴퓨터에 중복 저장하는 기술이다. 체인 형태로 연결된 블록의 집합을 블록체인이라 하고, 블록체인을 저장하는 컴퓨터를 노드라고 한다.새로 생성된 블록은 노드들에 전파된다. 노드들은 블록에 포함된 내용이 블록체인의 다른 블록에 있는 내용과 상충되지 않는지, 동일한 내용이 블록체인의 다른 블록에 이중으로 포함되어 있지 않은지 검증한다. 검증이 끝난 블록을 블록체인에 연결할지 여부는 모든 노드들이 참여하는 승인 과정을 통해 정해진다. 승인이 완료된 블록은 블록체인에 연결되고, 이 블록체인은 노드들에 저장된다.

(중략)

특정 노드에 저장되어 있는 일부 데이터가 변경되면 변경된 블록과 그 이후의 블록들은 블록체인과의 연결이 끊어진다. 끊어진 모든 블록을 다시 연결하는 것은 승인 과정을 필요로 하기 때문에 연결을 복구하는 것은 어렵다.

00**2**. 일부 블록체인 데이터가 변경되면 전체 노드의 모든 블록은 승인 과정을 다시 거쳐야 한다.

2023년 9월 모의고사 11번

압전체로 사용하는 수정은 특정 방향으로 절단 및 가공하여 납작한 원판 모양으로 만든다. 이후 원판의 양면에 전극을 만든 후 (+)와 (−)극이 교대로 바뀌는 전압을 가하면 수정이 진동한다. 이때 전압의 주파수*를 수정의 고유 주파수와 일치시켜 수정이 큰 폭으로 진동하도록 하여 진동을 측정하기 쉽게 만든 것이 ㉠ 수정 진동자이다. 고유 주파수란 어떤 물체가 갖는 고유한 진동 주파수인데, 같은 재료의 압전체라도 압전체의 모양과 크기에 따라 달라진다. 수정 진동자에 어떤 물질이 달라붙어 질량이 증가하면 고유 주파수에서 진동하던 수정 진동자의 주파수가 감소한다. 수정 진동자의 주파수는 매우 작은 질량 변화에 민감하게 변하므로 기체 분자나 DNA와 같은 미세한 물질의 질량을 측정할 수 있다. 진동자에서 질량 민감도는 주파수의 변화 정도를 측정된 질량으로 나눈 값인데, 수정 진동자의 질량 민감도는 매우 크다.

수정 진동자로 질량을 측정하는 원리를 응용하면 특정 기체의 농도를 감지할 수 있다. 수정 진동자를 특정 기체가 붙도록 처리하면, 여기에 특정 기체가 달라붙으며 질량 변화가 생겨 수정 진동자의 주파수는 감소한다. 일정 시점이 되면 수정 진동자의 주파수가 더 감소하지 않고 일정한 값을 유지한다. 이렇게 일정한 값을 유지하는 이유는 특정 기체가 일정량 이상 달라붙지 않기 때문이다. 혼합 기체에서 특정 기체의 농도가 클수록 더 작은 주파수에서 주파수가 일정하게 유지된다. 특정 기체가 얼마나 빨리 수정 진동자에 붙어서 주파수가 일정한 값이 되는가의 척도를 반응 시간이라 하는데, 반응 시간이 짧을수록 특정 기체의 농도를 더 빨리 잴 수 있다.

＊ 주파수: 진동이 1초 동안 반복하는 횟수 또는 전압의 (+)와
  (−)극이 1초 동안, 서로 바뀌고 다시 원래대로 되는 횟수

< 보 기 >

알코올 감지기 A와 B를 이용하여 어떤 밀폐된 공간에 있는 혼합 기체의 알코올 농도를 측정하였다. 이때 A와 B는 모두 진동자에 알코올이 달라붙을 수 있도록 처리되어 있다. A와 B 모두, 시간이 흐름에 따라 주파수가 감소하다가 더 이상 감소하지 않고 일정하게 유지되었다.

(단, 측정하는 동안 밀폐된 공간의 상황은 변동없음)

00**3**. A의 진동자에 있는 압전체의 고유 주파수를 알코올만 있는 기체에서 미리 측정해 놓으면, 혼합 기체에서의 알코올의 농도를 알 수 있겠군.

이상치는 데이터의 다른 값에 비해 유달리 크거나 작은 값으로, 데이터를 수집할 때 측정 오류 등에 의해 주로 생긴다.

(중략)

평면상에 있는 점들의 위치를 나타내는 데이터에서도 이상치를 발견할 수 있다. 대부분의 점들이 가상의 직선 주위에 모여 있다면 이 직선은 데이터의 특징을 잘 나타낸다고 할 수 있다. 이 직선을 직선 L이라고 하자. 그런데 직선 L로부터 멀리 떨어진 위치에도 몇 개의 점이 있다. 이 점들이 이상치이다.

이상치를 포함하는 데이터에서 직선 L을 찾는다고 하자. 이때 사용할 수 있는 기법의 하나인 A 기법은 두 점을 무작위로 골라 정상치 집합으로 가정하고, 이 두 점을 지나는 후보 직선을 그어 나머지 점들과 후보 직선 사이의 거리를 구한다. 이 거리가 허용 범위 이내인 점들을 정상치 집합에 추가한다. 정상치 집합의 점의 개수가 미리 정해 둔 기준, 즉 문턱값보다 많으면 후보 직선을 최종 후보군에 넣는다. 반대로 점의 개수가 문턱값보다 적으면 후보 직선을 버린다. 만약 처음에 고른 점이 이상치이면, 대부분의 점들은 해당 후보 직선과의 거리가 너무 멀어 이 직선은 최종 후보군에서 제외되는 것이다. 이 과정을 반복하여 최종 후보군을 구하고, 최종 후보군에 포함된 직선 중에서 정상치 집합의 데이터 개수가 최대인 직선을 직선 L로 선택한다. 이 기법은 이상치가 있어도 직선 L을 찾을 가능성이 높다.

윗글의 A기법과 〈보기〉의 B기법을 설명한 내용으로 가장 적절한 것은?

다음과 같은 방법으로 직선 L을 찾는 B 기법을 가정해 보자. 후보 직선을 임의로 여러 개 가정한 뒤에 모든 점에서 각 후보 직선들과의 거리를 구하여 점들과 가장 가까운 직선을 선택한다. 그러나 이렇게 찾은 직선은 직선 L로 적합한 직선이 아니다. 이상치를 포함해서 찾다 보니 대부분 최적의 직선과 이상치 사이에 위치한 직선을 선택하게 된다.

004. A 기법은 이상치의 개수가 문턱값보다 적으면 후보 직선을 버리지만 B 기법은 선택한 직선이 이상치를 포함할 수 있다.

유형원의 기본적인 생각은 국가 공동체를 성리학적 가치와 규범에 따라 운영하고, 구성원도 도덕적으로 만드는 도덕 국가의 건설이었다.

(중략)

정약용은 신분제가 동요하는 상황에서 사민이 뒤섞여 사는 것이 교화에 도움이 되지 않는다고 보고, 사농공상별로 구분하여 거주하는 것을 포함한 행정 구역 개편을 구상했다. 이에 맞춰 사(士) 집단을 재편하고자 했다. 도덕적 능력의 여부에 따라 추천으로 예비 관료인 '선사'를 선발하고 일정한 교육을 한 후, 여러 단계의 시험을 거쳐 관료를 선발할 것을 제안했다. 사 거주지에서 더 많은 선사를 선발하도록 했지만, 농민과 상공인에도 선사의 선발 인원을 배정하는 등 노비 이외에서 사 집단으로 진출할 수 있도록 했다. 노비제에 대해서는 사를 뒷받침하기 위해 유지되어야 한다고 주장했다.

도덕적 능력주의와 관련하여 두 사람은 모두 사회 지배층으로서의 사에 주목했다. 유형원은 다스리는 자인 사와 다스림을 받는 민의 구분을 분명히 하는 것이 천하의 이치라고 보고 도덕적 능력이 뛰어난 사람들로 지배층인 사를 구성하고자 했다. 정약용도 양반의 세습을 비판하며 도덕적 능력에 따라 사회 지배층을 재편하는 데 입장을 같이했다. 또한 두 사람은 사회 전체의 도덕 실천을 이끌기 위해 사 집단에 정치권력, 경제력 등을 집중시키려 했고, 지배층과 피지배층 간의 차등을 엄격하게 유지하고자 했다. 내용에서 일부 차이가 있었지만, 두 사람은 사회 지배층의 재구성을 통해 도덕 국가 체제를 추구했다.

00**5**. 정약용은 지배층인 사 집단이 주도권을 가지고 사회를 운영하는 방안을 구상했다.

사유 재산 제도하에서는 누구나 자신의 재산을 자유롭게 처분할 수 있다. 그러나 기부와 같이 어떤 재산이 대가 없이 넘어가는 무상 처분 행위가 행해졌을 때는 그 당사자인 무상 처분자와 무상 취득자의 의사와 무관하게 그 결과가 번복될 수 있다. 무상 처분자가 사망하면 상속이 개시되고, 그의 상속인 들이 유류분을 반환받을 수 있는 권리인 유류분권을 행사할 수 있기 때문이다. 이때 무상 처분권자는 피상속인이 되고 그의 권리와 의무는 상속인에게 이전된다.

유류분은 피상속인의 무상 처분 행위가 없었다고 가정할 때 상속인들이 상속받을 수 있었을 이익 중 법으로 보장된 부분이다.

(중략)

피상속인이 상속 개시 당시에 가졌던 재산으로부터 상속받은 이익이 있는 상속인은 유류분에 해당하는 이익의 일부만 반환받을 수 있다. 유류분에 해당하는 이익에서 이미 상속받은 이익을 뺀 값인 유류분 부족액만 반환받을 수 있기 때문이다. 유류분 부족액의 가치는 금액으로 계산되지만 항상 돈으로 반환되는 것은 아니다. 만약 무상 처분된 재산이 돈이 아니라 물건이나 주식처럼 돈 이외의 재산이라면, 처분된 재산 자체가 반환 대상이 되는 것이 원칙이다. 다만 그 재산 자체를 반환 하는 것이 불가능한 때에는 무상 취득자는 돈으로 반환해야 한다.

무상 처분된 재산이 물건이라면 유류분 반환은 어떤 형태로 이루어질까? 무상 취득자가 반환해야 할 유류분 부족액이 무상 처분된 물건의 가치보다 적다면 유류분권자는 그 물건의 가치에 상당하는 금액에서 유류분 부족액이 차지하는 비율만큼 무상 취득자로부터 반환받을 수 있다. 이로 인해 하나의 물건에 대한 소유권이 여러 명에게 나눠지는데, 이때 각자의 몫을 지분이라고 한다.

00**6**. 무상 취득자가 무상 취득한 물건을 반환할 수 없게 되면 유류분 부족액을 지분으로 반환해야 한다.

1930년대에 클라이버는 생쥐부터 코끼리까지 다양한 크기의 동물의 기초 대사량 측정 결과를 분석했다. 그래프의 가로축 변수로 동물의 체중을, 세로축 변수로 기초 대사량을 두고, 각 동물별 체중과 기초 대사량의 순서쌍을 점으로 나타냈다.

가로축과 세로축 두 변수의 증가율이 서로 다를 경우, 그 둘의 증가율이 같을 때와 달리, '일반적인 그래프'에서 이 점들은 직선이 아닌 어떤 곡선의 주변에 분포한다. 그런데 순서쌍의 값에 상용로그를 취해 새로운 순서쌍을 만들어서 이를 〈그림〉과 같이 그래프에 표시하면, 어떤 직선의 주변에 점들이 분포하는 것으로 나타난다. 그러면 그 직선의 기울기를 이용해 두 변수의 증가율을 비교할 수 있다. 〈그림〉에서 X와 Y는 각각 체중과 기초대사량에 상용로그를 취한 값이다. 이런 방식으로 표현한 그래프를 'L-그래프'라 하자.

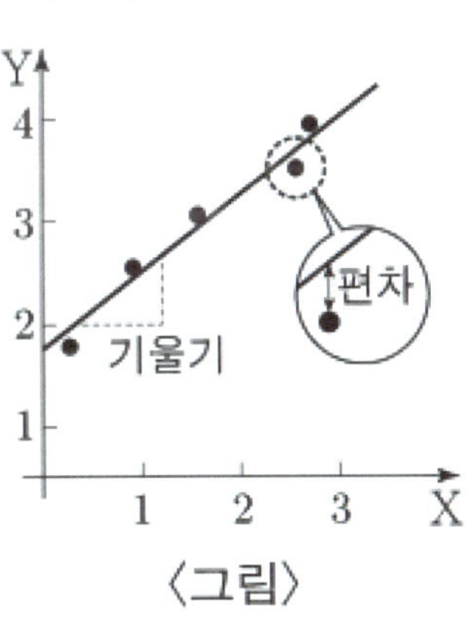

체중의 증가율에 비해, 기초 대사량의 증가율이 작다면 L-그래프에서 직선의 기울기는 1보다 작으며 기초 대사량의 증가율이 작을수록 기울기도 작아진다. 만약 체중의 증가율과 기초 대사량의 증가율이 같다면 L-그래프에서 직선의 기울기는 1이 된다.

00**7**. 'L-그래프'에서 직선의 기울기는 가로축과 세로축 두 변수의 증가율의 차이와 동일하다.

농게의 수컷은 집게발 하나가 매우 큰데, 큰 집게발의 길이는 게딱지의 폭에 '상대 성장'을 한다. 농게의 ⓐ 게딱지 폭을 이용해 ⓑ 큰 집게발의 길이를 추정하기 위해, 다양한 크기의 농게의 게딱지 폭과 큰 집게발의 길이를 측정하여 다수의 순서쌍을 확보했다. 그리고 'L-그래프'와 같은 방식으로, 그래프의 가로축과 세로축에 각각 게딱지 폭과 큰 집게발의 길이에 해당하는 값을 놓고 분석을 실시했다.

00**8**. ⓐ의 증가율과 ⓑ의 증가율이 같고 '일반적인 그래프'에서 순서쌍을 점으로 표시한다면, 점들은 직선이 아닌 어떤 곡선의 주변에 분포하겠군.

2022년 6월 모의고사 7번

순자의 학문을 계승한 육가(陸賈)는 한 고조의 치국 계책 요구에 부응해 『신어』를 저술하였다. 이 책을 통해 그는 진의 단명 원인을 가혹한 형벌의 남용, 법률에만 의거한 통치, 군주의 교만과 사치, 그리고 현명하지 못한 인재 등용 등으로 지적하고, 진의 사상 통제가 낳은 폐해를 거론하며 한 고조에게 지식과 학문이 중요함을 설득하고자 하였다. 그에게 지식의 핵심은 현실 정치에 도움을 주는 역사 지식이었다. 그는 역사를 관통하는 자연의 이치에 따라 천문·지리·인사 등 천하의 모든 일을 포괄한다는 통물(統物)과, 역사 변화 과정에 대한 통찰로서 상황에 맞는 조치를 취하고 기존 규정을 고수하지 않는다는 통변(通變)을 제시하였다. 통물과 통변이 정치의 세계에 드러나는 것이 인의(仁義)라고 파악한 그는 힘에 의한 권력 창출을 긍정하면서도 권력의 유지와 확장을 위한 왕도 정치를 제안하며 인의의 실현을 위해 유교 이념과 현실 정치의 결합을 시도하였다.

(중략)

이런 분위기에서 세종은 중국과 우리나라의 흥망성쇠를 담은 『치평요람』의 편찬을 명하였고, 집현전 학자들은 원(元)까지의 중국 역사와 고려까지의 우리 역사를 정리하였다. 정리 과정에서 주자학적 역사관이 담긴 『자치통감강목』에 따라 역대 국가를 정통과 비정통으로 구분했지만, 편찬 형식 측면에서는 강목체를 따르지 않았다. 또한 올바른 정치의 여부에 따라 국가의 운명이다하고 천명이 옮겨 간다는 내용을 드러내고자 기존 역사서와 달리 국가 간 전쟁과 외교 문제, 국가 말기의 혼란과 새 국가 초기의 혼란 수습 등을 부각하였다.

이러한 편찬 방식은 국가의 흥망성쇠를 거울삼아 국가를 잘 운영하겠다는 목적 이외에 새 국가의 토대를 마련하려는 의도가 전제된것이었다. 이런 의도가 집중적으로 반영된 곳은 『치평요람』의 『국조(國朝)』 부분이었다. 이 부분의 편찬자들은 유교적 시각에서 고려 정치를 바라보며 불교 사상의 폐단을 비롯한 문제점들을 다각도로 드러냈고, 이를 통해 유교적 사회로의 변화를 주장하였다. 이성계의 능력과 업적을 담기는 했지만 이것이 조선 건국을 정당화하기에는 불충분했기에 세종은 역사적 사실을 배경으로 조선 왕조의 우수성을 부각한 『용비어천가』의 편찬을 지시했다. 이는 왕조의 우수성과 정통성을 경전과 역사의 다양한 근거를 통해 보여 주고자 한 것이었다.

0**09.** '육가'와 '집현전 학자들'에 대하여 각각 ○,✕ 표시 하시오.

< 보 기 >

ㄱ. 옛 국가의 역사를 거울삼아 새 국가를 안정적으로 통치하도록 한다.

ㄷ. 옛 국가에서 드러난 사상적 공백을 채우기 위해 새 국가의 군주는 유교에 따라 통치하도록 한다.

비타민 K는 식물에서 합성되는 ㉠ 비타민 K_1과 동물 세포에서 합성되거나 미생물 발효로 생성되는 ㉡ 비타민 K_2로 나뉜다. 녹색 채소 등은 비타민 K_1을 충분히 함유하므로 일반적인 권장 식단을 따르면 혈액 응고에 차질이 생기지 않는다.

(중략)

비타민 K_1과 K_2는 모두 비타민 K-의존성 단백질의 활성화를 유도하지만 K_1은 간세포에서, K_2는 그 외의 세포에서 활성이 높다. 그러므로 혈액 응고 인자의 활성화는 주로 K_1이, 그 외의 세포에서 합성되는 단백질의 활성화는 주로 K_2가 담당한다. 이에 따라 일부 연구자들은 비타민 K의 권장량을 K_1과 K_2로 구분하여 설정해야 하며, K_2가 함유된 치즈, 버터 등의 동물성 식품과 발효 식품의 섭취를 늘려야 한다고 권고한다.

0**10**. ㉠은 ㉡과 달리 우리 몸의 간세포에서 합성된다.

기축 통화는 국제 거래에 결제 수단으로 통용되고 환율 결정에 기준이 되는 통화이다.

(중략)

국제 유동성이란 국제적으로 보편적인 통용력을 갖는 지불 수단을 말하는데, ㉠ 금 본위 체제에서는 금이 국제 유동성의 역할을 했으며, 각 국가의 통화 가치는 정해진 양의 금의 가치에 고정되었다. 이에 따라 국가 간 통화의 교환 비율인 환율은 자동적으로 결정되었다. 이후 ㉡ 브레턴우즈 체제에서는 국제 유동성으로 달러화가 추가되어 '금 환 본위제'가 되었다. 1944년에 성립된 이 체제는 미국의 중앙은행에 '금 태환조항'에 따라 금 1온스와 35달러를 언제나 맞교환해 주어야 한다는 의무를 지게 했다. 다른 국가들은 달러화에 대한 자국 통화의 가치를 고정했고, 달러화로만 금을 매입할 수 있었다. 환율은 경상 수지의 구조적 불균형이 있는 예외적인 경우를 제외하면 ±1% 내에서의 변동만을 허용했다. 이에 따라 기축 통화인 달러화를 제외한 다른 통화들 간 환율인 교차 환율은 자동적으로 결정되었다.

(중략)

세계의 모든 국가에서 ㉢ 어떠한 기축 통화도 없이 각각 다른 통화가 사용되는 경우 두 국가를 짝짓는 경우의 수만큼 환율의 가짓수가 생긴다. 그러나 하나의 기축 통화를 중심으로 외환 거래를 하면 비용을 절감하고 규모의 경제를 달성할 수 있다.

0**11**. ㉡이 붕괴된 이후에도 여전히 달러화가 기축 통화라면 ㉡에 비해 교차 환율의 가짓수는 적어진다.

0**12**. ㉢에서 국가 수가 하나씩 증가할 때마다 환율의 전체 가짓수도 하나씩 증가한다.

0**13**. ㉠에서 ㉡으로 바뀌면 자동적으로 결정되는 환율의 가짓수가 많아진다.

0**14**. ㉡에서 교차 환율의 가짓수는 ㉢에서 생기는 환율의 가짓수보다 적다.

주차하거나 좁은 길을 지날 때 운전자를 돕는 장치들이 있다. 이 중 차량 전후좌우에 장착된 카메라로 촬영한 영상을 이용하여 차량 주위 360°의 상황을 위에서 내려다본 것 같은 영상을 만들어 차 안의 모니터를 통해 운전자에게 제공하는 장치가 있다. 운전자에게 제공되는 영상이 어떻게 만들어지는지 알아보자.

먼저 차량 주위 바닥에 바둑판 모양의 격자판을 펴 놓고 카메라로 촬영한다. 이 장치에서 사용하는 광각 카메라는 큰 시야각을 갖고 있어 사각지대가 줄지만 빛이 렌즈를 지날 때 렌즈 고유의 곡률로 인해 영상이 중심부는 볼록하고 중심부에서 멀수록 더 휘어지는 현상, 즉 렌즈에 의한 상의 왜곡이 발생한다. 이 왜곡에 영향을 주는 카메라 자체의 특징을 내부 변수라고 하며 왜곡 계수로 나타낸다. 이를 알 수 있다면 왜곡 모델을 설정하여 왜곡을 보정할 수 있다. 한편 차량에 장착된 카메라의 기울어짐 등으로 인해 발생하는 왜곡의 원인을 외부 변수라고 한다. ㉠ 촬영된 영상과 실세계 격자판을 비교하면 영상에서 격자판이 회전한 각도나 격자판의 위치 변화를 통해 카메라의 기울어진 각도 등을 알 수 있으므로 왜곡을 보정할 수 있다.

(중략)

㉡ 왜곡이 보정된 영상에서의 몇 개의 점과 그에 대응하는 실세계 격자판의 점들의 위치를 알고 있다면, 영상의 모든 점들과 격자판의 점들 간의 대응 관계를 가상의 좌표계를 이용하여 기술할 수 있다. 이 대응 관계를 이용해서 영상의 점들을 격자의 모양과 격자 간의 상대적인 크기가 실세계에서와 동일하게 유지되도록 한 평면에 놓으면 2차원 영상으로 나타난다.

○**15.** ㉡에서는 ㉠에서 렌즈와 격자판 사이의 거리에 따른 렌즈의 곡률 변화로 생긴 휘어짐이 보정되었겠군.

1993년 노벨 화학상은 중합 효소 연쇄 반응(PCR)을 개발한 멀리스에게 수여된다. 염기 서열을 아는 DNA가 한 분자라도 있으면 이를 다량으로 증폭할 수 있는 길을 열었기 때문이다. PCR는 주형 DNA, 프라이머, DNA 중합 효소, 4종의 뉴클레오타이드가 필요하다. 주형 DNA란 시료로부터 추출하여 PCR에서 DNA 증폭의 바탕이 되는 이중 가닥 DNA를 말하며, 주형 DNA에서 증폭하고자 하는 부위를 표적 DNA라 한다. 프라이머는 표적 DNA의 일부분과 동일한 염기 서열로 이루어진 짧은 단일 가닥 DNA로, 2종의 프라이머가 표적 DNA의 시작과 끝에 각각 결합한다. DNA 중합 효소는 DNA를 복제하는데, 단일 가닥 DNA의 각 염기 서열에 대응하는 뉴클레오타이드를 순서대로 결합시켜 이중 가닥 DNA를 생성한다.

PCR 과정은 우선 열을 가해 이중 가닥의 DNA를 2개의 단일 가닥으로 분리하는 것으로 시작한다.

(중략)

㉠ 이중 가닥 DNA 특이 염료는 이중 가닥 DNA에 결합하여 발색하는 형광 물질로, 새로 생성된 이중 가닥 표적 DNA에 결합하여 발색하므로 표적 DNA의 증폭을 알 수 있게 한다. 다만, 이중 가닥 DNA특이 염료는 모든 이중 가닥 DNA에 결합할 수 있기 때문에 2개의 프라이머끼리 결합하여 이중 가닥의 이합체(二合體)를 형성한 경우에는 이와 결합하여 의도치 않은 발색이 일어난다.

㉡ 형광 표식 탐침은 형광 물질과 이 형광 물질을 억제하는 소광 물질이 붙어 있는 단일 가닥 DNA 단편으로, 표적 DNA에서 프라이머가 결합하지 않는 부위에 특이적으로 결합하도록 설계된다. PCR과정에서 이중 가닥 DNA가 단일 가닥으로 되면, 형광 표식 탐침은 프라이머와 마찬가지로 표적 DNA에 결합한다. 이후 DNA 중합 효소에 의해 이중 가닥 DNA가 형성되는 과정 중에 탐침은 표적 DNA와의 결합이 끊어지고 분해된다. 탐침이 분해되어 형광 물질과 소광 물질의 분리가 일어나면 비로소 형광 물질이 발색되며, 이로써 표적 DNA가 증폭되었음을 알 수 있다.

0**16**. ㉡은 ㉠과 달리 형광 물질과 결합하여 이합체를
이룬다.

0**17**. ㉡은 ㉠과 달리 한 사이클의 시작 시점에 발색 반
응이 일어난다.

0**18**. ㉠과 ㉡은 모두 이중 가닥 표적 DNA에 결합하
는 물질이다.

디지털 영상 안정화(DIS) 기술은 촬영 후에 소프트웨
어를 사용해 흔들림을 보정하는 기술로 역동적인 상황
에서 촬영한 동영상에 적용할 때 좋은 결과를 얻을 수 있
다. 이 기술은 촬영된 동영상을 프레임 단위로 나눈 후
연속된 프레임 간 피사체의 움직임을 추정한다. 움직임
을 추정하는 한 방법은 특징점을 이용하는 것이다. 특징
점으로는 피사체의 모서리처럼 주위와 밝기가 뚜렷이 구
별되며 영상이 이동하거나 회전해도 그 밝기 차이가 유
지되는 부분이 선택된다.

먼저 k 번째 프레임에서 특징점들을 찾고, 다음 k+1 번
째 프레임에서 같은 특징점들을 찾는다. 이 두 프레임 사
이에서 같은 특징점이 얼마나 이동하였는지 계산하여 영
상의 움직임을 추정한다. 그리고 흔들림이 발생한 곳으로
추정되는 프레임에서 위치 차이만큼 보정하여 흔들림의
영향을 줄이면 보정된 동영상은 움직임이 부드러워진다.

< 보 기 >

새로 산 카메라의 성능을 시험해 보고 싶어서 OIS
기능을 켜고 동영상을 촬영했다. 빌딩을 찍는 순간,
바람에 휘청하여 들고 있던 카메라가 기울어졌다.
집에 돌아와 촬영된 영상을 확인하고 소프트웨어로
보정하려 한다.

[촬영한 동영상 중 연속된 프레임]

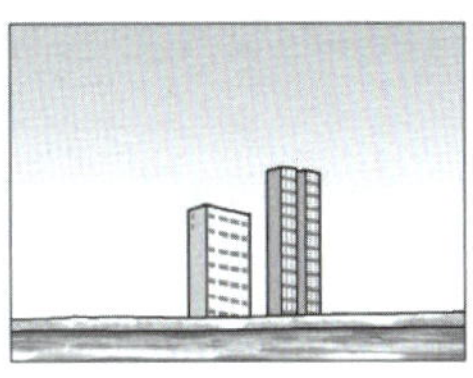 

㉠ k 번째 프레임   ㉡ k-1 번째 프레임

＊ OIS 기능: 빛을 이용하여 영상의 흔들림을 보정하는
광학적 기술로, 카메라 촬영 중에 작동된다.

0**19**. ㉠에서 빌딩 모서리들 간의 차이를 특징점으로
선택하고 그 차이를 계산하여 ㉡을 보정하겠군.

2021년 11월 수능 16번

주차하거나 좁은 길을 지날 때 운전자를 돕는 장치들이 있다. 이 중 차량 전후좌우에 장착된 카메라로 촬영한 영상을 이용하여 차량 주위 360°의 상황을 위에서 내려다본 것 같은 영상을 만들어 차 안의 모니터를 통해 운전자에게 제공하는 장치가 있다. 운전자에게 제공되는 영상이 어떻게 만들어지는지 알아보자.

먼저 차량 주위 바닥에 바둑판 모양의 격자판을 펴 놓고 카메라로 촬영한다.

(중략)

왜곡 보정이 끝나면 영상의 점들에 대응하는 3차원 실세계의 점들을 추정하여 이로부터 원근 효과가 제거된 영상을 얻는 시점 변환이 필요하다. 카메라가 3차원 실세계를 2차원 영상으로 투영하면 크기가 동일한 물체라도 카메라로부터 멀리 있을수록 더 작게 나타나는데, 위에서 내려다보는 시점의 영상에서는 거리에 따른 물체의 크기 변화가 없어야 하기 때문이다. 왜곡이 보정된 영상에서의 몇 개의 점과 그에 대응하는 실세계 격자판의 점들의 위치를 알고 있다면, 영상의 모든 점들과 격자판의 점들 간의 대응 관계를 가상의 좌표계를 이용하여 기술할 수 있다. 이 대응 관계를 이용해서 영상의 점들을 격자의 모양과 격자 간의 상대적인 크기가 실세계에서와 동일하게 유지되도록 한 평면에 놓으면 2차원 영상으로 나타난다. 이때 얻은 영상이 위에서 내려다보는 시점의 영상이 된다. 이와 같은 방법으로 구한 각 방향의 영상을 합성하면 차량 주위를 위에서 내려다본 것 같은 영상이 만들어진다.

< 보 기 >

그림은 장치가 장착된 차량의 운전자에게 제공된 영상에서 전방 부분만 보여 준 것이다.

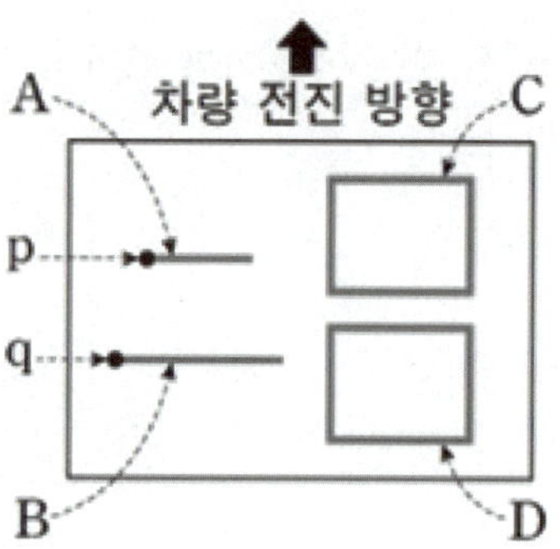

차량 전방의 바닥에 그려진 네 개의 도형이 영상에서 각각 A, B, C, D로 나타나 있고, C와 D는 직사각형이고 크기는 같다. p와 q는 각각 영상 속 임의의 한 점이다.

0**20**. A와 B는 p와 q 간의 대응 관계를 이용하여 바닥에 그려진 도형을 크기가 유지되도록 한 평면에 놓은 것이다.

0**21**. p가 A 위의 한 점이라면 A는 p에 대응하는 실세계의 점이 시점 변환을 통해 선으로 나타난 것이다.

바젤위언회에서는 BIS 비율이 적어도 규제 비율인 8%는 되어야 한다는 기준을 제시하였다. 이에 대한 식은 다음과 같다.

$$BIS \text{ 비율} = \frac{\text{자기자본}}{\text{위험가중자산}} \times 100 \geq 8(\%)$$

여기서 자기자본은 은행의 기본자본, 보완자본 및 단기후순위 채무의 합으로, 위험가중자산은 보유 자산에 각 자산의 신용 위험에 대한 위험 가중치를 곱한 값들의 합으로 구하였다. 위험 가중치는 자산 유형별 신용 위험을 반영하는 것인데, OECD 국가의 국채는 0%, 회사채는 100%가 획일적으로 부여되었다. 이후 금융 자산의 가격 변동에 따른 시장 위험도 반영해야 한다는 요구가 커지자, 바젤위원회는 위험가중자산을 신용 위험에 따른 부분과 시장 위험에 따른 부분의 합으로 새로 정의하여 BIS 비율을 산출하도록 하였다. 신용 위험의 경우와 달리 시장 위험의 측정 방식은 감독 기관의 승인하에 은행의 선택에 따라 사용할 수 있게 하여 '바젤 I' 협약이 1996년에 완성되었다.

금융 혁신의 진전으로 '바젤 I' 협약의 한계가 드러나자 2004년에 '바젤 II' 협약이 도입되었다. 여기에서 BIS 비율의 위험가중자산은 신용 위험에 대한 위험 가중치에 자산의 유형과 신용도를 모두 고려하도록 수정되었다. 신용 위험의 측정 방식은 표준 모형이나 내부 모형 가운데 하나를 은행이 이용할 수 있게 되었다. 표준 모형에서는 OECD 국가의 국채는 0%에서 150%까지, 회사채는 20%에서 150%까지 위험 가중치를 구분하여 신용도가 높을수록 낮게 부과한다. 예를 들어 실제 보유한 회사채가 100억 원인데 신용 위험 가중치가 20%라면 위험가중자산에서 그 회사채는 20억 원으로 계산된다. 내부 모형은 은행이 선택한 위험 측정 방식을 감독 기관의 승인하에 그 은행이 사용할 수 있도록 하는 것이다.

최근에는 '바젤 III' 협약이 발표되면서 자기자본에서 단기후순위 채무가 제외되었다. 또한 위험가중자산에 대한 기본자본의 비율이 최소 6%가 되게 보완하여 자기자본의 손실 복원력을 강화하였다.

< 보 기 >

갑 은행이 어느 해 말에 발표한 자기자본 및 위험가중자산은 아래 표와 같다. 갑 은행은 OECD 국가의 국채와 회사채만을 자산으로 보유했으며, 바젤 II 협약의 표준 모형에 따라 BIS 비율을 산출하여 공시하였다. 이때 회사채에 반영된 위험 가중치는 50%이다. 그 이외의 자본 및 자산은 모두 무시한다.

항목	자기자본		
	기본자본	보완자본	단기후순위채무
금액	50억 원	20억 원	40억 원

항목	위험 가중치를 반영하여 산출한 위험가중자산		
	신용 위험에 따른 위험가중자산		시장 위험에 따른 위험가중자산
	국채	회사채	
금액	300억 원	300억 원	400억 원

0**22.** 갑 은행이 위험가중자산의 변동 없이 보완자본을 10억 원 증액한다면 바젤 III 협약에서 보완된 기준을 충족할 수 있겠군.

2019년 9월 모의고사 40번

한편 실내에서 위치 측정에 사용 가능한 방법으로는 블루투스 기반의 비콘을 활용하는 기술이 있다. 비콘은 실내에 고정 설치되어 비콘마다 정해진 식별 번호와 위치 정보가 포함된 신호를 주기적으로 보내는 기기이다. 스마트폰에 내장된 단말기가 비콘 신호의 도달 거리 내로 진입하면 단말기 안의 수신기가 이 신호를 인식한다. 이 신호를 이용하여 2차원 평면에서의 위치를 측정하는 방법으로는 다음과 같은 것들이 있다.

근접성 기법은 단말기가 비콘 신호를 수신하면 해당 비콘의 위치를 단말기의 위치로 정한다. 여러 비콘 신호를 수신했을 경우에는 신호가 가장 강한 비콘의 위치를 단말기의 위치로 정한다.

(중략)

㉠ 위치 지도 기법은 측정 공간을 작은 구역들로 나누어 각 구역마다 기준점을 설정하고 그 주위에 비콘들을 설치한다. 그러고 나서 비콘들이 송신하여 각 기준점에 도달하는 신호의 세기를 측정한다. 이 신호 세기와 비콘의 식별 번호, 기준점의 위치 좌표를 서버에 있는 데이터베이스에 위치 지도로 기록해 놓는다. 이 작업을 모든 기준점에서 수행한다. 특정한 위치에 도달한 단말기가 비콘 신호를 수신하면 신호 세기를 측정한 뒤 비콘의 식별 번호와 함께 서버로 전송한다. 서버는 수신된 신호세기와 가장 가까운 신호 세기를 갖는 기준점을 데이터베이스에서 찾아 이 기준점의 위치를 단말기에 알려 준다.

㉠에 대한 이해이다.

o**23**. 측정된 신호 세기가 서버에 저장된 값과 가장 가까운 비콘의 위치가 단말기의 위치가 된다.

2022년 6월 모의고사 14번

경제학에서는 증거에 근거한 정책 논의를 위해 사건의 효과를 평가해야 할 경우가 많다. 어떤 사건의 효과를 평가한다는 것은 사건 후의 결과와 사건이 없었을 경우에 나타났을 결과를 비교하는 일이다. 그런데 가상의 결과는 관측할 수 없으므로 실제로는 사건을 경험한 표본들로 구성된 시행집단의 결과와, 사건을 경험하지 않은 표본들로 구성된 비교집단의 결과를 비교하여 사건의 효과를 평가한다. 따라서 이 작업의 관건은 그 사건 외에는 결과에 차이가 날 이유가 없는 두 집단을 구성하는 일이다. 가령 어떤 사건이 임금에 미친 효과를 평가할 때, 그 사건이 없었다면 시행집단과 비교집단의 평균 임금이 같을 수밖에 없도록 두 집단을 구성하는 것이다. 이를 위해서는 두 집단에 표본이 임의로 배정되도록 사건을 설계하는 실험적 방법이 이상적이다.

이중차분법은 시행집단에서 일어난 변화에서 비교집단에서 일어난 변화를 뺀 값을 사건의 효과라고 평가하는 방법이다. 이는 사건이 없었더라도 비교집단에서 일어난 변화와 같은 크기의 변화가 시행집단에서도 일어났을 것이라는 평행추세 가정에 근거해 사건의 효과를 평가한 것이다. 이 가정이 충족되면 사건 전의 상태가 평균적으로 같도록 두 집단을 구성하지 않아도 된다.

o**24**. 실험적 방법에서는 시행집단에서 일어난 평균 임금의 사건 전후 변화를 어떤 사건이 임금에 미친 효과라고 평가한다.

구, 절을
끼워 넣거나 빼기

이 단원에서는 선지를 구,절 단위로 읽고 각각 맞는지 파악해보는 연습을 해볼 것이다.

2025학년도 9월 모의고사 14번 오답선지 선택 비율 12.0%

바쟁은 영화감독을 '이미지를 믿는 감독'과 '현실을 믿는 감독'으로 분류했다. 영화의 형식을 중시한 '이미지를 믿는 감독'은 다양한 영화적 기법으로 현실을 변형하여 새로운 의미를 창조하는 데 주력한다. 몽타주의 대가인 예이젠시테인이 대표적이다. 몽타주는 추상적이거나 상징적인 이미지를 통해 관객이 익숙한 대상을 낯설게 받아들이게 한다. 또한 짧은 숏들을 불규칙적으로 편집해서 영화가 재현한 공간이 불연속적으로 연결된 듯한 느낌을 만들어 낸다. 바쟁은 몽타주가 현실의 연속성을 깨뜨릴 뿐만 아니라 감독의 의도에 따라 관객이 현실을 하나의 의미로만 해석하게 할 우려가 있는 연출 방식이라고 생각했다.

바쟁은 '현실을 믿는 감독'을 지지했다. 이들은 '이미지를 믿는 감독'과 달리 영화의 내용, 즉 현실을 더 중요하게 생각하기에 변형되지 않은 현실을 객관적으로 보여 주고자 한다.

③ 바쟁이 감독의 연출 역량을 기준으로 감독의 유형을 나눈 것은 영화와 관객의 상호 작용을 무시한 구분에 불과하다.

위 선지에서는 바쟁이 감독을 "연출 역량을 기준으로" 감독의 유형을 나누었다고 하였지만, 지문에서는 바쟁이 감독을 영화의 형식을 중시하는지, 내용을 중시하는지를 기준으로 감독의 유형을 나누었다. 이는 감독의 연출 역량과 전혀 다른 바이며 이런 식으로 틀린 구나 절을 끼워넣어 자칫 지나칠 수 있게 만드는 방법이다.

유형원의 기본적인 생각은 국가 공동체를 서이학적 가치와 규범에 따라 운영하고, 구성원도 도덕적으로 만드는 도덕 국가의 건설이었다. 신분 세습을 비판한 그는 현명한 인재라도 노비로 태어나면 노비로 살아야 하는 것이 천하의 도리에 어긋난다고 보고, 노비제 폐지를 주장했다. 아울러 비도덕적 직업이라고 생각한 광대와 같은 직업군을 철폐하고, 사농공상(士農工商)의 사민(四民)으로 편성하고자 했다. 그는 과거제 대신 공거제를 통해 도덕적 능력이 뛰어난 자를 추천으로 선발하여 여러 단계의 교육을 한 후, 최소한의 학식을 확인하여 관료로 임명해야 한다고 제안했다. 도덕을 기준으로 관료를 선발하고 지방에도 관료 선발 인원을 적절히 분배하면 향촌 사회의 풍속도 도덕적으로 이끌 수 있다고 본 것이다.

정약용은 신분제가 동요하는 상황에서 사민이 뒤섞여 사는 것이 교화에 도움이 되지 않는다고 보고, 사농공상 별로 구분하여 거주하는 것을 포함한 행정 구역 개편을 구상했다. 이에 맞춰 사(士) 집단을 재편하고자 했다. 도덕적 능력의 여부에 따라 추천으로 예비 관료인 '선사'를 선발하고 일정한 교육을 한 후, 여러 단계의 시험을 거쳐 관료를 선발할 것을 제안했다. 사 거주지에서 더 많은 선사를 선발하도록 했지만, 농민과 상공인에도 선사의 선발 인원을 배정하는 등 노비 이외에서 사 집단으로 진출할 수 있도록 했다. 노비제에 대해서는 사를 뒷받침하기 위해 유지되어야 한다고 주장했다.

0**25**. 유형원과 정약용은 모두 시험으로 도덕적 능력이 우수한 이를 선발하여 교육한 후 관료로 임명하는 방안을 제시했다.

인터넷 검색 엔진은 검색어를 포함하는 웹 페이지를 찾아 화면에 보여 준다. 웹 페이지가 화면에 나타나는 순서를 정하기 위해 검색 엔진은 수백 개가 넘는 항목을 고려한 다양한 방식을 사용한다. 대표적인 항목으로 중요도와 적합도가 있다.

검색 엔진은 빠른 시간 내에 검색 결과를 보여 주기 위해 웹 페이지들의 데이터를 수집하여 인덱스를 미리 작성해 놓는다. 인덱스란 단어를 알파벳순으로 정리한 목록으로, 여기에는 각 단어가 등장하는 웹 페이지와 단어의 빈도수 등이 저장된다. 이때 각 웹 페이지의 중요도가 함께 기록된다.

(중략)

사용자가 검색어를 입력하면 검색 엔진은 인덱스에서 검색어에 적합한 웹 페이지를 찾는다. ⓛ 적합도는 단어의 빈도, 단어가 포함된 웹 페이지의 수, 웹 페이지의 글자 수를 반영한 식을 통해 값이 정해진다. 해당 검색어가 많이 나올수록, 그 검색어를 포함하는 다른 웹 페이지의 수가 적을수록, 현재 웹 페이지의 글자 수가 전체 웹 페이지의 평균 글자 수에 비해 적을수록 적합도가 높아진다. 검색 엔진은 중요도와 적합도, 기타 항목들을 적절한 비율로 합산하여 화면에 나열되는 웹 페이지의 순서를 결정한다.

0**26**. 사용자가 검색어를 입력하면 검색 엔진은 검색한 결과를 인덱스에 정렬된 순서대로 화면에 나타낸다.

0**27**. 알파벳순으로 앞 순서에 있는 단어들을 웹 페이지 첫 부분에 많이 포함시켜 ⓛ을 높이는 방안으로 검색 결과에서 웹 페이지의 순위를 높일 수 있다.

이런 분위기에서 세종은 중국과 우리나라의 흥망성쇠를 담은 『치평요람』의 편찬을 명하였고, 집현전 학자들은 원(元)까지의 중국 역사와 고려까지의 우리 역사를 정리하였다. 정리 과정에서 주자학적 역사관이 담긴 『자치통감강목』에 따라 역대 국가를 정통과 비정통으로 구분했지만, 편찬 형식 측면에서는 강목체를 따르지 않았다. 또한 올바른 정치의 여부에 따라 국가의 운명이다하고 천명이 옮겨 간다는 내용을 드러내고자 기존 역사서와 달리 국가 간 전쟁과 외교 문제, 국가 말기의 혼란과 새 국가 초기의 혼란 수습 등을 부각하였다.

0**28**. 『치평요람』은 『자치통감강목』의 편찬 형식에 따라 역대 국가를 정통과 비정통으로 구분하여 정리하였다.

한국, 중국 등 동아시아 사회에서 오랫동안 유지되었던 과거제는 세습적 권리와 무관하게 능력주의적인 시험을 통해 관료를 선발하는 제도라는 점에서 합리성을 갖추고 있었다. 정부의 관직을 두고 정기적으로 시행되는 공개 시험인 과거제가 도입되어, 높은 지위를 얻기 위해서는 신분이나 추천보다 시험 성적이 더욱 중요해졌다.

명확하고 합리적인 기준에 따른 관료 선발 제도라는 공정성을 바탕으로 과거제는 보다 많은 사람들에게 사회적 지위 획득의 기회를 줌으로써 개방성을 제고하여 사회적 유동성 역시 증대시켰다. 응시 자격에 일부 제한이 있었다 하더라도, 비교적 공정한 제도였음은 부정하기 어렵다. 시험 과정에서 익명성의 확보를 위한 여러 가지 장치를 도입한 것도 공정성 강화를 위한 노력을 보여 준다.

과거제는 여러 가지 사회적 효과를 가져왔는데, 특히 학습에 강력한 동기를 제공함으로써 교육의 확대와 지식의 보급에 크게 기여했다. 그 결과 통치에 참여할 능력을 갖춘 지식인 집단이 폭넓게 형성되었다. 시험에 필요한 고전과 유교 경전이 주가 되는 학습의 내용은 도덕적인 가치 기준에 대한 광범위한 공유를 이끌어 냈다. 또한 최종 단계까지 통과하지 못한 사람들에게도 국가가 여러 특권을 부여하고 그들이 지방 사회에 기여하도록 하여 경쟁적 선발 제도가 가져올 수 있는 부작용을 완화하고자 노력했다.

0**29**. 경쟁을 바탕으로 한 과거제는 더 많은 사람들이 지방의 관료에 의해 초빙될 기회를 주었다.

변증법의 매력은 '종합'에 있다. 종합의 범주는 두 대립적 범주 중 하나의 일방적 승리로 끝나도 안 되고, 두 범주의 고유한 본질적 규정이 소멸되는 중화 상태로 나타나도 안 된다. 종합은 양자의 본질적 규정이 유기적 조화를 이루어 질적으로 고양된 최상의 범주가 생성됨으로써 성립하는 것이다.

헤겔이 강조한 변증법의 탁월성도 바로 이것이다. 그러기에 변증법의 원칙에 최적화된 엄밀하고도 정합적인 학문 체계를 조탁하는 것이 바로 그의 철학적 기획이 아니었던가. 그런데 그가 내놓은 성과물들은 과연 그 기획을 어떤 흠결도 없이 완수한 것으로 평가될 수 있을까? 미학에 관한 한 '그렇다'는 답변은 쉽지 않을 것이다. 지성의 형식을 직관-표상-사유 순으로 구성하고 이에 맞춰 절대정신을 예술-종교-철학 순으로 편성한 전략은 외관상으로는 변증법 모델에 따른 전형적 구성으로 보인다. 그러나 실질적 내용을 보면 직관으로부터 사유에 이르는 과정에서는 외면성이 점차 지워지고 내면성이 점증적으로 강화·완성되고 있음이, 예술로부터 철학에 이르는 과정에서는 객관성이 점차 지워지고 주관성이 점증적으로 강화·완성되고 있음이 확연히 드러날 뿐, 진정한 변증법적 종합은 이루어지지 않는다. 직관의 외면성 및 예술의 객관성의 본질은 무엇보다도 감각적 지각성인데, 이러한 핵심 요소가 그가 말하는 종합의 단계에서는 완전히 소거되고 만다.

변증법에 충실하려면 헤겔은 철학에서 성취된 완전한 주관성이 재객관화되는 단계의 절대정신을 추가했어야 할 것이다. 예술은 '철학 이후'의 자리를 차지할 수 있는 유력한 후보이다. 실제로 많은 예술 작품은 '사유'를 매개로 해서만 설명되지 않는가. 게다가 이는 누구보다도 풍부한 예술적 체험을 한 헤겔 스스로가 잘 알고 있지 않은가. 이 때문에 방법과 철학 체계 간의 이러한 불일치는 더욱 아쉬움을 준다.

0**30.** 특정한 철학적 방법의 시대적 한계를 지적하고 이에 맞서는 혁신적 방법을 제안하고 있다.

근대 이후 서양의 철학자들은 과학적 세계관이 대두하면서 이전과는 달리 인과를 물리적 작용 사이의 관계로 국한하려는 경향을 보였다. 문제는 흄이 지적했듯이 인과 관계 그 자체는 직접 관찰할 수 없다는 것이다. 원인과 결과에 해당하는 사건만을 관찰할 수 있을 뿐이다. 가령 "추위 때문에 강물이 얼었다."는 직접 관찰한 물리적 사실을 진술한 것이 아니다. 그래서 인과가 과학적 개념인지에 대한 의심이 철학자들 사이에 제기되었다. 이에 인과를 과학적 세계관에 입각하여 이해하려는 시도가 새면의 과정 이론이다.

야구공을 던지면 땅 위의 공 그림자도 따라 움직인다. 공이 움직여서 그림자가 움직인 것이지 그림자 자체가 움직여서 그림자의 위치가 변한 것은 아니다. 과정 이론은 이 차이를 다음과 같이 설명한다. 과정은 대상의 시공간적 궤적이다. 날아가는 야구공은 물론이고 땅에 멈추어 있는 공도 시간은 흘러가고 있기에 시공간적 궤적을 그리고 있다. 공이 멈추어 있는 상태도 과정인 것이다. 그런데 모든 과정이 인과적 과정은 아니다. 어떤 과정은 다른 과정과 한 시공간적 지점에서 만난다. 즉, 두 과정이 교차한다. 만약 교차에서 표지, 즉 대상의 변화된 물리적 속성이 도입되면 이후의 모든 지점에서 그 표지를 전달할 수 있는 과정이 인과적 과정이다.

(중략)

과정 이론은 규범이나 마음과 같은, 물리적 세계 바깥의 측면을 해명하기 어렵다는 한계를 지닌다. 예컨대 내가 사회 규범을 어긴 것과 내가 벌을 받아야 하는 것 사이에는 인과 관계가 있지만 과정 이론은 이를 잘 다루지 못한다.

0**31.** '인과'에 대한 특정 이론을 정의한 뒤 구체적인 사례와 관련지어 그 이론의 한계와 전망을 제시하였음

2020년 9월 모의고사 20번, 22번

미학은 예술과 미적 경험에 관한 개념과 이론에 대해 논의하는 철학의 한 분야로서, 미학의 문제들 가운데 하나가 바로 예술의 정의에 대한 문제이다. 예술이 자연에 대한 모방이라는 아리스토텔레스의 말에서 비롯된 모방론은, 대상과 그 대상의 재현이 닮은꼴이어야 한다는 재현의 투명성 이론을 전제한다. 그러나 예술가의 독창적인 감정 표현을 중시하는 한편 외부 세계에 대한 왜곡된 표현을 허용하는 낭만주의 사조가 18세기 말에 등장하면서, 모방론은 많이 쇠퇴했다. 이제 모방을 필수 조건으로 삼지 않는 낭만주의 예술가의 작품을 예술로 인정해 줄 수 있는 새로운 이론이 필요했다.

20세기 초에 콜링우드는 진지한 관념이나 감정과 같은 예술가의 마음을 예술의 조건으로 규정하는 표현론을 제시하여 이 문제를 해결하였다. 그에 따르면, 진정한 예술 작품은 물리적 소재를 통해 구성될 필요가 없는 정신적 대상이다. 또한 이와 비슷한 시기에 외부 세계나 작가의 내면보다 작품 자체의 고유 형식을 중시하는 형식론도 발전했다. 벨의 형식론은 예술 감각이 있는 비평가들만이 직관적으로 식별할 수 있고 정의는 불가능한 어떤 성질을 일컫는 '의미 있는 형식'을 통해 그 비평가들에게 미적 정서를 유발하는 작품을 예술 작품이라고 보았다.

20세기 중반에, 뒤샹이 변기를 가져다 전시한 『샘』이라는 작품은 예술 작품으로 인정되지만 그것과 형식적인 면에서 차이가 없는 일반적인 변기는 예술 작품으로 인정되지 않는 이유를 설명하지 못하게 되자 두 가지 대응 이론이 나타났다. 하나는 우리가 흔히 예술 작품으로 분류하는 미술, 연극, 문학, 음악 등이 서로 이질적이어서 그것들 전체를 아울러 예술이라 정의할 수 있는 공통된 요소를 갖지 않는다는 웨이츠의 예술 정의 불가론이다. 그의 이론은 예술의 정의에 대한 기존의 이론들이 겉보기에는 명제의 형태를 취하고 있으나 사실은 참과 거짓을 판정할 수 없는 사이비 명제이므로, 예술의 정의에 대한 논의 자체가 불필요하다는 견해를 대변한다.

다른 하나는 예술계라는 어떤 사회 제도에 속하는 한 사람 또는 여러 사람에 의해 감상의 후보 자격을 수여받은 인공물을 예술 작품으로 규정하는 디키의 제도론이다. 하나의 작품이 어떤 특정한 기준에서 훌륭하므로 예술 작품이라고 부를 수 있다는 평가적 이론들과 달리, 디키의 견해는 일정한 절차와 관례를 거치기만 하면 모두 예술 작품으로 볼 수 있다는 분류적 이론이다. 예술의 정의와 관련된 이 논의들은 예술로 분류할 수 있는 작품들의 공통된 본질을 찾는 시도이자 예술의 필요충분조건을 찾는 시도이다.

다음은 내용 전개 방식으로, 각각 O, X표시 하시오.

0**32.** 화제가 사회에 미치는 영향들을 분석하여 서로 간의 차이를 밝히고 있다.

0**33.** 화제와 관련된 관점의 문제점을 제시하고 대안적 관점을 소개하고 있다.

0**34.** 화제와 관련된 하나의 사례를 중심으로 다양한 이론을 시대순으로 나열하고 있다.

다음은 이론가와 예술가들이 상대의 견해나 작품을 평가할 수 있는 말로, 각각 O, X표시 하시오.

035. 모방론자가 뒤샹에게 : 당신의 작품 「샘」은 변기를 닮은 것이 아니라 변기 그 자체라는 점에서 예술 작품이 되기 위한 필요 충분조건을 갖추고 있습니다.

036. 뒤샹이 제도론자에게 : 예술계에서 일정한 절차와 관례를 거치면 예술 작품이라는 당신의 주장은 저의 작품 샘 외에 다른 변기들도 예술 작품이 될 수 있음을 인정하는 것입니다.

037. 예술 정의 불가론자가 표현론자에게 : 당신이 예술가의 관념을 예술 작품의 조건으로 규정할 때 사용하는 명제는 참과 거짓을 판단할 수 없기 때문에 받아들일 수 없습니다.

물건을 사용하고 있는 사람이 그 물건의 주인일까? 점유란 물건에 대한 사실상의 지배 상태를 뜻한다. 이에 비해 소유란 어떤 물건을 사용·수익·처분할 수 있는 권리를 가진 상태라고 정의된다.

물건을 빌려 쓰거나 보관하고 있는 것을 포함하여 물건을 물리적으로 지배하는 상태를 직접점유라고 한다.

(중략)

점유는 소유자를 공시하는 기능도 수행한다. 공시란 물건에 대해 누가 어떤 권리를 가지고 있는지를 알려 주는 것이다. 물건 중에서 피아노, 금반지, 가방 등과 같은 대부분의 동산은 점유에 의해 소유권이 공시된다.

물건의 소유권이 양도되려면, 소유자가 양도인이 되어 양수인과 유효한 양도 계약을 하고 이에 더하여 소유권 양도를 공시해야 한다. ㉠ 점유로 소유권이 공시되는 동산의 소유권 양도는 점유를 넘겨주는 점유 인도로 공시된다.

(중략)

법률이 등록 대상으로 규정한 자동차, 항공기 등의 동산은 등록으로 공시되는 물건이고, ㉡ 토지·건물과 같은 부동산은 등기로 공시되는 물건이다.

038. ㉡은 ㉠과 달리, 물리적 지배의 대상이 아니므로 점유로 공시될 수 없다.

자연 현상과 인간사를 인과 관계로 설명하는 동아시아의 대표적 논의는 재이론(災異論)이다. 한대(漢代)의 동중서는 하늘이 덕을 잃은 군주에게 재이를 내려 견책한다는 천견설과, 인간과 하늘에 공통된 음양의 기(氣)를 통해 하늘과 인간이 서로 감응한다는 천인감응론을 결합하여 재이론을 체계화하였다. 그에 따르면, 군주가 실정(失政)을 저지르면 그로 말미암아 변화된 음양의 기를 통해 감응한 하늘이 가뭄과 홍수, 일식과 월식 등 재이를 통해 경고를 내린다. 이때 재이는 군주권이 하늘로부터 비롯된 것임을 입증하는 것이자 군주의 실정에 대한 경고였다.

0**39.** 한대의 재이론에서 전제된 하늘은 음양의 변화에 반응하지 않지만 경고를 하는 의지를 가진 존재였다.

모든 주주가 경영진을 이루어 상호 협력 관계를 기반으로 기업을 운영하며 의사 결정권도 균등하게 행사하는 경우에 이를 '공동체적 경영'이라 부르기도 한다. 이런 기업에서 경영진은 모두 업무와 관련하여 전문성을 가지며, 경영 수익에 관련된 중요한 사항은 주주들이 공동으로 결정한다. 그러나 기업의 규모가 성장하고 사업이 다양해지면, 소수의 의사 결정에 따른 수직적 경영으로 효율성을 지향하는 '과두제적 경영'으로 나아가는 일도 있다.

과두제적 경영은 소수의 경영자로 이루어진 경영진이 강한 결속력을 가지면서 실질적 권한과 정보를 독점하며 기업을 운영하는 것을 말한다. 이런 체제는 전문성과 경험을 갖춘 경영진을 중심으로 안정적 경영권이 확보될 수 있도록 하여, 기업 전략을 장기적으로 수립하고, 이에 맞춰 과감하고 지속적인 투자를 할 수 있어서 첨단 핵심 기술의 개발에도 유리한 면이 있다. 그리고 기업과 경영진 간의 높은 일체성은 위기 상황에서 신속한 의사 결정으로 효율적인 대처를 하는 데 도움을 주기도 한다.

그런데 대체로 주주의 수가 많으면 개별 주주의 결정권은 약하고, 소수의 경영진이 기업을 장악하는 힘은 크다. 이를 이용하여 정보와 권한이 집중된 소수의 경영진이 사익에 치중하면다수 주주의 이익이 침해되는 폐해가 나타날 수 있다. 경영 성과를 실제보다 부풀려 투자를 유치한 뒤 주주들에게 회복하기 어려운 손해를 입히는 경우도 있으며, 기업 운영에 중대한 영향을 미치는 주요 정보들을 은폐하거나 경영 상황을 조작하여 발표함으로써 결과적으로 기업의 가치에 심각한 타격을 주는 사례도 종종 보게 된다.

< 보 기 >

X사는 정밀 부품 분야에서 독보적인 기술을 장기간 보유하여 발전시켜 온 기업으로서 시장 점유율도 높다. 원래 X사의 주주들은 모두 함께 경영진이 되어 중요 사항에 대하여 동등한 결정권을 보유하였으나, 기업이 성장하면서 효율성 증진을 위하여 소수의 주주만으로 경영진을 구성하였다. 경영진은 주기적으로 다른 주주들로 교체되어 전체 주주는 기업의 경영상태를 파악할 수 있으며, 경영 이익의 분배와 같은 주요 사항은 전체 주주가 공동으로 의결한다. X사의 주주 A와 B는 회사의 진로에 관하여 다음과 같은 대화를 나누었다.

A : 최근 치열해진 경쟁에 대응하려면, 경영진의 구성원을 변동시키지 않고 경영 결정권도 경영진이 전적으로 행사하도록 하는 게 좋겠습니다.

B : 시장 점유율도 잘 유지되고 있고 우리 주주들의 전문성도 탁월하니, 예전처럼 회사를 운영한다고 하더라도 문제없을 듯합니다.

0**40**. X사는 주주들 사이의 평등성이 강하여 과도한 정보 격차나 권한 집중과 같은 폐해를 보이지 않는다.

0**41**. A는 결속력이 강한 소수의 경영진을 중심으로 운영되는 경영방식을 현행대로 유지하여야 시장의 점유율을 지킬 수 있다고 보는 입장이다.

0**42**. A와 B는 현재 X사가 경험과 전문성을 바탕으로 안정적인 과두제적 경영을 하고 있다는 전제에서 논의를 한다.

특정 주제를 깊이 있게 탐구하기 위한 독서는 지식을 습득하고 이를 비판적·종합적으로 탐구하는 독서이다. 이러한 독서는 목차나 책 전체를 훑어보아 글의 전체 구조를 파악하고, 필요한 부분을 찾아 중점적으로 읽을 내용을 선별하는 것으로부터 출발한다. 이어 독자는 글 표면에 드러난 내용을 정확하고 충분하게 읽기, 글 이면의 내용을 추론하고 비판하며 읽기, 여러 관점을 비교하고 종합하며 읽기와 같은 방법을 적절히 조합하여 선별한 내용을 읽게 된다.

위 과정에서 독자는 자신의 배경지식과 새로이 얻은 지식을 통합하여 의미를 구성한다. 그런데 이렇게 개인의 머릿속에서 구성된 의미는 다른 사회 구성원들과의 상호 작용을 거쳐 재구성된다. 따라서 특정 주제를 깊이 있게 탐구하기 위한 독서의 의미 구성은 개인적 차원뿐 아니라 사회적 차원에서도 이루어지는 것으로 이해되어야 한다.

이를 감안하면 특정 주제를 깊이 있게 탐구하기 위한 독서에서는 기록의 역할이 부각된다. 탐구 과정에서 개인적으로 구성한 의미를 기록하는 것은 읽은 내용의 망각을 방지하며, 비판과 토론의 자료로서 사회적 차원의 의미 구성에 기여한다. 또한 보고서, 논문, 단행본 등의 형태로 발전하여 공동체의 지식이 축적되는 토대를 이룬다. 이렇게 볼 때 특정 주제를 깊이 있게 탐구하기 위한 독서는 학문 탐구의 과정에서 글을 읽고 의견을 주고받으며 토론하는 강론 또는 기록을 권유했던 전통과도 맥을 같이한다.

<보기>

학문하는 데는 연속적으로 공부하는 것을 중히 여긴다. 한번이라도 그 맥이 끊어지게 되면 정신이 새어 나가고 성의가 흩어져 버리니, 어떻게 학문의 깊은 뜻을 꿰뚫어 볼 수 있겠는가? 벗끼리 서로 돕는 것으로는 함께 모여 학문을 강론하는 것보다 나은 것이 없다. 그런데 퇴계(退溪)는 "읽은 것을 얼굴을 마주하고 강론하는 것이 좋기는 하지만, 항상 마음속의 생각을 다 드러내지는 못하고 만다. 그러니 의문이 드는 부분을 뽑아 기록해서 벗에게 보내 자세히 살펴볼 수 있게 하는 것만 못하다."라고 하였다. 그 뜻이 참으로 옳다.

-이익, 「서독승면론」-

043. '정신이 새어 나가고 성의가 흩어져 버리'는 데 대한 우려는 기록의 궁극적 목적이 망각의 방지에 있음을 시사한다.

비교 대상끼리 공통·차이점, 연결 흐리기

비교 대상끼리 공통·차이점, 연결 흐리기

지문에서 '인물', '이론', '시대', '여러가지 방법 차이', '분류', '대상의 변화' 주제가 나오면 곧 비교를 하는 문제가 등장한다. 비교대상끼리의 공통점을 차이점으로 바꿔 출제하거나, 차이점을 공통점으로 바꾼다거나, 대상끼리의 특징을 서로 바꿔 내는 등의 방법이 주로 이용된다.

2019학년도 11월 수능 38번 오답율 43.3%

국제법에서 일반적으로 조약은 국가나 국제기구들이 그들 사이에 지켜야 할 구체적인 권리와 의무를 명시적으로 합의하여 창출하는 규범이며, 국제 관습법은 조약 체결과 관계없이 국제 사회 일반이 받아들여 지키고 있는 보편적인 규범이다. 반면에 경제 관련 국제기구에서 어떤 결정을 하였을 경우, 이 결정 사항 자체는 권고적 효력만 있을 뿐 법적 구속력은 없는 것이 일반적이다. 그런데 국제결제은행 산하의 바젤위원회가 결정한 BIS 비율 규제와 같은 것들이 비회원의 국가에서도 엄격히 준수되는 모습을 종종 보게 된다. 이처럼 일종의 규범적 성격이 나타나는 현실을 어떻게 이해할지에 대한 논의가 있다. 이는 위반에 대한 제재를 통해 국제법의 효력을 확보하는 데 주안점을 두는 일반적 경향을 되돌아보게 한다. 곧 신뢰가 형성하는 구속력에 주목하는 것이다.

(중략)

바젤위원회에서는 은행 감독 기준을 협의하여 제정한다. 그 헌장에서는 회원들에게 바젤 기준을 자국에 도입할 의무를 부과한다. 하지만 바젤위원회가 초국가적 감독 권한이 없으며 그의 결정도 법적 구속력이 없다는 것 또한 밝히고 있다. 현재 바젤위원회에서는 28개국의 금융 당국들이 회원으로 가입되어 있으며, 바젤 기준은 100개가 넘는 국가가 채택하여 따른다. 이는 국제기구의 결정에 형식적으로 구속을 받지 않는 국가에서서까지 자발적으로 받아들여 시행하고 있다는 것인데, 이런 현

실을 말랑말랑한 법(soft law)의 모습이라 설명하기도 한다. 이때 조약이나 국제 관습법은 그에 대비하여 딱딱한 법(hard law)이라 부르게 된다. 바젤 기준도 장래에 딱딱하게 응고될지 모른다.

---

③ 딱딱한 법에서는 일반적으로 제재보다는 신뢰로써 법적 구속력을 확보하는 데 주안점이 있다.

국제법에서 일반적으로 조약은 국가나 국제기구들이 그들 사이에 지켜야 할 구체적인 권리와 의무를 명시적으로 합의하여 창출하는 규범이며, 국제 관습법은 조약 체결과 관계없이 국제 사회 일반이 받아들여 지키고 있는 보편적인 규범이다. 반면에 경제 관련 국제기구에서 어떤 결정을 하였을 경우, 이 결정 사항 자체는 권고적 효력만 있을 뿐 법적 구속력은 없는 것이 일반적이다. 그런데 국제결제은행 산하의 바젤위원회가 결정한 BIS 비율 규제와 같은 것들이 비회원의 국가에서도 엄격히 준수되는 모습을 종종 보게 된다. 이처럼 일종의 규범적 성격이 나타나는 현실을 어떻게 이해할지에 대한 논의가 있다. 이는 위반에 대한 제재를 통해 국제법의 효력을 확보하는 데 주안점을 두는 일반적 경향을 되돌아보게 한다. 곧 신뢰가 형성하는 구속력에 주목하는 것이다.

(중략)

바젤위원회에서는 은행 감독 기준을 협의하여 제정한다. 그 헌장에서는 회원들에게 바젤 기준을 자국에 도입할 의무를 부과한다. 하지만 바젤위원회가 초국가적 감독 권한이 없으며 그의 결정도 법적 구속력이 없다는 것 또한 밝히고 있다. 현재 바젤위원회에서는 28개국의 금융 당국들이 회원으로 가입되어 있으며, 바젤 기준은 100개가 넘는 국가가 채택하여 따른다. 이는 국제기구의 결정에 형식적으로 구속을 받지 않는 국가에서까지 자발적으로 받아들여 시행하고 있다는 것인데, 이런 현실을 말랑말랑한 법(soft law)의 모습이라 설명하기도 한다. 이때 조약이나 국제 관습법은 그에 대비하여 딱딱한 법(hard law)이라 부르게 된다. 바젤 기준도 장래에 딱딱하게 응고될지 모른다.

③ 딱딱한 법에서는 일반적으로 제재보다는 신뢰로써 법적 구속력을 확보하는 데 주안점이 있다.

위 문제에서는 비교 대상을 국제법의 종류(조약, 국제 관습법, 국제기구의 결정)로 구분 짓고 있다.

〈딱딱한 법(hard law)〉

조약: 국가나 국제기구끼리의 규범
국제 관습법: 조약 체결과 관계없이 보편적으로 지키는 규범

↕

〈말랑말랑한 법(soft law)〉

국제기구1-1의 결정: 권고적 효력 ○, 법적 구속력×1-2. 국제기구의 결정에 형식적으로 구속을 받지 않는 국가(=비회원 국가)에서까지 자발적으로 받아들여 시행하는 모습

③번에서 딱딱한 법(조약, 국제 관습법)에서는 위반에 대한 제재를 통해 국제법의 효력을 확보하는 반면1-1, 말랑말랑한 법(=국제기구의 결정)은 신뢰가 형성하는 구속력을 통해 준수되고 있다-2. 즉 위 선지는 비교 대상과 그에 대응하는 설명을 반대로 연결한 것으로 틀린 선지이다.

2019년 6월 모의고사 28번

금융을 통화 정책의 전달 경로로만 보는 전통적인 경제학에서는 금융감독 정책이 개별 금융 회사의 건전성 확보를 통해 금융 안정을 달성하고자 하는 ㉠ 미시 건전성 정책에 집중해야 한다고 보았다. 이러한 관점은 금융이 직접적인 생산 수단이 아니므로 단기적일 때와는 달리 장기적으로는 경제 성장에 영향을 미치지 못한다는 인식과, 자산 시장에서는 가격이 본질적 가치를 초과하여 폭등하는 버블이 존재하지 않는다는 효율적 시장 가설에 기인한다. 미시 건전성 정책은 개별 금융 회사의 건전성에 대한 예방적 규제 성격을 가진 정책 수단을 활용하는데, 그 예로는 향후 손실에 대비하여 금융 회사의 자기자본 하한을 설정하는 최저 자기자본 규제를 들 수 있다.

이처럼 전통적인 경제학에서는 금융감독 정책을 통해 금융 안정을, 통화 정책을 통해 물가 안정을 달성할 수 있다고 보는 이원적인 접근 방식이 지배적인 견해였다. 그러나 글로벌 금융위기 이후 금융 시스템이 와해되어 경제 불안이 확산되면서 기존의 접근 방식에 대한 자성이 일어났다.

(중략)

이에 기존의 정책으로는 금융 안정을 확보할 수 없고, 경제 안정을 위해서는 물가 안정뿐만 아니라 금융 안정도 필수적인 요건임이 밝혀졌다. 그 결과 미시 건전성 정책에 ㉡ 거시 건전성 정책이 추가된 금융감독 정책과 물가 안정을 위한 통화 정책 간의 상호 보완을 통해 경제 안정을 달성해야 한다는 견해가 주류를 형성하게 되었다.

거시 건전성이란 개별 금융 회사 차원이 아니라 금융 시스템 차원의 위기 가능성이 낮아 건전한 상태를 말하고, 거시 건전성 정책은 금융 시스템의 건전성을 추구하는 규제 및 감독 등을 포괄하는 활동을 의미한다. 이때, 거시 건전성 정책은 미시 건전성이 거시 건전성을 담보할 수 있는 충분조건이 되지 못한다는 '구성의 오류'에 논리적 기반을 두고 있다. 거시 건전성 정책은 금융 시스템 위험 요인에 대한 예방적 규제를 통해 금융 시스템의 건전성을 추구한다는 점에서, 미시 건전성 정책과는 차별화된다.

0**44.** ㉠은 ㉡과 달리 예방적 규제 성격의 정책 수단을 사용하여 금융 안정을 달성하고자 한다.

0**45.** ㉡은 ㉠과 달리 금융 시스템 위험 요인을 감독하는 정책 수단을 사용한다.

2023년 6월 모의고사 14번

(가)

(중략)

㉠ 확장된 인지 과정은 인지 주체의 것일 때에만, 다시 말해 환경의 변화를 탐지하고 그에 맞춰 행위를 조절하는 주체와 통합되어 있을 때에만 성립할 수 있다. 즉 로 랜즈에게 주체 없는 인지란 있을 수 없다.

(나)

(중략)

일반적으로 '지각'이란 몸의 감각 기관을 통해 사물에 대해 아는 것을 의미한다. 이러한 지각을 분석할 때 두 가지 사실에 직면한다. 첫째, 그 사물과 내 몸은 물질세계에 있다. 둘째, 그 사물에 대한 나의 의식은 물질세계가 아닌 다른 세계에 있다. 즉 몸으로서의 나는 사물과 같은 세계에 속하는 동시에 의식으로서의 나는 사물과 다른 세계에 속한다.

이에 대한 객관주의 철학의 입장은 두 가지로 나뉜다. 의식을 포함한 모든 것을 물질로 환원하여 의식은 물질에 불과하다고 주장하거나, 의식을 물질과 구분되는 독자적 실체로 규정함으로써 의식과 물질의 본질적 차이를 주장한다. 전자에 의하면 지각은 사물로부터의 감각 자극에 따른 주체의 물질적 반응으로 이해되면, 후자에 의하면 지각은 감각된 사물에 대한 주체 즉 의식의 판단으로 이해된다. 이처럼 양자 모두 주체와 대상의 분리를 전제하고 지각을 이해한다. 주체와 대상은 지각 이전에 이미 확정되어 각각 존재한다는 것이다.

지각은 주체와 대상이 각자로서 존재하기 이전에 나타나는 얽힘의 체험이다. 예를 들어 다른 사람과 손이 맞닿을 때 내가 누군가의 손을 만지는 동시에 나의 손 역시 누군가에 의해 만져진다. 감각하는 것이 동시에 감각되는 것이 되는 얽힘의 순간에, 나는 나와 대상을 확연히 구분한다. 지각이라는 얽힘의 작용이 있어야 주체와 대상이 분리될 수 있다. 다시 말해 주체와 대상은 지각이 일어난 이후 비로소 확정된다. 따라서 지각과 감각은 서

로 구분되지 않는다.

지각은 물질적 반응이나 의식의 판단이 아니라, 내 몸의 체험이다. 지각은 나의 몸에 의해 이루어지는 것이고, 지각이 이루어지게 하는 것은 모두 나의 몸이다.

다음은 (나)의 필자의 관점에서 ㉠을 평가한 내용으로, O, X 표시 하시오.

0**46**. 주체와 통합된 경우에만 확장된 인지 과정이 성립할 수 있다는 주장은, 의식은 물질에 불과하다고 본 것이므로 타당하다.

2023년 9월 모의고사 16번

(가) 18세기 이후 경제적으로 성장한 상민층에서는 '유학(幼學)' 직역*을 얻고자 하는 현상이 나타났다. 유학은 벼슬을 하지 않은 유생(儒生)을 지칭했으나, 이 시기에는 관료로 진출하지 못한 이들을 가리키는 직역 명칭으로 굳어졌다. 호적상 유학은 군역 면제라는 특권이 있어서 상민층이 원하는 직역이었다. 유학 직역의 획득은 제도적으로 양반이 되는 것을 의미하였으나 그것이 곧 온전한 양반으로 인정받는 것을 의미하는 것은 아니었다. 당시 양반 집단의 일원으로 인정받기 위해서는 유교적 의례의 준행, 문중과 족보에의 편입 등 다양한 조건이 필요했다. 이에 따라 일부 상민층은 유학 직역을 발판으로 양반 문화를 모방하면서 양반으로 인정받고자 했다.

 * 직역 : 신분에 따라 정해진 의무로서의 역할.

(중략)

(나) 유형원의 기본적인 생각은 국가 공동체를 성리학적 가치와 규범에 따라 운영하고, 구성원도 도덕적으로 만드는 도덕 국가의 건설이었다. 신분 세습을 비판한 그는 현명한 인재라도 노비로 태어나면 노비로 살아야 하는 것이 천하의 도리에 어긋난다고 보고, 노비제 폐지를 주장했다. 아울러 비도덕적 직업이라고 생각한 광대와 같은 직업군을 철폐하고, 사농공상(士農工商)의 사민(四民)으로 편성하고자 했다. 그는 과거제 대신 공거제를 통해 도덕적 능력이 뛰어난 자를 추천으로 선발하여 여러 단계의 교육을 한 후, 최소한의 학식을 확인하여 관료로 임명해야 한다고 제안했다. 도덕을 기준으로 관료를 선발하고 지방에도 관료 선발 인원을 적절히 분배하면 향촌 사회의 풍속도 도덕적으로 이끌 수 있다고 본 것이다.

정약용은 신분제가 동요하는 상황에서 사민이 뒤섞여 사는 것이 교화에 도움이 되지 않는다고 보고, 사농공상별로 구분하여 거주하는 것을 포함한 행정 구역 개편을 구상했다. 이에 맞춰 사(士) 집단을 재편하고자 했다. 도덕적 능력의 여부에 따라 추천으로 예비 관료인 '선사'를 선발하고 일정한 교육을 한 후, 여러 단계의 시험을 거쳐 관료를 선발할 것을 제안했다. 사 거주지에서 더 많은 선사를 선발하도록 했지만, 농민과 상공인에도 선사의 선발 인원을 배정하는 등 노비 이외에서 사 집단으로 진출할 수 있도록 했다. 노비제에 대해서는 사를 뒷받침하기 위해 유지되어야 한다고 주장했다.

도덕적 능력주의와 관련하여 두 사람은 모두 사회 지배층으로서의 사에 주목했다. 유형원은 다스리는 자인 사와 다스림을 받는 민의 구분을 분명히 하는 것이 천하의 이치라고 보고 도덕적 능력이 뛰어난 사람들로 지배층인 사를 구성하고자 했다. 정약용도 양반의 세습을 비판하며 도덕적 능력에 따라 사회 지배층을 재편하는 데 입장을 같이했다. 또한 두 사람은 사회 전체의 도덕 실천을 이끌기 위해 사 집단에 정치권력, 경제력 등을 집중시키려 했고, 지배층과 피지배층 간의 차등을 엄격하게 유지하고자 했다. 내용에서 일부 차이가 있었지만, 두 사람은 사회 지배층의 재구성을 통해 도덕 국가 체제를 추구했다.

< 보 기 >

16세기 초 영국의 토머스 모어는 '유토피아'라는 가상 국가를 통해 당대 사회를 비판했다. 그가 제시한 유토피아에서는 현실 국가와 달리 모두가 일을 하고, 사치에 필요한 일은 하지 않기 때문에 하루 6시간만 일해도 경제적으로 풍요롭다. 하지만 이곳에서도 노동을 면제받는 '학자 계급'이 존재한다. 성직자, 관료 등의 권력층은 이 학자 계급에서만 나오도록 하였는데, 학자 계급은 의무가 면제되는 대신 연구와 공공의 일에 전념한다. 학자 계급은 능력 있는 이를 성직자가 추천하고, 대표들이 승인하는 절차를 거쳐야 될 수 있다. 그러나 학자 계급도 성과가 부족하면 '노동 계급'으로 환원될 수 있고, 노동 계급도 공부에 진전이 있으면 학자 계급으로 승격될 수 있다.

(가), (나)를 바탕으로 〈보기〉에 대해 보인 반응이다.

0**47**. 유토피아에서 '학자 계급'에서만 권력층이 나오도록 한 것은, (나)에서 우월한 집단인 '사 집단'에 정치권력을 집중시키고자 한 유형원, 정약용의 생각과 유사하군.

0**48**. 유토피아에서 '노동 계급'이 '학자 계급'으로 승격되는 것은 학업 능력을 기준으로 추천받는다는 점에서, (가)의 상민 출신인 '유학'이 '양반'으로 인정받는 것과는 다르군.

0**49**. 유토피아에서 '노동 계급'과 '학자 계급' 간의 이동이 가능한 것은 계급 간 차등이 없음을 전제하므로, (나)에서 차등을 엄격하게 유지하고자 한 유형원, 정약용의 구상과는 다르군.

채권은 어떤 사람이 다른 사람에게 특정 행위를 요구할 수 있는 권리이다. 이 특정 행위를 급부라 하고, 특정 행위를 해주어야 할 의무를 채무라 한다.

(중략)

당장 필요한 재화나 서비스는 그 제공을 급부로 하는 계약을 성립시켜 확보하면 되지만 미래에 필요할 수도 있는 재화나 서비스라면 계약을 성립시킬 수 있는 권리를 확보하는 것이 유리하다. 이를 위해 '예약'이 활용된다. 일상에서 예약이라고 할 때와 법적인 관점에서의 예약은 구별된다. 기차 탑승을 위해 미리 돈을 지불하고 승차권을 구입하는 것을 '기차 승차권을 예약했다'고도 하지만 이 경우는 예약에 해당하지 않는 계약이다. 법적으로 예약은 당사자들이 합의한 내용대로 권리가 발생하는 계약의 일종으로, 재화나 서비스 제공을 급부 내용으로 하는 다른 계약인 '본계약'을 성립시킬 수 있는 권리 발생을 목적으로 한다.

(중략)

예약에서 예약상의 급부나 본계약상의 급부가 이행되지 않는 문제가 생길 수 있는데, 예약의 유형에 따라 발생 문제의 양상이 다르다. 일반적으로 급부가 이행되지 않아 채권자에게 손해가 발생한 경우 채무자는 자신의 고의나 과실에서 비롯된 것이 아님을 증명하지 못하는 한 채무 불이행 책임을 진다. 이로 인해 채무의 내용이 바뀌는데 원래의 급부 내용이 무엇이든 채권자의 손해를 돈으로 물어야 하는 손해 배상 채무로 바뀐다.

만약 타인이 고의나 과실로 예약상 권리자가 가진 권리 실현을 방해했다면 예약상 권리자는 그에게도 책임을 물을 수 있다. 법률에 의하면 누구든 고의나 과실에 의해 타인에게 피해를 끼치는 행위를 하고 그 행위의 위법성이 인정되면 불법행위 책임이 성립하여, 가해자는 피해자에게 손해를 돈으로 배상할 채무를 지기 때문이다. 다만 예약상 권리자에게 예약 상대방이나 방해자 중 누구라도 손해 배상을 하면 다른 한쪽의 배상 의무도 사라진다. 급부 내용이 동일하기 때문이다.

< 보 기 >

특별한 행사를 앞두고 있는 갑은 미용실을 운영하는 을과 예약을 하여 행사 당일 오전 10시에 머리 손질을 받기로 했다. 갑이 시간에 맞춰 미용실을 방문하여 머리 손질을 요구했을 때 병이 이미 을에게 머리 손질을 받고 있었다. 갑이 예약해 둔 시간에 병이 고의로 끼어들어 위법성이 있는 행위를 하여 ㉮ 갑은 오전 10시에 머리 손질을 받을 수 없는 손해를 입었다.

0**50.** ㉮가 발생하는 과정에서 을에게 고의나 과실이 있는지 없는지 증명되지 않은 경우, 을과 병은 모두 갑에게 채무를 지고 그에따른 급부의 내용은 동일하다.

0**51.** ㉮가 발생하는 과정에서 을에게 고의나 과실이 있는지 없는지 증명되지 않은 경우, 을과 병은 모두 채무 불이행 책임을 지므로 갑에게 손해 배상 채무를 진다.

영상 안정화 기술에는 빛을 이용하는 광학적 기술과 소프트웨어를 이용하는 디지털 기술 등이 있다. 광학 영상 안정화(OIS) 기술을 사용하는 카메라 모듈은 렌즈 모듈, 이미지 센서, 자이로 센서, 제어 장치, 렌즈를 움직이는 장치로 구성되어 있다. 렌즈 모듈은 보정용 렌즈들을 포함한 여러 개의 렌즈들로 구성된다. 일반적으로 카메라는 렌즈를 통해 들어온 빛이 이미지 센서에 닿아 피사체의 상이 맺히고, 피사체의 한 점에 해당하는 위치인 화소마다 빛의 세기에 비례하여 발생한 전기 신호가 저장 매체에 영상으로 저장된다. 그런데 카메라가 흔들리면 이미지 센서 각각의 화소에 닿는 빛의 세기가 변한다. 이때 OIS 기술이 작동되면 자이로 센서가 카메라의 움직임을 감지하여 방향과 속도를 제어 장치에 전달한다. 제어 장치가 렌즈를 이동시키면 피사체의 상이 유지되면서 영상이 안정된다.

렌즈를 움직이는 방법 중에는 보이스코일 모터를 이용하는 방법이 많이 쓰인다.

(중략)

이외에도 카메라가 흔들릴 때 이미지 센서를 움직여 흔들림을 감쇄하는 방식도 이용된다.

OIS 기술이 손 떨림을 훌륭하게 보정해 줄 수는 있지만 렌즈의 이동 범위에 한계가 있어 보정할 수 있는 움직임의 폭이 좁다. 디지털 영상 안정화(DIS) 기술은 촬영 후에 소프트웨어를 사용해 흔들림을 보정하는 기술로 역동적인 상황에서 촬영한 동영상에 적용할 때 좋은 결과를 얻을 수 있다. 이 기술은 촬영된 동영상을 프레임 단위로 나눈 후 연속된 프레임 간 피사체의 움직임을 추정한다.

(중략)

그리고 흔들림이 발생한 곳으로 추정되는 프레임에서 위치 차이만큼 보정하여 흔들림의 영향을 줄이면 보정된 동영상은 움직임이 부드러워진다.

윗글을 이해한 내용으로, 각각 O, X 표시 하시오.

0**52**. 디지털 영상 안정화 기술은 소프트웨어를 이용하여 이미지 센서를 이동시킨다.

0**53**. 광학 영상 안정화 기술을 사용하지 않는 디지털 카메라에도 이미지 센서는 필요하다.

㉠ 내인성 레트로바이러스는 생명체의 DNA의 일부분으로, 레트로바이러스로부터 유래된 것으로 여겨지는 부위들이다. 이는 바이러스의 활성을 가지지 않으며 사람을 포함한 모든 포유류에 존재한다. ㉡ 레트로바이러스는 자신의 유전 정보를 RNA에 담고 있고 역전사 효소를 갖고 있는 바이러스로서, 특정한 종류의 세포를 감염시킨다. 유전 정보가 담긴 DNA로부터 RNA가 생성되는 전사 과정만 일어날 수 있는 다른 생명체와는 달리, 레트로바이러스는 다른 생명체의 세포에 들어간 후 역전사 과정을 통해 자신의 RNA를 DNA로 바꾸고 그 세포의 DNA에 끼어들어 감염시킨다. 이후에는 다른 바이러스와 마찬가지로 자신이 속해 있는 생명체를 숙주로 삼아 숙주 세포의 시스템을 이용하여 복제, 증식하고 일정한 조건이 되면 숙주 세포를 파괴한다.

그런데 정자, 난자와 같은 생식 세포가 레트로바이러스에 감염되고도 살아남는 경우가 있었다. 이런 세포로부터 유래된 자손의 모든 세포가 갖게 된 것이 내인성 레트로바이러스이다. 내인성 레트로바이러스는 세대가 지나면서 돌연변이로 인해 염기 서열의 변화가 일어나며 해당 세포 안에서는 바이러스로 활동하지 않는다. 그러나 내인성 레트로바이러스를 떼어 내어 다른 종의 세포 속에 주입하면 이는 레트로바이러스로 변환되어 그 세포를 감염시키기도 한다. 따라서 미니돼지의 DNA에 포함된 내인성 레트로바이러스를 효과적으로 제거하는 기술이 개발 중에 있다.

㉠과 ㉡에 대한 설명으로 각각 O, X 표시 하시오.

0**54**. ㉠은 ㉡과 달리 자신이 속해 있는 생명체의 모든 세포의 DNA에 존재한다.

0**55**. ㉠과 ㉡은 둘 다 자신이 속해 있는 생명체의 유전 정보를 가지고 있다.

시각 매체의 확장은 사료의 유형을 더욱 다양하게 했다. 이에 따라 역사학에서 영화를 통한 역사 서술에 대한 관심이 일고, 영화를 사료로 파악하는 경향도 나타났다. 역사가들이 주로 사용하는 문헌 사료의 언어는 대개 지시 대상과 물리적·논리적 연관이 없는 추상화된 상징적 기호이다. 반면 영화는 카메라 앞에 놓인 물리적 현실을 이미지화하기 때문에 그 자체로 물질성을 띤다. 즉, 영화의 이미지는 닮은꼴로 사물을 지시하는 도상적 기호가 된다. 광학적 메커니즘에 따라 피사체로부터 비롯된 영화의 이미지는 그 피사체가 있었음을 지시하는 지표적 기호이기도 하다. 예를 들어 다큐멘터리 영화는 피사체와 밀접한 연관성을 갖기 때문에 피사체의 진정성에 대한 믿음을 고양하여 언어적 서술에 비해 호소력 있는 서술로 비춰지게 된다.

윗글에 대한 이해로 각각 O, X 표시 하시오.

0**56.** 문헌 사료의 언어는 다큐멘터리 영화의 이미지에 비해 지시 대상에 대한 지표성이 강하다.

0**57.** 카메라를 매개로 얻어진 영화의 이미지는 지시 대상과 닮아 있다는 점에서 상징적 기호이다.

물건을 사용하고 있는 사람이 그 물건의 주인일까? 점유란 물건에 대한 사실상의 지배 상태를 뜻한다. 이에 비해 소유란 어떤 물건을 사용·수익·처분할 수 있는 권리를 가진 상태라고 정의된다. 따라서 점유자와 소유자가 항상 일치하지는 않는다.

[A] 물건을 빌려 쓰거나 보관하고 있는 것을 포함하여 물건을 물리적으로 지배하는 상태를 직접점유라고 한다. 이에 비해 어떤 물건을 빌려 쓰거나 보관하는 사람에게 그 물건의 반환을 청구할 수 있는 권리를 가진 사람도 사실상의 지배를 한다고 볼 수 있다. 이와 같이 반환청구권을 가진 상태를 간접점유라고 한다. 직접점유와 간접점유는 모두 점유에 해당한다. 점유는 소유자를 공시하는 기능도 수행한다. 공시란 물건에 대해 누가 어떤 권리를 가지고 있는지를 알려 주는 것이다. 물건 중에서 피아노, 금반지, 가방 등과 같은 대부분의 동산은 점유에 의해 소유권이 공시된다.

[A]에 대한 이해로 각각 O, X 표시 하시오.

0**58.** 하나의 동산에 직접점유자가 있으려면 간접점유자도 있어야 한다.

0**59.** 피아노의 직접점유자가 있으면 그 피아노의 간접점유자는 소유자가 아니다.

최한기의 인체관을 함축하는 개념 중 하나는 '몸기계'였다. 그는 이 개념을 본격적으로 사용하기에 앞서 인체를 형체와 내부 장기로 구성된 일종의 기계로 파악하고 있었다. 이러한 생각은 『전체신론(全體新論)』 등 흡슨의 저서를 접한 후 더 분명해져서 인체를 복잡한 장치와 그 작동으로 이루어진 몸기계로 형상화하면서도, 인체가 외부 동력에 의한 기계적 인과 관계에 지배되는 것이 아니라 그 자체가 생명력을 가지고 자발적인 운동을 한다고 보았다. 이는 인체를 '신기(神氣)'와 결부하여 이해한 결과였다. 기계적 운동의 인과 관계를 설명하려면 원인을 찾는 과정이 꼬리에 꼬리를 물고 이어지게 된다. 따라서 이러한 무한 소급을 끝맺으려면 운동의 최초 원인을 상정해야만 한다. 이 문제를 해결하기 위해 의료 선교사인 흡슨은 창조주와 같은 질적으로 다른 존재를 상정하였다. 기독교적 세계관을 부정했던 최한기는 인체를 구성하는 신기를 신체 운동의 원인으로 규정하여 이 문제를 해결하려 하였다.

최한기는 『전체신론』에 수록된, 뇌로부터 온몸에 뻗어 있는 신경계 그림을 접하고, 신체 운동을 주관하는 뇌의 역할과 중요성을 인정하였다. 하지만 뇌가 운동뿐만 아니라 지각을 주관한다는 흡슨의 뇌주지각설(腦主知覺說)에 관심을 기울이면서도, 뇌주지각설은 완전한 체계를 이루기에 불충분하다고 보았다. 뇌가 지각을 주관하는 과정을 창조주의 섭리로 보고 지각 작용과 기독교적 영혼 사이의 연관성을 부각하려 한 『전체신론』의 견해를 부정하고, 대신 '심'이 지각 운용을 주관한다는 심주지각설이 더 유용하다고 주장하였다.

그러나 종래의 심주지각설을 그대로 수용한 것은 아니었다. 기존의 심주지각설이 '심'을 심장으로 보았던 것과 달리 그는 신기의 '심'으로 파악하였다. 그에 따르면, 신기는 신체와 함께 생성되고 소멸되는 것으로, 뇌나 심장 같은 인체 기관이 아니라 몸을 구성하면서 형체가 없이 몸속을 두루 돌아다니는 것이다. 신기는 유동적인 성질을 지녔는데 그 중심이 '심'이다. 신기는 상황에 따라 인체의 특정 부분에 더 높은 밀도로 몰린다. 그래서 특수한 경우에는 다른 곳으로 중심이 이동하는데, 신기가 균형을 이루어야 생명 활동과 지각이 제대로 이루어질 수 있다. 그는 경험 이전에 아무런 지각 내용을 내포하지 않고 있는 신기가 감각 기관을 통한 지각 활동에 의해 외부 세계의 정보를 받아들여 기억으로 저장한다고 파악하였다. 신기는 한 몸을 주관하며 그 자체가 하나로 통합되어 있기 때문에 감각을 통합할 수 있으며, 지각 내용의 종합과 확장, 곧 스스로의 사유를 통해 지각 내용을 조정하고, 그러한 작용에 적응하여 온갖 세계의 변화에 대응할 수 있다고 보았다.

0**60.** 데카르트와 최한기는 모두 인간의 사고 작용이 일어나는 곳은 두뇌라고 보았겠군.

0**61.** 데카르트와 달리 최한기는 인간의 사고가 신체와 영향을 주고 받음을 설명할 수 없다는 비판을 받지는 않겠군.

0**62.** 데카르트의 견해에서도 최한기에서처럼 기계적 운동의 최초 원인을 상정하면 무한 소급의 문제를 해결할 수 있겠군.

2018년 6월 모의고사 35번

LFIA 키트를 이용하면 키트에 나타나는 선을 통해, 액상의 시료에서 검출하고자 하는 목표 성분의 유무를 간편하게 확인할 수 있다. LFIA 키트는 가로로 긴 납작한 막대 모양인데, 시료 패드, 결합 패드, 반응막, 흡수 패드가 순서대로 나란히 배열된 구조로 되어 있다. 시료 패드로 흡수된 시료는 결합 패드에서 복합체와 함께 반응막을 지나 여분의 시료가 흡수되는 흡수 패드로 이동한다. 결합 패드에 있는 복합체는 금-나노 입자 또는 형광 비드 등의 표지 물질에 특정 물질이 붙어 이루어진다. 표지 물질은 발색 반응에 의해 색깔을 내는데, 이 표지 물질에 붙어 있는 특정 물질은 키트 방식에 따라 종류가 다르다. 일반적으로 한 가지 목표 성분을 검출하는 키트의 반응막에는 항체들이 띠 모양으로 두 가닥 고정되어 있는데, 그중 시료 패드와 가까운 쪽에 있는 가닥이 검사선이고 다른 가닥은 표준선이다. 표지 물질이 검사선이나 표준선에 놓이면 발색 반응에 의해 반응선이 나타난다. 검사선이 발색되어 나타나는 반응선을 통해서는 목표 성분의 유무를 판정할 수 있다. 표준선이 발색된 반응선이 나타나면 검사가 정상적으로 진행되었음을 알 수 있다.

LFIA 키트는 주로 ㉠ 직접 방식 또는 ㉡ 경쟁 방식으로 제작되는데, 방식에 따라 검사선의 발색 여부가 의미하는 바가 다르다. 직접 방식에서 복합체에 포함된 특정 물질은 목표 성분에 결합할 수 있는 항체이다. 시료에 목표 성분이 포함되어 있다면 목표 성분은 이 항체와 일차적으로 결합하고, 이후 검사선의 고정된 항체와 결합한다. 따라서 검사선이 발색되면 시료에서 목표 성분이 검출되었다고 판정한다. 한편 경쟁 방식에서 복합체에 포함된 특정 물질은 목표 성분에 대한 항체가 아니라 목표 성분 자체이다. 만약 시료에 목표 성분이 포함되어 있으면 시료의 목표 성분과 복합체의 목표 성분이 서로 검사선의 항체와 결합하려 경쟁한다. 이때 시료에 목표 성분이 충분히 많다면 시료의 목표 성분은 복합체의 목표 성분이 검사선의 항체와 결합하는 것을 방해하므로 검사선이 발색되지 않는다.

0**63**. LFIA 키트를 사용할 때 정상적인 키트에서 검사선이 발색되지 않으면 표준선도 발색되지 않는다.

0**64**. LFIA 키트에 표지 물질이 없다면 시료에 목표 성분이 있더라도 이를 시각적으로 확인할 수 없다.

0**65**. LFIA 키트를 이용하여 검사할 때, 시료에 목표 성분이 포함되어 있지 않더라도 검사선이 발색될 수 있다.

0**66**. ㉠은 ㉡과 달리, 시료에 들어 있는 목표 성분은 검사선에 도달하기 이전에 항체와 결합을 하겠군.

0**67**. ㉡은 ㉠과 달리, 정상적인 검사로 시료에서 목표 성분을 검출했다면 반응막에 아무런 반응선도 나타나지 않았겠군.

2023년 11월 수능 7번

경마식 보도의 문제점을 줄이려는 조치가 있다. ㉮「공직선거법」의 규정에 따르면, 당선인을 예상케 하는 여론조사를 실시하는 것은 언제든지 가능하지만, 그 결과의 보도는 선거일 6일 전부터 투표 마감 시각까지 금지된다. 이러한 규정이 국민의 알 권리와 언론의 자유를 침해하는지에 대해 헌법재판소는 신뢰할 수 있는 여론조사 결과라 하더라도 선거일에 임박해 보도하면 선거에 영향을 끼칠 수 있다며 합헌 결정을 내렸다. 「공직선거법」에 근거를 둔 ㉯「선거방송심의에 관한 특별규정」은 유권자에게 영향을 줄 수 있는 사실의 왜곡 보도를 금지하고, 여론조사 결과가 오차 범위 내에 있을 때에 이를 밝히지 않은 채로 서열이나 우열을 나타내는 보도도 금지하고 있다. 언론 단체의 ㉰「선거여론조사보도준칙」은 표본오차를 감안하여 여론조사 결과를 정확하게 보도하도록 요구한다. 지지율 차이가 오차 범위 내에 있을 때 "경합"이라는 표현은 무방하지만 서열화하거나 "오차 범위 내에서 앞섰다."라는 표현처럼 우열을 나타내어 보도할 수 없다는 것이다.

< 보 기 >

다음은 ○○방송사의 의뢰로 △△여론조사 기관에서 세 차례 실시한 당선인 예측 여론조사 결과의 일부이다. (세 조사 모두 신뢰 수준 95%, 오차 범위 8.8%P임.)

구분		1차 조사	2차 조사	3차 조사
조사일		선거일 15일 전	선거일 10일 전	선거일 5일 전
조사 결과	A후보	42%	38%	39%
	B후보	32%	37%	38%
	C후보	18%	17%	17%

0**68.** 2차 조사 결과를 선거일 9일 전에 "A 후보는 B 후보에 조금 앞서고, C 후보는 3위"라고 보도하는 것은 ㉯에 위배되지만, ㉰에 위배되지 않겠군.

0**69.** 1차 조사 결과를 선거일 14일 전에 "A 후보 1위, B 후보 2위, C 후보 3위"라고 보도하는 것은 ㉯에 위배되지 않고, 2차 조사 결과를 선거일 9일 전에 같은 표현으로 보도하는 것은 ㉰에 위배되겠군.

2018년 9월 모의고사 36번

　　근대 도시의 삶의 양식은 많은 학자들의 관심을 끌어왔다. 오랫동안 지배적인 관점으로 받아들여진 것은 삶의 양식 중 노동 양식에 주목하는 생산학파의 견해였다. 생산학파는 산업혁명을 통해 근대 도시 특유의 노동 양식이 형성되는 점에 관심을 기울였다. 그들은 우선 새로운 테크놀로지를 갖춘 근대 생산 체제가 대규모의 노동력을 각지로부터 도시로 끌어 모으는 현상에 주목했다. 또한 다양한 습속을 지닌 사람들이 어떻게 대규모 기계의 리듬에 맞추어 획일적으로 움직이는 노동자가 되는지 탐구했다. 예를 들어, 미셸 푸코는 노동자를 집단 규율에 맞춰 금욕 노동을 하는 유순한 몸으로 만들어 착취하기 위해 어떤 훈육 전략이 동원되었는지 연구하였다. 또한 생산학파는 노동자가 기계화된 노동으로 착취당하는 동안 감각과 감성으로 체험하는 내면세계를 상실하고 사물로 전락했다고 고발하였다. 이렇게 보면 근대 도시는 어떠한 쾌락과 환상도 끼어들지 못하는 거대한 생산 기계인 듯하다.

　　베르토프의 〈카메라를 든 사나이〉는 1920년대의 근대 도시를 소재로 한 다큐멘터리 영화다. 베르토프는 다중 화면, 화면 분할 등 다양한 영화 기법을 도입하여 도시의 일상적 공간을 새롭게 재구성하고 있다. 이 영화는 억압의 대상이던

　　노동자를 생산의 주체이자 새로운 시대의 주인공으로 묘사한다. 영화인도 노동자 중 한 사람이라고 생각했던 베르토프는 영화 속에서 주체적이고 자율적으로 영화를 제작하는 영화인의 모습을 보여 준다. 베르토프는 짧은 이미지들의 빠른 교차를 통해 영화가 편집의 예술임을 확인시켜 준다. 또한 영화관에서 신기한 장면에 즐겁게 반응하는 관객들의 모습을 영화 속에서 보여 줌으로써 영화가 상영되는 과정을 드러낸다.

0**70.** 베르토프의 영화는 분업화로 인해 영화 제작 과정에서 소외된 영화인의 모습을 보여 주는군.

0**71.** 베르토프의 영화에 등장하는 노동자의 모습은 생산학파가 묘사하는 훈육된 노동자의 모습과는 다르군.

2023년 11월 수능 15번

혼란기를 거친 송나라 초기에 중앙집권화가 추진된 이후 정치적 갈등이 드러나면서 개혁의 분위기가 조성됐다. 이러한 분위기하에서 유학자이자 개혁 사상가인 왕안석은 『노자주』를 저술했다. 그는 『노자』의 도를 만물의 물질적 근원인 '기(氣)'라고 파악하고, 현상 세계에 앞서 존재하는 기의 작용에 의해 사물이 형성된다고 보았다. 그는 기가 시시각각 변화하듯 현상 세계도 변화한다고 이해했다. 인위적인 것을 제거해야만 도가 드러나고 인간 사회가 안정된다는 『노자』를 비판한 그는 자연과 달리 인간 사회의 안정을 위해서는 제도와 규범의 제정과 같은 인간의 적극적인 개입이 필요하다고 주장했다. 지혜와 덕이 뛰어난 사람이 제정한 사회 제도와 규범도 현실 사회의 변화에 따라 새롭게 해야 한다고 주장한 것이다. 『노자』의 이상 정치가 실현되려면 유학 이념이 실질적 수단으로 사용되어야 한다고 주장하는 등 왕안석은 『노자』를 유학의 실천적 측면과 결부하여 이해했다.

송 이후 원나라에 이르러 성행하던 도교는 유학과 불교 등을 받아들여 체계화되었지만, 오징에게는 주술적인 종교에 불과했다. 유학자의 입장에서 그는 잘못된 가르침을 펴는 도교에 사람들이 빠지는 것을 경계했다. 그는 도교의 시조로 간주된 노자의 가르침이 공자의 학문과 크게 다르지 않음을 밝히고자 『도덕진경주』를 저술했다. 그는 도와 유학 이념을 관련짓는 구절을 추가하는 등 『노자』의 일부 내용을 바꾸고 기존 구성 체제를 재편했다. 『노자』의 도를 근원적인 불변하는 도로 본 그는 모든 이치를 내재한 도가 현실화하여 천지 만물이 생성된다고 이해했다. 이런 관점에서 그는 유학의 인의예지가 도의 쇠퇴 때문에 나타난 것이라는 『노자』와 달리 도가 현실화하여 드러난 것으로 해석하고, 인간이 마땅히 따라야 할 사회 규범과 사회 질서 체계도 도가 현실화한 결과로 파악했다.

072. 왕안석과 오징의 입장에서 다음의 ㄱ～ㄹ에 대해 판단해보자

> ㄱ. 도는 만물을 통해 드러나는 것이지 만물에 앞서서 존재하는 것은 아니다.
>
> ㄴ. 인간 사회의 규범은 이치를 내재한 근원적 존재인 도가 현실에 드러난 것이다.
>
> ㄷ. 도는 현상 세계의 너머에만 머물러 있지 않고 세상일과 유기적으로 관련되는 것이다.
>
> ㄹ. 도가 변화하듯이 현상 세계가 변하니, 현실 사회의 변화에 따라 인간 사회의 규범도 변해야 한다.

	왕안석	오징
ㄱ :		
ㄴ :		
ㄷ :		
ㄹ :		

조선 왕조의 기본 법전인 『경국대전』에 규정된 신분제는 신분을 양인과 천인으로 나눈 양천제이다. 양인은 과거에 응시할 수 있었지만, 납세와 군역 등의 의무를 져야 했다. 천인은 개인이나 국가에 소속되어 천역(賤役)을 담당했다. 관료 집단을 뜻하던 양반이 16세기 이후 세습적으로 군역 면제 등의 차별적 특혜를 받는 신분으로 굳어짐에 따라 양인은 사회적으로 양반, 중인, 상민으로 분화되었다. 이러한 법적, 사회적 신분제는 갑오개혁으로 철폐되기 이전까지 조선 사회의 근간이 되었다.

(중략)

유형원의 기본적인 생각은 국가 공동체를 성리학적 가치와 규범에 따라 운영하고, 구성원도 도덕적으로 만드는 도덕 국가의 건설이었다. 신분 세습을 비판한 그는 현명한 인재라도 노비로 태어나면 노비로 살아야 하는 것이 천하의 도리에 어긋난다고 보고, 노비제 폐지를 주장했다. 아울러 비도덕적 직업이라고 생각한 광대와 같은 직업군을 철폐하고, 사농공상(士農工商)의 사민(四民)으로 편성하고자 했다. 그는 과거제 대신 공거제를 통해 도덕적 능력이 뛰어난 자를 추천으로 선발하여 여러 단계의 교육을 한 후, 최소한의 학식을 확인하여 관료로 임명해야 한다고 제안했다. 도덕을 기준으로 관료를 선발하고 지방에도 관료 선발 인원을 적절히 분배하면 향촌 사회의 풍속도 도덕적으로 이끌 수 있다고 본 것이다.

정약용은 신분제가 동요하는 상황에서 사민이 뒤섞여 사는 것이 교화에 도움이 되지 않는다고 보고, 사농공상별로 구분하여 거주하는 것을 포함한 행정 구역 개편을 구상했다. 이에 맞춰 사(士) 집단을 재편하고자 했다. 도덕적 능력의 여부에 따라 추천으로 예비 관료인 '선사'를 선발하고 일정한 교육을 한 후, 여러 단계의 시험을 거쳐 관료를 선발할 것을 제안했다. 사 거주지에서 더 많은 선사를 선발하도록 했지만, 농민과 상공인에도 선사의 선발 인원을 배정하는 등 노비 이외에서 사 집단으로 진출할 수 있도록 했다. 노비제에 대해서는 사를 뒷받침하기 위해 유지되어야 한다고 주장했다.

도덕적 능력주의와 관련하여 두 사람은 모두 사회 지배층으로서의 사에 주목했다. 유형원은 다스리는 자인 사와 다스림을 받는 민의 구분을 분명히 하는 것이 천하의 이치라고 보고 도덕적 능력이 뛰어난 사람들로 지배층인 사를 구성하고자 했다. 정약용도 양반의 세습을 비판하며 도덕적 능력에 따라 사회 지배층을 재편하는 데 입장을 같이했다. 또한 두 사람은 사회 전체의 도덕 실천을 이끌기 위해 사 집단에 정치권력, 경제력 등을 집중시키려 했고, 지배층과 피지배층 간의 차등을 엄격하게 유지하고자 했다. 내용에서 일부 차이가 있었지만, 두 사람은 사회 지배층의 재구성을 통해 도덕 국가 체제를 추구했다.

073. 윗글을 바탕으로 다음의 ㄱ~ㄹ에 대해 판단해 보자.

ㄱ. 아래로 농공상이 힘써 일하고, 위로 사(士)가 효도하고 공경하니, 이는 나라의 기풍이 흐트러지지 않는 것이다.

ㄴ. 사농공상 누구나 인의(仁義)를 실천한다면 비록 농부의 자식이 관직에 나아가더라도 지나친 일이 아닐 것이다.

ㄷ. 덕행으로 인재를 판정하면 천하가 다투어 이에 힘쓸 것이니, 나라 안의 모든 이에게 존귀하게 될 기회가 열릴 것이다.

ㄹ. 양반과 상민의 구분은 엄연하니, 그 경계를 넘지 않아야 상하의 위계가 분명해지고 나라가 편안하게 다스려질 것이다.

	유형원	정약용
ㄱ :		
ㄴ :		
ㄷ :		
ㄹ :		

16세기 전반에 서양에서 태양 중심설을 지구 중심설의 대안으로 제시하며 시작된 천문학 분야의 개혁은 경험주의의 확산과 수리 과학의 발전을 통해 형이상학을 뒤바꾸는 변혁으로 이어졌다.

복잡한 문제를 단순화하여 푸는 수학적 전통을 이어받은 코페르니쿠스는 천체의 운행을 단순하게 기술할 방법을 찾고자 하였고, 그것이 일으킬 형이상학적 문제에는 별 관심이 없었다. 고대의 아리스토텔레스와 프톨레마이오스는 우주의 중심에 고정되어 움직이지 않는 지구의 주위를 달, 태양, 다른 행성들의 천구들과, 항성들이 붙어 있는 항성 천구가 회전한다는 지구 중심설을 내세웠다. 그와 달리 코페르니쿠스는 태양을 우주의 중심에 고정하고 그 주위를 지구를 비롯한 행성들이 공전하며 지구가 자전하는 우주 모형을 만들었다. 그러자 프톨레마이오스보다 훨씬 적은 수의 원으로 행성들의 가시적인 운동을 설명할 수 있었고 행성이 태양에서 멀수록 공전 주기가 길어진다는 점에서 단순성이 충족되었다. 그러나 아리스토텔레스의 형이상학을 고수하는 다수 지식인과 종교 지도자들은 그의 이론을 받아들이려하지 않았다. 왜냐하면 그것은 지상계와 천상계를 대립시키는 아리스토텔레스의 이분법적 구도를 무너뜨리고, 신의 형상을 지닌 인간을 한갓 행성의 거주자로 전락시키는 것으로 여겨졌기 때문이다.

16세기 후반에 브라헤는 코페르니쿠스 천문학의 장점은 인정하면서도 아리스토텔레스 형이상학과의 상충을 피하고자 우주의 중심에 지구가 고정되어 있고, 달과 태양과 항성들은 지구 주위를 공전하며, 지구 외의 행성들은 태양 주위를 공전하는 모형을 제안하였다. 그러나 케플러는 우주의 수적 질서를 신봉하는 형이상학인 신플라톤주의에 매료되었기 때문에, 태양을 우주 중심에 배치하여 단순성을 추구한 코페르니쿠스의 천문학을 받아들였다. 하지만 그는 경험주의자였기에 브라헤의 천체 관측치를 활용하여 태양 주위를 공전하는 행성의 운동 법칙들을 수립할 수 있었다. 우주의 단순성을 새롭게 보여주는 이 법칙들은 아리스토텔레스 형이상학을 더 이상 온존할 수 없게 만들었다.

다음은 윗글에 나타난 서양의 우주론에 대한 설명으로, O, X 판단해보시오.

0**74**. 항성 천구가 고정되어 있다고 보는 아리스토텔레스의 우주론은 천상계와 지상계를 대립시킨 형이상학을 토대로 한 것이었다.

0**75**. 많은 수의 원을 써서 행성의 가시적 운동을 설명한 프톨레마이오스의 우주론은 행성이 태양에서 멀수록 공전 주기가 길어 진다는 점에서 단순성을 갖는 것이었다.

0**76**. 지구와 행성이 태양 주위를 공전한다는 코페르니쿠스의 우주론은 이전의 지구 중심설보다 단순할 뿐 아니라 아리스토텔레스의 형이상학과 양립이 가능한 것이었다.

0**77**. 지구가 우주 중심에 고정되어 있고 다른 행성을 거느린 태양이 지구 주위를 돈다는 브라헤의 우주론은 아리스토텔레스의 형이상학에서 자유롭지 못한 것이었다.

0**78**. 태양 주위를 공전하는 행성의 운동 법칙들을 관측치로부터 수립한 케플러의 우주론은 신플라톤주의에서 경험주의적 근거를 찾은 것이었다.

하루에 필요한 에너지의 양은 하루 동안의 총 열량 소모량인 대사량으로 구한다. 그중 기초 대사량은 생존에 필수적인 에너지로, 쾌적한 온도에서 편히 쉬는 동물이 공복 상태에서 생성하는 열량으로 정의된다. 이때 체내에서 생성한 열량은 일정한 체온에서 체외로 발산되는 열량과 같다. 기초 대사량은 개체에 따라 대사량의 60~75%를 차지하고, 근육량이 많을수록 증가한다.

기초 대사량은 직접법 또는 간접법으로 구한다. ㉠ 직접법은 온도가 일정하게 유지되고 공기의 출입량을 알고 있는 호흡실에서 동물이 발산하는 열량을 열량계를 이용해 측정하는 방법이다. ㉡ 간접법은 호흡 측정 장치를 이용해 동물의 산소 소비량과 이산화 탄소 배출량을 측정하고, 이를 기준으로 체내에서 생성된 열량을 추정하는 방법이다.

0**79**. ㉠은 체온을 환경 온도에 따라 조정하는 변온 동물이 체외로 발산하는 열량을 측정할 수 없다.

0**80**. ㉡은 동물이 호흡에 이용한 산소의 양을 알 필요가 없다.

0**81**. ㉠은 ㉡과 달리 격한 움직임이 제한된 편하게 쉬는 상태에서 기초 대사량을 구한다.

0**82**. ㉠과 ㉡은 모두 일정한 체온에서 동물이 체외로 발산하는 열량을 구할 수 있다.

0**83**. ㉠과 ㉡은 모두 생존에 필수적인 최소한의 에너지를 공급하면서 기초 대사량을 구한다.

이덕무는 「입연기」를 저술하면서 청의 현실을 객관적 태도로 기록하고자 하였다. 잘 정비된 마을의 모습을 기술하며 그는 황제의 행차에 대비하여 이루어진 일련의 조치가 민생과 무관하다고 지적하였다. 하지만 청 문물의 효용을 도외시하지 않고 박제가와 마찬가지로 물질적 삶을 중시하는 이용후생에 관심을 보였다. 스스로 평등견이라 불렀던 인식 태도를 바탕으로 그는 당시 청에 대한 찬반의 이분법에서 벗어나 청과 조선의 현실적 차이뿐만 아니라 양쪽 모두의 가치를 인정하였다. 이런 시각에서 그는 청과 조선은 구분되지만 서로 배타적이지 않다고 보았다. 즉 청을 배우는 것과 조선 사람이 조선 풍토에 맞게 살아가는 것은 서로 모순되지 않는다는 것이다. 하지만 그는 중국인들의 외양이 만주족처럼 변화된 것을 보고 비통한 감정을 토로하며 중화의 중심이라 여겼던 명에 대한 의리를 중시하는 등 자신이 제시한 인식 태도에서 벗어나는 모습을 보이기도 하였다.

다음은 평등견에 대한 이해로, O, X 판단해보시오.

0**84**. 청과 조선의 가치를 평등하게 인정하고 풍토로 인한 차이를 해소하려는 인식 태도이다.

0**85**. 청에 대한 배타적 태도를 지양하고 청과 구분되는 조선의 독자성을 유지하자는 인식 태도이다.

2022년 11월 수능 12번

법령의 조문은 대개 'A에 해당하면 B를 해야 한다.'처럼 요건과 효과로 구성된 조건문으로 규정된다. 하지만 그 요건이나 효과가 항상 일의적인 것은 아니다. 법조문에는 구체적 상황을 고려해야 그 상황에 맞는 진정한 의미가 파악되는 불확정 개념이 사용될 수 있기 때문이다. 개인 간 법률관계를 규율하는 민법에서 불확정 개념이 사용된 예로 '손해 배상 예정액이 부당히 과다한 경우에는 법원은 적당히 감액할 수 있다.'라는 조문을 들 수 있다. 이때 법원은 요건과 효과를 재량으로 판단할 수 있다. 손해 배상 예정액은 위약금의 일종이며, 계약 위반에 대한 제재인 위약벌도 위약금에 속한다. 위약금의 성격이 둘 중 무엇인지 증명되지 못하면 손해 배상 예정액으로 다루어진다.

채무자의 잘못으로 계약 내용이 실현되지 못하여 계약 위반이 발생하면, 이로 인해 손해를 입은 채권자가 손해 액수를 증명해야 그 액수만큼 손해 배상금을 받을 수 있다. 그러나 손해 배상 예정액이 정해져 있었다면 채권자는 손해 액수를 증명하지 않아도 손해 배상 예정액만큼 손해 배상금을 받을 수 있다. 이때 손해 액수가 얼마로 증명되든 손해 배상 예정액보다 더 받을 수는 없다. 한편 위약금이 위약벌임이 증명되면 채권자는 위약벌에 해당하는 위약금을 받을 수 있고, 손해 배상 예정액과는 달리 법원이 감액할 수 없다. 이때 채권자가 손해 액수를 증명하면 손해 배상금도 받을 수 있다.

< 보 기 >

갑은 을에게 물건을 팔고 그 대가로 100을 받기로 하는 매매 계약을 했다. 그 후 갑이 계약을 위반하여 을은 80의 손해를 입었다. 이와 관련하여 세 가지 상황이 있다고 하자.

(가) 갑과 을 사이에 위약금 약정이 없었다.
(나) 갑이 을에게 위약금 100을 약정했고, 위약금의 성격이 무엇인지 증명되지 못했다.
(다) 갑이 을에게 위약금 100을 약정했고, 위약금의 성격이 위약벌임이 증명되었다.

(단, 위의 모든 상황에서 세금, 이자 및 기타 비용은 고려하지 않음.)

0**86**. (나)에서 을의 손해가 80임이 증명된 경우, 갑이 을에게 100을 지급해야 하고 법원이 감액할 수 있다.

0**87**. (나)에서 을의 손해가 얼마인지 증명되지 못한 경우, 갑이 을에게 100을 지급해야 하고 법원이 감액할 수 없다.

0**88**. (다)에서 을의 손해가 80임이 증명된 경우, 갑이 을에게 180을 지급해야 하고 법원이 감액할 수 있다.

1993년 노벨 화학상은 중합 효소 연쇄 반응(PCR)을 개발한 멀리스에게 수여된다. 염기 서열을 아는 DNA가 한 분자라도 있으면 이를 다량으로 증폭할 수 있는 길을 열었기 때문이다. PCR는 주형 DNA, 프라이머, DNA 중합 효소, 4종의 뉴클레오타이드가 필요하다. 주형 DNA란 시료로부터 추출하여 PCR에서 DNA 증폭의 바탕이 되는 이중 가닥 DNA를 말하며, 주형 DNA에서 증폭하고자 하는 부위를 표적 DNA라 한다. 프라이머는 표적 DNA의 일부분과 동일한 염기 서열로 이루어진 짧은 단일 가닥 DNA로, 2종의 프라이머가 표적 DNA의 시작과 끝에 각각 결합한다. DNA중합 효소는 DNA를 복제하는데, 단일 가닥 DNA의 각 염기 서열에 대응하는 뉴클레오타이드를 순서대로 결합시켜 이중 가닥 DNA를 생성한다.

PCR 과정은 우선 열을 가해 이중 가닥의 DNA를 2개의 단일 가닥으로 분리하는 것으로 시작한다. 이후 각각의 단일 가닥 DNA에 프라이머가 결합하면, DNA 중합 효소에 의해 복제되어 2개의 이중 가닥 DNA가 생긴다. 일정한 시간 동안 진행되는 이러한 DNA복제 과정이 한 사이클을 이루며, 사이클마다 표적 DNA의 양은 2배씩 증가한다.

(중략)

전통적인 PCR는 PCR의 최종 산물에 형광 물질을 결합시켜 발색을 통해 표적 DNA의 증폭 여부를 확인한다. PCR는 시료의 표적 DNA양도 알 수 있는 실시간 PCR라는 획기적인 개발로 이어졌다. 실시간 PCR는 전통적인 PCR와 동일하게 PCR를 실시하지만, 사이클마다 발색 반응이 일어나도록 하여 누적되는 발색을 통해 표적 DNA의 증폭을 실시간으로 확인할 수 있다.

(중략)

PCR는 시료로부터 얻은 DNA를 가지고 유전자 복제, 유전병 진단, 친자 감별, 암 및 감염성 질병 진단 등에 광범위하게 활용된다. 특히 실시간 PCR를 이용하면 바이러스의 감염 여부를 초기에 정확하고 빠르게 진단할 수 있다.

089. 전통적인 PCR는 표적 DNA 농도를 아는 표준 시료가 있어도 미지 시료의 표적 DNA 농도를 PCR 과정 중에 알 수 없다.

090. 실시간 PCR는 가열 과정을 거쳐야 시료에 포함된 표적 DNA의 양을 증폭할 수 있다.

091. 전통적인 PCR로 진단 검사를 할 때, 시료에 바이러스의 양이 적은 감염 초기에는 감염 여부를 진단할 수 없겠군

092. 실시간 PCR로 진단 검사를 할 때, 표적 DNA의 염기 서열이 알려져 있어야 감염 여부를 분석할 수 있겠군.

093. 실시간 PCR로 진단 검사를 할 때, 감염 여부는 PCR가 끝난 후에야 알 수 있지만 실시간 증폭은 확인할 수 있겠군.

추론

2021년 6월 모의고사 12번 오답선지 선택 비율 25.5%

베카리아는 인간이 감각적인 존재라는 사실에 맞추어 제도가 운용될 것을 역설한다. 가장 잔혹한 형벌도 계속 시행되다 보면 사회 일반은 그에 무디어져 마침내 그런 것을 봐도 옥살이에 대한 공포 이상을 느끼지 못한다. 인간의 정신에 크나큰 효과를 끼치는 것은 형벌의 강도가 아니라 지속이다. 죽는 장면의 목격은 무시무시한 경험이지만 그 기억은 일시적이고, 자유를 박탈당한 인간이 속죄하는 고통의 모습을 오랫동안 대하는 것이 더욱 강력한 억제 효과를 갖는다는 주장이다. 더욱 중요한 것을 지키기 위해 희생한 자유에는 무엇보다도 값진 생명이 포함될 수 없다고도 말한다. 이처럼 베카리아는 잔혹한 형벌을 반대하여 휴머니스트로, 최대 다수의 최대 행복을 말하여 공리주의자로, 자유로운 인간들 사이의 합의를 바탕으로 논의를 전개하여 사회 계약론자로 이해된다. 형법학에서도 형벌로 되갚아 준다는 응보주의를 탈피하여 장래의 범죄 발생을 방지한다는 일반 예방주의로 나아가는 토대를 세웠다는 평가를 받는다.

④ 베카리아는 가장 큰 가치를 내어주는 합의가 있을 수 없다는 이유로 사회 계약론의 입장에서 사형을 비판한다.

베카리아는 인간이 감각적인 존재라는 사실에 맞추어 제도가 운용될 것을 역설한다. [1-1]가장 잔혹한 형벌도 계속 시행되다 보면 사회 일반은 그에 무디어져 마침내 그런 것을 봐도 옥살이에 대한 공포 이상을 느끼지 못한다. 인간의 정신에 크나큰 효과를 끼치는 것은 형벌의 강도가 아니라 지속이다. 죽는 장면의 목격은 무시무시한 경험이지만 그 기억은 일시적이고, 자유를 박탈당한 인간이 속죄하는 고통의 모습을 오랫동안 대하는 것이 더욱 강력한 억제 효과를 갖는다는 주장이다. [1-2]더욱 중요한 것을 지키기 위해 희생한 자유에는 무엇보다도 값진 생명이 포함될 수 없다고도 말한다. 이처럼 베카리아는 잔혹한 형벌을 반대하여 휴머니스트로, 최대 다수의 최대 행복을 말하여 공리주의자로, [1-3]자유로운 인간들 사이의 합의를 바탕으로 논의를 전개하여 사회 계약론자로 이해된다. 형법학에서도 형벌로 되갚아 준다는 응보주의를 탈피하여 장래의 범죄 발생을 방지한다는 일반 예방주의로 나아가는 토대를 세웠다는 평가를 받는다.

④ 베카리아는 가장 큰 가치[1-2]를 내어주는 합의가 있을 수 없다는 이유로 사회 계약론[1-3]의 입장에서 사형을 비판한다.

위 문제에서 베카리아는 인간은 감각적인 존재라는 사실에 맞추어 제도가 운용되어야 한다는 입장으로, 사형을 반대하는 입장이다.

→ 인간은 감각적인 존재 : 형벌의 강도X 지속○ + 무엇보다도 값진 생명은 희생될 수 없음 → 사형 반대

⇒ 잔혹한 형벌 반대 → 휴머니스트, 최대 다수의 최대 행복 ➡ 공리주의자, 자유로운 인간들 사이의 합의를 바탕으로 논의를 전개 → 사회 계약론자

베카리아는 사형을 반대하는 첫 번째 이유로 '형벌의 강도가 일정 이상을 넘어가면 사람들이 무디어져 옥살이에 대한 공포 이상을 느끼지 못하여 효과가 떨어진다는 점을[1-1]', 두 번째 이유로 '더욱 중요한 것(=범죄 예방)을 지키기 위해 희생한 자유(=범죄자의 옥살이 등)에는 <u>무엇보다도 값진 생명[1-2]</u>(=선지의 '가장 큰 가치')이 포함될 수 없다.'는 점을 들고 있다.

또한 사회 계약론은 "자유로운 인간들 사이의 <u>합의를 바탕으로 논의를 전개하는 것[1-3]</u>"이고, 베카리아는 사회 계약론자로 이해[1-3]된다. 즉 그는 인간들 사이의 합의를 바탕으로 논의를 전개해 나가고 있으며, 이를 기초로 하여 사형을 비판하고 있다.

[지문]의 두 부분을 논리적으로 합칠 수 있어야 풀 수 있는 선지였다.

→ 베카리아는 "무엇보다도 값진 생명을 희생시킬 수 없다"고 주장한다 + 베카리아는 "인간들 사이의 합의를 바탕으로 논의를 전개하는 사회 계약론자이다." ⇒ 베카리아는 가장 큰 가치를 내어주는 합의가 있을 수 없다는 이유로 사회 계약론의 입장에서 사형을 비판한다.

2023년 6월 모의고사 15번

지각은 주체와 대상이 각자로서 존재하기 이전에 나타나는 얽힘의 체험이다. 예를 들어 다른 사람과 손이 맞닿을 때 내가 누군가의 손을 만지는 동시에 나의 손 역시 누군가에 의해 만져진다. 감각하는 것이 동시에 감각되는 것이 되는 얽힘의 순간에, 나는 나와 대상을 확연히 구분한다. 지각이라는 얽힘의 작용이 있어야 주체와 대상이 분리될 수 있다. 다시 말해 주체와 대상은 지각이 일어난 이후 비로소 확정된다. 따라서 ⓛ <u>지각과 감각은 서로 구분되지 않는다.</u>

지각은 물질적 반응이나 의식의 판단이 아니라, 내 몸의 체험이다. 지각은 나의 몸에 의해 이루어지는 것이고, 지각이 이루어지게 하는 것은 모두 나의 몸이다.

ⓛ의 이유로 각각 O, X 판단해보시오.

0**94.** 감각하는 것이 동시에 감각되는 것이 되는 얽힘의 작용이 지각이기 때문에

0**95.** 지각은 몸에 의해 이루어지지만 감각은 몸에 의해 이루어지지 않기 때문에

0**96.** 지각은 의식으로서의 주체가 외부의 대상을 감각하여 판단한 결과이기 때문에

2020년 12월 수능 19번

그러나 청의 번영은 지속되지 않았고, 19세기에 접어들 무렵부터는 심각한 내외의 위기에 직면해 급속한 하락의 시대를 겪게된다. 북학파들이 연행을 했던 18세기 후반에도 이미 위기의 징후들이 나타나고 있었다. 급격한 인구 증가로 인한 여러 문제는 새로운 작물 재배, 개간, 이주, 농경 집약화 등 민간의 노력에도 불구하고 해결되지 않았다. 인구 증가로 이주 및 도시화가 진행되는 가운데 전통적인 사회적 유대가 약화되거나 단절된 사람들이 상호 부조 관계를 맺는 결사 조직이 성행하였다. 이런 결사 조직은 불법적인 활동으로 연결되곤 했고 위기 상황에서는 반란의 조직적 기반이 되었다. 인맥에 기초한 관료 사회의 부정부패가 심화된 것 역시 인구 증가와 무관하지 않았다. 교육받은 지식인들이 늘어났지만 이들을 흡수할 수 있는 관료 조직의 규모는 정체되어 있었고, 경쟁의 심화가 종종 불법적인 행위로 연결되었다. 이와 같이 18세기 후반 청의 화려한 번영의 그늘에는 ㉠ <u>심각한 위기의 씨앗들이 뿌려지고 있었다.</u>

문맥을 고려할 때 ㉠의 의미를 파악한 내용으로, 각각 O, X 판단해보시오.

0**97.** 반란의 위험성 증가 등 인구 증가로 인한 문제점들이 나타나는 상황을 가리키는 것이군.

0**98.** 사회적 유대의 약화로 인하여 관료 사회의 부정부패가 심화되는 상황을 가리키는 것이군.

갑이 냉장고 문을 여니 딸기 우유와 초코 우유만 있다고 해 보자. 갑은 이것들 중 하나를 자유의지로 선택할 수 있을까?

이러한 질문과 관련하여 반자유의지 논증은 갑에게 자유의지가 없다고 결론 내린다. 우선 임의의 선택은 이전 사건들에 의해 선결정되거나 무작위로 일어난다. 여기서 무작위로 일어난다는 것은 선결정되지 않는다는 것을 의미한다. 이러한 전제하에 반자유의지 논증은 선결정 가정과 무작위 가정을 모두 고려한다. 첫 번째로 임의의 선택이 그 이전 사건들에 의해 선결정된다고 가정해 보자. 반자유의지 논증에서는 이 경우 우리에게 자유의지가 없다고 결론 내린다. 가령 갑의 딸기 우유 선택이 심지어 갑이 태어나기도 전에 선결정된 것이라면 갑이 자유의지로 그것을 선택한 것이라고 보기 어려울 것이다. 두 번째로 임의의 선택이 무작위로 일어난 것이라 가정해 보자. 반자유의지 논증에서는 이 경우에도 우리에게 자유의지가 없다고 결론 내린다. 가령 갑의 딸기 우유선택이 단지 갑의 뇌에서 무작위로 일어난 신경 사건이라고 한다면, 그것은 자유의지의 산물이라고 보기 어려울 것이다.

그러나 이 논증에 관한 다양한 비판이 가능하다. ㉠ 반자유의지 논증을 비판하는 한 입장에 따르면 반자유의지 논증의 선결정 가정을 고려할 때의 결론은 받아들여야 하지만, 무작위 가정을 고려할 때의 결론은 받아들일 필요가 없다. 따라서 반자유의지 논증의 결론도 받아들일 필요가 없다고 주장한다. 그 이유는 아래와 같다.

임의의 선택이 나의 자유의지의 산물이 되기 위해서는 다음 두 가지 조건을 모두 충족해야 한다. 첫째, 내가 그 선택의 주체여야 한다. 둘째, 나의 선택은 그 이전 사건들에 의해 선결정되지 않아야 한다. 그런데 어떤 선택이 그 이전 사건들에 의해 선결정되어 있다면, 이것은 자유의지를 위한 둘째 조건과 충돌한다. 따라서 반자유의지 논증의 선결정 가정을 고려할 때의 결론인 우리에게 자유의지가 없다는 점을 받아들여야 한다.

(중략)

다음으로, 어떤 선택이 무작위로 일어난 것이라고 하

더라도 그 선택의 주체는 나일 수 있다. 유물론적 인간관에 따르면 '갑이 딸기 우유를 선택했다'는 것은 '선택 시점에 갑의 뇌에서 신경 사건이 발생했다'는 것을 의미한다. 갑의 이러한 신경 사건이 이전 사건들에 의해 선결정되지 않은 것으로 가정해 보자. 이러한 가정 아래에서도 갑은 그 선택의 주체일 수 있다. 왜냐하면 이 가정은 선택 시점에 발생한 뇌의 신경 사건으로서 '갑이 딸기 우유를 선택했다'는 사실을 바꾸지 않기 때문이다. 결국 ⓒ 반자유의지 논증의 무작위 가정을 고려할 때의 결론은 받아들일 필요가 없다.

ⓒ의 이유로 각각 O, X 판단해보시오.

₀99. 어떤 선택은 무작위로 일어난 것이 아니기 때문이다.

100. 반자유의지 논증의 선결정 가정을 고려할 때의 결론이 받아들여져야 하기 때문이다.

101. 어떤 선택은 자유의지의 산물이 되기 위한 두 가지 조건을 모두 충족할 수 있기 때문이다.

윗글의 ⊙에 입각하여 학생이 〈보기〉와 같은 탐구 활동을 한다고 할 때, [A]에 들어갈 내용으로 각각 O, X 판단해보시오.

< 보 기 >

자유의지와 관련된 H의 가설과 실험을 보고, 반자유의지 논증에 대해 논의해 보자.

· H의 가설

인간이 결정을 내릴 때 발생하는 신경 사건이 있기 전에 그가 어떤 선택을 할지 알게 해 주는 다른 신경사건이 그의 뇌에서 매번 발생한다.

· H의 실험

피실험자의 왼손과 오른손에 각각 버튼 하나가 주어진다. 피실험자는 두 버튼 중 어떤 버튼을 누를지 특정 시점에 결정한다. 그 결정의 시점과 그 이전에 발생하는 뇌의 신경 사건을 동일한 피실험자에게서 100차례 관측한다.

∘ 논의: [A]

102. H의 가설이 실험 결과에 의해 입증된다면, 선결정 가정을 고려할 때의 결론을 거부해야 한다.

103. H의 가설이 실험 결과에 의해 입증된다면, 무작위 가정은 참일 수밖에 없다.

104. H의 가설이 실험 결과에 의해 입증되지 않는다면, 선결정 가정은 참일 수밖에 없다.

105. H의 가설이 실험 결과에 의해 입증되지 않는다면, 무작위 가정을 고려할 때의 결론을 받아들여야 하는 것은 아니다.

2022년 9월 모의고사 6번

아도르노는 서로 다른 가치 체계를 하나의 가치 체계로 통일시키려는 속성을 동일성으로, 하나의 가치 체계로의 환원을 거부하는 속성을 비동일성으로 규정하고, 예술은 이러한 환원을 거부하는 비동일성을 지녀야 한다고 주장한다. 그렇기 때문에 예술은 대중이 원하는 아름다운 상품이 되기를 거부하고, 그 자체로 추하고 불쾌한 것이 되어야 한다는 것이다. 그에게 있어 예술은 예술가가 직시한 세계의 본질을 감상자들에게 체험하게 해야 한다. 예술은 동일화되지 않으려는, 일정한 형식이 없는 비정형화된 모습으로 나타남으로써 현대 사회의 부조리를 체험하게 하는 매개여야 한다는 것이다.

(중략)

아도르노는 예술이 예술가에게 포착된 세계의 본질을 감상자로 하여금 체험하게 하는 것이어야 한다고 본다. 그러나 그는 이러한 미적 체험을 현대 사회의 부조리에 국한시킴으로써, 진정한 예술을 감각적 대상인 형태 그 자체의 비정형성에 대한 체험으로 한정한다. 결국 ㉠ 아도르노의 미학에서는 주관의 재현이라는 미메시스가 부정되고 있다.

한편 아도르노의 미학은 예술의 영역을 극도로 축소시키고 있다. 즉 그 자신은 동일화의 폭력을 비판하지만, 자신이 추구하는 전위 예술만이 진정한 예술이라고 주장하며 전위 예술의 관점에서 예술의 동일화를 시도하고 있다. 특히 이는 현실 속 다양한 예술의 가치가 발견될 기회를 박탈한다. 실수로 찍혀 작가의 어떠한 주관도 결여된 사진에서조차 새로운 예술 정신을 발견하는 것이 가능하다는 베냐민의 지적처럼, 전위 예술이 아닌 예술에서도 미적 가치를 발견할 수 있다. 또한 대중음악이 사회적 저항의 메시지를 전달하는 사례도 있듯이, 자본의 논리에 편승한 대중 예술이라 하더라도 사회에 대한 비판적 기능을 수행하는 경우도 있다.

㉠의 이유를 추론한 내용으로 O, X 판단해보시오.

106. 미적 체험의 과정에서 비정형적인 형태가 예술가의 주관으로 왜곡되기 때문이다.

107. 예술가의 주관이 가려지고 작품에 나타난 형태에 대한 체험만이 강조되기 때문이다.

사유 재산 제도하에서는 누구나 자신의 재산을 자유롭게 처분할 수 있다. 그러나 기부와 같이 어떤 재산이 대가 없이 넘어가는 무상 처분 행위가 행해졌을 때는 그 당사자인 무상 처분자와 무상 취득자의 의사와 무관하게 그 결과가 번복될 수 있다. 무상 처분자가 사망하면 상속이 개시되고, 그의 상속인들이 유류분을 반환받을 수 있는 권리인 유류분권을 행사할 수 있기 때문이다. 이때 무상 처분자는 피상속인이 되고 그의 권리와 의무는 상속인에게 이전된다.

유류분은 피상속인의 무상 처분 행위가 없었다고 가정할 때 상속인들이 상속받을 수 있었을 이익 중 법으로 보장된 부분이다.

(중략)

피상속인이 상속 개시 당시에 가졌던 재산으로부터 상속받은 이익이 있는 상속인은 유류분에 해당하는 이익의 일부만 반환받을 수 있다. 유류분에 해당하는 이익에서 이미 상속받은 이익을 뺀 값인 유류분 부족액만 반환받을 수 있기 때문이다.

(중략)

무상 처분된 물건의 시가가 변동하면 유류분 부족액을 계산할 때는 언제의 시가를 기준으로 삼아야 할까? ⑤ 유류분의 취지 비추어 상속 개시 당시의 시가를 기준으로 해야 한다. 다만 그 물건의 시가 상승이 무상 취득자의 노력에서 비롯되었으면 이때는 무상 취득 당시의 시가를 기준으로 계산해야 한다.

다음은 윗글을 통해 알 수 있는 ⑤의 이유로, O, X 판단해보시오.

108. 유류분은 피상속인이 재산을 무상 처분하지 않은 것으로 가정하여 산정되기 때문이다.

109. 유류분은 재산의 가치를 증가시킨 무상 취득자의 노력에 대한 보상으로 인정되는 것이기 때문이다.

110. 유류분은 피상속인의 재산에 대해 소유권을 나눠 가진 사람들 각자의 몫을 반영해야 하기 때문이다.

111. 유류분에 해당하는 이익의 가치가 상속 개시 전후에 걸쳐 변동되는 것을 반영해야 하기 때문이다.

2019년 11월 수능 41, 42번

국제법에서 일반적으로 조약은 국가나 국제기구들이 그들 사이에 지켜야 할 구체적인 권리와 의무를 명시적으로 합의하여 창출하는 규범이며, 국제 관습법은 조약 체결과 관계없이 국제 사회 일반이 받아들여 지키고 있는 보편적인 규범이다. 반면에 경제 관련 국제기구에서 어떤 결정을 하였을 경우, 이 결정 사항 자체는 권고적 효력만 있을 뿐 법적 구속력은 없는 것이 일반적이다. 그런데 국제결제은행 산하의 바젤위원회가 결정한 BIS 비율 규제와 같은 것들이 비회원의 국가에서도 엄격히 준수되는 모습을 종종 보게 된다. 이처럼 일종의 규범적 성격이 나타나는 현실을 어떻게 이해할지에 대한 논의가 있다. 이는 위반에 대한 제재를 통해 국제법의 효력을 확보하는 데 주안점을 두는 일반적 경향을 되돌아보게 한다. 곧 신뢰가 형성하는 구속력에 주목하는 것이다.

(중략)

바젤 협약은 우리나라를 비롯한 수많은 국가에서 채택하여 제도화하고 있다. 현재 바젤위원회에는 28개국의 금융 당국들이 회원으로 가입되어 있으며, 우리 금융 당국은 2009년에 가입하였다. 하지만 우리나라는 가입하기 훨씬 전부터 BIS 비율을 도입하여 시행하였으며, 현행 법제에도 이것이 반영되어 있다. 바젤 기준을 따름으로써 은행이 믿을 만하다는 징표를 국제 금융 시장에 보여 주어야 했던 것이다. 재무 건전성을 의심받는 은행은 국제 금융 시장에 자리를 잡지 못하거나, 심하면 아예 ⓒ 발을 들이지 못할 수도 있다.

바젤위원회에서는 은행 감독 기준을 협의하여 제정한다. 그 헌장에서는 회원들에게 바젤 기준을 자국에 도입할 의무를 부과한다. 하지만 바젤위원회가 초국가적 감독 권한이 없으며 그의 결정도 ⓓ 법적 구속력이 없다는 것 또한 밝히고 있다. 바젤 기준은 100개가 넘는 국가가 채택하여 따른다. 이는 국제기구의 결정에 형식적으로 구속을 받지 않는 국가에서까지 자발적으로 받아들여 시행하고 있다는 것인데, 이런 현실을 ㉠ 말랑말랑한 법(soft law)의 모습이라 설명하기도 한다. 이때 조약이나 국제 관습법은 그에 대비하여 딱딱한 법(hard law)이라

부르게 된다. 바젤 기준도 장래에 ⓔ 딱딱하게 응고될지 모른다.

㉠에 해당하는 사례로 O, X 판단해보시오.

112. 바젤위원회가 가입 회원이 없는 국가에 바젤 기준을 준수하도록 요청한다.

113. 바젤위원회 회원의 국가가 준수 의무가 있는 바젤 기준을 실제로는 지키지 않는다.

114. 바젤위원회 회원의 국가가 강제성이 없는 바젤 기준에 대하여 준수 의무를 이행한다.

115. 바젤위원회 회원이 없는 국가에서 바젤 기준을 제도화하여 국내에서 효력이 발생하도록 한다.

문맥상 ⓐ~ⓔ와 바꿔 쓰기에 적절한지 여부를 판단해보시오.

116. ⓒ : 바젤위원회에 가입하지

117. ⓓ : 권고적 효력이 있을 뿐이라는

118. ⓔ : 조약이나 국제 관습법이 될지

2019년 6월 모의고사 21번

고대 그리스 시대의 사람들은 신에 의해 우주가 운행된다고 믿는 결정론적 세계관 속에서 신에 대한 두려움이나, 신이 야기한다고 생각되는 자연재해나 천체 현상 등에 대한 두려움을 떨치지 못했다. 에피쿠로스는 당대의 사람들이 이러한 잘못된 믿음에서 벗어나도록 하는 것이 중요하다고 보았고, 이를 위해 인간이 행복에 이를 수 있도록 자연학을 바탕으로 자신의 사상을 전개하였다.

(중략)

이러한 에피쿠로스의 자연학은 우주와 인간의 세계에 대한 비결정론적인 이해를 가능하게 한다. 이는 원자의 운동에 관한 에피쿠로스의 설명에서도 명확히 드러난다. 그는 원자들이 수직 낙하 운동이라는 법칙에서 벗어나기도 하여 비스듬히 떨어지고 충돌해서 튕겨 나가는 우연적인 운동을 한다고 본다. 그리고 우주는 이러한 원자들에 의해 이루어졌으므로, 우주 역시 우연의 산물이라고 본다. 따라서 우주와 인간의 세계에 신의 관여는 없으며, 인간의 삶에서도 신의 섭리는 찾을 수 없다고 한다. 에피쿠로스는 이러한 생각을 인간이 필연성에 얽매이지 않고 자신의 삶을 주체적으로 살아갈 수 있게 하는 자유 의지의 단초로 삼는다.

에피쿠로스는 이를 토대로 자유로운 삶의 근본을 규명하고 인생의 궁극적 목표인 행복으로 이끄는 윤리학을 펼쳐 나간다. 결국 그는 인간이 신의 개입과 우주의 필연성, 사후 세계에 대한 두려움에서 벗어날 수 있도록 함으로써, 자신의 삶을 자율적이고 주체적으로 살 수 있는 길을 열어 주었다. 그리고 쾌락주의적 윤리학을 바탕으로 영혼이 안정된 상태에서 행복 실현을 추구할 수 있는 방안을 제시하였다.

119. 윗글을 읽은 학생이 '에피쿠로스'에 대해 비판한다고 할 때, 비판 내용으로 적절한 것만을 〈보기〉에서 있는 대로 고른 것은?

< 보 기 >

ㄱ. 신이 분노와 호의로부터 자유로운 상태라면 인간의 세계에 개입을 하지 않는다는 뜻일 텐데, 왜 신의 섭리에 따라 인간의 삶을 이해하려고 하는가?

ㄴ. 원자가 법칙에서 벗어나 우연적인 운동을 한다는 것은 인과 관계 없이 뜻하지 않게 움직인다는 뜻일 텐데, 그것이 자유 의지의 단초가 될 수 있는가?

ㄹ. 인간이 자연재해를 무서워한다면 자연재해 그 자체 때문일 수도 있을 텐데, 신이 일으키지 않았다고 해서 자연재해에 대한 두려움에서 벗어날 수 있는가?

2020년 12월 수능 36번

모델링과 렌더링을 반복하여 생성된 프레임들을 순서대로 표시하면 동영상이 된다. 프레임을 생성할 때, 모델링과 관련된 계산을 완료한 후 그 결과를 이용하여 렌더링을 위한 계산을 한다. 이때 정점의 개수가 많을수록, 해상도가 높아 출력 화소의 수가 많을수록 연산 양이 많아져 연산 시간이 길어진다. 컴퓨터의 중앙처리장치(CPU)는 데이터 연산을 하나씩 순서대로 수행하기 때문에 과도한 양의 데이터가 집중되면 미처 연산되지 못한 데이터가 차례를 기다리는 병목 현상이 생겨 프레임이 완성되는 데 오랜 시간이 걸린다. CPU의 그래픽 처리 능력을 보완하기 위해 개발된 ㉠ 그래픽처리장치(GPU)는 연산을 비롯한 데이터 처리를 독립적으로 수행할 수 있는 장치인 코어를 수백에서 수천 개씩 탑재하고 있다. GPU의 각 코어는 그래픽 연산에 특화된 연산만을 할 수 있고 CPU의 코어에 비해서 저속으로 연산한다. 하지만 GPU는 동일한 연산을 여러 번 수행해야 하는 경우, 고속으로 출력 영상을 생성할 수 있다. 왜냐하면 GPU는 한 번의 연산에 쓰이는 데이터들을 순차적으로 각 코어에 전송한 후, 전체 코어에 하나의 연산 명령어를 전달하면, 각 코어는 모든 데이터를 동시에 연산하여 연산 시간이 짧아지기 때문이다.

㉠에 대한 추론을 O, X 판단해보시오.

120. 1개의 코어만 작동할 때, 정점의 위치를 구하기 위한 연산 시간은 1개의 코어를 가진 CPU의 연산 시간과 같다.

121. 정점 위치를 구하기 위한 각 데이터의 연산을 하나씩 순서대로 처리해야 한다면, 다수의 코어가 작동하는 경우 총 연산 시간은 1개의 코어만 작동하는 경우의 총 연산 시간과 같다.

122. 정점 위치를 구하기 위해 연산해야 할 10개의 데이터를 10개의 코어에서 처리할 경우, 모든 데이터를 모든 코어에 전송하는 시간은 1개의 데이터를 1개의 코어에 전송하는 시간과 같다.

다음 상황을 생각해 보자. 나는 현실에서 아침 8시에 출발하는 기차를 놓쳤고, 지각을 했으며, 내가 놓친 기차는 제시간에 목적지에 도착했다. 그리고 나는 "만약 내가 8시 기차를 탔다면, 나는 지각을 하지 않았다."라고 주장한다. 그런데 전통 논리학에서는 "만약 A이면 B이다."라는 형식의 명제는 A가 거짓인 경우에는 B의 참 거짓에 상관없이 참이라고 규정한다. 그럼에도 ⓐ 내가 만약 그 기차를 탔다면 여전히 지각을 했을 것이라고 주장하지는 않는 이유는 무엇일까? 내가 그 기차를 탄 가능세계들을 생각해 보면 그 이유를 알 수 있다. 그 가능세계 중 어떤 세계에서 나는 여전히 지각을 한다. 가령 내가 탄 그 기차가 고장으로 선로에 멈춰 운행이 오랫동안 지연된 세계가 그런 예이다. 하지만 내가 기차를 탄 세계들 중에서, 내가 기차를 타고 별다른 이변 없이 제시간에 도착한 세계가 그렇지 않은 세계보다 우리의 현실세계와의 유사성이 더 높다. 일반적으로, A가 참인 가능세계들 중에 비교할 때, B도 참인 가능세계가 B가 거짓인 가능세계보다 현실세계와 더 유사하다면, 현실세계의 나는 A가 실현되지 않은 경우에, 만약 A라면 ~B가 아닌 B이라고 말할 수 있다.

윗글을 바탕으로 할 때, ⓐ에 대한 답을 O, X 판단해보시오.

123. 내가 그 기차를 타지 않은 가능세계들끼리 비교할 때 기차 고장이 자주 일어나지 않는 가능세계가 현실세계와의 유사성이 높기 때문이다.

124. 내가 그 기차를 탄 가능세계들끼리 비교할 때 내가 지각을 한 가능세계가 내가 지각을 하지 않은 가능세계에 비해 현실세계와의 유사성이 더 낮기 때문이다.

125. 내가 그 기차를 탄 가능세계들끼리 비교할 때 그 가능세계들의 대다수에서 내가 지각을 하지 않았기 때문이다.

2023년 11월 수능 6번

경마식 보도로부터 드러난 선거 방송의 한계를 보완하는 방책 중 하나로 선거 방송 토론회가 활용될 수 있다. 이 토론회를 통해 후보자 간 정책과 자질 등의 차이가 드러날 수 있는데, 현실적인 이유로 초청 대상자는 한정된다. ⓒ「공직선거법」의 선거 방송 토론회 규정은 5인 이상의 국회의원을 가진 정당이나 직전 선거에서 3% 이상 득표한 정당이 추천한 후보자, 또는 언론기관의 여론조사 결과 평균 지지율이 5% 이상인 후보자 등을 초청 기준으로 제시하고 있다. 다만 초청 대상이 아닌 후보자들을 위해 별도의 토론회 개최가 가능하고 시간이나 횟수를 다르게 할 수 있다.

이러한 규정이 선거 운동의 기회균등 원칙을 침해하는지에 대해 헌법재판소는 위헌이 아니라고 결정했다. ⓐ 다수 의견은 방송 토론회의 효율적 운영을 고려할 때 초청 대상 후보자 수가 너무 많으면 제한된 시간 안에 심층적인 토론이 이루어지기 어렵고, 유권자들도 관심이 큰 후보자들의 정책 및 자질을 직접 비교하기 어렵다는 점을 지적하며, 이 규정은 합리적 제한이라고 보았다. 반면 ⓑ 소수 의견은 이 규정이 가장 효과적인 선거 운동의 기회를 일부 후보자에게서 박탈하며, 유권자에게도 모든 후보자를 동시에 비교하지 못하게 하고, 초청 대상 후보자 토론회에 참여한 후보자와 그렇지 못한 후보자를 차별적으로 인식하게 만든다고 지적하였다. 이 규정을 소수 정당이나 정치 신인 등에 대한 자의적이고 차별적인 침해라고 본 것이다.

ⓒ과 관련하여 ⓐ와 ⓑ의 입장에 대한 반응을 O, X 판단해보시오.

126. 주요 후보자의 정책이 가진 치명적 허점을 지적하고 좋은 대안을 제시해 유명해진 정치 신인이 선거 방송 초청 대상 후보자 토론회에 초청받지 못한다면 ⓐ의 입장은 약화되겠군.

127. 어떤 후보자가 지지율이 낮은 후보자 간의 별도 토론회에서 뛰어난 정치 역량을 보여 주었음에도 그 토론회에 참여했다는 이유만으로 지지율이 떨어진다면 ⓑ의 입장은 약화되겠군.

128. 유권자들이 뛰어난 역량을 가진 소수 정당 후보자를 주요 후보자들과 동시에 비교할 수 있는 가장 효율적인 방법이 선거 방송 초청 대상 후보자 토론회라면 ⓑ의 입장은 약화되겠군.

순서·인과·포함관계 뒤바꾸기

2025학년도 9월 모의고사 5번 오답선지 선택 비율 25.5%

공정거래위원회는 시장 경쟁을 촉진하고 소비자 주권을 확립하기 위해, 사업자의 불공정한 거래 행위와 부당한 광고를 규제한다. 이를 위해 '공정거래법'과 '표시광고법'을 활용한다.

'공정거래법'은 사업자의 ㉠ 재판매 가격 유지 행위를 원칙적으로 금지한다. 재판매 가격 유지 행위란 사업자가 상품·용역을 거래할 때 거래 상대방 사업자 또는 그다음 거래 단계별 사업자에게 거래 가격을 정해 그 가격대로 판매·제공하도록 강제하거나 그 가격대로 판매·제공하도록 그 밖의 구속 조건을 붙여 거래하는 행위이다.

(중략)

재판매 가격 유지 행위는 사업자의 가격 결정의 자유, 즉 영업의 자유를 제한하고 사업자 간 가격 경쟁을 제한한다.

② ㉠을 '공정거래법'에서 금지하는 목적은 사업자의 가격 결정의 자유를 제한하기 위한 것이다.

위 지문은 순서·인과관계·포함관계를 물어보는 것이다. 시장 경쟁을 촉진하고 소비자 주권을 확립하기 위해 '공정거래법'을 활용한다고 하였으므로, '공정거래법'의 목적은 시장 경쟁을 촉진하고 소비자 주권을 확립하기 위한 것이다. 또한 '공정거래법'에 있는 재판매 가격 유지 행위는 사업자 간 가격 경쟁을 제한한다. 이는 '공정거래법'이 파생하는 결과이지 목적이 아니다. 위 선지는 목적과 결과를 뒤바꿔 만들어낸 선지이다.

2021년 9월 모의고사 11번

임의의 선택이 나의 자유의지의 산물이 되기 위해서는 다음 두 가지 조건을 모두 충족해야 한다. 첫째, 내가 그 선택의 주체여야 한다. 둘째, 나의 선택은 그 이전 사건들에 의해 선결정되지 않아야 한다. 그런데 어떤 선택이 그 이전 사건들에 의해 선결정되어 있다면, 이것은 자유의지를 위한 둘째 조건과 충돌한다.

(중략)

물론 이러한 자유의지와 다른 의미를 지닌 자유의지가 있을 수 있다. 만약 '내가 자유롭게 선택했다'는 말이 단지 '내가 하고자 원했던 것을 했다'는 ⓐ 욕구 충족적 자유의지를 의미한다면, 나의 선택이 그 이전 사건들에 의해 선결정되어 있든 그렇지 않든 그것은 내 자유의지의 산물일 수 있다. 그러나 이러한 자유의지는 ⓑ 여기서 염두에 두는 두 가지 조건을 모두 충족하는 자유의지와 다르다.

ⓐ, ⓑ를 이해한 내용을 O, X 판단해보시오.

129. 어떤 선택을 원해서 한다면 그 선택을 한 사람에게 ⓑ가 있을 수 없다.

130. 어떤 선택이 선결정되어 있다면 그 선택을 한 사람에게 ⓐ가 있을 수 없다.

131. 어떤 선택이 선결정되어 있다면 그 선택을 한 사람에게 ⓑ가 있을 수 없다.

2024년 9월 모의고사 5번

추천·보증과 이용후기를 활용한 인터넷 광고가 늘면서 부당 광고 심사 기준이 중요해졌다. 공정거래위원회의 '추천·보증 광고 심사 지침', 인터넷 광고 심사 지침'에 따르면 추천·보증은 사업자의 의견이 아니라 제3자의 독자적 의견으로 인식되는 표현으로서, 해당 상품·용역의 장점을 알리거나 구매·사용을 권장하는 것이다.

(중략)

위의 두 심사 지침에서 말하는 ⓛ 이용후기 광고란 사업자가 자사 홈페이지 등에 게시된 소비자의 상품 이용후기를 활용해 광고하는 것이다.

132. ⓛ은 사업자가 자사의 홈페이지에 직접 작성해서 게시한 이용후기를 광고로 활용하는 것을 포함하지 않는다.

5
순서·인과·포함관계
뒤바꾸기

2024년 9월 모의고사 8번

블록체인 기술은 데이터를 블록이라는 단위로 묶어 체인 형태로 연결한 것을 여러 대의 컴퓨터에 중복 저장하는 기술이다. 체인 형태로 연결된 블록의 집합을 블록체인이라 하고, 블록체인을 저장하는 컴퓨터를 노드라고 한다. 새로 생성된 블록은 노드들에 전파된다. 노드들은 블록에 포함된 내용이 블록체인의 다른 블록에 있는 내용과 상충되지 않는지, 동일한 내용이 블록체인의 다른 블록에 이중으로 포함되어 있지 않은지 검증한다. 검증이 끝난 블록을 블록체인에 연결할지 여부는 모든 노드들이 참여하는 승인 과정을 통해 정해진다. 승인이 완료된 블록은 블록체인에 연결되고, 이 블록체인은 노드들에 저장된다. 승인 과정에는 합의 알고리즘이 사용되고, 합의 알고리즘의 예로 작업증명이 있다.

133. 합의 알고리즘은 작업증명의 한 예이다.

2023년 11월 수능 13번

한편, 한비자는 도를 구체적인 사물과 사건에 내재한 개별 법칙의 통합으로 보고, 『노자』의 도에 시비 판단의 근거라는 새로운 의미를 부여했다. 항상 존재하는 도는 개별 법칙을 포괄하기 때문에 다양한 개별 사건의 시비를 판단하는 기준이 될 수 있고, 이러한 도에 근거해서 입법해야 다양한 사건을 판단할 수 있다고 본 것이다. 이러한 이해를 바탕으로 그는 만족을 모르는 인간의 욕망을 사회 혼란의 원인으로 지목한 『노자』의 견해에 동의하면서도, 『노자』에서처럼 욕망을 없애야 한다고 주장하지 않고 인간은 욕망을 필연적으로 가질 수밖에 없음을 지적하며 욕망을 제어하기 위해 법이 필요하다고 강조했다.

134. 사건의 시비에 따라 달라지는 도에 근거하여 법이 제정되어야 한다.

2023년 6월 모의고사 13, 14번

(가) 동일론, 기능주의, 설은 모두 의식에 대한 논의를 의식을 구현하는 몸의 내부로만 한정하고 있다. 하지만 의식의 하나인 '인지' 즉 '무언가를 알게 됨'은 몸 바깥에서 일어나는 일과 맞물려 벌어진다. 기억나지 않는 정보를 노트북에 저장된 파일을 열람하여 확인하는 것이 한 예이다. 로랜즈의 확장 인지 이론은 이를 설명하는 이론이다.

그에 따르면 인지 과정은 주체에게 '심적 상태'가 생겨나게 하는 과정이다. 기억이나 믿음이 심적 상태의 예이다. 심적 상태는 어떤 것에도 의존함이 없이 주체에게 의미를 나타낸다. 예를 들어, 무언가를 기억하는 사람은 자기의 기억이 무엇인지 알아보기 위해 아무것에도 의존할 필요가 없다. 이와 달리 '파생적 상태'는 주체의 해석에 의존해서만 또는 사회적 합의에 의존해서만 의미를 나타내는 상태로 정의된다. 앞의 예에서 노트북에 저장된 정보는 전자적 신호가 나열된 상태로서 파생적 상태이다. 주체에 의해 열람된 후에도 노트북의 정보는 여전히 파생적 상태이다. 하지만 열람 후 주체에게는 기억이 생겨난다. 로랜즈에게 인지 과정은 파생적 상태가 심적 상태로 변환되는 과정이 아니라, 파생적 상태를 조작함으로써 심적 상태를 생겨나게 하는 과정이다. 심적 상태가 주체의 몸 외부로 확장되는 것이 아니라, 심적 상태를 생겨나게 하는 인지 과정이 확장되는 것이다. 이러한 ㉠ 확장된 인지 과정은 인지 주체의 것일 때에만, 다시 말해 환경의 변화를 탐지하고 그에 맞춰 행위를 조절하는 주체와 통합되어 있을 때에만 성립할 수 있다. 즉 로랜즈에게 주체 없는 인지란 있을 수 없다. 확장 인지 이론은 의식의 문제를 몸 안으로 한정하지 않고 바깥으로까지 넓혀 설명한다는 의의를 가진다.

(나) 일반적으로 '지각'이란 몸의 감각 기관을 통해 사물에 대해 아는 것을 의미한다.

(중략)

지각은 주체와 대상이 각자로서 존재하기 이전에 나타나는 얽힘의 체험이다. 예를 들어 다른 사람과 손이 맞닿을 때 내가 누군가의 손을 만지는 동시에 나의 손 역시 누군가에 의해 만져진다. 감각하는 것이 동시에 감각되는 것이 되는 얽힘의 순간에, 나는 나와 대상을 확연히 구분한다. 지각이라는 얽힘의 작용이 있어야 주체와 대상이 분리될 수 있다. 다시 말해 주체와 대상은 지각이 일어난 이후 비로소 확정된다. 따라서 지각과 감각은 서로 구분되지 않는다.

지각은 물질적 반응이나 의식의 판단이 아니라, 내 몸의 체험이다. 지각은 나의 몸에 의해 이루어지는 것이고, 지각이 이루어지게 하는 것은 모두 나의 몸이다.

---

135. 로랜즈는 인지 과정이 파생적 상태를 조작하는 과정을 포함한다고 볼 것이다.

(나)의 필자의 관점에서 ㉠을 평가한 내용이다. O, X 판단해 보시오.

136. 확장된 인지 과정이 인지 주체의 것일 때에만 성립할 수 있다는 주장은, 지각 이전에 확정된 주체를 전제한 것이므로 타당하지 않다.

137. 주체와 통합된 경우에만 확장된 인지 과정이 성립할 수 있다는 주장은, 주체와 대상의 분리를 통해서만 지각이 이루어질 수 있다고 보는 것이므로 타당하다.

1764년에 발간된 체사레 베카리아의 『범죄와 형벌』은 커다란 반향을 일으켰다. 형벌에 관한 논리 정연하고 새로운 주장들에 유럽의 지식 사회가 매료된 것이다. 자유와 행복을 추구하는 이성적인 인간을 상정하는 당시 계몽주의 사조에 베카리아는 충실히 호응하여, 이익을 저울질할 줄 알고 그에 따라 행동하는 존재로서 인간을 전제하였다. 사람은 대가 없이 공익만을 위하여 자유를 내어놓지는 않는다. 끊임없는 전쟁과 같은 상태에서 벗어나기 위하여 자유의 일부를 떼어 주고 나머지 자유의 몫을 평온하게 누리기로 합의한 것이다. 저마다 할애한 자유의 총합이 주권을 구성하고, 주권자가 이를 위탁받아 관리한다. 따라서 사회의 형성과 지속을 위한 조건이라 할 법은 저마다의 행복을 증진시킬 때 가장 잘 준수되며, 전체 복리를 위해 법 위반자에게 설정된 것이 형벌이다. 이런 논증으로 베카리아는 형벌권의 행사는 양도의 범위를 벗어날 수 없다는 출발점을 세웠다.

138. 개개인의 국민은 주권자로서 형벌을 시행하는 주체이다.

경제학에서는 증거에 근거한 정책 논의를 위해 사건의 효과를 평가해야 할 경우가 많다. 어떤 사건의 효과를 평가한다는 것은 사건 후의 결과와 사건이 없었을 경우에 나타났을 결과를 비교하는 일이다. 그런데 가상의 결과는 관측할 수 없으므로 실제로는 사건을 경험한 표본들로 구성된 시행집단의 결과와, 사건을 경험하지 않은 표본들로 구성된 비교집단의 결과를 비교하여 사건의 효과를 평가한다. 따라서 이 작업의 관건은 그 사건 외에는 결과에 차이가 날 이유가 없는 두 집단을 구성하는 일이다. 가령 어떤 사건이 임금에 미친 효과를 평가할 때, 그 사건이 없었다면 시행집단과 비교집단의 평균 임금이 같을 수밖에 없도록 두 집단을 구성하는 것이다. 이를 위해서는 두 집단에 표본이 임의로 배정되도록 사건을 설계하는 실험적 방법이 이상적이다. 그러나 사람을 표본으로 하거나 사회 문제를 다룰 때에는 이 방법을 적용할 수 없는 경우가 많다.

139. 사람을 표본으로 하거나 사회 문제를 다룰 때에도 실험적 방법을 적용하는 경우가 있다.

영상 안정화 기술에는 빛을 이용하는 광학적 기술과 소프트웨어를 이용하는 디지털 기술 등이 있다. 광학 영상 안정화(OIS) 기술을 사용하는 카메라 모듈은 렌즈 모듈, 이미지 센서, 자이로 센서, 제어 장치, 렌즈를 움직이는 장치로 구성되어 있다. 렌즈 모듈은 보정용 렌즈들을 포함한 여러 개의 렌즈들로 구성된다. 일반적으로 카메라는 렌즈를 통해 들어온 빛이 이미지 센서에 닿아 피사체의 상이 맺히고, 피사체의 한 점에 해당하는 위치인 화소마다 빛의 세기에 비례하여 발생한 전기 신호가 저장 매체에 영상으로 저장된다. 그런데 카메라가 흔들리면 이미지 센서 각각의 화소에 닿는 빛의 세기가 변한다. 이때 OIS 기술이 작동되면 자이로 센서가 카메라의 움직임을 감지하여 방향과 속도를 제어 장치에 전달한다. 제어 장치가 렌즈를 이동시키면 피사체의 상이 유지되면서 영상이 안정된다.

'OIS 기술'에 대한 설명을 O, X 판단해보시오.

140. 자이로 센서는 이미지 센서에 맺히는 영상을 제어 장치로 전달한다.

송 이후 원나라에 이르러 성행하던 도교는 유학과 불교 등을 받아들여 체계화되었지만, 오징에게는 주술적인 종교에 불과했다. ㉠ 유학자의 입장에서 그는 잘못된 가르침을 펴는 도교에 사람들이 빠지는 것을 경계했다. 그는 도교의 시조로 간주된 노자의 가르침이 공자의 학문과 크게 다르지 않음을 밝히고자 『도덕진 경주』를 저술했다.

(중략)

유학자인 설혜는 자신의 ㉡ 학문적 소신에 따라 『노자』를 주석한 『노자집해』를 저술했다. 그는 공자도 존중했던 스승이 노자이므로 노자 사상에 대한 오해를 불식해야 한다고 보았다. 그는 기존의 주석서가 『노자』의 진정한 의미를 제대로 밝히지 못했기 때문에 유학자들이 노자 사상을 이단으로 치부했다고 파악한 것이다. 다양한 경전을 인용하여 『노자』를 해석하면서 그는 『노자』의 도를 인간의 도덕 본성과 그것의 근거인 천명으로 이해하고, 본성과 천명의 이치를 탐구한다는 점에서 노자 사상과 유학이 다르지 않다고 보았다.

㉠과 ㉡에 대한 이해이다. O, X 판단해보시오.

141. ㉠은 유학에 유입되고 있는 주술성을 제거하는, ㉡은 노자 사상이 탐구하는 대상에 대한 이해를 근거로 노자 사상과 유학의 공통점을 제시하려는 것으로 표출되었다.

국가, 지방 자치 단체와 같은 행정 주체가 행정 목적을 실현하기 위해 국민의 권리를 제한하거나 국민에게 의무를 부과하는 '행정 규제'는 국회가 제정한 법률에 근거해야 한다. 그러나 국회가 아니라, 대통령을 수반으로 하는 행정부나 지방 자치 단체와 같은 행정 기관이 제정한 법령인 행정입법에 의한 행정 규제의 비중이 커지고 있다.

(중략)

행정입법의 유형에는 위임명령, 행정규칙, 조례 등이 있다. 헌법에 따르면, 국회는 행정 규제 사항에 관한 법률을 제정할 때 특정한 내용에 관한 입법을 행정부에 위임할 수 있다. 이에 따라 제정된 행정입법을 위임명령이라고 한다. 위임명령은 제정 주체에 따라 대통령령, 총리령, 부령으로 나누어진다. 이들은 모두 국민에게 적용되기 때문에 입법예고, 공포 등의 절차를 거쳐야 한다. 위임명령은 입법부인 국회가 자신의 권한의 일부를 행정부에 맡겼기 때문에 정당화될 수 있다. 그래서 특정한 행정 규제의 근거 법률이 위임명령으로 제정할 사항의 범위를 정하지 않은 채 위임하는 포괄적 위임은 헌법상 삼권 분립 원칙에 저촉된다. 위임된 행정 규제 사항의 대강을 위임 근거 법률의 내용으로부터 예측할 수 있어야 한다는 것이다. 다만 행정 규제 사항의 첨단 기술 관련성이 클수록 위임 근거 법률이 위임할 수 있는 사항의 범위가 넓어진다. 한편, 위임명령이 법률로부터 위임받은 범위를 벗어나서 제정되거나, 위임 근거 법률이 사용한 어구의 의미를 확대하거나 축소하여 제정되어서는 안 된다. ㉠ 위임 명령이 이러한 제한을 위반하여 제정되면 효력이 없다.

㉠의 이유를 O, X 판단해보시오.

142. 그 위임명령이 법률의 근거 없이 행정 규제 사항을 규정했기 때문이다.

143. 그 위임명령이 포괄적 위임을 받아 제정된 경우에 해당하기 때문이다.

[A]

데이터 이동권의 법제화로 기업은 데이터의 생성 비용과 거래 비용을 줄일 수 있다. 생성 비용은 기업 내에서 데이터를 개발할 때 발생하는 비용으로, 기업이 스스로 데이터를 수집할 때보다 전송받은 데이터를 복제 및 재사용하게 되면 절감할 수 있다. 거래 비용은 경제 주체 간 거래 시 발생하는 비용으로, 계약 체결이나 분쟁 해결 등의 과정에서 생긴다. 그런데 데이터 이동권의 법제화로, ㉮ 정보 주체가 지정하여 데이터를 전송받게 된 기업은 ㉯ 정보 주체의 데이터를 보유했던 기업으로부터 데이터를 받으면 비용을 절감할 수 있다. 이에 따라 기업 간 공유나 유통이 촉진되고, 관련 산업이 활성화된다.

[B]

한편, 정보 주체가 보안의 신뢰성이 높고 데이터 제공에 따른 혜택이 많은 기업으로 데이터를 이동하면, 데이터가 집중되어 데이터의 공유나 유통이 위축될 수 있다는 우려도 있다. ㉰ 데이터 보유량이 적은 신규 기업은 기존 기업과 거래를 통해 데이터를 수집하는 것이 데이터 생성 비용 절감에도 효율적이다. 그런데 ㉱ 데이터가 집중된 기존 기업이 집적·처리된 데이터를 공유하려 하지 않으면, 신규 기업의 시장 진입이 어려워져 독점화가 강화될 수 있다.

144. [A]와 달리, [B]의 입장에서, 정보 주체의 데이터가 ㉯에서 ㉱로 이동하여 집적·처리될수록 기업 간 공유나 유통이 위축될 수 있다고 보겠군.

145. [B]와 달리 [A]의 입장에서, ㉯는 ㉮로 데이터를 이동하여 경제적 이득을 취할 수 있으므로 데이터의 공유나 유통의 활성화에 기여할 수 있다고 보겠군.

2023년 9월 모의고사 11번

압전체로 사용하는 수정은 특정 방향으로 절단 및 가공하여 납작한 원판 모양으로 만든다. 이후 원판의 양면에 전극을 만든 후 (+)와 (-)극이 교대로 바뀌는 전압을 가하면 수정이 진동한다. 이때 전압의 주파수[*]를 수정의 고유 주파수와 일치시켜 수정이 큰 폭으로 진동하도록 하여 진동을 측정하기 쉽게 만든 것이 수정 진동자이다. 고유 주파수란 어떤 물체가 갖는 고유한 진동 주파수인데, 같은 재료의 압전체라도 압전체의 모양과 크기에 따라 달라진다. 수정 진동자에 어떤 물질이 달라붙어 질량이 증가하면 고유 주파수에서 진동하던 수정 진동자의 주파수가 감소한다. 수정 진동자의 주파수는 매우 작은 질량 변화에 민감하게 변하므로 기체 분자나 DNA와 같은 미세한 물질의 질량을 측정할 수 있다. 진동자에서 질량 민감도는 주파수의 변화 정도를 측정된 질량으로 나눈 값인데, 수정 진동자의 질량 민감도는 매우 크다.

[*] 주파수: 진동이 1초 동안 반복하는 횟수 또는 전압의 (+)와 (-)극이 1초 동안, 서로 바뀌고 다시 원래대로 되는 횟수

――――――――――― < 보 기 > ―――――――――――

알코올 감지기 A와 B를 이용하여 어떤 밀폐된 공간에 있는 혼합 기체의 알코올 농도를 측정하였다. 이때 A와 B는 모두 진동자에 알코올이 달라붙을 수 있도록 처리되어 있다. A와 B 모두, 시간이 흐름에 따라 주파수가 감소하다가 더 이상 감소하지 않고 일정하게 유지되었다.

(단, 측정하는 동안 밀폐된 공간의 상황은 변동없음)

146. A와 B에서 알코올이 달라붙도록 진동자를 처리한 것은 알코올이 달라붙음에 따라 진동자가 최대한 큰 폭으로 진동할 수 있게 하려는 것이겠군.

2022년 11월 수능 11번

법령의 조문은 대개 'A에 해당하면 B를 해야 한다.'처럼 요건과 효과로 구성된 조건문으로 규정된다. 하지만 그 요건이나 효과가 항상 일의적인 것은 아니다. 법조문에는 구체적 상황을 고려해야 그 상황에 맞는 진정한 의미가 파악되는 불확정 개념이 사용될 수 있기 때문이다. 개인 간 법률관계를 규율하는 민법에서 불확정 개념이 사용된 예로 '손해 배상 예정액이 부당히 과다한 경우에는 법원은 적당히 감액할 수 있다.'라는 조문을 들 수 있다. 이때 법원은 요건과 효과를 재량으로 판단할 수 있다.

(중략)

불확정 개념은 행정 법령에도 사용된다. 행정 법령은 행정청이 구체적 사실에 대해 행하는 법 집행인 행정 작용을 규율한다. 법령상 요건이 충족되면 그 효과로서 행정청이 반드시 해야 하는 특정 내용의 행정 작용은 기속 행위이다. 반면 법령상 요건이 충족되더라도 그 효과인 행정 작용의 구체적 내용을 고를 수 있는 재량이 행정청에 주어져 있을 때, 이러한 재량을 행사하는 행정 작용은 재량 행위이다. 법령에서 불확정 개념이 사용되면 이에 근거한 행정 작용은 대개 재량 행위이다.

행정청은 재량으로 재량 행사의 기준을 명확히 정할 수 있는데 이 기준을 재량 준칙이라 한다. 재량 준칙은 법령이 아니므로 재량 준칙대로 재량을 행사하지 않아도 근거 법령 위반은 아니다. 다만 특정 요건하에 재량 준칙대로 특정한 내용의 적법한 행정 작용이 반복되어 행정 관행이 생긴 후에는, 같은 요건이 충족되면 행정청은 동일한 내용의 행정 작용을 해야 한다. 행정청은 평등 원칙을 지켜야 하기 때문이다.

147. 재량 준칙은 법령이 아니기 때문에 일의적이지 않은 개념으로 규정된다.

148. 재량 준칙으로 정해진 내용대로 재량을 행사하는 행정 작용은 기속 행위이다.

149. 재량 준칙으로 규정된 재량 행사 기준은 반복되어 온 적법한 행정 작용의 내용대로 정해져야 한다.

150. 재량 준칙이 정해져야 행정청은 특정 요건하에 행정 작용의 구체적 내용을 선택할 수 있는 재량을 행사할 수 있다.

151. 재량 준칙이 특정 요건에서 적용된 선례가 없으면 행정청은 동일한 요건이 충족되어도 행정 작용을 할 때 재량 준칙을 따르지 않을 수 있다.

2021년 11월 수능 5번

정립-반정립-종합. 변증법의 논리적 구조를 일컫는 말이다. 변증법에 따라 철학적 논증을 수행한 인물로는 단연 헤겔이 거명된다. 변증법은 대등한 위상을 지니는 세 범주의 병렬이 아니라, 대립적인 두 범주가 조화로운 통일을 이루어 가는 수렴적 상향성을 구조적 특징으로 한다. 헤겔에게서 변증법은 논증의 방식임을 넘어, 논증 대상 자체의 존재 방식이기도 하다. 즉 세계의 근원적 질서인 '이념'의 내적 구조도, 이념이 시·공간적 현실로서 드러나는 방식도 변증법적이기에, 이념과 현실은 하나의 체계를 이루며, 이 두 차원의 원리를 밝히는 철학적 논증도 변증법적 체계성을 지녀야 한다.

헤겔은 미학도 철저히 변증법적으로 구성된 체계 안에서 다루고자 한다. 그에게서 미학의 대상인 예술은 종교, 철학과 마찬가지로 '절대정신'의 한 형태이다. 절대정신은 절대적 진리인 '이념'을 인식하는 인간 정신의 영역을 가리킨다. 예술·종교·철학은 절대적 진리를 동일한 내용으로 하며, 다만 인식 형식의 차이에 따라 구분된다. 절대정신의 세 형태에 각각 대응하는 형식은 직관·표상·사유이다. '직관'은 주어진 물질적 대상을 감각적으로 지각하는 지성이고, '표상'은 물질적 대상의 유무와 무관하게 내면에서 심상을 떠올리는 지성이며, '사유'는 대상을 개념을 통해 파악하는 순수한 논리적 지성이다. 이에 세 형태는 각각 '직관하는 절대정신', '표상하는 절대정신', '사유하는 절대정신'으로 규정된다. 헤겔에 따르면 직관의 외면성과 표상의 내면성은 사유에서 종합되고, 이에 맞춰 예술의 객관성과 종교의 주관성은 철학에서 종합된다.

152. 절대정신의 세 가지 형태는 지성의 세 가지 형식이 인식하는 대상이다.

혈액은 세포에 필요한 물질을 공급하고 노폐물을 제거한다. 만약 혈관 벽이 손상되어 출혈이 생기면 손상 부위의 혈액이 응고되어 혈액 손실을 막아야 한다. 혈액 응고는 섬유소 단백질인 피브린이 모여 형성된 섬유소 그물이 혈소판이 응집된 혈소판 마개와 뭉쳐 혈병이라는 덩어리를 만드는 현상이다. 혈액 응고는 혈관 속에서도 일어나는데, 이때의 혈병을 혈전이라 한다. 이물질이 쌓여 동맥 내벽이 두꺼워지는 동맥 경화가 일어나면 그 부위에 혈전 침착, 혈류 감소 등이 일어나 혈관 질환이 발생하기도 한다. 이러한 혈액의 응고 및 원활한 순환에 비타민 K가 중요한 역할을 한다.

비타민 K는 혈액이 응고되도록 돕는다. 지방을 뺀 사료를 먹인 병아리의 경우, 지방에 녹는 어떤 물질이 결핍되어 혈액 응고가 지연된다는 사실을 발견하고 그 물질을 비타민 K로 명명했다. 혈액 응고는 단백질로 이루어진 다양한 인자들이 관여하는 연쇄반응에 의해 일어난다. 우선 여러 혈액 응고 인자들이 활성화된 이후 프로트롬빈이 활성화되어 트롬빈으로 전환되고, 트롬빈은 혈액에 녹아 있는 피브리노겐을 불용성인 피브린으로 바꾼다. 비타민 K는 프로트롬빈을 비롯한 혈액 응고 인자들이 간세포에서 합성될 때 이들의 활성화에 관여한다. 활성화는 칼슘 이온과의 결합을 통해 이루어지는데, 이들 혈액 단백질이 칼슘 이온과 결합하려면 카르복실화되어 있어야 한다. 카르복실화는 단백질을 구성하는 아미노산 중 글루탐산이 감마-카르복시글루탐산으로 전환되는 것을 말한다. 이처럼 비타민 K에 의해 카르복실화되어야 활성화가 가능한 표적 단백질을 비타민 K-의존성 단백질이라 한다.

(중략)

⊙ 비타민 K_1과 ⊙ 비타민 K_2는 모두 비타민 K-의존성 단백질의 활성화를 유도하지만 K_1은 간세포에서, K_2는 그 외의 세포에서 활성이 높다. 그러므로 혈액 응고 인자의 활성화는 주로 K_1이, 그 외의 세포에서 합성되는 단백질의 활성화는 주로 K_2가 담당한다.

153. 혈전이 형성되면 섬유소 그물이 뭉쳐 혈액의 손실을 막는다.

154. 혈관 경화를 방지하려면 이물질이 침착되지 않게 해야 한다.

155. ⊙과 ⊙은 모두 표적 단백질의 활성화 이전 단계에 작용한다.

< 보 기 >

다음은 혈전으로 인한 질환을 예방 또는 치료하는 약물이다.

(가) 와파린: 트롬빈에는 작용하지 않고 비타민 K의 작용을 방해함.

(나) 플라스미노겐 활성제 : 피브리노겐에는 작용하지 않고 피브린을 분해함.

(다) 헤파린 : 비타민 K-의존성 단백질에는 작용하지 않고 트롬빈의 작용을 억제함.

156. (나)는 이미 뭉쳐 있던 혈전이 풀어지도록 할 수 있겠군.

157. (다)는 혈액 응고 인자와 칼슘 이온의 결합을 억제하겠군.

158. (가)와 (다)는 모두 피브리노겐이 전환되는 것을 억제하겠군.

159. (나)와 (다)는 모두 피브린 섬유소 그물의 형성을 억제하겠군.

혈액은 세포에 필요한 물질을 공급하고 노폐물을 제거한다. 만약 혈관 벽이 손상되어 출혈이 생기면 손상 부위의 혈액이 응고되어 혈액 손실을 막아야 한다. 혈액 응고는 섬유소 단백질인 피브린이 모여 형성된 섬유소 그물이 혈소판이 응집된 혈소판 마개와 뭉쳐 혈병이라는 덩어리를 만드는 현상이다. 혈액 응고는 혈관 속에서도 일어나는데, 이때의 혈병을 혈전이라 한다. 이물질이 쌓여 동맥 내벽이 두꺼워지는 동맥 경화가 일어나면 그 부위에 혈전 침착, 혈류 감소 등이 일어나 혈관 질환이 발생하기도 한다. 이러한 혈액의 응고 및 원활한 순환에 비타민 K가 중요한 역할을 한다.

(중략)

그런데 혈관 건강과 관련된 비타민 K의 또 다른 중요한 기능이 발견되었고, 이는 칼슘의 역설과도 관련이 있다. 나이가 들면 뼈 조직의 칼슘 밀도가 낮아져 골다공증이 생기기 쉬운데, 이를 방지하고자 칼슘 보충제를 섭취한다. 하지만 칼슘 보충제를 섭취해서 혈액 내 칼슘 농도는 높아지나 골밀도는 높아지지 않고, 혈관 벽에 칼슘염이 침착되는 혈관 석회화가 진행되어 동맥 경화 및 혈관 질환이 발생하는 경우가 생긴다. 혈관 석회화는 혈관 근육 세포 등에서 생성되는 MGP라는 단백질에 의해 억제되는데, 이 단백질이 비타민 K-의존성 단백질이다. 비타민 K가 부족하면 MGP단백질이 활성화되지 못해 혈관 석회화가 유발된다는 것이다.

칼슘의 역설에 대한 이해를 O, X 판단해보시오.

160. 칼슘 보충제를 섭취하면 혈액 내 단백질이 칼슘과 결합하여 혈관 벽에 칼슘이 침착된다는 것이겠군.

161. 칼슘 보충제를 섭취해도 혈액으로 칼슘이 흡수되지 않아 골다공증 개선이 안 되는 경우가 있다는 것이겠군.

1993년 노벨 화학상은 중합 효소 연쇄 반응(PCR)을 개발한 멀리스에게 수여된다. 염기 서열을 아는 DNA가 한 분자라도 있으면 이를 다량으로 증폭할 수 있는 길을 열었기 때문이다. PCR는 주형 DNA, 프라이머, DNA 중합 효소, 4종의 뉴클레오타이드가 필요하다. 주형 DNA란 시료로부터 추출하여 PCR에서 DNA 증폭의 바탕이 되는 이중 가닥 DNA를 말하며, 주형 DNA에서 증폭하고자 하는 부위를 표적 DNA라 한다. 프라이머는 표적 DNA의 일부분과 동일한 염기 서열로 이루어진 짧은 단일 가닥 DNA로, 2종의 프라이머가 표적 DNA의 시작과 끝에 각각 결합한다. DNA중합 효소는 DNA를 복제하는데, 단일 가닥 DNA의 각 염기 서열에 대응하는 뉴클레오타이드를 순서대로 결합시켜 이중 가닥 DNA를 생성한다.

---

162. 2종의 프라이머 각각의 염기 서열과 정확히 일치하는 염기 서열을 주형 DNA에서 찾을 수 없다.

주차하거나 좁은 길을 지날 때 운전자를 돕는 장치들이 있다. 이 중 차량 전후좌우에 장착된 카메라로 촬영한 영상을 이용하여 차량 주위 360°의 상황을 위에서 내려다본 것 같은 영상을 만들어 차 안의 모니터를 통해 운전자에게 제공하는 장치가 있다. 운전자에게 제공되는 영상이 어떻게 만들어지는지 알아보자.

먼저 차량 주위 바닥에 바둑판 모양의 격자판을 펴 놓고 카메라로 촬영한다. 이 장치에서 사용하는 광각 카메라는 큰 시야각을 갖고 있어 사각지대가 줄지만 빛이 렌즈를 지날 때 렌즈 고유의 곡률로 인해 영상이 중심부는 볼록하고 중심부에서 멀수록 더 휘어지는 현상, 즉 렌즈에 의한 상의 왜곡이 발생한다. 이 왜곡에 영향을 주는 카메라 자체의 특징을 내부 변수라고 하며 왜곡 계수로 나타낸다. 이를 알 수 있다면 왜곡 모델을 설정하여 왜곡을 보정할 수 있다. 한편 차량에 장착된 카메라의 기울어짐 등으로 인해 발생하는 왜곡의 원인을 외부 변수라고 한다. ㉠ 촬영된 영상과 실세계 격자판을 비교하면 영상에서 격자판이 회전한 각도나 격자판의 위치 변화를 통해 카메라의 기울어진 각도 등을 알 수 있으므로 왜곡을 보정할 수 있다.

왜곡 보정이 끝나면 영상의 점들에 대응하는 3차원 실세계의 점들을 추정하여 이로부터 원근 효과가 제거된 영상을 얻는 시점 변환이 필요하다. 카메라가 3차원 실세계를 2차원 영상으로 투영하면 크기가 동일한 물체라도 카메라로부터 멀리 있을수록 더 작게 나타나는데, 위에서 내려다보는 시점의 영상에서는 거리에 따른 물체의 크기 변화가 없어야 하기 때문이다. ㉡ 왜곡이 보정된 영상에서의 몇 개의 점과 그에 대응하는 실세계 격자판의 점들의 위치를 알고 있다면, 영상의 모든 점들과 격자판의 점들 간의 대응 관계를 가상의 좌표계를 이용하여 기술할 수 있다. 이 대응 관계를 이용해서 영상의 점들을 격자의 모양과 격자 간의 상대적인 크기가 실세계에서와 동일하게 유지되도록 한 평면에 놓으면 2차원 영상으로 나타난다. 이때 얻은 영상이 ㉢ 위에서 내려다보는 시점의 영상이 된다. 이와 같은 방법으로 구한 각 방향의 영상을 합성하면 차량 주위를 위에서 내려다본 것 같은 영상이 만들어진다.

163. ㉡에서는 ㉠과 마찬가지로 렌즈와 격자판 사이의 거리가 멀어질수록 격자판이 작아 보이겠군.

164. ㉡과 실세계 격자판을 비교하여 격자판의 위치 변화를 보정한 ㉢은 카메라의 기울어짐에 의한 왜곡을 바로잡은 것이겠군.

<보 기>

그림은 장치가 장착된 차량의 운전자에게 제공된 영상에서 전방 부분만 보여 준 것이다. 차량 전방의 바닥에 그려진 네 개의 도형이 영상에서 각각 A, B, C, D로 나타나 있고, C와 D는 직사각형이고 크기는 같다. p와 q는 각각 영상 속 임의의 한 점이다.

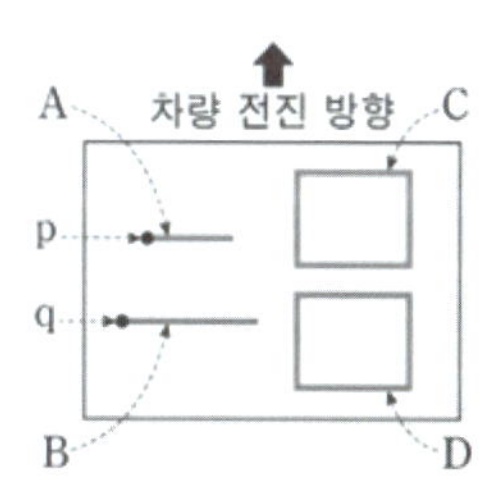

165. 시점 변환 전의 영상에서 D는 C보다 더 작은 크기로 영상의 더 아래쪽에 위치한다.

166. B에 대한 A의 상대적 크기는 가상의 좌표계를 이용하여 시점을 변환하기 전의 영상에서보다 더 커진 것이다.

베카리아가 볼 때, 형벌은 범죄가 일으킨 결과를 되돌려 놓을 수 없다. 또한 인간을 괴롭히는 것 자체가 그 목적인 것도 아니다. 형벌의 목적은 오로지 범죄자가 또다시 피해를 끼치지 못하도록 억제하고, 다른 사람들이 그 같은 행위를 하지 못하도록 예방하는 데 있을 뿐이다. 이는 범죄로 얻을 이득, 곧 공익이 입게 되는 그만큼의 손실보다 형벌이 가하는 손해가 조금이라도 크기만 하면 달성된다. 그리고 이러한 손익 관계를 누구나 알 수 있도록 처벌 체계는 명확히 성문법으로 규정되어야 하고, 그 집행의 확실성도 갖추어져야 한다. 결국 범죄를 가로막는 방벽으로 형벌을 바라보는 것이다. 이 울타리의 높이는 살인인지 절도인지 등에 따라 달리해야 한다. 공익을 훼손한 정도에 비례해야 하는 것이다. 그것을 넘어서는 처벌은 폭압이며 불필요하다. 베카리아는 말한다. 상이한 피해를 일으키는 두 범죄에 동일한 형벌을 적용한다면 더 무거운 죄에 대한 억지력이 상실되지 않겠는가.

그는 인간이 감각적인 존재라는 사실에 맞추어 제도가 운용될 것을 역설한다. 가장 잔혹한 형벌도 계속 시행되다 보면 사회 일반은 그에 무디어져 마침내 그런 것을 봐도 옥살이에 대한 공포 이상을 느끼지 못한다. 인간의 정신에 크나큰 효과를 끼치는 것은 형벌의 강도가 아니라 지속이다. 죽는 장면의 목격은 무시무시한 경험이지만 그 기억은 일시적이고, 자유를 박탈당한 인간이 속죄하는 고통의 모습을 오랫동안 대하는 것이 더욱 강력한 억제 효과를 갖는다는 주장이다. 더욱 중요한 것을 지키기 위해 희생한 자유에는 무엇보다도 값진 생명이 포함될 수 없다고도 말한다. 이처럼 베카리아는 잔혹한 형벌을 반대하여 휴머니스트로, 최대 다수의 최대 행복을 말하여 공리주의자로, 자유로운 인간들 사이의 합의를 바탕으로 논의를 전개하여 사회 계약론자로 이해된다. 형법학에서도 형벌로 되갚아 준다는 응보주의를 탈피하여 장래의 범죄 발생을 방지한다는 일반 예방주의로 나아가는 토대를 세웠다는 평가를 받는다.

167. 베카리아는 사형은 범죄 예방의 효과가 없으므로 일반 예방주의의 입장에서 폐지되어야 한다고 주장한다.

2021년 6월 모의고사 15번

1993년 노벨 화학상은 중합 효소 연쇄 반응(PCR)을 개발한 멀리스에게 수여된다. 염기 서열을 아는 DNA가 한 분자라도 있으면 이를 다량으로 증폭할 수 있는 길을 열었기 때문이다. PCR는 주형 DNA, 프라이머, DNA 중합 효소, 4종의 뉴클레오타이드가 필요하다. 주형 DNA란 시료로부터 추출하여 PCR에서 DNA 증폭의 바탕이 되는 이중 가닥 DNA를 말하며, 주형 DNA에서 증폭하고자 하는 부위를 표적 DNA라 한다. 프라이머는 표적 DNA의 일부분과 동일한 염기 서열로 이루어진 짧은 단일 가닥 DNA로, 2종의 프라이머가 표적 DNA의 시작과 끝에 각각 결합한다. DNA 중합 효소는 DNA를 복제하는데, 단일 가닥 DNA의 각 염기 서열에 대응하는 뉴클레오타이드를 순서대로 결합시켜 이중 가닥 DNA를 생성한다.

(중략)

㉠ 이중 가닥 DNA 특이 염료는 이중 가닥 DNA에 결합하여 발색하는 형광 물질로, 새로 생성된 이중 가닥 표적 DNA에 결합하여 발색하므로 표적 DNA의 증폭을 알 수 있게 한다. 다만, 이중 가닥 DNA 특이 염료는 모든 이중 가닥 DNA에 결합할 수 있기 때문에 2개의 프라이머끼리 결합하여 이중 가닥의 이합체(二合體)를 형성한 경우에는 이와 결합하여 의도치 않은 발색이 일어난다.

㉡ 형광 표식 탐침은 형광 물질과 이 형광 물질을 억제하는 소광 물질이 붙어 있는 단일 가닥 DNA 단편으로, 표적 DNA에서 프라이머가 결합하지 않는 부위에 특이적으로 결합하도록 설계된다. PCR과정에서 이중 가닥 DNA가 단일 가닥으로 되면, 형광 표식 탐침은 프라이머와 마찬가지로 표적 DNA에 결합한다. 이후 DNA중합 효소에 의해 이중 가닥 DNA가 형성되는 과정 중에 탐침은 표적 DNA와의 결합이 끊어지고 분해된다. 탐침이 분해되어 형광 물질과 소광 물질의 분리가 일어나면 비로소 형광 물질이 발색되며, 이로써 표적 DNA가 증폭되었음을 알 수 있다.

168. ㉠은 ㉡과 달리 프라이머와 결합하여 이합체를 이룬다.

2020년 12월 수능 34번

최근 3D 애니메이션은 섬세한 입체 영상을 구현하여 실물을 촬영한 것 같은 느낌을 준다.

(중략)

모델링은 3차원 가상 공간에서 물체의 모양과 크기, 공간적인 위치, 표면 특성 등과 관련된 고유의 값을 설정하거나 수정하는 단계이다. 모양과 크기를 설정할 때 주로 3개의 정점으로 형성되는 삼각형을 활용한다. 작은 삼각형의 조합으로 이루어진 그물과 같은 형태로 물체 표면을 표현하는 방식이다. 이 방법으로 복잡한 굴곡이 있는 표면도 정밀하게 표현할 수 있다. 물체 표면을 구성하는 각 삼각형 면에는 고유의 색과 질감 등을 나타내는 표면 특성이 하나씩 지정된다.

공간에서의 입체에 대한 정보인 이 데이터를 활용하여, 물체를 어디에서 바라보는가를 나타내는 관찰 시점을 기준으로 2차원의 화면을 생성하는 것이 렌더링이다. 전체 화면을 잘게 나눈 점이 화소인데, 정해진 개수의 화소로 화면을 표시하고 각 화소별로 밝기나 색상 등을 나타내는 화솟값이 부여된다. 렌더링 단계에서는 화면 안에서 동일 물체라도 멀리 있는 경우는 작게, 가까이 있는 경우는 크게 보이는 원리를 활용하여 화솟값을 지정함으로써 물체의 원근감을 구현한다. 표면 특성을 나타내는 값을 바탕으로, 다른 물체에 가려짐이나 조명에 의해 물체 표면에 생기는 명암, 그림자 등을 고려하여 화솟값을 정해 줌으로써 물체의 입체감을 구현한다. 화면을 구성하는 모든 화소의 화솟값이 결정되면 하나의 프레임이 생성된다. 이를 화면출력장치를 통해 모니터에 표시하면 정지 영상이 완성된다.

169. 렌더링에서 사용되는 물체 고유의 표면 특성은 화솟값에 의해 결정된다.

2019년 9월 모의고사 38번

스마트폰은 다양한 위치 측정 기술을 활용하여 여러 지형 환경에서 위치를 측정한다. 위치에는 절대 위치와 상대 위치가 있다. 절대 위치는 위도, 경도 등으로 표시된 위치이고, 상대 위치는 특정한 위치를 기준으로 한 상대적인 위치이다.

(중략)

실내에서 위치 측정에 사용 가능한 방법으로는 블루투스 기반의 비콘을 활용하는 기술이 있다. 비콘은 실내에 고정 설치되어 비콘마다 정해진 식별 번호와 위치 정보가 포함된 신호를 주기적으로 보내는 기기이다. 비콘들은 동일한 세기의 신호를 사방으로 보내지만 비콘으로부터 거리가 멀어질수록, 벽과 같은 장애물이 많을수록 신호의 세기가 약해진다. 단말기가 비콘 신호의 도달 거리 내로 진입하면 단말기 안의 수신기가 이 신호를 인식한다. 이 신호를 이용하여 2차원 평면에서의 위치를 측정하는 방법으로는 다음과 같은 것들이 있다.

근접성 기법은 단말기가 비콘 신호를 수신하면 해당 비콘의 위치를 단말기의 위치로 정한다. 여러 비콘 신호를 수신했을 경우에는 신호가 가장 강한 비콘의 위치를 단말기의 위치로 정한다.

---

170. 비콘이 전송하는 식별 번호는 신호가 도달하는 단말기를 구별하기 위한 정보이다.

2019년 6월 모의고사 38번

생명체를 구성하는 단위는 세포이다. 세포는 생명체의 고유한 유전 정보가 담긴 DNA를 가지며 이를 복제하여 증식하고 번식하는 과정을 통해 자신의 DNA를 후세에 전달한다. 세포는 사람과 같은 진핵생물의 진핵세포와, 박테리아나 고세균과 같은 원핵생물의 원핵세포로 구분된다. 진핵세포는 세포질에 막으로 둘러싸인 핵이 있고 그 안에 DNA가 있지만, 원핵세포는 핵이 없다. 또한 진핵세포의 세포질에는 막으로 둘러싸인 여러 종류의 세포 소기관이 있으며, 그중 미토콘드리아는 세포 활동에 필요한 생체 에너지를 생산하는 기관이다. 대부분의 진핵세포는 미토콘드리아를 필수적으로 가지고 있다.

(중략)

미토콘드리아에서 일어나는 대사 과정에 필요한 단백질은 세포핵의 DNA로부터 합성되고, 미토콘드리아의 DNA에 남은 유전자 대부분은 생체 에너지를 생산하는 역할을 한다.

---

171. 미토콘드리아의 대사 과정에 필요한 단백질은 미토콘드리아의 막을 통과하여 세포질로 이동해야 한다.

초고진공을 얻기 위해서는 ⓒ 스퍼터 이온 펌프가 널리 쓰인다. 스퍼터 이온 펌프는 진공 통 내부의 기체 분자가 펌프 내부로 유입되도록 진공 통과 연결하여 사용한다. 스퍼터 이온 펌프는 영구 자석, 금속 재질의 속이 뚫린 원통 모양 양극, 타이타늄으로 만든 판 형태의 음극으로 구성되어 있다. 자석 때문에 생기는 자기장이 원통 모양 양극의 축 방향으로 걸려 있고, 양극과 음극 간에는 2~7kV의 고전압이 걸려 있다. 양극과 음극 간에 걸린 고전압의 영향으로 음극에서 방출된 전자는 자기장의 영향을 받아 복잡한 형태의 궤적을 그리며 양극으로 이동한다. 이 과정에서 음극에서 방출된 전자는 주변의 기체 분자와 충돌하여 기체 분자를 그것의 구성 요소인 양이온과 스퍼터 이온 펌프 전자로 분리시킨다. 여기서 자기장은 전자가 양극까지 이동하는 거리를 자기장이 없을 때보다 증가시켜 주어 전자와 기체 분자와의 충돌 빈도를 높여 준다. 이 과정에서 생성된 양이온은 전기력에 의해 음극으로 당겨져 음극에 박히게 되어 이동 불가능한 상태가 된다. 이 과정이 1차 펌프 작용이다. 또한 양이온이 음극에 충돌하면 타이타늄이 떨어져 나와 충

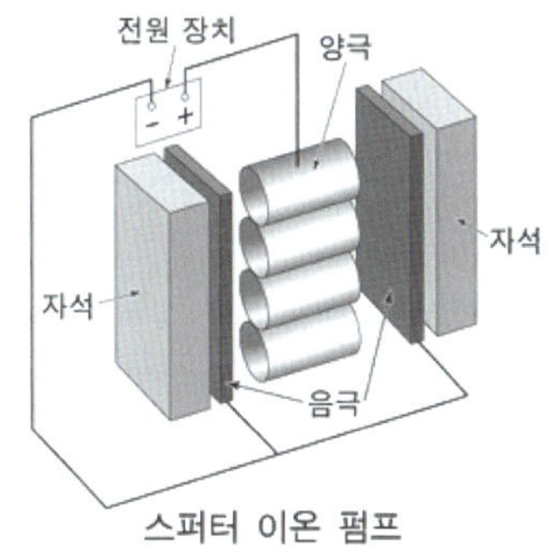

돌 지점 주변에 들러붙는다. 이렇게 들러붙은 타이타늄은 높은 화학 반응성 때문에 여러 기체 분자와 쉽게 반응하여, 떠돌아다니던 기체 분자를 흡착한다. 이는 떠돌아다니는 기체 분자의 수를 줄이는 효과가 있으므로 이를 2차 펌프 작용이라 부른다. 이렇듯 1, 2차 펌프 작용을 통해 스퍼터 이온 펌프는 초고진공 상태를 만들 수 있다.

ⓒ의 '음극'에 대한 설명을 O, X 판단해보시오.

172. 고전압과 전자의 상호 작용으로 자기장을 만든다.

173. 떠돌아다니던 기체 분자를 흡착하는 물질을 내놓는다.

174. 전자와 기체 분자의 충돌로 만들어진 양이온을 고정시킨다.

2018년 11월 수능 16, 17번

일반적인 다른 약속처럼 계약도 서로의 의사표시가 합치하여 성립하지만, 이때의 의사는 일정한 법률 효과의 발생을 목적으로 한다는 점에서 차이가 있다. 한 예로 매매 계약은 '팔겠다'는 일방의 의사 표시와 '사겠다'는 상대방의 의사 표시가 합치함으로써 성립하며, 매도인은 매수인에게 매매 목적물의 소유권을 이전하여야 할 의무를 짐과 동시에 매매 대금의 지급을 청구할 권리를 갖는다. 반대로 매수인은 매도인에게 매매 대금을 지급할 의무가 있고 소유권의 이전을 청구할 권리를 갖는다. 양 당사자는 서로 권리를 행사하고 서로 의무를 이행하는 관계에 놓이는 것이다. 채권과 채무는 발생한 법률 효과가 동전의 양면처럼 서로 다른 방향에서 파악되는 것이라 할 수 있다.

이처럼 의사 표시를 필수적 요소로 하여 법률 효과를 발생시키는 행위들을 법률 행위라 한다.

(중략)

갑과 을은 을이 소유한 그림 A를 갑에게 매도하는 것을 내용으로 하는 매매 계약을 체결하였다. ㉠ 을의 채무는 그림 A의 소유권을 갑에게 이전하는 것이다. 동산인 물건의 소유권을 이전하는 방식은 그 물건을 인도하는 것이다. 갑은 그림 A가 너무나 마음에 들었기 때문에 그것을 인도받기 전에 대금 전액을 금전으로 지급하였다. 그런데 갑이 아무리 그림 A를 넘겨달라고 청구하여도 을은 인도해 주지 않았다. 이런 경우 갑이 사적으로 물리력을 행사하여 해결하는 것은 엄격히 금지된다.

(중략)

을이 그림 A를 넘겨주지 않은 까닭은 갑으로부터 매매 대금을 받은 뒤에 을의 과실로 불이 나 그림 A가 타 없어졌기 때문이다. 결국 채무는 이행 불능이 되었다. 소송을 하더라도 불능의 내용을 이행하라는 판결은 나올 수 없다. 그림 A의 소실이 계약 체결 전이었다면, 그 계약은 실현 불가능한 내용을 담고 있기 때문에 체결할 때부터 계약 자체가 무효이다. 이행 불능이 채무자의 과실 때문에 일어난 것이라면 채무자가 채무 불이행에 대한 책임을 져야 한다.

이때 채무 불이행은 갑이나 을의 의사 표시가 작용한 것이 아니라, 매매 목적물의 소실에 따른 이행 불능으로 말미암은 것이다. 이러한 사건을 통해서도 법률 효과가 발생한다. 채무 불이행에 대한 책임은 갑으로 하여금 계약을 해제할 수 있는 권리를 갖게 한다. 갑이 계약 해제권을 행사하면 그때까지 유효했던 계약이 처음부터 효력이 없는 것으로 된다. 이때의 계약 해제는 일방의 의사 표시만으로 성립한다. 따라서 갑이 해제권을 행사하는 데에 을의 승낙은 요건이 되지 않는다. 이러한 법률 행위를 단독 행위라 한다.

갑은 계약을 해제하였다. 이로써 그 계약으로 발생한 채권과 채무는 없던 것이 된다. 당연히 계약의 양 당사자는 자신의 채무를 이행할 필요가 없다. 이미 이행된 것이 있다면 계약이 체결되기 전의 상태로 돌려놓아야 한다. 이를 청구할 수 있는 권리가 원상회복 청구권이다. 계약의 해제로 갑은 원상회복 청구권을 행사할 수 있으며, 이러한 ㉡ 갑의 채권은 결국 을에게 매매 대금을 반환해 달라고 청구할 수 있는 권리가 된다.

윗글에 대한 이해를 O, X 판단해보시오.

175. 법률 행위가 없으면 법률 효과가 발생하지 않는다.

㉠, ㉡에 대한 이해를 O, X 판단해보시오.

176. ㉠과 ㉡은 ㉠이 이행되면 그 결과로 ㉡이 소멸하는 관계이다.

177. ㉠과 ㉡은 동일한 계약의 효과를 서로 다른 측면에서 바라본 것이다.

178. ㉠에는 물건을 인도할 의무가 있고, ㉡에는 금전의 지급을 청구할 권리가 있다.

㉠ 주사 터널링 현미경(STM)에서는 끝이 첨예한 금속 탐침과 도체 또는 반도체 시료 표면 간에 적당한 전압을 걸어 주고 둘 간의 거리를 좁히게 된다. 탐침과 시료의 거리가 매우 가까우면 양자 역학적 터널링 효과에 의해 둘이 접촉하지 않아도 전류가 흐른다. 이때 탐침과 시료 표면 간의 거리가 원자 단위 크기에서 변하더라도 전류의 크기는 민감하게 달라진다. 이 점을 이용하면 시료 표면의 높낮이를 원자 단위에서 측정할 수 있다. 이렇게 민감한 STM도 진공 기술의 뒷받침이 있었기에 널리 사용될 수 있었다.

STM은 대체로 진공 통 안에 설치되어 사용되는데 그 이유는 무엇일까? 기체 분자는 끊임없이 떠돌아다니다가 주변과 충돌한다. 이때 일부 기체 분자들은 관찰하려는 시료의 표면에 붙어 표면과 반응하거나 표면을 덮어 시료 표면의 관찰을 방해한다. 따라서 용이한 관찰을 위해 STM을 활용한 실험에서는 관찰하려고 하는 시료와 기체 분자의 접촉을 최대한 차단할 필요가 있어 진공이 요구되는 것이다. 진공이란 기체 압력이 대기압보다 낮은 상태를 통칭하며 기체 압력이 낮을수록 진공도가 높다고 한다. 따라서 기체 분자들을 진공 통에서 뽑아내거나 진공 통 내부에서 움직이지 못하게 고정하면 진공 통 내부의 기체 압력을 낮출 수 있다.

STM을 활용하는 실험에서 어느 정도의 진공도가 요구되는지를 이해하기 위해서는 '단분자층 형성 시간'의 개념을 이해할 필요가 있다. 진공 통 내부에서 떠돌아다니던 기체 분자들이 관찰하려는 시료의 표면에 달라붙어 한 층의 막을 형성하기까지 걸리는 시간을 단분자층 형성 시간이라 한다.

(중략)

이런 이유로 STM에서는 시료의 관찰 가능 시간을 확보하기 위해 통상 10^{-9}토르 이하의 초고진공이 요구된다.

초고진공을 얻기 위해서는 스퍼터 이온 펌프가 널리 쓰인다.

(중략)

양이온이 타이타늄으로 만든 판 형태의 음극에 충돌하면 타이타늄이 떨어져 나와 충돌 지점 주변에 들러붙는다. 이렇게 들러붙은 타이타늄은 높은 화학 반응성 때문에 여러 기체 분자와 쉽게 반응하여, 떠돌아다니던 기체 분자를 흡착한다. 이는 떠돌아다니는 기체 분자의 수를 줄이는 효과가 있으므로 이를 2차 펌프 작용이라 부른다. 이렇듯 1, 2차 펌프 작용을 통해 스퍼터 이온 펌프는 초고진공 상태를 만들 수 있다.

179. 시료 표면의 관찰을 위해서는 시료 표면에 기체의 단분자층 형성이 필요하다.

2018년 11월 수능 42번

두 명제가 모두 참인 것도 모두 거짓인 것도 가능하지 않은 관계를 모순 관계라고 한다. 예를 들어, 임의의 명제를 P라고 하면 P와 ~P는 모순 관계이다.(기호 '~'은 부정을 나타낸다.) P와 ~P가 모두 참인 것은 가능하지 않다는 법칙을 무모순율이라고 한다. 그런데 "다보탑은 경주에 있다."와 "다보탑은 개성에 있을 수도 있었다."는 모순 관계가 아니다. 현실과 다르게 다보탑을 경주가 아닌 곳에 세웠다면 다보탑의 소재지는 지금과 달라졌을 것이다. 철학자들은 이를 두고, P와 ~P가 모두 참인 혹은 모두 거짓인 가능세계는 없지만 다보탑이 개성에 있는 가능세계는 있다고 표현한다.

(중략)

가능세계는 다음의 네 가지 성질을 갖는다. 첫째는 가능세계의 일관성이다. 가능세계는 명칭 그대로 가능한 세계이므로 어떤 것이 가능하지 않다면 그것이 성립하는 가능세계는 없다. 둘째는 가능세계의 포괄성이다. 이것은 어떤 것이 가능하다면 그것이 성립하는 가능세계는 존재한다는 것이다. 셋째는 가능세계의 완결성이다. 어느 세계에서든 임의의 명제 P에 대해 "P이거나 ~P이다."라는 배중률이 성립한다. 즉 P와 ~P 중 하나는 반드시 참이라는 것이다. 넷째는 가능세계의 독립성이다. 한 가능세계는 모든 시간과 공간을 포함해야만 하며, 연속된 시간과 공간에 포함된 존재들은 모두 동일한 하나의 세계에만 속한다. 한 가능세계 W1의 시간과 공간이, 다른 가능세계 W2의 시간과 공간으로 이어질 수는 없다. W1과 W2는 서로 시간과 공간이 전혀 다른 세계이다.

180. 가능세계의 완결성과 독립성에 따르면, 모든 학생이 연필을 쓰는 가능세계가 존재한다는 것과 어떤 학생도 연필을 쓰지 않는 가능세계가 존재한다는 것 중 하나는 반드시 참이고, 그중 한 세계의 시간과 공간이 다른 세계로 이어질 수 없겠군.

181. 가능세계의 포괄성과 독립성에 따르면, "어떤 학생도 연필을 쓰지 않는다."가 성립하면서 그 세계에 속한 한 명의 학생이 연필을 쓰는 가능세계들이 존재하고, 그 세계들의 시간과 공간은 서로 단절되어 있겠군.

182. 가능세계의 완결성에 따르면, 어느 세계에서든 "어떤 학생은 연필을 쓴다."와 "어떤 학생은 연필을 쓰지 않는다." 중 하나는 반드시 참이겠군.

183. 가능세계의 포괄성에 따르면, '"모든 학생은 연필을 쓴다."가 참이거나 "어떤 학생도 연필을 쓰지 않는다."가 참'인 가능세계들이 있겠군.

체결된 계약 내용이 법률에 정해진 내용과 어긋날 때 법적 불이익이 있을 뿐 아니라 체결된 계약의 효력 자체도 인정되지 않아 급부 의무가 부정되는 경우가 있다. 이에 해당하는 법조문을 '강행 법규'라고 한다. 이 경우 계약 당사자들은 상대에게 급부를 하라고 요구할 수는 없다. 이미 급부를 이행하여 재산적 이익을 넘겨주었다면 이 이익은 '부당 이득'에 해당하기 때문에 반환을 요구할 수 있다. 즉 '부당 이득 반환 청구권'이 인정된다. 의사와 의사 아닌 사람의 의료 기관 동업을 금지하는 법률 규정은 강행 법규이다. 따라서 의사와 의사 아닌 사람이 체결한 동업 계약은 계약의 효력이 부정된다. 다만 계약에 따라 이미 동업 자금을 건넸다면 이 돈을 반환하라고 요구하는 것은 가능하다.

그러나 강행 법규에 의해 계약의 효력이 부정되었을 때 부당 이득 반환 청구권이 인정되지 않는 경우도 있다. 급부의 내용이 위조지폐 제작처럼 비도덕적이거나 반사회적인 행동이라면, 계약의 효력이 인정되지 않을 뿐 아니라 이미 넘겨준 이익을 돌려받을 권리도 부정되는 것이 원칙이다.

국가가 개인 간의 계약에 개입하는 것은 국가 안보, 사회 질서, 공공복리 등의 정당한 입법 목적을 달성하기 위해서이다. 이 경우 계약의 자유를 제한하려면 필요한 만큼만 최소로 제한해야 한다는 '비례 원칙'이 적용된다. 이로 인해 국가가 계약 당사자들에게 미치는 영향이 다양하게 나타나는 것이다.

< 보 기 >

농지를 빌리려는 A와 농지 주인인 B는 농지를 용도에 맞지 않게 사용하는 것에 합의하여 농지 임대차 계약을 체결하였다. 그리고 A는 B에게 농지 사용료를 지불하고 1년간 농지를 사용하였다. 농지법을 위반한 이 사안에 대해 대법원이 내린 판결은 다음과 같이 요약된다.

첫째, 법률을 위반하여 농지를 빌려 준 사람에게는 벌금이 부과된다. 둘째, 이 사건의 농지 임대차 계약은 농지법을 위반한 것이므로 무효이다. 셋째, 농지를 빌려 준 사람은 받은 사용료를 반환해야 한다. 넷째, 농지를 빌린 사람은 농지를 빌려 써서 얻은 이익을 농지를 빌려 준 사람에게 반환해야 한다.

184. A가 농지를 빌려 써서 얻은 이익을 B에게 반환하라고 판결한 것은 급부의 내용이 비도덕적이거나 반사회적인 행동에 해당한다고 판단했기 때문이겠군.

경마식 보도로부터 드러난 선거 방송의 한계를 보완하는 방책 중 하나로 선거 방송 토론회가 활용될 수 있다. 이 토론회를 통해 후보자 간 정책과 자질 등의 차이가 드러날 수 있는데, 현실적인 이유로 초청 대상자는 한정된다.

(중략)

이러한 규정이 선거 운동의 기회균등 원칙을 침해하는지에 대해 헌법재판소는 위헌이 아니라고 결정했다. 다수 의견은 방송 토론회의 효율적 운영을 고려할 때 초청 대상 후보자 수가 너무 많으면 제한된 시간 안에 심층적인 토론이 이루어지기 어렵고, 유권자들도 관심이 큰 후보자들의 정책 및 자질을 직접 비교하기 어렵다는 점을 지적하며, 이 규정은 합리적 제한이라고 보았다. 반면 소수 의견은 이 규정이 가장 효과적인 선거 운동의 기회를 일부 후보자에게서 박탈하며, 유권자에게도 모든 후보자를 동시에 비교하지 못하게 하고, 초청 대상 후보자 토론회에 참여한 후보자와 그렇지 못한 후보자를 차별적으로 인식하게 만든다고 지적하였다. 이 규정을 소수 정당이나 정치 신인 등에 대한 자의적이고 차별적인 침해라고 본 것이다.

185. 「공직선거법」에는 선거 운동의 기회가 모든 후보자에게 균등하게 배분되지 못하도록 할 가능성이 있는 규정이 있다.

비례·반비례, 양적 관계를 이용하기

비례·반비례, 양적 관계를 이용하기

지문에서 "○○이 높아진다, 줄어든다, 증가한다, 감소한다, 생긴다" 등 무언가의 양적 변화가 일어남을 설명할 때가 있는데, 이때는 [지문]이나 옆 여백에 화살표(↑↓)로 표시해 놓아야한다. 높은 확률로 양적 관계에 대해 문제가 나오는데 찾아가서 일대일 대응시켜야 하기 때문이다.

2024년 9월 모의고사 11번 해당 언피로 오답 비율 17.0%

블록체인 기술에서 고려해야 할 세 가지 특성이 있다. 보안성은 데이터의 무단 변경이 어려울 뿐만 아니라 동일한 내용의 데이터가 블록체인의 서로 다른 블록에 또는 단일 블록에 이중으로 포함되는 것이 어렵다는 성질이다. 승인 과정에 걸리는 시간이 줄거나 노드 수가 감소하면 보안성은 낮아진다. 탈중앙성은 승인 과정에 다수의 노드들이 참여하고, 특정 노드가 승인 과정을 주도하지 않는다는 성질이다. 노드 수가 감소하면 탈중앙성은 낮아진다. 확장성은 블록체인 기술이 목표로 하는 응용 분야에 적용 가능할 만큼 성능이 높고, 노드 수가 증가해도 서비스 유지가 가능하다는 성질이다. 노드 수가 증가하면 성능이 저하 되므로, 확장성이 높다는 것은 노드 수가 증가하더라도 성능 저하가 크지 않다는 것을 의미한다. 그래서 기술 변화 없이 확장성을 높이고자 할 때 노드 수를 제한하는 방법이 사용되기도 한다. 노드 수를 제한하면 성능 저하를 막을 수 있기 때문이다. 아직까지 블록체인 기술은 보안성, 탈중앙성, 확장성을 함께 높일 수 있는 방법이 없어 대규모로 채택되지 못하고 있다.

② B업체의 블록체인 기술은 노드 수가 증가할수록 보안성과 확장성이 모두 높아지겠군

블록체인 기술에서 고려해야 할 세 가지 특성이 있다. 보안성은 데이터의 무단 변경이 어려울 뿐만 아니라 동일한 내용의 데이터가 블록체인의 서로 다른 블록에 또는 단일 블록에 이중으로 포함되는 것이 어렵다는 성질이다. 승인 과정에 걸리는 시간이 줄거나 노드 수가 감소하면 보안성은 낮아진다. 탈중앙성은 승인 과정에 다수의 노드들이 참여하고, 특정 노드가 승인 과정을 주도하지 않는다는 성질이다. 노드 수가 감소하면 탈중앙성은 낮아진다. 확장성은 블록체인 기술이 목표로 하는 응용 분야에 적용 가능할 만큼 성능이 높고, 노드 수가 증가해도 서비스 유지가 가능하다는 성질이다. 노드 수가 증가하면 성능이 저하 되므로, 확장성이 높다는 것은 노드 수가 증가하더라도 성능 저하가 크지 않다는 것을 의미한다. 그래서 기술 변화 없이 확장성을 높이고자 할 때 노드 수를 제한하는 방법이 사용되기도 한다. 노드 수를 제한하면 성능 저하를 막을 수 있기 때문이다. 아직까지 블록체인 기술은 보안성, 탈중앙성, 확장성을 함께 높일 수 있는 방법이 없어 대규모로 채택되지 못하고 있다.

② B업체의 블록체인 기술은 노드 수가 증가할수록 보안성과 확장성이 모두 높아지겠군

위 문제에서 "노드 수가 감소하면 보안성은 낮아진다."와 "확장성을 높이고자 할 때 노드 수를 제한하는 방법이 사용되기도 한다."라고 설명하고 있다. [지문]을 읽으면서 화살표 (↑ ↓)로 체크 해놓고 문제를 풀자.

예) 노드 수가 ↓ 보안성은 ↓, 확장성을 ↑ 노드 수를 ↓

지문을 다 읽고 선지를 봤을 때 양적 관계는 [지문]으로 바로 다시 가서 화살표를 본다. 화살표를 뒤바꾸다보면 답이 나온다.

⇒ 노드 수가 ↑ 할수록 보안성은 ↑, 노드 수가 ↑ 확장성은 ↓이기 때문에 선지는 틀렸다.

2022년 11월 수능 15번

하루에 필요한 에너지의 양은 하루 동안의 총 열량 소모량인 대사량으로 구한다. 그중 기초 대사량은 생존에 필수적인 에너지로, 쾌적한 온도에서 편히 쉬는 동물이 공복 상태에서 생성하는 열량으로 정의된다. 이때 체내에서 생성한 열량은 일정한 체온에서 체외로 발산되는 열량과 같다.

(중략)

19세기의 초기 연구는 체외로 발산되는 열량이 체표 면적에 비례한다고 보았다. 즉 그 둘이 항상 일정한 비(比)를 갖는다는 것이다. 체표 면적은 $(체중)^{0.67}$에 비례하므로, 기초 대사량은 체중이 아닌 $(체중)^{0.67}$에 비례한다고 하였다. 어떤 변수의 증가율은 증가 후 값을 증가 전 값으로 나눈 값이므로, 체중이 W에서 $2W$로 커지면 체중의 증가율은 $(2W) / (W) = 2$이다. 이 경우에 기초 대사량의 증가율은 $(2W)^{0.67} / (W)^{0.67} = 2^{0.67}$, 즉 약 1.6이 된다.

1930년대에 클라이버는 생쥐부터 코끼리까지 다양한 크기의 동물의 기초 대사량 측정 결과를 분석했다.

(중략)

클라이버는 이런 방법에 근거하여 동물의 $(체중)^{0.75}$에 기초 대사량이 비례한다고 결론지었다. 이것을 '클라이버의 법칙'이라 하며, $(체중)^{0.75}$을 대사 체중이라 부른다. 대사 체중은 치료제 허용량의 결정에도 이용되는데, 이때 그 양은 대사 체중에 비례하여 정한다. 이는 치료제 허용량이 체내 대사와 밀접한 관련이 있기 때문이다.

186. 클라이버의 결론에 따르면, 기초 대사량이 동물의 체표 면적에 비례한다고 볼 수 없겠군.

187. 19세기의 초기 연구자들은 체중의 증가율보다 기초 대사량의 증가율이 작다고 생각했겠군.

188. 코끼리에게 적용하는 치료제 허용량을 기준으로, 체중에 비례하여 생쥐에게 적용할 허용량을 정한 후 먹이면 과다 복용이 될 수 있겠군.

사유 재산 제도하에서는 누구나 자신의 재산을 자유롭게 처분할 수 있다. 그러나 기부와 같이 어떤 재산이 대가 없이 넘어가는 무상 처분 행위가 행해졌을 때는 그 당사자인 무상 처분자와 무상 취득자의 의사와 무관하게 그 결과가 번복될 수 있다. 무상 처분자가 사망하면 상속이 개시되고, 그의 상속인들이 유류분을 반환받을 수 있는 권리인 유류분권을 행사할 수 있기 때문이다. 이때 무상 처분권자는 피상속인이 되고 그의 권리와 의무는 상속인에게 이전된다.

(중략)

피상속인이 상속 개시 당시에 가졌던 재산으로부터 상속받은 이익이 있는 상속인은 유류분에 해당하는 이익의 일부만 반환받을 수 있다. 유류분에 해당하는 이익에서 이미 상속받은 이익을 뺀 값인 유류분 부족액만 반환받을 수 있기 때문이다.

189. 무상 처분된 물건이 반환되는 경우 유류분 부족액이 클수록 무상 취득자의 지분이 더 커진다.

중요도는 웹 페이지의 중요성을 값으로 나타낸 것으로 링크 분석 기법으로 측정할 수 있다. 기본적인 링크 분석 기법에서 웹 페이지 A의 값은 A를 링크한 각 웹 페이지들로부터 받는 값의 합이다. 이렇게 받은 A의 값은 A가 링크한 다른 웹 페이지들에 균등하게 나눠진다. 즉 A의 값이 4이고 A가 두 개의 링크를 통해 다른 웹 페이지로 연결된다면, A의 값은 유지되면서 두 웹 페이지에는 각각 2가 보내진다.

하지만 두 웹 페이지가 실제로 받는 값은 2에 댐핑 인자를 곱한 값이다. 댐핑 인자는 사용자들이 웹 페이지를 읽다가 링크를 통해 다른 웹 페이지로 이동하지 않는 비율을 반영한 값으로 1 미만의 값을 가진다. 댐핑 인자는 모든 링크에 동일하게 적용된다. 가령 그 비율이 20%이면 댐핑 인자는 0.8이고 두 웹 페이지는 각각 1.6을 받는다. 웹 페이지로 연결된 링크를 통해 받는 값을 모두 반영했을 때의 값이 각 웹 페이지의 중요도이다. 웹 페이지들을 연결하는 링크들은 변할 수 있기 때문에 검색 엔진은 주기적으로 웹 페이지의 중요도를 갱신한다.

190. 사용자가 링크를 따라 다른 웹 페이지로 이동하는 비율이 높을수록 댐핑 인자가 커진다.

2022년 6월 모의고사 14번

이중차분법은 사건을 경험한 표본들로 구성된 시행집단에서 일어난 변화에서 사건을 경험하지 않은 표본들로 구성된 비교집단에서 일어난 변화를 뺀 값을 사건의 효과라고 평가하는 방법이다. 이는 사건이 없었더라도 비교집단에서 일어난 변화와 같은 크기의 변화가 시행집단에서도 일어났을 것이라는 평행추세 가정에 근거해 사건의 효과를 평가한 것이다. 이 가정이 충족되면 사건 전의 상태가 평균적으로 같도록 두 집단을 구성하지 않아도 된다.

(중략)

평행추세 가정이 충족되지 않는 경우에 이중차분법을 적용하면 사건의 효과를 잘못 평가하게 된다. 예컨대 ㉠ 어떤 노동자 교육 프로그램의 고용 증가 효과를 평가할 때, 일자리가 급격히 줄어드는 산업에 종사하는 노동자의 비중이 비교집단에 비해 시행집단에서 더 큰 경우에는 평행추세 가정이 충족되지 않을 것이다. 그렇다고 해서 집단 간 표본의 통계적 유사성을 높이려고 사건 이전 시기의 시행집단을 비교집단으로 설정하는 것이 평행추세 가정의 충족을 보장하는 것은 아니다. 예컨대 고용처럼 경기변동에 민감한 변화라면 집단 간 표본의 통계적 유사성보다 변화 발생의 동시성이 이 가정의 충족에서 더 중요할 수 있기 때문이다.

191. 다음은 이중차분법을 ㉠에 적용할 경우에 나타날 결과를 추론한 것이다. A와 B에 들어갈 말을 바르게 짝지은 것은?

프로그램이 없었다면 시행집단에서 일어났을 고용률 증가는, 비교집단에서 일어난 고용률 증가와/보다 (A)것이다. 그러므로 ㉠에 이중차분법을 적용하여 평가한 프로그램의 고용 증가 효과는 평행추세 가정이 충족되는 비교집단을 이용하여 평가한 경우의 효과보다 (B)것이다.

	A	B
①	클	클
②	클	작을
③	같을	클
④	작을	클
⑤	작을	작을

일반적으로 독점적 지위를 누린다는 것은 상품의 가격을 결정할 수 있는 힘이 있다는 의미이다. 그럼에도 불구하고 판매자는 구매자의 수요를 고려해야 한다. 대체로 구매자는 상품의 물량이 많을 때보다 적을 때 높은 가격을 지불하고자 하기 때문에, 판매자는 공급량을 감소시킴으로써 더 높은 가격을 책정할 수 있다. 독점적 경쟁 시장의 판매자도 이러한 지위 덕분에 상품에 차별성이 없는 경우를 가정할 때보다 다소 비싼 가격에 상품을 판매하는 경향이 있다. 그러나 그 결과 독점적 경쟁 시장의 판매자가 단기적으로 이윤을 보더라도, 그 이윤이 지속되리라 기대할 수는 없다. 이윤을 보는 판매자가 있으면 그러한 이윤에 이끌려 약간 다른 상품을 공급하는 신규 판매자의 수가 장기적으로 증가하고, 그 결과 기존 판매자가 공급하던 상품에 대한 수요는 감소하여 이윤이 줄어들 것이기 때문이다.

판매자가 광고를 통해 상품의 차별성을 알리는 대표적인 방법은 상품에 대한 정보를 전달하는 것이다. 하지만 많은 비용을 들인 것으로 보이는 광고만으로도 상품의 차별성을 부각할 수 있다. 판매자가 경쟁력에 자신 없는 상품에 많은 광고 비용을 지출하지 않을 것이라는 구매자의 추측을 유도하는 것이 이 광고 방법의 목적이다. 가격이 변화할 때 구매자의 상품 수요량이 변하는 정도를 수요의 가격 탄력성이라 하는데, 구매자가 자신이 선호하는 상품이 차별화되었다고 느낄수록 수요의 가격 탄력성은 감소한다. 이처럼 구매자가 특정 상품에 갖는 충성도가 높아지면, 판매자의 독점적 지위는 강화된다. 판매자는 이렇게 광고가경쟁을 제한하는 효과를 노린다. 독점적 경쟁 시장에 진입하는 신규 판매자도 상품의 차별성을 강조함으로써 독점적 지위를 확보하고자 광고를 빈번하게 이용한다.

'갑' 기업의 광고 기획 초안

◦ 대상: 새로 출시하는 여드름 억제 비누

◦ 기획 근거: 다수의 비누 판매 기업이 다양한 여드름 억제 비누를 판매 중이며, 우리 기업은 여드름 억제 비누 시장에 처음으로 진입하려는 상황이다. 우리 기업의 신제품은 새로운 성분이 함유되어 기존의 어떤 비누보다 여드름 억제 효과가 탁월하며, 국내에서 전량 생산할 계획이다.
현재 여드름 억제 비누 시장을 선도하는 경쟁사인 '을' 기업은 여드름 억제 비누로 이윤을 보고 있으며, 큰 비용을 들여 인기 드라마에 상품을 여러 차례 노출하는 전략으로 광고 중이다. 반면 우리 기업은 이번 광고로 상품에 대한 정보 검색을 많이 하는 소비 집단을 공략하고자 제품 정보를 강조하되, 광고 비용은 최소화하려 한다.

◦ 광고 개요: 새로운 성분의 여드름 억제 효과를 강조하고, 일반인 광고 모델들이 우리 제품의 여드름 억제 효과를 체험한 것을 진술하는 모습을 담은 TV 광고

---

192. 이 광고로 '갑' 기업이 단기적으로 이윤을 보게 된다면 여드름 억제 비누 시장 내의 판매자 간 경쟁은 장기적으로 약화될 수 있겠어.

193. 이 광고가 '갑' 기업의 신제품을 포함하여 여드름 억제 비누 수요의 가격 탄력성을 높인다면 '갑' 기업은 자사 제품의 가격을 높게 책정할 수 없겠어.

2021년 6월 모의고사 17번

1993년 노벨 화학상은 중합 효소 연쇄 반응(PCR)을 개발한 멀리스에게 수여된다. 염기 서열을 아는 DNA가 한 분자라도 있으면 이를 다량으로 증폭할 수 있는 길을 열었기 때문이다. PCR는 주형 DNA, 프라이머, DNA중합 효소, 4종의 뉴클레오타이드가 필요하다. 주형 DNA란 시료로부터 추출하여 PCR에서 DNA증폭의 바탕이 되는 이중 가닥 DNA를 말하며, 주형 DNA에서 증폭하고자 하는 부위를 표적 DNA라 한다. 프라이머는 표적 DNA의 일부분과 동일한 염기 서열로 이루어진 짧은 단일 가닥 DNA로, 2종의 프라이머가 표적 DNA의 시작과 끝에 각각 결합한다. DNA중합 효소는 DNA를 복제하는데, 단일 가닥 DNA의 각 염기 서열에 대응하는 뉴클레오타이드를 순서대로 결합시켜 이중 가닥 DNA를 생성한다.

(중략)

이러한 DNA복제 과정이 한 사이클을 이루며, 사이클마다 표적 DNA의 양은 2배씩 증가한다. 그리고 DNA의 양이 더 이상 증폭되지 않을 정도로 충분히 사이클을 수행한 후 PCR를 종료한다. 전통적인 PCR는 PCR의 최종 산물에 형광 물질을 결합시켜 발색을 통해 표적 DNA의 증폭 여부를 확인한다.

실시간 PCR는 전통적인 PCR와 동일하게 PCR를 실시하지만, 사이클마다 발색 반응이 일어나도록 하여 누적되는 발색을 통해 표적 DNA의 증폭을 실시간으로 확인할 수 있다.

(중략)

[A]
실시간 PCR에서 발색도는 증폭된 이중 가닥 표적 DNA의 양에 비례하며, 일정 수준의 발색도에 도달하는 데 필요한 사이클은 표적 DNA의 초기 양에 따라 달라진다. 사이클의 진행에 따른 발색도의 변화가 연속적인 선으로 표시되며, 표적 DNA를 검출했다고 판단하는 발색도에 도달하는 데 소요된 사이클을 Ct값이라 한다. 표적 DNA의 농도를 알지 못하는 미지 시료의 Ct값과 표적 DNA의 농도를 알고 있는 표준 시료의 Ct값을 비교하면 미지 시료에 포함된 표적 DNA의 농도를 계산할 수 있다.

---

194. [A]를 바탕으로 〈보기 1〉의 실험 상황을 가정하고 〈보기 2〉와 같이 예상 결과를 추론하였다. ㉮~㉲에 들어갈 말로 적절한 것은?

〈보기1〉

표적 DNA의 농도를 알지 못하는 ⓐ 미지 시료와, 이와 동일한 표적 DNA를 포함하지만 그 농도를 알고 있는 ⓑ 표준 시료가 있다. 각 시료의 DNA를 주형 DNA로 하여 같은 양의 시료로 동일한 조건에서 실시간 PCR를 실시한다.

〈보기2〉

만약 ⓐ가 ⓑ보다 표적 DNA의 초기 농도가 높다면,

↓

표적 DNA가 증폭되는 동안, 사이클이 진행됨에 따라 시간당 시료의 표적 DNA의 증가량은 ⓐ가 (㉮).

↓

실시간 PCR의 Ct값에서의 발색도는 ⓐ가 (㉯).

↓

따라서 실시간 PCR의 Ct값은 ⓐ가 (㉲).

	㉮	㉯	㉲
①	ⓑ보다 많겠군	ⓑ보다 높겠군	ⓑ보다 크겠군
②	ⓑ보다 많겠군	ⓑ와 같겠군	ⓑ보다 작겠군
③	ⓑ와 같겠군	ⓑ보다 높겠군	ⓑ보다 작겠군
④	ⓑ와 같겠군	ⓑ와 같겠군	ⓑ보다 작겠군
⑤	ⓑ와 같겠군	ⓑ보다 높겠군	ⓑ보다 크겠군

질병을 유발하는 병원체에는 세균, 진균, 바이러스 등이 있다. 생명체의 기본 구조에 속하는 세포막은 지질을 주성분으로 하는 이중층이다. 세균과 진균은 일반적으로 세포막 바깥 부분에 세포벽이 있고, 바이러스의 표면은 세포막 대신 캡시드라고 부르는 단백질로 이루어져 있다. 바이러스의 종류에 따라 캡시드 외부가 지질을 주성분으로 하는 피막으로 덮인 경우도 있다. 한편 진균과 일부 세균은 다른 병원체에 비해 건조, 열, 화학 물질에 저항성이 강한 포자를 만든다.

생활 환경에서 병원체의 수를 억제하고 전염병을 예방하기 위한 목적으로 사용하는 방역용 화학 물질을 '항(抗)미생물 화학제'라 한다.

(중략)

항미생물 화학제 중 멸균제는 포자를 포함한 모든 병원체를 파괴한다. 감염방지제는 포자를 제외한 병원체를 사멸시키는 화합물로 병원, 공공시설, 가정의 방역에 사용된다. 감염방지제 중 독성이 약해 사람의 피부나 상처 소독에도 사용이 가능한 항미생물 화학제를 소독제라 한다. 사람의 세포막도 지질 성분으로 이루어져 있어 소독제라 하더라도 사람의 세포를 죽일 수 있으므로, 눈이나 호흡기 등의 점막에 접촉하지 않도록 주의해야 한다.

< 보 기 >

∘ 가상의 실험 결과

> 항미생물 화학제로 사용되는 알코올 화합물 A를 변환시켜 다음과 같은 결과를 얻었다.
>
> [결과1] A에서 지질을 손상시키는 기능만을 약화시켜 B를 얻었다.
>
> [결과2] A에서 캡시드를 손상시키는 기능만을 강화시켜 C를 얻었다.
>
> [결과3] B에서 캡시드를 손상시키는 기능만을 강화시켜 D를 얻었다.

∘ 학생의 추론 : 화합물들의 방역 효과와 안전성을 비교해 보면, [가] 고 추론할 수 있어.

(단, 지질 손상 기능과 캡시드 손상 기능은 서로 독립적이며, 화합물 A, B, C, D의 비교 조건은 모두 동일하다고 가정함.)

〈보기〉는 윗글을 읽은 학생이 '가상의 실험 결과'를 보고 추론한 내용이다. [가]에 들어갈 말로 적절한지 여부를 판단해 보시오.

195. C는 A에 비해 지질 피막이 없는 바이러스에 대한 방역 효과는 크고, 인체에 대한 안전성은 같다.

196. C는 B에 비해 지질 피막이 있는 바이러스에 대한 방역 효과는 크고, 인체에 대한 안전성은 같다.

197. D는 A에 비해 지질 피막이 없는 바이러스에 대한 방역 효과는 크고, 인체에 대한 안전성은 높다.

198. D는 B에 비해 지질 피막이 없는 바이러스에 대한 방역 효과는 크고, 인체에 대한 안전성은 같다.

ICT 산업을 주도하는 국가에서 더 중요한 문제는 ICT 지식 재산 보호의 국제적 강화일 수 있다. 이론적으로 봤을 때 지식 재산의 보호가 약할수록 유용한 지식 창출의 유인이 저해되어 지식의 진보가 정체되고, 지식 재산의 보호가 강할수록 해당 지식에 대한 접근을 막아 소수의 사람만이 혜택을 보게 된다. 전자로 발생한 손해를 유인 비용, 후자로 발생한 손해를 접근 비용이라고 한다면, 지식 재산 보호의 최적 수준은 두 비용의 합이 최소가 될 때일 것이다. 각국은 그 수준에서 자국의 지식 재산 보호 수준을 설정한다. 특허 보호 정도와 국민 소득의 관계를 보여 주는 한 연구에서는 국민 소득이 일정 수준 이상인 상태에서는 국민 소득이 증가할수록 특허 보호 정도가 강해지는 경향이 있지만, 가장 낮은 소득 수준을 벗어난 국가들은 그들보다 소득 수준이 낮은 국가들보다 오히려 특허 보호가 약한 것으로 나타났다. 이는 지식 재산 보호의 최적 수준에 대해서도 국가별 입장이 다름을 시사한다.

> < 보 기 >
>
> S국은 현재 국민 소득이 가장 낮은 수준의 국가이고 ICT 산업에서 주도적인 국가가 아니다. S국의 특허 보호 정책은 지식 재산 보호 정책을 대표한다.

199. ICT 산업에서 주도적인 국가는 S국이 유인 비용을 현재보다 크게 인식하여 지식 재산 보호 수준을 높이기 바라겠군.

200. S국에서는 지식 재산 보호 수준이 낮을 때가 높을 때보다 지식 재산 창출 의욕의 저하로 인한 손해가 더 심각하겠군.

201. S국에서 현재의 특허 제도가 특허권을 과하게 보호한다고 판단한다면 지식 재산 보호 수준을 낮춰 접근 비용을 높이고 싶겠군.

202. S국의 국민 소득이 점점 높아진다면 유인 비용과 접근 비용의 합이 최소가 되는 지식 재산 보호 수준은 낮아졌다가 높아지겠군.

203. S국이 지식 재산 보호 수준을 높일 때, 지식의 발전이 저해되어 발생하는 손해는 감소하고 다수가 지식 재산의 혜택을 누리지 못하여 발생하는 손해는 증가하겠군.

물건의 소유권이 양도되려면, 소유자가 양도인이 되어 양수인과 유효한 양도 계약을 하고 이에 더하여 소유권 양도를 공시해야 한다. ㉠ 점유로 소유권이 공시되는 동산의 소유권 양도는 점유를 넘겨주는 점유 인도로 공시된다.

(중략)

양도인이 소유자가 아니더라도 양수인이 점유 인도를 받으면 소유권을 취득할 수 있을까? 점유로 공시되는 동산의 경우 양수인이 충분히 주의를 했는데도 양도인이 소유자가 아님을 알지 못한 채 양도인과 유효한 계약을 하고, 점유 인도로 공시를 했다면 양수인은 소유권을 취득한다. 이것을 '선의취득'이라 한다.

(중략)

반면에 국가가 관리하는 공적 기록인 등기·등록으로 공시되어야 하는 물건은 아예 선의취득 대상이 아니다. ㉡ 법률이 등록 대상으로 규정한 자동차, 항공기 등의 동산은 등록으로 공시되는 물건이고, 토지·건물과 같은 부동산은 등기로 공시되는 물건이다. 이러한 고가의 재산에 대해 선의취득을 허용하게 되면 원래 소유자의 의사에 반하는 소유권 박탈이 일어나게 된다. 이것은 거래 안전에만 치중하고 원래 소유자의 권리 보호를 경시한 것이 되어 바람직하지 않다고 볼 수 있다.

204. ㉡은 ㉠과 달리, 원래 소유자의 권리 보호가 거래 안전보다 중시되는 대상이다.

일부 국가에서는 ICT 다국적 기업에 대해 디지털세 도입을 진행 중이다. 디지털세는 이를 도입한 국가에서 ICT 다국적 기업이 거둔 수입에 대해 부과되는 세금이다. 디지털세의 배경에는 법인세 감소에 대한 각국의 우려가 있다. 법인세는 국가가 기업으로부터 걷는 세금 중 가장 중요한 것으로, 재화나 서비스의 판매 등을 통해 거둔 수입에서 제반 비용을 제외하고 남은 이윤에 대해 부과하는 세금이라 할 수 있다.

㉠ 많은 ICT 다국적 기업이 법인세율이 현저하게 낮은 국가에 자회사를 설립하고 그 자회사에 이윤을 몰아주는 방식으로 법인세를 회피한다는 비판이 있어 왔다. 예를 들면 ICT 다국적 기업 Z사는 법인세율이 매우 낮은 A국에 자회사를 세워 특허의 사용 권한을 부여한다. 그리고 법인세율이 A국보다 높은 B국에 설립된 Z사의 자회사에서 특허 사용으로 수입이 발생하면 Z사는 B국의 자회사로 하여금 A국의 자회사에 특허 사용에 대한 수수료인 로열티를 지출하도록 한다. 그 결과 Z사는 ⓐ B국의 자회사에 법인세가 부과될 이윤을 최소화한다. ICT 다국적 기업의 본사를 많이 보유한 국가에서도 해당 기업에 대한 법인세 징수는 문제가 된다.

< 보 기 >

◦ **과제** : '㉠을 근거로 ICT 다국적 기업에 디지털세가 부과되는 것이 타당한가?'를 검증할 가설에 대한 판단

- **가설**

ICT 다국적 기업 자회사들의 수입 대비 이윤의 비율은 법인세율이 높은 국가일수록 낮다.

- **판단**

가설이 참이라면   ㉮   고 할 수 있으므로 ㉠을 근거로 디지털세를 부과하는 것을 지지할 수 있겠군.

㉮에 들어갈 말을 O, X 판단해보시오.

205. ICT 다국적 기업 자회사의 수입 대비 제반 비용의 비율이 법인세율이 낮은 국가일수록 높다.

206. ICT 다국적 기업이 법인세율이 높은 국가의 자회사에서 수입에 비해 이윤을 줄이는 방식으로 법인세를 줄이고 있다.

문맥상 @와 바꿔 쓰기에 적절한지 여부를 판단해보시오.

207. A국의 자회사가 거두는 수입을 늘린다.

208. A국의 자회사가 얻게 될 이윤을 줄인다.

209. B국의 자회사가 낼 법인세를 최소화한다.

210. B국의 자회사가 지출하는 제반 비용을 늘린다.

우리는 종종 임의의 명제가 참인지 거짓인지 새롭게 알게 된다. 이것을 베이즈주의자의 표현으로 바꾸면 그 명제가 참인지 거짓인지에 대해 가장 강한 믿음의 정도를 새롭게 갖는다는 것이다. 베이즈주의자는 이런 경우에 믿음의 정도가 어떤 방식으로 변해야 하는지에 대해 정교한 설명을 제공한다. 이에 따르면, 인식 주체가 특정 시점에 임의의 명제 A가 참이라는 것만을 또는 거짓이라는 것만을 새롭게 알게 됐을 때, 다른 임의의 명제 B에 대한 인식 주체의 기존 믿음의 정도의 변화는 조건화 원리의 적용을 받는다. 이는 믿음의 정도의 변화에 관한 원리로서, 만약 인식 주체가 A가 참이라는 것만을 새롭게 알게 된다면, B가 참이라는 것에 대한 그 인식 주체의 믿음의 정도는 애초의 믿음의 정도에서 A가 참이라는 조건하에 B가 참이라는 것에 대한 믿음의 정도로 되어야 함을 의미한다. 예를 들어 갑이 '내일 비가 온다.'가 참이라는 것을 약하게 믿고 있고, '오늘 비가 온다.'가 참이라는 조건하에서는 '내일 비가 온다.'가 참이라는 것을 강하게 믿는다고 해 보자. 조건화 원리에 따르면, 갑이 실제로 '오늘 비가 온다.'가 참이라는 것만을 새롭게 알게 될 때, '내일 비가 온다.'가 참이라는 것을 그 이전보다 더 강하게 믿는 것이 합리적이다. 조건화 원리는 새롭게 알게 된 명제가 동시에 둘 이상인 경우에도 마찬가지로 적용된다. 다만 이 원리는 믿음의 정도에 관한 것이지 행위에 관한 것은 아니다.

< 보 기 >

[독서 후 심화 활동]

글의 내용을 다른 상황에 적용해 보자.

• 상황

병과 정은 공동 발표 내용을 기록한 흰색 수첩 하나를 잃어버렸다는 것을 알게 되었다. 그 수첩에는 병의 이름이 적혀 있다. 이와 관련해 병과 정은 다음 명제 ㉮가 참이라고 믿지만 믿음의 정도가 아주 강하지는 않다.

㉮ 병의 수첩은 체육관에 있다.

병 혹은 정이 참이라고 새롭게 알게 될 수 있는 명제는 다음과 같다.

㉯ 체육관에 누군가의 이름이 적힌 흰색 수첩이 있다.

㉰ 병의 이름이 적혀 있지만 어떤 색인지 확인이 안 된 수첩이 병의 집에 있다.

병과 정은 ㉯와 ㉰ 이외에는 ㉮와 관련이 있는 어떤 명제도 새롭게 알게 되지 않고, 조건화 원리에 의해서만 자신들의 믿음의 정도를 바꾼다.

• 적용

[A]

211. 병이 ㉯를 알게 된 후에 ㉰를 추가로 알게 된다면, ㉮가 참이라는 것에 대한 병의 믿음의 정도는 ㉰를 추가로 알기 전보다 더 약해질 수 있겠군.

212. 병이 ㉯와 ㉰를 동시에 알게 된다면, ㉮가 참이라는 것에 대한 병의 믿음의 정도는 ㉯와 ㉰가 참이라는 조건하에 ㉮가 참이라는 것에 대한 믿음의 정도로 변하겠군.

213. 병과 정이 ㉯를 알게 되기 전에 ㉮가 참이라는 것에 대한 믿음의 정도가 서로 다르다면, ㉯만을 알게 된 후에는 ㉮가 참이라는 것에 대한 병과 정의 믿음의 정도가 같을 수 없겠군.

2019년 11월 수능 39, 40번

BIS 비율은 은행의 재무 건전성을 유지하는 데 필요한 최소한의 자기자본 비율을 설정하여 궁극적으로 예금자와 금융 시스템을 보호하기 위해 바젤위원회에서 도입한 것이다. 바젤위원회에서는 BIS 비율이 적어도 규제 비율인 8%는 되어야 한다는 기준을 제시하였다. 이에 대한 식은 다음과 같다.

$$\text{BIS 비율} = \frac{\text{자기자본}}{\text{위험가중자산}} \times 100 \geq 8(\%)$$

여기서 자기자본은 은행의 기본자본, 보완자본 및 단기후순위 채무의 합으로, 위험가중자산은 보유 자산에 각 자산의 신용 위험에 대한 위험 가중치를 곱한 값들의 합으로 구하였다. 위험 가중치는 자산 유형별 신용 위험을 반영하는 것인데, OECD 국가의 국채는 0%, 회사채는 100%가 획일적으로 부여되었다. 이후 금융 자산의 가격 변동에 따른 시장 위험도 반영해야 한다는 요구가 커지자, 바젤위원회는 위험가중자산을 신용 위험에 따른 부분과 시장 위험에 따른 부분의 합으로 새로 정의하여 BIS 비율을 산출하도록 하였다. 신용 위험의 경우와 달리 시장 위험의 측정 방식은 감독 기관의 승인하에 은행의 선택에 따라 사용할 수 있게 하여 '바젤 I' 협약이 1996년에 완성되었다.

금융 혁신의 진전으로 '바젤 I' 협약의 한계가 드러나자 2004년에 '바젤 II' 협약이 도입되었다. 여기에서 BIS 비율의 위험가중자산은 신용 위험에 대한 위험 가중치에 자산의 유형과 신용도를 모두 고려하도록 수정되었다. 신용 위험의 측정 방식은 표준 모형이나 내부 모형 가운데 하나를 은행이 이용할 수 있게 되었다. 표준 모형에서는 OECD 국가의 국채는 0%에서 150%까지, 회사채는 20%에서 150%까지 위험 가중치를 구분하여 신용도가 높을수록 낮게 부과한다. 예를 들어 실제 보유한 회사채가 100억 원인데 신용 위험 가중치가 20%라면 위험가중자산에서 그 회사채는 20억 원으로 계산된다. 내부 모형은 은행이 선택한 위험 측정 방식을 감독 기관의 승인하에 그 은행이 사용할 수 있도록 하는 것이다. 또한 감독 기관은 필요시 위험가중자산에 대한 자기자본의 최저 비율이 규제 비율을 초과하도록 자국 은행에 요구할 수 있게 함으로써 자기자본의 경직된 기준을 보완하고자 했다.

214. 바젤 II 협약에 따르면, 보유하고 있는 OECD 국가의 국채를 매각한 뒤 이를 회사채에 투자한다면 BIS 비율은 항상 높아진다.

< 보 기 >

갑 은행이 어느 해 말에 발표한 자기자본 및 위험 가중자산은 아래 표와 같다. 갑 은행은 OECD 국가의 국채와 회사채만을 자산으로 보유했으며, 바젤 II 협약의 표준 모형에 따라 BIS 비율을 산출하여 공시하였다. 이때 회사채에 반영된 위험 가중치는 50%이다. 그 이외의 자본 및 자산은 모두 무시한다.

항목	자기자본		
	기본자본	보완자본	단기후순위채무
금액	50억 원	20억 원	40억 원

항목	위험 가중치를 반영하여 산출한 위험가중자산		
	신용 위험에 따른 위험가중자산		시장 위험에 따른 위험가중자산
	국채	회사채	
금액	300억 원	300억 원	400억 원

215. 갑 은행이 보유 중인 회사채의 위험 가중치가 20%였다면 BIS 비율은 공시된 비율보다 높았겠군.

216. 갑 은행이 보유 중인 국채의 실제 규모가 회사채의 실제 규모보다 컸다면 위험 가중치는 국채가 회사채보다 낮았겠군.

217. 갑 은행이 바젤 I 협약의 기준으로 신용 위험에 따른 위험가중자산을 산출한다면 회사채는 600억 원이 되겠군.

2019년 9월 모의고사 41번

한편 실내에서 위치 측정에 사용 가능한 방법으로는 블루투스 기반의 비콘을 활용하는 기술이 있다. 비콘은 실내에 고정 설치되어 비콘마다 정해진 식별 번호와 위치 정보가 포함된 신호를 주기적으로 보내는 기기이다. 비콘들은 동일한 세기의 신호를 사방으로 보내지만 비콘으로부터 거리가 멀어질수록, 벽과 같은 장애물이 많을수록 신호의 세기가 약해진다. 단말기가 비콘 신호의 도달 거리 내로 진입하면 단말기 안의 수신기가 이 신호를 인식한다. 이 신호를 이용하여 2차원 평면에서의 위치를 측정하는 방법으로는 다음과 같은 것들이 있다.

(중략)

삼변측량 기법은 3개 이상의 비콘으로부터 수신된 신호 세기를 측정하여 단말기와 비콘 사이의 거리로 환산한다. 각 비콘을 중심으로 이 거리를 반지름으로 하는 원을 그리고, 그 교점을 단말기의 현재 위치로 정한다. 교점이 하나로 모이지 않는 경우에는 세 원에 공통으로 속한 영역의 중심점을 단말기의 위치로 측정한다.

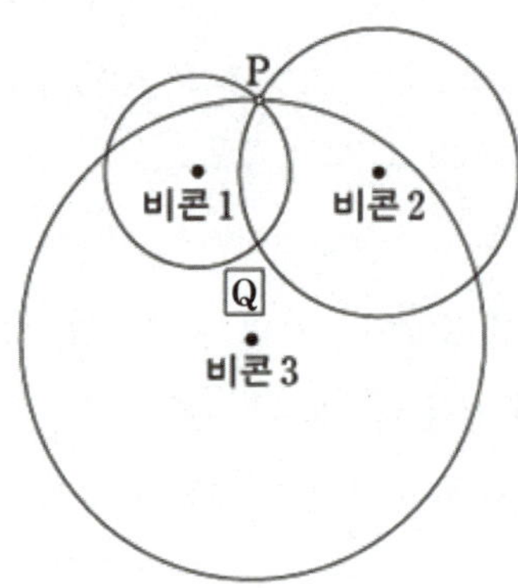

＊ 각 원의 반지름은 신호 세기로 환산한 비콘과 단말기 사이의 거리이다.

＊ 신호 세기에 영향을 미치는 장애물이 Q의 위치에 있다.

(단, 세 원에 공통으로 속한 영역이 항상 존재한다고 가정하며, 신호 세기에 영향을 미치는 다른 요소는 고려하지 않음.)

218. 측정된 신호 세기를 약한 것부터 나열하면 비콘 1,비콘 2,,비콘 3의 신호 순이겠군.

219. 실제 단말기의 위치는 삼변측량 기법으로 측정된 위치에 비해 비콘 3에 더 가까이 있겠군.

220. Q의 위치에 있는 장애물이 제거된다면, 삼변측량 기법으로 측정되는 단말기의 위치는 현재 측정된 위치에서 P 방향으로 이동하겠군.

221. 단말기에서 측정되는 비콘 2의 신호 세기만 약해진다면, 삼변측량 기법으로 측정되는 단말기의 위치는 현재 측정된 위치에서 비콘 2 방향으로 이동하겠군.

2019년 6월 모의고사 29번

금융을 통화 정책의 전달 경로로만 보는 전통적인 경제학에서는 금융감독 정책이 개별 금융 회사의 건전성 확보를 통해 금융 안정을 달성하고자 하는 미시 건전성 정책에 집중해야 한다고 보았다. 이러한 관점은 금융이 직접적인 생산 수단이 아니므로 단기적일 때와는 달리 장기적으로는 경제 성장에 영향을 미치지 못한다는 인식과, 자산 시장에서는 가격이 본질적 가치를 초과하여 폭등하는 버블이 존재하지 않는다는 효율적 시장 가설에 기인한다. 미시 건전성 정책은 개별 금융 회사의 건전성에 대한 예방적 규제 성격을 가진 정책 수단을 활용하는데, 그 예로는 향후 손실에 대비하여 금융 회사의 자기자본 하한을 설정하는 최저 자기자본 규제를 들 수 있다.

(중략)

거시 건전성이란 개별 금융 회사 차원이 아니라 금융 시스템 차원의 위기 가능성이 낮아 건전한 상태를 말하고, 거시 건전성 정책은 금융 시스템의 건전성을 추구하는 규제 및 감독 등을 포괄하는 활동을 의미한다. 이때, 거시 건전성 정책은 미시 건전성이 거시 건전성을 담보할 수 있는 충분조건이 되지 못한다는 '구성의 오류'에 논리적 기반을 두고 있다. 거시 건전성 정책은 금융 시스템 위험 요인에 대한 예방적 규제를 통해 금융 시스템의 건전성을 추구한다는 점에서, 미시 건전성 정책과는 차별화된다.

거시 건전성 정책의 목표를 효과적으로 달성하기 위해서는 경기 변동과 금융 시스템 위험 요인 간의 상관관계를 감안한 정책 수단의 도입이 필요하다. 금융 시스템 위험 요인은 경기 순응성을 가진다. 즉 경기가 호황일 때는 금융 회사들이 대출을 늘려 신용 공급을 팽창시킴에 따라 자산 가격이 급등하고, 이는 다시 경기를 더 과열시키는 반면 불황일 때는 그 반대의 상황이 일어난다. 이를 완화할 수 있는 정책 수단으로는 경기 대응 완충자본 제도를 들 수 있다. 이 제도는 정책 당국이 경기 과열기에 금융 회사로 하여금 최저 자기자본에 추가적인 자기자본, 즉 완충자본을 쌓도록 하여 과도한 신용 팽창을 억제시킨다. 한편 적립된 완충자본은 경기 침체기에 대출 재원으로 쓰도록 함으로써 신용이 충분히 공급되도록 한다.

222. 윗글을 바탕으로 할 때, 〈보기〉의 A~D에 들어갈 말을 바르게 짝지은 것은?

> **〈 보 기 〉**
>
> 미시 건전성 정책과 거시 건전성 정책 간에는 정책 수단 운용에서 입장 차이가 존재한다. 경기가 (A)일 때 (B) 건전성 정책에서는 완충자본을 (C)하도록 하고, (D) 건전성 정책에서는 최소 수준 이상의 자기자본을 유지하도록 하여 개별 금융 회사의 건전성을 확보하려 한다.

	A	B	C	D
①	불황	거시	사용	미시
②	호황	거시	사용	미시
③	불황	거시	적립	미시
④	호황	미시	적립	거시
⑤	불황	미시	사용	거시

2018년 9월 모의고사 23번

대한민국 정부가 해외에서 발행한 채권의 CDS 프리미엄은 우리가 매체에서 자주 접하는 경제 지표의 하나이다. 이 지표를 이해하기 위해서는 채권의 '신용 위험'과 '신용 파산 스와프(CDS)'의 개념을 살펴볼 필요가 있다.

채권은 정부나 기업이 자금을 조달하기 위해발행하며 그 가격은 채권이 매매되는 채권 시장에서 결정된다.

(중략)

우리나라의 신용 평가 제도에서는 원화로 이자와 원금의 지급을 약속한 채권 가운데 발행자의 지급 능력이 최상급인 채권에 AAA라는 최고 신용 등급이 부여된다. 원금과 이자가 지급되지 않아 부도가 난 채권에는 D라는 최저 신용 등급이 주어진다. 그 외의 채권은 신용 위험이 커지는 순서에 따라 AA, A, BBB, BB 등 점차 낮아지는 등급 범주로 평가된다. 이들 각 등급 범주 내에서도 신용 위험의 상대적인 크고 작음에 따라 각각 '-'나 '+'를 붙이거나 하여 각 범주가 세 단계의 신용 등급으로 세분되는 경우가 있다.

CDS는 채권 투자자들이 신용 위험을 피하려는 목적으로 활용하는 파생 금융 상품이다. CDS 거래는 '보장 매입자'와 '보장 매도자' 사이에서 이루어진다. 여기서 '보장'이란 신용 위험으로부터의 보호를 뜻한다. 보장 매도자는, 보장 매입자가 보유한 채권에서 부도가 나면 이에 따른 손실을 보상하는 역할을 한다. CDS 거래를 통해 채권의 신용 위험은 보장 매입자로부터 보장 매도자로 이전된다. CDS 거래에서 신용 위험의 이전이 일어나는 대상 자산을 '기초 자산'이라 한다.

가령 은행 갑은, 기업 을이 발행한 채권을 매입하면서 그것의 신용 위험을 피하기 위해 보험 회사 병과 CDS 계약을 체결할 수 있다. 이때 기초 자산은 을이 발행한 채권이다.

보장 매도자는 기초 자산의 신용 위험을 부담하는 것에 대한 보상으로 보장 매입자로부터 일종의 보험료를 받는데, 이것의 요율이 CDS 프리미엄이다. 다른 요인이 동일한 경우, ㉣ 기초 자산의 신용 위험이 크면 CDS 프리미엄도 크다. 한편 ㉤ 보장 매도자의 지급 능력이 우수할수록 보장 매입자는 유사시 손실을 보다 확실히 보전받을 수 있으므로 보다 큰 CDS 프리미엄을 기꺼이 지불하는 경향이 있다. 만약 보장 매도자가 발행한 채권이 있다면, 그 신용 등급으로 보장 매도자의 지급 능력을 판단할 수 있다. 이에 따라 다른 요인이 동일한 경우, 보장 매도자가 발행한 채권의 신용 등급이 높으면 CDS 프리미엄은 크다.

223. 〈보기〉의 ㉮~㉳ 중 CDS 프리미엄이 두 번째로 큰 것은?

< 보 기 >

윗글의 ㉣과 ㉤을 기준으로 서로 다른 CDS거래 ㉮~㉳를 비교하여 CDS프리미엄의 크기에 순서를 매길 수 있다. (단, 기초 자산의 발행자와 보장 매도자는 한국 기업이며, ㉮~㉳에서 제시된 조건 외에 다른 조건은 동일하다.)

CDS 거래	기초 자산의 신용 등급	보장 매도자 발행 채권의 신용 등급
㉮	BB+	AAA
㉯	BB+	AA-
㉰	BBB-	A-
㉱	BBB-	AA-
㉲	BBB-	A+

① ㉮　　② ㉯　　③ ㉰　　④ ㉱　　⑤ ㉲

윗글을 바탕으로 〈보기〉를 이해한 내용을 O, X 판단해보시오.

< 보 기 >

X가 2015년 12월 31일에 이자와 원금의 지급이 완료되는 채권 B_X를 2011년 1월 1일에 발행했다. 발행 즉시 B_X 전량을 매입한 Y는 B_X를 기초 자산으로 하는 CDS 계약을 Z와 체결하고 보장 매입자가 되었다. 계약 체결 당시 B_X의 신용 등급은 A-, Z가 발행한 채권의 신용 등급은 AAA였다. 2011년 9월 17일, X의 재무 상황 악화로 B_X의 신용 위험에 대한 우려가 발생하였다. 2012년 12월 30일, X의 지급 능력이 2011년 8월 시점보다 개선되었다. 2013년 9월에는 Z가 발행한 채권의 신용 등급이 AA+로 변경되었다. 2013년 10월 2일, B_X의 CDS 프리미엄은 100bp였다. (단, X, Y, Z는 모두 한국 기업이며 신용 등급은 매월 말일에 변경될 수 있다. 이 CDS 계약은 2015년 12월 31일까지 매월 1일에 갱신되며 CDS 프리미엄은 매월 1일에 변경될 수 있다. 제시된 것 외에 다른 요인에는 변화가 없다.)

2011. 1. 1.	2011. 9. 17.	2012. 12. 30.	2013. 9. 30.
CDS 계약	X의 재무 상황 악화	X의 지급 능력 개선	Z가 발행한 채권의 신용 등급 변경

---

224. 2013년 1월에는 B_X의 신용 위험으로 Z가 손실을 입을 가능성이 2011년 10월보다 작아졌겠군.

225. 2013년 3월에는 B_X에 대한 CDS 프리미엄이 100bp보다 작았겠군.

한편, 검사용 키트는 휴대성과 신속성 외에 정확성도 중요하다. 키트의 정확성을 측정하기 위해서는 키트를 이용해 여러 번의 검사를 실시하고 그 결과를 분석한다. 키트가 시료에 목표 성분이 들어있다고 판정하면 이를 양성이라고 한다. 이때 시료에 목표 성분이 실제로 존재하면 진양성, 시료에 목표 성분이 없다면 위양성이라고 한다. 반대로 키트가 시료에 목표 성분이 들어 있지 않다고 판정하면 음성이라고 한다. 이 경우 실제로 목표 성분이 없다면 진음성, 목표 성분이 있다면 위음성이라고 한다. 현실에서 위양성이나 위음성을 배제할 수 있는 키트는 없다.

여러 번의 검사 결과를 통해 키트의 정확도를 구하는데, 정확도란 시료를 분석할 때 올바른 검사 결과를 얻을 확률이다. 정확도는 민감도와 특이도로 나뉜다. 민감도는 시료에 목표 성분이 존재하는 경우에 대해 키트가 이를 양성으로 판정한 비율이다. 특이도는 시료에 목표 성분이 없는 경우에 대해 키트가 이를 음성으로 판정한 비율이다. 민감도와 특이도가 모두 높아 정확도가 높은 키트가 가장 이상적이지만 현실에서는 그렇지 않은 경우가 많아서 상황에 따라 민감도나 특이도를 고려하여 키트를 선택해야 한다.

226. 윗글을 참고할 때, 〈보기〉의 A와 B에 들어갈 말을 올바르게 짝지은 것은?

2023년 6월 모의고사 9번

< 보 기 >

검사용 키트를 가지고 여러 번의 검사를 실시하여 키트의 정확성을 측정하였을 때, 검사 결과 (A)인 경우가 적을수록 민감도는 높고, (B)인 경우가 많을수록 특이도는 높다.

	A	B
①	진양성	진음성
②	진양성	위음성
③	위양성	위음성
④	위음성	진음성
⑤	위음성	위양성

분자들이 만나 화학 반응을 진행하는 데 필요한 최소한의 운동 에너지를 활성화 에너지라 한다. 활성화 에너지가 작은 반응은, 반응의 활성화 에너지보다 큰 운동 에너지를 가진 분자들이 많아 반응이 빠르게 진행된다. 활성화 에너지를 조절하여 반응 속도에 변화를 주는 물질을 촉매라고 하며, 1-3반응 속도를 빠르게 하는 능력을 촉매 활성이라 한다. 촉매는 촉매가 없을 때와는 활성화 에너지가 다른, 새로운 반응 경로를 제공한다. 화학 산업에서는 주로 고체 촉매가 이용되는데, 액체나 기체인 생성물을 촉매로부터 분리하는 별도의 공정이 필요 없기 때문이다. 고체 촉매는 대부분 활성 성분, 지지체, 증진제로 구성된다.

활성 성분은 그 표면에 반응물을 흡착시켜 촉매 활성을 제공하는 물질이다.

(중략)

일반적으로 고체 촉매에서는 반응에 관여하는 표면의 활성 성분 원자가 많을수록 반응물의 흡착이 많아 촉매 활성이 높아진다.

금속은 열적 안정성이 낮아, 화학 반응이 일어나는 고온에서 금속 원자들로 이루어진 작은 입자들이 서로 달라붙어 큰 입자를 이루게 되는데 이를 소결이라 한다. 입자가 소결되면 금속 활성 성분의 전체 표면적은 줄어든다. 이러한 문제를 해결하는 것이 지지체이다. 작은 금속 입자들을 표면적이 넓고 열적 안정성이 높은 지지체의 표면에 분산하면 소결로 인한 촉매 활성 저하가 억제된다. 따라서 소량의 금속으로도 ⓐ 금속을 활성 성분으로 사용하는 고체 촉매의 활성을 높일 수 있다.

㉠의 촉매 활성을 높이는 방법으로 O, X 판단해보시오.

227. 반응물을 흡착하는 금속 원자의 개수를 늘린다.

228. 반응물의 반응 속도를 늦추는 지지체를 사용한다.

229. 반응에 대한 활성화 에너지를 크게 하는 금속을 사용한다.

2018년 9월 모의고사 32번

진공이란 기체 압력이 대기압보다 낮은 상태를 통칭하며 기체 압력이 낮을수록 진공도가 높다고 한다. 진공 통 내부의 온도가 일정하고 한 종류의 기체 분자만 존재할 경우, 기체 분자의 종류와 상관없이 통 내부의 기체 압력은 단위 부피당 떠돌아다니는 기체 분자의 수에 비례한다.

(중략)

STM을 활용하는 실험에서 어느 정도의 진공도가 요구되는지를 이해하기 위해서는 '단분자층 형성 시간'의 개념을 이해할 필요가 있다. 진공 통 내부에서 떠돌아다니던 기체 분자들이 관찰하려는 시료의 표면에 달라붙어 한 층의 막을 형성하기까지 걸리는 시간을 단분자층 형성 시간이라 한다. 이 시간은 시료의 표면과 충돌한 기체 분자들이 표면에 달라붙을 확률이 클수록, 단위 면적당 기체 분자의 충돌 빈도가 높을수록 짧다. 또한 기체 운동론에 따르면 고정된 온도에서 기체 분자의 질량이 크거나 기체의 압력이 낮을수록 단분자층 형성 시간은 길다. 가령 질소의 경우 20℃, 760토르* 대기압에서 단분자층 형성 시간은 3×10^{-9}초이지만, 같은 온도에서 압력이 10^{-9}토르로 낮아지면 대략 2,500초로 증가한다. 이런 이유로 STM에서는 시료의 관찰 가능 시간을 확보하기 위해 통상 10^{-9}토르 이하의 초고진공이 요구된다.

＊ 토르(torr) : 기체 압력의 단위.

윗글을 바탕으로 할 때, 〈보기〉에 대한 설명을 O, X 판단해 보시오.

< 보 기 >

STM을 사용하여 규소의 표면을 관찰하는 실험을 하려고 한다. 동일한 사양의 STM이 설치된, 동일한 부피의 진공 통 A~E가 있고, 각 진공 통 내부에 있는 기체 분자의 정보는 다음 표와 같다. 진공 통 A 안의 기체 압력은 10^{-9}토르이며, 모든 진공 통의 내부 온도는 20℃이다. (단, 기체 분자가 규소 표면과 충돌하여 달라붙을 확률은 기체의 종류와 관계없이 일정하며, 제시되지 않은 모든 조건은 각 진공 통에서 동일하다. N은 일정한 자연수이다.)

진공 통	기체	분자의 질량 (amu[*])	단위 부피당 기체 분자 수 (개/ cm³)
A	질소	28	4N
B	질소	28	2N
C	질소	28	7N
D	산소	32	N
E	이산화탄소	44	N

＊ amu: 원자 질량 단위.

---

230. B 내부의 기체 압력은 10^{-9}토르보다 낮겠군.

231. C 내부의 진공도는 B 내부의 진공도보다 낮겠군.

232. D 내부에서의 단분자층 형성 시간은 A의 경우보다 길겠군.

233. E 내부의 시료 표면에 대한 단위 면적당 기체 분자의 충돌 빈도는 D의 경우보다 높겠군.

제 7 장

지문과 선지를 = 연결짓기

지문 내용과 선지를 = 로 연결할 수 있는 능력은 중요하다. 모든 선지의 내용은 주어진 지문 내에 존재하기 때문이기에 항상 선지를 읽고 해당 단어나 구,절 등이 기억이 나지 않는다면 지문에서 찾아야한다. 선지를 어렵게 만든 방법 중 하나가 지문의 여러 문장을 = 로 연결하여 찾아가게 만들거나 같은 말을 변형하여 같은 말인지 헷갈리게 하는 방법이다. 선지에서 필요한 부분을 끊어서 각 내용을 지문으로 가 확인하는 방법으로 풀어야한다.

2024년 9월 모의고사 9번 해당 선지로 오답 비율 20.1%

블록체인 기술은 데이터를 블록이라는 단위로 묶어 체인 형태로 연결한 것을 여러 대의 컴퓨터에 중복 저장하는 기술이다. 체인 형태로 연결된 블록의 집합을 블록체인이라 하고, 블록체인을 저장하는 컴퓨터를 노드라고 한다.새로 생성된 블록은 노드들에 전파된다. 노드들은 블록에 포함된 내용이 블록체인의 다른 블록에 있는 내용과 상충되지 않는지, 동일한 내용이 블록체인의 다른 블록에 이중으로 포함되어 있지 않은지 검증한다. 검증이 끝난 블록을 블록체인에 연결할지 여부는 모든 노드들이 참여하는 승인 과정을 통해 정해진다. 승인이 완료된 블록은 블록체인에 연결되고, 이 블록체인은 노드들에 저장된다.

특정 노드에 저장되어 있는 일부 데이터가 변경되면 변경된 블록과 그 이후의 블록들은 블록체인과의 연결이 끊어진다. 끊어진 모든 블록을 다시 연결하는 것은 승인 과정을 필요로 하기 때문에 연결을 복구하는 것은 어렵다.

② 일부 블록체인 데이터가 변경되면 전체 노드의 모든 블록은 승인 과정을 다시 거쳐야 한다.

선지의 "일부 블록체인 데이터가 변경"= 지문의 "끊어진 모든 블록", 지문에서 "승인이 완료된 블록은 블록체인에 연결"="연결할지 말지 고민했던 블록만 승인한다는 것"이다. 따라서 선지에서 말하는 모든 블록이 승인 과정을 거쳐야 하는 것은 틀린 말이다. 이런 식으로 선지나 지문에서 하는 말을 =로 연결하여 붙일 수 있어야 한다. 아래의 문제들도 같은 방식으로 지문에서 찾아서 연결해보자.

2023년 11월 수능 5번

「공직선거법」의 규정에 따르면, 당선인을 예상케 하는 여론조사를 실시하는 것은 언제든지 가능하지만, 그 결과의 보도는 선거일 6일 전부터 투표 마감 시각까지 금지된다.

(중략)

경마식 보도로부터 드러난 선거 방송의 한계를 보완하는 방책 중 하나로 선거 방송 토론회가 활용될 수 있다. 이 토론회를 통해 후보자 간 정책과 자질 등의 차이가 드러날 수 있는데, 현실적인 이유로 초청 대상자는 한정된다. 「공직선거법」의 선거 방송 토론회 규정은 5인 이상의 국회의원을 가진 정당이나 직전 선거에서 3% 이상 득표한 정당이 추천한 후보자, 또는 언론기관의 여론조사 결과 평균 지지율이 5% 이상인 후보자 등을 초청 기준으로 제시하고 있다.

---

234. 정당의 추천을 받지 못해도 선거 방송의 초청 대상 후보자 토론회에 참여할 수 있다.

235. 선거일에 당선인 예측 선거 여론조사를 실시하고 투표 마감 시각 이후에 그 결과를 보도할 수 있다.

2023년 11월 수능 13번

『노자』에서 '도(道)'는 만물 생성의 근원으로 묘사된다. 도를 천지 만물의 존재와 본질의 근거라고 본 한비자의 이해도 이와 다르지 않다. 그는 자연과 인간 사회의 모든 현상은 도의 영향을 받지 않을 수 없다고 보고, 인간 사회의 일은 도에 따라 제대로 행했는가의 여부에 따라 그 성패가 드러나는 것이라고 이해했다.

(중략)

한편, 한비자는 도를 구체적인 사물과 사건에 내재한 개별 법칙의 통합으로 보고, 『노자』의 도에 시비 판단의 근거라는 새로운 의미를 부여했다.

한비자의 견해로 적절한지 여부를 판단하시오.

236. 인간 사회의 흥망성쇠는 사람이 도에 따라 올바르게 행하였는가의 여부에 좌우되는 것이다.

237. 도는 만물의 근원이면서 동시에 현실 사회의 개별 사물과 사건에 내재한 법칙을 포괄하는 것이다.

블록체인 기술은 데이터를 블록이라는 단위로 묶어 체인 형태로 연결한 것을 여러 대의 컴퓨터에 중복 저장하는 기술이다. 체인 형태로 연결된 블록의 집합을 블록체인이라 하고, 블록체인을 저장하는 컴퓨터를 노드라고 한다. 새로 생성된 블록은 노드들에 전파된다. 노드들은 블록에 포함된 내용이 블록체인의 다른 블록에 있는 내용과 상충되지 않는지, 동일한 내용이 블록체인의 다른 블록에 이중으로 포함되어 있지 않은지 검증한다. 검증이 끝난 블록을 블록체인에 연결할지 여부는 모든 노드들이 참여하는 승인 과정을 통해 정해진다. 승인이 완료된 블록은 블록체인에 연결되고, 이 블록체인은 노드들에 저장된다.

238. 블록이 블록체인에 연결되기 위해서는 블록의 데이터가 블록체인의 다른 데이터와 비교되어야 한다.

분자를 구성하는 원자들이 서로 전자를 공유하여 안정한 상태가 되는 결합을 공유 결합이라 한다. 두 원자가 각각 전자를 하나씩 내어놓아 그 두 개의 전자를 한 쌍으로 공유하면 단일 결합이라 하고, 두 쌍을 공유하면 이중 결합이라 한다.

(중략)

에틸렌의 중합에는 여러 가지 방법이 있는데 그중에 하나는 과산화물 개시제를 사용하는 것이다. 열을 흡수한 과산화물 개시제는 가장 바깥 껍질에 7개의 전자가 있는 불안정한 상태의 원자를 가진 분자로 분해된다. 이 불안정한 원자는 안정해지기 위해 에틸렌이 가진 탄소의 이중 결합 중 더 약한 결합을 끊어 버리면서 에틸렌의 한쪽 탄소 원자와 전자를 공유하며 단일 결합한다. 그러면 다른 쪽 탄소 원자는 공유되지 못한, 홀로 남은 전자를 갖게 된다. 이 불안정한 탄소 원자는 같은 방식으로 다른 에틸렌 분자와 반응을 하게 되고, 이와 같은 반응이 이어지며 불안정해지는 탄소 원자가 계속 생성된다. 에틸렌 분자들이 결합하여 더해지면 이것들은 사슬 형태를 이루며, 이 사슬은 지속적으로 성장하고 사슬 끝에는 불안정한 탄소 원자가 존재하게 된다. 성장하는 두 사슬의 끝이 서로 만나 결합하여 안정한 상태가 되면 반복적인 반응이 멈추게 된다.

239. 사슬의 중간에 두 탄소 원자가 서로 전자를 하나씩 내어놓아 공유하는 결합이 존재한다.

(나)

정신분학적 영화 이론(B)에 따르면 관객이 영화에서 느끼는 현실감은 상상적인 것이며 환영이다. 영화와 관객의 심리 사이의 관계를 다투는 정신분석학적 영화 이론은 영화와 관객 사이에 발생하는 동일시 현상에 주목한다. 이런 동일시 현상은 영화 장치로 인해 발생한다. 이때 영화 장치는 카메라, 영화의 서사, 영화관의 환경 등을 아우르는 개념이다. 가장 대표적인 동일시 현상은 관객이 영화의 등장인물에 자신을 일치시키는 것이다 이런 동일시는 극영화뿐 아니라 다큐멘터리 영화에서도 발생한다. 그런데 관객이 보고 있는 인물과 사물은 영화가 상영되는 그 시간과 장소에는 존재하지 않는다. 그 인물과 사물의 부재를 채우는 역할은 관객의 몫이다. 관객은 상상적 작업을 통해, 영화가 보여 주는 세계의 중심에 자신을 위치시킴으로써, 허구적 세계와 현실 사이의 간극을 없앤다.

(중략)

정신분석학적 영화 이론은 영화가 은폐하고 있는 특정한 이념을 관객이 의심하지 않고 자신의 것으로 받아들일 위험이 있다고 경고한다. 이는 관객이 비판적 거리를 유지하면서 영화를 볼 수 있도록, 영화가 환영임을 영화 스스로 폭로하는 설정이 담겨 있는 대안적인 영화가 필요하다는 주장으로 이어진다.

다음은 학생이 작성한 영화 감상문이다. 이에 대해 (가)의 바쟁(A)의 관점과 (나)의 정신분석학적 영화 이론(B)의 관점에서 설명한 내용을 O, X 판단해보시오.

< 보 기 >

최근 영화관에서 본 두 편의 영화가 기억에 남는다. ㉮ 첫째 번 영화는 고단하게 살아가는 한 가족의 일상을 표현한 작품이다. 다큐멘터리라는 착각이 들 정도로 사실적인 영화였다. 작품에 대해 더 찾아보니 거리에서 인공조명 없이 촬영되었고, 주인공은 연기 경험이 없는 일반인이었다고 한다. 마지막에 아버지가 아들의 손을 꼭 잡아 줄 때, 마치 내 손을 잡아 주는 것처럼 느껴져 감동적이었다. 열린 결말이라서 주인공 가족이 앞으로 어떻게 살아갈지 궁금했다. ㉯ 둘째 번 영화는 초인적 주인공이 외계의 침략자를 물리치는 내용이다. 영화 후반부까지 사건 전개를 예측하지 못할 정도로 반전을 거듭하는 이야기와 실재라고 착각할 정도로 뛰어난 컴퓨터 그래픽 화면은 으뜸이었지만, 뻔한 결말은 아쉬웠다. 그래도 주인공이 침략자를 무찌르는 장면에서는 내가 주인공이 되어 세상을 구하는 것 같아서 쾌감이 느껴졌다. 그런데 영화가 끝나고 생각해 보니 왜 세계의 평화는 서구인이 지키고, 특정 나라에서 일어나는 사건이 인류의 위기인지 의아했다.

240. B의 관점에서 보면, 학생이 ㉯에서 의아함을 떠올린 것은 ㉯가 관객으로 하여금 비판적 거리를 유지하며 영화를 볼 수 있도록 하는 대안적인 영화이기 때문이다.

241. B의 관점에서 보면, 학생이 ㉮에서 감동을 받은 것과 ㉯에서 쾌감을 느낀 것은 상상적 작업을 통해 허구적 세계의 중심에 자신을 위치시켰기 때문이다.

조선 왕조의 기본 법전인 『경국대전』에 규정된 신분제는 신분을 양인과 천인으로 나눈 양천제이다. 양인은 과거에 응시할 수 있었지만, 납세와 군역 등의 의무를 져야 했다. 천인은 개인이나 국가에 소속되어 천역(賤役)을 담당했다. 관료 집단을 뜻하던 양반이 16세기 이후 세습적으로 군역 면제 등의 차별적 특혜를 받는 신분으로 굳어짐에 따라 양인은 사회적으로 양반, 중인, 상민으로 분화되었다. 이러한 법적, 사회적 신분제는 갑오개혁으로 철폐되기 이전까지 조선 사회의 근간이 되었다.

(중략)

18세기 이후 경제적으로 성장한 상민층에서는 '유학(幼學)' 직역*을 얻고자 하는 현상이 나타났다. 유학은 벼슬을 하지 않은 유생(儒生)을 지칭했으나, 이 시기에는 관료로 진출하지 못한 이들을 가리키는 직역 명칭으로 굳어졌다. 호적상 유학은 군역 면제라는 특권이 있어서 상민층이 원하는 직역이었다. 유학 직역의 획득은 제도적으로 양반이 되는 것을 의미하였으나 그것이 곧 온전한 양반으로 인정받는 것을 의미하는 것은 아니었다.

* 직역: 신분에 따라 정해진 의무로서의 역할

242 『경국대전』반포 이후 갑오개혁까지 조선의 법적 신분제에는 두 개의 신분이 존재했다.

243. 조선 후기 '유학'의 증가 현상은 『경국대전』의 신분 체계가 작동하지 않는 현상을 보여주는 것이었다.

사유 재산 제도하에서는 누구나 자신의 재산을 자유롭게 처분할 수 있다. 그러나 기부와 같이 어떤 재산이 대가 없이 넘어가는 무상 처분 행위가 행해졌을 때는 그 당사자인 무상 처분자와 무상 취득자의 의사와 무관하게 그 결과가 번복될 수 있다. 무상 처분자가 사망하면 상속이 개시되고, 그의 상속인들이 유류분을 반환받을 수 있는 권리인 유류분권을 행사할 수 있기 때문이다. 이때 무상 처분권자는 피상속인이 되고 그의 권리와 의무는 상속인에게 이전된다.

유류분은 피상속인의 무상 처분 행위가 없었다고 가정할 때 상속인들이 상속받을 수 있었을 이익 중 법으로 보장된 부분이다.

(중략)

피상속인이 상속 개시 당시에 가졌던 재산으로부터 상속받은 이익이 있는 상속인은 유류분에 해당하는 이익의 일부만 반환받을 수 있다. 유류분에 해당하는 이익에서 이미 상속받은 이익을 뺀 값인 유류분 부족액만 반환받을 수 있기 때문이다. 유류분 부족액의 가치는 금액으로 계산되지만 항상 돈으로 반환되는 것은 아니다. 만약 무상 처분된 재산이 돈이 아니라 물건이나 주식처럼 돈 이외의 재산이라면, 처분된 재산 자체가 반환 대상이 되는 것이 원칙이다. 다만 그 재산 자체를 반환 하는 것이 불가능한 때에는 무상 취득자는 돈으로 반환해야 한다. 또한 재산 자체의 반환이 가능해도 유류분권자와 무상 취득자의 합의에 의해 돈으로 반환될 수도 있다.

244. 피상속인이 생전에 다른 사람에게 판 재산은 유류분권의 대상이 될 수 없다.

245. 무상으로 취득한 재산에 대한 권리는 무상 취득자 자신의 의사에 반하여 제한될 수 있다.

246. 유류분권자가 유류분 부족액을 물건 대신 돈으로 반환하라고 요구하더라도 무상 취득자는 무상 취득한 물건으로 반환할 수 있다.

2023년 11월 수능 16번

(나) 송 이후 원나라에 이르러 성행하던 도교는 유학과 불교 등을 받아들여 체계화되었지만, 오징에게는 주술적인 종교에 불과했다. 유학자의 입장에서 그는 잘못된 가르침을 펴는 도교에 사람들이 빠지는 것을 경계했다. 그는 도교의 시조로 간주된 노자의 가르침이 공자의 학문과 크게 다르지 않음을 밝히고자 『도덕진 경주』를 저술했다. 그는 도와 유학 이념을 관련짓는 구절을 추가하는 등 『노자』의 일부 내용을 바꾸고 기존 구성 체제를 재편했다. 『노자』의 도를 근원적인 불변하는 도로 본 그는 모든 이치를 내재한 도가 현실화하여 천지 만물이 생성된다고 이해했다. 이런 관점에서 그는 유학의 인의예지가 도의 쇠퇴 때문에 나타난 것이라는 『노자』와 달리 도가 현실화하여 드러난 것으로 해석하고, 인간이 마땅히 따라야 할 사회 규범과 사회 질서 체계도 도가 현실화한 결과로 파악했다.

원이 쇠퇴하고 명나라가 들어선 이후 유학과 도가 등 여러 사상이 합류하는 사조가 무르익는 가운데, 유학자인 설혜는 자신의 학문적 소신에 따라 『노자』를 주석한 『노자집해』를 저술했다. 그는 공자도 존중했던 스승이 노자이므로 노자 사상에 대한 오해를 불식해야 한다고 보았다. 그는 기존의 주석서가 『노자』의 진정한 의미를 제대로 밝히지 못했기 때문에 유학자들이 노자 사상을 이단으로 치부했다고 파악한 것이다. 다양한 경전을 인용하여 『노자』를 해석하면서 그는 『노자』의 도를 인간의 도덕 본성과 그것의 근거인 천명으로 이해하고, 본성과 천명의 이치를 탐구한다는 점에서 노자 사상과 유학이 다르지 않다고 보았다. 또한 그는 『노자』에서 인의 등을 비판한 것은 도덕을 근본으로 삼게 하기 위한 충고라고 파악했다.

〈보기〉를 참고할 때, (나)의 사상가에 대한 왕부지의 평가를 O, X 판단해보시오.

< 보 기 >

청나라 초기의 유학자 왕부지는 『노자』의 본래 뜻을 드러내어 노자 사상을 비판하고자 『노자연』을 저술했다. 노자 사상의 비현실성을 드러내어 유학의 실용적 가치를 부각하고자 했던 그는 기존의 『노자』 주석서가 노자 사상이 아닌 사상을 기준으로 삼았기 때문에 노자 뿐만 아니라 주석자의 사상마저 왜곡했다고 비판했다. 『노자』에서 아무런 행동을 하지 않아도 천하가 다스려진다고 한 것 등을 비판한 그는, 『노자』에서처럼 단순히 인간의 이기적 욕망을 없애는 것이 아니라 사회 질서 유지를 위해 유학 규범을 활용해야 한다고 강조했다.

247. 왕부지는 『노자』의 본래 뜻을 파악해야 한다고 보았으므로, (나)의 오징이 『노자』를 주석하면서 자신의 이해에 따라 원문의 구성과 내용을 수정한 것이 잘못이라고 보겠군.

248. 왕부지는 주석자가 유학을 기준으로 『노자』를 이해하면 주석자의 사상도 왜곡된다고 보았으므로, (나)의 오징이 유학의 인의예지를 『노자』의 도가 현실화한 것으로 본 것을 비판하겠군.

249. 왕부지는 『노자』에 담긴 비현실성을 드러내야 한다고 보았으므로, (나)의 설혜가 기존의 『노자』 주석서들을 비판하며 드러낸 학문적 입장이 유학의 실용적 가치를 부각한다고 보겠군.

2022년 11월 수능 8번

중국에서 비롯된 유서(類書)는 고금의 서적에서 자료를 수집하고 항목별로 분류, 정리하여 이용에 편리하도록 편찬한 서적이다. 일반적으로 유서는 기존 서적에서 필요한 부분을 뽑아 배열할 뿐 상호 비교하거나 편찬자의 해석을 가하지 않았다. 유서는 모든 주제를 망라한 일반 유서와 특정 주제를 다룬 전문 유서로 나눌 수 있으며, 편찬 방식은 책에 따라 다른 경우가 많았다.

(중략)

17세기의 이수광은 주자학뿐 아니라 다른 학문에 대해서도 열린 태도를 가지고 있었다. 주자학에 기초하여 도덕에 관한 학문과 경전에 관한 학문 등이 주류였던 당시 상황에서, 그는 『지봉유설』을 통해 당대 조선의 지식을 망라하여 항목화하고 자신의 견해를 덧붙였을 뿐 아니라 사신의 일원으로 중국에서 접한 서양 관련 지식을 객관적으로 소개했다.

(중략)

18세기의 이익은 서학 지식 자체를 『성호사설』의 표제어로 삼았고, 기존의 학설을 정당화하거나 배제하는 근거로 서학을 수용하는 등 서학을 지적 자원으로 활용하였다. 특히 그는 서학의 세부 내용을 다른 분야로 확대하며 상호 참조하는 방식으로 지식을 심화하고 확장하여 소개하였다.

(중략)

19세기의 이규경도 『오주연문장전산고』를 편찬하면서 서학을 적극 활용하였다. 그는 『성호사설』의 분류 체계를 적용하였고 이익과 마찬가지로 서학의 천문학, 우주론 등의 내용을 수록하였다. 그가 주로 유서의 지적 자원으로 활용한 중국의 서학 연구서들은 서학을 소화하여 중국의 학문과 절충한 것이었고, 서학이 가지는 진보성의 토대가 중국이라는 서학 중국 원류설을 반영한 것이었다. 이에 따라 이규경은 이 책들에 담긴 중국화한 서학 지식과 서학 중국 원류설을 받아들였고, 문명의 척도로 여겨진 기존의 중화 관념에서 탈피하지 않으면서도 서학 수용의 이질감과 부담감에서 자유로울 수 있었다.

< 보 기 >

서유구의 『임원경제지』는 19세기까지의 조선과 중국 서적들에서 향촌 관련 부분을 발췌, 분류하고 고증한 유서이다. 국가를 위한다는 목적의식을 명시한 이 유서에는 향촌 사대부의 이상적인 삶을 제시하는 과정에서 향촌 구성원 전체의 삶의 조건을 개선할 수 있는 방안이 실렸고, 향촌 실생활에서 활용할 수 있는 내용이 집성되었다. 주자학을 기반으로 실증과 실용의 자세를 견지했던 서유구의 입장, 서학 중국 원류설, 중국과 비교한 조선의 현실 등이 반영되었다. 안설을 부기했으며, 제한적으로 색인을 넣어 검색이 가능하도록 하였다.

학생이 〈보기〉의 『임원경제지』에 대해 보인 반응을 O, X 판단해보시오.

250. 당대 지식을 망라하고 서양 관련 지식을 소개하고자 한 『지봉유설』에 비해 특정한 주제를 중심으로 편찬되는 전문 유서의 성격이 두드러지게 드러났군.

251. 기존 학설의 정당화 내지 배제에 관심을 두었던 『성호사설』에 비해 향촌 사회 구성원의 삶에 필요한 실용적인 지식의 활용에 대한 관심이 드러나겠군.

252. 중국을 문명의 척도로 받아들였던 『오주연문장전산고』와 달리 중화 관념에 구애되지 않고 중국의 현실과 조선의 현실을 비교한 내용이 확인되겠군.

2022년 9월 모의고사 14, 16번

중요도는 웹 페이지의 중요성을 값으로 나타낸 것으로 링크 분석 기법으로 측정할 수 있다. 기본적인 링크 분석 기법에서 웹 체이지 A의 값은 A를 링크한 각 웹 페이지들로부터 받는 값의 합이다. 이렇게 받은 A의 값은 A가 링크한 다른 웹 페이지들에 균등하게 나눠진다. 즉 A의 값이 4이고 A가 두 개의 링크를 통해 다른 웹 페이지로 연결된다면, A의 값은 유지되면서 두 웹 페이지에는 각각 2가 보내진다.

하지만 두 웹 페이지가 실제로 받는 값은 2에 댐핑 인자를 곱한 값이다. 댐핑 인자는 사용자들이 웹 페이지를 읽다가 링크를 통해 다른 웹 페이지로 이동하지 <u>않는</u> 비율을 반영한 값으로 1 미만의 값을 가진다. 댐핑 인자는 모든 링크에 동일하게 적용된다. 가령 그 비율이 20%이면 댐핑 인자는 0.8이고 두 웹 페이지는 각각 1.6을 받는다. 웹 페이지로 연결된 링크를 통해 받는 값을 모두 반영했을 때의 값이 각 웹 페이지의 중요도이다. 웹 페이지들을 연결하는 링크들은 변할 수 있기 때문에 검색 엔진은 <u>주기적으로</u> 웹 페이지의 중요도를 갱신한다.

253. 웹 페이지의 중요도는 다른 웹 페이지에서 받는 값과 다른 웹 페이지에 나눠 주는 값의 합이다.

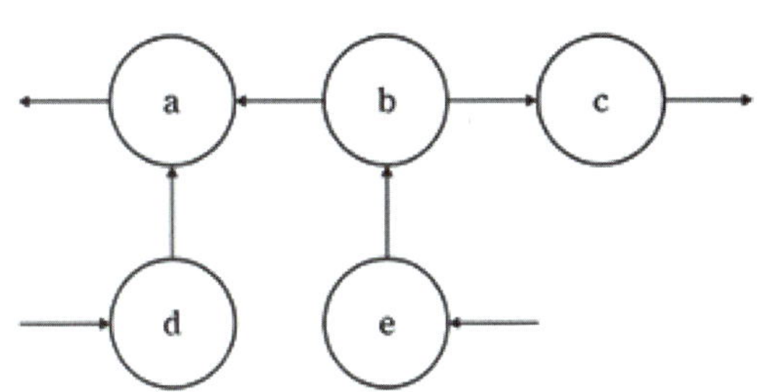

원은 웹 페이지이고, 화살표는 웹 페이지에서 링크를 통해 화살표 방향의 다른 웹 페이지로 연결됨을 뜻한다. 댐핑 인자는 0.5이고, d와 e의 중요도는 16으로 고정된 값이다.

(단, 링크와 댐핑 인자 외에 웹 페이지의 중요도에 영향을 주는 다른 요소는 고려하지 않음.)

254. a의 중요도는 16이다.

255. a가 b와 d로부터 각각 받는 값은 같다.

256. b에서 a로의 링크가 끊어지면 b와 c의 중요도는 같다.

257. e에서 a로의 링크가 추가되면 b의 중요도는 6이다.

258. e에서 c로의 링크가 추가되면 c의 중요도는 5이다.

2022년 6월 모의고사 14번

경제학에서는 증거에 근거한 정책 논의를 위해 사건의 효과를 평가해야 할 경우가 많다. 어떤 사건의 효과를 평가한다는 것은 사건 후의 결과와 사건이 없었을 경우에 나타났을 결과를 비교하는 일이다. 그런데 가상의 결과는 관측할 수 없으므로 실제로는 사건을 경험한 표본들로 구성된 시행집단의 결과와, 사건을 경험하지 않은 표본들로 구성된 비교집단의 결과를 비교하여 사건의 효과를 평가한다. 따라서 이 작업의 관건은 그 사건 외에는 결과에 차이가 날 이유가 없는 두 집단을 구성하는 일이다. 가령 어떤 사건이 임금에 미친 효과를 평가할 때, 그 사건이 없었다면 시행집단과 비교집단의 평균 임금이 같을 수밖에 없도록 두 집단을 구성하는 것이다. 이를 위해서는 두 집단에 표본이 임의로 배정되도록 사건을 설계하는 실험적 방법이 이상적이다. 그러나 사람을 표본으로 하거나 사회 문제를 다룰 때에는 이 방법을 적용할 수 없는 경우가 많다.

이중차분법은 시행집단에서 일어난 변화에서 비교집단에서 일어난 변화를 뺀 값을 사건의 효과라고 평가하는 방법이다. 이는 사건이 없었더라도 비교집단에서 일어난 변화와 같은 크기의 변화가 시행집단에서도 일어났을 것이라는 평행추세 가정에 근거해 사건의 효과를 평가한 것이다. 이 가정이 충족되면 사건 전의 상태가 평균적으로 같도록 두 집단을 구성하지 않아도 된다.

이중차분법은 1854년에 스노가 처음 사용했다고 알려져 있다. 그는 두 수도 회사로부터 물을 공급받는 런던의 동일 지역 주민들에 주목했다. 같은 수원을 사용하던 두 회사 중 한 회사만 수원을 바꿨는데 주민들은 자신의 수원을 몰랐다. 스노는 수원이 바뀐 주민들과 바뀌지 않은 주민들의 수원 교체 전후 콜레라로 인한 사망률의 변화들을 비교함으로써 콜레라가 공기가 아닌 물을 통해 전염된다는 결론을 내렸다.

259. 평행추세 가정에서는 특정 사건 이외에는 두 집단의 변화에 차이가 날 이유가 없다고 전제한다.

260. 스노의 연구에서 시행집단과 비교집단의 콜레라 사망률은 사건 후뿐만 아니라 사건 전에도 차이가 있었을 수 있다.

261. 스노는 수원이 바뀐 주민들과 바뀌지 않은 주민들 사이에 공기의 차이는 없다고 보았을 것이다.

2022년 6월 모의고사 8번

조선 초기에 진행된 고려 관련 역사서 편찬은 고려 멸망의 필연성과 조선 건국의 정당성을 드러내는 작업이었다. 편찬자들은 다양한 방식으로 고려와 조선의 차별성을 부각하고, 고려보다 조선이 뛰어남을 설득하고자 하였다.

태조의 명으로 고려 말에 찬술되었던 자료들을 모아 고려에 관한 역사서가 편찬되었지만, 왕실이 아닌 편찬자의 주관이 개입되었다는 비판이 제기되는 등 여러 문제점이 지적되었다. 이에 태종은 고려의 역사서를 다시 만들라는 명을 내렸다. 이후 고려의 용어들을 그대로 쓰자는 주장과 유교적 사대주의에 따른 명분에 맞추어 고쳐 쓰자는 주장이 맞서는 등 세종 대까지도 논란이 계속되었지만, 문종 대에 이르러 『고려사』 편찬이 완성되었다. 이 과정에서 역사 연구에 관심을 기울인 세종은 경서(經書)가 학문의 근본이라면 역사서는 학문을 현실에서 구현하는 것으로 파악하고, 집현전 학자들과의 경연을 통해 경서와 역사서에 대한 이해를 쌓아 갔다.

이런 분위기에서 세종은 중국과 우리나라의 흥망성쇠를 담은 『치평요람』의 편찬을 명하였고, 집현전 학자들은 원(元)까지의 중국 역사와 고려까지의 우리 역사를 정리하였다. 정리 과정에서 주자학적 역사관이 담긴 『자치통감강목』에 따라 역대 국가를 정통과 비정통으로 구분했지만, 편찬 형식 측면에서는 강목체를 따르지 않았다. 또한 올바른 정치의 여부에 따라 국가의 운명이 다하고 천명이 옮겨 간다는 내용을 드러내고자 기존 역사서와 달리 국가 간 전쟁과 외교 문제, 국가 말기의 혼란과 새 국가 초기의 혼란 수습 등을 부각하였다.

〈보기〉는 동양 역사가들의 견해이다. 〈보기〉를 바탕으로 윗글을 이해한 내용을 O, X 판단해보시오.

> **＜ 보 기 ＞**
>
> ㄱ. 대부분 옛일의 성패를 논하기 좋아하고 그 일의 진위를 자세히 살피지 않는다. 하지만 진위를 분명히 한 후에야 성패가 어긋나지 않을 수 있다. 이는 역사 서술의 근원인 자료를 바로잡고 깨끗이 한다는 뜻이다.
>
> ㄴ. 고금의 흥망은 현실의 객관적 형세인 시세의 흐름에 따르는 것이며, 사림(士林)의 재주와 덕행으로 말미암은 것은 아니었다. 그러므로 천하의 일은 시세가 제일 중요하고, 행복과 불행이 다음이며, 옳고 그름의 구분은 마지막이라고 하는 것이다.
>
> ㄷ. 도(道)의 본체는 경서에 있지만 그것의 큰 쓰임은 역사서에 담겨 있다. 역사란 선을 높이고 악을 낮추며 선을 권면하고 악을 징계하는 것이다.

262. ㄱ의 관점에 따르면, 『고려사』 편찬 과정에서 고려의 용어를 고쳐 쓰자고 한 의견은 역사 서술의 근원인 자료를 바로잡고 깨끗이 하자는 것이라고 볼 수 있겠군.

263. ㄴ의 관점에 따르면, 『치평요람』에 서술된 국가의 흥망은 그 원인이 인물들의 능력보다는 객관적 형세인 시세의 흐름에 있다고 보아야겠군.

264. ㄷ의 관점에 따르면, 『치평요람』 편찬과 관련한 세종의 생각에서 학문의 근본은 도의 본체에, 현실에서 학문의 구현은 도의 큰 쓰임에 대응하겠군.

정립-반정립-종합. 변증법의 논리적 구조를 일컫는 말이다. 변증법에 따라 철학적 논증을 수행한 인물로는 단연 헤겔이 거명된다. 변증법은 대등한 위상을 지니는 세 범주의 병렬이 아니라, 대립적인 두 범주가 조화로운 통일을 이루어 가는 수렴적 상향성을 구조적 특징으로 한다. 헤겔에게서 변증법은 논증의 방식임을 넘어, 논증 대상 자체의 존재 방식이기도 하다. 즉 세계의 근원적 질서인 '이념'의 내적 구조도, 이념이 시 · 공간적 현실로서 드러나는 방식도 변증법적이기에, 이념과 현실은 하나의 체계를 이루며, 이 두 차원의 원리를 밝히는 철학적 논증도 변증법적 체계성을 지녀야 한다.

헤겔은 미학도 철저히 변증법적으로 구성된 체계 안에서 다루고자 한다. 그에게서 미학의 대상인 예술은 종교, 철학과 마찬가지로 '절대정신'의 한 형태이다. 절대정신은 절대적 진리인 '이념'을 인식하는 인간 정신의 영역을 가리킨다. 예술 · 종교 · 철학은 절대적 진리를 동일한 내용으로 하며, 다만 인식 형식의 차이에 따라 구분된다. 절대정신의 세 형태에 각각 대응하는 형식은 직관 · 표상 · 사유이다. '직관'은 주어진 물질적 대상을 감각적으로 지각하는 지성이고, '표상'은 물질적 대상의 유무와 무관하게 내면에서 심상을 떠올리는 지성이며, '사유'는 대상을 개념을 통해 파악하는 순수한 논리적 지성이다. 이에 세 형태는 각각 '직관하는 절대정신', '표상하는 절대정신', '사유하는 절대정신'으로 규정된다. 헤겔에 따르면 직관의 외면성과 표상의 내면성은 사유에서 종합되고, 이에 맞춰 예술의 객관성과 종교의 주관성은 철학에서 종합된다.

265. 예술·종교·철학 간에는 인식 내용의 동일성과 인식 형식의 상이성이 존재한다.

266. 세계의 근원적 질서와 시·공간적 현실은 하나의 변증법적 체계를 이룬다.

야구공을 던지면 땅 위의 공 그림자도 따라 움직인다. 공이 움직여서 그림자가 움직인 것이지 그림자 자체가 움직여서 그림자의 위치가 변한 것은 아니다. 과정 이론은 이 차이를 다음과 같이 설명한다. 과정은 대상의 시공간적 궤적이다. 날아가는 야구공은 물론이고 땅에 멈추어 있는 공도 시간은 흘러가고 있기에 시공간적 궤적을 그리고 있다. 공이 멈추어 있는 상태도 과정인 것이다. 그런데 모든 과정이 인과적 과정은 아니다. 어떤 과정은 다른 과정과 한 시공간적 지점에서 만난다. 즉, 두 과정이 교차한다. 만약 교차에서 표지, 즉 대상의 변화된 물리적 속성이 도입되면 이후의 모든 지점에서 그 표지를 전달할 수 있는 과정이 인과적 과정이다.

가령 바나나가 a지점에서 b지점까지 이동하는 과정을 과정1이라고 하자. a와 b의 중간 지점에서 바나나를 한 입 베어 내는 과정2가 과정1과 교차했다. 이 교차로 표지가 과정1에 도입되었고 이 표지는 b까지 전달될 수 있다. 즉, 바나나는 베어 낸 만큼이 없어진 채로 줄곧 b까지 이동할 수 있다. 따라서 과정1은 인과적 과정이다. 바나나가 이동한 것이 바나나가 b에 위치한 결과의 원인인 것이다. 한편, 바나나의 그림자가 스크린에 생긴다고 하자. 바나나의 그림자가 스크린상의 a′지점에서 b′지점까지 움직이는 과정을 과정3이라 하자. 과정1과 과정2의 교차 이후 스크린상의 그림자 역시 변한다. 그런데 a′과 b′사이의 스크린 표면의 한 지점에 울퉁불퉁한 스티로폼이 부착되는 과정4가 과정3과 교차했다고 하자. 그림자가 그 지점과 겹치면서 일그러짐이라는 표지가 과정3에 도입되지만, 그 지점을 지나가면 그림자는 다시 원래대로 돌아오고 스티로폼은 그대로이다. 이처럼 과정3은 다른 과정과의 교차로 도입된 표지를 전달할 수 없다.

267. 바나나와 그 그림자는 서로 다른 시공간적 궤적을 그린다.

268. 과정1이 과정2와 교차하기 이전과 이후에서, 바나나가 지닌 물리적 속성은 다르다.

269. 과정1과 달리 과정3은 인과적 과정이 아니다.

270. 바나나의 일부를 베어 냄으로써 변화된 바나나 그림자의 모양은 과정3이 과정2와 교차함으로써 도입된 표지이다.

271. 과정3과 과정4의 교차로 도입된 표지는 과정3으로도 과정4로도 전달되지 않는다.

2021년 9월 모의고사 16번

‘메타버스(metaverse)’는 ‘초월’이라는 의미의 ‘메타(meta)’와 ‘세계’를 뜻하는 ‘유니버스(universe)’의 합성어로, 현실 세계와 가상 공간이 적극적으로 상호 작용하는 공간을 의미한다. 감각 전달 장치는 메타버스 속에서 사용자를 대신하는 아바타가 보고 만지는 것으로 설정된 감각을 사용자에게 전달하는 장치이다. 사용자는 이를 통하여 가상 공간을 현실감 있게 체험하면서 메타버스에 몰입하게 된다.

(중략)

한편 사용자의 움직임을 아바타에게 전달하는 공간 이동 장치를 이용하면, 사용자는 몰입도 높은 메타버스 체험을 할 수 있다. 공간 이동 장치인 가상 현실 트레드밀은 일정한 공간에 설치되어 360도 방향으로 사용자의 이동이 가능하도록 바닥의 움직임을 지원한다.

가상 현실 트레드밀과 함께 사용되는 모션 트래킹 시스템은 사용자의 동작에 따라 아바타가 동일하게 움직일 수 있도록 동기화하는 시스템으로, 동작 추적 센서, 관성 측정 센서, 압력 센서 등으로 구성된다. 동작 추적 센서는 사용자의 동작을 파악하며, 관성 측정 센서는 사용자의 이동 속도 변화율 및 회전 속도를 측정한다. 압력 센서는 서로 다른 물체 간에 작용하는 압력을 측정한다. 만약 바닥에 압력 센서가 부착된 신발을 사용자가 신고 뛰면, 압력 센서는 지면과 발바닥 사이의 압력을 감지하여 사용자가 뛰는 힘을 파악할 수 있다. 모션 트래킹 시스템이 사용자의 동작 정보를 컴퓨터에 전달하면, 컴퓨터는 사용자가 움직이는 방향과 속도에 맞춰 트레드밀의 바닥을 제어한다. 이와 같이 사용자의 이동 동작에 따라 트레드밀의 움직임이 변경되기도 하지만, 아바타가 존재하는 가상 공간의 환경 변화에 따라 트레드밀 바닥의 진행 속도 및 방향, 기울기 등이 변경되기도 한다.

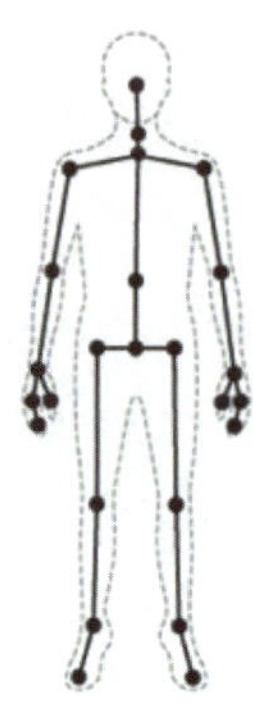

< 보 기 >

동작 추적 센서의 하나인 키넥트 센서는 적외선 카메라와 RGB카메라 등으로 구성된다. 적외선 카메라는 광원에서 발산된 적외선이 피사체의 표면에서 반사되어 수신되기까지 걸리는 시간을 측정하여, 피사체의 입체 정보를 포함하는 저해상도 단색 이미지를 제공한다. 반면 RGB카메라는 피사체의 고해상도 컬러 이미지를 제공한다. 키넥트 센서는 저해상도 입체 이미지를 고해상도 컬러 이미지에 투영하여 사용자가 검출되는 경우, 〈그림〉과 같이 신체 부위에 대응되는 25개의 연결점을 선으로 이은 3D골격 이미지를 제공한다.

272. 키넥트 센서는 가상 공간에 있는 물체들 간의 거리를 측정하여 입체감을 구현할 수 있다.

273. 연결점의 수와 위치의 제약 때문에 사용자의 골격 이미지로는 사용자의 얼굴 표정 변화를 아바타에게 전달할 수 없다.

근대 이후 서양의 철학자들은 과학적 세계관이 대두하면서 이전과는 달리 인과를 물리적 작용 사이의 관계로 국한하려는 경향을 보였다. 문제는 흄이 지적했듯이 인과 관계 그 자체는 직접 관찰할 수 없다는 것이다. 원인과 결과에 해당하는 사건만을 관찰할 수 있을 뿐이다. 가령 "추위 때문에 강물이 얼었다."는 직접 관찰한 물리적 사실을 진술한 것이 아니다. 그래서 인과가 과학적 개념인지에 대한 의심이 철학자들 사이에 제기되었다. 이에 인과를 과학적 세계관에 입각하여 이해하려는 시도가 새면의 과정 이론이다.

(중략)

자연 현상과 인간사를 인과 관계로 설명하는 동아시아의 대표적 논의는 재이론(災異論)이다. 한대(漢代)의 동중서는 하늘이 덕을 잃은 군주에게 재이를 내려 견책한다는 천견설과, 인간과 하늘에 공통된 음양의 기(氣)를 통해 하늘과 인간이 서로 감응한다는 천인감응론을 결합하여 재이론을 체계화하였다. 그에 따르면, 군주가 실정(失政)을 저지르면 그로 말미암아 변화된 음양의 기를 통해 감응한 하늘이 가뭄과 홍수, 일식과 월식 등 재이를 통해 경고를 내린다. 이때 재이는 군주권이 하늘로부터 비롯된 것임을 입증하는 것이자 군주의 실정에 대한 경고였다.

(중략)

이후 재이에 대한 예언적 해석은 비판의 대상이 되었고, 천인감응론 또한 부정되기도 하였다. 하지만 재이론은 여전히 정치 현장에서 사라지지 않았다. 송대(宋代)에 이르러, 주희는 천문학의 발달로 예측 가능하게 된 일월식을 재이로 간주하지 않는 경향을 수용하였고, 재이를 근본적으로 이치에 의해 설명되기 어려운 자연 현상으로 간주하였다. 하지만 당시까지도 재이에 대해 군주의 적극적인 대응을 유도하며 안전한 언론 활동의 기회를 제공했던 재이론이 폐기되는 것은, 신하의 입장에서 유용한 정치적 기제를 잃는 것이었다. 이 때문에 그는 군주를 경계하는 적절한 방법을 찾고자 재이론을 고수하였다. 그는 재이에 대한 개별적 대응 대신 군주에게 허물과 잘못이 쌓이면 이에 하늘이 감응하여 변칙적인 자연 현상이 일어날 것이라는 전반적 대응설을 제시하고, 재이를 군주의 심성 수양 문제로 귀결시키며 재이론의 역사적 수명을 연장하였다.

---

274. 인과가 과학적 세계관과 부합하지 않는다고 생각하는 철학자가 근대 이후 서양에 나타났다.

275. 천문학의 발달에 따라 일월식이 예측 가능해지면서 송대에는 이를 설명 가능한 자연 현상으로 보는 경향이 있었다.

〈보기〉는 윗글의 주제와 관련한 동서양 학자들의 견해이다. 윗글을 읽은 학생이 〈보기〉에 대해 보인 반응을 O, X 판단해 보시오.

< 보 기 >

㉯ 인과 관계란 서로 다른 대상들이 물리적 성질들을 서로 주고받는 관계일 수밖에 없다. 그러한 두 대상은 시공간적으로 연결되어 있어야만 한다.

㉰ 덕이 잘 닦인 치세에서는 재이를 찾아볼 수 없었고, 세상의 변고는 모두 난세의 때에 출현했으니, 하늘과 인간이 서로 통하는 관계임을 알 수 있다.

---

276. 인과 관계를 대상 간의 물리적 상호 작용으로 국한하는 ㉯의 입장은 대상 간의 감응을 기반으로 한 동중서의 재이론이 보여 준 입장과 부합하겠군.

277. 치세와 난세의 차이를 재이의 출현 여부로 설명하는 ㉰에 대해 동중서와 주희는 모두 재이론에 입각하여 수용 가능한 견해라는 입장을 취하겠군.

채권은 어떤 사람이 다른 사람에게 특정 행위를 요구할 수 있는 권리이다. 이 특정 행위를 급부라 하고, 특정 행위를 해주어야 할 의무를 채무라 한다. 채무자가 채권을 가진 이에게 급부를 이행하면 채권에 대응하는 채무는 소멸한다. 급부는 재화나 서비스 제공인 경우가 많지만 그 외의 내용일 수도 있다.

민법상의 권리는 여러 가지가 있는데 계약 없이 법률로 정해진 요건의 충족으로 발생하기도 하지만 대개 계약의 효력으로 발생한다. 계약이란 권리 발생 등에 관한 당사자의 합의로서, 계약이 성립하면 합의 내용대로 권리 발생 등의 효력이 인정되는 것이 원칙이다. 당장 필요한 재화나 서비스는 그 제공을 급부로 하는 계약을 성립시켜 확보하면 되지만 미래에 필요할 수도 있는 재화나 서비스라면 계약을 성립시킬 수 있는 권리를 확보하는 것이 유리하다. 이를 위해 '예약'이 활용된다. 일상에서 예약이라고 할 때와 법적인 관점에서의 예약은 구별된다. ㉠ 기차 탑승을 위해 미리 돈을 지불하고 승차권을 구입하는 것을 '기차 승차권을 예약했다'고도 하지만 이 경우는 예약에 해당하지 않는 계약이다. 법적으로 예약은 당사자들이 합의한 내용대로 권리가 발생하는 계약의 일종으로, 재화나 서비스 제공을 급부 내용으로 하는 다른 계약인 '본계약'을 성립시킬 수 있는 권리 발생을 목적으로 한다.

[A]
　　예약은 예약상 권리자가 가지는 권리의 법적 성질에 따라 두 가지 유형으로 나뉜다. 첫째는 채권을 발생시키는 예약이다. 이 채권의 급부 내용은 '예약상 권리자의 본계약 성립 요구에 대해 상대방이 승낙하는 것'이다. 회사의 급식 업체 공모에 따라 여러 업체가 신청한 경우 그중 한 업체가 선정되었다고 회사에서 통지하면 예약이 성립한다. 이에 따라 선정된 업체가 급식을 제공하고 대금을 받기로 하는 본계약 체결을 요청하면 회사는 이에 응할 의무를 진다. 둘째는 예약 완결권을 발생시키는 예약이다. 이 경우 예약상 권리자가 본계약을 성립시키겠다는 의사를 표시하는 것만으로 본계약이 성립한다. 가족

행사를 위해 식당을 예약한 사람이 식당에 도착하여 예약 완결권을 행사하면 곧바로 본계약이 성립하므로 식사 제공이라는 급부에 대한 계약상의 채권이 발생한다.

㉠에 대한 이해를 O, X 판단해보시오.

278. 기차 승차권을 미리 구입하는 것은 계약을 성립시키면서 채권의 행사 시점을 미래로 정해 두는 것이다.

279. 승차권 구입은 계약 없이 법률로 정해진 요건을 충족하여 서비스를 제공받을 권리를 발생시키는 행위이다.

280. 미리 돈을 지불하는 것은 미래에 필요한 기차 탑승 서비스 이용이라는 계약을 성립시킬 수 있는 권리를 확보한 것이다.

281. [A]에 제시된 예시를 활용하여, 예약의 유형에 따라 예약상 권리자가 요구할 수 있는 급부에 대해 정리한 것이다. ㄱ~ㄷ에 들어갈 내용을 선택하시오.

구분	채권을 발생시키는 예약	예약 완결권을 발생시키는 예약
예약상 급부	ㄱ	ㄴ
본계약상 급부	ㄷ	식사 제공

ㄱ　급식 계약 승낙 / 없음
ㄴ　식사 제공 계약 체결 / 없음
ㄷ　급식 대금 지급 / 급식 제공

한국, 중국 등 동아시아 사회에서 오랫동안 유지되었던 과거제는 세습적 권리와 무관하게 능력주의적인 시험을 통해 관료를 선발하는 제도라는 점에서 합리성을 갖추고 있었다.

(중략)

동아시아에서 과거제가 천 년이 넘게 시행된 것은 과거제의 합리성이 사회적 안정에 기여했음을 보여 준다. 과거제는 왕조의 교체와 같은 변화에도 불구하고 동질적인 엘리트층의 연속성을 가져왔다. 그리고 이러한 연속성은 관료 선발 과정뿐 아니라 관료제에 기초한 통치의 안정성에도 기여했다.

과거제를 장기간 유지한 것은 세계적으로 드문 현상이었다. 과거제에 대한 정보는 선교사들을 통해 유럽에 전해져 많은 관심을 불러일으켰다. 일군의 유럽 계몽사상가들은 학자의 지식이 귀족의 세습적 지위보다 우위에 있는 체제를 정치적인 합리성을 갖춘 것으로 보았다. 이러한 관심은 사상적 동향뿐 아니라 실질적인 사회 제도에까지 영향을 미쳐서, 관료 선발에 시험을 통한 경쟁이 도입되기도 했다.

282. 시험을 통한 관료 선발 제도는 동아시아뿐만 아니라 유럽에서도 실시되었다.

스마트폰은 다양한 위치 측정 기술을 활용하여 여러 지형 환경에서 위치를 측정한다. 위치에는 절대 위치와 상대 위치가 있다. 절대 위치는 위도, 경도 등으로 표시된 위치이고, 상대 위치는 특정한 위치를 기준으로 한 상대적인 위치이다.

실외에서는 주로 스마트폰 단말기에 내장된GPS(위성항법장치)나 IMU(관성측정장치)를 사용한다. GPS는 위성으로부터 오는 신호를 이용하여 절대 위치를 측정한다. GPS는 위치 오차가시간에 따라 누적되지 않는다. 그러나 전파 지연 등으로 접속 초기에 짧은 시간 동안이지만 큰 오차가 발생하고 실내나 터널 등에서는 GPS신호를 받기 어렵다. IMU는 내장된 센서로 가속도와 속도를 측정하여 위치 변화를 계산하고 초기 위치를 기준으로 하는 상대 위치를 구한다. 단기간 움직임에 대한 측정 성능이 뛰어나지만 센서가 측정한 값의 오차가 누적되기 때문에 시간이 지날수록 위치 오차가 커진다. 이 두 방식을 함께 사용하면 서로의 단점을 보완하여 오차를 줄일 수 있다.

283. IMU는 단말기가 초기 위치로부터 얼마나 떨어져 있는지를 계산하여 단말기의 위치를 구한다.

284. GPS는 단말기가 터널에 진입 시 발생한 오차를 터널을 통과하는 동안 보정할 수 있다.

285. IMU의 오차가 커지는 것은 가속도와 속도를 측정할 때 생기는 오차가 누적되기 때문이다.

최근 3D 애니메이션은 섬세한 입체 영상을 구현하여 실물을 촬영한 것 같은 느낌을 준다.

(중략)

모델링은 3차원 가상 공간에서 물체의 모양과 크기, 공간적인 위치, 표면 특성 등과 관련된 고유의 값을 설정하거나 수정하는 단계이다. 모양과 크기를 설정할 때 주로 3개의 정점으로 형성되는 삼각형을 활용한다. 작은 삼각형의 조합으로 이루어진 그물과 같은 형태로 물체 표면을 표현하는 방식이다. 이 방법으로 복잡한 굴곡이 있는 표면도 정밀하게 표현할 수 있다. 이때 삼각형의 꼭짓점들은 물체의 모양과 크기를 결정하는 정점이 되는데, 이 정점들의 개수는 물체가 변형되어도 변하지 않으며, 정점들의 상대적 위치는 물체 고유의 모양이 변하지 않는 한 달라지지 않는다. 물체가 커지거나 작아지는 경우에는 정점 사이의 간격이 넓어지거나 좁아지고, 물체가 회전하거나 이동하는 경우에는 정점들이 간격을 유지하면서 회전축을 중심으로 회전하거나 동일 방향으로 동일 거리만큼 이동한다. 물체 표면을 구성하는 각 삼각형 면에는 고유의 색과 질감 등을 나타내는 표면 특성이 하나씩 지정된다.

공간에서의 입체에 대한 정보인 이 데이터를 활용하여, 물체를 어디에서 바라보는가를 나타내는 관찰 시점을 기준으로 2차원의 화면을 생성하는 것이 렌더링이다. 전체 화면을 잘게 나눈 점이 화소인데, 정해진 개수의 화소로 화면을 표시하고 각 화소별로 밝기나 색상 등을 나타내는 화솟값이 부여된다. 렌더링 단계에서는 화면 안에서 동일 물체라도 멀리 있는 경우는 작게, 가까이 있는 경우는 크게 보이는 원리를 활용하여 화솟값을 지정함으로써 물체의 원근감을 구현한다. 표면 특성을 나타내는 값을 바탕으로, 다른 물체에 가려짐이나 조명에 의해 물체 표면에 생기는 명암, 그림자 등을 고려하여 화솟값을 정해 줌으로써 물체의 입체감을 구현한다. 화면을 구성하는 모든 화소의 화솟값이 결정되면 하나의 프레임이 생성된다. 이를 화면출력장치를 통해 모니터에 표시하면 정지 영상이 완성된다.

286. 물체의 원근감과 입체감은 관찰 시점을 기준으로 구현한다.

다음은 3D 애니메이션 제작을 위한 계획의 일부이다. 윗글을 바탕으로 할 때 다음 문제를 O, X 판단해보시오.

	〔장면 구상〕	〔장면 스케치〕
장면 1	주인공 '네모'가 얼굴을 정면으로 향한 채 입에 아직 불지 않은 풍선을 물고 있다.	
장면 2	'네모'가 바람을 불어 넣어 풍선이 점점 커진다.	
장면 3	풍선이 더 이상 커지지 않고 모양을 유지한 채, '네모'는 풍선과 함께 하늘로 날아올라 점점 멀어지는 모습이 보인다.	

287. 장면 1의 렌더링 단계에서 풍선에 가려 보이지 않는 입 부분의 삼각형들의 표면 특성은 화솟값을 구하는 데 사용되지 않겠군

288. 장면 3의 모델링 단계에서 풍선에 있는 정점들이 이루는 삼각형들이 작아지겠군.

289. 장면 3의 렌더링 단계에서 전체 화면에서 화솟값이 부여되는 화소의 개수는 변하지 않겠군

2020년 9월 모의고사 28번

국가, 지방 자치 단체와 같은 행정 주체가 행정 목적을 실현하기 위해 국민의 권리를 제한하거나 국민에게 의무를 부과하는 '행정 규제'는 국회가 제정한 법률에 근거해야 한다. 그러나 국회가 아니라, 대통령을 수반으로 하는 행정부나 지방 자치 단체와 같은 행정 기관이 제정한 법령인 행정입법에 의한 행정 규제의 비중이 커지고 있다.

(중략)

행정입법의 유형에는 위임명령, 행정규칙, 조례 등이 있다.

(중략)

행정규칙 은 원래 행정부의 직제나 사무 처리 절차에 관한 행정입법으로서 고시(告示), 예규 등이 여기에 속한다. 일반 국민에게는 직접 적용되지 않기 때문에, 법률로부터 위임받지 않아도 유효하게 제정될 수 있고 위임명령 제정 시와 동일한 절차를 거칠 필요가 없다. 그러나 행정 규제 사항에 관하여 행정규칙이 제정되는 예외적인 경우도 있다. 위임된 사항이 첨단 기술과의 관련성이 매우 커서 위임명령으로는 대응하기 어려워 불가피한 경우, 위임 근거 법률이 행정입법의 제정 주체만 지정하고 행정입법의 유형을 지정하지 않았다면 위임된 사항이 고시나 예규로 제정될 수 있다. 이런 경우의 행정규칙은 위임명령과 달리, 입법예고, 공포 등을 거치지 않고 제정된다.

행정규칙 에 관한 설명을 O, X 판단해보시오.

290. 행정 규제 사항을 규정하는 경우, 위임명령의 제정 절차를 따르지 않는다.

291. 행정 규제 사항을 규정하는 경우, 위임 근거 법률의 위임을 받은 제정 주체에 의해 제정된다.

292. 행정 규제 사항을 규정하는 경우, 위임 근거 법률로부터 위임받을 수 있는 사항의 범위가 위임명령과 같다.

2020년 9월 모의고사 29번

국가, 지방 자치 단체와 같은 행정 주체가 행정 목적을 실현하기 위해 국민의 권리를 제한하거나 국민에게 의무를 부과하는 '행정 규제'는 국회가 제정한 법률에 근거해야 한다. 그러나 국회가 아니라, 대통령을 수반으로 하는 행정부나 지방 자치 단체와 같은 행정 기관이 제정한 법령인 행정입법에 의한 행정 규제의 비중이 커지고 있다.

(중략)

행정입법의 유형에는 위임명령, 행정규칙, 조례 등이 있다. 헌법에 따르면, 국회는 행정 규제 사항에 관한 법률을 제정할 때 특정한 내용에 관한 입법을 행정부에 위임할 수 있다. 이에 따라 제정된 행정입법을 위임명령이라고 한다. 위임명령은 제정 주체에 따라 대통령령, 총리령, 부령으로 나누어진다. 이들은 모두 국민에게 적용되기 때문에 입법예고, 공포 등의 절차를 거쳐야 한다. 위임명령은 입법부인 국회가 자신의 권한의 일부를 행정부에 맡겼기 때문에 정당화될 수 있다. 그래서 특정한 행정 규제의 근거 법률이 위임명령으로 제정할 사항의 범위를 정하지 않은 채 위임하는 포괄적 위임은 헌법상 삼권 분립 원칙에 저촉된다. 위임된 행정 규제 사항의 대강을 위임 근거 법률의 내용으로부터예측할 수 있어야 한다는 것이다. 한편, 위임명령이 법률로부터 위임받은 범위를 벗어나서 제정되거나, 위임 근거 법률이 사용한 어구의 의미를 확대하거나 축소하여 제정되어서는 안된다.

(중략)

조례는 지방 의회가 제정하는 행정입법으로 지역의 특수성을 반영하여 제정되고 지역에서 발생하는 사안에 대해 적용된다. 제정 주체가 지방 자치 단체의 기관인 지방 의회라는 점에서 행정부에서 제정하는 위임명령, 행정규칙과 구별된다. 조례도 행정 규제 사항을 규정하려면 법률의 위임에 근거해야 한다. 또한 법률로부터 포괄적 위임을 받을 수 있지만 위임 근거 법률이 사용한 어구의 의미를 다르게 사용할 수 없다. 조례는 입법예고, 공포 등의 절차를 거쳐 제정된다.

윗글을 바탕으로 〈보기〉의 ㉮~㉲에 대해 이해한 내용을 O, X 판단해보시오.

─────── < 보 기 > ───────

갑은 새로 개업한 자신의 가게 홍보를 위해 인근 자연 공원에 현수막을 설치하려고 한다. 현수막 설치에 관한 행정 규제의 내용을 확인하기 위해 ○○시청에 문의하고 아래와 같은 회신을 받았다.

> 문의하신 내용에 대해 다음과 같이 알려 드립니다.
> ㉮「옥외광고물 등의 관리와 옥외광고산업 진흥에 관한 법률」제3조(광고물 등의 허가 또는 신고)에 따른 허가 또는 신고 대상 광고물에 관한 사항은 대통령령인 ㉯「옥외 광고물 등의 관리와 옥외광고산업 진흥에 관한 법률 시행령」제5조에 규정되어 있습니다. 이에 따르면 문의하신 규격의 현수막을 설치하시려면 설치 전에 신고하셔야 합니다.
> 또한 위 법률 제16조(광고물 실명제)에 의하면, 신고 번호, 표시 기간, 제작자명 등을 표시하도록 규정하고 있습니다. 표시하는 방법에 대해서는 ㉰ ○○시 지방 의회에서 제정한 법령에 따르셔야 합니다.

293. ㉯의 제5조는 ㉮의 제16조로부터 제정할 사항의 범위가 정해져 위임을 받았겠군.

294. ㉯는 ㉰와 달리 입법예고와 공포 절차를 거쳤겠군.

295. ㉮에 나오는 '광고물'의 의미와 ㉰에 나오는 '광고물'의 의미는 일치하겠군.

2019년 9월 모의고사 27,28,30번

물건을 사용하고 있는 사람이 그 물건의 주인일까? 점유란 물건에 대한 사실상의 지배 상태를 뜻한다. 이에 비해 소유란 어떤 물건을 사용·수익·처분할 수 있는 권리를 가진 상태라고 정의된다. 따라서 점유자와 소유자가 항상 일치하지는 않는다.

물건을 빌려 쓰거나 보관하고 있는 것을 포함하여 물건을 물리적으로 지배하는 상태를 직접점유라고 한다. 이에 비해 어떤 물건을 빌려 쓰거나 보관하는 사람에게 그 물건의 반환을 청구할 수 있는 권리를 가진 사람도 사실상의 지배를 한다고 볼 수 있다. 이와 같이 반환청구권을 가진 상태를 간접점유라고 한다. 직접점유와 간접점유는 모두 점유에 해당한다. 점유는 소유자를 공시하는 기능도 수행한다. 공시란 물건에 대해 누가 어떤 권리를 가지고 있는지를 알려주는 것이다. 물건 중에서 피아노, 금반지, 가방 등과 같은 대부분의 동산은 점유에 의해 소유권이 공시된다.

물건의 소유권이 양도되려면, 소유자가 양도인이 되어 양수인과 유효한 양도 계약을 하고 이에 더하여 소유권 양도를 공시해야 한다. 점유로 소유권이 공시되는 동산의 소유권 양도는 점유를 넘겨주는 점유 인도로 공시된다. 양수인이 간접점유를 하여 소유권 이전이 공시되는 경우로서 '점유개정'과 '반환청구권 양도'가 있다. 예를 들어 A가 B에게 피아노의 소유권을 양도하기로 계약하되 사흘간 빌려 쓰는 것으로 합의한 경우, B는 A에게 피아노를 사흘 후 돌려 달라고 요구할 수 있는 반환청구권을 가지게 된다. 이처럼 양도인이 직접점유를 유지하지만, 양수인에게 점유 인도가 이루어진 것으로 간주되는 경우를 점유개정이라고 한다. 한편 C가 자신이 소유한 가방을 D에게 맡겨 두어 이에 대한 반환청구권을 가지게 되었는데, 이 가방의 소유권을 E에게 양도하는 계약을 체결하였다고 하자. 이때 C가 D에게 통지하여 가방 주인이 바뀌었으니 가방을 E에게 반환하라고 알려 주면 D가 보관 중인 가방에 대한 반환청구권은 C로부터 E에게로 넘어간다. 이 경우를 반환청구권 양도라고 한다.

양도인이 소유자가 아니더라도 양수인이 점유 인도를 받으면 소유권을 취득할 수 있을까? 점유로 공시되는 동산의 경우 양수인이 충분히 주의를 했는데도 양도인이 소유자가 아님을 알지 못한 채 양도인과 유효한 계약을 하고, 점유 인도로 공시를 했다면 양수인은 소유권을 취득한다. 이것을 '선의취득'이라 한다. 다만 간접점유에 의한 인도 방법 중 점유개정으로는 선의취득을 하지 못한다. 선의취득으로 양수인이 소유권을 취득하면 원래 소유자는 원하지 않아도 소유권을 상실하게 된다.

---

296. 가방에 대해 누가 소유권을 가지고 있는지를 알게 해 주는 방법은 점유이다.

297. 유효한 양도 계약으로 피아노의 소유자가 되려면 피아노에 대해 직접점유나 간접점유 중 하나를 갖춰야 한다.

윗글을 바탕으로 할 때, 〈보기〉를 이해한 내용을 O, X 판단해보시오.

─────── < 보 기 > ───────

갑과 을은, 갑이 끼고 있었던 금반지의 소유권을 을에게 양도하기로 하는 유효한 계약을 했다. 갑과 을은, 갑이 이 금반지를 보관하다가 을이 요구할 때 넘겨주기로 합의했다. 을은 소유권 양도 계약을 할 때 양도인이 소유자라고 믿었고 양도인이 소유자인지 확인하기 위해 충분히 주의했다. 을은 일주일 후 병과 유효한 소유권 양도 계약을 했고, 갑에게 통지하여 사흘 후 병에게 금반지를 넘겨주라고 알려 주었다.

298. 갑이 금반지 소유자였다면, 을은 갑으로부터 물리적 지배를 넘겨받지 않았으나 점유 인도를 받은 것으로 간주한다.

299. 갑이 금반지 소유자가 아니었더라도, 병은 을로부터 을이 가진 소유권을 양도받아 취득한다.

300. 갑이 금반지 소유자가 아니었더라도, 을은 반환청구권 양도로 병에게 점유 인도를 한 것으로 간주된다.

301. 갑이 금반지 소유자가 아니었더라도, 병이 계약할 때 양도인이 소유자라고 믿었고 양도인이 소유자인지 확인하기 위해 충분히 주의했다면, 병은 소유권을 취득한다.

2019년 6월 모의고사 30번

전통적인 통화 정책은 정책 금리를 활용하여 물가를 안정시키고 경제 안정을 도모하는 것을 목표로 한다. 중앙은행은 경기가 과열되었을 때 정책 금리 인상을 통해 경기를 진정시키고자 한다. 정책 금리 인상으로 시장 금리도 높아지면 가계 및 기업에 대한 대출 감소로 신용 공급이 축소된다. 신용 공급의 축소는 경제 내 수요를 줄여 물가를 안정시키고 경기를 진정시킨다. 반면 경기가 침체되었을 때는 반대의 과정을 통해 경기를 부양시키고자 한다.

금융을 통화 정책의 전달 경로로만 보는 전통적인 경제학에서는 금융감독 정책이 개별 금융 회사의 건전성 확보를 통해 금융 안정을 달성하고자 하는 미시 건전성 정책에 집중해야 한다고 보았다. 이러한 관점은 금융이 직접적인 생산 수단이 아니므로 단기적일 때와는 달리 장기적으로는 경제 성장에 영향을 미치지 못한다는 인식과, 자산 시장에서는 가격이 본질적 가치를 초과하여 폭등하는 버블이 존재하지 않는다는 효율적 시장 가설에 기인한다. 미시 건전성 정책은 개별 금융 회사의 건전성에 대한 예방적 규제 성격을 가진 정책 수단을 활용하는데, 그 예로는 향후 손실에 대비하여 금융 회사의 자기자본 하한을 설정하는 최저 자기자본 규제를 들 수 있다.

(중략)

거시 건전성이란 개별 금융 회사 차원이 아니라 금융 시스템 차원의 위기 가능성이 낮아 건전한 상태를 말하고, 거시 건전성 정책은 금융 시스템의 건전성을 추구하는 규제 및 감독 등을 포괄하는 활동을 의미한다. 이때, 거시 건전성 정책은 미시 건전성이 거시 건전성을 담보할 수 있는 충분조건이 되지 못한다는 '구성의 오류'에 논리적 기반을 두고 있다. 거시 건전성 정책은 금융 시스템 위험 요인에 대한 예방적 규제를 통해 금융 시스템의 건전성을 추구한다는 점에서, 미시 건전성 정책과는 차별화된다.

거시 건전성 정책의 목표를 효과적으로 달성하기 위해서는 경기 변동과 금융 시스템 위험 요인 간의 상관관계를 감안한 정책 수단의 도입이 필요하다. 금융 시스템 위험 요인은 경기 순응성을 가진다. 즉 경기가 호황일 때는 금융 회사들이 대출을 늘려 신용 공급을 팽창시킴에 따라 자산 가격이 급등하고, 이는 다시 경기를 더 과열시키는 반면 불황일 때는 그 반대의 상황이 일어난다. 이를 완화할 수 있는 정책 수단으로는 경기 대응 완충자본 제도를 들 수 있다. 이 제도는 정책 당국이 경기 과열기에 금융 회사로 하여금 최저 자기자본에 추가적인 자기자본, 즉 완충자본을 쌓도록 하여 과도한 신용 팽창을 억제시킨다. 한편 적립된 완충자본은 경기 침체기에 대출 재원으로 쓰도록 함으로써 신용이 충분히 공급되도록 한다.

윗글과 〈보기〉에 대한 이해를 O, X 판단해보시오.

< 보 기 >

현실에서의 통화 정책 효과는 경기에 대해 비대칭적인 것으로 알려져 있다. 통화 정책은 경기 과열을 억제하는 데는 효과적이지만 경기 침체를 벗어나는 데는 효과가 미미하기 때문이다. 경기 침체를 극복하기 위해 중앙은행의 정책 금리 인하로 은행이 대출을 늘려 신용 공급을 확대하려 해도, 가계의 소비 심리가 위축되었거나 기업이 투자할 대상이 마땅치 않을 경우 전통적인 통화 정책에서 기대되는 효과는 나타나지 않게 된다. 오히려 확대된 신용 공급이 주식이나 부동산 등 자산 시장으로 과도하게 유입되어 의도치 않은 문제를 일으킬 수 있다.

경제학자들은 경제 주체들이 경기 상황에 대해 비대칭적으로 반응하기 때문에 나타나는 이러한 현상을 '끈 밀어올리기(pushing on a string)'라고 부른다. 이는 끈을 당겨서 아래로 내리는 것은 쉽지만, 밀어서 위로 올리는 것은 어렵다는 것에 빗댄 것이다.

302. '끈 밀어올리기'를 통해 경기 침체기에 자산 가격 버블이 발생하는 경우를 설명할 수 있겠군.

303. 현실에서 경기가 침체되었을 경우 정책 금리 인하에 따른 경기 부양 효과는 경제 주체의 심리에 따라 달라질 수 있겠군.

304. '끈 밀어올리기'가 있을 경우 경기 침체기에 금융 안정을 달성하려면 경기 대응 완충자본 제도의 도입이 필요하겠군.

305. 통화 정책 효과가 경기에 대해 비대칭적이라면 경기 침체기에는 정책 금리 조정 이외의 방안을 도입할 필요가 있겠군.

306. 통화 정책 효과가 경기에 대해 비대칭적이라면 정책 금리 인상은 신용 공급을 축소시킴으로써 경기를 진정시킬 수 있겠군.

전자 현미경의 등장으로 미토콘드리아의 내부까지 세밀히 관찰하게 되고, 미토콘드리아 안에는 세포핵의 DNA와는 다른 DNA가 있으며 단백질을 합성하는 자신만의 리보솜을 가지고 있다는 사실이 밝혀지면서 공생발생설이 새롭게 부각되었다.

공생발생설에 따르면 진핵생물은 원생미토콘드리아가 고세균의 세포 안에서 내부 공생을 하다가 탄생했다고 본다. 고세균의 핵의 형성과 내부 공생의 시작 중 어느 것이 먼저인지에 대해서는 논란이 있지만, 고세균은 세포질에 핵이 생겨 진핵세포가 되고 원생미토콘드리아는 세포 소기관인 미토콘드리아가 되어 진핵생물이 탄생했다는 것이다. 미토콘드리아가 원래 박테리아의 한 종류였다는 근거는 여러 가지가 있다. 박테리아와 마찬가지로 새로운 미토콘드리아는 이미 존재하는 미토콘드리아의 '이분 분열'을 통해서만 만들어진다. 미토콘드리아의 막에는 진핵세포막의 수송 단백질과는 다른 종류의 수송 단백질인 포린이 존재하고 박테리아의 세포막에 있는 카디오리핀이 존재한다. 또 미토콘드리아의 리보솜은 진핵세포의 리보솜보다 박테리아의 리보솜과 더 유사하다.

미토콘드리아는 여전히 고유한 DNA를 가진 채 복제와 증식이 이루어지는데도, 미토콘드리아와 진핵세포 사이의 관계를 공생 관계로 보지 않는 이유는 무엇일까? 두 생명체가 서로 떨어져서 살 수 없더라도 각자의 개체성을 잃을 정도로 유기적 상호작용이 강하지 않다면 그 둘은 공생 관계에 있다고 보는데, 미토콘드리아와 진핵세포 간의 유기적 상호작용은 둘을 다른 개체로 볼 수 없을 만큼 매우 강하기 때문이다. 미토콘드리아가 개체성을 잃고 세포 소기관이 되었다고 보는 근거는, 진핵세포가 미토콘드리아의 증식을 조절하고, 자신을 복제하여 증식할 때 미토콘드리아도 함께 복제하여 증식시킨다는 것이다. 또한 미토콘드리아의 유전자의 많은 부분이 세포핵의 DNA로 옮겨 가 미토콘드리아의 DNA 길이가 현저히 짧아졌다는 것이다. 미토콘드리아에서 일어나는 대사 과정에 필요한 단백질은 세포핵의 DNA로부터 합성되고, 미토콘드리아의 DNA에 남은 유전자 대부분은 생체 에너지를 생산하는 역할을 한다.

＊ 공생 : 서로 다른 생명체가 함께 살아가는 것

＊ 내부 공생 : 어느 생명체의 세포 안에서 다른 생명체가 공생하는 것

---

307. 새로운 미토콘드리아를 복제하기 위해서는 세포 안에 미토콘드리아가 반드시 있어야 한다.

308. 진핵세포가 되기 전의 고세균이 원생미토콘드리아보다 진핵세포와 더 강한 인과성으로 연결되어 있다.

309. 각각의 세포 소기관이 박테리아로부터 비롯되었다고 판단할 수 있는 것만을 〈보기〉에서 고른 것은?

> ─────── < 보 기 > ───────
>
> ㄱ. 세포 소기관이 자신의 DNA를 가지고 있다는 것과 이분 분열을 한다는 것을 확인하였다.
> ㄴ. 세포 소기관이 자신의 DNA를 가지고 있다는 것과 진핵세포의 리보솜을 가지고 있다는 것을 확인하였다.
> ㄷ. 세포 소기관이 막으로 둘러싸여 있다는 것과 막에는 수송 단백질이 있는 것을 확인하였다.
> ㄹ. 세포 소기관이 막으로 둘러싸여 있다는 것과 막에는 다량의 카디오리핀이 있는 것을 확인하였다.

윗글을 바탕으로 〈보기〉를 이해한 내용을 O, X 판단해보시오.

> < 보 기 >
>
> • 복어는 테트로도톡신이라는 신경 독소를 가지고 있지만 테트로도톡신을 스스로 만들지 못하고 체내에서 서식하는 미생물이 이를 생산한다. 복어는 독소를 생산하는 미생물에게 서식처를 제공하는 대신 포식자로부터 자신을 방어할 수 있는 무기를 갖게 되었다. 만약 복어의 체내에 있는 미생물을 제거하면 복어는 독소를 가지지 못하나 생존에는 지장이 없었다.
>
> • 실험실의 아메바가 병원성 박테리아에 감염되어 대부분의 아메바가 죽고 일부 아메바는 생존하였다. 생존한 아메바의 세포질에서 서식하는 박테리아는 스스로 복제하여 증식할 수 있었고 더 이상 병원성을 지니지는 않았다. 아메바에게는 무해하지만 박테리아에게는 치명적인 항생제를 아메바에게 투여하면 박테리아와 함께 아메바도 죽었다.

310. 병원성을 잃은 '아메바의 세포질에서 서식하는 박테리아'는 세포 소기관으로 변한 것이겠군.

311. 복어의 '체내에서 서식하는 미생물'은 '복어'와의 유기적 상호작용이 강해진다면 개체성을 잃을 수 있겠군.

312. 복어의 세포가 증식할 때 복어의 체내에서 '독소를 생산하는 미생물'의 DNA도 함께 증식하는 것은 아니겠군.

313. '아메바의 세포질에서 서식하는 박테리아'가 개체성을 잃었다면 '아메바의 세포질에서 서식하는 박테리아'의 DNA 길이는 짧아졌겠군.

314. '아메바의 세포질에서 서식하는 박테리아'와 '아메바' 사이의 관계와 '복어'와 '독소를 생산하는 미생물' 사이의 관계는 모두 공생 관계이겠군.

영상 안정화 기술에는 빛을 이용하는 광학적 기술과 소프트웨어를 이용하는 디지털 기술 등이 있다. 광학 영상 안정화(OIS) 기술을 사용하는 카메라 모듈은 렌즈 모듈, 이미지 센서, 자이로 센서, 제어 장치, 렌즈를 움직이는 장치로 구성되어 있다. 렌즈 모듈은 보정용 렌즈들을 포함한 여러 개의 렌즈들로 구성된다. 일반적으로 카메라는 렌즈를 통해 들어온 빛이 이미지 센서에 닿아 피사체의 상이 맺히고, 피사체의 한 점에 해당하는 위치인 화소마다 빛의 세기에 비례하여 발생한 전기 신호가 저장 매체에 영상으로 저장된다. 그런데 카메라가 흔들리면 이미지 센서 각각의 화소에 닿는 빛의 세기가 변한다. 이때 OIS 기술이 작동되면 자이로 센서가 카메라의 움직임을 감지하여 방향과 속도를 제어 장치에 전달한다. 제어 장치가 렌즈를 이동시키면 피사체의 상이 유지되면서 영상이 안정된다.

렌즈를 움직이는 방법 중에는 보이스코일 모터를 이용하는 방법이 많이 쓰인다. 보이스코일 모터를 포함한 카메라 모듈은 중앙에 위치한 렌즈 주위에 코일과 자석이 배치되어 있다. 카메라가 흔들리면 제어 장치에 의해 코일에 전류가 흘러서 자기장과 전류의 직각 방향으로 전류의 크기에 비례하는 힘이 발생한다. 이 힘이 렌즈를 이동시켜 흔들림에 의한 영향이 상쇄되고 피사체의 상이 유지된다. 이외에도 카메라가 흔들릴 때 이미지 센서를 움직여 흔들림을 감쇄하는 방식도 이용된다.

OIS 기술이 손 떨림을 훌륭하게 보정해 줄 수는 있지만 렌즈의 이동 범위에 한계가 있어 보정할 수 있는 움직임의 폭이 좁다.

'OIS 기술'에 대한 설명을 O, X 판단해보시오.

315. 자이로 센서가 카메라 움직임을 정확히 알려도 렌즈 이동의 범위에는 한계가 있다.

316. 흔들림에 의해 피사체의 상이 이동하면 원래의 위치로 돌아오도록 렌즈나 이미지 센서를 이동시킨다.

2019년 11월 수능 26번

다음으로는 사람의 조직 및 장기와 유사한 다른 동물의 이식편을 인간에게 이식하는 '이종 이식'이 있다.

(중략)

이종 이식의 또 다른 문제는 내인성 레트로바이러스이다. 내인성 레트로바이러스는 생명체의 DNA의 일부분으로, 레트로바이러스로부터 유래된 것으로 여겨지는 부위들이다. 이는 바이러스의 활성을 가지지 않으며 사람을 포함한 모든 포유류에 존재한다. 레트로바이러스는 자신의 유전 정보를 RNA에 담고 있고 역전사 효소를 갖고 있는 바이러스로서, 특정한 종류의 세포를 감염시킨다. 유전 정보가 담긴 DNA로부터 RNA가 생성되는 전사 과정만 일어날 수 있는 다른 생명체와는 달리, 레트로바이러스는 다른 생명체의 세포에 들어간 후 역전사 과정을 통해 자신의 RNA를 DNA로 바꾸고 그 세포의 DNA에 끼어들어 감염시킨다. 이후에는 다른 바이러스와 마찬가지로 자신이 속해 있는 생명체를 숙주로 삼아 숙주 세포의 시스템을 이용하여 복제, 증식하고 일정한 조건이 되면 숙주 세포를 파괴한다.

그런데 정자, 난자와 같은 생식 세포가 레트로바이러스에 감염되고도 살아남는 경우가 있었다. 이런 세포로부터 유래된 자손의 모든 세포가 갖게 된 것이 내인성 레트로바이러스이다. 내인성 레트로바이러스는 세대가 지나면서 돌연변이로 인해 염기 서열의 변화가 일어나며 해당 세포 안에서는 바이러스로 활동하지 않는다. 그러나 내인성 레트로바이러스를 떼어 내어 다른 종의 세포 속에 주입하면 이는 레트로바이러스로 변환되어 그 세포를 감염시키기도 한다. 따라서 미니돼지의 DNA에 포함된 내인성 레트로바이러스를 효과적으로 제거하는 기술이 개발 중에 있다.

317. 이종 이식을 하는 것만으로도 바이러스 감염의 원인이 될 수 있다.

318. 포유동물은 과거에 어느 조상이 레트로바이러스에 의해 감염된 적이 있다.

319. 레트로바이러스는 숙주 세포의 역전사 효소를 이용하여 RNA를 DNA로 바꾼다.

2018년 11월 수능 16, 19번

일반적인 다른 약속처럼 계약도 서로의 의사표시가 합치하여 성립하지만, 이때의 의사는 일정한 법률 효과의 발생을 목적으로 한다는 점에서 차이가 있다. 한 예로 매매 계약은 '팔겠다'는 일방의 의사 표시와 '사겠다'는 상대방의 의사 표시가 합치함으로써 성립하며, 매도인은 매수인에게 매매 목적물의 소유권을 이전하여야 할 의무를 짐과 동시에 매매 대금의 지급을 청구할 권리를 갖는다. 반대로 매수인은 매도인에게 매매 대금을 지급할 의무가 있고 소유권의 이전을 청구할 권리를 갖는다. 양 당사자는 서로 권리를 행사하고 서로 의무를 이행하는 관계에 놓이는 것이다.

이처럼 의사 표시를 필수적 요소로 하여 법률 효과를 발생시키는 행위들을 법률 행위라 한다. 계약은 법률 행위의 일종으로서, 당사자에게 일정한 청구권과 이행 의무를 발생시킨다. 청구권을 내용으로 하는 권리가 채권이고, 그에 따라 이행을 해야 할 의무가 채무이다. 따라서 채권과 채무는 발생한 법률 효과가 동전의 양면처럼 서로 다른 방향에서 파악되는 것이라 할 수 있다. 채무자가 채무의 내용대로 이행하여 채권을 소멸시키는 것을 변제라 한다.

(중략)

채권의 내용은 민법과 같은 실체법에서 규정하고 있고, 그것을 강제적으로 실현할 수 있도록 민사 소송법이나 민사 집행법같은 절차법이 갖추어져 있다. 갑은 소를 제기하여 판결로써 자기가 가진 채권의 존재와 내용을 공적으로 확정받을 수 있고, 나아가 법원에 강제 집행을 신청할 수도 있다. 강제 집행은 국가가 물리적 실력을 행사하여 채무자의 의사에 구애받지 않고 채무의 내용을 실행시켜 채권이 실현되도록 하는 제도이다.

320. 실체법에는 청구권에 관한 규정이 있다.

321. 절차법에 강제 집행 제도가 마련되어 있다.

322. 법원을 통하여 물리력으로 채권을 실현할 수 있다.

윗글을 바탕으로 할 때, 〈보기〉에 대한 분석을 O, X 판단해 보시오.

─────────── < 보 기 > ───────────

증여는 당사자의 일방이 자기의 재산을 무상으로 상대방에게 줄 의사를 표시하고 상대방이 이를 승낙함으로써 성립하는 계약이다. 증여자만 이행 의무를 진다는 점이 특징이다.

유언은 유언자의 사망과 동시에 일정한 법률 효과를 발생시키려는 것을 목적으로 하는데, 유언자의 의사 표시만으로 유효하게 성립하고 의사 표시의 상대방이 필요 없다는 점에서 증여와 차이가 있다.

323. 증여와 유언은 법률 효과를 발생시키려는 목적이 있다는 점이 공통된다.

324. 증여는 변제의 의무를 발생시키지 않는다는 점에서 매매와 차이가 있다.

325. 증여는 당사자 일방만이 이행한다는 점에서 양 당사자가 서로 이행하는 관계를 갖는 매매와 차이가 있다.

2018년 11월 수능 39,40번

두 명제가 모두 참인 것도 모두 거짓인 것도 가능하지 않은 관계를 모순 관계라고 한다. 예를 들어, 임의의 명제를 P라고 하면 P와 ~P는 모순 관계이다.(기호 '~'은 부정을 나타낸다.) P와 ~P가 모두 참인 것은 가능하지 않다는 법칙을 무모순율이라고 한다. 그런데 "㉠ 다보탑은 경주에 있다."와 "㉡ 다보탑은 개성에 있을 수도 있었다."는 모순 관계가 아니다. 현실과 다르게 다보탑을 경주가 아닌 곳에 세웠다면 다보탑의 소재지는 지금과 달라졌을 것이다. 철학자들은 이를 두고, P와 ~P가 모두 참인 혹은 모두 거짓인 가능세계는 없지만 다보탑이 개성에 있는 가능세계는 있다고 표현한다.

'가능세계'의 개념은 일상 언어에서 흔히 쓰이는 필연성과 가능성에 관한 진술을 분석하는 데 중요한 역할을 한다. 'P는 가능하다'는 P가 적어도 하나의 가능세계에서 성립한다는 뜻이며, 'P는 필연적이다'는 P가 모든 가능세계에서 성립한다는 뜻이다. "만약 Q이면 Q이다."를 비롯한 필연적인 명제들은 모든 가능세계에서 성립한다. "다보탑은 경주에 있다."와 같이 가능하지만 필연적이지는 않은 명제는 우리의 현실세계를 비롯한 어떤 가능세계에서는 성립하고 또 어떤 가능세계에서는 성립하지 않는다.

가능세계는 다음의 네 가지 성질을 갖는다.

(중략)

셋째는 가능세계의 완결성이다. 어느 세계에서든 임의의 명제 P에 대해 "P이거나 ~P이다."라는 배중률이 성립한다. 즉 P와 ~P 중 하나는 반드시 참이라는 것이다.

326. 배중률은 모든 가능세계에서 성립한다.

327. 필연적인 명제가 성립하지 않는 가능세계가 있다.

328. "만약 다보탑이 개성에 있다면, 다보탑은 개성에 있다."가 성립하는 가능세계 중에는 ㉠이 거짓인 가능세계는 없다.

329. ㉡과 "다보탑은 개성에 있지 않다."는 모순 관계가 아니다.

330. 만약 ㉡이 거짓이라면 어떤 가능세계에서도 다보탑이 개성에 있지 않다.

331. ㉠과 ㉡은 현실세계에서 둘 다 참인 것이 가능하다.

국제법에서 일반적으로 조약은 국가나 국제기구들이 그들 사이에 지켜야 할 구체적인 권리와 의무를 명시적으로 합의하여 창출하는 규범이며, 국제 관습법은 조약 체결과 관계없이 국제 사회 일반이 받아들여 지키고 있는 보편적인 규범이다. 반면에 경제 관련 국제기구에서 어떤 결정을 하였을 경우, 이 결정 사항 자체는 권고적 효력만 있을 뿐 법적 구속력은 없는 것이 일반적이다. 그런데 국제결제은행 산하의 바젤위원회가 결정한 BIS 비율 규제와 같은 것들이 비회원인 국가에서도 엄격히 준수되는 모습을 종종 보게 된다. 이처럼 일종의 규범적 성격이 나타나는 현실을 어떻게 이해할지에 대한 논의가 있다. 이는 위반에 대한 제재를 통해 국제법의 효력을 확보하는 데 주안점을 두는 일반적 경향을 되돌아보게 한다.

(중략)

바젤 협약은 우리나라를 비롯한 수많은 국가에서 채택하여 제도화하고 있다. 현재 바젤위원회에는 28개국의 금융 당국들이 회원으로 가입되어 있으며, 우리 금융 당국은 2009년에 가입하였다. 하지만 우리나라는 가입하기 훨씬 전부터 BIS 비율을 도입하여 시행하였으며, 현행 법제에도 이것이 반영되어 있다. 바젤 기준을 따름으로써 은행이 믿을 만하다는 징표를 국제 금융 시장에 보여 주어야 했던 것이다. 재무 건전성을 의심받는 은행은 국제 금융 시장에 자리를 잡지 못하거나, 심하면 아예 발을 들이지 못할 수도 있다.

332. 국제기구의 결정을 지키지 않을 때 입게 될 불이익은 그 결정이 준수되도록 하는 역할을 한다.

[A] [A] 사무실의 방충망이 낡아서 파손되었다면 세입자와 사무실을 빌려 준 건물주 중 누가 고쳐야 할까? 이 경우, 민법전의 법조문에 의하면 임대인인 건물주가 수선할 의무를 진다. 그러나 사무실을 빌릴 때, 간단한 파손은 세입자가 스스로 해결한다는 내용을 계약서에 포함하는 경우도 있다. 이처럼 법률의 규정과 계약의 내용이 어긋날 때 어떤 것이 우선 적용되어야 하는가, 법적 불이익은 없는가 등의 문제가 발생한다.

사법(私法)은 개인과 개인 사이의 재산, 가족 관계 등에 적용되는 법으로서 이 법의 영역에서는 '계약 자유의 원칙'이 적용된다. 계약의 구체적인 내용 결정 등은 당사자들 스스로 정할 수 있다는 것이다. 따라서 당사자들이 사법에 속하는 법률의 규정과 어긋난 내용으로 계약을 체결한 경우에 계약 내용이 우선 적용된다. 이처럼 법률상으로 규정되어 있더라도 당사자가 자유롭게 계약 내용을 정할 수 있는 법률 규정을 '임의 법규'라고 한다. 사법은 원칙적으로 임의 법규이므로, 사법으로 규정한 내용에 대해 당사자들이 계약으로 달리 정하지 않았다면 원칙적으로 법률의 규정이 적용된다. 위에서 본 임대인의 수선 의무 조항이 이에 해당한다.

그러나 법률로 정해진 내용과 어긋나게 계약을 하면 당사자들에게 벌금이나 과태료 같은 법적 불이익이 있거나 계약의 효력이 부정되는 예외적인 경우도 있다. 우선, 체결된 계약 내용이 법률에 정해진 내용과 어긋날 때 법적 불이익이 있지만 계약의 효력 자체는 그대로 두는 경우가 있다. 이에 해당하는 법조문을 '단속 법규'라고 한다. 공인 중개사가 자신이 소유한 부동산을 고객에게 직접 파는 것을 금지하는 규정은 단속 법규에 해당한다.

(중략)

한편 체결된 계약 내용이 법률에 정해진 내용과 어긋날 때 법적 불이익이 있을 뿐 아니라 체결된 계약의 효력 자체도 인정되지 않아 급부 의무가 부정되는 경우가 있다. 이에 해당하는 법조문을 '강행 법규'라고 한다. 의사와 의사 아닌 사람의 의료 기관 동업을 금지하는 법률 규정은 강행 법규이다.

---

333. [A]에 제시된 물음에 대한 답으로 맞는 것을 〈보기〉에서 고르시오.

< 보 기 >

ㄱ. 계약서에 방충망 수선에 관한 내용이 없으면 건물주가 수선 의무를 지고, 수선 의무를 계약에 포함하지 않은 것에 대한 법적 불이익은 누구에게도 없다.

ㄷ. 계약서에 세입자가 방충망을 수선한다는 내용이 있으면 세입자가 수선 의무를 지고, 법률 내용과 다르게 계약한 것에 대한 법적 불이익은 누구에게도 없다.

ㄹ. 계약서에 세입자가 방충망을 수선한다는 내용이 있으면 세입자가 수선 의무를 지고, 건물주는 법률 내용과 다르게 계약한 것에 대해 법적 불이익을 받는다.

LFIA 키트를 이용하면 키트에 나타나는 선을 통해, 액상의 시료에서 검출하고자 하는 목표 성분의 유무를 간편하게 확인할 수 있다. LFIA 키트는 가로로 긴 납작한 막대 모양인데, 시료 패드, 결합 패드, 반응막, 흡수 패드가 순서대로 나란히 배열된 구조로 되어 있다. 시료 패드로 흡수된 시료는 결합 패드에서 복합체와 함께 반응막을 지나 여분의 시료가 흡수되는 흡수 패드로 이동한다. 결합 패드에 있는 복합체는 금-나노 입자 또는 형광 비드 등의 표지 물질에 특정 물질이 붙어 이루어진다. 표지 물질은 발색 반응에 의해 색깔을 내는데, 이 표지 물질에 붙어 있는 특정 물질은 키트 방식에 따라 종류가 다르다. 일반적으로 한 가지 목표 성분을 검출하는 키트의 반응막에는 항체들이 띠 모양으로 두 가닥 고정되어 있는데, 그중 시료 패드와 가까운 쪽에 있는 가닥이 검사선이고 다른 가닥은 표준선이다. 표지 물질이 검사선이나 표준선에 놓이면 발색 반응에 의해 반응선이 나타난다. 검사선이 발색되어 나타나는 반응선을 통해서는 목표 성분의 유무를 판정할 수 있다. 표준선이 발색된 반응선이 나타나면 검사가 정상적으로 진행되었음을 알 수 있다.

LFIA 키트는 주로 직접 방식 또는 경쟁 방식으로 제작되는데, 방식에 따라 검사선의 발색 여부가 의미하는 바가 다르다. 직접 방식에서 복합체에 포함된 특정 물질은 목표 성분에 결합할 수 있는 항체이다. 시료에 목표 성분이 포함되어 있다면 목표 성분은 이 항체와 일차적으로 결합하고, 이후 검사선의 고정된 항체와 결합한다. 따라서 검사선이 발색되면 시료에서 목표 성분이 검출되었다고 판정한다. 한편 경쟁 방식에서 복합체에 포함된 특정 물질은 목표 성분에 대한 항체가 아니라 목표 성분 자체이다. 만약 시료에 목표 성분이 포함되어 있으면 시료의 목표 성분과 복합체의 목표 성분이 서로 검사선의 항체와 결합하려 경쟁한다. 이때 시료에 목표 성분이 충분히 많다면 시료의 목표 성분은 복합체의 목표 성분이 검사선의 항체와 결합하는 것을 방해하므로 검사선이 발색되지 않는다. 직접 방식은 세균이나 분자량이 큰 단백질 등을 검출할 때 이용하고, 경쟁 방식은 항생 물질처럼 목표 성분의 크기가 작은 경우에 이용한다.

(중략)

여러 번의 검사 결과를 통해 키트의 정확도를 구하는데, 정확도란 시료를 분석할 때 올바른 검사 결과를 얻을 확률이다. 정확도는 민감도와 특이도로 나뉜다. 민감도는 시료에 목표 성분이 존재하는 경우에 대해 키트가 이를 양성*으로 판정한 비율이다. 특이도는 시료에 목표 성분이 없는 경우에 대해 키트가 이를 음성*으로 판정한 비율이다. 민감도와 특이도가 모두 높아 정확도가 높은 키트가 가장 이상적이지만 현실에서는 그렇지 않은 경우가 많아서 상황에 따라 민감도나 특이도를 고려하여 키트를 선택해야 한다.

* 양성: 키트가 시료에 목표 성분이 들어 있다고 판정
* 음성: 키트가 시료에 목표 성분이 들어 있지 않다고 판정

윗글을 바탕으로 〈보기〉를 이해한 반응을 O, X 판단해보시오.

> < 보 기 >
>
> 살모넬라균은 집단 식중독을 일으키는 대표적인 병원성 세균이다. 기존의 살모넬라균 분석법은 정확도는 높으나 3~5일의 시간이 소요되어 질병 발생 시 신속한 진단 및 예방에 어려움이 있었다. 살모넬라균은 감염 속도가 빠르므로 다량의 시료 중 오염이 의심되는 시료부터 신속하게 골라낸 후에 이 시료만을 대상으로 더 정확한 방법으로 분석하여 오염 여부를 확정 짓는 것이 효과적이다. 최근에 기존 방법보다 정확도는 낮으나 저렴한 비용으로 살모넬라균만을 신속하게 검출할 수 있는 ⓐ LFIA 방식의 새로운 키트가 개발되었다고 한다.

334. ⓐ의 결합 패드에는 표지 물질에 살모넬라균이 붙어 있는 복합체가 들어 있겠군.

335. ⓐ를 이용하여 음식물의 살모넬라균 오염 여부를 검사하려면 시료를 액체 상태로 만들어야겠군.

336. ⓐ를 이용하여 현장에서 살모넬라균 오염 의심 시료를 선별하기 위해서는 특이도보다 민감도가 높은 것이 더 효과적이겠군.

337. ⓐ를 이용하여 살모넬라균이 검출되었다고 키트가 판정한 경우에도 기존의 분석법으로는 균이 검출되지 않을 수 있겠군.

2018년 11월 수능 28,30번

16세기 전반에 서양에서 태양 중심설을 지구 중심설의 대안으로 제시하며 시작된 천문학 분야의 개혁은 경험주의의 확산과 수리 과학의 발전을 통해 형이상학을 뒤바꾸는 변혁으로 이어졌다. 서양의 우주론이 전파되자 중국에서는 중국과 서양의 우주론을 회통하려는 시도가 전개되었고, 이 과정에서 자신의 지적 유산에 대한 관심이 제고되었다.

(중략)

16세기 말부터 중국에 본격 유입된 서양 과학은, 청 왕조가 1644년 중국의 역법(曆法)을 기반으로 서양 천문학 모델과 계산법을 수용한 시헌력을 공식 채택함에 따라 그 위상이 구체화되었다. 브라헤와 케플러의 천문 이론을 차례대로 수용하여 정확도를 높인 시헌력이 생활 리듬으로 자리 잡았지만, 중국 지식인들은 서양 과학이 중국의 지적 유산에 적절히 연결되지 않으면 아무리 효율적이더라도 불온한 요소로 여겼다. 이에 따라 서양 과학에 매료된 학자들도 어떤 방식으로든 ㉠ 서양 과학과 중국 전통 사이의 적절한 관계 맺음을 통해 이 문제를 해결하고자 하였다.

17세기 웅명우와 방이지 등은 중국 고대 문헌에 수록된 우주론에 대해서는 부정적 태도를 견지하면서 성리학적 기론(氣論)에 입각하여 실증적인 서양 과학을 재해석한 독창적 이론을 제시하였다. 수성과 금성이 태양 주위를 회전한다는 그들의 태양계 학설은 브라헤의 영향이었지만, 태양의 크기에 대한 서양 천문학 이론에 의문을 제기하고 기(氣)와 빛을 결부하여 제시한 광학 이론은 그들이 창안한 것이었다.

17세기 후반 왕석천과 매문정은 서양 과학의 영향을 받아 경험적 추론과 수학적 계산을 통해 우주의 원리를 파악하고자 하였다. 그러면서 서양 과학의 우수한 면은 모두 중국 고전에 이미 갖추어져 있던 것인데 웅명우 등이 이를 깨닫지 못한 채 성리학 같은 형이상학에 몰두했다고 비판했다. 매문정은 고대 문헌에 언급된, 하늘이 땅의 네 모퉁이를 가릴 수 없을 것이라는 증자의 말을 땅이 둥글다는 서양 이론과 연결하는 등 서양 과학의 중국 기원론을 뒷받침하였다.

중국 천문학을 중심으로 서양 천문학을 회통하려는 매문정의 입장은 18세기 초를 기점으로 중국의 공식 입장으로 채택되었으며, 이 입장은 중국의 역대 지식 성과물을 망라한 총서인 『사고전서』에 그대로 반영되었다.

338. 중국에 서양의 천문학적 성과가 자리 잡게 된 데에는 국가의 역할이 작용하였다.

339. 중국에서는 18세기에 자국의 고대 우주론을 긍정하는 입장이 주류가 되었다.

340. 서양에서는 중국과 달리 경험적 추론에 기초한 우주론이 제기되었다.

㉠에 대한 이해를 O, X 판단해보시오.

341. 방이지는 서양 우주론의 영향을 받았지만 서양의 이론과 구별되는 새 이론의 수립을 시도하였다.

342. 매문정은 중국 고대 문헌에 나타나는 천문학적 전통과 서양 과학의 수학적 방법론을 모두 활용하였다.

343. 성리학적 기론을 긍정한 학자들은 중국 고대 문헌의 우주론을 근거로 서양 우주론을 받아들여 새 이론을 창안하였다.

신체의 세포, 조직, 장기가 손상되어 더 이상 제 기능을 하지 못할 때에 이를 대체하기 위해 이식을 실시한다. 이때 이식으로 옮겨 붙이는 세포, 조직, 장기를 이식편이라 한다. 자신이나 일란성 쌍둥이의 이식편을 이용할 수 없다면 다른 사람의 이식편으로 '동종 이식'을 실시한다.

(중략)

이식에는 많은 비용이 소요될 뿐만 아니라 이식이 가능한 동종 이식편의 수가 매우 부족하기 때문에 이를 대체하는 방법이 개발되고 있다. 우선 인공 심장과 같은 '전자 기기 인공 장기'를 이용하는 방법이 있다. 하지만 이는 장기의 기능을 일시적으로 대체하는 데 사용되며, 추가 전력 공급 및 정기적 부품 교체 등이 요구되는 단점이 있고, 아직 인간의 장기를 완전히 대체할 만큼 정교한 단계에 이르지는 못했다.

이상적인 이식편이 갖추어야 할 조건으로 다음을 O, X 판단 해보시오.

344. 이식편의 비용을 낮추어서 정기 교체가 용이해야 한다.

'표시광고법'은 소비자를 속이거나 오인하게 할 우려가 있는 부당한 광고를 금지한다. 광고는 표현의 자유와 영업의 자유로 보호받는다. 하지만 사실과 다르거나 사실을 지나치게 부풀리는 거짓·과장 광고, 사실을 은폐하거나 축소하는 기만 광고를 금지한다.

(중략)

추천·보증과 이용후기를 활용한 인터넷 광고가 늘면서 부당 광고 심사 기준이 중요해졌다. 공정거래위원회의 '추천·보증 광고 심사 지침', 인터넷 광고 심사 지침'에 따르면 추천·보증은 사업자의 의견이 아니라 제3자의 독자적 의견으로 인식되는 표현으로서, 해당 상품·용역의 장점을 알리거나 구매·사용을 권장하는 것이다.

(중략)

위의 두 심사 지침에서 말하는 ⓛ 이용후기 광고란 사업자가 자사 홈페이지 등에 게시된 소비자의 상품 이용후기를 활용해 광고하는 것이다.

345. ⓛ을 할 때 사업자는 영업의 자유를 보호받지만 표현의 자유는 보호받지 못한다.

항미생물 화학제의 작용기제는 크게 병원체의 표면을 손상시키는 방식과 병원체 내부에서 대사 기능을 저해하는 방식으로 나눌 수 있지만, 많은 경우 두 기제가 함께 작용한다. 고농도 에탄올 등의 알코올 화합물은 세포막의 기본 성분인 지질을 용해시키고 단백질을 변성시키며, 병원성 세균에서는 세포벽을 약화시킨다. 또한 알코올 화합물은 지질 피막이 없는 바이러스보다 지질 피막이 있는 병원성 바이러스에서 방역 효과가 크다. 지질 피막은 병원성 바이러스가 사람을 감염시키는 과정에서 중요한 역할을 하기 때문에, 지질을 손상시키는 기능을 가진 항미생물 화학제만으로도 병원성 바이러스에 대한 방역 효과가 있다. 지질 피막의 유무와 관계없이 다양한 바이러스의 감염 예방을 위해서는 하이포염소산 소듐 등의 산화제가 널리 사용된다. 병원성 바이러스의 방역에 사용되는 산화제는 바이러스의 공통적인 표면 구조를 이루는 캡시드를 손상시키는 기능이 있어 바이러스를 파괴하거나 바이러스의 감염력을 잃게 한다.

병원체의 표면에 생긴 약간의 손상이 병원체를 사멸시키는데 충분하지 않더라도, 항미생물 화학제가 내부로 침투하면 살균 효과가 증가한다. 알킬화제와 산화제는 병원체의 내부로 침투하면 필수적인 물질 대사를 정지시킨다. 글루타르 알데하이드와 같은 알킬화제가 알킬 작용기를 단백질에 결합시키면 단백질을 변성시켜 기능을 상실하게 하고, 핵산의 염기에 결합시키면 핵산을 비정상 구조로 변화시켜 유전자 복제와 발현을 교란한다. 산화제인 하이포염소산 소듐은 병원체 내에서 불특정한 단백질들을 산화시켜 단백질로 이루어진 효소들의 기능을 비활성화하고 병원체를 사멸에 이르게 한다.

346. 하이포염소산 소듐은 병원체의 내부가 아니라 표면의 단백질을 손상시킨다.

347. 알킬화제는 병원체 내 핵산의 염기에 알킬 작용기를 결합시켜 유전자의 발현을 방해한다.

전국 시대의 혼란을 종식한 진(秦)은 분서갱유를 단행하며 사상 통제를 기도했다. 당시 권력자였던 이사(李斯)에게 역사 지식은 전통만 따지는 허언이었고, 학문은 법과 제도에 대해 논란을 일으키는 원인에 불과했다. 이에 따라 전국 시대의 『순자』처럼 다른 사상을 비판적으로 흡수하여 통합 학문의 틀을 보여 준 분위기는 일시적으로 약화되었다. 이에 한(漢) 초기 사상가들의 과제는 진의 멸망 원인을 분석하고 이에 기초한 안정적 통치 방안을 제시하며, 힘의 지배를 숭상하던 당시 지배 세력의 태도를 극복하는 것이다.

348. 전국 시대에는 『순자』처럼 여러 사상을 통합하려는 학문 경향이 있었다.

2023년 6월 모의고사 13, 16번

동일론, 기능주의, 설은 모두 의식에 대한 논의를 의식을 구현하는 몸의 내부로만 한정하고 있다. 하지만 의식의 하나인 '인지' 즉 '무언가를 알게 됨'은 몸 바깥에서 일어나는 일과 맞물려 벌어진다. 기억나지 않는 정보를 노트북에 저장된 파일을 열람하여 확인하는 것이 한 예이다. 로랜즈의 확장 인지 이론은 이를 설명하는 이론이다.

그에 따르면 인지 과정은 주체에게 '심적 상태'가 생겨나게 하는 과정이다. 기억이나 믿음이 심적 상태의 예이다. 심적 상태는 어떤 것에도 의존함이 없이 주체에게 의미를 나타낸다. 예를 들어, 무언가를 기억하는 사람은 자기의 기억이 무엇인지 알아보기 위해 아무것에도 의존할 필요가 없다. 이와 달리 '파생적 상태'는 주체의 해석에 의존해서만 또는 사회적 합의에 의존해서만 의미를 나타내는 상태로 정의된다. 앞의 예에서 노트북에 저장된 정보는 전자적 신호가 나열된 상태로서 파생적 상태이다. 주체에 의해 열람된 후에도 노트북의 정보는 여전히 파생적 상태이다. 하지만 열람 후 주체에게는 기억이 생겨난다. 로랜즈에게 인지 과정은 파생적 상태가 심적 상태로 변환되는 과정이 아니라, 파생적 상태를 조작함으로써 심적 상태를 생겨나게 하는 과정이다. 심적 상태가 주체의 몸 외부로 확장되는 것이 아니라, 심적 상태를 생겨나게 하는 인지 과정이 확장되는 것이다. 이러한 확장된 인지 과정은 인지 주체의 것일 때에만, 다시 말해 환경의 변화를 탐지하고 그에 맞춰 행위를 조절하는 주체와 통합되어 있을 때에만 성립할 수 있다. 즉 로랜즈에게 주체 없는 인지란 있을 수 없다. 확장 인지 이론은 의식의 문제를 몸 안으로 한정하지 않고 바깥으로까지 넓혀 설명한다는 의의를 가진다.

(나)

지각은 주체와 대상이 각자로서 존재하기 이전에 나타나는 얽힘의 체험이다. 예를 들어 다른 사람과 손이 맞닿을 때 내가 누군가의 손을 만지는 동시에 나의 손 역시 누군가에 의해 만져진다. 감각하는 것이 동시에 감각되는 얽힘의 순간에, 나는 나와 대상을 확연히 구분한다.

지각이라는 얽힘의 작용이 있어야 주체와 대상이 분리될 수 있다. 다시 말해 주체와 대상은 지각이 일어난 이후 비로소 확정된다. 따라서 지각과 감각은 서로 구분되지 않는다.

지각은 물질적 반응이나 의식의 판단이 아니라, 내 몸의 체험이다. 지각은 나의 몸에 의해 이루어지는 것이고, 지각이 이루어지게 하는 것은 모두 나의 몸이다.

---

349. 로랜즈는 기억이 주체의 몸 바깥으로 확장될 수 있다고 볼 것이다.

윗글을 바탕으로 〈보기〉의 상황을 이해한 내용이다. O, X 판단해보시오.

< 보 기 >

빛이 완전히 차단된 암실에 A와 B 두 명의 사람이 있다. A는 막대기로 주변을 더듬어 사물의 위치를 파악한다. 막대기 사용에 익숙한 A는 사물에 부딪친 막대기의 진동을 통해 사물의 위치를 파악할 수 있다.

350. 확장 인지 이론에 따르면, 암실 내 사물에 부딪친 막대기의 진동이 A의 해석에 의존해서만 의미를 나타내는 경우 그 진동 상태는 파생적 상태가 아니겠군.

351. (나)에서 몸에 의한 지각을 주장하는 입장에 따르면, 막대기에 의해 A가 사물의 위치를 지각하는 경우 막대기는 A의 몸의 일부라고 할 수 있겠군.

2018년 11월 수능 31번

17세기 후반에 뉴턴은 태양 중심설을 역학적으로 정당화하였다. 그는 만유인력 가설로부터 케플러의 행성 운동 법칙들을 성공적으로 연역했다. 이때 가정된 만유인력은 두 질점*이 서로 당기는 힘으로, 그 크기는 두 질점의 질량의 곱에 비례하고 거리의 제곱에 반비례한다. 지구를 포함하는 천체들이 밀도가 균질하거나 구 대칭*을 이루는 구라면 천체가 그 천체 밖 어떤 질점을 당기는 만유인력은, 그 천체를 잘게 나눈 부피 요소들 각각이 그 천체 밖 어떤 질점을 당기는 만유인력을 모두 더하여 구할 수 있다. 또한 여기에서 지구보다 질량이 큰 태양과 지구가 서로 당기는 만유인력이 서로 같음을 증명할 수 있다. 뉴턴은 이 원리를 적용하여 달의 공전 궤도와 사과의 낙하 운동 등에 관한 실측값을 연역함으로써 만유인력의 실재를 입증하였다.

* 질점: 크기가 없고 질량이 모여 있다고 보는 이론상의 물체.

* 구대칭: 어떤 물체가 중심으로부터 모든 방향으로 같은 거리에서 같은 특성을 갖는 상태.

〈보기〉를 참고할 때, 윗글에 대한 이해를 O, X 판단해보시오.

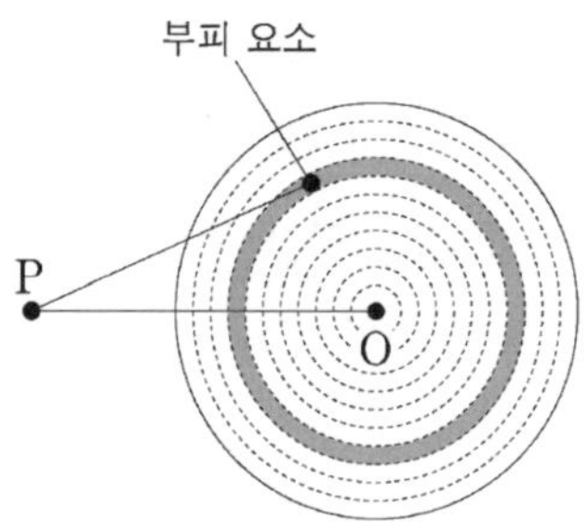

구는 무한히 작은 부피 요소들로 이루어져 있다. 그 부피 요소들이 빈틈없이 한 겹으로 배열되어 구 껍질을 이루고, 그런 구 껍질들이 구의 중심 O 주위에 반지름을 달리하며 양파처럼 겹겹이 싸여 구를 이룬다. 이때 부피 요소는 그것의 부피와 밀도를 곱한 값을 질량으로 갖는 질점으로 볼 수 있다.

(1) 같은 밀도의 부피 요소들이 하나의 구 껍질을 구성하면, 이 부피 요소들이 구 외부의 질점 P를 당기는 만유인력들의 총합은, 그 구 껍질과 동일한 질량을 갖는 질점이 그 구 껍질의 중심 O에서 P를 당기는 만유인력과 같다.

(2) (1)에서의 구 껍질들이 구를 구성할 때, 그 동심의 구 껍질들이 P를 당기는 만유인력들의 총합은, 그 구와 동일한 질량을 갖는 질점이 그 구의 중심 O에서 P를 당기는 만유인력과 같다.

(1), (2)에 의하면, 밀도가 균질하거나 구 대칭인 구를 구성하는 부피 요소들이 P를 당기는 만유인력들의 총합은, 그 구와 동일한 질량을 갖는 질점이 그 구의 중심 O에서 P를 당기는 만유인력과 같다.

352. 밀도가 균질한 하나의 행성을 구성하는 동심의 구 껍질들이 같은 두께일 때, 하나의 구 껍질이 태양을 당기는 만유인력은 그 구 껍질의 반지름이 클수록 커지겠군.

353. 태양의 중심에 있는 질량이 m인 질점이 지구 전체를 당기는 만유인력은, 지구의 중심에 있는 질량이 m인 질점이 태양 전체를 당기는 만유인력과 크기가 같겠군.

354. 질량이 M인 지구와 질량이 m인 달은, 둘의 중심 사이의 거리만큼 떨어져 있으면서 질량이 M, m인 두 질점 사이의 만유인력과 동일한 크기의 힘으로 서로 당기겠군.

355. 태양을 구성하는 하나의 부피 요소와 지구 사이에 작용하는 만유 인력은, 지구를 구성하는 모든 부피 요소들과 태양의 그 부피 요소 사이에 작용하는 만유인력들을 모두 더하면 구해지겠군.

356. 반지름이 R, 질량이 M인 지구와 지구 표면에서 높이 h에 중심이 있는 질량이 m인 구슬 사이의 만유인력은, $R+h$의 거리만큼 떨어져 있으면서 질량이 M, m인 두 질점 사이의 만유인력과 크기가 같겠군.

특정 주제를 깊이 있게 탐구하기 위한 독서에서는 기록의 역할이 부각된다. 탐구 과정에서 개인적으로 구성한 의미를 기록하는 것은 읽은 내용의 망각을 방지하며, 비판과 토론의 자료로서 사회적 차원의 의미 구성에 기여한다. 또한 보고서, 논문, 단행본 등의 형태로 발전하여 공동체의 지식이 축적되는 토대를 이룬다. 이렇게 볼 때 특정 주제를 깊이 있게 탐구하기 위한 독서는 학문 탐구의 과정에서 글을 읽고 의견을 주고받으며 토론하는 강론 또는 기록을 권유했던 전통과도 맥을 같이한다.

< 보 기 >

학문하는 데는 연속적으로 공부하는 것을 중히 여긴다. 한번이라도 그 맥이 끊어지게 되면 정신이 새어 나가고 성의가 흩어져 버리니, 어떻게 학문의 깊은 뜻을 꿰뚫어 볼 수 있겠는가? 벗끼리 서로 돕는 것으로는 함께 모여 학문을 강론하는 것보다 나은 것이 없다. 그런데 퇴계(退溪)는 "읽은 것을 얼굴을 마주하고 강론하는 것이 좋기는 하지만, 항상 마음속의 생각을 다 드러내지는 못하고 만다. 그러니 의문이 드는 부분을 뽑아 기록해서 벗에게 보내 자세히 살펴볼 수 있게 하는 것만 못하다."라고 하였다. 그 뜻이 참으로 옳다.

-이익, 「서독승면론」-

윗글을 바탕으로 〈보기〉를 이해한 내용이다. O, X 판단해보시오.

357. '마음속의 생각'이나 '의문이 드는 부분'을 '강론' 또는 '기록'을 통해 공유하는 것은 사회적 차원의 의미 구성 과정과 연결된다

358. '기록해서 벗에게 보내 자세히 살펴볼 수 있게 하는 것'은 비판과 토론의 자료로 기능할 수 있는 기록의 의의를 드러낸다.

한편 아도르노의 미학은 예술의 영역을 극도로 축소시키고 있다. 즉 그 자신은 동일화의 폭력을 비판하지만, 자신이 추구하는 전위 예술만이 진정한 예술이라고 주장하며 전위 예술의 관점에서 예술의 동일화를 시도하고 있다. 특히 이는 현실 속 다양한 예술의 가치가 발견될 기회를 박탈한다. 실수로 찍혀 작가의 어떠한 주관도 결여된 사진에서조차 새로운 예술 정신을 발견하는 것이 가능하다는 베냐민의 지적처럼, 전위 예술이 아닌 예술에서도 미적 가치를 발견할 수 있다. 또한 대중음악이 사회적 저항의 메시지를 전달하는 사례도 있듯이, 자본의 논리에 편승한 대중 예술이라 하더라도 사회에 대한 비판적 기능을 수행하는 경우도 있다.

[지문]의 글쓴이의 관점(B)에서 설명한 내용이다.

--- < 보 기 > ---

주말 동안 미술관에서 작품을 관람했다. 기억에 남는 세 작품이 있었다. 첫 번째 작품의 제목은 「자화상」이었지만 얼굴의 형상을 전혀 찾아볼 수 없는 기괴한 모습이었고, 제각각의 형태와 색채들이 이곳저곳 흩어져 있어 불편한 감정만 느껴졌다. 두 번째 작품은 사회에 비판적인 유명 연예인의 얼굴을 묘사한 그림으로, 대량 복제되어 유통되는 작품이었다. 그리고 사용된 색채와 구도가 TV에서 본 상업 광고의 한 장면같이 익숙하게 느껴져서 좋았다. 세 번째 작품은 시골 마을의 서정적인 풍경을 사실적으로 묘사한 그림으로 색감과 조형미가 뛰어나 오랫동안 기억에 잔상으로 남았다.

359. B : 첫 번째 작품의 흩어져 있는 형태와 색채가 예술가의 표현 의도를 담고 있지 않더라도 그 작품에서 예술적 가치를 발견할 수 있습니다.

2023년 6월 모의고사 10번

분자들이 만나 화학 반응을 진행하는 데 필요한 최소한의 운동 에너지를 활성화 에너지라 한다. 활성화 에너지가 작은 반응은, 반응의 활성화 에너지보다 큰 운동 에너지를 가진 분자들이 많아 반응이 빠르게 진행된다. 활성화 에너지를 조절하여 반응 속도에 변화를 주는 물질을 촉매라고 하며, 반응 속도를 빠르게 하는 능력을 촉매 활성이라 한다. 촉매는 촉매가 없을 때와는 활성화 에너지가 다른, 새로운 반응 경로를 제공한다. 화학 산업에서는 주로 고체 촉매가 이용되는데, 액체나 기체인 생성물을 촉매로부터 분리하는 별도의 공정이 필요 없기 때문이다. 고체 촉매는 대부분 활성 성분, 지지체, 증진제로 구성된다.

활성 성분은 그 표면에 반응물을 흡착시켜 촉매 활성을 제공하는 물질이다.

(중략)

일반적으로 고체 촉매에서는 반응에 관여하는 표면의 활성 성분 원자가 많을수록 반응물의 흡착이 많아 촉매 활성이 높아진다.

금속은 열적 안정성이 낮아, 화학 반응이 일어나는 고온에서 금속 원자들로 이루어진 작은 입자들이 서로 달라붙어 큰 입자를 이루게 되는데 이를 소결이라 한다. 입자가 소결되면 금속 활성 성분의 전체 표면적은 줄어든다. 이러한 문제를 해결하는 것이 지지체이다. 작은 금속 입자들을 표면적이 넓고 열적 안정성이 높은 지지체의 표면에 분산하면 소결로 인한 촉매 활성 저하가 억제된다. 따라서 소량의 금속으로도 ㉠ 금속을 활성 성분으로 사용하는 고체 촉매의 활성을 높일 수 있다.

증진제는 촉매에 소량 포함되어 활성을 조절한다. 활성 성분의 표면 구조를 변화시켜 소결을 억제하기도 하고, 활성 성분의 전자 밀도를 변화시켜 흡착 세기를 조절하기도 한다. 고체 촉매는 활성 성분이 반드시 있어야 하지만 경우에 따라 증진제나 지지체를 포함하지 않기도 한다.

< 보 기 >

아세틸렌은 보통 선택적 수소화 공정을 통하여 에틸렌으로 변환된다. 이 공정에서 사용되는 고체 촉매는 팔라듐 금속 입자를 실리카 표면에 분산하여 만들며, 아세틸렌과 수소는 팔라듐 표면에 흡착되어 반응한다. 여기서 실리카는 표면적이 넓고 열적 안정성이 높다. 이때, 촉매에 규소를 소량 포함시키면 활성 성분의 표면 구조가 변화되어 고온에서 팔라듐의 소결이 억제된다. 또한 은을 소량 포함시키면 팔라듐의 전자 밀도가 높아지고 팔라듐 표면에 반응물이 흡착되는 세기가 조절되어 원하는 반응을 얻을 수 있다.

---

360. 규소와 은은 모두 증진제에 해당한다.

361. 실리카는 낮은 온도에서 활성 성분을 소결한다.

2022년 6월 모의고사 16번

경제학에서는 증거에 근거한 정책 논의를 위해 사건의 효과를 평가해야 할 경우가 많다. 어떤 사건의 효과를 평가한다는 것은 사건 후의 결과와 사건이 없었을 경우에 나타났을 결과를 비교하는 일이다. 그런데 가상의 결과는 관측할 수 없으므로 실제로는 사건을 경험한 표본들로 구성된 시행집단의 결과와, 사건을 경험하지 않은 표본들로 구성된 비교집단의 결과를 비교하여 사건의 효과를 평가한다. 따라서 이 작업의 관건은 그 사건 외에는 결과에 차이가 날 이유가 없는 두 집단을 구성하는 일이다. 가령 어떤 사건이 임금에 미친 효과를 평가할 때, 그 사건이 없었다면 시행집단과 비교집단의 평균 임금이 같을 수밖에 없도록 두 집단을 구성하는 것이다. 이를 위해서는 두 집단에 표본이 임의로 배정되도록 사건을 설계하는 실험적 방법이 이상적이다. 그러나 사람을 표본으로 하거나 사회 문제를 다룰 때에는 이 방법을 적용할 수 없는 경우가 많다.

이중차분법은 시행집단에서 일어난 변화에서 비교집단에서 일어난 변화를 뺀 값을 사건의 효과라고 평가하는 방법이다. 이는 사건이 없었더라도 비교집단에서 일어난 변화와 같은 크기의 변화가 시행집단에서도 일어났을 것이라는 평행추세 가정에 근거해 사건의 효과를 평가한 것이다. 이 가정이 충족되면 사건 전의 상태가 평균적으로 같도록 두 집단을 구성하지 않아도 된다.

(중략)

그렇다고 해서 집단 간 표본의 통계적 유사성을 높이려고 사건 이전 시기의 시행집단을 비교집단으로 설정하는 것이 평행추세 가정의 충족을 보장하는 것은 아니다. 예컨대 고용처럼 경기변동에 민감한 변화라면 집단 간 표본의 통계적 유사성보다 변화 발생의 동시성이 이 가정의 충족에서 더 중요할 수 있기 때문이다.

< 보 기 >

아래의 표는 S국가의 P주와 그에 인접한 Q주에 위치한 식당들을 1992년 1월 초와 12월 말에 조사한 결과의 일부이다. P주는 1992년 4월에 최저임금을 시간당 4달러에서 5달러로 올렸고, Q주는 1992년에 최저임금을 올리지 않았다. P주 저임금 식당들은, 최저임금 인상 전에 시간당 4달러의 임금을 지급했고 최저임금 인상 후에 임금이 상승했다. P주 고임금 식당들은, 최저임금 인상 전에 이미 시간당 5달러보다 더 높은 임금을 지급했고 최저임금 인상 후에도 임금이 상승하지 않았다. 이때 최저임금 인상에 따른 임금 상승이 고용에 미친 효과를 평가한다고 하자.

집단	평균 피고용인 수(단위: 명)		
	사건 전(A)	사건 후(B)	변화(B-A)
P주 저임금 식당	19.6	20.9	1.3
P주 고임금 식당	22.3	20.2	-2.1
Q주 식당	23.3	21.2	-2.1

362. 비교집단을 Q주 식당들로 택해 이중차분법을 적용하면 시행집단에서 최저임금 인상에 따른 임금 상승의 고용 효과는 3.4명 증가로 평가된다.

363. 비교집단의 변화를, P주 고임금 식당들의 1992년 1년간 변화로 파악할 경우보다 시행집단의 1991년 1년간 변화로 파악할 경우에 더 신뢰할 만한 평가를 얻는다.

364. 비교집단을 Q주 식당들로 택하든 P주 고임금 식당들로 택하든 비교집단에서 일어난 변화가 동일하다는 사실은 평행추세 가정의 충족에 대한 신뢰도를 높인다.

정답 및 풀이

2023년 11월 수능 5번

「공직선거법」의 규정에 따르면, 당선인을 예상케 하는 여론조사를 실시하는 것은 언제든지 가능하지만, 그 결과의 보도는 선거일 6일 전부터 투표 마감 시각까지 금지된다. 이러한 규정이 국민의 알 권리와 언론의 자유를 침해하는지에 대해 헌법재판소는 신뢰할 수 있는 여론조사 결과라 하더라도 선거일에 임박해 보도하면 선거에 영향을 끼칠 수 있다며 합헌 결정을 내렸다.

001. 국민의 알 권리와 언론의 자유가 서로 충돌하는지의 문제를 헌법재판소에서 논의한 적이 있다.

001. 2023년 11월 수능 5번 – ③

(X) 헌법재판소는 규정이 국민의 알 권리와 언론의 자유를 침해하는지에 대해 논의한 것이지, 국민의 알 권리와 언론의 자유가 서로 충돌하는지의 문제는 논의하지 않았다.

[check point]

[지문]에 있는 문장에서 단어 하나를 바꿔 전혀 다른 문장으로 만든 선지이다.
- 국민의 알 권리와 언론의 자유를 '침해'→국민의 알 권리와 언론의 자유가 '충돌'(2023년 수능 5번-책1번)
- 프라이머'끼리' 결합→프라이머'와' 결합(2021년 6월 모의고사 15번-책 168번)

2024년 9월 모의고사 9번

블록체인 기술은 데이터를 블록이라는 단위로 묶어 체인 형태로 연결한 것을 여러 대의 컴퓨터에 중복 저장하는 기술이다. 체인 형태로 연결된 블록의 집합을 블록체인이라 하고, 블록체인을 저장하는 컴퓨터를 노드라고 한다. 새로 생성된 블록은 노드들에 전파된다. 노드들은 블록에 포함된 내용이 블록체인의 다른 블록에 있는 내용과 상충되지 않는지, 동일한 내용이 블록체인의 다른 블록에 이중으로 포함되어 있지 않은지 검증한다. 검증이 끝난 블록을 블록체인에 연결할지 여부는 모든 노드들이 참여하는 승인 과정을 통해 정해진다. 승인이 완료된 블록은 블록체인에 연결되고, 이 블록체인은 노드들에 저장된다.

(중략)

특정 노드에 저장되어 있는 일부 데이터가 변경되면 변경된 블록과 그 이후의 블록들은 블록체인과의 연결이 끊어진다. 끊어진 모든 블록을 다시 연결하는 것은 승인 과정을 필요로 하기 때문에 연결을 복구하는 것은 어렵다.

002. 일부 블록체인 데이터가 변경되면 전체 노드의 모든 블록은 승인 과정을 다시 거쳐야 한다.

☑ 순서·원리 파악이 중요한 지문

002. 2024년 9월 모의고사 9번 – ②

(X)

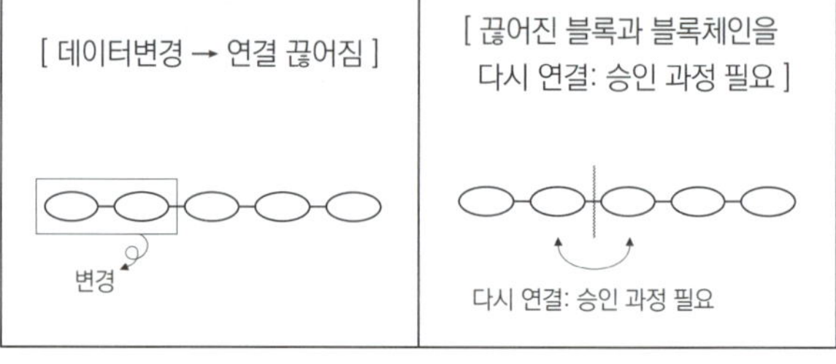

[지문과 선지 연결하기]

"일부 블록체인 데이터가 변경되면 변경된 블록과 그 이후의 블록들의 연결이 끊어진다. 끊어진 모든 블록을 다시 연결하는 것은 승인 과정을 필요로 한다."
이 문장에서 "승인 과정"이란 연결되지 않은 블록을 블록체인에 연결할지 결정하는 과정이다.
'일부' 블록체인 데이터가 변경되어 나머지 블록체인과의 연결이 끊어진 상황에서는, '전체 노드의 모든 블록'이 아니라 연결 대상인 '끊어진 모든 블록(=변경된 블록+그 이후의 블록들)'이 승인 과정을 거치게 된다. 따라서 틀린 선지이다.

[check point]

1. [지문]의 "끊어진 모든 블록", "모든 노드가 승인 과정에 참여"와 같이 '모든'이라는 단어를 자주 사용한 후 다른 개념(=끊어진 블록, 모든 노드)을 같은 원리로 보이게 하여 틀리게 만든 선지이다.

2. 모르는 단어가 나오면(=승인 과정) 지문으로 다시 올라가 연결 짓는 연습이 필요하다.

2023년 9월 모의고사 11번

압전체로 사용하는 수정은 특정 방향으로 절단 및 가공하여 납작한 원판 모양으로 만든다. 이후 원판의 양면에 전극을 만든 후 (+)와 (-)극이 교대로 바뀌는 전압을 가하면 수정이 진동한다. 이때 전압의 주파수*를 수정의 고유 주파수와 일치시켜 수정이 큰 폭으로 진동하도록 하여 진동을 측정하기 쉽게 만든 것이 ㉠ 수정 진동자이다. 고유 주파수란 어떤 물체가 갖는 고유한 진동 주파수인데, 같은 재료의 압전체라도 압전체의 모양과 크기에 따라 달라진다. 수정 진동자에 어떤 물질이 달라붙어 질량이 증가하면 고유 주파수에서 진동하던 수정 진동자의 주파수가 감소한다. 수정 진동자의 주파수는 매우 작은 질량 변화에 민감하게 변하므로 기체 분자나 DNA와 같은 미세한 물질의 질량을 측정할 수 있다. 진동자에서 질량 민감도는 주파수의 변화 정도를 측정된 질량으로 나눈 값인데, 수정 진동자의 질량 민감도는 매우 크다.

수정 진동자로 질량을 측정하는 원리를 응용하면 특정 기체의 농도를 감지할 수 있다. 수정 진동자를 특정 기체가 붙도록 처리하면, 여기에 특정 기체가 달라붙으며 질량 변화가 생겨 수정 진동자의 주파수는 감소한다. 일정 시점이 되면 수정 진동자의 주파수가 더 감소하지 않고 일정한 값을 유지한다. 이렇게 일정한 값을 유지하는 이유는 특정 기체가 일정량 이상 달라붙지 않기 때문이다. 혼합 기체에서 특정 기체의 농도가 클수록 더 작은 주파수에서 주파수가 일정하게 유지된다. 특정 기체가 얼마나 빨리 수정 진동자에 붙어서 주파수가 일정한 값이 되는가의 척도를 반응 시간이라 하는데, 반응 시간이 짧을수록 특정 기체의 농도를 더 빨리 잴 수 있다.

*주파수: 진동이 1초 동안 반복하는 횟수 또는 전압의 (+)와 (-)극이 1초 동안, 서로 바뀌고 다시 원래대로 되는 횟수

알코올 감지기 A와 B를 이용하여 어떤 밀폐된 공간에 있는 혼합 기체의 알코올 농도를 측정하였다. 이때 A와 B는 모두 진동자에 알코올이 달라붙을 수 있도록 처리되어 있다. A와 B 모두, 시간이 흐름에 따라 주파수가 감소하다가 더 이상 감소하지 않고 일정하게 유지되었다.

(단, 측정하는 동안 밀폐된 공간의 상황은 변동없음)

003. A의 진동자에 있는 압전체의 고유 주파수를 알코올만 있는 기체에서 미리 측정해 놓으면, 혼합 기체에서의 알코올의 농도를 알 수 있겠군.

☑ 순서 파악이 중요한 지문

003. 2023년 9월 모의고사 11번 – ①

(✗) 수정의 고유 주파수와 같은 주파수의 전압을 가함 → 수정이 큰 폭으로 진동(수정 진동자) → 어떤 물질이 달라붙으면 수정 진동자의 주파수가 고유 주파수에서 점점 감소함 → 물질의 농도가 높을수록 더 작은 주파수까지 감소하여 일정하게 유지(=특정 농도에서 특정한 주파수까지 감소하여 일정하게 유지됨)

$$\text{특정 물질의 농도} \propto \frac{1}{\text{일정하게 유지되는 주파수}}$$

결국 물질의 농도를 알고 싶으면 '물질의 농도에 따라 수정 진동자의 고유 주파수로부터 감소하여 유지되는 특정 주파수'들을 알고, 이를 측정 결과와 비교해봐야 한다. '고유 주파수'만 안다면 특정 물질의 농도에서 감소하여 일정하게 유지되는 주파수를 알 수 없어 기체 농도를 계산할 수 없다. 따라서 틀린 선지이다.

[check point]

[지문]에서 다루고 있는 '고유 주파수'란 단어를 선지에 잘못 연결하여 그럴듯하게 읽히게 만든 선지이다.

2023년 11월 모의고사 10번

이상치는 데이터의 다른 값에 비해 유달리 크거나 작은 값으로, 데이터를 수집할 때 측정 오류 등에 의해 주로 생긴다.

(중략)

평면상에 있는 점들의 위치를 나타내는 데이터에서도 이상치를 발견할 수 있다. 대부분의 점들이 가상의 직선 주위에 모여 있다면 이 직선은 데이터의 특징을 잘 나타낸다고 할 수 있다. 이 직선을 직선 L이라고 하자. 그런데 직선 L로부터 멀리 떨어진 위치에도 몇 개의 점이 있다. 이 점들이 이상치이다.

이상치를 포함하는 데이터에서 직선 L을 찾는다고 하자. 이때 사용할 수 있는 기법의 하나인 A 기법은 두 점을 무작위로 골라 정상치 집합으로 가정하고, 이 두 점을 지나는 후보 직선을 그어 나머지 점들과 후보 직선 사이의 거리를 구한다. [3-1]이 거리가 허용 범위 이내인 점들을 정상치 집합에 추가한다. [3-2]정상치 집합의 점의 개수가 미리 정해 둔 기준, 즉 문턱값보다 많으면 후보 직선을 최종 후보군에 넣는다. 반대로 점의 개수가 문턱값보다 적으면 후보 직선을 버린다. 만약 처음에 고른 점이 이상치이면, 대부분의 점들은 해당 후보 직선과의 거리가 너무 멀어 이 직선은 최종 후보군에서 제외되는 것이다. 이 과정을 반복하여 최종 후보군을 구하고, 최종 후보군에 포함된 직선 중에서 정상치 집합의 데이터 개수가 최대인 직선을 직선 L로 선택한다. 이 기법은 이상치가 있어도 직선 L을 찾을 가능성이 높다.

윗글의 A기법과 〈보기〉의 B기법을 설명한 내용으로 가장 적절한 것은?

<보 기>

다음과 같은 방법으로 직선 L을 찾는 B 기법을 가정해 보자. 후보 직선을 임의로 여러 개 가정한 뒤에 모든 점에서 각 후보 직선들과의 거리를 구하여 점들과 가장 가까운 직선을 선택한다. 그러나 이렇게 찾은 직선은 직선 L로 적합한 직선이 아니다. 이상치를 포함해서 찾다 보니 대부분 최적의 직선과 이상치 사이에 위치한 직선을 선택하게 된다.

00**4.** A 기법은 이상치[3-1]의 개수가 문턱값보다 적으면 후보 직선을 버리지만 B 기법은 선택한 직선이 이상치를 포함할 수 있다.

☑ 순서 파악이 중요한 지문

[지문-아래 그림 참고]

A 기법 : 점 두 개를 고름 → 고른 두 점을 지나는 직선(=후보직선)을 그림 → 나머지 점들과 후보직선 사이의 거리를 구함 → 거리가 정해놨던 기준(1)보다 작은 점들은 정상치로 분류→ 정상치 집합의 점의 개수가 미리 정해놨던 기준(2)(=문턱값)보다 많으면[3-2] 직선을 최종 후보군으로 분류하고, 문턱값보다 적으면 직선을 버림 → 최종 후보군에 포함된 직선 중 정상치 집합의 데이터 개수가 최대인 직선을 직선 L로 선택

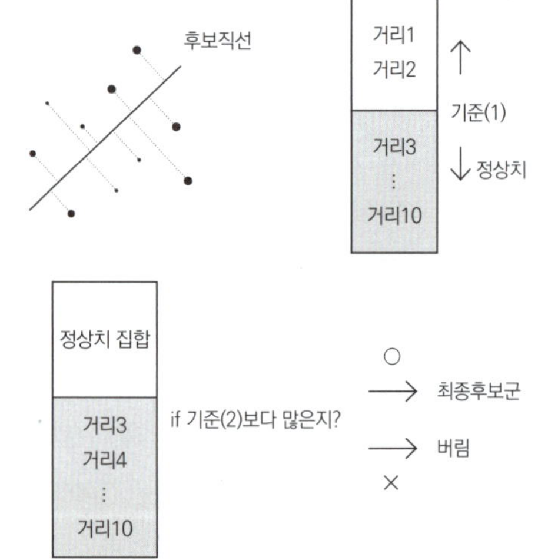

B 기법 : 임의의 직선을 여러 개 가정하고 각 직선과 모든 점에서의 거리를 구함→ 점들과 거리가 가장 가까운 직선을 선택 (단, 이상치도 포함해서 선택하므로 직선 L로 적합한 직선 X)

004. 2023년 11월 모의고사 10번 - ④

(✗) 이 선지에서 'A 기법은 "이상치"의 개수가 문턱값보다 적으면 후보 직선을 버린다'고 설명한다. 하지만 지문에서는 정상치 집합의 점의 개수가 문턱값보다 적으면 후보 직선을 버린다고 되어 있다. "이상치"가 아니라 "정상치"여야 맞는 선지이다. 따라서 틀린 선지이다.

| + 기법 B는 어떠한 직선이 이상치를 포함할 때 모든 점과의 거

리가 가장 가까울 수도 있으므로 선택한 직선이 이상치를 포함할 수도 있다.

[check point]

1. [지문]에서 등장한 단어를 반의어로 변용하여 대충 보면 그냥 지나칠 수 있다. 단어 자체는 지문에 있지만 실제 선지에서는 틀리도록 바꾸는 패턴이 흔하니 유의하자.
2. 과학 기술 지문은 원리의 순서 파악과 각 단어가 어느 순서에 들어가는지 파악하는 것이 중요하다.

2023년 9월 모의고사 13번

┌유형원┐의 기본적인 생각은 국가 공동체를 성리학적 가치와 규범에 따라 운영하고, 구성원도 도덕적으로 만드는 도덕 국가의 건설이었다.

(중략)

┌정약용┐은 신분제가 동요하는 상황에서 사민이 뒤섞여 사는 것이 교화에 도움이 되지 않는다고 보고, 사농공상별로 구분하여 거주하는 것을 포함한 행정 구역 개편을 구상했다. 이에 맞춰 [2-1]사(士) 집단을 재편하고자 했다. 도덕적 능력의 여부에 따라 추천으로 [2-2]예비 관료인 '선사'를 선발하고 [2-3]일정한 교육을 한 후, 여러 단계의 시험을 거쳐 관료를 선발할 것을 제안했다. [2-4]사 거주지에서 더 많은 선사를 선발하도록 했지만, 농민과 상공인에도 선사의 선발 인원을 배정하는 등 [2-5]노비 이외에서 사 집단으로 진출할 수 있도록 했다. 노비제에 대해서는 사를 뒷받침하기 위해 유지되어야 한다고 주장했다.

도덕적 능력주의와 관련하여 두 사람은 모두 사회 지배층으로서의 사에 주목했다. 유형원은 다스리는 자인 사와 다스림을 받는 민의 구분을 분명히 하는 것이 천하의 이치라고 보고 도덕적 능력이 뛰어난 사람들로 [3-1]지배층인 사를 구성하고자 했다. 정약용도 양반의 세습을 비판하며 도덕적 능력에 따라 사회 지배층을 재편하는 데 입장을 같이했다. 또한 [3-2]두 사람은 사회 전체의 도덕 실천을 이끌기 위해 [3-3]사 집단에 정치권력, 경제력 등을 집중시키려 했고, [3-4]지배층과 피지배층 간의 차등을 엄격하게 유지하고자 했다. 내용에서 일부 차이가 있었지만, 두 사람은 사회 지배층의 재구성을 통해 도덕 국가 체제를 추구했다.

---

005. 정약용은 지배층인 사 집단[3-1]이 주도권[3-3]을 가지고 사회를 운영하는 방안을 구상했다.

☑ 비교 대상: 유형원, 정약용

학 자	공통점	차이점
유형원	– 사집단에 정치권력, 경제력 등 집중 – 지배층과 피지배층 간의 차등 엄격히	뚜렷이 나타나지 않음
정약용	– 사집단에 정치권력, 경제력 등 집중 – 지배층과 피지배층 간의 차등 엄격히	

〈정약용의 행정구역〉

농민	사 거주지
상공인	노비

→ 농민, 상공인, 사 거주지에서 '선사' 선발[2-2](노비 제외) → 교육 후 관료[2-3](='사 집단')

---

005. 2023년 9월 모의고사 13번 – ③

(○) 세 번째 문단에서 "정약용은 지배층[3-1]인 '사 집단'에 정치권력, 경제력 등을 집중시키려 했고[3-2] 지배층과 피지배층 간의 차등을 엄격하게 유지하고자 했다[3-3]"으므로 '사 집단'은 지배층이 맞고, 사 집단이 '주도권'을 가지고 사회를 운영하는 방안을 구상한 것도 맞다.

[check point]

1. '사 집단'과 '선사 집단'을 헷갈리지 않았는지 확인
2. 비교 대상 (특히 '인물'이나 '이론', '시대', '여러 가지 방법 차이', '분류', '대상의 변화', '확장·추가적인 재료 출현' 등) 나오면 공통점, 차이점 파악 중요
   → 공통점이나 차이점을 언급하여 정답 선지로 출제하거나,
   → 대상의 설명이나 내용을 바꾸거나, 비교 대상끼리의 공통점을 차이점으로, 차이점을 서로 뒤바꾸어 오답 선지로도 출제함

2022년 9월 모의고사 11번

사유 재산 제도하에서는 누구나 자신의 재산을 자유롭게 처분할 수 있다. 그러나 기부와 같이 어떤 재산이 대가 없이 넘어가는 무상 처분 행위가 행해졌을 때는 그 당사자인 무상 처분자와 무상 취득자의 의사와 무관하게 그 결과가 번복될 수 있다. 무상 처분자가 사망하면 상속이 개시되고, 그의 상속인들이 유류분을 반환받을 수 있는 권리인 유류분권을 행사할 수 있기 때문이다. 이때 무상 처분권자는 피상속인이 되고 그의 권리와 의무는 상속인에게 이전된다.

유류분은 피상속인의 무상 처분 행위가 없었다고 가정할 때 상속인들이 상속받을 수 있었을 이익 중 법으로 보장된 부분이다.

(중략)

피상속인이 상속 개시 당시에 가졌던 재산으로부터 상속받은 이익이 있는 상속인은 유류분에 해당하는 이익의 일부만 반환받을 수 있다. 유류분에 해당하는 이익에서 이미 상속받은 이익을 뺀 값인 유류분 부족액만 반환받을 수 있기 때문이다. 유류분 부족액의 가치는 금액으로 계산되지만 항상 돈으로 반환되는 것은 아니다. 3-1만약 무상 처분된 재산이 돈이 아니라 물건이나 주식처럼 돈 이외의 재산이라면, 처분된 재산 자체가 반환 대상이 되는 것이 원칙이다. 3-2다만 그 재산 자체를 반환하는 것이 불가능한 때에는 무상 취득자는 돈으로 반환해야 한다.

4-1무상 처분된 재산이 물건이라면 유류분 반환은 어떤 형태로 이루어질까? 4-2무상 취득자가 반환해야 할 유류분 부족액이 무상 처분된 물건의 가치보다 적다면 유류분권자는 그 물건의 가치에 상당하는 금액에서 유류분 부족액이 차지하는 비율만큼 무상 취득자로부터 반환받을 수 있다. 이로 인해 하나의 물건에 대한 소유권이 여러 명에게 나눠지는데, 4-3이때 각자의 몫을 지분이라고 한다.

006. 무상 취득자가 무상 취득한 물건을 반환할 수 없게 되면 유류분 부족액을 지분으로 반환해야 한다.

[지문 내용]

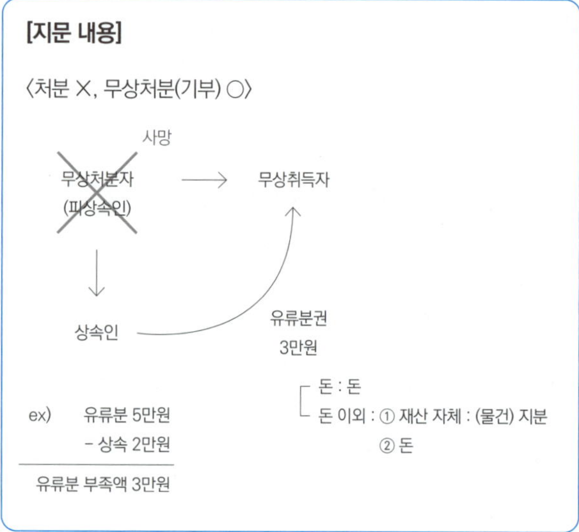

(**006. 2022년 9월 모의고사 11번 – ③**)

(X) [지문]에서 무상 취득자가 돈 이외의 재산을 반환할 때는 처분된 재산 자체3-1가 반환 대상이고, 다만 그 재산 자체를 반환하는 것이 불가능한 때에 돈3-2으로 반환해야 한다고 말하고 있다. 선지는 후자의 경우에서 돈을 지분으로 바꿔 표현하여 오답이다.

＊ 지분으로 반환하기 위해서는 :

i) 무상 취득한 재산이 물건이고

ii) 재산으로 반환할 수 있을 때,

iii) 무상 취득자가 반환해야 할 유류분 부족액이 무상 처분된 물건의 가치보다 적어야 한다.

[check point]

1. [지문]에서 언급된 단어로 바꿔 친숙하게 만든 오답 선지이다. 해당 단어가 어디에 속하는지 분류·구분을 하면서 읽는 습관을 들이자.

2. 지문을 읽을 때 순서가 어떻게 되는지 잘 따라가야 하고, 비슷한 단어는 의식적으로 구분하면서 읽자.

2022년 11월 수능 14, 17번

1930년대에 클라이버는 생쥐부터 코끼리까지 다양한 크기의 동물의 기초 대사량 측정 결과를 분석했다. 그래프의 가로축 변수로 동물의 체중을, 세로축 변수로 기초 대사량을 두고, 각 동물별 체중과 기초 대사량의 순서쌍을 점으로 나타냈다.

[2-1]가로축과 세로축 두 변수의 증가율이 서로 다를 경우, 그 [2-2]둘의 증가율이 같을 때와 달리, [2-3]'일반적인 그래프'에서 이 점들은 [2-4]직선이 아닌 어떤 곡선의 주변에 분포한다. 그런데 순서쌍의 값에 상용로그를 취해 새로운 순서쌍을 만들어서 이를 〈그림〉과 같이 그래프에 표시하면, 어떤 직선의 주변에 점들이 분포하는 것으로 나타난다. 그러면 그 직선의 기울기를 이용해 두 변수의 증가율을 비교할 수 있다. 〈그림〉에서 X와 Y는 각각 체중과 기초대사량에 상용로그를 취한 값이다. 이런 방식으로 표현한 그래프를 'L-그래프'라 하자.

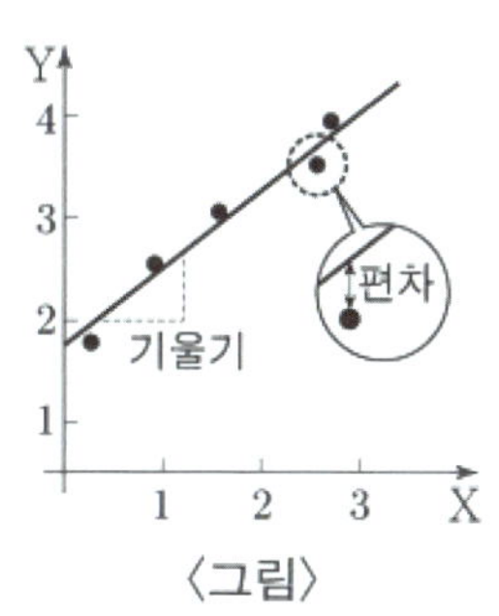

[3-1]체중의 증가율에 비해, 기초 대사량의 증가율이 작다면 L-그래프에서 직선의 기울기는 1보다 작으며 기초 대사량의 증가율이 작을수록 기울기도 작아진다. [3-2]만약 체중의 증가율과 기초 대사량의 증가율이 같다면 L-그래프에서 직선의 기울기는 1이 된다.

00**7**. 'L-그래프'에서 직선의 기울기는 가로축과 세로축 두 변수의 증가율의 차이와 동일하다.

[지문 내용]

- 비교 대상 : 일반적인 그래프, L-그래프
- 순서 : 일반적인 그래프 → L-그래프

일반적인 그래프 : 가로축, 세로축에 측정 결과를 점으로 나타낸 그래프

- 가로축과 세로축의 증가율이 같으면 점들이 직선, 다르면 곡선으로 표현됨

L-그래프 : 곡선을 직선으로 표현하기 위해 가로축, 세로축에 각각 상용로그를 취한 그래프

- 가로축보다 세로축의 증가율이 작으면

:직선의 기울기는 1보다 작음

- 가로축의 증가율이 작을수록

:직선의 기울기는 작아짐

- 가로축과 세로축의 증가율이 같으면

:직선의 기울기는 1임

---

007. 2022년 11월 수능 14번 – ③

(X) 선지에서의 '차이'는 가로축 변수의 증가율에서 세로축 변수의 증가율을 뺀 절댓값이다. 답은 [지문]의 "만약 체중의 증가율과 기초 대사량의 증가율이 같다면 L-그래프에서 직선의 기울기는 1이 된다.[3-2]"에서 찾을 수 있다. 체중과 기초 대사량의 증가율이 같다고 가정하자. 두 증가율의 '차이'는 0이 된다. 그러나 이때 직선의 기울기는 1이 되므로 둘은 동일하지 않다. 따라서 틀린 선지이다.

[check point]

'차이'의 뜻을 정확하게 파악해야 한다. 차이는 뺄셈의 개념이고 [지문]에서의 기울기는 나눗셈의 개념이다. 대충 보면 혼동할 수 있는 단어로 교체하여 틀리게 만든다.

<보 기>

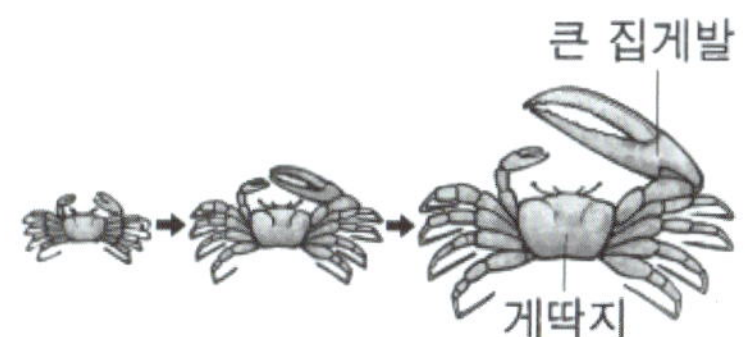

농게의 수컷은 집게발 하나가 매우 큰데, 큰 집게발의 길이는 게딱지의 폭에 '상대 성장'을 한다. 농게의 ⓐ 게딱지 폭을 이용해 ⓑ 큰 집게발의 길이를 추정하기 위해, 다양한 크기의 농게의 게딱지 폭과 큰 집게발의 길이를 측정하여 다수의 순서쌍을 확보했다. 그리고 'L-그래프'와 같은 방식으로, 그래프의 가로축과 세로축에 각각 게딱지 폭과 큰 집게발의 길이에 해당하는 값을 놓고 분석을 실시했다.

008. ⓐ의 증가율과 ⓑ의 증가율이 같고 '일반적인 그래프'에서 순서쌍을 점으로 표시한다면, 점들은 직선이 아닌 어떤 곡선의 주변에 분포하겠군.

8. 2022년 11월 수능 17번 – ⑤

(X) [지문]의 일반적인 그래프에서는 가로축과 세로축 두 변수의 증가율이 같을 때와는 달리 서로 다를 경우에 점들이 직선이 아닌 곡선의 주변에 분포한다. 선지 상황과 연결 지어보면 점들이 '곡선'이 아니라 '직선'의 주변에 분포한다고 해야 맞다.

[check point]

1. [지문]에서 언급된 단어로 바꿔 친숙하게 만든 오답 선지이다. 해당 단어가 어디에 속하는지 분류·구분을 잘하면서 읽는 습관을 들이자.
2. 분류 대상끼리 뒤바꾸기
   → (지문) 가로축과 세로축 두 변수의 증가율이
   　　같을 때: 직선, 다를 때: 곡선
   → (선지) 가로축과 세로축 두 변수의 증가율이
   　　같을 때: 곡선, 다를 때: 직선

2022년 6월 모의고사 7번

순자의 학문을 계승한 육가(陸賈)는 한 고조의 치국 계책 요구에 부응해 『신어』를 저술하였다. 이 책을 통해 그는 진의 단명 원인을 가혹한 형벌의 남용, 법률에만 의거한 통치, 군주의 교만과 사치, 그리고 현명하지 못한 인재 등용 등으로 지적하고, [1-1]진의 사상 통제가 낳은 폐해를 거론하며 한 고조에게 지식과 학문이 중요함을 설득하고자 하였다. 그에게 지식의 핵심은 현실 정치에 도움을 주는 역사 지식이었다. 그는 역사를 관통하는 자연의 이치에 따라 천문·지리·인사 등 천하의 모든 일을 포괄한다는 통물(統物)과, 역사 변화 과정에 대한 통찰로서 상황에 맞는 조치를 취하고 기존 규정을 고수하지 않는다는 통변(通變)을 제시하였다. 통물과 통변이 정치의 세계에 드러나는 것이 인의(仁義)라고 파악한 그는 힘에

의한 권력 창출을 긍정하면서도 권력의 유지와 확장을 위한 왕도 정치를 제안하며 [1-2]인의의 실현을 위해 유교 이념과 현실 정치의 결합을 시도하였다.

(중략)

이런 분위기에서 세종은 중국과 우리나라의 흥망성쇠를 담은 『치평요람』의 편찬을 명하였고, 집현전 학자들은 원(元)까지의 중국 역사와 고려까지의 우리 역사를 정리하였다. 정리 과정에서 주자학적 역사관이 담긴 『자치통감강목』에 따라 역대 국가를 정통과 비정통으로 구분했지만, 편찬 형식 측면에서는 강목체를 따르지 않았다. 또한 올바른 정치의 여부에 따라 국가의 운명이 다하고 천명이 옮겨 간다는 내용을 드러내고자 기존 역사서와 달리 국가 간 전쟁과 외교 문제, 국가 말기의 혼란과 새 국가 초기의 혼란 수습 등을 부각하였다.

이러한 편찬 방식은 국가의 흥망성쇠를 [3-1]거울삼아 국가를 잘 운영하겠다는 목적 이외에 [3-2]새 국가의 토대를 마련하려는 의도가 전제된 것이었다. 이런 의도가 집중적으로 반영된 곳은 『치평요람』의 『국조(國朝)』 부분이었다. 이 부분의 [3-3]편찬자들은 유교적 시각에서 고려 정치를 바라보며 불교 사상의 폐단을 비롯한 문제점들을 다각도로 드러냈고, [3-4]이를 통해 유교적 사회로의 변화를 주장하였다. 이성계의 능력과 업적을 담기는 했지만 이것이 조선 건국을 정당화하기에는 불충분했기에 세종은 역사적 사실을 배경으로 조선 왕조의 우수성을 부각한 『용비어천가』의 편찬을 지시했다. 이는 왕조의 우수성과 정통성을 경전과 역사의 다양한 근거를 통해 보여 주고자 한 것이었다.

009. '육가'와 '집현전 학자들'에 대하여 각각 O, X 표시 하시오.

<보 기>

ㄱ. 옛 국가의 역사를 거울삼아[3-1] 새 국가를 안정적으로 통치하도록 한다.

ㄷ. 옛 국가에서 드러난 사상적 공백을 채우기 위해 새 국가의 군주는 유교에 따라 통치하도록 한다.

☑ 비교 대상: 육가, 세종(집현전 학자)

> 육가: 진나라 단명 원인 파악 → 지식과 학문 중요(통물, 통변,
>   인의, 유교 이념과 현실 정치 결합 시도)
>
> 집현전 학자
> : 중국(~원)과 우리(~고려)의 역사 정리
>   → 새 국가(조선)의 토대 마련
> : 불교 → 유교 변화 주장

ㄱ (○,○) "거울삼아"라는 낯선 단어가 나오면 [지문]에서 찾아볼 생각을 해야한다. [지문]의 마지막 문단에 "국가의 흥망성쇠를 거울삼아 국가를 잘 운영하겠다[3-1]"라는 문장이 있으므로 이를 통해 "거울삼아"의 의미를 유추할 수 있다. 흥망성쇠는 좋은 의미와 나쁜 의미를 모두 담은 단어로서, 이를 거울로 삼는다는 것은 좋은 것은 본받고, 나쁜 것은 변화하도록 한다는 의미로 이해할 수 있다.

> 실제로 "거울삼다"의 사전적인 뜻은 "남의 일이나 지나간 일을 보아 본받거나 경계하다."이다.

- 육가: "진의 사상 통제가 낳은 폐해를 거론하며 한 고조에게 지식과 학문이 중요함을 설득하고자 하였다[1-1]."에서 진의 실패를 거울삼은 것을 알 수 있다.
- 집현전 학자: "국가의 흥망성쇠를 거울삼아 국가를 잘 운영하겠다는 목적 이외에 새 국가의 토대[3-2]를 마련하려는 의도가 전제된 것이었다."에서 거울삼은 것이 맞고, 새 국가의 토대를 마련하려는 의도가 있었던 것도 맞다.

ㄷ (✕,✕) 먼저 "사상적 공백"="사상이 없었다"임을 생각하자.

- 육가: [지문]을 보면 시대 순서는 '전국 시대 → 진 → 한'이고, 육가는 한나라 학자로서 진나라의 여러 문제를 지적하고 한나라를 바로 세우기 위한 계책을 세웠으므로 선지의 옛 국가는 진나라이다. 진나라에 사상이 있었는지는 [지문]의 1문단 첫 문장에 있는 단어인 '사상 통제'를 통해 알 수 있다. '사상 통제'는 '사상이 있고, 이를 통제함'이라는 뜻으로, 진나라에는 사상이 있었다고 보아야 한다. 육가는 "인의의 실현을 위해 유교 이념[1-2]과 현실 정치의 결합을 시

도하였다."에서 유교를 따름을 알 수 있다.

- 집현전 학자: "편찬자들은 유교적 시각에서 고려 정치를 바라보며 불교 사상의 폐단을 비롯한 문제점들을 다각도로 드러냈고[3-3],"에서 옛 국가(고려)는 불교 사상이 있었음을 알 수 있다. 또한 "유교적 사회로의 변화를 주장하였다.[3-4]"에서 유교를 통해 새 국가의 토대를 마련하겠다는 목적이 드러난다.

[check point]

1. 모르는 단어가 나오면(=거울삼아) 지문으로 다시 올라가 연결 짓는 연습이 필요하다.
2. 선지에서 하는 말을 해석할 수 있어야 한다.
→ '사상적 공백'='사상이 없음'(2024년 6월 모의고사 7번: 본 책 9번 ㄷ)
→ '현행대로 유지하여야'='변경하지 말고 그대로 있자' (2024년 6월 모의고사 7번: 본 책 41번)

2022년 6월 모의고사 12번

비타민 K는 식물에서 합성되는 ⓐ비타민 K_1과 동물 세포에서 합성되거나 미생물 발효로 생성되는 ⓑ비타민 K_2로 나뉜다. 녹색 채소 등은 비타민 K_1을 충분히 함유하므로 일반적인 권장 식단을 따르면 혈액 응고에 차질이 생기지 않는다.

(중략)

비타민 K_1과 K_2는 모두 비타민 K-의존성 단백질의 활성화를 유도하지만 K_1은 간세포에서, K_2는 그 외의 세포에서 활성이 높다. 그러므로 혈액 응고 인자의 활성화는 주로 K_1이, 그 외의 세포에서 합성되는 단백질의 활성화는 주로 K_2가 담당한다. 이에 따라 일부 연구자들은 비타민 K의 권장량을 K_1과 K_2로 구분하여 설정해야 하며, K_2가 함유된 치즈, 버터 등의 동물성 식품과 발효 식품의 섭취를 늘려야 한다고 권고한다.

0**10.** ⓐ은 ⓑ과 달리 우리 몸의 간세포에서 합성된다.

☑ 비교 대상 : 비타민 K_1, 비타민 K_2

종류	공통점	차이점
비타민 K_1	비타민 K-의존성 단백질의 활성화를 유도	– 합성: 식물 – 활성: 간세포 → 혈액 응고 인자 활성
비타민 K_2		– 합성: 동물 세포/미생물 발효 – 활성: 간세포 외의 세포 → 그 외의 세포에서 합성되는 단백질의 활성화

010. 2022년 6월 모의고사 12번 – ①

(X) [지문]에 따르면 비타민 K는 비타민 K_1와 비타민 K_2 두 종류로 나뉜다. 비타민 K_1는 식물에서 합성되고, 비타민 K_2는 동물 세포에서 합성된다. 또한 비타민 K_1는 간세포에서 활성이 높고 비타민 K_2는 그 외의 세포에서 활성이 높다.

* 이를 맞는 선지로 보기 위해서는 "㉠은 ㉡과 달리 우리 몸의 간세포에서 활성된다." 또는 "㉡은 ㉠과 달리 우리 몸의 세포에서 합성된다."로 바꿔야 한다. 활성과 합성을 헷갈리게 낸 선지이다.

[check point]

1. [지문]에서 비슷하지만 다른 단어는 꼼꼼히 구분해 놓자
   - → '책임'과 '채무' (2020년 수능 29번-책 51번)
   - → '합성'과 '활성' (2022년 6월 모의고사 12번-책 10번)
   - → '추정'과 '측정' (2022년 수능 16번-책 79번~83번)
   - → '결과'와 '변화' (2022년 6월 모의고사 14번-책 259번~261번)
   - → '자기 자본'과 '기본 자본'(2019년 수능 40번-책 22번)
2. 비교 대상(특히 '인물'이나 '이론', '시대', '여러 가지 방법 차이', '분류', '대상의 변화', '확장·추가적인 재료 출현' 등) 나오면 **공통점**, **차이점** 파악 중요
   - → 공통점이나 차이점을 언급하여 정답 선지로 출제하거나
   - → 대상의 설명이나 내용을 바꾸거나, 비교 대상끼리의 공통점을 차이점으로, 차이점을 서로 뒤바꾸어 오답 선지로도 출제함

기축 통화는 국제 거래에 결제 수단으로 통용되고 환율 결정에 기준이 되는 통화이다.

(중략)

국제 유동성이란 국제적으로 보편적인 통용력을 갖는 지불 수단을 말하는데, ㉠ 금 본위 체제 에서는 금이 국제 유동성의 역할을 했으며, 각 국가의 통화 가치는 정해진 양의 금의 가치에 고정되었다. 이에 따라 2-1국가 간 통화의 교환 비율인 환율은 자동적으로 결정되었다. 이후 ㉡ 브레턴우즈 체제 에서는 국제 유동성으로 달러화가 추가되어 '금 환 본위제'가 되었다. 1944년에 성립된 이 체제는 미국의 중앙은행에 '금 태환조항'에 따라 금 1온스와 35달러를 언제나 맞교환해 주어야 한다는 의무를 지게 했다. 다른 국가들은 달러화에 대한 자국 통화의 가치를 고정했고, 달러화로만 금을 매입할 수 있었다. 환율은 경상수지의 구조적 불균형이 있는 예외적인 경우를 제외하면 ±1% 내에서의 변동만을 허용했다. 이에 따라 2-2기축 통화인 달러화를 제외한 다른 통화들 간 환율인 교차 환율은 자동적으로 결정되었다.

(중략)

세계의 모든 국가에서 ㉢ 어떠한 기축 통화도 없이 각각 다른 통화가 사용되는 경우 두 국가를 짝짓는 경우의 수만큼 환율의 가짓수가 생긴다. 그러나 하나의 기축 통화를 중심으로 외환 거래를 하면 비용을 절감하고 규모의 경제를 달성할 수 있다.

---

011. ㉡이 붕괴된 이후에도 여전히 달러화가 기축 통화라면 ㉡에 비해 교차 환율의 가짓수는 적어진다.

012. ㉢에서 국가 수가 하나씩 증가할 때마다 환율의 전체 가짓수도 하나씩 증가한다.

013. ㉠에서 ㉡으로 바뀌면 자동적으로 결정되는 환율의 가짓수가 많아진다.

014. ㉡에서 교차 환율의 가짓수는 ㉢에서 생기는 환율의 가짓수보다 적다.

✅ 비교 대상 : 금 본위 체제, 브레턴우즈 체제

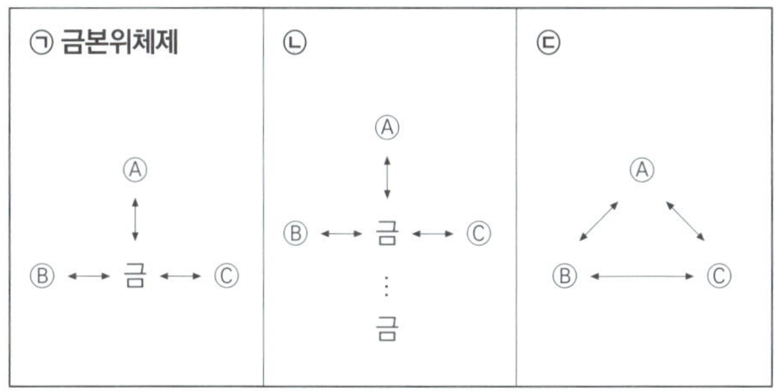

선지를 읽다가 헷갈리거나 잘 기억나지 않는 단어가 나타나면 빨리 지문으로 돌아가 찾아봐야 한다.

지문에서 "환율[2-1]=국가 간 통화의 교환 비율.", "교차 환율[2-2]=기축 통화를 제외한 다른 통화들 간 환율"이라고 정의되어 있다.

(011. 2021년 11월 수능 12번 – ②)

(X) '교차 환율'이란 기축 통화를 제외한 다른 통화들 간 환율이다. 교차 환율의 가짓수는 기축 통화를 제외한 다른 통화의 개수에 따라 정해진다. ⓒ이 붕괴되어도 기축 통화는 여전히 달러로 존재하고, 다른 통화의 개수가 변하지 않았다면 교차 환율의 가짓수도 그대로일 것이다. 따라서 틀린 선지이다.

(012. 2021년 11월 수능 12번 – ③)

(X) 아래 그림과 같이 3 국가일 때는 환율이 3개, 4 국가일 때는 6개, 5 국가일 때는 환율이 10개이다. 한 나라가 추가될 때마다 기존에 존재하던 나라 모두와 관계를 맺어야 하므로, 국가 수가 하나씩 증가할 때마다 환율의 전체 가짓수는 하나보다 더 많이 증가한다.

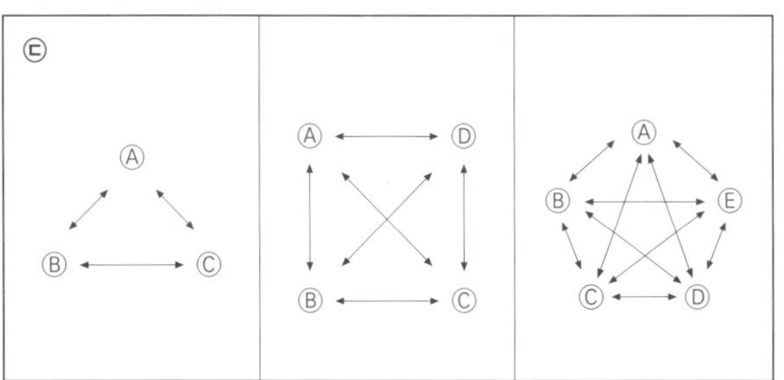

(013. 2021년 11월 수능 12번 – ④)

(X) ㄱ은 금을 기준으로 국가 간의 환율이 자동적으로 결정되는 체제이고, ㄴ은 달러를 기준으로 국가 간의 환율이 결정되는 체제이다. ㄱ에서 자동적으로 결정되는 것은 [2-1]국가 간 통화의 교환 비율인 환율이고, ㄴ에서는 [2-2]기축 통화인 달러화를 제외한 다른 통화들 간 환율인 교차환율이 자동적으로 결정된다. 따라서 ㄱ에서 ㄴ으로 바뀌면 자동적으로 결정되는 환율의 가짓수가 적어진다.

(014. 2021년 11월 수능 12번 – ⑤)

(O) ㄴ에서 교차 환율의 가짓수는 미국(달러화, 기축 통화 ㄴ)을 제외한 국가들의 환율 가짓수이고, ㄷ에서 환율의 가짓수는 미국(달러화, 기축 통화X)을 포함한 전 세계 국가들 간의 환율의 가짓수이기 때문에 ㄴ이 ㄷ보다 가짓수가 적다.

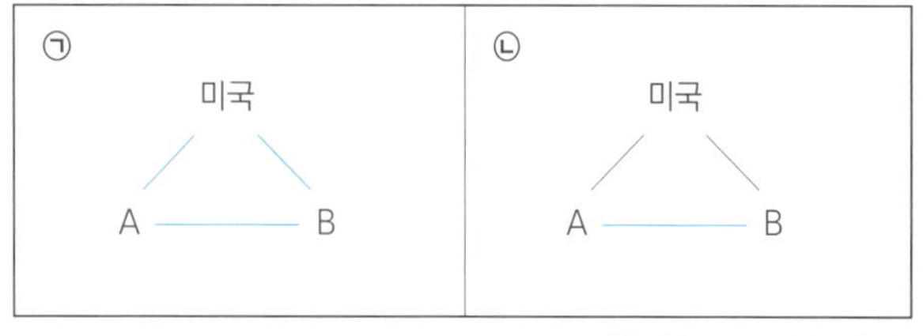

—— 자동적으로 결정되는 환율

[check point]

1. 선지에서 쓰이는 낯선 단어는 대부분 [지문]에서 설명하고 있다.
2. ㄱㄴㄷ 문제는 이들끼리 비교하는 문제이다. 이 유형의 문제가 있으면 [지문]을 읽을 때부터 공통점·차이점·순서 등을 체크하면서 읽자.

2021년 11월 수능 15번

주차하거나 좁은 길을 지날 때 운전자를 돕는 장치들이 있다. 이 중 차량 전후좌우에 장착된 카메라로 촬영한 영상을 이용하여 차량 주위 360°의 상황을 위에서 내려다본 것 같은 영상을 만들어 차 안의 모니터를 통해 운전자에게 제공하는 장치가 있다. 운전자에게 제공되는 영상이 어떻게 만들어지는지 알아보자.

먼저 차량 주위 바닥에 바둑판 모양의 격자판을 펴 놓고 카메라로 촬영한다. 이 장치에서 사용하는 광각 카메라는 큰 시야각을 갖고 있어 사각지대가 줄지만 빛이 렌즈를 지날 때 렌즈 고유의 곡률로 인해 영상이 중심부는 볼록하고 중심부에서 멀수록 더 휘어지는 현상, 즉 렌즈에 의한 상의 왜곡이 발생한다. 이 왜곡에 영향을 주는 카메라 자체의 특징을 내부 변수라고 하며 왜곡 계수로 나타낸다. 이를 알 수 있다면 왜곡 모델을 설정하여 왜곡을 보정할 수 있다. 한편 차량에 장착된 카메라의 기울어짐 등으로 인해 발생하는 왜곡의 원인을 외부 변수라고 한다. ㉠ 촬영된 영상과 실세계 격자판을 비교하면 영상에서 격자판이 회전한 각도나 격자판의 위치 변화를 통해 카메라의 기울어진 각도 등을 알 수 있으므로 왜곡을 보정할 수 있다.

(중략)

㉡ 왜곡이 보정된 영상에서의 몇 개의 점과 그에 대응하는 실세계 격자판의 점들의 위치를 알고 있다면, 영상의 모든 점들과 격자판의 점들 간의 대응 관계를 가상의 좌표계를 이용하여 기술할 수 있다. 이 대응 관계를 이용해서 영상의 점들을 격자의 모양과 격자 간의 상대적인 크기가 실세계에서와 동일하게 유지되도록 한 평면에 놓으면 2차원 영상으로 나타난다.

0**15.** ㉡에서는 ㉠에서 렌즈와 격자판 사이의 거리에 따른 렌즈의 곡률 변화로 생긴 휘어짐이 보정되었겠군.

[지문 내용]

- 비교 대상 : 내부 변수, 외부 변수
- 순서 :

  ㉠ 촬영된 영상 → (왜곡 보정) → ㉡ 왜곡이 보정된 영상
  → (영상의 점/격자판 점 대응) → 2차원 영상

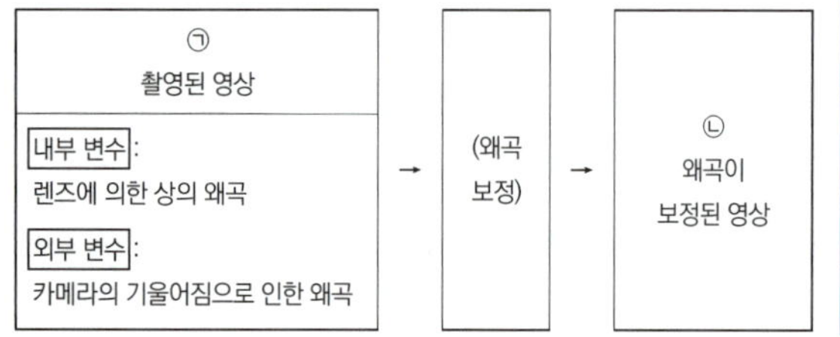

왜곡 보정
: 카메라 자체의 특징(=내부 변수), 카메라의 기울어짐 등(=외부 변수) 보정

---

015. 2021년 11월 수능 15번 – ③

(X) ㉡에서 ㉠에 있는 왜곡을 보정한 것은 맞다. 다만 "렌즈와 격자판 사이의 거리에 따른 렌즈의 곡률 변화로 생긴 휘어짐"을 보정한 것인지 판단하여 선지의 오답여부를 확인하여야 한다. 이를 판단하기 위해서는 [지문]에서 '렌즈와 격자판 사이의 거리'에 따라 렌즈에서 '곡률 변화'가 일어난다고 말하는지를 따져 보아야 한다.

[지문]에서는 "렌즈 고유의 '곡률'로 인해 영상이 중심부는 볼록하고 중심부에서 멀수록 더 휘어지는 현상, 즉 렌즈에 의한 상의 왜곡이 발생한다."라고 설명한다. '곡률'은 카메라마다 고정되어 있는 수이고, 이 곡률에 따라 중심부에서 멀수록 영상이 더 휘어지는 왜곡 현상이 나타난다. '그러므로 렌즈와 격자판 사이의 거리'에 따라 '곡률 변화'가 일어난 것도 아니고, '곡률 변화' 자체도 일어나지 않는다. 즉, 이 선지는 왜곡 자체의 설명을 틀리게 삽입해놓은 선지이다. '곡률 변화'에 포인트를 두고 확인했어야 한다.

[check point]

1. 기술·과학 지문은 설명 순서가 중요하다. 순서 구분에 유의하면서 읽자.

2. 평가원은 변화하는 대상과 변화하지 않는 대상을 혼동시키는 방식으로 자주 출제한다. 특히 비례·반비례·양적변화 문제를 풀 때 유의하여야 한다.

→ 변화값: 카메라 상, 고정값: 왜곡 계수(곡률)(2021년 수능 15번–책 15번)

→ 변화값: 사이클 값(Ct),
고정값: 표적 DNA를 검출했다고 판단하는 발색도(2021년 6월 모의고사 17번–책 194번)

→ 변화값 : B가 참이라는 것에 대한 믿음의 정도
고정값 : A가 참이라는 조건하에 B가 참이라는 것에 대한 믿음의 정도 (2019년 수능 19번–책 211번~213번)

→ 변화값 : 국채의 실제 규모·위험 가중치,
고정값 : 300억 원(2019년 11월 수능 40번–책 216번)

→ 변화값 : 화솟값,

　고정값 : 화소의 개수 (2020년 수능 37번-책 289번)

2021년 6월 모의고사 15번

1993년 노벨 화학상은 중합 효소 연쇄 반응(PCR)을 개발한 멀리스에게 수여된다. 염기 서열을 아는 DNA가 한 분자라도 있으면 이를 다량으로 증폭할 수 있는 길을 열었기 때문이다. PCR는 주형 DNA, 프라이머, DNA 중합 효소, 4종의 뉴클레오타이드가 필요하다. 주형 DNA란 시료로부터 추출하여 PCR에서 DNA 증폭의 바탕이 되는 이중 가닥 DNA를 말하며, 주형 DNA에서 증폭하고자 하는 부위를 표적 DNA라 한다. [1-1]프라이머는 표적 DNA의 일부분과 동일한 염기 서열로 이루어진 짧은 단일 가닥 DNA로, 2종의 프라이머가 표적 DNA의 시작과 끝에 각각 결합한다. DNA 중합 효소는 DNA를 복제하는데, 단일 가닥 DNA의 각 염기 서열에 대응하는 뉴클레오타이드를 순서대로 결합시켜 이중 가닥 DNA를 생성한다.

PCR 과정은 우선 열을 가해 이중 가닥의 DNA를 [2-1]2개의 단일 가닥으로 분리하는 것으로 시작한다.

(중략)

㉠ 이중 가닥 DNA 특이 염료 는 이중 가닥 DNA에 결합하여 발색하는 형광 물질로, 새로 생성된 [3-1]이중 가닥 표적 DNA에 결합하여 발색하므로 표적 DNA의 증폭을 알 수 있게 한다. 다만, 이중 가닥 DNA 특이 염료는 모든 이중 가닥 DNA에 결합할 수 있기 때문에 2개의 프라이머끼리 결합하여 [3-2]이중 가닥의 이합체(二合體)를 형성한 경우에는 이와 결합하여 의도치 않은 발색이 일어난다.

㉡ 형광 표식 탐침 은 [4-1]형광 물질과 이 형광 물질을 억제하는 소광 물질이 붙어 있는 단일 가닥 DNA 단편으로, 표적 DNA에서 프라이머가 결합하지 않는 부위에 특이적으로 결합하도록 설계된다. PCR과정에서 [4-2]이중 가닥 DNA가 단일 가닥으로 되면, [4-3]형광 표식 탐침은 프라이머와 마찬가지로 표적 DNA에 결합한다. 이후 DNA 중합 효소에 의해 이중 가닥 DNA가 형성되는 과정 중에 탐침은 표적 DNA와의 결합이 끊어지고 분해된다. 탐침이 분해되어 형광 물질과 소광 물질의 분리가 일어나면 비로소 형광 물질이 발색되며, 이로써 표적 DNA가 증폭되었음을 알 수 있다.

016. ㉡은 ㉠과 달리 형광 물질과 결합하여 이합체를 이룬다.

017. ㉡은 ㉠과 달리 PCR 복제 과정의 시작 시점에 발색 반응이 일어난다.

018. ㉠과 ㉡은 모두 이중 가닥 표적 DNA에 결합하는 물질이다.

☑ 비교 대상 : 이중 가닥 DNA 특이 염료, 형광 표식 탐침

이중 가닥 DNA 특이 염료

: 이중 가닥 표적 DNA에 결합하여 발색

→ 단점 : 이중 가닥이면 결합하므로 단일 가닥[1-1]인 프라이머끼리 결합하여 이중 가닥(이합체)을 형성하였을 때도 결합하여 발색

형광 표식 탐침

: 단일 가닥이 된 표적 DNA에 결합(발색✕) → PCR 과정으로 표적 DNA가 이중 가닥이 될 때 결합이 끊어지면서 발색 ○

→ 공통점 : 이중 가닥 DNA 특이 염료와 형광 표식 탐침은 모두 DNA 증폭되었을 때 발색

→ 차이점 : 이중 가닥 DNA 특이 염료는 DNA와 결합 시 발색, 형광 표식 탐침은 DNA와 결합이 끊어질 때 발색

016. 2021년 6월 모의고사 15번 – ③

(✕) ㉡은 '형광 물질+소광 물질+단일 가닥 DNA'로 이루어져 있다[4-1]. 소광 물질이 붙어 있어 형광 물질이 소광된 상태에서 단일 가닥이 된 '표적 DNA'와 결합한다. '이합체'란 이중 가닥[3-2]을 뜻하는 단어인데, ㉡은 ㉡자체로 형광 물질이 이미 결합되어 있어서 형광 물질과 결합하지 않고, 형광 물질은 단일 가닥이 아니기 때문에 결합하여 이합체를 이룰 수도 없다. ㉡은 '형광 물질'이 아닌 단일 가닥이 된 '표적 DNA'와 결합하여 이합체를 이룬다. 이합체란 단어의 정의를 [지문]에서 찾아가지 않는다면 '아무것이나 결합하면 이합체'라고 생각하여 맞는 것으로 풀도록 유도한 선지이다.

(X) ㉠은 PCR이 완료되어 새로 형성된 표적 DNA와 결합하여 발색[3-1]한다. 따라서 ㉠는 확실히 한 사이클의 마지막 시점에 발색 반응이 일어난다고 볼 수 있다. PCR 과정의 시작 시점이 어딘지 찾아보면, 열을 가해 이중 가닥의 DNA를 2개의 단일 가닥으로 분리하는 시점[2-1]이다. ㉡은 소광 상태로 단일 가닥의 표적 DNA에 결합하여 있다가 DNA가 복제가 되면 떨어져 나와 발색된다. 따라서 PCR 과정의 시작 시점에서는 소광 상태이기 때문에 ④는 틀린 선지이다. 이를 판단하기 위해서는 PCR 과정의 '시작 시점'이 언제인지 정확히 확인하는 것이 필요하다.

(X) ㉠은 이중 가닥 표적 DNA에 결합[3-1]한다. 그러나 ㉡은 단일 가닥으로 된 표적 DNA에 결합[4-2, 4-3]한다. 따라서 ㉠와 달리 ㉡은 '이중' 가닥 표적 DNA에 결합하는 것이 아니라 '단일' 가닥 표적 DNA에 결합하는 물질이다. 자세히 따져 보지 않으면 틀리게 낸 선지이다.

> **[check point]**
>
> 1. 위 [지문]에서와 같이 어떤 단어들의 정의, 구성 장치 등을 나열한다면 [지문]을 이해하는데 쓰이거나 선지에서 내용이 재등장한다.
>   - → PCR는 주형 DNA, 프라이머, DNA 중합 효소, 4종의 뉴클레오타이드가 필요하다. 프라이머는 ~
>   - → 2020년 6월 모의고사 25번 등 카메라 장치 설명
>   - → 2024년 6월 모의고사 9번 : [지문] '두 원자가 각각 전자를 하나씩 내어놓아 그 두 개의 전자를 한 쌍으로 공유하면 단일 결합', [선지] '두 탄소 원자가 서로 전자를 하나씩 내어놓아 공유하는 결합'
> 2. 이중/단일 가닥같이 [지문]에서 자주 언급하며 구분하는 단어는 문제로 꼭 구현된다.
> 3. 선지에서 낯선 단어나, 상대적인 단어(=시작 시점)가 나온다면 [지문]으로 돌아가 정의를 확인하는 습관을 들이자.
> 4. 비교 대상(특히 '인물'이나 '이론', '시대', '여러 가지 방법 차이', '분류', '대상의 변화', '확장·추가적인 재료 출현' 등) 나오면 공통점, 차이점 파악 중요

> - → 공통점이나 차이점을 언급하여 정답 선지로 출제하거나,
> - → 대상의 설명이나 내용을 바꾸거나, 비교 대상끼리의 공통점을 차이점으로, 차이점을 서로 뒤바꾸어 오답 선지로도 출제함
> 5. 위 [지문]에서 나오는 두 방법의 차이는 18년 6월 모의고사 35~38번 [지문]의 직접/경쟁 방식의 차이와 유사하니 비교해보자.

2020년 6월 모의고사 28번

[1-1]디지털 영상 안정화(DIS) 기술은 촬영 후에 소프트웨어를 사용해 흔들림을 보정하는 기술로 역동적인 상황에서 촬영한 동영상에 적용할 때 좋은 결과를 얻을 수 있다. 이 기술은 촬영된 동영상을 프레임 단위로 나눈 후 연속된 프레임 간 피사체의 움직임을 추정한다. 움직임을 추정하는 한 방법은 특징점을 이용하는 것이다. [1-2]특징점으로는 피사체의 모서리처럼 주위와 밝기가 뚜렷이 구별되며 영상이 이동하거나 회전해도 그 밝기 차이가 유지되는 부분이 선택된다.

먼저 k 번째 프레임에서 특징점들을 찾고, 다음 k+1 번째 프레임에서 같은 특징점들을 찾는다. 이 두 프레임 사이에서 같은 특징점이 얼마나 이동하였는지 계산하여 영상의 움직임을 추정한다. 그리고 흔들림이 발생한 곳으로 추정되는 프레임에서 위치 차이만큼 보정하여 흔들림의 영향을 줄이면 보정된 동영상은 움직임이 부드러워진다.

< 보 기 >

새로 산 카메라의 성능을 시험해 보고 싶어서 OIS 기능을 켜고 동영상을 촬영했다. 빌딩을 찍는 순간, 바람에 휘청하여 들고 있던 카메라가 기울어졌다. 집에 돌아와 촬영된 영상을 확인하고 [b-1]소프트웨어로 보정하려 한다.

[촬영한 동영상 중 연속된 프레임]

㉠ k 번째 프레임　　　㉡ k-1 번째 프레임

019. ㉠에서 빌딩 모서리들 간의 차이를 특징점으로 선택하고 그 차이를 계산하여 ㉡을 보정하겠군.

☑ 순서 파악

k 번째 프레임		k+1 번째 프레임
특징점(모서리)지정	→	이 특징점이 얼마나 이동하였는지 계산하여 영상의 흔들림 추정 → 흔들림 보정

〈보기〉는 촬영된 이후에 소프트웨어로 보정[b-1] 하는 것이기 때문에, 디지털 영상 안정화 기술(DIS)로 보정[1-1]하는 상황이다.

019. 2020년 6월 모의고사 28번 – ③

(✕) [지문] 1-2문장을 보면 특징점으로 피사체의 모서리가 선택된다. 하지만 선지에서는 건물 모서리들 간의 차이를 특징점으로 선택한다고 했으므로 틀린 선지이다. 빌딩 모서리들 간의 차이는 건물 사이의 공간을 말하기 때문에 이 공간을 특징점으로 선택할 수는 없다.

[check point]

1. '모서리'→'모서리들 간의 차이'로 바꿔놓아 완전히 다른 뜻으로 바꾼 선지이다.
2. 〈보기〉 문제는 아래 3가지 케이스와 같다.
   첫 번째로, [지문]에서 특정한 부분을 예시로 든 문제 (해당 유형 ✓)
   – 〈보기〉에서 예시로 든 부분에 관한 설명을 [지문]에서 찾아야 함
   → 주로 기술·과학·경제·법 지문
   (2020년 6월 모의고사 28번, 2021년 11월 수능 15번 등)
   두 번째로, [지문]에서 설명한 내용에서 추가적인 내용을 설명한 문제
   – [지문]과 공통점 차이점 비교
   → 주로 인문(학자) 지문 (2021년 6월 모의고사 8번 등)
   세 번째로, [지문]의 비교 대상끼리 장단점을 섞은 예시를 든 문제
   – [지문]의 어느 부분을 섞은 것인지를 판단하여야 함
   → 신유형 (2024년 6월 모의고사 7번)

2021년 11월 수능 16번

주차하거나 좁은 길을 지날 때 운전자를 돕는 장치들이 있다. 이 중 차량 전후좌우에 장착된 카메라로 촬영한 영상을 이용하여 차량 주위 360°의 상황을 위에서 내려다본 것 같은 영상을 만들어 차 안의 모니터를 통해 운전자에게 제공하는 장치가 있다. 운전자에게 제공되는 영상이 어떻게 만들어지는지 알아보자.

먼저 차량 주위 바닥에 바둑판 모양의 격자판을 펴 놓고 카메라로 촬영한다.

(중략)

왜곡 보정이 끝나면 영상의 점들에 대응하는 3차원 실세계의 점들을 추정하여 이로부터 [3-1]원근 효과가 제거된 영상을 얻는 시점 변환이 필요하다. 카메라가 3차원 실세계를 2차원 영상으로 투영하면 크기가 동일한 물체라도 카메라로부터 멀리 있을수록 더 작게 나타나는데, 위에서 내려다보는 시점의 영상에서는 [3-2]거리에 따른 물체의 크기 변화가 없어야 하기 때문이다. 왜곡이 보정된 영상에서의 몇 개의 점과 그에 대응하는 실세계 격자판의 점들의 위치를 알고 있다면, 영상의 모든 점들과 격자판의 점들 간의 대응 관계를 가상의 좌표계를 이용하여 기술할 수 있다. 이 대응 관계를 이용해서 영상의 점들을 격자의 모양과 격자 간의 상대적인 [3-3]크기가 실세계에서와 동일하게 유지되도록 한 평면에 놓으면 2차원 영상으로 나타난다. 이때 얻은 영상이 위에서 내려다보는 시점의 영상이 된다. 이와 같은 방법으로 구한 각 방향의 영상을 합성하면 차량 주위를 위에서 내려다본 것 같은 영상이 만들어진다.

< 보 기 >

그림은 장치가 장착된 차량의 운전자에게 제공된 영상에서 전방 부분만 보여 준 것이다.

차량 전방의 바닥에 그려진 네 개의 도형이 영상에서 각각 A, B, C, D로 나타나 있고, C와 D는 직사각형이고 크기는 같다. p와 q는 각각 영상 속 임의의 한 점이다.

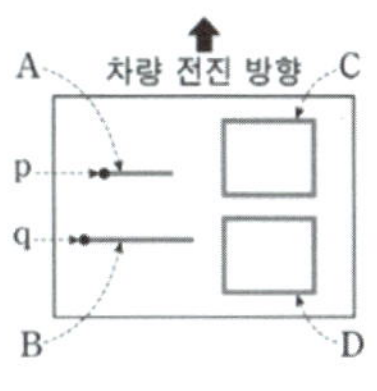

0**20**.　A와 B는 p와 q 간의 대응 관계를 이용하여 바닥에 그려진 도형을 크기가 유지되도록 한 평면에 놓은 것이다.

0**21**.　p가 A 위의 한 점이라면 A는 p에 대응하는 실세계의 점이 시점 변환을 통해 선으로 나타난 것이다.

☑ 순서 파악 : 왜곡 보정 → 시점 변환

〈보기〉는 차량의 운전자에게 제공된 영상이라고 하였으므로 모든 보정(왜곡 보정, 시점 변환)이 끝난 후의 영상이다. 기술 지문에서는 〈보기〉를 주고 어느 부분을 설명하는지 파악해야 하는 문제가 자주 출제된다.

(020. 2021년 11월 수능 16번 – ③)

(✕)　[지문]은 카메라로 3차원 영상을 촬영하여 2차원 영상으로 차량 주위 360° 상황을 나타내는 방법을 설명한다. (중략) 이후의 내용은 영상을 왜곡 보정한 이후 원근 효과를 제거하는 방법에 관한 내용인데, 영상의 점들을 실세계 격자판의 점의 위치와 대응시켜 "크기가 <u>실세계에서와</u> 동일하게 유지되도록" 옮긴다. 지문과 달리 선지에서는 "바닥에 그려진 도형을 크기가 유지되도록 한 평면에 놓은 것"이라고 설명하였다. 이는 "실세계에서와 동일하게 크기 유지"와는 다른 의미로, 도형의 3차원 영상에서의 크기를 원근 효과를 제거하지 않고 그대로 2차원으로 옮긴다고 설명한 것과 같으므로 시점 변환을 하지 않았다고 하는 것과 마찬가지의 의미가 되어 틀린 선지이다.

(021. 2021년 11월 수능 16번 – ⑤)

(✕)　'시점 변환'이란 <u>원근 효과를 제거하는 것</u>[3-1]이다. 점을 시점 변환시킨다고 하더라도 크기가 변화할 뿐 점인 것은 동일하고, 선이 되지는 않는다. A는 A에 놓여 있는 p를 포함한 수많은 점들이 모인 선이지 p를 시점 변환한 것이 선으로 나타난 것이 아니다.

[check point]

1. [지문]에서 설명한 부분 중 한 구절을 살짝 비틀어 다른 뜻으로 탈바꿈시킬 수 있다.

2. 점/선 등 그럴듯하게 보이는 선지가 있다면 [지문]으로 돌아가 정의를 한 번 더 확인하자('시점 변환'은 원근 효과를 제거하는 것).

3. 〈보기〉 문제는 아래 3가지 케이스와 같다.

   첫 번째로, [지문]에서 특정한 부분을 예시로 든 문제 (해당 유형 ✓)

   – 〈보기〉에서 예시로 든 부분에 관한 설명을 [지문]에서 찾아야 함

   → 주로 기술·과학·경제·법 지문

   (2020년 6월 모의고사 28번–책 19번, 2021년 11월 수능 16번–책 20~21번 등)

   두 번째로, [지문]에서 설명한 내용에서 추가적인 내용을 설명한 문제

   – [지문]과 공통점 차이점 비교

   → 주로 인문(학자) 지문 (2021년 6월 모의고사 8번 –책 274번~275번 등)

   세 번째로, [지문]의 비교 대상끼리 장단점을 섞은 예시를 든 문제

   – [지문]의 어느 부분을 섞은 것인지를 판단하여야 함

   → 신유형 (2024년 6월 모의고사 7번–책 40~42번)

   ⇒ 2021년 9월 모의고사 16번(책 272번~) 〈보기〉문제와 비교해보길 바란다.

2019년 11월 수능 40번

바젤위원회에서는 BIS 비율이 적어도 규제 비율인 8%는 되어야 한다는 기준을 제시하였다. 이에 대한 식은 다음과 같다.

$$BIS \text{ 비율} = \frac{\text{자기자본}}{\text{위험가중자산}} \times 100 \geq 8(\%)$$

여기서 [2-1]자기자본은 은행의 <u>기본자본, 보완자본 및 단기 후순위 채무의 합</u>으로, 위험가중자산은 보유 자산에 각 자산의 신용 위험에 대한 위험 가중치를 곱한 값들의 합으로 구하였다. 위험 가중치는 자산 유형별 신용 위험을 반영하는 것인

데, OECD 국가의 국채는 0%, 회사채는 100%가 획일적으로 부여되었다. 이후 금융 자산의 가격 변동에 따른 시장 위험도 반영해야 한다는 요구가 커지자, 바젤위원회는 위험가중자산을 신용 위험에 따른 부분과 시장 위험에 따른 부분의 합으로 새로 정의하여 BIS 비율을 산출하도록 하였다. 신용 위험의 경우와 달리 시장 위험의 측정 방식은 감독 기관의 승인하에 은행의 선택에 따라 사용할 수 있게 하여 '바젤 I' 협약이 1996년에 완성되었다.

금융 혁신의 진전으로 '바젤 I' 협약의 한계가 드러나자 2004년에 '바젤 II' 협약이 도입되었다. 여기에서 BIS 비율의 위험가중자산은 신용 위험에 대한 위험 가중치에 자산의 유형과 신용도를 모두 고려하도록 수정되었다. 신용 위험의 측정 방식은 표준 모형이나 내부 모형 가운데 하나를 은행이 이용할 수 있게 되었다. 표준 모형에서는 OECD 국가의 국채는 0%에서 150%까지, 회사채는 20%에서 150%까지 위험 가중치를 구분하여 신용도가 높을수록 낮게 부과한다. 예를 들어 실제 보유한 회사채가 100억 원인데 신용 위험 가중치가 20%라면 위험가중자산에서 그 회사채는 20억 원으로 계산된다. 내부 모형은 은행이 선택한 위험 측정 방식을 감독 기관의 승인하에 그 은행이 사용할 수 있도록 하는 것이다.

최근에는 '바젤 III' 협약이 발표되면서 자기자본에서 단기후순위 채무가 제외되었다. 또한 위험가중자산에 대한 [4-1]기본자본의 비율이 최소 6%가 되게 [4-2]보완하여 자기자본의 손실 복원력을 강화하였다.

< 보 기 >

갑 은행이 어느 해 말에 발표한 자기자본 및 위험가중자산은 아래 표와 같다. 갑 은행은 OECD 국가의 국채와 회사채만을 자산으로 보유했으며, 바젤 II 협약의 표준 모형에 따라 BIS 비율을 산출하여 공시하였다. 이때 회사채에 반영된 위험 가중치는 50%이다. 그 이외의 자본 및 자산은 모두 무시한다.

항목	자기자본		
	기본자본	보완자본	단기후순위채무
금액	50억 원	20억 원	40억 원

항목	위험 가중치를 반영하여 산출한 위험가중자산		
	신용 위험에 따른 위험가중자산		시장 위험에 따른 위험가중자산
	국채	회사채	
금액	300억 원	300억 원	400억 원

0**22.** 갑 은행이 위험가중자산의 변동 없이 보완자본을 10억 원 증액한다면 바젤 III 협약에서 보완된 기준을 충족할 수 있겠군.

$$\frac{\text{자기자본 = 기본자본 + 보완자본 + 단기후순위 채무}}{\text{위험가중자산} = \Sigma\,(\,\text{보유자산} \times \text{위험가중치}\,)} \times 100$$

(시장위험)　　　(신용위험)

→ [바젤 I] → 보유자산 × 위험가중치 + 보유자산 × 위험가중치
　　　　　　　└→은행선택　　　　　　　　　자산유형
　　　　　　　　　　　　　　　　　　　　└→ 국채10%, 회사채100%

→ [바젤 II] → 보유자산 × 위험가중치 + 보유자산 × 위험가중치
　　　　　　　└→은행선택
　　　　　　　　　　　　　　자산유형,신용도
　　　　　　　　└→ 표준모형 : 국채 0~150%, 회사채 20~150%
　　　　　　　　　　내부모형 : 은행선택

✓ 비교 대상 : 바젤 I → 바젤 II → 바젤 III

* 자기자본 = 기본자본+보완자본+단기후순위 채무
* 위험가중자산 =Σ(보유 자산×위험 가중치)⇒신용 위험에 대한 부분+시장 위험에 대한 부분

바젤 I

* 위험 가중치: 자산 유형별로 산정. 국채 0%, 회사채 100% (신용 위험에 대한 부분은 은행이 선택할 수 있음)

바젤 II

* 위험 가중치:
  - 신용 위험에 대한 부분: 자산 유형별과 신용도를 모두 고려_표준 모형 or 내부 모형
  - 표준 모형: 국채는 0%~150%까지, 회사채는 20%~150%까지 신용도와 반비례로 부과
  - 내부 모형: 은행이 선택한 위험 측정 방식을 감독 기관의 승인하에 사용할 수 있도록 함

바젤 III

* BIS비율 자기자본에서 단기후순위 채무 제외

$$:\ \frac{\text{자기자본(기본자본+보완자본+단기후순위채무)}}{\text{위험가중자산}}$$

$$\times 100 \Rightarrow \frac{\text{자기자본(기본자본+보완자본)}}{\text{위험가중자산}} \times 100$$

* 추가 조건: $\dfrac{\text{기본자본}}{\text{위험가중자산}} \times 100 \geq 6\%$

022. 2019년 11월 수능 40번 – ⑤

(X) 전형적인 함정 패턴이다. 바젤 I, 바젤 II 협약까지는 없었던 제약 ($\frac{기본자본}{위험가중자산} \times 100 \geq 6\%$)이 바젤 III부터 새로 생기면서 BIS 비율이 8% 이상에서 6% 이상으로 바뀌었다고 생각하기 쉽다. 단어를 정의할 때나 어떤 조건이 변화할 때 해당 단어를 주의 깊게 보자. '자기'자본 안에 '기본'[4-1]자본이 속해있다. 바젤 III 협약은 원래 BIS비율의 분자인 '자기자본'에서 단기후순위 채무가 제외한 것(= 기본자본 + 보완자본)이 분자가 되는 것을 말한다. 또한 바젤 III 협약은 <u>위험가중자산에 대한 '기본'자본의 비율이 6% 이상일 것을 요구</u>한다.

또한 기본자본이라는 단어를 놓치고 BIS 비율이 6% 이상으로 바뀌었다고 생각한 경우에도, 지문과 선지 모두 '보완하여', '<u>보완된 기준[4-2]</u>'이라는 긍정적 강화 표현을 사용하였기 때문에 바젤 III에서 기준이 더 엄격해져야 한다고 생각하고 선지를 판단하는 것이 필요하다.

선지에서 위험가중자산에 대한 기본자본의 비율은 $\frac{50억 원}{100억 원} \times 100 = 5\%$ 이다. 바젤 III협약에서 보완된 기준은 6% 이상이므로 갑 은행은 이를 충족하지 못한다. 또한 갑 은행이 위험가중자산의 변동 없이 보완자본을 10억 원 증액한다고 하더라도 '기본'자본은 아무런 변동이 없기 때문에 보완된 기준을 여전히 충족하지 못한다. 선지가 '가정+가정에 따른 결론'의 형태로 이루어진 경우에, 그 가정에 따르더라도 결론에는 변함이 없는 선지가 자주 출제되므로 유의해놓자(이 선지 외에 22년 수능 12번의 ③번 선지(책 87번) 등).

[check point]

1. [지문]에서 비슷하지만 다른 단어는 꼼꼼히 구분해 놓자
   → '책임'과 '채무' (2020년 수능 29번–책 51번)
   → '합성'과 '활성' (2022년 6월 모의고사 12번–책 10번)
   → '추정'과 '측정' (2022년 수능 16번–책 79번~83번)
   → '결과'와 '변화' (2022년 6월 모의고사 14번–책 259번~261번)
   → '자기 자본'과 '기본 자본'(2019년 수능 40번–책 22번)
2. 정책의 변화가 있다면 어느 부분이 변하는지, 변하지 않는지를 체크해야 한다.
3. '~(가정) 한다면(실제로는 아무런 영향이 없음) ○○○일 것이다.' 같은 선지가 자주 출제된다.
   ⇒ **2022년 수능 12번 문제(책 87번)도 같은 케이스다. 한 번 풀어보자**
4. 〈보기〉 문제는 아래 3가지 케이스와 같다.
   첫 번째로, [지문]에서 특정한 부분을 예시로 든 문제 (해당 유형 ✓)
   – 〈보기〉에서 예시로 든 부분에 관한 설명을 [지문]에서 찾아야 함
   → 주로 기술·과학·경제·법 지문
   (2020년 6월 모의고사 28번–책 19번, 2021년 11월 수능 16번–책 20~21번 등)
   두 번째로, [지문]에서 설명한 내용에서 추가적인 내용을 설명한 문제
   – [지문]과 공통점 차이점 비교
   → 주로 인문(학자) 지문 (2021년 6월 모의고사 8번 –책 274번~275번 등)
   세 번째로, [지문]의 비교 대상끼리 장단점을 섞은 예시를 든 문제
   – [지문]의 어느 부분을 섞은 것인지를 판단하여야 함
   → 신유형 (2024년 6월 모의고사 7번–책 40~42번)
   ⇒ **2021년 9월 모의고사 16번(책 272번~) 〈보기〉문제와 비교해보길 바란다.**

2019년 9월 모의고사 40번

한편 실내에서 위치 측정에 사용 가능한 방법으로는 블루투스 기반의 비콘을 활용하는 기술이 있다. 비콘은 실내에 고정 설치되어 비콘마다 정해진 식별 번호와 위치 정보가 포함된 신호를 주기적으로 보내는 기기이다. 스마트폰에 내장된 단말기가 비콘 신호의 도달 거리 내로 진입하면 단말기 안의 수신기가 이 신호를 인식한다. 이 신호를 이용하여 2차원 평면에서의 위치를 측정하는 방법으로는 다음과 같은 것들이 있다.

<u>근접성 기법</u>은 단말기가 비콘 신호를 수신하면 해당 비콘의 위치를 단말기의 위치로 정한다. 여러 비콘 신호를 수신했을 경우에는 [2-1]<u>신호가 가장 강한 비콘의 위치를 단말기의 위치로 정한다.</u>

(중략)

㉠ 위치 지도 기법은 측정 공간을 작은 구역들로 나누어 3-1각 구역마다 기준점을 설정하고 3-2그 주위에 비콘들을 설치한다. 그러고 나서 비콘들이 송신하여 각 기준점에 도달하는 신호의 세기를 측정한다. 3-3이 신호 세기와 비콘의 식별 번호, 기준점의 위치 좌표를 서버에 있는 데이터베이스에 위치 지도로 기록해 놓는다. 이 작업을 모든 기준점에서 수행한다. 특정한 위치에 도달한 단말기가 비콘 신호를 수신하면 신호 세기를 측정한 뒤 비콘의 식별 번호와 함께 서버로 전송한다. 서버는 3-4수신된 신호세기와 가장 가까운 신호 세기를 갖는 기준점을 데이터베이스에서 찾아 이 기준점의 위치를 단말기에 알려 준다.

㉠에 대한 이해이다.

023. 측정된 신호 세기가 서버에 저장된 값과 가장 가까운 비콘3-4의 위치가 단말기의 위치가 된다.

☑ **순서: 비콘 신호 송신 → 단말기 신호 수신**
☑ **비교 대상 : 근접성 기법, 위치 지도 기법**

근접성 기법: 여러 비콘 중 신호가 가장 강한 비콘의 위치를 단말기의 위치로 정함.

위치 지도 기법:

1) 데이터베이스 구축: 각 구역마다 기준점을 설정2-1하고 그 주위에 비콘을 설치3-2. 비콘이 송신하는 신호 세기, 식별 번호, 기준점의 위치 좌표를 데이터베이스3-3에 기록.

2) 스마트폰 위치 파악: 스마트폰 단말기가 비콘 신호를 수신하면 수신된 신호세기와 가장 가까운 신호세기를 데이터베이스에서 찾아 기준점으로 삼고, 그 기준점의 위치3-4를 단말기의 위치로 정함.

●: 기준점
×: 비콘

(X) 위치 지도 기법은 비콘의 신호를 수신하고, 그 비콘 근처의 기준점의 위치3-4를 단말기의 위치로 삼는다. [지문]과 같이 비콘의 위치2-1를 단말기의 위치로 삼는 기법은 근접성 기법이다.

기법 내부에서의 역할 및 비교 대상 간의 차이점을 바꿔치기한 선지이다. [지문]을 확인하지 않고 문제를 풀면 빠지기 쉬운 함정 패턴이다. [지문]에서 비교점의 위치 등을 체크하고 넘어가는 습관을 들이자.

[check point]

1. 기법의 순서 파악 시에는 단어 간 연결 주의
   - → 혼동하기 쉬운 단어를 가져와서 바꿔치기 할 수 있음
   - → 특히 주어와 서술어와의 대응을 주의하여 파악하는 습관 필요
2. 비교 대상 (특히 '인물'이나 '이론', '시대', '여러 가지 방법 차이', '분류', '대상의 변화' , '확장·추가적인 재료 출현' 등) 나오면 공통점, 차이점 파악 중요
   - → 공통점이나 차이점을 언급하여 정답 선지로 출제하거나,
   - → 대상의 설명이나 내용을 바꾸거나, 비교 대상끼리의 공통점을 차이점으로, 차이점을 서로 뒤바꾸어 오답 선지로도 출제함

2022년 6월 모의고사 14번

경제학에서는 증거에 근거한 정책 논의를 위해 사건의 효과를 평가해야 할 경우가 많다. 어떤 사건의 효과를 평가한다는 것은 사건 후의 결과와 사건이 없었을 경우에 나타났을 결과를 비교하는 일이다. 그런데 가상의 결과는 관측할 수 없으므로 실제로는 사건을 경험한 표본들로 구성된 1-1시행집단의 결과와, 사건을 경험하지 않은 표본들로 구성된 1-2비교집단의 결과를 비교하여 사건의 효과를 평가한다. 따라서 이 작업의 관건은 그 사건 외에는 결과에 차이가 날 이유가 없는 두 집단을 구성하는 일이다. 가령 어떤 사건이 임금에 미친 효과를 평가할 때, 그 사건이 없었다면 시행집단과 비교집단의 평균 임금이 같을 수밖에 없도록 두 집단을 구성하는 것이다.

이를 위해서는 두 집단에 표본이 임의로 배정되도록 사건을 설계하는 실험적 방법이 이상적이다.

이중차분법은 [2-1]시행집단에서 일어난 변화에서 [2-2]비교집단에서 일어난 변화를 뺀 값을 사건의 효과라고 평가하는 방법이다. 이는 [2-3]사건이 없었더라도 비교집단에서 일어난 변화와 같은 크기의 변화가 시행집단에서도 일어났을 것이라는 평행추세 가정에 근거해 사건의 효과를 평가한 것이다. 이 가정이 충족되면 사건 전의 상태가 평균적으로 같도록 두 집단을 구성하지 않아도 된다.

0**24.** 실험적 방법에서는 시행집단에서 일어난 평균 임금의 사건 전후 변화를 어떤 사건이 임금에 미친 효과라고 평가한다.

☑ **비교 대상 : 실험적 방법, 이중차분법**

실험적 방법: 시행집단의 결과[1-1]와 비교집단의 결과[1-2]를 비교하는 방법

- 결과를 비교하는 것이므로 시행 전의 값은 같아야 함
- 사건이 없다면 결과값이 같아야함

이중차분법: 시행집단의 변화[2-1]와 비교집단의 변화[2-2]를 비교하는 방법

- 변화의 차이 값을 비교하는 것이므로 시행 전후의 값은 서로 달라도 됨.
- 평행추세 가정 : 사건이 없었더라도 변화한 값은 같아야 함.

	사건 전 값	사건 후 값	변화 값
시행집단 (사건 경험○)	A	B	|A-B|
비교집단 (사건 경험✕)	C	D	|C-D|

(024. 2022년 6월 모의고사 14번 - ①)

(✗) 실험적 방법은 시행집단의 결과(B)[1-1] 비교집단의 결과(D)[1-2]를 비교하는 것이다. 하지만 선지는 시행집단의 사건 전후 변화(C, D)를 비교한다고 하였으니 틀린 선지이다.

[지문]을 읽을 때 단어에 유의하면서 읽어야 한다. '결과'

끼리 비교하는 것과 '전후 변화'를 비교하는 것은 완전히 다른 말이다.

[check point]

[지문]에서 비슷하지만 다른 단어는 꼼꼼히 구분해 놓자
→ '책임'과 '채무' (2020년 수능 29번–책 51번)
→ '합성'과 '활성' (2022년 6월 모의고사 12번–책 10번)
→ '추정'과 '측정' (2022년 수능 16번–책 79번~83번)
→ '결과'와 '변화' (2022년 6월 모의고사 14번–책 259번 ~261번)
→ '자기 자본'과 '기본 자본'(2019년 수능 40번–책 22번)

2023년 9월 모의고사 13번

유형원의 기본적인 생각은 국가 공동체를 서이학적 가치와 규범에 따라 운영하고, 구성원도 도덕적으로 만드는 도덕 국가의 건설이었다. 신분 세습을 비판한 그는 현명한 인재라도 노비로 태어나면 노비로 살아야 하는 것이 천하의 도리에 어긋난다고 보고, 노비제 폐지를 주장했다. 아울러 비도덕적 직업이라고 생각한 광대와 같은 직업군을 철폐하고, 사농공상(士農工商)의 사민(四民)으로 편성하고자 했다. [1-1]그는 과거제 대신 공거제를 통해 도덕적 능력이 뛰어난 자를 추천으로 선발하여 여러 단계의 교육을 한 후, 최소한의 학식을 확인하여 관료로 임명해야 한다고 제안했다. 도덕을 기준으로 관료를 선발하고 지방에도 관료 선발 인원을 적절히 분배하면 향촌 사회의 풍속도 도덕적으로 이끌 수 있다고 본 것이다.

정약용은 신분제가 동요하는 상황에서 사민이 뒤섞여 사는 것이 교화에 도움이 되지 않는다고 보고, 사농공상별로 구분하여 거주하는 것을 포함한 행정 구역 개편을 구상했다. 이에 맞춰 사(士) 집단을 재편하고자 했다. [2-1]도덕적 능력의 여부에 따라 추천으로 예비 관료인 '선사'를 선발하고 일정한 교육을 한 후, 여러 단계의 시험을 거쳐 관료를 선발할 것을 제안했다. 사 거주지에서 더 많은 선사를 선발하도록 했지만, 농민과 상공인에도 선사의 선발 인원을 배정하는 등 노비 이외에서 사 집단으로 진출할 수 있도록 했다. 노비제에 대해서는 사를 뒷받침하기 위해 유지되어야 한다고 주장했다.

025. 유형원과 정약용은 모두 시험으로 도덕적 능력이 우수한 이를 선발하여 교육한 후 관료로 임명하는 방안을 제시했다.

☑ **비교 대상: 유형원, 정약용**

	공통점	차이점
유형원	과거제 대신 추천제 → 도덕적 능력에 따라 추천으로 관료선발	– 노비제 폐지
정약용		– 사농공상별로 구분 → 사 집단 재편 – 노비제 유지

025. 2023년 9월 모의고사 13번 – ⑤

(X) 유형원[1-1]과 정약용[2-1] 모두 과거제(시험)대신 추천으로 선발하고자 하였다. 두 사람 모두 도덕적 능력이 우수한 이를 추천으로 선발하고자 하였고, 교육 후 관료로 임명하고자 하였다. 따라서 '모두 시험으로'는 틀렸다. 한 단어만 변경하면 맞는 내용이라 선지를 꼼꼼하게 읽지 않으면 옳다고 생각하기 쉽다.

[check point]

1. 비교 대상의 공통점을 틀리게 바꿔서 출제
2. 맞는 내용에 틀린 단어를 끼워 넣어 그냥 지나치기 쉬우니 선지를 꼼꼼히 읽자

2022년 9월 모의고사 14, 15번

인터넷 검색 엔진은 검색어를 포함하는 웹 페이지를 찾아 화면에 보여 준다. [1-1]웹 페이지가 화면에 나타나는 순서를 정하기 위해 검색 엔진은 수백 개가 넘는 항목을 고려한 다양한 방식을 사용한다. 대표적인 항목으로 중요도와 적합도가 있다.
검색 엔진은 [2-1]빠른 시간 내에 검색 결과를 보여 주기 위해 웹 페이지들의 데이터를 수집하여 인덱스를 미리 작성해 놓는다. [2-2]인덱스란 단어를 알파벳순으로 정리한 목록으로, 여

기에는 각 단어가 등장하는 웹 페이지와 단어의 빈도수 등이 저장된다. 이때 각 웹 페이지의 중요도가 함께 기록된다.

(중략)

[3-1]사용자가 검색어를 입력하면 검색 엔진은 인덱스에서 검색어에 적합한 웹 페이지를 찾는다. ⓛ 적합도는 [3-2]단어의 빈도, 단어가 포함된 웹 페이지의 수, 웹 페이지의 글자 수를 반영한 식을 통해 값이 정해진다. [3-3]해당 검색어가 많이 나올수록, 그 검색어를 포함하는 다른 웹 페이지의 수가 적을수록, 현재 웹 페이지의 글자 수가 전체 웹 페이지의 평균 글자 수에 비해 적을수록 적합도가 높아진다. [3-4]검색 엔진은 중요도와 적합도, 기타 항목들을 적절한 비율로 합산하여 화면에 나열되는 웹 페이지의 순서를 결정한다.

---

026. 사용자가 검색어를 입력하면 검색 엔진은 검색한 결과를 인덱스에 정렬된 순서대로[3-4] 화면에 나타낸다.

027. 알파벳순으로 앞 순서에 있는 단어들을 웹 페이지 첫 부분에 많이 포함시켜 ⓛ을 높이는 방안으로 검색 결과에서 웹 페이지의 순위를 높일 수 있다.

☑ **비교 대상: 중요도, 적합도**
☑ **순서 : 인덱스 작성(중요도 포함) → 검색 → 중요도, 적합도, 기타 항목 고려하여 웹페이지 순서 결정**

[인덱스 예시]
A. Apple : 웹페이지1(단어 빈도수 3, 중요도 10),
웹페이지2(단어 빈도수 5, 중요도 7)
B
C
...

↓

사용자가 apple 검색

↓

웹페이지마다 인덱스를 이용하여 적합도를 계산.
적합도 ↑ :
– apple이란 단어의 빈도수 ↑
– apple이란 단어를 포함하는 다른 웹페이지 수 ↓
– 현재 웹 페이지의 글자 수가 전체 웹 페이지의 평균 글자 수에 비해 ↓

↓

웹 페이지마다 중요도, 적합도, 기타 항목 고려하여
화면에 나열되는 순서 결정

(026. 2022년 9월 모의고사 14번 − ⑤)

(X) 인덱스는 빠른 시간 내에 검색 결과를 보여 주기 위해 미리 작성해놓는 목록[2-1]일 뿐이다. [지문] 마지막 단락에서 "사용자가 검색어를 입력하면 검색 엔진은 인덱스에서 검색어에 적합한 웹 페이지를 찾는다[3-1].", "검색 엔진은 중요도와 적합도, 기타 항목들을 적절한 비율로 합산하여 화면에 나열되는 웹 페이지의 순서를 결정한다.[3-4]"는 문장이 나온다. 따라서 나열되는 웹페이지의 순서는 중요도와 적합도, 기타 항목들을 합산하여 결정되는 것이고 '인덱스에 정렬된 순서대로' 나타나는 것은 아니다.

+ 순서를 비꼬아 낸 선지이기도 하다. 검색 엔진은 인덱스를 미리 작성해 놓았다가 사용자가 검색어를 입력하면 인덱스에 있는 자료를 활용하여 웹페이지 순서를 정한다. 인덱스는 단순히 순서상 앞에 작성된 것이고, 웹페이지 순서를 정하는 데에 한 요소가 되는 것일 뿐임을 헷갈리지 않아야 한다.

(027. 2022년 9월 모의고사 15번 − ③)

(X) 적합도를 높일 수 있는 조건은 "해당 검색어가 많이 나올수록, 그 검색어를 포함하는 다른 웹 페이지의 수가 적을수록, 현재 웹 페이지의 글자수가 전체 웹 페이지의 평균 글자 수에 비해 적을수록[3-3]"이다. 따라서 검색어를 웹 페이지에 많이 포함시키면 적합도가 높아지겠지만, '알파벳순으로' 앞 순서에 있는 단어를 많이 포함시키는 것은 적합도에 아무런 영향이 없는 방안이다.
인덱스에서 단어를 알파벳 순으로 배치시킨다[2-2]고 한 것을 활용하여 '[지문]에서 본 내용이니 맞다'라고 착각하게 만든 선지이다.

[check point]

1. 방식을 설명하면서 '대표적인 항목으로 중요도, 적합도가 있다'라고 구체적으로 설명
   → 중요도와 적합도가 비교 대상이구나 생각할 수 있어야 한다.
2. 방식과 절차를 설명할 때는 순서에 유의하자.
   → 비교 대상, 정의하는 대상별로 따라가면서 순서를 파악

하면 편하다(인덱스, 중요도, 적합도 등).

3. [지문]에서 언급된 구, 절을 살짝 끼워 넣어 어디선가 본 듯하게 만든 선지를 유의하자.

2022년 6월 모의고사 5번

이런 분위기에서 세종은 중국과 우리나라의 흥망성쇠를 담은 『치평요람』의 편찬을 명하였고, 집현전 학자들은 원(元)까지의 중국 역사와 고려까지의 우리 역사를 정리하였다. 정리 과정에서 주자학적 역사관이 담긴 『자치통감강목』에 따라 역대 국가를 정통과 비정통으로 구분했지만, 편찬 형식 측면에서는 강목체를 따르지 않았다. 또한 올바른 정치의 여부에 따라 국가의 운명이 다하고 천명이 옮겨 간다는 내용을 드러내고자 기존 역사서와 달리 국가 간 전쟁과 외교 문제, 국가 말기의 혼란과 새 국가 초기의 혼란 수습 등을 부각하였다.

0**28.** 『치평요람』은 『자치통감강목』의 편찬 형식에 따라 역대 국가를 정통과 비정통으로 구분하여 정리하였다.

☑ **비교 대상: 치평요람, 자치통감강목**

(028. 2022년 6월 모의고사 5번 − ③)

(X) 『치평요람』은 『자치통감강목』에 따라 역대 국가를 정통과 비정통으로 구분한 것은 맞지만, "편찬 형식 측면에서는 강목체를 따르지 않았다."를 통해 『치평요람』이 『자치통감강목』의 편찬 형식을 따르지 않았다는 것을 알 수 있다. 따라서 선지의 『자치통감강목』의 '편찬 형식에 따라' 부분이 틀렸다.

[check point]

[지문]을 읽을 때 굳이 이런 것도 추가로 언급한다 싶은 내용이나, 직접적으로 '○○은 아니다.', '○○을 제외하고'라고 짚고 넘어가는 내용이 있다면 선지에 출제될 가능성이 높다.
→ 위 [지문]에서 『치평요람』의 내용만 설명했어도 충분한데 『자

『치통감강목』의 편찬 형식을 따르지 않았다고 굳이 언급함.

→ 유사 2023년 9월 모의고사 : 정약용은 노비 이외의 집단에서 사 집단으로 진출할 수 있도록~

2020년 6월 모의고사 17번

한국, 중국 등 동아시아 사회에서 오랫동안 유지되었던 과거제는 세습적 권리와 무관하게 능력주의적인 시험을 통해 관료를 선발하는 제도라는 점에서 합리성을 갖추고 있었다. 정부의 관직을 두고 정기적으로 시행되는 공개 시험인 과거제가 도입되어, 높은 지위를 얻기 위해서는 신분이나 [1-1]**추천보다 시험 성적이 더욱 중요**해졌다.

명확하고 합리적인 기준에 따른 관료 선발 제도라는 [2-1]**공정성**을 바탕으로 과거제는 보다 많은 사람들에게 사회적 지위 획득의 기회를 줌으로써 개방성을 제고하여 사회적 유동성 역시 증대시켰다. 응시 자격에 일부 제한이 있었다 하더라도, 비교적 공정한 제도였음은 부정하기 어렵다. 시험 과정에서 익명성의 확보를 위한 여러 가지 장치를 도입한 것도 공정성 강화를 위한 노력을 보여 준다.

과거제는 여러 가지 사회적 효과를 가져왔는데, 특히 학습에 강력한 동기를 제공함으로써 교육의 확대와 지식의 보급에 크게 기여했다. 그 결과 통치에 참여할 능력을 갖춘 지식인 집단이 폭넓게 형성되었다. 시험에 필요한 고전과 유교 경전이 주가 되는 학습의 내용은 도덕적인 가치 기준에 대한 광범위한 공유를 이끌어 냈다. 또한 최종 단계까지 통과하지 못한 사람들에게도 국가가 여러 특권을 부여하고 [3-1]**그들이 지방 사회에 기여하도록 하여 경쟁적 선발 제도가 가져올 수 있는 부작용을 완화**하고자 노력했다.

O**29.** 경쟁을 바탕으로 한 과거제는 더 많은 사람들이 **지방의 관료에 의해 초빙될** 기회를 주었다.

029. 2020년 6월 모의고사 17번 – ④

(X) 과거제는 경쟁을 바탕으로 보다 많은 사람들에게 기회를 준 것[2-1]은 맞지만, [지문]에서 말하는 기회가 선지의

"지방의 관료에 의해 초빙될" 기회를 말하는 것은 아니다. 첫 번째 문단의 마지막 문장을 보면 '과거제는 추천(≒ 초빙)보다 시험 성적이 더욱 중요하다.[1-1]'고 나와 있다. 또한 [지문]을 보면 전반적으로 '과거제는 시험 성적으로 선발하는 제도며 공정하고 긍정적인 효과가 있다.'라는 내용을 설명하고 있기 때문에 지문의 주제와도 맞지 않는 선지이다.

3-1 문장의 '지방 사회에 기여하게 만든다'는 내용과 초빙이라는 단어를 섞어 "지방의 관료에 의해 초빙될 기회"라는 내용을 새로 만들어냈다. 얼핏 보면 [지문]에서 읽은 것으로 생각하여 옳은 선지라고 보이게 한 선지이다.

[check point]

[지문]에서 언급한 내용을 활용하여 완전히 다른 절로 만든 선지

2021년 11월 수능 4번

변증법의 매력은 '종합'에 있다. 종합의 범주는 두 대립적 범주 중 하나의 일방적 승리로 끝나도 안 되고, 두 범주의 고유한 본질적 규정이 소멸되는 중화 상태로 나타나도 안 된다. 종합은 양자의 본질적 규정이 유기적 조화를 이루어 질적으로 고양된 최상의 범주가 생성됨으로써 성립하는 것이다.

헤겔이 강조한 변증법의 탁월성도 바로 이것이다. 그러기에 변증법의 원칙에 최적화된 엄밀하고도 정합적인 학문 체계를 조탁하는 것이 바로 그의 철학적 기획이 아니었던가. 그런데 그가 내놓은 성과물들은 과연 그 기획을 어떤 흠결도 없이 완수한 것으로 평가될 수 있을까? 미학에 관한 한 '그렇다'는 답변은 쉽지 않을 것이다. 지성의 형식을 직관-표상-사유 순으로 구성하고 이에 맞춰 절대정신을 예술-종교-철학 순으로 편성한 전략은 외관상으로는 변증법 모델에 따른 전형적 구성으로 보인다. 그러나 실질적 내용을 보면 직관으로부터 사유에 이르는 과정에서는 외면성이 점차 지워지고 내면성이 점증적으로 강화·완성되고 있음이, 예술로부터 철학에 이르는 과정에서는 객관성이 점차 지워지고 주관성이 점증적으로 강화·완성되고 있음이 확연히 드러날 뿐, 진정한

변증법적 종합은 이루어지지 않는다. 직관의 외면성 및 예술의 객관성의 본질은 무엇보다도 감각적 지각성인데, 이러한 핵심 요소가 그가 말하는 종합의 단계에서는 완전히 소거되고 만다.

변증법에 충실하려면 헤겔은 철학에서 성취된 완전한 주관성이 재객관화되는 단계의 절대정신을 추가했어야 할 것이다. 예술은 '철학 이후'의 자리를 차지할 수 있는 유력한 후보이다. 실제로 많은 예술 작품은 '사유'를 매개로 해서만 설명되지 않는가. 게다가 이는 누구보다도 풍부한 예술적 체험을 한 헤겔 스스로가 잘 알고 있지 않은가. 이 때문에 방법과 철학 체계 간의 이러한 불일치는 더욱 아쉬움을 준다.

0**30**. 특정한 철학적 방법의 시대적 한계를 지적하고 이에 맞서는 혁신적 방법을 제안하고 있다.

☑ **비교 대상 : 종합, 헤겔의 변증법**

> · 종합 : 양자의 본질적 규정이 유기적 조화를 이루어 질적으로 고양된 최상의 범주가 생성됨(일방적 승리X, 본질 소멸 X)
> · 헤겔의 변증법 : '미학'에 관한 한 종합을 완벽하게 수행하지 못함
> – 지성 : 직관-표상-사유
>   → '직관→사유'로 갈수록 외면성 ↓ 내면성 ↑, 결국 외면성은 완전히 소거
> – 절대정신 : 예술-종교-철학
>   → '예술→철학'으로 갈수록 객관성 ↓ 주관성 ↑, 결국 객관성은 완전히 소거
> ⇒ 헤겔의 변증법은 진정한 종합 X

(030. 2021년 11월 수능 4번 – ③)

(X) [지문]에서 첫 번째 문단은 변증법의 '종합'을 설명하고 있고, 두 번째 문단은 이와 비교하여 헤겔의 변증법의 '종합'의 한계를 설명하고 있다. 세 번째 문단에서는 헤겔의 변증법의 종합에 대한 한계를 보완할 수 있는 방법을 소개하고 있다. 이에 따르면 [지문]에서는 이상적인 종합의 방법과 비교하여 헤겔의 변증법의 한계를 설명하고 있을 뿐

어디에서도 헤겔의 변증법이 가지는 '시대적 한계'를 지적하고 있지는 않다. 또한 지문에서 그러한 한계에 대한 혁신적 방법도 제시하지 않는다. 따라서 틀린 선지이다.

> **[check point]**
>
> 언급되지 않은 내용을 언급된 것처럼 보이게 하는 선지이다. 문단마다 주제를 파악하면서 읽을 필요가 있다.
> → [지문]의 서술 방식을 묻는 문제들에 자주 나온다.
> → 2021년 6월 4번 문제와 비슷하다.

2021년 6월 모의고사 4번

근대 이후 서양의 철학자들은 과학적 세계관이 대두하면서 이전과는 달리 인과를 물리적 작용 사이의 관계로 국한하려는 경향을 보였다. 문제는 흄이 지적했듯이 인과 관계 그 자체는 직접 관찰할 수 없다는 것이다. 원인과 결과에 해당하는 사건만을 관찰할 수 있을 뿐이다. 가령 "추위 때문에 강물이 얼었다."는 직접 관찰한 물리적 사실을 진술한 것이 아니다. 그래서 인과가 과학적 개념인지에 대한 의심이 철학자들 사이에 제기되었다. 이에 [1-1]인과를 과학적 세계관에 입각하여 이해하려는 시도가 새면의 과정 이론이다.

[2-1]야구공을 던지면 땅 위의 공 그림자도 따라 움직인다. 공이 움직여서 그림자가 움직인 것이지 그림자 자체가 움직여서 그림자의 위치가 변한 것은 아니다. 과정 이론은 이 차이를 다음과 같이 설명한다. 과정은 대상의 시공간적 궤적이다. 날아가는 야구공은 물론이고 땅에 멈추어 있는 공도 시간은 흘러가고 있기에 시공간적 궤적을 그리고 있다. 공이 멈추어 있는 상태도 과정인 것이다. 그런데 모든 과정이 인과적 과정은 아니다. 어떤 과정은 다른 과정과 한 시공간적 지점에서 만난다. 즉, 두 과정이 교차한다. 만약 교차에서 표지, 즉 대상의 변화된 물리적 속성이 도입되면 이후의 모든 지점에서 그 표지를 전달할 수 있는 과정이 인과적 과정이다.

(중략)

과정 이론은 규범이나 마음과 같은, 물리적 세계 바깥의 측면을 해명하기 어렵다는 [3-1]한계를 지닌다. 예컨대 내가 사회 규범을 어긴 것과 내가 벌을 받아야 하는 것 사이에는 인과 관계가 있지만 과정 이론은 이를 잘 다루지 못한다.

031. '인과'에 대한 특정 이론을 정의한 뒤 구체적인 사례와 관련지어 그 이론의 한계와 전망을 제시하였음.

☑ **비교 대상 : 근대 이전 서양의 철학자들, 근대 이후 서양의 철학자들, 흄, 새먼의 과정이론**

근대 이전	근대 이후 (⇔)	흄 (→ 문제제기)	새먼 (→ 보완)
	– 과학적 세계관 대두 – 인과 = 물리적 작용으로 국한	– 인과 관계 자체는 물리적으로 관찰할 수 없음 ⇒ 인과는 과학적 개념인가?	– 물리적 속성이 도입되는 과정만 인과적 과정으로 분류 ⇒ 흄이 제기한 문제 보완함 ⇒ 한계 : 물리적 세계 바깥의 측면 설명✕

031. 2021년 6월 모의고사 4번 – ③

(✕) 선지에서 말한 "특정 이론을 정의", "구체적인 사례와 관련지어", 이론의 "한계"는 지문에서 언급하지만 "전망"은 언급하지 않았다.

"특정 이론을 정의":

[지문]에 인과에 대한 과학자들의 설명이 나온 이후에 새먼의 과정이론에 대한 정의¹⁻¹를 말하고 있다.

"구체적인 사례와 관련지어":

[지문]의 두 번째 문단에서 '야구공과 땅위의 공 그림자'라는 구체적인 사례²⁻¹를 가져와 새먼의 과정이론을 설명한다.

이론의 "한계" :

[지문]의 마지막 문단에서 "과정 이론은 ~한계를 지닌다.³⁻¹"에서 나타나있다.

이론의 "전망" :

전망을 제시한다는 말은 "앞으로 미래에 어떠할 것이다"가 있다는 말인데, 지문에서는 한계까지만 설명하고 전망은 설명하지 않는다. 따라서 틀린 선지이다.

[check point]

1. "~~는 ◯◯◯이다." "◯◯◯는 ~~~이다."와 같은 구절이 있다면 대부분 정의이다.
2. 구체적인 사례란 실사례(야구, 공, 가방 등)를 들어 설명하

는 것이다.

3. 언급되지 않은 내용을 언급된 것처럼 보이게 하는 선지이다. 문단마다 주제를 파악하면서 읽을 필요가 있다.
   → [지문]의 서술·내용전개 방식에 대해 묻는 문제들에서 자주 나온다.
   → 2021년 11월 4번 문제와 비슷하다.

2020년 9월 모의고사 20,22번

미학은 예술과 미적 경험에 관한 개념과 이론에 대해 논의하는 철학의 한 분야로서, 미학의 문제들 가운데 하나가 바로 예술의 정의에 대한 문제이다. ¹⁻¹예술이 자연에 대한 모방이라는 아리스토텔레스의 말에서 비롯된 ¹⁻²모방론은, 대상과 그 대상의 재현이 닮은꼴이어야 한다는 재현의 투명성 이론을 전제한다. 그러나 예술가의 독창적인 감정 표현을 중시하는 한편 외부 세계에 대한 왜곡된 표현을 허용하는 낭만주의 사조가 18세기 말에 등장하면서, 모방론은 많이 쇠퇴했다. 이제 모방을 필수 조건으로 삼지 않는 낭만주의 예술가의 작품을 예술로 인정해 줄 수 있는 새로운 이론이 필요했다.

20세기 초에 콜링우드는 ²⁻¹진지한 관념이나 감정과 같은 예술가의 마음을 예술의 조건으로 규정하는 표현론을 제시하여 이 문제를 해결하였다. 그에 따르면, 진정한 예술 작품은 물리적 소재를 통해 구성될 필요가 없는 정신적 대상이다. 또한 이와 비슷한 시기에 외부 세계나 작가의 내면보다 작품 자체의 고유 형식을 중시하는 형식론도 발전했다. 벨의 형식론은 예술 감각이 있는 비평가들만이 직관적으로 식별할 수 있고 정의는 불가능한 어떤 성질을 일컫는 ²⁻²'의미 있는 형식'을 통해 그 비평가들에게 미적 정서를 유발하는 작품을 예술 작품이라고 보았다.

³⁻¹20세기 중반에, 뒤샹이 변기를 가져다 전시한 ³⁻²『샘』이라는 작품은 예술 작품으로 인정되지만 그것과 형식적인 면에서 차이가 없는 일반적인 변기는 예술 작품으로 인정되지 않는 이유를 설명하지 못하게 되자 ³⁻³두 가지 대응 이론이 나타났다. 하나는 우리가 흔히 예술 작품으로 분류하는 미술, 연극, 문학, 음악 등이 서로 이질적이어서 그것들 전체를 아울러 예술이라 정의할 수 있는 공통된 요소를 갖지 않는다는 웨이츠의 예술 정의 불가론이다. 그의 이론은 ³⁻⁴예술의 정의

에 대한 기존의 이론들이 겉보기에는 명제의 형태를 취하고 있으나 사실은 참과 거짓을 판정할 수 없는 사이비 명제이므로, 예술의 정의에 대한 논의 자체가 불필요하다는 견해를 대변한다.

다른 하나는 예술계라는 어떤 사회 제도에 속하는 한 사람 또는 여러 사람에 의해 감상의 후보 자격을 수여받은 인공물을 예술 작품으로 규정하는 디키의 제도론이다. 하나의 작품이 어떤 특정한 기준에서 훌륭하므로 예술 작품이라고 부를 수 있다는 평가적 이론들과 달리, 디키의 견해는 [4-1]일정한 절차와 관례를 거치기만 하면 모두 예술 작품으로 볼 수 있다는 분류적 이론이다. 예술의 정의와 관련된 이 논의들은 예술로 분류할 수 있는 작품들의 공통된 본질을 찾는 시도이자 예술의 필요충분조건을 찾는 시도이다.

명제[2-1]는 참과 거짓을 판단할 수 없기[3-4] 때문에 받아들일 수 없습니다.

이전	모방론 재현의 투명성 이론		아리스토 텔레스	– 대상과 그 대상의 재현이 닮은꼴이어야 함
18세기 말	낭만주의 (↕)			– 모방X, 예술가의 독창○, 왜곡된 표현○
20세기 초반	낭만주의	표현론	콜링우드	– 예술가의 감정(진지한 관념·감정)
		형식론	벨	– 비평가+의미있는 형식 → 미적 정서 유발
20세기 중반	뒤샹 『샘』	예술 정의불가론	웨이츠	– 예술의 정의에 대한 논의 자체 불필요
		제도론	디키	– '예술계'에 의해 '감상의 후보 자격'을 수여받은 '인공물' – 평가적 이론X(특정한 기준에서 훌륭) – 분류적 이론○(일정한 관례·절차 → 예술작품)

다음은 내용 전개 방식으로, 각각 O, X표시 하시오.

0**32**. 화제가 사회에 미치는 영향들을 분석하여 서로 간의 차이를 밝히고 있다.

0**33**. 화제와 관련된 관점의 문제점을 제시[3-2]하고 대안적 관점을 소개[3-3]하고 있다.

0**34**. 화제와 관련된 하나의 사례를 중심으로 다양한 이론을 시대순으로 나열하고 있다.

다음은 이론가와 예술가들이 상대의 견해나 작품을 평가할 수 있는 말로, 각각 O, X표시 하시오.

0**35**. **모방론자가 뒤샹에게** : 당신의 작품 「샘」은 변기를 닮은 것이 아니라[1-1] 변기 그 자체라는 점에서 예술 작품이 되기 위한 필요 충분조건을 갖추고 있습니다.

0**36**. **뒤샹이 제도론자에게** : 예술계에서 일정한 절차와 관례를 거치면 예술 작품이라는 당신의 주장[4-1]은 저의 작품 샘 외에 다른 변기들도 예술 작품이 될 수 있음을 인정하는 것입니다.

0**37**. **예술 정의 불가론자가 표현론자에게** : 당신이 예술가의 관념을 예술 작품의 조건으로 규정할 때 사용하는

032. 2020년 9월 모의고사 20번 – ③

(X) 위 [지문]은 다양한 이론을 소개하고 있으므로 '서로 간의 차이를 밝히는 점'은 맞다. 그렇다면 [지문]에서 '사회에 미치는 영향'을 분석하여 서로 간의 차이를 밝혔는지 여부를 판단하여야 한다.

'사회에 미치는 영향'이란 '○○이론으로 사람들이 사는 환경에 □□와 같은 변화를 일으킴' 혹은 '○○이론으로 사람들로부터 □□이란 반응이 나타남' 등과 같이 그 이론이 어떠한 변화·반응들을 일으키는 것을 의미하는 것이다.

[지문]의 첫 문단에서는 모방론→낭만주의 기조 변화, 두 번째 문단은 20세기 초의 표현론의 정의, 세 번째 문단과 마지막 문단은 20세기 중반의 뒤샹의 작품 『샘』을 설명하기 위한 대응 이론 두 가지(예술 정의 불가론, 제도론)의 정의를 설명하고 있다. [지문]은 전체적으로 예술의 정의에 대한 관점에 충실할 뿐, 위 이론들이 사회에 어떤 영향을 미쳤는지, 사회의 반응은 어떤지 등과 같은 내용들은 전혀 나와있지 않다. 따라서 [지문]은 이론들이 사회에 미치는 영향을 분석하였다고 볼 수 없다.

이 선지는 '사회에 미치는 영향'이라는 틀린 부분을 끼워놓아 틀리게 만든 선지이다. 선지의 내용 중 일부가 맞다 하더라도 틀린 부분이 추가되어 있다면 틀린 선지가 되므로 선지의 내용을 분리하여 검토하는 습관을 들이도록 하자.

033. 2020년 9월 모의고사 20번 – ④

(O) 세 번째 문단에서 '뒤샹의 『샘』과 일반적인 변기들이 형식적인 면에서(=형식론) 차이가 없는데[3-2]도 뒤샹의 『샘』은 예술 작품으로 인정받고 일반적인 변기들은 예술 작품으로 인정받지 못한다는 이유를 설명하지 못하게 되자(=문제점이 생기자), 두 가지 대응 이론(=대안적인 이론·관점: 예술 정의 불가론, 제도론)[3-3]이 나타났다.'라고 했으므로 형식적인 면을 본다는 형식론에 대한 문제점을 제시하고 대안적인 관점을 소개했다는 말과 같다.

034. 2020년 9월 모의고사 20번 – ⑤

(X) "하나의 사례를 중심으로"는 여러 이론이 '하나'의 '사례'에 대해 논의한다는 뜻이다. '사례'란 구체적인 사물이나 예시를 들어 설명하는 것으로, [지문]에서 '사례'라고 할 수 있는 것은 뒤샹의 『샘』 뿐이고, 예술 정의 불가론과 제도론 이 『샘』에 대해 논의하고 있다. 두 이론은 모두 20세기 중반에 『샘』에 대응하기 위하여 고안된 이론으로 동시대에 나타났으며, 시대순으로 나열하고 있지 않다. [지문]의 전체적인 흐름에 따르면 "모방론=재현의 투명성 이론 → 18세기 말 낭만주의 → 20세기 초 표현론과 형식론 → 20세기 중반 예술 정의 불가론과 제도론"의 순으로 설명하고 있다. 따라서 '다양한 이론을 시대순으로 나열하고 있는 것'은 맞다. 선지는 '하나의 사례를 중심으로'라는 부분을 끼워놓아 틀리게 만든 선지이다.

035. 2020년 9월 모의고사 22번 – ①

(X) 모방론은 "예술이 자연에 대한 모방이다.", "대상(=자연)과 그 대상의 재현(=예술)이 닮은 꼴[1-1]이어야 한다."라고 주장한다. 이 말에 따르면 예술 작품인 『샘』은 변기를 닮은 꼴이어야 한다. 그런데 오히려 '변기를 닮은 것이 아니라'를 끼워 넣어 틀리게 만든 선지이다.

036. 2020년 9월 모의고사 22번 – ④

(O) [지문]에서 제도론자는 "일정한 절차와 관례를 거치기만 하면 모두 예술 작품[4-1]으로 볼 수 있다."라고 했다. 그렇다면 뒤샹의 『샘』이외의 변기도 일정한 절차와 관례를 거친다면 예술 작품이 될 수 있다. 따라서 맞는 선지이다.

037. 2020년 9월 모의고사 22번 – ⑤

(O) 선지를 두 개로 쪼개어 ① 표현론자가 "예술가의 관념을 예술 작품의 조건으로 규정했다.", ② 예술 정의불가론자가 "표현론자 예술에 대한 정의에 사용하는 명제는 참과 거짓을 판단할 수 없다."라고 말했는지를 [지문]에서 확인해야 한다.

두 번째 문단에 콜링우드가 "진지한 관념이나 감정과 같은 예술가의 마음을 예술의 조건으로 규정하는 표현론을 제시하였다."라고 하였으므로 ①은 맞고, 세 번째 문단에 웨이츠의 예술 정의 불가론은 "예술의 정의에 대한 기존의 이론들이 겉보기에는 명제의 형태를 취하고 있으나 사실은 참과 거짓을 판정할 수 없는 사이비 명제"라고 주장했으므로 ②도 맞다.

[check point]

1. 구, 절 별로 끊어 읽고 개별로 각각 확인해 볼 줄도 알아야 한다.
2. 언급되지 않은 내용을 언급된 것처럼 보이게 하는 선지이다. 문단마다 주제를 파악하면서 읽을 필요가 있다.
→ [지문]의 서술·내용전개 방식에 대해 묻는 문제들에서 자주 나온다.
3. 비교 대상 (특히 '인물'이나 '이론', '시대', '여러 가지 방법 차이', '분류', '대상의 변화', '확장·추가적인 재료 출현' 등) 나오면 나오면 공통점, 차이점을 파악하는 것이 중요
   - 대상 자체의 설명을 바꿔놓기(모방론)도 하고, 비교 대상끼리의 공통점을 차이점으로, 차이점을 서로 뒤바꾸는 문제도 자주 출제됨

2019년 9월 모의고사 29번

물건을 사용하고 있는 사람이 그 물건의 주인일까? 점유
란 물건에 대한 사실상의 지배 상태를 뜻한다. 이에 비해 소
유란 어떤 물건을 사용·수익·처분할 수 있는 권리를 가진 상
태라고 정의된다.

2-1물건을 빌려 쓰거나 보관하고 있는 것을 포함하여 물건
을 물리적으로 지배하는 상태를 직접점유라고 한다.

(중략)

점유는 소유자를 공시하는 기능도 수행한다. 공시란 물건
에 대해 누가 어떤 권리를 가지고 있는지를 알려 주는 것이
다. 물건 중에서 피아노, 금반지, 가방 등과 같은 대부분의 동
산은 점유에 의해 소유권이 공시된다.

물건의 소유권이 양도되려면, 소유자가 양도인이 되어 양
수인과 유효한 양도 계약을 하고 이에 더하여 소유권 양도를
공시해야 한다. ㉠ 점유로 소유권이 공시되는 동산의 소유권
양도는 점유를 넘겨주는 점유 인도로 공시된다.

(중략)

법률이 등록 대상으로 규정한 자동차, 항공기 등의 동산은
등록으로 공시되는 물건이고, ㉡ 토지 · 건물과 같은 부동산
은 등기로 공시되는 물건이다.

0**38.** ㉡은 ㉠과 달리, 물리적 지배의 대상이 아니므로 점유
로 공시될 수 없다.

☑ 비교 대상:

> (점유, 소유)
> (점유로 소유권이 공시되는 동산, 등록으로 공시되는 물건, 등
> 기로 공시되는 물건)

┄┄ 038. 2019년 9월 모의고사 29번 – ③ ┄┄

(X) ㉠과 ㉡은 모두 물리적 지배의 대상이다. 다만 ㉠은 점
유로 소유권이 공시되는 동산이고, ㉡은 점유가 아닌 등
기로 공시되는 물건인 점이 다를 뿐이다. 2-1문장에서 물
건을 물리적으로 지배하는 상태를 직접점유라고 하고 있

는데, 물리적으로 지배하는 상태란 '직접적으로 차지하고
있다'라는 의미이다. 예를 들자면 "밭을 내가 도맡아서 갈
다", "건물 안에 거주하고 있다."는 각각 밭, 건물을 물리
적으로 지배하고 있는 상태라는 것이다. 토지, 건물 또한
직접적으로 차지할 수 있는 대상이 될 수 있기 때문에 물
리적으로 지배할 수 있다. 따라서 "㉡은 ㉠과 달리 점유로
공시될 수 없다"는 맞지만, '물리적 지배의 대상이 아니라
서' 점유로 공시될 수 없는 것은 아니다.

위 선지에서는 결론은 맞지만 이유를 [지문]에 나왔던 말
(물리적 지배)로 바꿔서 틀리도록 하였다. 자주 나오는 유
형이니 주의하자.

[check point]

1. 구, 절 별로 끊어 읽고 개별로 각각 확인해 볼 줄도 알아야
한다.
2. 무엇(=점유로 공시)을 할 수 없는 이유를 [지문]에 나왔던
말(물리적 지배)로 바꾸어 잘못 연결하고 있다.
3. [지문]에 나오는 단어의 정의를 연결하며 읽는 습관을 들이
자.
   → 점유는 소유자를 공시하는 기능도 수행한다. 공시란 물
   건에 대해 누가 어떤 권리를 가지고 있는지 알려 주는
   것이다.
   → 물건 중에서 피아노, 금반지, 가방 등과 같은 대부분의
   동산은 점유에 의해 소유권이 공시된다. 점유로 소유권
   이 공시되는 동산의 소유권 양도는 점유를 넘겨주는 점
   유 인도로 공시된다.
3. 비교 대상 (특히 '인물'이나 '이론', '시대', '여러 가지 방
법 차이', '분류', '대상의 변화' , '확장·추가적인 재료 출현'
등) 나오면 나오면 공통점, 차이점을 파악하는 것이 중요
   → 점유 소유 / 점유로 소유권이 공시되는 동산, 등록으
   로 공시되는 물건, 등기로 공시되는 물건

2021년 6월 모의고사 5번

자연 현상과 인간사를 인과 관계로 설명하는 동아시아의
대표적 논의는 재이론(災異論)이다. 한대(漢代)의 동중서는
하늘이 덕을 잃은 군주에게 재이를 내려 견책한다는 천견설

과, 인간과 하늘에 **공통된 음양의 기(氣)를 통해 하늘과 인간** 이 서로 감응한다는 천인감응론을 결합하여 재이론을 체계화하였다. 그에 따르면, 군주가 실정(失政)을 저지르면 그로 말미암아 **변화된 음양의 기를 통해 감응한 하늘이 가뭄과 홍수, 일식과 월식 등 재이를 통해 경고를 내린다.** 이때 재이는 군주권이 하늘로부터 비롯된 것임을 입증하는 것이자 군주의 실정에 대한 경고였다.

0**39.** 한대의 재이론에서 전제된 하늘은 음양의 변화에 **반응하지 않지만** 경고를 하는 의지를 가진 존재였다.

> 재이론
>
> = 천인감응론(=인간과 하늘에 **공통된 음양의 기를 통해** 하늘과 인간이 서로 감응한다) + 천견설(=하늘이 덕을 잃은 군주에게 재이를 내려 견책한다)
>
> = 군주가 실정 → 인간과 하늘의 음양의 기가 변화 → 하늘의 감응 → 재이를 통해 경고를 내림

039. 2021년 6월 모의고사 5번 – ④

(X) 위에 따르면 하늘이 음양의 변화에 따라서 '감응하여' 재이를 통해 '경고를 내린다'는 말로 '감응하다'는 표현 속에 반응한다는 의미가 내포되어 있으며, 이를 모르더라도 [지문]의 내용에서 '변화된 음양의 기를 통해 감응한 하늘이 재이를 통해 경고를 내린다'를 통해 하늘이 변화된 음양의 기에 반응한 것이라는 점을 충분히 유추할 수 있다. 이 선지는 [지문]에서 사용된 단어인 '감응하다'를 뒤집어 표현한 것이 아니라 그 유의어인 '반응하다'를 뒤집은 표현인 '반응을 하지 않는다'로 [지문]을 제대로 해석하였는지를 묻는 선지라고 볼 수 있다.

2024년 6월 모의고사 7번

모든 주주가 경영진을 이루어 상호 협력 관계를 기반으로 기업을 운영하며 의사 결정권도 균등하게 행사하는 경우에 이를 '공동체적 경영'이라 부르기도 한다. 이런 기업에서 경영진은 모두 업무와 관련하여 전문성을 가지며, 경영 수익에

관련된 중요한 사항은 주주들이 공동으로 결정한다. 그러나 기업의 규모가 성장하고 사업이 다양해지면, 소수의 의사 결정에 따른 수직적 경영으로 효율성을 지향하는 '과두제적 경영'으로 나아가는 일도 있다.

과두제적 경영은 소수의 경영자로 이루어진 경영진이 강한 결속력을 가지면서 실질적 권한과 정보를 독점하며 기업을 운영하는 것을 말한다. 이런 체제는 전문성과 경험을 갖춘 경영진을 중심으로 안정적 경영권이 확보될 수 있도록 하여, 기업 전략을 장기적으로 수립하고, 이에 맞춰 과감하고 지속적인 투자를 할 수 있어서 첨단 핵심 기술의 개발에도 유리한 면이 있다. 그리고 기업과 경영진 간의 높은 일체성은 위기 상황에서 신속한 의사 결정으로 효율적인 대처를 하는 데 도움을 주기도 한다.

그런데 대체로 [3-1]**주주의 수가 많으면 개별 주주의 결정권은 약하고,** [3-2]**소수의 경영진이 기업을 장악하는 힘은 크다.** 이를 이용하여 [3-3]**정보와 권한이 집중된 소수의 경영진이** 사익에 치중하면 다수 주주의 이익이 침해되는 폐해가 나타날 수 있다. 경영 성과를 실제보다 부풀려 투자를 유치한 뒤 주주들에게 회복하기 어려운 손해를 입히는 경우도 있으며, 기업 운영에 중대한 영향을 미치는 주요 정보들을 은폐하거나 경영 상황을 조작하여 발표함으로써 결과적으로 기업의 가치에 심각한 타격을 주는 사례도 종종 보게 된다.

················· < 보 기 > ·················

X사는 정밀 부품 분야에서 독보적인 기술을 장기간 보유하여 발전시켜 온 기업으로서 시장 점유율도 높다. 원래 **X사의 주주들은 모두 함께 경영진이 되어 중요 사항에 대하여 동등한 결정권을 보유하였으나,** 기업이 성장하면서 효율성 증진을 위하여 **소수의 주주만으로 경영진을 구성하였다.** 경영진은 주기적으로 다른 주주들로 교체되어 **전체 주주는 기업의 경영상태를 파악할 수 있으며, 경영 이익의 분배와 같은 주요 사항은 전체 주주가 공동으로 의결한다.** X사의 주주 A와 B는 회사의 진로에 관하여 다음과 같은 대화를 나누었다.

A : 최근 치열해진 경쟁에 대응하려면, 경영진의 구성원을 변동시키지 않고 경영 결정권도 경영진이 전적으로 행사하도록 하는 게 좋겠습니다.

B : 시장 점유율도 잘 유지되고 있고 우리 주주들의 전

문성도 탁월하니, 예전처럼 회사를 운영한다고 하더라도 문제없을 듯합니다.

0**40.** X사는 주주들 사이의 평등성이 강하여 과도한 정보 격차나 권한 집중과 같은 폐해를 보이지 않는다.

0**41.** A는 결속력이 강한 소수의 경영진을 중심으로 운영되는 경영방식을 현행대로 유지하여야 시장의 점유율을 지킬 수 있다고 보는 입장이다.

0**42.** A와 B는 현재 X사가 경험과 전문성을 바탕으로 안정적인 과두제적 경영을 하고 있다는 전제에서 논의를 한다.

[지문 내용]

* 비교 대상: 공동체적 경영, 과두제적 경영

· 공동체적 경영 : 모든 주주가 경영진이며, 의사 결정권도 모든 주주가 균등하게 행사.

· 과두제적 경영 : 소수의 경영자, 소수의 경영자들이 실질적 권한과 정보 독점하며 기업 운영

→ 장점: 안정적 경영권 확보, 기업 전략을 장기적으로 수립, 과감하고 지속적인 투자 가능, 신속한 의사 결정으로 위기 상황을 타파할 수 있음.

→ 단점: 소수의 경영진이 사익에 치중하여 다수 주주의 이익이 침해될 수 있음, 경영 성과를 부풀려 주주들에게 손해를 입힐 수 있음, 주요 정보들을 은폐하거나 경영 상황을 조작하기 쉬움

〈보기〉_이 문제는 [지문]에서 비교하고 있는 공동체적 경영, 과두제적 경영의 특징을 섞어놓은 예시를 줌으로써 단순하게 일대일 매칭을 하기에는 힘들게 만든 문제이다.

X사 : 과거: 공동체적 경영 → 현재: 공동체적 경영과 과두제적 경영의 '중간지점'(소수의 경영진이지만 전체 주주가 기업의 경영상태를 파악하며, 주요 사항은 전체 주주가 의결)

A : 현재 '중간지점' 경영 방식 → 과두제적 경영 주장

B : 현재 '중간지점' 경영 방식 → 공동체적 경영 주장

---

040. 2024년 6월 모의고사 7번 – ①

(O) X사는 현재 소수의 주주만으로 경영진을 구성하고 있지만 경영진이 주기적으로 다른 주주들로 교체되어 전체 주주가 기업의 경영 상태를 파악(정보)하며 주요 사항은 전체 주주가 공동으로 의결(권한)하는 방식으로 경영하고 있다. 이 경영 방식은 공동체적 경영과 과두제적 경영의 중간지점으로, 소수의 경영진이지만 과두제적 경영이 가지고 있는 단점인 소수의 경영진에 정보와 권한이 집중됨₃₋₃은 나타나지 않는다. 따라서 맞는 선지이다.

041. 2024년 6월 모의고사 7번 – ③

(X) A는 경영방식을 '현행대로 유지하라'는 입장이 아니다. 현재의 경영 방식에서 완전한 과두제적 경영으로 변경하자는 입장이다. 따라서 틀린 선지이다.

042. 2024년 6월 모의고사 7번 – ⑤

(X) A는 현재 치열해진 경쟁에 X사가 잘 대응하지 못하고 있는 상황이므로 경영 방식을 완전한 과두제적 경영으로 바꾸자고 주장하고 있다. 따라서 A 입장에서는 X사가 현재 안정적인 과두제적 경영을 하고 있다고 볼 수 없다.

또한 B는 과두제적 경영과는 상이한 경영방식인 공동체적 경영으로 변경하자는 입장인데, 안정적인 과두제적 경영을 하고 있다는 전제에서라면 공동체적 경영으로 변경하자는 주장을 하지 않았을 것이다.

B가 '시장점유율도 잘 유지되고 있고 우리 주주들의 전문성도 탁월하다'는 표현을 한 것을 안정적인 경영을 하고 있다고 보더라도, 현재 X사의 경영방식이 과두제적 경영도 공동체적 경영도 아닌 중간지점 경영방식이므로 과두제적 경영이라고 보기에는 애매한 부분이 있다. 따라서 틀린 선지이다.

[check point]

1. 비교 대상 (특히 '인물'이나 '이론', '시대', '여러 가지 방법 차이', '분류', '대상의 변화', '확장·추가적인 재료 출현'

등) 나오면 나오면 공통점, 차이점을 파악하는 것이 중요

→ 공동체적 경영, 과두제적 경영

2. 선지에서 하는 말을 해석할 수 있어야 한다.

→ '사상적 공백'='사상이 없음' (2024년 6월 모의고사 7번: 본 책 9번 ㄷ)

→ '현행대로 유지하여야'='변경하지 말고 그대로 있자' (2024년 6월 모의고사 7번: 본 책 41번)

3. 〈보기〉 문제는 아래 3가지 케이스와 같다.

첫 번째로, [지문]에서 특정한 부분을 예시로 든 문제

– 〈보기〉에서 예시로 든 부분에 관한 설명을 [지문]에서 찾아야 함

→ 주로 기술·과학·경제·법 지문 (2020년 6월 모의고사 28번–책 19번, 2021년 11월 수능 16번–책 20~21번 등)

두 번째로, [지문]에서 설명한 내용에서 추가적인 내용을 설명한 문제

– [지문]과 공통점 차이점 비교

→ 주로 인문(학자) 지문 (2021년 6월 모의고사 8번 –책 274번~275번 등)

세 번째로, [지문]의 비교 대상끼리 장단점을 섞은 예시를 든 문제(해당 유형 ✓)

– [지문]의 어느 부분을 섞은 것인지를 판단하여야 함

→ 신유형 (2024년 6월 모의고사 7번–책 40~42번)

⇒ **2021년 9월 모의고사 16번(책 272번~) 〈보기〉문제와 비교해보길 바란다.**

2021년 6월 모의고사 2번

특정 주제를 깊이 있게 탐구하기 위한 독서는 지식을 습득하고 이를 비판적 · 종합적으로 탐구하는 독서이다. 이러한 독서는 목차나 책 전체를 훑어보아 글의 전체 구조를 파악하고, 필요한 부분을 찾아 중점적으로 읽을 내용을 선별하는 것으로부터 출발한다. 이어 독자는 글 표면에 드러난 내용을 정확하고 충분하게 읽기, 글 이면의 내용을 추론하고 비판하며 읽기, 여러 관점을 비교하고 종합하며 읽기와 같은 방법을 적절히 조합하여 선별한 내용을 읽게 된다.

위 과정에서 독자는 자신의 배경지식과 새로이 얻은 지식을 통합하여 의미를 구성한다. 그런데 이렇게 개인의 머릿속에서 구성된 의미는 다른 사회 구성원들과의 상호 작용을 거

쳐 재구성된다. 따라서 특정 주제를 깊이 있게 탐구하기 위한 독서의 의미 구성은 개인적 차원뿐 아니라 사회적 차원에서도 이루어지는 것으로 이해되어야 한다.

이를 감안하면 3-1특정 주제를 깊이 있게 탐구하기 위한 독서에서는 기록의 역할이 부각된다. 탐구 과정에서 개인적으로 구성한 의미를 3-2기록하는 것은 읽은 내용의 망각을 방지하며, 비판과 토론의 자료로서 사회적 차원의 의미 구성에 기여한다. 또한 보고서, 논문, 단행본 등의 형태로 발전하여 공동체의 지식이 축적되는 토대를 이룬다. 이렇게 볼 때 특정 주제를 깊이 있게 탐구하기 위한 독서는 학문 탐구의 과정에서 글을 읽고 의견을 주고받으며 토론하는 강론 또는 기록을 권유했던 전통과도 맥을 같이한다.

< 보 기 >

학문하는 데는 b-1연속적으로 공부하는 것을 중히 여긴다. 한번이라도 그 맥이 끊어지게 되면 b-2정신이 새어 나가고 성의가 흩어져 버리니, 어떻게 학문의 깊은 뜻을 꿰뚫어 볼 수 있겠는가? 벗끼리 서로 돕는 것으로는 함께 모여 학문을 강론하는 것보다 나은 것이 없다. 그런데 퇴계(退溪)는 "읽은 것을 얼굴을 마주하고 강론하는 것이 좋기는 하지만, 항상 마음속의 생각을 다 드러내지는 못하고 만다. 그러니 의문이 드는 부분을 뽑아 기록해서 벗에게 보내 자세히 살펴볼 수 있게 하는 것만 못하다."라고 하였다. 그 뜻이 참으로 옳다.

-이익, 「서독승면론」-

0**43**. '정신이 새어 나가고 성의가 흩어져 버리'는 데 대한 우려는 기록의 **궁극적 목적**이 망각의 방지에 있음을 시사한다.

[특정 주제를 깊이 있게 탐구하기 위한 독서]

· 순서 : 목차나 책 전체를 훑어보아 글의 전체 구조를 파악→중점적으로 읽을 내용 선별 → 글 표면에 드러난 내용을 정확·충분하게 읽기→읽기 방법 적절히 조합(글 이면의 내용을 추론하고 비판하며 읽기, 여러 관점을 비교하고 종합하며 읽기 등)

⇒ 글 읽기 과정에서 독자는 "배경지식+새로이 얻은 지식(=의미 구성) → 다른 사회 구성원들과의 상호 작용을 거쳐 재구성"하게 됨

⇒ 기록의 역할 : 망각 방지, 사회적 차원의 의미 구성에 기여, 공동체의 지식이 축적되는 토대를 이룸.

---

043. 2021년 6월 모의고사 2번 - ①

(X) [지문]은 기록을 통해 망각을 방지[3-2]하며, 〈보기〉는 연속적으로 공부하여 망각을 방지[b-1]하자고 하였다. 하지만 [지문]에서 다루고 있는 주제인 '특정 주제를 깊이 있게 탐구하기 위한 독서'와, 이를 달성하기 위한 수단으로써 기록의 역할이 중요하다고 설명하고 있는 3-1문장을 고려하면 기록의 '궁극적 목적'은 '망각의 방지'가 아니라 '특정 주제를 깊이 있게 탐구하기 위한 독서'에 있다는 것을 알 수 있다. 따라서 틀린 선지이다.

[check point]

맞는 문장에 '궁극적'이라는 단어를 삽입하여 [지문]과 〈보기〉를 제대로 연결했는지와 그 문장 자체가 맞는 말인지 또한 따져봐야 했던 선지이다.

2019년 6월 모의고사 28번

금융을 통화 정책의 전달 경로로만 보는 전통적인 경제학에서는 금융감독 정책이 [1-1]개별 금융 회사의 건전성 확보를 통해 금융 안정을 달성하고자 하는 ㉠미시 건전성 정책에 집중해야 한다고 보았다. 이러한 관점은 금융이 직접적인 생산 수단이 아니므로 단기적일 때와는 달리 장기적으로는 경제 성장에 영향을 미치지 못한다는 인식과, 자산 시장에서는 가격이 본질적 가치를 초과하여 폭등하는 버블이 존재하지 않는다는 효율적 시장 가설에 기인한다. [1-2]미시 건전성 정책은 개별 금융 회사의 건전성에 대한 예방적 규제 성격을 가진 정책 수단을 활용하는데, 그 예로는 향후 손실에 대비하여 금융 회사의 자기자본 하한을 설정하는 최저 자기자본 규제를 들 수 있다.

이처럼 전통적인 경제학에서는 금융감독 정책을 통해 금융

안정을, 통화 정책을 통해 물가 안정을 달성할 수 있다고 보는 이원적인 접근 방식이 지배적인 견해였다. 그러나 글로벌 금융위기 이후 금융 시스템이 와해되어 경제 불안이 확산되면서 기존의 접근 방식에 대한 자성이 일어났다.

(중략)

이에 기존의 정책으로는 금융 안정을 확보할 수 없고, 경제 안정을 위해서는 물가 안정뿐만 아니라 금융 안정도 필수적인 요건임이 밝혀졌다. 그 결과 미시 건전성 정책에 ㉡거시 건전성 정책이 추가된 금융감독 정책과 물가 안정을 위한 통화 정책 간의 상호 보완을 통해 경제 안정을 달성해야 한다는 견해가 주류를 형성하게 되었다.

거시 건전성이란 [4-1]개별 금융 회사 차원이 아니라 금융 시스템 차원의 위기 가능성이 낮아 건전한 상태를 말하고, 거시 건전성 정책은 [4-2]금융 시스템의 건전성을 추구하는 규제 및 감독 등을 포괄하는 활동을 의미한다. 이때, 거시 건전성 정책은 미시 건전성이 거시 건전성을 담보할 수 있는 충분조건이 되지 못한다는 '구성의 오류'에 논리적 기반을 두고 있다. [4-3]거시 건전성 정책은 금융 시스템 위험 요인에 대한 예방적 규제를 통해 금융 시스템의 건전성을 추구한다는 점에서, 미시 건전성 정책과는 차별화된다.

---

044. ㉠은 ㉡과 달리 예방적 규제 성격의 정책 수단[1-2, 4-3]을 사용하여 금융 안정을 달성하고자 한다.

045. ㉡은 ㉠과 달리 금융 시스템 위험 요인을 감독하는 정책 수단[4-1, 4-2]을 사용한다.

☑ **비교 대상 : 미시 건전성 정책, 거시 건전성 정책**

미시 건전성 정책:

개별 금융 회사의 건전성 확보를 통해 금융 안정 달성

- 금융이 장기적으로는 경제 성장에 영향X
- 자산 시장에서는 버블 존재X(=효율적 시장 가설)
- 개별 금융 회사의 건전성에 대한 예방적 규제 성격을 가진 정책 → '최저 자기자본 규제'

거시 건전성 정책:

개별 금융 회사 차원X, 금융 시스템 차원○

- 미시 건전성이 충족된다 해도 거시 건전성이 반드시 충족되

지는 않는다는 '구성의 오류'에서 발단됨

- 개별 금융 회사가 아닌 금융 시스템 차원에서 예방적 규제 실시

	미시 건전성 정책	거시 건전성 정책
규모	개별 금융 회사 차원	금융 시스템 차원
발단	- 금융이 장기적으로는 경제 성장에 영향X - 자산 시장에서는 버블 ×(=효율적 시장 가설)	- 미시 건전성이 충족된다 해도 거시 건전성이 반드시 충족되지는 않는다. (=구성의 오류)
정책 방향	개별 금융회사에 대한 예방적 규제 성격을 가진 정책	금융 시스템 차원에서 예방적 규제 실시
정책	최저 자기자본 규제	

044. 2019년 6월 모의고사 28번 – ③

(X) ㉠과 ㉡은 모두 예방적 규제 성격의 정책 수단을 사용한다. ㉠은 개별 금융 회사의 건전성에 대한 예방적 규제 성격을 가진 정책 수단[1,2]을, ㉡은 금융 시스템 위험 요인에 대한 예방적 규제를 통해 금융 시스템의 건전성[4,3]을 추구한다는 것이 다를 뿐이다.

이 선지는 공통점을 차이점으로 바꿔 틀린 선지를 만들었다. [지문]에서 '예방적 규제 성격의 정책 수단'을 찾아보았다면 쉽게 맞출 수 있는 선지였다.

045. 2019년 6월 모의고사 28번 – ④

(O) ㉠과 ㉡은 사용하는 정책 수단이 다르다. ㉠은 개별 금융 회사[1-1, 1-2, 4-1]의 건전성 차원에서의 정책 수단을 활용하지만 ㉡은 개별 금융 회사 차원이 아닌 금융 시스템 차원의 건전성을 추구[4-2]하는 정책 수단을 활용한다.

이 선지는 이러한 차이점을 직접적으로 언급하고 있다. ㉠㉡㉢유형 문제거나 비교 대상을 설명하는 [지문]이라면 차이점과 공통점을 이용하여 문제가 출제된다는 점을 알고 읽는 것이 좋다.

[check point]

1. 비교 대상(특히 '인물'이나 '이론', '시대', '여러 가지 방법 차이', '분류', '대상의 변화' 등) 나오면 공통점, 차이점 파

악 중요

→ 공통점이나 차이점을 언급하여 정답 선지로 출제하거나

→ 대상의 설명이나 내용을 바꾸거나, 비교 대상끼리의 공통점을 차이점으로, 차이점을 서로 뒤바꾸어 오답 선지로도 출제함

2. ㉠㉡㉢ 문제는 이들이 비교 대상이라고 대놓고 주는 것이니 공통점·차이점·순서 등을 체크하면서 읽자.

2023년 6월 모의고사 14번

(가)

(중략)

㉠ 확장된 인지 과정은 인지 주체의 것일 때에만, 다시 말해 환경의 변화를 탐지하고 그에 맞춰 행위를 조절하는 주체와 통합되어 있을 때에만 성립할 수 있다. 즉 로렌즈에게 주체 없는 인지란 있을 수 없다.

(나)

(중략)

일반적으로 '지각'이란 몸의 감각 기관을 통해 사물에 대해 아는 것을 의미한다. 이러한 지각을 분석할 때 두 가지 사실에 직면한다. 첫째, 그 사물과 내 몸은 물질세계에 있다. 둘째, 그 사물에 대한 나의 의식은 물질세계가 아닌 다른 세계에 있다. 즉 몸으로서의 나는 사물과 같은 세계에 속하는 동시에 의식으로서의 나는 사물과 다른 세계에 속한다.

이에 대한 객관주의 철학의 입장은 두 가지로 나뉜다. 의식을 포함한 모든 것을 물질로 환원하여 [3-1]의식은 물질에 불과하다고 주장하거나, 의식을 물질과 구분되는 독자적 실체로 규정함으로써 의식과 물질의 본질적 차이를 주장한다. [3-2]전자에 의하면 지각은 사물로부터의 감각 자극에 따른 주체의 물질적 반응으로 이해되면, [3-3]후자에 의하면 지각은 감각된 사물에 대한 주체 즉 의식의 판단으로 이해된다. 이처럼 양자 모두 주체와 대상의 분리를 전제하고 지각을 이해한다. [3-4]주체와 대상은 지각 이전에 이미 확정되어 각각 존재한다는 것이다.

[4-1]지각은 주체와 대상이 각자로서 존재하기 이전에 나타나는 얽힘의 체험이다. 예를 들어 다른 사람과 손이 맞닿을 때

내가 누군가의 손을 만지는 동시에 나의 손 역시 누군가에 의해 만져진다. [4-2]감각하는 것이 동시에 감각되는 것이 되는 얽힘의 순간에, 나는 나와 대상을 확연히 구분한다. [4-3]지각이라는 얽힘의 작용이 있어야 주체와 대상이 분리될 수 있다. 다시 말해 [4-4]주체와 대상은 지각이 일어난 이후 비로소 확정된다. 따라서 [4-5]지각과 감각은 서로 구분되지 않는다.

[5-1]지각은 물질적 반응이나 의식의 판단이 아니라, 내 몸의 체험이다. 지각은 나의 몸에 의해 이루어지는 것이고, 지각이 이루어지게 하는 것은 모두 나의 몸이다.

(나)의 필자의 관점에서 ㉠을 평가한 내용으로 가장 적절한 것은?

0**46**. 주체와 통합된 경우에만 확장된 인지 과정이 성립할 수 있다는 주장은, 의식은 물질에 불과하다고 본 것이므로 타당하다.

☑ **비교 대상 : 로랜즈 , 객관주의 철학, (나)**

로랜즈 : 先 주체→ 後 인지

객관주의 철학 : 몸으로서의 나는 사물과 같은 물질 세계에 속하는 동시에 의식으로서의 나는 사물과 다른 세계에 속한다.
– 주체와 대상은 지각 이전에 이미 확정되어 각각 존재
  (주체 → 지각)
(1) 의식은 물질에 불과하다는 주장 :
    지각은 '사물로부터의 감각 자극 → 주체의 물질적 반응'
(2) 의식과 물질의 본질적 차이를 주장 :
    지각은 '사물에 대한 감각 → 의식의 판단'

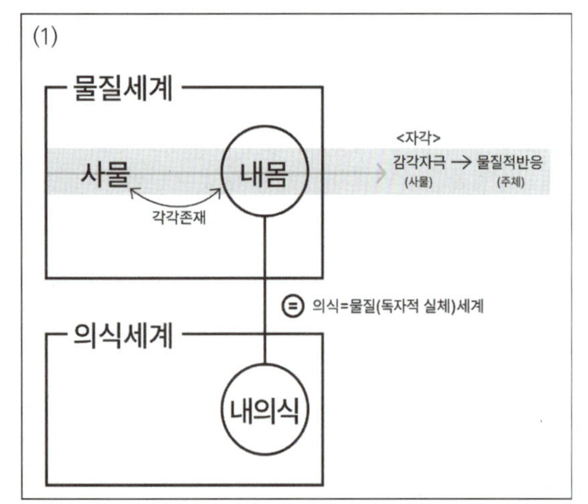

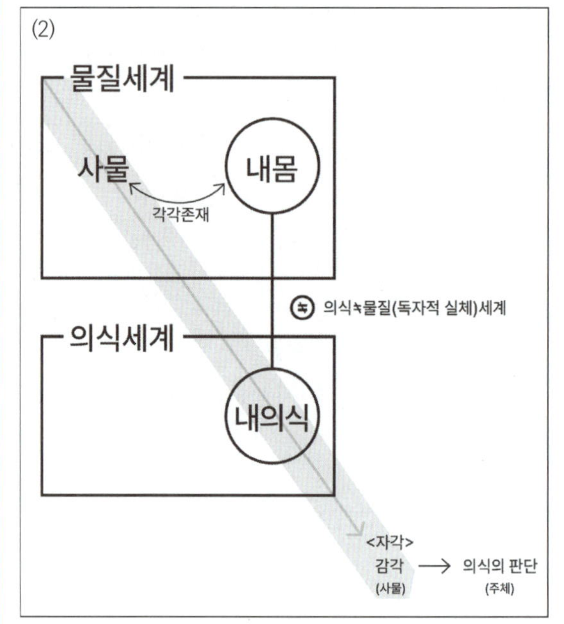

(나) : 지각(=감각, 물질적 반응X, 의식의 판단X, 몸의 체험
     ○)→나/대상 구분·확정
  ⇒ 先 지각→ 後 주체

[check point]

1. 비교 대상(특히 '인물'이나 '이론', '시대', '여러 가지 방법 차이', '분류', '대상의 변화' , '확장·추가적인 재료 출현' 등) 나오면 공통점, 차이점 파악 중요
   → 공통점이나 차이점을 언급하여 정답 선지로 출제하거나,
   → 대상의 설명이나 내용을 바꾸거나, 비교 대상끼리의 공통점을 차이점으로, 차이점을 서로 뒤바꾸어 오답 선지로도 출제함
   → **비교 대상인 이론이나 인물이 상반된 주장을 하는 소재가 있으면 체크해놓자(로랜즈 : 주체 → 인지, 객관주의 철학 : 주체 → 지각 (나) : 지각 → 주체).**
2. ○○의 입장에서 ■■을 평가한다는 문제는 각각 선지에서 확인해야 할 부분이 ○○의 입장인지, ■■의 입장인지를 정확히 구별해야 한다.
   → 046. 주체와 통합된 경우에만 확장된 인지 과정이 성립할 수 있다는 주장(로랜즈)은, 의식은 물질에 불과하다(로랜즈 , (나)의 필자)고 본 것이므로 타당하다.

046. 2023년 6월 모의고사 14번 – ③

(✗) ○○의 입장에서 ■■을 평가한다는 문제는 각각 선지에서 확인해야 할 부분이 ○○의 입장인지, ■■의 입장인지를 정확히 구별해야 한다.

이 선지는 주체와 통합된 경우에만 확장된 인지 과정이 성립할 수 있다는 주장이 로랜즈의 것이 맞는지, 그리고 의식은 물질에 불과하다는 주장이 로랜즈와 (나)의 필자의 것이 맞는지를 확인하여야 한다.

먼저 전자를 확인해보자면, 로랜즈는 ㉠에서 "확장된 인지 과정은 인지 주체의 것일 때에만, 다시 말해 환경의 변화를 탐지하고 그에 맞춰 행위를 조절하는 주체와 통합되어 있을 때에만 성립할 수 있다."라고 말했다. 이 말은 곧 선지의 '주체와 통합된 경우에만 확장된 인지 과정이 성립할 수 있다.'는 말과 같다. 따라서 전자는 로랜즈의 주장이 맞다. 다음으로는 의식은 물질에 불과하다는 주장을 확인해야 한다. 의식은 물질에 불과하다[3-1]는 주장은 객관주의 철학 중 하나의 주장(1)이다. 객관주의 철학(1)은 의식은 물질에 불과하며, 지각은 '사물로부터의 감각 자극을 통해 주체의 물질적 반응이 일어나는 것[3-2](주체→지각)'이라고 설명한다. 이는 주체가 지각 이전에 이미 확정되어 존재[3-4]하는 것을 전제로 지각을 이해한 것이다. [지문]에 따르면 로랜즈가 의식은 물질에 불과하다고 주장하였는지 확실하지는 않다. 그러나 (나)의 필자는 '지각이 있어야 주체와 대상이 분리될 수 있다.'[4-3](지각→주체)고 주장하였고, 이를 통해 주체와 지각의 순서를 객관주의 철학(1)과는 반대로 생각하고 있음을 알 수 있다. 또한 (나)의 필자는 5-1에서 "지각은 물질적 반응(객관주의 철학(1))이나 의식의 판단(객관주의 철학(2))이 아니라, 내 몸의 체험이다."[5-1]라고 표현하기도 하면서 지각을 물질적 반응이라고 주장한 객관주의 철학(1)을 직접적으로 부정하고 있기도 하다. 따라서 (나)의 필자는 의식은 물질에 불과하다고 보지 않았으므로 틀린 선지이다.

2023년 9월 모의고사 16번

(가) 18세기 이후 경제적으로 성장한 상민층에서는 '유학(幼學)' 직역*을 얻고자 하는 현상이 나타났다. 유학은 벼슬을

하지 않은 유생(儒生)을 지칭했으나, 이 시기에는 관료로 진출하지 못한 이들을 가리키는 직역 명칭으로 굳어졌다. 호적상 유학은 군역 면제라는 특권이 있어서 상민층이 원하는 직역이었다. [1-1]유학 직역의 획득은 제도적으로 양반이 되는 것을 의미하였으나 그것이 곧 온전한 양반으로 인정받는 것을 의미하는 것은 아니었다. 당시 [1-2]양반 집단의 일원으로 인정받기 위해서는 유교적 의례의 준행, 문중과 족보에의 편입 등 다양한 조건이 필요했다. 이에 따라 일부 상민층은 유학 직역을 발판으로 양반 문화를 모방하면서 양반으로 인정받고자 했다.

* 직역 : 신분에 따라 정해진 의무로서의 역할.

(중략)

(나) 유형원 의 기본적인 생각은 국가 공동체를 성리학적 가치와 규범에 따라 운영하고, 구성원도 도덕적으로 만드는 도덕 국가의 건설이었다. 신분 세습을 비판한 그는 현명한 인재라도 노비로 태어나면 노비로 살아야 하는 것이 천하의 도리에 어긋난다고 보고, 노비제 폐지를 주장했다. 아울러 비도덕적 직업이라고 생각한 광대와 같은 직업군을 철폐하고, 사농공상(士農工商)의 사민(四民)으로 편성하고자 했다. 그는 과거제 대신 공거제를 통해 도덕적 능력이 뛰어난 자를 추천으로 선발하여 여러 단계의 교육을 한 후, 최소한의 학식을 확인하여 관료로 임명해야 한다고 제안했다. 도덕을 기준으로 관료를 선발하고 지방에도 관료 선발 인원을 적절히 분배하면 향촌 사회의 풍속도 도덕적으로 이끌 수 있다고 본 것이다.

정약용 은 신분제가 동요하는 상황에서 사민이 뒤섞여 사는 것이 교화에 도움이 되지 않는다고 보고, 사농공상별로 구분하여 거주하는 것을 포함한 행정 구역 개편을 구상했다. 이에 맞춰 사(士) 집단을 재편하고자 했다. 도덕적 능력의 여부에 따라 추천으로 예비 관료인 '선사'를 선발하고 일정한 교육을 한 후, 여러 단계의 시험을 거쳐 관료를 선발할 것을 제안했다. 사 거주지에서 더 많은 선사를 선발하도록 했지만, [3-1]농민과 상공인에도 선사의 선발 인원을 배정하는 등 노비 이외에서 사 집단으로 진출할 수 있도록 했다. 노비제에 대해서는 사를 뒷받침하기 위해 유지되어야 한다고 주장했다.

도덕적 능력주의와 관련하여 두 사람은 모두 사회 지배층으로서의 사에 주목했다. 유형원은 다스리는 자인 사와 다스림을 받는 민의 구분을 분명히 하는 것이 천하의 이치라고 보고 도덕적 능력이 뛰어난 사람들로 지배층인 사를 구성하고자 했다. 정약용도 양반의 세습을 비판하며 도덕적 능력에 따라 사회 지배층을 재편하는 데 입장을 같이했다. 또한 [4-1]두

사람은 사회 전체의 도덕 실천을 이끌기 위해 사 집단에 정치권력, 경제력 등을 집중시키려 했고, [4-2]지배층과 피지배층 간의 차등을 엄격하게 유지하고자 했다. 내용에서 일부 차이가 있었지만, 두 사람은 사회 지배층의 재구성을 통해 도덕 국가 체제를 추구했다.

<보 기>

16세기 초 영국의 토머스 모어는 '유토피아'라는 가상 국가를 통해 당대 사회를 비판했다. 그가 제시한 유토피아에서는 현실 국가와 달리 모두가 일을 하고, 사치에 필요한 일은 하지 않기 때문에 하루 6시간만 일해도 경제적으로 풍요롭다. 하지만 이곳에서도 노동을 면제받는 '학자 계급'이 존재한다. 성직자, 관료 등의 [b-1]권력층은 이 학자 계급에서만 나오도록 하였는데, 학자 계급은 의무가 면제되는 대신 연구와 공공의 일에 전념한다. [b-2]학자 계급은 능력 있는 이를 성직자가 추천하고, 대표들이 승인하는 절차를 거쳐야 될 수 있다. 그러나 학자 계급도 [b-3]성과가 부족하면 '노동 계급'으로 환원될 수 있고, [b-4]노동 계급도 공부에 진전이 있으면 학자 계급으로 승격될 수 있다.

047. 유토피아에서 '학자 계급'에서만 권력층이 나오도록 한 것[b-1]은, (나)에서 우월한 집단인 '사 집단'에 정치권력을 집중시키고자 한 유형원, 정약용[4-1]의 생각과 유사하군.

048. 유토피아에서 '노동 계급'이 '학자 계급'으로 승격되는 것은 학업 능력을 기준으로 추천받는다[b-2, b-4]는 점에서, (가)의 상민 출신인 '유학'이 '양반'으로 인정받는[1-1] 것과는 다르군.

049. 유토피아에서 '노동 계급'과 '학자 계급' 간의 이동이 가능[b-3, b-4]한 것은 계급 간 차등이 없음을 전제하므로, (나)에서 차등을 엄격하게 유지하고자 한 유형원, 정약용[4-2]의 구상과는 다르군.

☑ 비교 대상 : (가), 유형원, 정약용, <보기>의 토머스 모어

(가)	유형원	정약용	토머스 모어
양반 : ─── 유학(군역 면제) : 제도적으로 양반이지만 온전한 양반은 아님 ─── 상민	− 노비제 폐지 주장 사 ─── 민	− 노비제 유지 주장 사(지배층) ─── 피지배층	− 학자 계급과 노동 계급은 환원·승격될 수 있는 계급 학자 계급(권력층) ─── 노동 계급

047. 2023년 9월 모의고사 16번 – ③

(O) 〈보기〉와 [지문]을 보면 '학자 계급'에서만 권력층이 나오도록 했다[b-1]는 점 및 유형원, 정약용 모두 '사 집단'[2-1]에 정치권력을 집중시키고자 한 점을 확인할 수 있다. 또한 〈보기〉의 유토피아에서 '학자 계급'에서만 권력층이 나오도록 한 것은 '학자 계급'에 권력을 집중하려는 의도로 해석할 수 있으므로 유토피아, 유형원, 정약용의 생각이 유사하다는 말도 맞다.

같은 말이지만 다르게 표현('학자 계급'에서만 권력층이 나온다 ≒ '학자 계급'에 권력을 집중시켰다.)하여 비교 대상들끼리의 공통점을 찾을 수 있는지를 물어보는 선지이다.

048. 2023년 9월 모의고사 16번 – ④

(O) 〈보기〉는 유토피아에서는 '노동 계급'은 능력이 있다면 성직자의 추천을 통해 '학자 계급'으로 승격될 수 있다고 설명하고 있다. 이 말은 곧 '학업 능력을 기준으로 추천받는다'는 말과 같다. 반면 (가)에서는 '유학'이 '양반 집단'의 일원으로 인정받기 위해서는 유교적 의례의 준행, 문중과 족보에의 편입[1-2] 등이 필요하다고 설명하고 있으므로 다른 계급으로의 이동에 있어서 그 성격이 〈보기〉와 다르다는 것을 알 수 있다.

049. 2023년 9월 모의고사 16번 – ⑤

(X) 선지 중 '계급 간 차등을 엄격[2-2]하게 유지하고자 한 유형

원, 정약용'이라는 부분은 맞는 내용이다. 하지만 ① '노동 계급'과 '학자 계급' 간의 이동이 가능하다는 것이 <u>계급 간 차등</u>이 '<u>없다</u>'는 것을 뜻하는 것은 아니다. 〈보기〉에서 확인할 수 있듯이 학자 계급은 노동을 면제받으므로 계급 간에 차등은 있다. 또한 ② 유토피아에서 계급 간 이동(환원, 승격)이 가능하다는 점은 (나)의 유형원과 정약용이 도덕적 능력에 따라 추천을 통해 계급(피지배층과 사 집단) 간의 이동이 가능하도록 했다는 점과 유사하다. 이런 점을 종합하면, 유토피아와 유형원·정약용의 구상 사이에서 계급 간 차등(유토피아-노동면제, 유형원정약용-정치 권력·경제력 집중)은 있지만, 이동이 가능하다(유토피아-성과, 유형원정약용-도덕)는 점은 오히려 공통되는 특징임을 알 수 있다. 따라서 틀린 선지이다.

[check point]

같은 말 다르게 표현하기(패러프레이징)

→ [선지] '학자 계급'에서만 권력층이 나온다 ≒ '학자 계급'에 권력을 집중시켰다.

→ '노동 계급'과 '학자 계급' 간의 이동이 가능 ≠ 계급 간 차등이 없음

2020년 12월 수능 29번

채권은 어떤 사람이 다른 사람에게 특정 행위를 요구할 수 있는 권리이다. 이 특정 행위를 급부라 하고, 특정 행위를 해 주어야 할 의무를 채무라 한다.

(중략)

당장 필요한 재화나 서비스는 그 제공을 급부로 하는 계약을 성립시켜 확보하면 되지만 미래에 필요할 수도 있는 재화나 서비스라면 계약을 성립시킬 수 있는 권리를 확보하는 것이 유리하다. 이를 위해 '예약'이 활용된다. 일상에서 예약이라고 할 때와 법적인 관점에서의 예약은 구별된다. 기차 탑승을 위해 미리 돈을 지불하고 승차권을 구입하는 것을 '기차 승차권을 예약했다'고도 하지만 이 경우는 예약에 해당하지 않는 계약이다. 법적으로 예약은 당사자들이 합의한 내용대로 권리가 발생하는 계약의 일종으로, 재화나 서비스 제공을 급부 내용으로 하는 다른 계약인 '본계약'을 성립시킬 수 있는 권리 발생을 목적으로 한다.

(중략)

예약에서 예약상의 급부나 본계약상의 급부가 이행되지 않는 문제가 생길 수 있는데, 예약의 유형에 따라 발생 문제의 양상이 다르다. 일반적으로 3-1급부가 이행되지 않아 채권자에게 손해가 발생한 경우 채무자는 자신의 3-2고의나 과실에서 비롯된 것이 아님을 증명하지 못하는 한 채무 불이행 책임을 진다. 이로 인해 채무의 내용이 바뀌는데 원래의 급부 내용이 무엇이든 3-3채권자의 손해를 돈으로 물어야 하는 손해 배상 채무로 바뀐다.

만약 4-1타인이 고의나 과실로 예약상 권리자가 가진 권리 실현을 방해했다면 예약상 권리자는 그에게도 책임을 물을 수 있다. 법률에 의하면 누구든 4-2고의나 과실에 의해 타인에게 피해를 끼치는 행위를 하고 그 행위의 위법성이 인정되면 4-3불법행위 책임이 성립하여, 가해자는 피해자에게 4-4손해를 돈으로 배상할 채무를 지기 때문이다. 다만 예약상 권리자에게 4-5예약 상대방이나 방해자 중 누구라도 손해 배상을 하면 다른 한쪽의 배상 의무도 사라진다. 4-6급부 내용이 동일하기 때문이다.

> < 보 기 >
>
> 특별한 행사를 앞두고 있는 갑은 미용실을 운영하는 을과 예약을 하여 행사 당일 오전 10시에 머리 손질을 받기로 했다. 갑이 시간에 맞춰 미용실을 방문하여 머리 손질을 요구했을 때 병이 이미 을에게 머리 손질을 받고 있었다. 갑이 예약해 둔 시간에 병이 고의로 끼어들어 위법성이 있는 행위를 하여 ㉮ 갑은 오전 10시에 머리 손질을 받을 수 없는 손해를 입었다.

0 50. ㉮가 발생하는 과정에서 을에게 고의나 과실이 있는지 없는지 증명되지 않은 경우, 을과 병은 모두 갑에게 채무를 지고 그에따른 급부의 내용은 동일4-6하다.

0 51. ㉮가 발생하는 과정에서 을에게 고의나 과실이 있는지 없는지 증명되지 않은 경우, 을과 병은 모두 채무 불이행 책임을 지므로 갑에게 손해 배상 채무를 진다.

[지문 내용]

- 비교 대상 1: 계약, 법적인 관점에서의 예약, 일상에서 예약

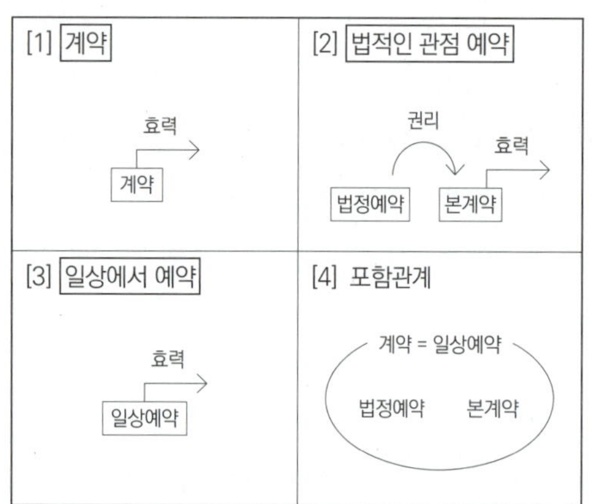

- 비교 대상 2: 급부가 이행되지 않아 채권자에게 손해가 발생한 경우

책임 유형	책임 의무자	성립 조건	책임 종류	채무
1	채무자	고의/과실에서 비롯된 것이 아님을 증명하지 못함.	채무 불이행 책임	(예약상/본계약상)급부 →손해 배상 채무
2	타인 (=방해자)	고의/과실 + 행위의 위법성 인정	불법 행위 책임	손해 배상 채무

〈보기〉

갑: 예약 권리자

을: 예약 채무자(if 을의 고의나 과실이 아님을 증명하지 않았을 경우 ⇒ 책임 유형1)

병: 타인(: 고의+위법성 행위⇒책임 유형2)

+ 50, 51번 모두 을이 고의나 과실이 있는지 없는지 증명되지 않았으므로 책임 유형1에 해당

---

050. 2020년 12월 수능 29번 – ③

(O) 을은 책임 유형1에, 병은 책임 유형2에 각 해당하므로 둘 모두 갑에게 "손해 배상 채무"를 진다. [지문] 마지막 문장에 예약 상대방이나 방해자 모두 급부의 내용은 동일하다[4-6]는 내용도 알 수 있으니 ③번은 맞다. 비교 대상(책임 유형1, 책임유형2)끼리의 공통점을 물어본 선지이다.

051. 2020년 12월 수능 29번 – ④

(X) 을은 "채무 불이행 책임[3-2]"을 지고, "손해 배상 채무[3-3](=손해를 돈으로 물어야 하는 채무)"를 진다. 병은 "불법행위 책임[4-3]"을 지고 "손해 배상 채무[4-4](=손해를 돈으로 배상할 채무)"를 진다. 따라서 을과 병이 모두 채무불이행 책임을 진다는 것은 틀린 내용이다.

51번에서는 비교 대상끼리의 차이점을 공통점인 것처럼 물어보고 있다. 지문을 꼼꼼히 보지 않으면 '책임'과 '채무'가 헷갈릴 수 있으니 지문/선지를 읽거나 확인할 때 단어를 구분하면서 읽고, 비교 대상끼리 대응되는 공통점과 차이점을 대응·일치시키면서 읽는 습관을 들이도록 하자.

[check point]

1. 비교 대상 (특히 '인물'이나 '이론', '시대', '여러 가지 방법 차이', '분류', '대상의 변화', '확장·추가적인 재료 출현' 등) 나오면 공통점, 차이점 파악 중요
   → (계약, 법적인 관점에서의 예약, 일상에서 예약), (채무자, 타인)
   → 공통점이나 차이점을 언급하여 정답 선지로 출제하거나,
   → 대상의 설명이나 내용을 바꾸거나, 비교 대상끼리의 공통점을 차이점으로, 차이점을 서로 뒤바꾸어 오답 선지로도 출제함

2. [지문]에서 비슷하지만 다른 단어는 꼼꼼히 구분해 놓자
   → '책임'과 '채무' (2020년 수능 29번–책 51번)
   → '합성'과 '활성' (2022년 6월 모의고사 12번–책 10번)
   → '추정'과 '측정' (2022년 수능 16번–책 79번~83번)
   → '결과'와 '변화' (2022년 6월 모의고사 14번–책 259번~261번)
   → '자기 자본'과 '기본 자본'(2019년 수능 40번–책 22번)

3. 〈보기〉 문제는 아래 3가지 케이스와 같다.
   첫 번째로, [지문]에서 특정한 부분을 예시로 든 문제(해당 유형 ✓)
   – 〈보기〉에서 예시로 든 부분에 관한 설명을 [지문]에서 찾아야 함
   → 주로 기술·과학·경제·법 지문 (2020년 6월 모의고사 28번–책 19번, 2021년 11월 수능 16번–책 20~21번 등)
   두 번째로, [지문]에서 설명한 내용에서 추가적인 내용을 설명한 문제
   – [지문]과 공통점 차이점 비교
   → 주로 인문(학자) 지문 (2021년 6월 모의고사 8번 –책

274번~275번 등)

세 번째로, [지문]의 비교 대상끼리 장단점을 섞은 예시를 든 문제

– [지문]의 어느 부분을 섞은 것인지를 판단하여야 함

→ 신유형 (2024년 6월 모의고사 7번–책 40~42번)

⇒ 2021년 9월 모의고사 16번(책 272번~) 〈보기〉문제와 비교해보길 바란다.

2020년 6월 모의고사 25번

영상 안정화 기술에는 빛을 이용하는 광학적 기술과 소프트웨어를 이용하는 디지털 기술 등이 있다. 광학 영상 안정화(OIS) 기술을 사용하는 카메라 모듈은 렌즈 모듈, 이미지 센서, 자이로 센서, 제어 장치, 렌즈를 움직이는 장치로 구성되어 있다. 렌즈 모듈은 보정용 렌즈들을 포함한 여러 개의 렌즈들로 구성된다. [1-1]일반적으로 카메라는 렌즈를 통해 들어온 빛이 이미지 센서에 닿아 피사체의 상이 맺히고, 피사체의 한 점에 해당하는 위치인 화소마다 빛의 세기에 비례하여 발생한 전기 신호가 저장 매체에 영상으로 저장된다. 그런데 카메라가 흔들리면 이미지 센서 각각의 화소에 닿는 빛의 세기가 변한다. 이때 [1-2]OIS 기술이 작동되면 자이로 센서가 카메라의 움직임을 감지하여 방향과 속도를 제어 장치에 전달한다. 제어 장치가 렌즈를 이동시키면 피사체의 상이 유지되면서 영상이 안정된다. 렌즈를 움직이는 방법 중에는 보이스코일 모터를 이용하는 방법이 많이 쓰인다.

(중략)

이외에도 카메라가 흔들릴 때 [2-1]이미지 센서를 움직여 흔들림을 감쇄하는 방식도 이용된다.

OIS 기술이 손 떨림을 훌륭하게 보정해 줄 수는 있지만 렌즈의 이동 범위에 한계가 있어 보정할 수 있는 움직임의 폭이 좁다. 디지털 영상 안정화(DIS) 기술은 [3-1]촬영 후에 [3-2]소프트웨어를 사용해 흔들림을 보정하는 기술로 역동적인 상황에서 촬영한 동영상에 적용할 때 좋은 결과를 얻을 수 있다. 이 기술은 촬영된 동영상을 프레임 단위로 나눈 후 연속된 프레임 간 피사체의 움직임을 추정한다.

(중략)

그리고 흔들림이 발생한 곳으로 추정되는 프레임에서 위치 차이만큼 보정하여 흔들림의 영향을 줄이면 보정된 동영상은 움직임이 부드러워진다.

0**52.** 디지털 영상 안정화 기술은 소프트웨어를 이용하여 이미지 센서를 이동시킨다.

0**53.** 광학 영상 안정화 기술을 사용하지 않는 디지털 카메라에도 이미지 센서는 필요하다.

[지문 내용]

• 비교 대상: 광학 영상 안정화(OIS) 기술, 디지털 영상 안정화(DIS) 기술

기술 명칭	영상 안정화 과정	공통점
광학 영상 안정화(OIS)	〈촬영 중에 영상 보정〉 1. 자이로 센서가 카메라의 움직임 감지 → 방향·속도 제어 장치에 전달 → 제어 장치가 렌즈 이동 시킴 → 영상 안정 2. 렌즈 이동 방법: – 보이스코일 모터 or 이미지 센서 움직임	카메라로 영상을 촬영[1-1] : 렌즈를 통해 들어온 빛 → 이미지 센서 → 피사체의 상이 맺힘 → 전기 신호가 저장매체에 영상으로 저장
디지털 영상 안정화(DIS)	〈촬영 후에 영상 보정〉 소프트웨어를 사용해 프레임 보정	

052. 2020년 6월 모의고사 25번 – ①

(X) 디지털 영상 안정화 기술은 촬영 후[3-1]에 소프트웨어를 이용[3-2]하여 프레임의 흔들림을 보정하는 기술이다. 이미지 센서는 영상 촬영 과정[1-1]에 필요한 장치로, 디지털 영상 안정화 기술에 사용되지 않는다. 이미지 센서를 이동시키는 방식은 영상 촬영 중에 카메라의 흔들림을 보정하는 기술인 광학영상 안정화(OIS)[2-1]에서 사용하는 방식이다. 비교 대상끼리 차이점을 섞어놓은 선지이다.

053. 2020년 6월 모의고사 25번 – ②

(O) 광학 영상 안정화 기술이든, 디지털 영상 안정화 기술이든 모두 영상 촬영 자체는 필요하다. 이는 두 기술의 공통점이라 볼 수 있는데, 이미지 센서[1-1]는 영상 촬영에 필요한 부품이므로 맞는 선지이다. 비교 지문에서는 공통점과 차이점을 무조건 물어보니 유의하자.

[check point]

1. 비교 대상 (특히 '인물'이나 '이론', '시대', '여러 가지 방법 차이', '분류', '대상의 변화', '확장·추가적인 재료 출현' 등) 나오면 공통점, 차이점 파악 중요

→ 공통점이나 차이점을 언급하여 정답 선지로 출제하거나,

→ 대상의 설명이나 내용을 바꾸거나, 비교 대상끼리의 공통점을 차이점으로, 차이점을 서로 뒤바꾸어 오답 선지로도 출제함

1-1. 특히 위 [지문]처럼 공통되는 개념에서 갈라져 나오는 비교 대상은 공통점을 꼭 물어본다.

→ 2022년 수능 16번-책 81번 : (공통) 기초대사량 측정

→ (세분화) 직접법, 간접법

→ 2020년 6월 모의고사 25번-책 53번 : (공통) 카메라 촬영 → (세분화) 영상 보정 방법 차이 광학 영상 안정화(OIS), 디지털 영상 안정화(DIS)

→ 2021년 6월 모의고사 14번-책 90번: (공통) PCR 과정 → (세분화) 전통적인 PCR, 실시간 PCR

→ 2022년 6월 모의고사 12번-책 155번: (공통) 비타민 K, → (세분화) 비타민 K_1, 비타민 K_2

→ 2018년 6월 모의고사 35번-책 64번 : (공통) LFIA 키트 반응 → (세분화) 직접 방식, 경쟁 방식

2. 위 [지문]에서와 같이 어떤 단어들의 정의, 구성 장치 등을 나열한다면 [지문]을 이해하는데 쓰이거나 선지에서 내용이 재등장한다.

→ 2021년 6월 모의고사 15번 : PCR는 주형 DNA, 프라이머, DNA 중합 효소, 4종의 뉴클레오타이드가 필요하다. 프라이머는 ~

→ 2020년 6월 모의고사 25번 : 카메라 장치 설명

→ 2024년 6월 모의고사 9번 : [지문] '두 원자가 각각 전자를 하나씩 내어놓아 그 두 개의 전자를 한 쌍으로 공유하면 단일 결합', [선지] '두 탄소 원자가 서로 전자를 하나씩 내어놓아 공유하는 결합'

2019년 11월 수능 29번

㉠내인성 레트로바이러스는 생명체의 [1-1]DNA의 일부분으로, 레트로바이러스로부터 유래된 것으로 여겨지는 부위들이다. 이는 바이러스의 활성을 가지지 않으며 [1-2]사람을 포함한 모든 포유류에 존재한다. ㉡레트로바이러스는 자신의 유전 정보를 RNA에 담고 있고 역전사 효소를 갖고 있는 바이러스로서, 특정한 종류의 세포를 감염시킨다. 유전 정보가 담긴 DNA로부터 RNA가 생성되는 전사 과정만 일어날 수 있는 다른 생명체와는 달리, 레트로바이러스는 다른 생명체의 세포에 들어간 후 역전사 과정을 통해 자신의 RNA를 DNA로 바꾸고 [1-3]그 세포의 DNA에 끼어들어 감염시킨다. 이후에는 다른 바이러스와 마찬가지로 자신이 속해 있는 생명체를 숙주로 삼아 숙주 세포의 시스템을 이용하여 복제, 증식하고 일정한 조건이 되면 숙주 세포를 파괴한다.

그런데 정자, 난자와 같은 [2-1]생식 세포가 레트로바이러스에 감염되고도 살아남는 경우가 있었다. 이런 세포로부터 유래된 자손의 모든 세포가 갖게 된 것이 내인성 레트로바이러스이다. 내인성 레트로바이러스는 세대가 지나면서 돌연변이로 인해 염기 서열의 변화가 일어나며 해당 세포 안에서는 바이러스로 활동하지 않는다. 그러나 내인성 레트로바이러스를 떼어 내어 다른 종의 세포 속에 주입하면 이는 레트로바이러스로 변환되어 그 세포를 감염시키기도 한다. 따라서 미니돼지의 DNA에 포함된 내인성 레트로바이러스를 효과적으로 제거하는 기술이 개발 중에 있다.

0**54.** ㉠은 ㉡과 달리 자신이 속해 있는 생명체의 모든 세포의 DNA에 존재한다.

0**55.** ㉠과 ㉡은 둘 다 자신이 속해 있는 생명체의 유전 정보를 가지고 있다.

☑ **비교 대상: 레트로바이러스, 내인성 레트로바이러스**

순서

: ㉡ 레트로바이러스 → ㉠ 내인성 레트로바이러스

㉡레트로 바이러스	㉠내인성 레트로 바이러스
· 자신의 유전 정보 (RNA)를 가지고 있는 바이러스 · 역전사 효소를 가지고 있음 · 특정한 세포 감염 시킴 (→ 숙주 파괴)	· 생명체 DNA의 일부분 · 바이러스 활성X · 모든 포유류에 존재 · 어떠한 개체의 생식 세포가 레트로 바이러스에 감염되고도 살아남은 경우, 자손의 모든 세포가 갖게 됨

054. 2019년 11월 수능 29번 – ①

(O) 포유류의 생식세포[1-2]가 ⓛ에게 감염되고도 살아남았을 때 이 생식세포로부터 유래된 자손의 모든 세포[2-1]가 ㉠를 갖게 된다. 따라서 세포를 감염시키는 바이러스인 ⓛ은 생명체(숙주)의 세포 중 감염시킨 일부 세포에만 존재하지만, ㉠은 감염되고도 살아남은 생명체의 생식세포로부터 유래된 자손의 모든 세포가 갖는 것으로 '자신이 속해있는 생명체의 모든 세포'에 존재한다. 또한 ㉠은 생명체의 DNA의 일부분으로, DNA에 존재[1-1]하는 것이 맞으므로 맞는 선지이다. 비교 대상들의 차이점을 언급한 선지이다.

055. 2019년 11월 수능 29번 – ④

(X) ㉠은 생명체의 DNA의 일부분[1-1]으로, 자신이 속해 있는 생명체의 유전 정보를 가지고 있다. 하지만 ⓛ은 생명체와 다른 개체로서 자기 자신의 유전 정보만을 가지고 있고, 생명체를 감염시킬 때도 생명체의 DNA에 끼어들어[1-3] 감염시키는 것일 뿐 자신이 속해 있는 생명체의 유전 정보를 가지고 있지는 않다. 포함관계를 유의해서 공통점과 차이점을 구별해야 하는 선지이다.

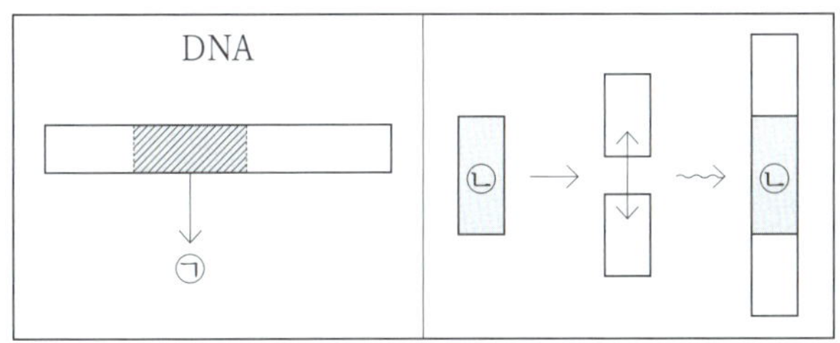

[check point]

1. 비교 대상(특히 '인물'이나 '이론', '시대', '여러 가지 방법 차이', '분류', '대상의 변화', '확장·추가적인 재료 출현' 등) 나오면 공통점, 차이점 파악 중요
   → 레트로바이러스 → 내인성 레트로바이러스
   → 공통점이나 차이점을 언급하여 정답 선지로 출제하거나,
   → 대상의 설명이나 내용을 바꾸거나, 비교 대상끼리의 공통점을 차이점으로, 차이점을 서로 뒤바꾸어 오답 선지로도 출제함

2. [지문]을 읽을 때 대상끼리의 포함 관계 파악 중요

2019년 9월 모의고사 22번

시각 매체의 확장은 사료의 유형을 더욱 다양하게 했다. 이에 따라 역사학에서 영화를 통한 역사 서술에 대한 관심이 일고, 영화를 사료로 파악하는 경향도 나타났다. 역사가들이 주로 사용하는 문헌 사료의 언어는 대개 지시 대상과 물리적·논리적 연관이 없는 추상화된 [1-1]상징적 기호이다. 반면 영화는 카메라 앞에 놓인 물리적 현실을 이미지화하기 때문에 그 자체로 물질성을 띤다. 즉, 영화의 이미지는 닮은꼴로 사물을 지시하는 [1-2]도상적 기호가 된다. 광학적 메커니즘에 따라 피사체로부터 비롯된 영화의 이미지는 그 피사체가 있었음을 지시하는 [1-3]지표적 기호이기도 하다. 예를 들어 다큐멘터리 영화는 피사체와 밀접한 연관성을 갖기 때문에 피사체의 진정성에 대한 믿음을 고양하여 언어적 서술에 비해 호소력 있는 서술로 비춰지게 된다.

0**56.** 문헌 사료의 언어는 다큐멘터리 영화의 이미지에 비해 지시 대상에 대한 지표성이 강하다.[1-3]

0**57.** 카메라를 매개로 얻어진 영화의 이미지는 지시 대상과 닮아 있다는 점에서 상징적 기호[1-1]이다.

☑ **비교 대상: 문헌 사료의 언어, 영화**

[지문]에서 사료의 유형이 기존 문헌 사료에서 영화로 변화·확장되는 내용을 다루고 있다.
문헌 사료의 언어 : 상징적 기호
영화 : 도상적 기호, 지표적 기호

056. 2019년 9월 모의고사 22번 – ④

(X) 문헌 사료의 언어는 상징적 기호[1-1], 영화는 도상적 기호[1-2]이자 지표적 기호[1-3]이다. 보통 이러한 방식으로 비교 대상끼리 직접적·간접적인 차이점을 준다. 이 선지는

차이점을 대놓고 바꿔놓은 선지이다. 지표성이 강한 것은 영화[1-3]다.

─────────────────────────────
057. 2019년 9월 모의고사 22번 – ⑤
─────────────────────────────

(✕) 영화는 상징적 기호가 아닌 도상적·지표적 기호이다. 이 선지 또한 차이점을 대놓고 바꿔놓은 선지이다.

[check point]

비교 대상 (특히 '인물'이나 '이론', '시대', '여러 가지 방법 차이', '분류', '대상의 변화', '확장·추가적인 재료 출현' 등) 나오면 공통점, 차이점 파악 중요

→ (문헌 사료의 언어 → 문헌 사료의 언어 + 영화)

→ 공통점이나 차이점을 언급하여 정답 선지로 출제거나,

→ 대상의 설명이나 내용을 바꾸거나, 비교 대상끼리의 공통점을 차이점으로, 차이점을 서로 뒤바꾸어 오답 선지로도 출제함

2019년 9월 모의고사 28번

물건을 사용하고 있는 사람이 그 물건의 주인일까? 점유란 물건에 대한 사실상의 지배 상태를 뜻한다. 이에 비해 [1-1] 소유란 어떤 물건을 사용·수익·처분할 수 있는 권리를 가진 상태라고 정의된다. 따라서 점유자와 소유자가 항상 일치하지는 않는다.

[A] 　물건을 빌려 쓰거나 보관하고 있는 것을 포함하여 물건을 [2-1]물리적으로 지배하는 상태를 직접점유라고 한다. 이에 비해 어떤 물건을 빌려 쓰거나 보관하는 사람에게 그 물건의 반환을 청구할 수 있는 권리를 가진 사람도 사실상의 지배를 한다고 볼 수 있다. 이와 같이 [2-2]반환청구권을 가진 상태를 간접점유라고 한다. [2-3]직접점유와 간접점유는 모두 점유에 해당한다. 점유는 소유자를 공시하는 기능도 수행한다. 공시란 물건에 대해 누가 어떤 권리를 가지고 있는지를 알려 주는 것이다. 물건 중에서 피아노, 금반지, 가방 등과 같은 대부분의 동산은 점유에 의해 소유권이 공시된다.

[A]에 대한 이해로 가장 적절한 것은?

0**58**. 하나의 동산에 직접점유자가 있으려면 간접점유자도 있어야 한다.

0**59**. 피아노의 직접점유자가 있으면 그 피아노의 간접점유자는 소유자가 아니다.

☑ **비교 대상 : 소유 점유(–직접점유, 간접점유)**

소유 : 어떤 물건을 사용·수익·처분할 수 있는 권리를 가진 상태

점유 : 물건에 대한 사실상의 지배 상태

　–직접점유 : 물건을 물리적으로 지배하는 상태

　–간접점유 : 물건의 반환을 청구할 수 있는 상태(소유자)

─────────────────────────────
058. 2019년 9월 모의고사 28번 – ③
─────────────────────────────

(✕) 직접점유란, 어떤 물건을 물리적으로 지배하는 상태[2-1]이다. 간접점유란 다른 사람이 직접점유를 하고 있어서 물리적으로 지배하지 못하는 상태이지만 직접점유를 하고 있는 사람에게 그 물건의 반환청구를 할 수 있는 상태[2-2]이다. 따라서 직접점유자가 있으려면 간접점유자는 없어도 되지만 간접점유자가 있으려면 직접점유자가 있어야 한다. 차이점을 서로 뒤바꾸어 틀린 선지이다.

─────────────────────────────
059. 2019년 9월 모의고사 28번 – ④
─────────────────────────────

(✕) 소유란 '어떤 물건을 사용·수익·처분할 수 있는 권리를 가진 상태[1-1]'이고, 간접점유자는 직접점유자에게 그 물건의 반환청구를 할 수 있는 자이다. 간접점유자가 직접점유자에 대하여 반환청구권을 가진다는 것은 간접점유자에게 그 물건을 사용할 수 있는 권리, 즉 소유권이 있다는 것을 의미한다. 따라서 간접점유자는 소유자라고 볼 수 있다.

비교 대상끼리 구분하고 서로 연결 지을 수 있는지를 묻는 선지이다.

[check point]

1. 비교 대상(특히 '인물'이나 '이론', '시대', '여러 가지 방법 차이', '분류', '대상의 변화', '확장·추가적인 재료 출현' 등) 나오면 공통점, 차이점 파악 중요
   - → (점유: 직접점유 , 간접점유)
   - → 공통점이나 차이점을 언급하여 정답 선지로 출제하거나,
   - → 대상의 설명이나 내용을 바꾸거나, 비교 대상끼리의 공통점을 차이점으로, 차이점을 서로 뒤바꾸어 오답 선지로도 출제함
2. [지문]을 읽을 때 앞서 나온 단어와의 관계(공통점·차이점, 포함관계 등)를 연결 짓기
3. [지문]에서 구체적인 예시를 들며 설명한다면(=물건 중에서 피아노, 금반지, 가방 등과 같은 대부분의 동산) 선지에서 =연결로 쓰일 수 있다.

2018년 6월 모의고사 20번

최한기 의 인체관을 함축하는 개념 중 하나는 '몸기계'였다. 그는 이 개념을 본격적으로 사용하기에 앞서 인체를 형체와 내부 장기로 구성된 일종의 기계로 파악하고 있었다. 이러한 생각은 『전체신론(全體新論)』 등 홉슨 의 저서를 접한 후 더 분명해져서 인체를 복잡한 장치와 그 작동으로 이루어진 [1-1]몸기계로 형상화하면서도, 인체가 외부 동력에 의한 기계적 인과 관계에 지배되는 것이 아니라 그 자체가 생명력을 가지고 자발적인 운동'을 한다고 보았다. 이는 인체를 '신기(神氣)'와 결부하여 이해한 결과였다. [1-2]기계적 운동의 인과 관계를 설명하려면 원인을 찾는 과정이 꼬리에 꼬리를 물고 이어지게 된다. 따라서 이러한 무한 소급을 끝맺으려면 운동의 최초 원인을 상정해야만 한다. 이 문제를 해결하기 위해 의료 선교사인 홉슨은 창조주와 같은 질적으로 다른 존재를 상정하였다. 기독교적 세계관을 부정했던 최한기는 인체를 구성하는 신기를 신체 운동의 원인으로 규정하여 이 문제를 해결하려 하였다.

최한기는 『전체신론』에 수록된, 뇌로부터 온몸에 뻗어 있는 신경계 그림을 접하고, 신체 운동을 주관하는 뇌의 역할과 중요성을 인정하였다. 하지만 [2-1]뇌가 운동뿐만 아니라 지각을 주관한다는 홉슨의 뇌주지각설(腦主知覺說) 에 [2-2]관심을 기울

이면서도, [2-3]뇌주지각설은 완전한 체계를 이루기에 불충분하다고 보았다. 뇌가 지각을 주관하는 과정을 창조주의 섭리로 보고 지각 작용과 기독교적 영혼 사이의 연관성을 부각하려한 『전체신론』의 견해를 부정하고, 대신 [2-4]'심'이 지각 운용을 주관한다는 심주지각설 이 더 유용하다고 주장하였다.

그러나 종래의 심주지각설을 그대로 수용한 것은 아니었다. [3-1]기존의 심주지각설 이 '심'을 심장으로 보았던 것과 달리 그는 신기의 '심'으로 파악하였다. 그에 따르면, [3-2]신기는 신체와 함께 생성되고 소멸되는 것으로, 뇌나 심장 같은 인체 기관이 아니라 몸을 구성하면서 형체가 없이 몸속을 두루 돌아다니는 것이다. 신기는 유동적인 성질을 지녔는데 그 중심이 '심'이다. 신기는 상황에 따라 인체의 특정 부분에 더 높은 밀도로 몰린다. 그래서 특수한 경우에는 다른 곳으로 중심이 이동하는데, 신기가 균형을 이루어야 생명 활동과 지각이 제대로 이루어질 수 있다. 그는 경험 이전에 아무런 지각 내용을 내포하지 않고 있는 신기가 감각 기관을 통한 지각 활동에 의해 외부 세계의 정보를 받아들여 기억으로 저장한다고 파악하였다. [3-3]신기는 한 몸을 주관하며 그 자체가 하나로 통합되어 있기 때문에 감각을 통합할 수 있으며, 지각 내용의 종합과 확장, 곧 스스로의 사유를 통해 지각 내용을 조정하고, 그러한 작용에 적응하여 온갖 세계의 변화에 대응할 수 있다고 보았다.

< 보 기 >

서양 근세의 철학자 데카르트 는 물질과 정신을 구분하여, 물질은 공간을 차지한다는 특징을 갖는 반면 정신은 사유라는 특징을 갖는다고 보았다. [B-1]물질의 기계적 운동을 옹호했던 그는 [B-2]정신이 깃든 곳은 물질의 하나인 두뇌이지만 정신과 물질은 서로 독립적이라고 주장하였다. 그러나 정신과 물질이 영향을 주고 받음을 설명할 수 없다는 비판을 받았다.

○60. 데카르트와 최한기는 모두 인간의 사고 작용이 일어나는 곳은 두뇌라고 보았겠군.

○61. 데카르트와 달리 최한기는 인간의 사고가 신체와 영향을 주고 받음을 설명할 수 없다는 비판을 받지는 않겠군.

0**62.** 데카르트의 견해[B-1]에서도 최한기에서처럼 기계적 운동의 최초 원인을 상정하면 무한 소급의 문제를 해결할 수 있겠군[1-2]

> **[최한기의 인체관]**
>
> • 비교 대상 : 최한기(최한기의 심주지각설), 홉슨(뇌주지각설)
>
> [최한기] : 인체=신기(=심,원인) → 몸기계(생명력+기계가 종합된 결과)
>
> 기계적 운동의 최초 원인을 찾음 → 뇌주지각설(뇌가 최초 원인) ✕ → 최한기의 심주지각설 ○
>
> → 최한기의 심주지각설 : '신기=심'이 기계적 운동의 최초 원인. 심은 신체 일부의 기관 ✕, 전체에 퍼져 있으면서 감각을 통합하며 몸을 주관.
>
> [홉슨] : 기독교적 창조주→뇌(지각 주관, 뇌주지각설)→인체의 작동
>
> 〈보기〉
>
> [데카르트] : 정신이 두뇌에 존재하지만, 물질과 정신은 서로 독립적이며 서로 영향을 주고 받을 수 없음.
>
> 이 〈보기〉는 추가 정보를 주고 [지문]과 비교하게 만든 문제이다. 〈보기〉를 읽고 [지문]의 어떤 내용과 비슷한지, 어떤 차이점이 있는지 구분하여 보자.
>
> – 데카르트는 물질과 정신은 서로 독립적이라고 구분한 반면, 최한기는 인간이 물질과 정신이 종합[1-1]되어 구분되지 않는 상태라고 생각한다.

〔 **060. 2018년 6월 모의고사 20번 – ②** 〕

(✕) 데카르트는 정신이 두뇌에 있다고 주장하였으니 틀린 말은 아니다. 하지만 최한기는 새로운 심주지각설을 채택하며 인간의 사고 작용이 일어나는 원인은 신기[2-2, 3-1, 3-3]이며, 신기는 뇌나 심장처럼 일부 기관이 아니라 몸을 구성하면서 형체가 없이 몸속을 두루 돌아다니는 것[3-2]이라 생각했다. 따라서 틀린 선지이다.

| + 2문단에서 최한기가 뇌가 운동 뿐만 아니라 지각을 주관한다는 뇌주지각설에 관심이 있다[2-2]는 문장만 보고 "최한기가 두뇌에서 인간의 사고 작용이 일어난다고 생각하는구나"라고

판단하였다면 오답을 고르도록 한 함정에 빠진 것이다. 최한기는 뇌주지각설이 완전한 체계를 이루기에 불충분[2-3]하다고 보았으며, 심주지각설을 선택하여 신기를 '심'으로 파악하고 이는 뇌나 심장 같은 인체 기관이 아니라고 주장했다.

이 선지는 학자들 간의 차이점을 다루고 있으며, 학자들의 의견을 제대로 구별할 수 있는지 묻고 있다.

〔 **061. 2018년 6월 모의고사 20번 – ④** 〕

(○) 〈보기〉에 따르면 데카르트는 정신과 물질이 서로 독립적이라고 주장했기 때문에 정신(인간의 사고)과 물질(신체)이 서로 어떻게 영향을 주고받는지를 설명하지 못했을 것이라고 유추할 수 있다. 하지만 데카르트와 달리 최한기는 몸기계인 물질 그 자체가 생명력을 가지고 자발적인 운동을 한다고[1-1](=정신과 물질은 그 자체가 하나로 통합[3-3]) 생각했기 때문에 정신과 물질이 어떻게 영향을 주고받는지를 설명할 수 있다. 따라서 맞는 선지이다. 이 선지는 비교 대상끼리의 차이점을 언급한 선지이다.

〔 **062. 2018년 6월 모의고사 20번 – ⑤** 〕

(○) [지문]에서 최한기는 인체를 몸기계라고 생각하고 있다. 기계적 운동의 인과 관계를 설명하려면 운동의 최초 원인을 상정하여 무한 소급의 문제[1-2]를 해결해야하는 문제가 있다. 최한기는 이를 해결하기 위해 심주지각설을 가져와서 신기가 최초 원인이라고 주장한다.

한편 〈보기〉의 데카르트도 물질이 기계적 운동에 의해 돌아간다[B-1]고 주장했기 때문에 최한기와 마찬가지로 무한 소급의 문제가 있다. 따라서 데카르트도 무한 소급의 문제를 해결하기 위해 최초 원인을 상정해야 할 것이다. 따라서 맞는 선지이다.

비교 대상끼리의 공통점을 언급함과 동시에 〈보기〉에 있는 말을 [지문]으로 찾아가 연결할 수 있는지를 물어보는 선지이다.

[check point]

1. 비교 대상 (특히 '인물'이나 '이론', '시대', '여러 가지 방법 차이', '분류', '대상의 변화', '확장·추가적인 재료 출현' 등) 나오면 공통점, 차이점 파악 중요
   - → (최한기, 홉스, 데카르트), (뇌주지각설, 기존의 심주지각설 → 최한기의 심주지각설)
   - → 공통점이나 차이점을 언급하여 정답 선지로 출제하거나,
   - → 대상의 설명이나 내용을 바꾸거나, 비교 대상끼리의 공통점을 차이점으로, 차이점을 서로 뒤바꾸어 오답 선지로도 출제함

2. 〈보기〉문제는 아래 3가지 케이스와 같다.

   첫 번째로, [지문]에서 특정한 부분을 예시로 든 문제
   - 〈보기〉에서 예시로 든 부분에 관한 설명을 [지문]에서 찾아야 함
   - → 주로 기술·과학·경제·법 지문 (2020년 6월 모의고사 28번–책 19번, 2021년 11월 수능 16번–책 20~21번 등)

   두 번째로, [지문]에서 설명한 내용에서 추가적인 내용을 설명한 문제(해당 유형 ✓)
   - [지문]과 공통점 차이점 비교
   - → 주로 인문(학자) 지문 (2021년 6월 모의고사 8번 –책 274번~275번 등)

   세 번째로, [지문]의 비교 대상끼리 장단점을 섞은 예시를 든 문제
   - [지문]의 어느 부분을 섞은 것인지를 판단하여야 함
   - → 신유형 (2024년 6월 모의고사 7번–책 40~42번)
   - ⇒ 2021년 9월 모의고사 16번(책 272번~) 〈보기〉문제와 비교해보길 바란다.

2018년 6월 모의고사 35번

LFIA 키트를 이용하면 키트에 나타나는 선을 통해, 액상의 시료에서 검출하고자 하는 목표 성분의 유무를 간편하게 확인할 수 있다. LFIA 키트는 가로로 긴 납작한 막대 모양인데, 시료 패드, 결합 패드, 반응막, 흡수 패드가 순서대로 나란히 배열된 구조로 되어 있다. 시료 패드로 흡수된 시료는 결합 패드에서 복합체와 함께 반응막을 지나 여분의 시료가 흡수되는 흡수 패드로 이동한다. 결합 패드에 있는 [1-1]복합체는 금-나노 입자 또는 형광 비드 등의 표지 물질에 특정 물질이 붙어 이루어진다. 표지 물질은 발색 반응에 의해 색깔을 내는데, 이 표지 물질에 붙어 있는 특정 물질은 키트 방식에 따라 종류가 다르다. 일반적으로 한 가지 목표 성분을 검출하는 키트의 반응막에는 항체들이 띠 모양으로 두 가닥 고정되어 있는데, 그중 시료 패드와 가까운 쪽에 있는 가닥이 검사선이고 다른 가닥은 표준선이다. 표지 물질이 검사선이나 표준선에 놓이면 발색 반응에 의해 반응선이 나타난다. [1-2]검사선이 발색되어 나타나는 반응선을 통해서는 목표 성분의 유무를 판정할 수 있다. [1-3]표준선이 발색된 반응선이 나타나면 검사가 정상적으로 진행되었음을 알 수 있다.

LFIA 키트는 주로 ㉠ 직접 방식 또는 ㉡ 경쟁 방식으로 제작되는데, 방식에 따라 검사선의 발색 여부가 의미하는 바가 다르다. [2-1]직접 방식에서 복합체에 포함된 특정 물질은 목표 성분에 결합할 수 있는 항체이다. [2-2]시료에 목표 성분이 포함되어 있다면 목표 성분은 이 항체와 일차적으로 결합하고, [2-3]이후 검사선의 고정된 항체와 결합한다. 따라서 검사선이 발색되면 시료에서 목표 성분이 검출되었다고 판정한다. 한편 [2-4]경쟁 방식에서 복합체에 포함된 특정 물질은 목표 성분에 대한 항체가 아니라 목표 성분 자체이다. 만약 [2-5]시료에 목표 성분이 포함되어 있으면 시료의 목표 성분과 복합체의 목표 성분이 서로 검사선의 항체와 결합하려 경쟁한다. 이때 시료에 목표 성분이 충분히 많다면 시료의 목표 성분은 복합체의 목표 성분이 검사선의 항체와 결합하는 것을 방해하므로 [2-6]검사선이 발색되지 않는다.

0**63**. LFIA 키트를 사용할 때 정상적인 키트에서 검사선이 발색되지 않으면[1-4] 표준선도 발색되지 않는다[1-5].

0**64**. LFIA 키트에 표지 물질이 없다면[1-3] 시료에 목표 성분이 있더라도 이를 시각적으로 확인할 수 없다.

0**65**. LFIA 키트를 이용하여 검사할 때, 시료에 목표 성분이 포함되어 있지 않더라도 검사선이 발색될 수 있다[2-3].

0**66**. ㉠은 ㉡과 달리, 시료에 들어 있는 목표 성분은 검사선에 도달하기 이전에 항체와 결합을 하겠군.

0**67**. ㉡은 ㉠과 달리, 정상적인 검사[1-2]로 시료에서 목표 성분을 검출했다면 반응막에 아무런 반응선도 나타나지 않았겠군.

☑ 비교 대상 : 직접 방식, 경쟁 방식

직접 방식	경쟁 방식
목표 성분 ○ → 발색 ○	목표 성분 ○ → 발색 X 목표 성분 X → 발색 ○

063. 2018년 6월 모의고사 35번 – ③

(X) 목표 성분과 복합체가 같이 반응막을 지나면서 두 개의 선(검사선, 표준선)을 만나게 된다. 이때 검사선에서 반응선이 나타난다면 목표 성분의 유무를 판정[1-4]할 수 있고, 표준선에서 반응선이 나타난다면 검사가 정상적으로 진행되었음[1-5]을 알 수 있다. 검사선과 표준선은 서로 영향을 끼치지 않고 독립적으로 반응하므로, 검사선이 발색되는지 여부와 상관 없이 검사가 정상적으로 이루어지면 표준선이 발색된다. 선지에서는 '정상적인 키트'라고 했으므로 검사가 정상적으로 이루어질 것이고, 따라서 표준선은 발색될 것이다. 따라서 틀린 선지이다.

64. 2018년 6월 모의고사 35번 – ④

(O) 표지 물질은 발색 반응에 의해 색깔을 내는 물질[1-3]이다. 직접 방식에서는 목표 성분이 있으면 발색[2-1]하고 경쟁 방식에서는 목표 성분이 없으면 발색[2-3]한다는 차이가 있지만, 두 가지 방식 모두 표지 물질이 있어야 발색할 수 있다는 점은 동일하다. 따라서 표지 물질이 없다면 발색이 되지 않을 것이다. 따라서 맞는 선지이다.

이 선지는 경쟁 방식과 직접 방식의 공통점을 묻고 있다. 경쟁 방식이든 직접 방식이든 모두 LFIA 키트 반응인 점을 놓치지 말아야 한다.

065. 2018년 6월 모의고사 35번 – ⑤

(O) 직접 방식에서는 목표 성분이 있으면 발색[2-1]되고 경쟁 방식에서는 목표 성분이 없으면 발색[2-3]된다. LFIA 키트가 경쟁 방식으로 제작됐다면 시료에 목표 성분이 포함되어 있지 않아도 검사선이 발색될 수 있다. 따라서 맞는 선지이다.

---

1. 비교 대상(특히 '인물'이나 '이론', '시대', '여러 가지 방법 차이', '분류', '대상의 변화', '확장·추가적인 재료 출현' 등) 나오면 공통점, 차이점 파악 중요

→ 공통점이나 차이점을 언급하여 정답 선지로 출제하거나,

→ 대상의 설명이나 내용을 바꾸거나, 비교 대상끼리의 공통점을 차이점으로, 차이점을 서로 뒤바꾸어 오답 선지로도 출제함

1-1. 특히 위 [지문]처럼 공통되는 개념에서 갈라져 나오는 비교 대상은 공통점을 꼭 물어본다.

→ 2022년 수능 16번–책 81번 : (공통) 기초대사량 측정 → (세분화) 직접법, 간접법

→ 2020년 6월 모의고사 25번–책 53번 : (공통) 카메라 촬영 → (세분화) 영상 보정 방법 차이 광학 영상 안정화(OIS), 디지털 영상 안정화(DIS)

→ 2021년 6월 모의고사 14번–책 90번: (공통) PCR 과정 → (세분화) 전통적인 PCR, 실시간 PCR

→ 2022년 6월 모의고사 12번–책 155번: (공통) 비타민 K, → (세분화) 비타민 K_1, 비타민 K_2

→ 2018년 6월 모의고사 35번–책 64번 : (공통) LFIA 키트 반응 → (세분화) 직접 방식, 경쟁 방식

시료패드 → 결합패드 → 반응막 → 흡수패드

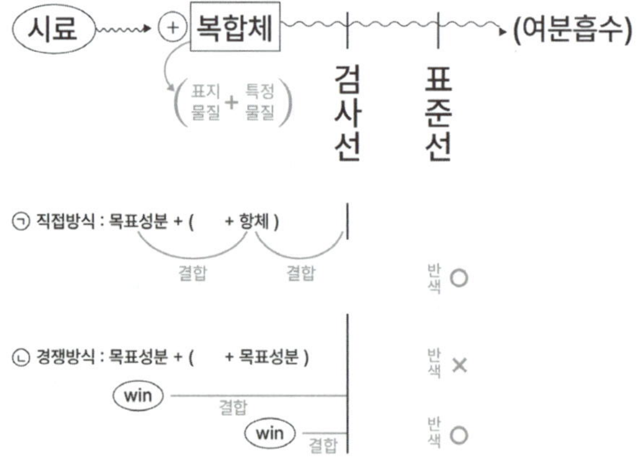

066. 2018년 6월 모의고사 36번 – ①

(O) ㉠과 ㉡은 모두 목표 성분이 복합체("표지 물질+ 특정 물질"[1-1])와 결합 패드에서 같이 만난 후 반응막을 지나면서 검사선과 '결합/결합하지 않음'을 거친다. 복합체와의 반응 과정이나 결과가 다를 뿐이다. ㉠은 ㉡과는 달리 목표

성분이 있다면[2-2] 결합 패드에서 특정 물질과 결합한 채[2-2]로 반응막을 지나면서 검사선과 결합[2-3]한다. ㉡은 목표 성분과 표지 물질이 같아서[2-4] 결합 패드에서 결합하지 않고, 함께 나란히 반응막을 지나면서 검사선의 항체에 서로 결합하려고 경쟁[2-5]한다. 따라서 ㉠은 ㉡과 달리 목표 성분이 검사선에 도달하기 이전인 결합 패드에서 표지 물질(=항체[2-1])과 결합한다.

비교 대상의 차이점을 언급한 선지이다.

---

67. 2018년 6월 모의고사 36번 – ④

(X) ㉠과 ㉡은 모두 반응막의 검사선과 표준선을 지나친다. 검사선에 대하여 ㉠은 목표 성분이 있으면 반응선이 나타나고, ㉡은 목표 성분이 있으면 반응선이 나타나지 않는다. 그러나 표준선에 대해서는 ㉠과 ㉡ 모두 정상적인 검사를 거치면 반응선이 나타난다.[1-3] 이렇게 공통점을 차이점으로 낚는 선지들이 자주 있으니 숙지하자.

[check point]

1. 비교 대상 (특히 '인물'이나 '이론', '시대', '여러 가지 방법 차이', '분류', '대상의 변화' , '확장·추가적인 재료 출현' 등) 나오면 공통점, 차이점 파악 중요
   → 간접 방식 , 경쟁 방식
   → 공통점이나 차이점을 언급하여 정답 선지로 출제하거나,
   → 대상의 설명이나 내용을 바꾸거나, 비교 대상끼리의 공통점을 차이점으로, 차이점을 서로 뒤바꾸어 오답 선지로도 출제함
2. 이 문제는 순서를 파악하는 것도 중요 포인트
   → 1문단 : 키트에서 시료가 흡수되며 패드를 차례대로 지나치면서 단계별로 각각 반응함
   → 2문단 : 다른 방식(간접 방식 , 경쟁 방식)을 비교함
   → 단계별로 일어나는 반응의 차이점과 다른 방식 간의 공통점을 파악하기
3. ㉠㉡㉢ 문제는 이들이 비교 대상이라고 대놓고 힌트를 주는 것이니 공통점·차이점·순서 등을 체크하면서 읽자

경마식 보도의 문제점을 줄이려는 조치가 있다. ㉮「공직선거법」의 규정에 따르면, 당선인을 예상케 하는 여론조사를 실시하는 것은 언제든지 가능하지만, 그 결과의 보도는 선거일 6일 전부터 투표 마감 시각까지 금지된다. 이러한 규정이 국민의 알 권리와 언론의 자유를 침해하는지에 대해 헌법재판소는 신뢰할 수 있는 여론조사 결과라 하더라도 선거일에 임박해 보도하면 선거에 영향을 끼칠 수 있다며 합헌 결정을 내렸다. 「공직선거법」에 근거를 둔 ㉯「선거방송심의에 관한 특별규정」은 유권자에게 영향을 줄 수 있는 [1-1]사실의 왜곡 보도를 금지하고, [1-2]여론조사 결과가 오차 범위 내에 있을 때에 이를 밝히지 않은 채로 서열이나 우열을 나타내는 보도도 금지하고 있다. 언론 단체의 ㉰「선거여론조사보도준칙」은 표본 오차를 감안하여 여론조사 결과를 정확하게 보도하도록 요구한다. [1-3]지지율 차이가 오차 범위 내에 있을 때 "경합"이라는 표현은 무방하지만 [1-4]서열화하거나 [1-5]"오차 범위 내에서 앞섰다."라는 표현처럼 우열을 나타내어 보도할 수 없다는 것이다.

< 보 기 >

다음은 ○○방송사의 의뢰로 △△여론조사 기관에서 세 차례 실시한 당선인 예측 여론조사 결과의 일부이다. (세 조사 모두 신뢰 수준 95%, 오차 범위 8.8%P임.)

구분		1차 조사	2차 조사	3차 조사
조사일		선거일 15일 전	선거일 10일 전	선거일 5일 전
조사 결과	A후보	42%	38%	39%
	B후보	32%	37%	38%
	C후보	18%	17%	17%

○**68.** 2차 조사 결과를 선거일 9일 전에 "A 후보는 B 후보에 조금 앞서고, C 후보는 3위"라고 보도하는 것은 ㉯에 위배되지만, ㉰에 위배되지 않겠군.

○**69.** 1차 조사 결과를 선거일 14일 전에 "A 후보 1위, B 후보 2위, C 후보 3위"라고 보도하는 것은 ㉯에 위배되지 않고, 2차 조사 결과를 선거일 9일 전에 같은 표현으로 보도하는 것은 ㉯에 위배되겠군.

☑ **비교 대상 : 공직선거법, 선거방송심의에 관한 특별규정, 선거여론조사보도준칙**

공직선거법	– 여론조사 언제든지 가능 – 결과 보도 : 선거일 6일전~ 투표 마감 시각까지 금지
선거방송심의에 관한 특별규정	〈결과 보도〉 – 오차 범위 밖: 상관× – 오차 범위 내: 오차 범위 내라는 점 밝히면 → 서열·우열○
선거여론조사보도준칙	– 오차 범위 밖: 상관× – 오차 범위 내: 경합○, 서열·우열×

〈보기〉

오차범위 내 여부	1차 조사	2차 조사	3차 조사
A와 B	×	○	○
B와 C	×	×	×
A와 C	×	×	×

---

068. 2023년 11월 수능 7번 – ②

(X) 2차 조사 결과를 보면 A와 B는 오차 범위 내이고 B와 C는 오차 범위 밖이다.

㉯는 오차 범위 내일 때 서열이나 우열을 나타내고 싶으면 '오차 범위 내'라는 점을 밝혀야 한다[1-2]. "조금 앞선다."라는 표현은 우열을 나타내는 표현이다. 따라서 A와 B에 관하여 오차 범위 내라는 점을 밝히지 않은 채로 우열을 나타냈으니 ㉯에 위배된다.

㉰는 오차 범위 내일 때 경합이라는 단어는 괜찮지만 서열이나 우열을 나타내면 안된다[1-5]. A와 B에 대해 "조금 앞선다"는 표현으로 우열을 나타냈으므로 ㉰에도 위배된다. 비교 대상끼리의 차이점을 명확하게 파악하고, '우열'이라는 단어의 의미를 판단할 수 있어야 한다.

---

069. 2023년 11월 수능 7번 – ④

(O) 1차 조사 결과를 보면 A, B, C 모두 오차 범위 밖이다. 따라서 ㉰에 따르면 서열이나 우열을 밝히든 말든 상관없다. 하지만 2차 조사 결과는 A와 B가 오차 범위 내에 있으므로 ㉰에 따르면 서열화하여 보도할 수 없다. 따라서 맞는 선지이다.

〈보기〉 문제는 아래 3가지 케이스와 같다.

첫 번째로, [지문]에서 특정한 부분을 예시로 든 문제

– 〈보기〉에서 예시로 든 부분에 관한 설명을 [지문]에서 찾아야 함

→ 주로 기술·과학·경제·법 지문 (2020년 6월 모의고사 28번–책 19번, 2021년 11월 수능 16번–책 20~21번 등)

두 번째로, [지문]에서 설명한 내용에서 추가적인 내용을 설명한 문제(해당 유형✓)

– [지문]과 공통점 차이점 비교

→ 주로 인문(학자) 지문 (2021년 6월 모의고사 8번 –책 274번~275번 등)

세 번째로, [지문]의 비교 대상끼리 장단점을 섞은 예시를 든 문제

– [지문]의 어느 부분을 섞은 것인지를 판단하여야 함

→ 신유형 (2024년 6월 모의고사 7번–책 40~42번)

⇒ 2021년 9월 모의고사 16번(책 272번~) 〈보기〉문제와 비교해보길 바란다.

2018년 9월 모의고사 36번

근대 도시의 삶의 양식은 많은 학자들의 관심을 끌어 왔다. 오랫동안 지배적인 관점으로 받아들여진 것은 삶의 양식 중 노동 양식에 주목하는 생산학파 의 견해였다. 생산학파는 산업혁명을 통해 근대 도시 특유의 노동 양식이 형성되는 점에 관심을 기울였다. 그들은 우선 새로운 테크놀로지를 갖춘 근대 생산 체제가 대규모의 노동력을 각지로부터 도시로 끌어 모으는 현상에 주목했다. 또한 다양한 습속을 지닌 사람들이 어떻게 대규모 기계의 리듬에 맞추어 [1-1]획일적으로 움직이는 노동자가 되는지 탐구했다. 예를 들어, 미셸 푸코는 [1-2]노동자를 집단 규율에 맞춰 금욕 노동을 하는 유순한 몸으로 만들어 착취하기 위해 어떤 훈육 전략이 동원되었는지 연구하였다. 또한 생산학파는 노동자가 [1-3]기계화된 노동으로 착취당하는 동안 감각과 감성으로 체험하는 내면세계를 상실하고 사물로 전락했다고 고발하였다. 이렇게 보면 근대 도시는 어떠한 쾌락과 환상도 끼어들지 못하는 거대한 생산 기계인 듯하다.

< 보 기 >

베르토프의 〈카메라를 든 사나이〉는 1920년대의 근대 도시를 소재로 한 다큐멘터리 영화다. 베르토프는 다중 화면, 화면 분할 등 다양한 영화 기법을 도입하여 도시의 일상적 공간을 새롭게 재구성하고 있다. 이 영화는 억압의 대상이던
[B-1]노동자를 생산의 주체이자 새로운 시대의 주인공으로 묘사한다. [B-2]영화인도 노동자 중 한 사람이라고 생각했던 베르토프는 영화 속에서 [B-3]주체적이고 자율적으로 영화를 제작하는 영화인의 모습을 보여 준다. 베르토프는 짧은 이미지들의 빠른 교차를 통해 영화가 편집의 예술임을 확인시켜 준다. 또한 영화관에서 신기한 장면에 즐겁게 반응하는 관객들의 모습을 영화 속에서 보여 줌으로써 영화가 상영되는 과정을 드러낸다.

0**70.** 베르토프의 영화는 분업화로 인해 영화 제작 과정에서 소외된 영화인의 모습[B-1, B-2, B-3]을 보여 주는군.

0**71.** 베르토프의 영화에 등장하는 노동자의 모습[B-1, B-2, B-3]은 생산학파가 묘사하는 훈육된 노동자의 모습[1-1, 1-2, 1-3]과는 다르군.

생산학파 : 근대 도시 특유의 노동 양식에 관심

- 근대 생산 체제가 대규모의 노동력을 도시로 끌어모으는 현상에 주목
- 다양한 습속을 지닌 사람들이 어떻게 획일적으로 움직이는 노동자가 되는지
- 노동자는 사물로 전락했다고 봄

베르토프 : 노동자를 생산의 주체이자 새로운 시대의 주인공으로 묘사

〈보기〉에서는 노동자를 생산의 주체이자 새로운 시대의 주인공[b-1]으로 보는 시각을 설명하고 있다. [지문]과 반대되는 관점을 소개하고 있으므로 추가적인 정보를 제시하고 있는 유형에 해당한다. 따라서 [지문]의 생산학파와 공통점, 차이점을 물어볼 것임을 염두에 두고 문제를 풀도록 하자.

---

070. 2018년 9월 모의고사 36번 - ①

(✗) 베르토프는 영화인도 노동자 중 한 사람[B-2]이라고 생각했고, 그의 영화에서 주체적이고 자율적인 영화인의 모습[B-3]을 보여주며 노동자를 생산의 주체이자 새로운 시대의 '주인공'으로 묘사[B-1]한다. 70번과 같이 분업화로 인해 영화 제작 과정에서 소외된 영화인의 모습을 보여주는 것은 오히려 [지문] 속의 생산학파가 생각하는 노동자[1-1, 1-2, 1-3]에 해당하는 모습이다.

이 선지는 비교 대상끼리의 특징을 뒤바꿔 연결하여 틀린 선지를 만들었다. 비교 대상이 나오면 그 대상과 특징의 연결이 바르게 되었는지를 꼭 체크하고 넘어가도록 하자.

---

071. 2018년 9월 모의고사 36번 - ②

(○) 베르토프의 영화에 등장하는 노동자의 모습은 생산학파가 묘사하는 훈육된 노동자의 모습과 다르다. 베르토프는 노동자를 주체적이고 자율적이라고 생각한[B-3] 반면 생산학파는 획일적이고 기계화되었다[1-1, 1-3]고 생각하기 때문이다. 따라서 맞는 선지이다.

이 선지는 비교 대상끼리의 차이점을 언급한 선지이다. 마찬가지로 대상과 특징이 바르게 연결되었는지 꼭 체크하고 넘어가야 한다.

[check point]

1. 비교 대상 (특히 '인물'이나 '이론', '시대', '여러 가지 방법 차이', '분류', '대상의 변화' , '확장·추가적인 재료 출현' 등) 나오면 공통점, 차이점 파악 중요
   → 공통점이나 차이점을 언급하여 정답 선지로 출제하거나,
   → 대상의 설명이나 내용을 바꾸거나, 비교 대상끼리의 공통점을 차이점으로, 차이점을 서로 뒤바꾸어 오답 선지로도 출제함

3. [지문]에 있는 한 문장을 형태는 다르지만 의미는 같은 문장으로 바꿔 선지로 출제한다.
   → 오차 범위 내에 있을 때에 이를 밝히지 않은 채로 서열이나 우열을 나타내는 보도도 금지한다. = 오차 범위 내에 있을 때 서열이나 우열을 나타내고 싶다면 오차 범위 내에 있다는 점을 밝혀야 한다. = 오차 범위 내에 있을 때 오차 범위 내라는 점을 밝힌다면 서열이나 우열을 나

타낼 수 있다.

→ 지지율 차이가 오차 범위 내에 있을 때 "경합"이라는 표현은 무방하지만 서열화하거나 "오차 범위 내에서 앞섰다."라는 표현처럼 우열을 나타내어 보도할 수 없다는 것이다. = 오차 범위 내에 있다면 "경합"이라는 표현은 가능하지만 서열(1위 2위 등), 우열(~에 앞선다)라는 표현 불가능

2. 〈보기〉 문제는 아래 3가지 케이스와 같다.

첫 번째로, [지문]에서 특정한 부분을 예시로 든 문제(해당 유형 ✓)

– 〈보기〉에서 예시로 든 부분에 관한 설명을 [지문]에서 찾아야 함

→ 주로 기술·과학·경제·법 지문 (2020년 6월 모의고사 28번–책 19번, 2021년 11월 수능 16번–책 20~21번 등)

두 번째로, [지문]에서 설명한 내용에서 추가적인 내용을 설명한 문제

– [지문]과 공통점 차이점 비교

→ 주로 인문(학자) 지문 (2021년 6월 모의고사 8번 –책 274번~275번 등)

세 번째로, [지문]의 비교 대상끼리 장단점을 섞은 예시를 든 문제

– [지문]의 어느 부분을 섞은 것인지를 판단하여야 함

→ 신유형 (2024년 6월 모의고사 7번–책 40~42번)

2023년 11월 수능 15번

혼란기를 거친 송나라 초기에 중앙집권화가 추진된 이후 정치적 갈등이 드러나면서 개혁의 분위기가 조성됐다. 이러한 분위기하에서 유학자이자 개혁 사상가인 왕안석은 『노자주』를 저술했다. 그는 『노자』의 [1-1]도를 만물의 물질적 근원인 '기(氣)'라고 파악하고, [1-2]현상 세계에 앞서 존재하는 기의 작용에 의해 사물이 형성된다고 보았다. 그는 [1-3]기가 시시각각 변화하듯 현상 세계도 변화한다고 이해했다. [1-4]인위적인 것을 제거해야만 도가 드러나고 인간 사회가 안정된다는 『노자』를 비판한 그는 자연과 달리 [1-5]인간 사회의 안정을 위해서는 제도와 규범의 제정과 같은 인간의 적극적인 개입이 필요하다고 주장했다. 지혜와 덕이 뛰어난 사람이 제정한 [1-6]사

회 제도와 규범도 현실 사회의 변화에 따라 새롭게 해야 한다고 주장한 것이다. 『노자』의 이상 정치가 실현되려면 유학 이념이 실질적 수단으로 사용되어야 한다고 주장하는 등 왕안석은 『노자』를 유학의 실천적 측면과 결부하여 이해했다.

송 이후 원나라에 이르러 성행하던 도교는 유학과 불교 등을 받아들여 체계화되었지만, 오징에게는 주술적인 종교에 불과했다. 유학자의 입장에서 그는 잘못된 가르침을 펴는 도교에 사람들이 빠지는 것을 경계했다. 그는 도교의 시조로 간주된 노자의 가르침이 공자의 학문과 크게 다르지 않음을 밝히고자 『도덕진경주』를 저술했다. 그는 도와 유학 이념을 관련짓는 구절을 추가하는 등 『노자』의 일부 내용을 바꾸고 기존 구성 체제를 재편했다. 『노자』의 [2-1]도를 근원적인 불변하는 도로 본 그는 [2-2]모든 이치를 내재한 도가 현실화하여 천지 만물이 생성된다고 이해했다. 이런 관점에서 그는 유학의 인의예지가 도의 쇠퇴 때문에 나타난 것이라는 『노자』와 달리 도가 현실화하여 드러난 것으로 해석하고, 인간이 마땅히 따라야 할 [2-3]사회 규범과 사회 질서 체계도 도가 현실화한 결과로 파악했다.

---

072. 왕안석과 오징의 입장에서 다음의 ㄱ~ㄹ에 대해 판단해보자

ㄱ. 도는 만물을 통해 드러나는 것이지 만물에 앞서서 존재하는 것은 아니다.

ㄴ. 인간 사회의 규범은 이치를 내재한 근원적 존재인 도가 현실에 드러난 것이다.

ㄷ. 도는 현상 세계의 너머에만 머물러 있지 않고 세상일과 유기적으로 관련되는 것이다.

ㄹ. 도가 변화하듯이 현상 세계가 변하니, 현실 사회의 변화에 따라 인간 사회의 규범도 변해야 한다.

왕안석   오징

ㄱ :

ㄴ :

ㄷ :

ㄹ :

ㄱ (왕안석 : ✕, 오징 : ✕) 왕안석은 도를 만물의 물질적 근원[1-1]이라고 파악하였고 오징 또한 도가 현실화하여 천지 만

물이 생성된다[2-2]고 하였으니 두 사상가 모두 도는 만물에 앞서서 존재한다고 생각하였음을 알 수 있다. 공통점에 해당하는 내용을 반대로 바꿔 틀리게 만든 선지이다. 또한 순서를 파악해야 하는 선지에도 해당한다.

[지문]에 따르면 왕안석, 오징 모두 도가 우선 존재하고, 그 후에 도가 현실화하는 등의 작용을 통하여 인간사회가 만들어진다고 파악하고 있다. 이렇게 어떤 개념이 다른 대상에 영향을 끼치는 내용이 나오면 순서를 파악해야 하는 선지가 자주 출제되니 주의하자.

ㄴ (왕안석 : ✕, 오징 : ○) ㄴ 선지는 인간 사회의 규범이 결과라고 설명하고 있다. 각 학자들이 사회규범이 도의 작용 단계에서 어느 지점에 위치하고 있다고 생각하는지와, 규범이 도의 작용에 대한 결과라고 생각하는지를 판단해야 한다. 오징은 사회 규범이 도가 현실화한 결과로 나타난다[2-3]고(도→사회 규범) 생각하지만, 왕안석은 인간 사회의 안정을 위해서 규범의 개입이 필요하다[1-5](도+사회규범→인간 사회)고 생각했다. 따라서 위 선지는 왕안석의 견해와는 다르고, 오징의 견해에는 해당하는 선지이다.

비교 대상들의 차이점을 언급한 선지이다. 또한 [지문]에서 설명하는 데 재료가 되는 대상(도, 사회 규범)끼리의 순서/관계 파악도 같이 묻고 있다.

ㄷ (왕안석 : ○ ,오징 : ○) 왕안석은 도(=기[1-1])가 시시각각 변화하듯 현상 세계도 변화한다[1-3]고 하였고, 오징 또한 도가 현실화하여 천지 만물이 생성되고 사회 규범이 나타난다[2-3]고 하였다. 따라서 ㄷ에서 '도가 세상일과 유기적으로 관련되고 있다'는 왕안석과 오징 모두 해당한다. 비교 대상들의 공통점을 묻는 선지이다.

ㄹ (왕안석 : ○, 오징 : ✕) 선지에서 도가 '변화'하고 있다고 하는데, 왕안석은 "기가 시시각각 변화하듯"에서 알 수 있다시피 도가 변화하는 대상이라고 보고 있으며, 규범에 대해서도 "규범도 현실 사회의 변화에 따라 새롭게 해야 한다고 주장한다[1-6]"라고 말하고 있으므로 "현실 사회의 변화에 따라 인간 사회의 규범도 변해야 한다"고 주장함이 맞다. 하지만 오징은 도가 불변한다[2-1]고 생각한다. 따라서 왕안석은 해당하나 오징은 해당하지 않는다.

비교 대상끼리의 차이점을 언급한 선지이다. 어떤 학자는 대상(지문의 제재)이 변화한다고 생각하지만, 다른 학자는 그 대상이 불변한다고 설명하고 있는 등 [지문]에서 상반되는 주장이 등장하면 무조건 선지에 나온다고 생각하고 보도록 하자.

+ 오징이 사회 규범을 변해야 하는 대상으로 보고 있는지 추가적으로 살펴보자. 오징은 불변하는 도가 현실화한 결과로 마땅히 따라야 할 사회 규범이 나타났다고 생각하고 있다. 이러한 설명만으로는 도가 현실화되는 과정이 변화하는 것이 가능한지, 그에 따라서 사회 규범도 변화할 수 있는 대상으로 보고 있는지 확실하게 판단하기는 어렵다. 이를 판별하기 위해서는 추가적인 조건이 필요하고 현재 주어진 정보만으로는 알 수 없다고 보는 것이 타당하다.

☑ 비교 대상 : 송나라 초기_왕안석, 원나라_오징

송나라 초기	원나라
왕안석	오징
유학자	유학자, 도교 반대
	노자의 가르침=공자의 가르침 →도교 사람들을 유학으로 포섭하려고 함
변하는 도(=기) → 사물 형성	불변하는 도 → 천지 만물 생성
인위적인 것을 제거해야 사회 안정(=노자) ✕	도의 쇠퇴 → 인의예지✕
현실에 따른 인위적인 개입 필요 ○	도의 현실화 → 인의예지·사회 규범·사회 질서 ○
	 도교 △　유교 ○　사람들 ✕ ○　외유: 도교/노자 = 유교/공자
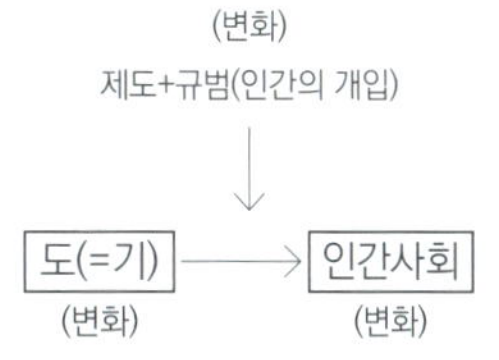 (변화) 제도+규범(인간의 개입) ↓ 도(=기)(변화) → 인간사회(변화)	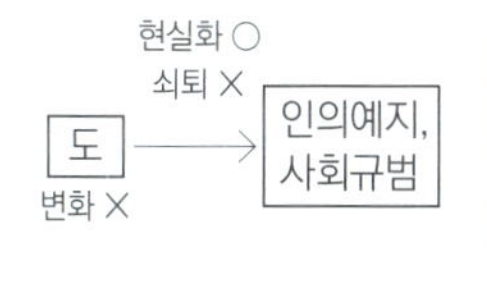 현실화 ○　쇠퇴 ✕　도 변화 ✕ → 인의예지, 사회규범

[check point]

1. 비교 대상 (특히 '인물'이나 '이론', '시대', '여러 가지 방법 차이', '분류', '대상의 변화', '확장·추가적인 재료 출현' 등) 나오면 공통점, 차이점 파악 중요
   → 공통점이나 차이점을 언급하여 정답 선지로 출제하거나,
   → 대상 자체의 설명을 바꿔놓기도 하지만, 비교 대상끼리의 공통점을 차이점으로, 차이점을 서로 뒤바꾸어 오답 선지로도 출제함
   → **비교 대상인 이론이나 인물이 상반된 주장을 하는 소재가 있으면 체크해놓자(왕안석- 도가 가변, 오징 - 도가 불변).**
2. 설명하고 있는 대상끼리 어떠한 영향을 주고받거나, 그 영향으로 어떠한 결과를 보여준다면 대상끼리의 순서를 파악하는 것이 중요하다(오징: 도 → 인간 사회).

2023년 9월 모의고사 15번

조선 왕조의 기본 법전인 『경국대전』에 규정된 [1-1]신분제는 신분을 양인과 천인으로 나눈 양천제이다. 양인은 과거에 응시할 수 있었지만, 납세와 군역 등의 의무를 져야 했다. [1-2]천인은 개인이나 국가에 소속되어 천역(賤役)을 담당했다. 관료 집단을 뜻하던 양반이 16세기 이후 세습적으로 군역 면제 등의 차별적 특혜를 받는 신분으로 굳어짐에 따라 [1-3]양인은 사회적으로 양반, 중인, 상민으로 분화되었다. 이러한 법적, 사회적 신분제는 갑오개혁으로 철폐되기 이전까지 조선 사회의 근간이 되었다.

(중략)

유형원의 기본적인 생각은 국가 공동체를 성리학적 가치와 규범에 따라 운영하고, 구성원도 도덕적으로 만드는 도덕 국가의 건설이었다. 신분 세습을 비판한 그는 [ㅐ-1]현명한 인재라도 노비로 태어나면 노비로 살아야 하는 것이 천하의 도리에 어긋난다고 보고, 노비제 폐지를 주장했다. 아울러 비도덕적 직업이라고 생각한 광대와 같은 직업군을 철폐하고, [ㅐ-2]사농공상(士農工商)의 사민(四民)으로 편성하고자 했다. 그는 과거제 대신 공거제를 통해 [ㅐ-3]도덕적 능력이 뛰어난 자를 추천으로 선발하여 여러 단계의 교육을 한 후, 최소한의 학식을 확인하여 관료로 임명해야 한다고 제안했다. 도덕을 기준으로 관료

를 선발하고 지방에도 관료 선발 인원을 적절히 분배하면 향촌 사회의 풍속도 도덕적으로 이끌 수 있다고 본 것이다.

정약용은 신분제가 동요하는 상황에서 사민이 뒤섞여 사는 것이 교화에 도움이 되지 않는다고 보고, [j-1]사농공상별로 구분하여 거주하는 것을 포함한 행정 구역 개편을 구상했다. 이에 맞춰 사(士) 집단을 재편하고자 했다. [j-2]도덕적 능력의 여부에 따라 추천으로 예비 관료인 '선사'를 선발하고 일정한 교육을 한 후, 여러 단계의 시험을 거쳐 관료를 선발할 것을 제안했다. 사 거주지에서 더 많은 선사를 선발하도록 했지만, [j-3]농민과 상공인에도 선사의 선발 인원을 배정하는 등 [j-4]노비 이외에서 사 집단으로 진출할 수 있도록 했다. [j-5]노비제에 대해서는 사를 뒷받침하기 위해 유지되어야 한다고 주장했다.

도덕적 능력주의와 관련하여 [ㅐㅣ-1]두 사람은 모두 사회 지배층으로서의 사에 주목했다. [ㅐㅣ-3]유형원은 다스리는 자인 사와 다스림을 받는 민의 구분을 분명히 하는 것이 천하의 이치라고 보고 도덕적 능력이 뛰어난 사람들로 지배층인 사를 구성하고자 했다. [j-6]정약용도 양반의 세습을 비판하며 도덕적 능력에 따라 사회 지배층을 재편하는 데 입장을 같이했다. 또한 두 사람은 사회 전체의 도덕 실천을 이끌기 위해 사 집단에 정치권력, 경제력 등을 집중시키려 했고, [ㅐㅣ-2]지배층과 피지배층 간의 차등을 엄격하게 유지하고자 했다. 내용에서 일부 차이가 있었지만, 두 사람은 사회 지배층의 재구성을 통해 도덕 국가 체제를 추구했다.

---

073. 윗글을 바탕으로 다음의 ㄱ~ㄹ에 대해 판단해보자.

ㄱ. 아래로 농공상이 힘써 일하고, 위로 사(士)가 효도하고 공경하니, 이는 나라의 기풍이 흐트러지지 않는 것이다.

ㄴ. 사농공상 누구나 인의(仁義)를 실천한다면 비록 농부의 자식이 관직에 나아가더라도 지나친 일이 아닐 것이다.

ㄷ. 덕행으로 인재를 판정하면 천하가 다투어 이에 힘쓸 것이니, 나라 안의 모든 이에게 존귀하게 될 기회가 열릴 것이다.

ㄹ. 양반과 상민의 구분은 엄연하니, 그 경계를 넘지 않아야 상하의 위계가 분명해지고 나라가 편안하게 다스려질 것이다.

	유형원	정약용
ㄱ :		
ㄴ :		
ㄷ :		
ㄹ :		

☑ **비교 대상: 유형원, 정약용**

법적 신분제	특징	사회적 신분제
양인	– 과거에 응시할 수 있음 – 납세와 군역 등의 의무가 있음	양반, 중인, 상민
천인	– 개인이나 국가에 소속되어 천역(賤役)을 담당(=노비)	천인

유형원	정약용
– 도덕적 능력으로 관료 추천 선발 – 사 집단에 정치권력 집중 – 지배층(사 집단)과 피지배층(민) 간의 차등 엄격	
– 노비제 폐지 주장 – 공거제를 통해 추천 선발	– 노비제 찬성 – 농민과 상공인(노비✕)에서도 선사 선발 가능

ㄱ (유형원 : ○, 정약용 : ○) 유형원과 정약용은 지배층과 피지배층 간의 차등을 엄격하게 구분해야 한다고[ji-2] 생각했다. 사농공상에서 지배층은 사이고 피지배층은 사를 제외한 농공상(민)[ji-1]이다. 따라서 맞는 선지이다.
비교 대상끼리의 공통점을 언급한 선지이다.

ㄴ (유형원 : ○, 정약용 : ○) 농부는 사농공상의 농이다. 정약용은 [지문]에서 도덕적 능력에 따라 추천으로 선사가 될 수 있[ji-2]도록 농민에도 선사(관료)의 선발 인원을 배정[ji-3] 하는 등을 주장하므로 ㄴ에 해당한다. 유형원은 현명한 인재라도 노비로 태어나면 노비로 살아야 하는 것이 천하의 도리에 어긋난다[ji-1]고 보고 노비제 폐지를 주장하므로, 농부와 같은 신분보다 도덕적 능력을 기준으로 지배층이 될 수 있다고 본다. 따라서 유형원도 맞다고 판단할 수 있다.

ㄷ (유형원 : ○, 정약용 : ✕) 유형원과 정약용 모두 "덕행으로 인재를 판정함"은 맞다. 하지만 유형원은 노비제 폐지를 주장하면서 현명한 인재라면 노비에게도 사 집단이 될 수 있는 기회를 주어야 한다고 주장했지만, 정약용은 노비 이외에서 사 집단으로 진출할 수 있도록 하였으며[ji-4], 노비제에 대해서는 사를 뒷받침하기 위해 유지되어야 한다[ji-5]고 주장했으므로 ㄷ에는 유형원만 해당한다.
차이점을 언급한 선지이다. [지문]에서 대놓고 '~~는 아니다.', '○○ 중 ~~는 제외하고'라는 표현이 나온다면 선지에 나올 확률이 높으니 유의해서 봐야 한다.

ㄹ (유형원 : ✕, 정약용 : ✕) 먼저, 상민은 사농공상에서 노비가 아닌[ji-3] '상'이다. 유형원은 사농공상에서 사 이외의 집단에서도 도덕적 능력이 뛰어나면 사 집단으로 재편성이 될 기회를 주고자 하였으니 "양반과 상민의 경계를 넘지 않아야 한다"말한 ㄹ과는 맞지 않다. 정약용도 노비 이외의 집단(농공상)에서 사 집단으로 편성될 수 있도록 주장하였으므로 ㄹ과는 맞지 않다.

+ 유형원과 정약용 둘 다 지배층과 피지배층의 차등을 엄격하게 유지하고자 하였다[ji-2]는 문장과 "양반과 상민의 구분은 엄격하게 유지되어야 한다"라는 문장이 동일한 뜻이라고 생각해 ㄹ을 맞다고 표시할 수 있다. 그러나 유형원과 정약용 모두 지배층과 피지배층의 차등을 엄격하게 유지하고자 한 것은 맞지만, 피지배층에서 도덕적 능력을 인정받는다면 지배층으로 진출할 수 있게 된다는 점을 생각해야 한다. 이는 신분 상승의 '기회'는 주되, 신분 간의 '혜택'은 엄격하게 하자고 주장한 것이다. 따라서 "양반과 상민 간의 경계를 넘지 않아야 한다"는 ㄹ은 해당하지 않는 것이다.

[check point]

1. 비교 대상 (특히 '인물'이나 '이론', '시대', '여러 가지 방법 차이', '분류', '대상의 변화', '확장·추가적인 재료 출현' 등) 나오면 공통점, 차이점 파악 중요
   → 공통점이나 차이점을 언급하여 정답 선지로 출제하거나,
   → 대상의 설명이나 내용을 바꾸거나, 비교 대상끼리의 공통점을 차이점으로, 차이점을 서로 뒤바꾸어 오답 선지로도 출제함
   → **비교 대상인 이론이나 인물이 상반된 주장을 하는 소재**

가 있으면 체크해놓자(유형원– 노비제 폐지, 정약용–노비제 찬성).

2. [지문]을 읽을 때 굳이 이런 것도 추가로 언급한다 싶은 내용이나, 직접적으로 '○○은 아니다.', '○○을 제외하고'라고 짚고 넘어가는 내용이 있다면 선지에 출제될 가능성이 높다.

→ 2023년 9월 모의고사 : 정약용은 노비 이외의 집단에서 사 집단으로 진출할 수 있도록~

→ 2022년 9월 모의고사 5번 : 편찬 형식 측면에서는 강목체를 따르지 않았다.

2018년 11월 수능 29번

16세기 전반에 서양에서 태양 중심설을 지구 중심설의 대안으로 제시하며 시작된 천문학 분야의 개혁은 경험주의의 확산과 수리 과학의 발전을 통해 형이상학을 뒤바꾸는 변혁으로 이어졌다.

복잡한 문제를 단순화하여 푸는 수학적 전통을 이어받은 코페르니쿠스는 천체의 운행을 [c-1]단순하게 기술할 방법을 찾고자 하였고, 그것이 일으킬 [c-2]형이상학적 문제에는 별 관심이 없었다. 고대의 아리스토텔레스와 프톨레마이오스는 [ap-1]우주의 중심에 고정되어 움직이지 않는 지구의 주위를 달, 태양, 다른 행성들의 천구들과, 항성들이 붙어 있는 [ap-2]항성 천구가 회전한다는 [ap-3]지구 중심설을 내세웠다. 그와 달리 코페르니쿠스는 [c-3]태양을 우주의 중심에 고정하고 그 주위를 지구를 비롯한 행성들이 공전하며 지구가 자전하는 우주 모형을 만들었다. 그러자 프톨레마이오스보다 [c-4]훨씬 적은 수의 원으로 행성들의 가시적인 운동을 설명할 수 있었고 [c-5]행성이 태양에서 멀수록 공전 주기가 길어진다는 점에서 단순성이 충족되었다. 그러나 [a-1]아리스토텔레스의 형이상학을 고수하는 다수 지식인과 종교 지도자들은 그의 이론을 받아들이려 하지 않았다. 왜냐하면 그것은 [a-2]지상계와 천상계를 대립시키는 아리스토텔레스의 이분법적 구도를 [c-6]무너뜨리고, [c-7]신의 형상을 지닌 인간을 한갓 행성의 거주자로 전락시키는 것으로 여겨졌기 때문이다.

16세기 후반에 브라헤는 코페르니쿠스 천문학의 장점은 인정하면서도 [b-1]아리스토텔레스 형이상학과의 상충을 피하고자 [b-2]우주의 중심에 지구가 고정되어 있고, 달과 태양과 항성들은 지구 주위를 공전하며, 지구 외의 행성들은 태양 주위를 공전하는 모형을 제안하였다. 그러나 케플러는 우주의 수적 질서를 신봉하는 [k-1]형이상학인 신플라톤주의에 매료되었기 때문에, [k-2]태양을 우주 중심에 배치하여 [k-3]단순성을 추구한 코페르니쿠스의 천문학을 받아들였다. 하지만 그는 [k-4]경험주의자였기에 [k-5]브라헤의 천체 관측치를 활용하여 태양 주위를 공전하는 행성의 운동 법칙들을 수립할 수 있었다. 우주의 단순성을 새롭게 보여 주는 이 법칙들은 [k-6]아리스토텔레스 형이상학을 더 이상 온존할 수 없게 만들었다.

0**74.** 항성 천구가 고정되어 있다[ap-2]고 보는 아리스토텔레스의 우주론[ap-2]은 천상계와 지상계를 대립시킨 형이상학을 토대로 한 것[a-1, a-2]이었다.

0**75.** 많은 수의 원을 써서[c-4] 행성의 가시적 운동을 설명한 프톨레마이오스[c-4]의 우주론은 행성이 태양에서 멀수록 공전 주기가 길어 진다[c-5]는 점에서 단순성[c-5]을 갖는 것이었다.

0**76.** 지구와 행성이 태양 주위를 공전한다[c-3]는 코페르니쿠스[c-3]의 우주론은 이전의 지구 중심설보다 단순[c-5]할 뿐 아니라 아리스토텔레스의 형이상학과 양립이 가능[c-6]한 것이었다.

0**77.** 지구가 우주 중심에 고정되어 있고 다른 행성을 거느린 태양이 지구 주위를 돈다[b-2]는 브라헤의 우주론은 아리스토텔레스의 형이상학에서 자유롭지 못한 것[b-1]이었다.

0**78.** 태양 주위를 공전하는 행성의 운동 법칙들을 관측치로부터 수립[k-5]한 케플러의 우주론은 신플라톤주의[k-1]에서 경험주의적 근거[k-4]를 찾은 것이었다.

☑ **비교 대상 : 16세기 전반_코페르니쿠스, 아리스토텔레스, 프톨레마이오스, 16세기후반_브라헤,케플러**

☑ **비교 대상 : 지구 중심설→태양 중심설**

학자들과 학자들의 주장·평가를 잘 연결하고, 비교할 줄 알아야 한다.

16세기 전반	코페르니쿠스	단순화○, 형이상학적×, 태양 중심설 → 단순화 충족 : 훨씬 적은 수의 원, 태양에서 멀수록 공전 주기 길어짐
	아리스토텔레스, 프톨레마이오스	지구 중심설, 형이상학, 이분법적 구도(지상계 vs 천상계)
16세기 후반	브라헤	코페르니쿠스 천문학 인정, 아리스토텔레스 형이상학 인정, 지구 중심설과 태양 중심설 중간
	케플러	태양 중심설, 코페르니쿠스의 단순성○, 경험주의자, 신플라톤주의 형이상학○(아리스토텔레스의 형이상학×)

---

074. 2018년 11월 수능 29번 – ①

(✕) 아리스토텔레스가 "항성 천구가 고정되어 있다"라고 보고 있는지, 아리스토텔레스의 주장이 "천상계와 지상계를 대립시킨 형이상학"과 연관되어 있는지 확인해야 한다. [지문]에서 아리스토텔레스는 지구가 우주의 중심에 고정되어 움직이지 않고 항성 천구가 회전[ap-2]한다는 지구 중심설을 내세웠다. 따라서 아리스토텔레스의 주장에서 항성 천구는 회전하므로 고정되어 있지 않다. 따라서 틀린 선지이다.

이 선지는 '회전'을 '고정'이라는 반대어로 바꿔놓아 비교 대상의 설명을 반대로 바꿔놓은 선지이다.

+ 추가 : 아리스토텔레스의 주장이 "천상계와 지상계를 대립시킨 형이상학"과 연관이 있는 것은 맞다. [지문]에서 아리스토텔레스의 형이상학을 고수하는 다수 지식인과 종교 지도자들이 코페르니쿠스의 이론에 반대하는 이유를 보면 알 수 있다. 아리스토텔레스의 형이상학을 고수[a-1]하는 다수 지식인은 코페르니쿠스의 이론은 지상계와 천상계를 대립시키는 아리스토텔레스의 이분법적 구도[a-2]를 무너뜨린다고 주장했다. 이는

아리스토텔레스의 이론이 지상계와 천상계를 대립시킨 형이상학과 연관되어 있다는 것을 의미한다.

---

075. 2018년 11월 수능 29번 – ②

(✕) 프톨레마이오스가 ① "많은 수의 원을 써서" 행성의 가시적 운동을 주장한 것이 맞는지, ② "태양에서 멀수록 공전 주기가 길어진다"라고 주장하였는지, 또한 ③ 이 모든 요소가 "단순성"을 갖는지를 확인해야 한다.

코페르니쿠스의 주장은 프톨레마이오스보다 ① 훨씬 적은 수의 원[c-4]으로 행성들의 가시적인 운동을 설명할 수 있고, ② 행성이 태양에서 멀수록 공전 주기가 길어진다[c-5]는 점에서 ③ 단순성이 충족되었다[c-5]고 한다. 따라서 프톨레마이오스가 코페르니쿠스보다 많은 수의 원을 쓴 것은 맞지만, 행성이 태양에서 멀수록 공전 주기가 길어진다는 점에서 단순성을 갖는 것은 코페르니쿠스 주장의 특성이다. 따라서 틀린 선지이다.

비교 대상끼리의 설명을 뒤바꾼 선지이다.

---

076. 2018년 11월 수능 29번 – ③

(✕) 코페르니쿠스가 ① "지구와 행성이 태양 주위를 공전한다"라고 주장하였는지, ② 그의 우주론은 이전의 지구 중심설보다 "단순"한지, ③ "아리스토텔레스의 형이상학과 양립이 가능"한지를 살펴야 한다. ①은 코페르니쿠스가 태양을 중심으로 지구를 비롯한 행성이 공전한다[c-3]고 주장하였으므로 맞고, ② 또한 코페르니쿠스는 단순성이 충족[c-5]되었다고 하였으니 맞다. 하지만 아리스토텔레스의 "형이상학을 고수하는 지식인들과 지도자[a-2]"들은 "코페르니쿠스가 아리스토텔레스의 이분법적 구도를 무너뜨린다며[a-2, c-6]" 코페르니쿠스의 이론을 받아들이지 않았다. 이를 통해 ③ 코페르니쿠스의 이론이 아리스토텔레스의 형이상학과 양립이 가능하지 않았다는 것을 알 수 있다. 따라서 ③은 틀린 선지이다.

이 선지는 코페르니쿠스의 이론을 맞게 설명한 후 [지문]에서 아리스토텔레스와 대립적인 관계라고 설명한 내용을 선지에서는 우호적인 관계라고 바꿔「구, 절 끼워넣기」를 한 선지이다.

---

077. 2018년 11월 수능 29번 – ④

(O) 브라헤가 ① "지구가 우주 중심에 고정되어 있고 다른 행성을 거느린 태양이 지구 주위를 돈다"라고 주장하였는지, 브라헤의 이론이 ② "아리스토텔레스의 형이상학에서 자유롭지 못한 것"인지를 따져봐야 한다. ①은 b-2를 참고. ②에 대해서 살펴보면, 브라헤는 "아리스토텔레스의 형이상학과의 상충을 피하고자[b-1]" b-2의 모형을 제안한 것이므로, 브라헤의 우주론은 아리스토텔레스의 형이상학을 의식하여 b-2 모형을 내놓았다고 할 수 있다. 따라서 브라헤의 우주론은 아리스토텔레스의 형이상학에서 자유롭지 못하다.

[지문]에 있는 문장을 약간 다르게("~과의 상충을 피하고자"→"자유롭지 못하다") 변형한 선지이다.

078. 2018년 11월 수능 29번 – ⑤

(X) 케플러가 "태양 주위를 공전하는 행성의 운동 법칙들을 관측치로부터 수립[k-5]"한 경험주의자임은 맞다. 하지만 신플라톤주의에서는 경험주의가 아닌 형이상학의 근거[k-1]를 찾을 수 있다.

[check point]

1. 비교 대상 (특히 '인물'이나 '이론', '시대', '여러 가지 방법 차이', '분류', '대상의 변화' , '확장·추가적인 재료 출현' 등) 나오면 공통점, 차이점 파악 중요
   → 공통점이나 차이점을 언급하여 정답 선지로 출제하거나,
   → 대상의 설명이나 내용을 바꾸거나, 비교 대상끼리의 공통점을 차이점으로, 차이점을 서로 뒤바꾸어 오답 선지로도 출제함
2. 비교 대상 문제는 맞는 설명에 틀린 구나 절을 끼워 넣어 오답 선지로 만드는 패턴이 많다. 이 문제의 74번과 76번, 78번이 그러하다. 따라서 어떤 부분을 [지문]에서 확인해 봐야 하는지 구분하고 모든 부분을 개별로 확인해 볼 줄 알아야 한다.
3. [지문]에 있는 한 문장을 형태는 다르지만 의미는 같은 문장으로 바꿔 선지로 출제한다. 이 부분은 이후 내용 일치 (=)단원에서 더 연습할 기회가 있다.

2022년 11월 수능 16번

하루에 필요한 에너지의 양은 하루 동안의 총 열량 소모량인 대사량으로 구한다. 그중 기초 대사량은 생존에 필수적인 에너지로, [1-1]쾌적한 온도에서 편히 쉬는 동물이 공복 상태에서 생성하는 열량으로 정의된다. 이때 [1-2]체내에서 생성한 열량은 일정한 체온에서 체외로 발산되는 열량과 같다. 기초 대사량은 개체에 따라 대사량의 60~75%를 차지하고, 근육량이 많을수록 증가한다.

기초 대사량은 직접법 또는 간접법으로 구한다. ㉠ 직접법은 [2-1]온도가 일정하게 유지되고 공기의 출입량을 알고 있는 호흡실에서 동물이 발산하는 [2-2]열량을 열량계를 이용해 측정하는 방법이다. ㉡ 간접법은 호흡 측정 장치를 이용해 [2-3]동물의 산소 소비량과 이산화 탄소 배출량을 측정하고, 이를 기준으로 체내에서 생성된 [2-4]열량을 추정하는 방법이다.

0**79**. ㉠은 체온을 환경 온도에 따라 조정하는 변온 동물이 체외로 발산하는 열량을 측정할 수 없다.

0**80**. ㉡은 동물이 호흡에 이용한 산소의 양을 알 필요가 없다.

0**81**. ㉠은 ㉡과 달리 격한 움직임이 제한된 편하게 쉬는 상태에서 기초 대사량을 구한다.

0**82**. ㉠과 ㉡은 모두 일정한 체온에서 동물이 체외로 발산하는 열량을 구할 수 있다.

0**83**. ㉠과 ㉡은 모두 생존에 필수적인 최소한의 에너지를 공급하면서 기초 대사량을 구한다

☑ **비교 대상 : 직접법, 간접법**

	공통점	차이점
직접법	기초대사량(=쾌적한 온도에서 편히 쉬는 동물이 공복상태에서 생성하는 열량) 측정법	열량계 → 열량 측정(직접)
간접법		호흡 측정 장치 → 산소·이산화 탄소 배출량 측정 → 열량 추정(간접)

아 같은 내용끼리 연결지어 답을 판별할 수 있어야 한다.

---

079. 2022년 11월 수능 16번 – ①

(X) ㉠은 온도를 일정하게 유지하는 상태에서[2-1] 동물이 발산하는 열량을 열량계로 직접 측정하는 방법이다. 체온을 환경 온도에 따라 조정하는 변온 동물이더라도 온도가 일정하게 유지되는 환경에서 열량을 측정하는 것이므로 문제가 없을 것이다.

가능한 것을 불가능한 것으로 보이도록 대상 자체의 설명을 바꿔놓은 선지이다.

---

080. 2022년 11월 수능 16번 – ②

(X) ㉡은 동물로부터 '측정된' 산소 소비량과 이산화 탄소 배출량을 이용하여[2-3] 열량을 간접적으로 '추정'하는 방법이다. 열량을 추정하려면 산소 소비량을 알아야 한다.

필요한 것을 필요하지 않은 것처럼 보이도록 대상 자체의 설명을 바꿔놓은 선지이다.

---

081. 2022년 11월 수능 16번 – ③

(X) ㉠과 ㉡은 모두 기초 대사량을 측정하는 방법이다. 기초 대사량은 "생존에 필수적인 에너지고 쾌적한 온도에서 편히 쉬는 동물이 생성하는 열량"[1-1]이다. 따라서 기초 대사량을 측정하려면 ㉠과 ㉡ 모두 격한 움직임이 제한된 상태에서 측정해야 할 것이다.

공통점을 차이점으로 바꾼 전형적인 선지이다. 어떠한 방법이나 물건을 분류하기 전에 언급되는 공통점도 놓치지 말아야 한다.

---

082. 2022년 11월 수능 16번 – ④

(O) ㉠과 ㉡은 모두 동물의 기초 대사량을 측정하는 방법이다. 기초 대사량은 "쾌적한 온도에서 편히 쉬는 동물이 공복 상태에서 생성하는 열량"[1-1]이다. 이때 "생성하는 열량"="체외로 발산되는 열량"[1-2]이기 때문에 ④는 맞는 선지이다.

공통점을 언급한 선지이다. 지문에서 필요한 내용을 찾

---

83. 2022년 11월 수능 16번 – ⑤

(X) 기초대사량의 정의는 "공복 상태에서 생성하는 열량[1-1]"이다. 추가 에너지를 공급하지 않을 것이다.

[check point]

1. 비교 대상 (특히 '인물'이나 '이론', '시대', '여러 가지 방법 차이', '분류', '대상의 변화', '확장·추가적인 재료 출현' 등) 나오면 공통점, 차이점 파악 중요
   - → 공통점이나 차이점을 언급하여 정답 선지로 출제하거나,
   - → 대상의 설명이나 내용을 바꾸거나, 비교 대상끼리의 공통점을 차이점으로, 차이점을 서로 뒤바꾸어 오답 선지로도 출제함

1-1. 특히 위 [지문]처럼 공통되는 개념에서 갈라져 나오는 비교 대상은 공통점을 꼭 물어본다.
   - → 2022년 수능 16번-책 81번 : (공통) 기초대사량 측정 → (세분화) 직접법, 간접법
   - → 2020년 6월 모의고사 25번-책 53번 : (공통) 카메라 촬영 → (세분화) 영상 보정 방법 차이 광학 영상 안정화(OIS), 디지털 영상 안정화(DIS)
   - → 2021년 6월 모의고사 14번-책 90번: (공통) PCR 과정 → (세분화) 전통적인 PCR, 실시간 PCR
   - → 2022년 6월 모의고사 12번-책 155번: (공통) 비타민 K, → (세분화) 비타민 K_1, 비타민 K_2
   - → 2018년 6월 모의고사 35번-책 64번 : (공통) LFIA 키트 반응 → (세분화) 직접 방식, 경쟁 방식

1. [지문]에서 비슷하지만 다른 단어는 꼼꼼히 구분해 놓자
   - → '책임'과 '채무' (2020년 수능 29번-책 51번)
   - → '합성'과 '활성' (2022년 6월 모의고사 12번-책 10번)
   - → '추정'과 '측정' (2022년 수능 16번-책 79번~83번)
   - → '결과'와 '변화' (2022년 6월 모의고사 14번-책 259번 ~261번)
   - → '자기 자본'과 '기본 자본' (2019년 수능 40번-책 22번)

3. [지문]에 나오는 단어의 정의를 연결 지으며 읽는 습관을 들이자.
   - → 기초 대사량은 ~~공복 상태에서 생성하는 열량으로 정의된다. 체내에서 생성한 열량은 ~~와 같다.

4. ㉠㉡㉢ 문제는 이들끼리 비교하는 문제이다. 이런 문제가 있다면 [지문]을 읽을 때부터 공통점·차이점·순서 등을 체크하면서 읽자.

2020년 12월 수능 18번

이덕무는 「입연기」를 저술하면서 청의 현실을 객관적 태도로 기록하고자 하였다. 잘 정비된 마을의 모습을 기술하며 그는 황제의 행차에 대비하여 이루어진 일련의 조치가 민생과 무관하다고 지적하였다. 하지만 청 문물의 효용을 도외시하지 않고 박제가와 마찬가지로 물질적 삶을 중시하는 이용후생에 관심을 보였다. 스스로 평등견이라 불렀던 인식 태도를 바탕으로 그는 당시 청에 대한 찬반의 이분법에서 벗어나 1-1청과 조선의 현실적 차이뿐만 아니라 양쪽 모두의 가치를 인정하였다. 이런 시각에서 그는 1-2청과 조선은 구분되지만 서로 배타적이지 않다고 보았다. 즉 1-3청을 배우는 것과 조선 사람이 조선 풍토에 맞게 살아가는 것은 서로 모순되지 않는다는 것이다. 하지만 그는 중국인들의 외양이 만주족처럼 변화된 것을 보고 비통한 감정을 토로하며 중화의 중심이라 여겼던 명에 대한 의리를 중시하는 등 자신이 제시한 인식 태도에서 벗어나는 모습을 보이기도 하였다.

0**84.** 청과 조선의 가치를 평등하게 인정하고 풍토로 인한 차이를 해소하려는 인식 태도이다.

0**85.** 청에 대한 배타적 태도를 지양하고 청과 구분되는 조선의 독자성을 유지하자는 인식 태도이다.

✓ **비교 대상 : 이덕무_청, 조선, 박제가**

이덕무 : 청의 현실 객관적으로 기록.

청과 조선 : 구분되지만 배타적이지 않은 관계. 청을 배우면서 조선 풍토에 맞게 살아가는 것은 모순되지 않음.
(≒ 펩시콜라, 코카콜라)

이덕무는 청과 조선의 관계를 "구분되지만 서로 배타적이지 않다.", "청을 배우는 것과 조선 사람이 조선 풍토에 맞게 살아가는 것은 서로 모순되지 않는다."라고 생각했다. 이 관계를 비유하자면 펩시콜라와 코카콜라라고 할 수 있다. 펩시콜라와 코카콜라는 차이점이 있어서 구분되는 상품이지만 콜라라는 공통점도 존재해 배타적이지는 않은 관계이다. 또한 배타적인 관계가 아니니 펩시콜라만의 개성을 유지하면서 코카콜라의 장점을 배우는 것도 가능할 것이다.

---

084. 2020년 12월 수능 18번 – ③

(X) 평등견의 이름에서도 알 수 있고 [지문]의 "양쪽 모두의 가치를 인정하였다."1-1라는 문장에서도 알 수 있다시피 이덕무는 청과 조선의 가치를 평등하게 인정한 것은 맞다. 그러나 선지의 "풍토로 인한 차이를 해소하려는 인식"은 "청과 조선이 같아지자"라는 의미와 같다고 볼 수 있는데, 이덕무는 그와 같이 생각하지는 않았다. 그는 [지문]에서 "청과 조선은 구분되며 청을 배우는 것과 조선 사람이 조선 풍토에 맞게 살아가는 것은 서로 모순되지 않는다."라고 주장하였고 이는 "청을 배우면서 조선 풍토에 맞게 살아가자(=긍정적인 부분만 흡수하며 계속 구분되는 관계로 남아있자)"라는 의미와 마찬가지라고 볼 수 있기 때문이다. 따라서 틀린 선지이다.

---

085. 2020년 12월 수능 18번 – ⑤

(O) '지양'과 '지향'을 구분해야 한다. '지양'은 부정적으로 생각하여 멀리하는 것이고, '지향'은 긍정적으로 바라보는 것이다.
선지의 문장은 [지문]의 "청을 배우는 것과 조선 사람이 조선 풍토에 맞게 살아가는 것은 서로 모순되지 않는다."1-3라는 문장을 변형한 것이다. 이 문장으로부터 청을 배우는 것에 대한 긍정적인 태도를 알 수 있으므로 청에 대한 배타적 태도를 '지양'하자는 의견을 도출할 수 있고, "조선 사람이 조선 풍토에 맞게 살아가는 것은 서로 모순되지 않는다."에서 조선의 독자성을 유지하자는 인식을 알 수 있다.

[check point]

1. 비교 대상 (특히 '인물'이나 '이론', '시대', '여러 가지 방법 차이', '분류', '대상의 변화' , '확장·추가적인 재료 출현' 등) 나오면 공통점, 차이점 파악 중요
   → 공통점이나 차이점을 언급하여 정답 선지로 출제하거나,
   → 대상의 설명이나 내용을 바꾸거나, 비교 대상끼리의 공통점을 차이점으로, 차이점을 서로 뒤바꾸어 오답 선지로도 출제함
   → 이 문제와 같이 비교 대상끼리의 특징을 완전히 배타적으로 구분할 수 없는 문제도 있다. 공통점 차이점을 직접적으로 제시하지 않고 은근한 뉘앙스의 관계에 위치하도록 하여('구분되지만, 배타적이지는 않는', '청을 배우면서 조선 풍토에 맞게 살아갈 수 있다.') 헷갈리게 만드는 것이다. 이런 문제는 따로 기억해놓자.

2022년 11월 수능 12번

법령의 조문은 대개 'A에 해당하면 B를 해야 한다.'처럼 요건과 효과로 구성된 조건문으로 규정된다. 하지만 그 요건이나 효과가 항상 일의적인 것은 아니다. 법조문에는 구체적 상황을 고려해야 그 상황에 맞는 진정한 의미가 파악되는 불확정 개념이 사용될 수 있기 때문이다. 개인 간 법률관계를 규율하는 민법에서 불확정 개념이 사용된 예로 [1-1]손해 배상 예정액이 부당히 과다한 경우에는 법원은 적당히 감액할 수 있다.'라는 조문을 들 수 있다. 이때 법원은 요건과 효과를 재량으로 판단할 수 있다. 손해 배상 예정액 은 위약금의 일종이며, 계약 위반에 대한 제재인 위약벌 도 위약금에 속한다. [1-2]위약금의 성격이 둘 중 무엇인지 증명되지 못하면 손해 배상 예정액으로 다루어진다.

채무자의 잘못으로 계약 내용이 실현되지 못하여 계약 위반이 발생하면, 이로 인해 손해를 입은 채권자가 [2-1]손해 액수를 증명해야 그 액수만큼 손해 배상금을 받을 수 있다. 그러나 [2-2]손해 배상 예정액이 정해져 있었다면 채권자는 손해 액수를 증명하지 않아도 손해 배상 예정액만큼 손해 배상금을 받을 수 있다. 이때 손해 액수가 얼마로 증명되든 손해 배상 예정액보다 더 받을 수는 없다. 한편 [2-3]위약금이 위약벌임이 증명되면 채권자는 위약벌에 해당하는 위약금을 받을 수 있고, [2-4]손해 배상 예정액과는 달리 법원이 감액할 수 없다. 이때 채권자가 [2-5]손해 액수를 증명하면 손해 배상금도 받을 수 있다.

<보 기>

갑은 을에게 물건을 팔고 그 대가로 100을 받기로 하는 매매 계약을 했다. 그 후 갑이 계약을 위반하여 을은 80의 손해를 입었다. 이와 관련하여 세 가지 상황이 있다고 하자.

(가) 갑과 을 사이에 위약금 약정이 없었다.
(나) 갑이 을에게 위약금 100을 약정했고, 위약금의 성격이 무엇인지 증명되지 못했다.
(다) 갑이 을에게 위약금 100을 약정했고, 위약금의 성격이 위약벌임이 증명되었다.

(단, 위의 모든 상황에서 세금, 이자 및 기타 비용은 고려하지 않음.)

---

086. (나)에서 을의 손해가 80임이 증명된 경우, 갑이 을에게 100을 지급해야 하고 법원이 감액할 수 있다.

087. (나)에서 을의 손해가 얼마인지 증명되지 못한 경우, 갑이 을에게 100을 지급해야 하고 법원이 감액할 수 없다.

088. (다)에서 을의 손해가 80임이 증명된 경우, 갑이 을에게 180을 지급해야 하고 법원이 감액할 수 있다.

---

086. 2022년 11월 수능 12번 – ②

(O) (나)는 위약금의 성격이 무엇인지 증명이 되지 못한 상태이므로 약정된 금액은 손해 배상 예정액으로 보아야 하고[1-1] 이를 전제로 하여 손해배상금의 액수를 선택해야 한다.

손해 금액을 증명한 경우(80)와 약정되어있는 금액(100) 중 어떤 금액을 받을 수 있는지 여부에 관하여 [지문]에서 "손해 액수를 증명해야 그 액수만큼 손해 배상금을 받을 수 있다[2-1]. 그러나 손해 배상 예정액이 정해져 있었다면 채권자는 손해 액수를 증명하지 않아도 손해 배상 예정액만큼 손해 배상금을 받을 수 있다.[2-2]" 라고 하였으므로 실제 손해가 얼마인지 증명됨과 관계없이 미리 약정되어 있던 손해 배상 예정액만큼 손해 배상금을 받을 수 있게 된다. 따라서 갑은 을에게 100을 지급해야하고 손해 배상 예정액에 해당하여 법원이 감액할 수 있다.[1-1]

(087. 2022년 11월 수능 12번 - ③)

(X) 86번과 마찬가지로 손해가 얼마인지 증명되지 못한 경우이든 증명된 경우이든, 손해 배상 예정액은 실제 손해가 얼마인지 증명됨과 관계없이 약정한 손해 배상 예정액(100)만큼 받을 수 있고, 손해 배상 예정액이니 법원이 감액할 수 있다.

(88. 2022년 11월 수능 12번 - ④)

(X) (다)는 위약금의 성격이 위약벌임을 증명하였으므로 위약벌이 된다. 손해 액수가 증명된다면 '손해 배상금'(손해 배상 예정액×)과 위약벌 금액을 함께 받을 수 있다[2-5]. 따라서 선지에 나와 있는 위약벌 100과 손해 배상금 80을 합해 180을 받을 수 있다는 말은 맞다. 그러나 위약벌은 손해 배상 예정액과 달리 감액할 수 없으므로[2-4](손해 배상금을 감액할 수 있다는 말 또한 없다) 법원이 감액할 수 있다는 부분이 틀렸다. 틀린 선지이다.

이 선지는 손해 배상 예정액과 위약벌의 차이점을 비교하게 만든 선지이다. 위약벌은 손해 배상 예정액과 달리 '1. 위약금의 성격을 증명하여야 한다. 2. 약정된 위약벌의 액수가 증명된다면 손해 배상금까지 합해 받을 수가 있다. 3. 법원이 감액할 수 없다.'라는 세 가지 차이점을 가진다. [지문]에서 손해 배상 예정액과 위약벌이 위약금의 일종이라고 설명할 때부터 비교 대상을 묻는 문제가 나올 것이라고 예상할 수 있었어야 한다.

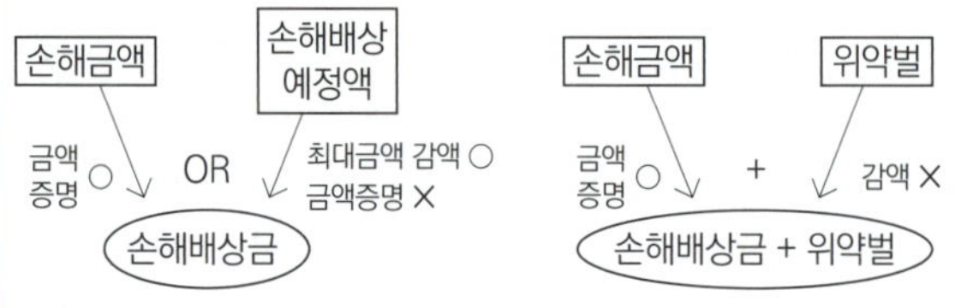

[지문 내용]

• 비교 대상 : 손해 배상 예정액, 위약벌

위약금		
	손해 배상 예정액	위약벌
위약금 성격 증명	1. 손해배상예정액or위약벌 증명 X 2. 손해배상예정액임을 증명○	위약벌임을 증명○
손해 액수	if 정해져 있었다면 :증명 X	
	if 정해져 있지 않았다면: 증명 ○	
	– 증명액에 상관없이 손해 액수보다 더 받을 수는 없고, – 법원이 감액할 수 있다.	– 손해 액수를 증명하면 '손해 배상금'도 받을 수 있다. – 법원이 감액할 수 없다.

[check point]

1. '~~가정을 한다면(아무런 영향이 없음), ○○○일 것이다.'라는 선지가 많이 보인다.

   ⇒ 2022년 수능 12번(책 86~87번), 2019년 수능 40번(책 22번), 2021년 9월 모의고사 13번(책 103번)

2. 비교 대상 (특히 '인물'이나 '이론', '시대', '여러 가지 방법 차이', '분류', '대상의 변화', '확장·추가적인 재료 출현' 등) 나오면 공통점, 차이점 파악 중요

   → 공통점이나 차이점을 언급하여 정답 선지로 출제하거나,

   → 대상의 설명이나 내용을 바꾸거나, 비교 대상끼리의 공통점을 차이점으로, 차이점을 서로 뒤바꾸어 오답 선지로도 출제함

3. 〈보기〉 문제는 아래 3가지 케이스와 같다.

   첫 번째로, [지문]에서 특정한 부분을 예시로 든 문제(해당 유형 ✓)

   – 〈보기〉에서 예시로 든 부분에 관한 설명을 [지문]에서 찾아야 함

   → 주로 기술·과학·경제·법 지문 (2020년 6월 모의고사 28번–책 19번, 2021년 11월 수능 16번–책 20~21번 등)

   두 번째로, [지문]에서 설명한 내용에서 추가적인 내용을 설명한 문제

   – [지문]과 공통점 차이점 비교

   → 주로 인문(학자) 지문 (2021년 6월 모의고사 8번 –책

274번~275번 등)

세 번째로, [지문]의 비교 대상끼리 장단점을 섞은 예시를 든 문제

– [지문]의 어느 부분을 섞은 것인지를 판단하여야 함

→ 신유형 (2024년 6월 모의고사 7번–책 40~42번)

⇒ 2021년 9월 모의고사 16번(책 272번~) 〈보기〉문제와 비교해보길 바란다.

2021년 6월 모의고사 14, 16번

1993년 노벨 화학상은 중합 효소 연쇄 반응(PCR)을 개발한 멀리스에게 수여된다. [1-1]염기 서열을 아는 DNA가 한 분자라도 있으면 이를 다량으로 증폭할 수 있는 길을 열었기 때문이다. PCR는 주형 DNA, 프라이머, DNA 중합 효소, 4종의 뉴클레오타이드가 필요하다. 주형 DNA 란 시료로부터 추출하여 PCR에서 DNA증폭의 바탕이 되는 이중 가닥 DNA를 말하며, [1-2]주형 DNA에서 증폭하고자 하는 부위를 표적 DNA 라 한다. [1-3]프라이머는 표적 DNA의 일부분과 동일한 염기 서열로 이루어진 짧은 단일 가닥 DNA로, [1-4]2종의 프라이머가 표적 DNA의 시작과 끝에 각각 결합한다. DNA 중합 효소는 DNA를 복제하는데, 단일 가닥 DNA의 [1-5]각 염기 서열에 대응하는 뉴클레오타이드를 순서대로 결합시켜 이중 가닥 DNA를 생성한다.

PCR 과정은 [2-1]우선 열을 가해 이중 가닥의 DNA를 2개의 단일 가닥으로 분리하는 것으로 시작한다. 이후 각각의 단일 가닥 DNA에 프라이머가 결합하면, DNA 중합 효소에 의해 복제되어 2개의 이중 가닥 DNA가 생긴다. 일정한 시간 동안 진행되는 이러한 DNA복제 과정이 한 사이클을 이루며, 사이클마다 표적 DNA의 양은 2배씩 증가한다.

(중략)

[3-1]전통적인 PCR는 PCR의 최종 산물에 형광 물질을 결합시켜 발색을 통해 [3-2]표적 DNA의 증폭 여부를 확인한다. PCR는 시료의 표적 DNA양도 알 수 있는 실시간 PCR라는 획기적인 개발로 이어졌다. 실시간 PCR는 [3-3]전통적인 PCR와 동일하게 PCR를 실시하지만, [3-4]사이클마다 발색 반응이 일어나도록 하여 누적되는 발색을 통해 [3-5]표적 DNA의 증폭을 실시간으로 확인할 수 있다.

(중략)

PCR는 시료로부터 얻은 DNA를 가지고 유전자 복제, 유전병 진단, 친자 감별, 암 및 감염성 질병 진단 등에 광범위하게 활용된다. [4-1]특히 실시간 PCR를 이용하면 바이러스의 감염 여부를 초기에 정확하고 빠르게 진단할 수 있다.

0**89**. 전통적인 PCR는 표적 DNA농도를 아는 표준 시료가 있어도 미지 시료의 표적 DNA농도를 PCR과정 중에 알 수 없다[3-1].

0**90**. 실시간 PCR는 가열 과정을 거쳐야[2-1] 시료에 포함된 표적 DNA의 양을 증폭할 수 있다.

0**91**. 전통적인 PCR로 진단 검사를 할 때, 시료에 바이러스의 양이 적은 감염 초기에는 감염 여부를 진단할 수 없겠군.

0**92**. 실시간 PCR로 진단 검사를 할 때, 표적 DNA의 염기 서열이 알려져 있어야 감염 여부를 분석할 수 있겠군.

0**93**. 실시간 PCR로 진단 검사를 할 때, 감염 여부는 PCR가 끝난 후에야 알 수 있지만 실시간 증폭은 확인할 수 있겠군.

089. 2021년 6월 모의고사 14번 – ③

(O) 마지막 문단에서 전통적인 PCR는 '최종 산물'에 형광 물질을 결합시켜 표적 DNA의 증폭 여부를 확인하고, 실시간 PCR은 '사이클마다' 발색 반응이 일어나도록 하여 표적 DNA의 증폭을 실시간으로 확인할 수 있다. 이에 따르면 전통적인 PCR와 실시간 PCR의 차이는 표적 DNA의 증폭을 실시간으로 확인할 수 있는지 여부로, 전통적인 PCR은 실시간으로 확인할 수 없고 실시간 PCR은 실시간으로 확인할 수 있다. 따라서 맞는 선지이다.

비교 대상끼리의 차이점을 묻는 선지이다. [지문]에서 방법의 차이를 설명할 때는 공통점, 차이점을 꼭 생각해보고 넘어가자.

(O) 선지를 보고 나면 "가열 과정을 거쳐야" 부분이 눈에 띌 것이다. 이를 본 후에 다시 [지문]으로 가서 가열에 해당하는 부분을 찾아야 한다. [지문] 두 번째 문단에 "PCR 과정은 우선 열을 가해[2-1] 이중 가닥의 DNA를 2개의 단일 가닥으로 분리하는 것으로 시작한다."라는 문장이 있다. 이를 통해 열을 가하는 것이 PCR에 필수적인 조건임을 알 수 있다. 실시간 PCR도 동일하게[3-3] PCR 과정을 거쳐야 하므로 맞는 선지이다. 선지에서 필요한 부분(가열)을 제대로 뽑아 [지문]에서 확인할 수 있도록 훈련하는 것이 필요하다.

전통적인 PCR과 실시간 PCR은 모두 PCR 과정을 거치는 점이 공통점이고, 발색을 어느 시기에 하느냐가 차이점이다. 이렇듯 공통된 큰 카테고리에서 작은 카테고리로 세분화하여 설명하는 경우, 공통점을 꼭 물어보므로 주의하자.

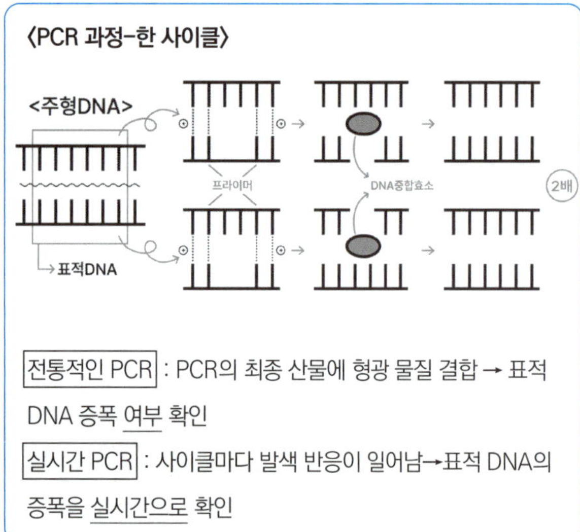

전통적인 PCR : PCR의 최종 산물에 형광 물질 결합 → 표적 DNA 증폭 여부 확인

실시간 PCR : 사이클마다 발색 반응이 일어남→표적 DNA의 증폭을 실시간으로 확인

(X) PCR의 의미란 "염기 서열을 아는 DNA가 한 분자라도 있으면 이를 다량으로 증폭할 수 있다.[1-1]"이다. 이를 마지막 문단의 "특히 실시간 PCR을 이용하면 바이러스의 감염 여부를 초기에 정확하고 빠르게 진단할 수 있다.[4-1]" 문장과 연결해서 생각해보자. PCR을 통해 감염 여부를 초기에도 진단할 수 있는 이유는 환자의 시료를 소량 채집하여 바이러스의 DNA를 PCR 과정으로 다량 증폭시킬

수 있기 때문임을 알 수 있다. 전통적인 PCR도 PCR과정을 이용하므로 감염 여부를 초기에 알 수 있을 것이다. 따라서 맞는 선지이다.

[지문]의 마지막 문장만 보면 실시간 PCR만 바이러스의 감염 여부를 초기에 알 수 있다고 오해하기 쉽지만, [지문]의 전체 내용을 보면 실시간 PCR는 바이러스 DNA의 증폭을 실시간으로 확인할 수 있으므로 PCR이 진행 중일 때 결과를 알 수 있어, PCR이 완료된 때에 결과를 알 수 있는 전통적인 PCR보다 '미리' 감염 여부를 알 수 있을 뿐인 것을 추측할 수 있다.

이 선지 또한 전통적인 PCR과 실시간 PCR의 공통점을 차이점인 것처럼 혼동하도록 유도한 것으로, 90번과 마찬가지로 비교 대상끼리의 공통점(PCR)을 묻고 있는 선지이다.

(O) [지문]에서 PCR은 '표적 DNA의 시작과 끝에 표적 DNA의 염기 서열과 동일한 프라이머가 결합[1-4]'하고, 'DNA 중합 효소가 표적 DNA의 각 염기 서열에 대응하게 DNA를 만들어내는[1-5]' 과정을 거친다고 설명하고 있다. 따라서 표적 DNA의 염기 서열을 알고 있어야 프라이머가 결합할 수 있고, DNA 중합 효소가 염기 서열에 대응하게 DNA를 만들어낼 수 있는 것임을 추측할 수 있다. 맞는 선지이다.

이 선지는 대상의 정의와 PCR의 과정을 이해해야 풀 수 있는 선지이다. [지문]으로 돌아가 DNA의 염기 서열이 PCR의 어떤 단계에서 필요할지 찾을 수 있어야 한다.

(X) 마지막 문장에서 "실시간 PCR을 이용하면 바이러스의 감염 여부를 초기에 정확하고 빠르게 진단할 수 있다."라고 하였고, 실시간 PCR의 특징은 '표적 DNA의 증폭을 실시간으로 확인할 수 있다'는 점이다. 바이러스에 감염이 되었다면 바이러스의 DNA(표적 DNA)가 PCR로 증폭될 것이므로, 실시간 PCR로 진단 검사를 했을 경우 감염 여부 또한 증폭과 마찬가지로 PCR 과정 중에도 실시간으

로 확인 가능할 것이다. 따라서 틀린 선지이다.

이 선지는 실시간 PCR의 의미와 PCR의 기능을 제대로 이해하고 있는지를 물어보는 선지이다.

[check point]

1. 비교 대상 (특히 '인물'이나 '이론', '시대', '여러 가지 방법 차이', '분류', '대상의 변화' , '확장·추가적인 재료 출현' 등) 나오면 공통점, 차이점 파악 중요

   → 공통점이나 차이점을 언급하여 정답 선지로 출제하거나,

   → 대상의 설명이나 내용을 바꾸거나, 비교 대상끼리의 공통점을 차이점으로, 차이점을 서로 뒤바꾸어 오답 선지로도 출제함

1-1. **특히 위 [지문]처럼 공통되는 개념에서 갈라져 나오는 비교 대상은 공통점을 꼭 물어본다.**

   → 2022년 수능 16번-책 81번 : (공통) 기초대사량 측정 → (세분화) 직접법 , 간접법

   → 2020년 6월 모의고사 25번-책 53번 : (공통) 카메라 촬영 → (세분화) 영상 보정 방법 차이 광학 영상 안정화(OIS) , 디지털 영상 안정화(DIS) ,

   → 2021년 6월 모의고사 14번-책 90번: (공통) PCR 과정 → (세분화) 전통적인 PCR , 실시간 PCR

   → 2022년 6월 모의고사 12번-책 155번: (공통) 비타민 K, → (세분화) 비타민 K_1 , 비타민 K_2

   → 2018년 6월 모의고사 35번-책 64번 : (공통) LFIA 키트 반응 → (세분화) 직접 방식 , 경쟁 방식

2023년 6월 모의고사 15번

[1-1]지각은 주체와 대상이 각자로서 존재하기 이전에 나타나는 얽힘의 체험이다. 예를 들어 다른 사람과 손이 맞닿을 때 내가 누군가의 손을 만지는 동시에 나의 손 역시 누군가에 의해 만져진다. [1-2]감각하는 것이 동시에 감각되는 것이 되는 얽힘의 순간에, 나는 나와 대상을 확연히 구분한다. [1-3]지각이라는 얽힘의 작용이 있어야 주체와 대상이 분리될 수 있다. 다시 말해 주체와 대상은 지각이 일어난 이후 비로소 확정된다. 따라서 ㉡ 지각과 감각은 서로 구분되지 않는다.

지각은 물질적 반응이나 의식의 판단이 아니라, 내 몸의 체험이다. [2-1]지각은 나의 몸에 의해 이루어지는 것이고, 지각이

이루어지게 하는 것은 모두 나의 몸이다.

---

094. 감각하는 것이 동시에 감각되는 것이 되는 얽힘의 작용이 지각이기 때문에

095. 지각은 몸에 의해 이루어지지만 감각은 몸에 의해 이루어지지 않기 때문에

096. 지각은 의식으로서의 주체가 외부의 대상을 감각하여 판단한 결과이기 때문에

지각(=감각, 물질적 반응X, 의식의 판단X, 몸의 체험○)

→나/대상 구분

   ⇒ 지각→주체

---

094. 2023년 6월 모의고사 15번 - ②

(O) 지각과 감각이 서로 구분되지 않는 이유를 찾으려면, 지각이 무엇이고 감각이 무엇인지 명확히 해야 할 것이다. '지각'은 주체와 대상이 각자로서 존재하기 이전에 나타나는 얽힘의 체험[1-1]이라는 문장과 "지각이라는 얽힘의 작용이 있어야 주체와 대상이 분리될 수 있다."라는 문장을 종합하면 곧 "지각(=얽힘의 체험)→주체/대상 존재·구분"이라는 말과 같다.

또한 감각에 대해서는 감각하는 것이 동시에 감각되는 것이 되는 얽힘의 순간에, 나는 나와 대상을 확연히 구분[1-2]한다고 하였다. 이는 곧 "감각의 얽힘→나/대상 구분"이라고 볼 수 있다.

즉 지각(얽힘의 체험)이 있은 후에 주체와 대상이 존재 및 구분될 수 있고, 감각의 얽힘이 있은 후에 나(주체)와 대상이 존재 및 구분될 수 있으므로 감각은 곧 지각이라고 할 수 있다.

---

095. 2023년 6월 모의고사 15번 - ③

(X) 지각과 감각은 모두 몸[2-1]에 의해 이루어진다고 하였다.

096. 2023년 6월 모의고사 15번 – ④

(X) 지각, 감각은 모두 주체와 대상을 판단하기 위한 절차, 원인이다. 96번에서는 지각을 결과라고 서술했기 때문에 틀린 선지이다.

[check point]

1. 필요한 내용을 지문에서 찾아 문장끼리의 구조를 비교하고 내용을 일치시켜 지각=감각인 근거를 유추해야 한다.
2. 밑줄 그어져 있는 추론 문제는 보통 그 문단의 전체적인 맥락을 설명하고 있는 문장에 정답이 있는 경우가 많다.

2020년 12월 수능 19번

그러나 청의 번영은 지속되지 않았고, 19세기에 접어들 무렵부터는 심각한 내외의 위기에 직면해 급속한 하락의 시대를 겪게된다. 북학파들이 연행을 했던 18세기 후반에도 이미 위기의 징후들이 나타나고 있었다. [1-1]급격한 인구 증가로 인한 여러 문제는 새로운 작물 재배, 개간, 이주, 농경 집약화 등 민간의 노력에도 불구하고 해결되지 않았다. [1-2]인구 증가로 이주 및 도시화가 진행되는 가운데 전통적인 사회적 유대가 약화되거나 단절된 사람들이 상호 부조 관계를 맺는 결사 조직이 성행하였다. 이런 결사 조직은 [1-3]불법적인 활동으로 연결되곤 했고 위기 상황에서는 [1-4]반란의 조직적 기반이 되었다. [1-5]인맥에 기초한 관료 사회의 부정부패가 심화된 것 역시 인구 증가와 무관하지 않았다. [1-6]교육받은 지식인들이 늘어났지만 이들을 흡수할 수 있는 관료 조직의 규모는 정체되어 있었고, 경쟁의 심화가 종종 [1-7]불법적인 행위로 연결되었다. 이와 같이 18세기 후반 청의 화려한 번영의 그늘에는 ㉠심각한 위기의 씨앗들이 뿌려지고 있었다.

0**97**. 반란의 위험성 증가 등 인구 증가로 인한 문제점들이 나타나는 상황을 가리키는 것이군.

0**98**. 사회적 유대의 약화로 인하여 관료 사회의 부정부패가 심화되는 상황을 가리키는 것이군.

18세기 후반 청의 위기 :

| 급격한 인구 증가 | → | 문제점 (1) | 인구 증가로 이주·도시화하여 전통적인 사회적 유대 약화[1-2]
→ 불법적인 활동[1-3], 반란 등 결사 조직 성행[1-4] |
| | | 문제점 (2) | 지식인은 증가, 관료 조직의 규모는 정체[1-6]
→ 경쟁의 심화. 불법적인 행위[1-7] 등 부정부패가 심화 |

097. 2020년 12월 수능 19번 – ③

(O) ㉠은 19세기부터 청이 급속한 하락의 시대를 겪게 된 상황을 지칭하고 있다. [지문]에서는 그 원인을 급격한 인구 증가라고 설명하고 있고, 이에 따른 여러 사회적 현상·결과를 문제점(1), 문제점(2)로 설명하고 있다. 따라서 맞는 선지이다.

098. 2020년 12월 수능 19번 – ⑤

(X) 사회적 유대의 약화는 인구의 증가에 따른 현상(결과)이다. 이러한 현상은 불법적인 활동으로 이어져 반란의 조직적 기반이 되어 심각한 위기를 만들어낸다. 관료 사회의 부정부패 또한 인구의 증가에 따른 현상으로, 사회적 유대의 약화로 인해 관료 사회의 부정부패가 심화된 것이 아니다. 인과를 잘못 연결하여 틀린 선지이다.

[check point]

문단의 전체적인 내용을 파악하면서 따라가자. 이 [지문]의 주제는 청이 왜 쇠퇴했는지 이유와 그에 따른 결과 두 가지이다.

2021년 9월 모의고사 12,13번

갑이 냉장고 문을 여니 딸기 우유와 초코 우유만 있다고 해 보자. 갑은 이것들 중 하나를 자유의지로 선택할 수 있을까?

이러한 질문과 관련하여 반자유의지 논증은 갑에게 자유의지가 없다고 결론 내린다. 우선 임의의 선택은 이전 사건들에 의해 선결정되거나 무작위로 일어난다. 여기서 무작위로 일어난다는 것은 선결정되지 않는다는 것을 의미한다. 이러한 전제하에 반자유의지 논증은 선결정 가정과 무작위 가정을 모두 고려한다. 첫 번째로 임의의 선택이 그 이전 사건들에 의해 선결정된다고 가정해 보자. 반자유의지 논증에서는 이 경우 우리에게 자유의지가 없다고 결론 내린다. 가령 갑의 딸기 우유 선택이 심지어 갑이 태어나기도 전에 선결정된 것이라면 갑이 자유의지로 그것을 선택한 것이라고 보기 어려울 것이다. 두 번째로 임의의 선택이 무작위로 일어난 것이라 가정해 보자. 반자유의지 논증에서는 이 경우에도 우리에게 자유의지가 없다고 결론 내린다. 가령 갑의 딸기 우유선택이 단지 갑의 뇌에서 무작위로 일어난 신경 사건이라고 한다면, 그것은 자유의지의 산물이라고 보기 어려울 것이다.

그러나 이 논증에 관한 다양한 비판이 가능하다. ㉠ 반자유의지 논증을 비판하는 한 입장 에 따르면 반자유의지 논증의 ³⁻¹선결정 가정을 고려할 때의 결론은 받아들여야 하지만, 무작위 가정을 고려할 때의 결론은 받아들일 필요가 없다. 따라서 반자유의지 논증의 결론도 받아들일 필요가 없다고 주장한다. 그 이유는 아래와 같다.

임의의 선택이 나의 ⁴⁻¹자유의지의 산물이 되기 위해서는 다음 두 가지 조건을 모두 충족해야 한다. 첫째, 내가 그 선택의 주체여야 한다. 둘째, 나의 선택은 그 이전 사건들에 의해 선결정되지 않아야 한다. 그런데 어떤 선택이 그 이전 사건들에 의해 선결정되어 있다면, 이것은 자유의지를 위한 둘째 조건과 충돌한다. 따라서 반자유의지 논증의 선결정 가정을 고려할 때의 결론인 우리에게 자유의지가 없다는 점을 받아들여야 한다.

(중략)

다음으로, ⁵⁻¹어떤 선택이 무작위로 일어난 것이라고 하더라도 그 선택의 주체는 나일 수 있다. 유물론적 인간관에 따르면 '갑이 딸기 우유를 선택했다'는 것은 '선택 시점에 갑의 뇌에서 신경 사건이 발생했다'는 것을 의미한다. 갑의 이러한 신경 사건이 이전 사건들에 의해 선결정되지 않은 것으로 가정해 보자. 이러한 가정 아래에서도 갑은 그 선택의 주체일 수 있다. 왜냐하면 이 가정은 선택 시점에 발생한 뇌의 신경 사건으로서 '갑이 딸기 우유를 선택했다'는 사실을 바꾸지 않기 때문이다. 결국 ㉡ 반자유의지 논증의 무작위 가정을 고려할 때의 결론은 받아들일 필요가 없다.

0**99**. 어떤 선택은 무작위로 일어난 것이 아니기 때문이다.

100. 반자유의지 논증의 선결정 가정을 고려할 때의 결론이 받아들여져야 하기 때문이다.

101. 어떤 선택은 자유의지의 산물이 되기 위한 두 가지 조건을 모두 충족할 수 있기 때문이다.

·· < 보 기 > ··

자유의지와 관련된 H의 가설과 실험을 보고, 반자유의지 논증에 대해 논의해 보자.

· H의 가설

인간이 결정을 내릴 때 발생하는 신경 사건이 있기 전에 그가 어떤 선택을 할지 알게 해 주는 다른 신경사건이 그의 뇌에서 매번 발생한다.

· H의 실험

피실험자의 왼손과 오른손에 각각 버튼 하나가 주어진다. 피실험자는 두 버튼 중 어떤 버튼을 누를지 특정 시점에 결정한다. 그 결정의 시점과 그 이전에 발생하는 뇌의 신경 사건을 동일한 피실험자에게서 100차례 관측한다.

◦ 논의: [A]

102. H의 가설이 실험 결과에 의해 입증된다면, 선결정 가정을 고려할 때의 결론을 거부해야 한다.

103. H의 가설이 실험 결과에 의해 입증된다면, 무작위 가정은 참일 수밖에 없다.

104. H의 가설이 실험 결과에 의해 입증되지 않는다면, 선결정 가정은 참일 수밖에 없다.

105. H의 가설이 실험 결과에 의해 입증되지 않는다면, 무작위 가정을 고려할 때의 결론을 받아들여야 하는 것은 아니다.

☑ **비교 대상 : 반자유의지 논증, 반자유의지 논증 비판/자유의지, 욕구 충족적 자유의지**

	반자유의지 논증	반자유의지 논증 비판
		자유의지가 존재하기 위한 조건 조건 1. 내가 그 선택의 주체여야 함 조건 2. 나의 선택은 선결정되지 않아야 함
가정 1	임의의 선택이 선결정 → 자유의지 X	받아들임(조건 2와 같은 말)
가정 2	임의의 선택이 선결정 이외(=무작위) → 자유의지 X	받아들일 필요 X(무작위여도 주체일 수 있음)
결론	⇒ 우리에게는 자유의지 X	⇒ 반자유의지 논증 결론 받아들일 필요 X

---

099. 2021년 9월 모의고사 12번 - ②

(X) [지문]에서 반자유의지 논증을 비판하는 입장이 반자유의지논증의 무작위 가정의 결론을 받아들일 필요가 없다고 하는 것은 어떤 선택이 무작위로 일어난 것인지 여부와 관련이 없다. '어떤 선택이 무작위로 일어나더라도 주체는 나일 수 있기 때문'이다.

---

100. 2021년 9월 모의고사 12번 - ④

(X) [지문]에서는 선결정 가정과 무작위 가정을 별개로 보고 판단하고 있다. 이 선지는 관련이 없는 것끼리 연관짓고 있다.

---

101. 2021년 9월 모의고사 12번 - ⑤

(O) ㉤은 선결정 가정과 무작위 가정 중 무작위 가정을 고려할 때의 결론을 받아들일 필요가 없다는 내용인데, 그 이유를 찾아봐야 한다. 반자유의지 논증을 비판하는 한 입장은 반자유의지 논증에의 선결정 가정에서의 결론은 받아들여야 하지만, 무작위 가정을 고려할 때의 결론은 받아들일 필요가 없다[3-1]며 이에 대한 이유들을 3문단부터 5문단까지 설명하고 있다. 이들은 우선 자유의지가 존재하

기 위한 조건 2개를 제시[4-1](조건1, 조건2)하고 반자유의지 논증이 이를 충족하는지 확인한다. 반자유의지 논증에서의 선결정 가정에 대한 판단(=임의의 선택이 선결정에 의한 것이라면 자유의지가 없는 것이다.)은 조건2와 맞아떨어지므로 받아들여야 하지만, 무작위 가정에 대한 판단(=임의의 선택이 무작위로 일어난 것이라면 자유의지가 없는 것이다.)은 무작위 자체가 선결정 되지 않은 것(조건 2)이고, <u>무작위로 일어난 것이라 하더라도 선택의 주체(조건 1)일 수 있으므로[5-1]</u> 반자유의지 논증을 받아들이지 않아도 된다는 것이다. 다시 말해, 어떤 선택이 무작위로 일어난 것이라 하더라도 조건1, 조건2 둘 다 충족시킬 수도 있기 때문에 무작위 가정을 고려할 때의 결론을 받아들일 필요가 없다고 설명하고 있다. 즉 맞는 선지이다.

이 <보기> 문제는 ㉠의 입장에서 진행한 실험이다. 지문에서 어느 부분과 연결해야 하는지 찾아야 한다. <보기>에서는 인간이 결정을 내릴 때 발생하는 신경 사건이 있기 전 <u>그가 어떤 선택을 할지 알게 해주는 다른 신경사건</u>이 있다고 가정하고 있는데, 이를 [지문]의 선결정과 연결할 수 있다. 따라서 <보기>가 임의의 선택이 그 이전 사건들에 의해 선결정된다고 가정하는 '선결정 가정'과 관련된 문제임을 알 수 있다.

---

102. 2021년 9월 모의고사 13번 - ①

(X) 'H의 가설이 실험 결과에 의해 입증된다'는 말은 '선결정 가정이 입증된다는' 말과 같다. 선지의 선결정 가정을 고려할 때의 결론을 거부한다는 말과 반대되므로 틀렸다.

---

103. 2021년 9월 모의고사 13번 - ②

(X) 'H의 가설이 실험 결과에 의해 입증된다'는 말은 '선결정 가정이 입증된다는' 말과 같다. 하지만 이 선지는 무작위 가정과 연결짓고 있으므로 틀렸다. 선결정 가정과 무작위 가정은 독립시행이고, 각각 다뤄져야 한다.

---

104. 2021년 9월 모의고사 13번 - ③

(X) 'H의 가설이 실험 결과에 의해 입증되지 않는다'는 말

은 '선결정 가정이 입증되지 않는다.'는 말과 같다. 선지의 선결정 가정은 참일 수밖에 없다는 말은 서로 반대되므로 틀린 선지이다.

---

105. 2021년 9월 모의고사 13번 – ④

(O) 'H의 가설이 실험 결과에 의해 입증되지 않는다'는 말은 '선결정 가정이 입증되지 않는다.'는 말과 같은데, 선결정 가정은 무작위 가정과 독립해서 생각해야 한다. 따라서 선결정 가정이 입증되지 않을 때, 무작위 가정을 고려할 때의 결론을 받아들여야 하는 것은 아니다. 따라서 맞는 선지이다.

[check point]

1. 99~101번 [지문] 전체 내용을 따라가며 읽어야 했기 때문에 고난도라고 할 수 있었다. 꾸준한 연습을 통해 한 번에 읽을 수 있는 지문의 양을 길게 늘려보자.

2. '~~가정을 한다면(아무런 영향이 없음), ○○○일 것이다.'라는 선지가 많이 보인다.

   ⇒ **2022년 수능 12번(책 86~87번), 2019년 수능 40번 (책 22번), 2021년 9월 모의고사 13번(책 103번)**

3. **〈보기〉 문제**는 아래 3가지 케이스와 같다.

   첫 번째로, [지문]에서 특정한 부분을 예시로 든 문제(해당 유형 ✓)

   – 〈보기〉에서 예시로 든 부분에 관한 설명을 [지문]에서 찾아야 함

   → 주로 기술·과학·경제·법 지문 (2020년 6월 모의고사 28번–책 19번, 2021년 11월 수능 16번–책 20~21번 등)

   두 번째로, [지문]에서 설명한 내용에서 추가적인 내용을 설명한 문제

   – [지문]과 공통점 차이점 비교

   → 주로 인문(학자) 지문 (2021년 6월 모의고사 8번 –책 274번~275번 등)

   세 번째로, [지문]의 비교 대상끼리 장단점을 섞은 예시를 든 문제

   – [지문]의 어느 부분을 섞은 것인지를 판단하여야 함

   → 신유형 (2024년 6월 모의고사 7번–책 40~42번)

2022년 9월 모의고사 6번

아도르노는 서로 다른 가치 체계를 하나의 가치 체계로 통일시키려는 속성을 동일성으로, 하나의 가치 체계로의 환원을 거부하는 속성을 비동일성으로 규정하고, 예술은 이러한 환원을 거부하는 비동일성을 지녀야 한다고 주장한다. 그렇기 때문에 예술은 대중이 원하는 아름다운 상품이 되기를 거부하고, 그 자체로 추하고 불쾌한 것이 되어야 한다는 것이다. 그에게 있어 [1-1]예술은 예술가가 직시한 세계의 본질을 감상자들에게 체험하게 해야 한다. 예술은 동일화되지 않으려는, 일정한 형식이 없는 [1-2]비정형화된 모습으로 나타남으로써 현대 사회의 부조리를 체험하게 하는 매개여야 한다는 것이다.

(중략)

아도르노는 [2-1]예술이 예술가에게 포착된 세계의 본질을 감상자로 하여금 체험하게 하는 것이어야 한다고 본다. 그러나 그는 [2-2]이러한 미적 체험을 현대 사회의 부조리에 국한시킴으로써, 진정한 예술을 감각적 대상인 형태 그 자체의 비정형성에 대한 체험으로 한정한다. 결국 ㉠ 아도르노의 미학에서는 주관의 재현이라는 미메시스가 부정되고 있다.

한편 아도르노의 미학은 예술의 영역을 극도로 축소시키고 있다. 즉 그 자신은 동일화의 폭력을 비판하지만, 자신이 추구하는 전위 예술만이 진정한 예술이라고 주장하며 전위 예술의 관점에서 예술의 동일화를 시도하고 있다. [3-1]특히 이는 현실 속 다양한 예술의 가치가 발견될 기회를 박탈한다. 실수로 찍혀 작가의 어떠한 주관도 결여된 사진에서조차 새로운 예술 정신을 발견하는 것이 가능하다는 베냐민의 지적처럼, 전위 예술이 아닌 예술에서도 미적 가치를 발견할 수 있다. 또한 대중음악이 사회적 저항의 메시지를 전달하는 사례도 있듯이, 자본의 논리에 편승한 대중 예술이라 하더라도 사회에 대한 비판적 기능을 수행하는 경우도 있다.

---

106. 미적 체험의 과정에서 비정형적인 형태가 예술가의 주관으로 왜곡되기 때문이다.

107. 예술가의 주관이 가려지고 작품에 나타난 형태에 대한 체험만이 강조되기 때문이다.

---

106. 2022년 9월 모의고사 6번 – ④

(✗) '미적 체험'은 감상자가 하는 것[2-1]이다. 선지는 감상자가 예술을 감상하는 과정에서 예술(=사회부조리가 예술가의 의도로 비정형화된 모습[1-2])이 왜곡된다고 설명하고 있는데, 이는 [지문]에서 언급되지 않은 내용이다. 문단 및 [지문]의 전체 흐름과 완전히 다른 말을 하고 있다.

---

107. 2022년 9월 모의고사 6번 – ⑤

(○) ㉠은 아도르노의 미학을 부정적으로 판단하는 문장이다. 이 문단을 보면, '아도르노는 예술이 예술가에게 포착된 세계(사회 부조리)의 본질을 감상자로 체험하게 하는 것[2-1]'으로 보고 있으며, '미적 체험을 현대 사회의 부조리에 국한시키고 있다[2-2]'고 하였다. 마지막 문단에서도 '아도르노의 미학은 현실 속 다양한 예술의 가치가 발견될 기회를 박탈한다'고 표현하고 있다. 이에 기초하여 ㉠ "아도르노의 미학에서는 주관의 재현이라는 미메시스가 부정되고 있다."라는 문장을 해석해본다면, "주관의 재현(= 예술가의 주관)이 부정되고 예술가가 직시한 사회 부조리에 대한 체험만이 강조되어, 다양한 예술의 가치가 발견될 기회를 박탈하고 있다[3-1]"라는 뜻을 가지고 있음을 알 수 있다. 따라서 맞는 선지이다.

밑줄 친 문장에 대한 추론 문제도 결국은 문단의 주제와 문장들의 결합이다. 달라진 것이 있다면 같은 뜻을 다른 표현으로 나타낸다는 점이다.

> **[check point]**
>
> 문단의 전체적인 내용을 파악하면서 따라가자. 이 [지문]의 주제는 '아도르노의 예술과 그에 대한 부정적인 부분'이다.

2022년 9월 모의고사 12번

사유 재산 제도하에서는 누구나 자신의 재산을 자유롭게 처분할 수 있다. 그러나 기부와 같이 어떤 재산이 대가 없이 넘어가는 무상 처분 행위가 행해졌을 때는 그 당사자인 무상

처분자와 무상 취득자의 의사와 무관하게 그 결과가 번복될 수 있다. 무상 처분자가 [1-1]사망하면 상속이 개시되고, 그의 상속인들이 유류분을 반환받을 수 있는 권리인 유류분권을 행사할 수 있기 때문이다. 이때 무상 처분자는 피상속인이 되고 그의 권리와 의무는 상속인에게 이전된다.

[2-1]유류분은 피상속인의 무상 처분 행위가 없었다고 가정할 때 상속인들이 상속받을 수 있었을 이익 중 법으로 보장된 부분이다.

(중략)

피상속인이 상속 개시 당시에 가졌던 재산으로부터 상속은 이익이 있는 상속인은 유류분에 해당하는 이익의 일부만 반환받을 수 있다. 유류분에 해당하는 이익에서 이미 상속받은 이익을 뺀 값인 유류분 부족액만 반환받을 수 있기 때문이다.

(중략)

무상 처분된 물건의 시가가 변동하면 유류분 부족액을 계산할 때는 언제의 시가를 기준으로 삼아야 할까? ㉠ 유류분의 취지에 비추어 상속 개시 당시의 시가를 기준으로 해야 한다. 다만 [4-1]그 물건의 시가 상승이 무상 취득자의 노력에서 비롯되었으면 이때는 무상 취득 당시의 시가를 기준으로 계산해야 한다.

---

108. 유류분은 피상속인이 재산을 무상 처분하지 않은 것으로 가정하여 산정되기 때문이다.

109. 유류분은 재산의 가치를 증가시킨 무상 취득자의 노력에 대한 보상으로 인정되는 것이기 때문이다.

110. 유류분은 피상속인의 재산에 대해 소유권을 나눠 가진 사람들 각자의 몫을 반영해야 하기 때문이다.

111. 유류분에 해당하는 이익의 가치가 상속 개시 전후에 걸쳐 변동되는 것을 반영해야 하기 때문이다.

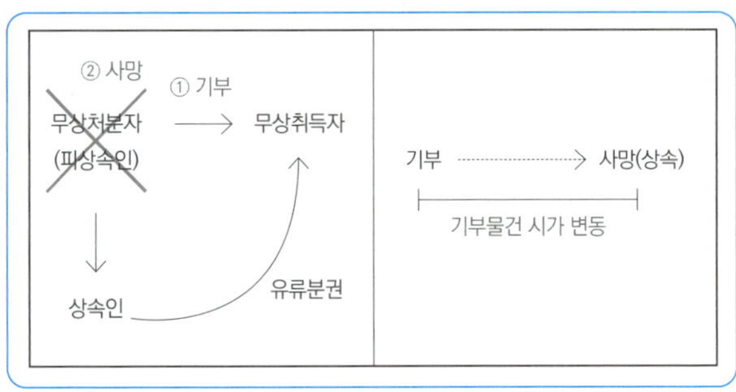

108. 2022년 9월 모의고사 12번 – ②

(O) ㉠에서는 유류분 부족액을 계산할 때는 '유류분의 취지'에 따라서 상속 개시 시점의 시가를 기준으로 한다고 하였다. [지문]에서 '유류분의 취지'를 찾아보자. 유류분이란 "피상속인의 무상 처분 행위가 없었다고 가정할 때, '상속인들이 상속받을 수 있었을 이익' 중 법으로 보장된 부분[2-1]"이다. 이를 적용하여 '상속인들이 상속받을 수 있었을 이익'을 계산해 보자. 원칙적으로 상속인들은 피상속인의 사망 시[1-1]인 상속 개시 시점의 시가를 기준으로 재산을 상속받는다. 피상속인의 무상 처분 행위가 없었다면 상속인들은 그 목적물을 상속 개시 당시의 시가를 기준으로 상속받았을 것이고, 그 자체를 '상속인들이 상속받을 수 있었을 이익'이라고 할 수 있다. 즉, 유류분 부족액을 계산할 때의 시가를 상속 개시 시점이라고 보는 이유는 피상속인의 무상 처분 행위가 없다고 가정하기 때문이다.

109. 2022년 9월 모의고사 12번 – ③

(X) 무상 취득자의 노력으로 재산의 가치를 증가시켰다면 상속 개시 당시의 시가가 아니라 무상 취득 당시의 시가를 기준[4-1]으로 계산해야하므로 ㉠에 대한 이유라고 볼 수 없다. 또한 유류분이 무상 취득자의 노력에 대한 보상으로 인정되는 것도 아니다.

110. 2022년 9월 모의고사 12번 – ④

(X) 유류분은 소유권을 가진 사람들 각자의 몫을 반영하기 위한 목적이 아니며, 무상처분이 없었을 때 상속인들이 상속받을 수 있었을 이익을 법으로 보장해주는 것일 뿐이다. 또한 상속 개시 당시의 시가를 기준으로 무상 처분된 물건의 가치를 계산하는 것이 소유권을 가진 사람들 각자의 몫을 반영하기 위한 것이라고 보기도 어렵다.

111. 2022년 9월 모의고사 12번 – ⑤

(X) [지문]에 유류분에 해당하는 이익의 가치가 상속 개시 전후에 걸쳐 변동되는 것을 반영해야 하는 근거가 없고 '유류분의 취지'와도 맞지 않는다. 또한 상속 개시 당시의 시가를 기준으로 한다는 것은, 고정된 시점을 기준점으로 잡는 것이므로 유류분에 해당하는 이익의 가치가 변동되는 것을 반영한다고 할 수 없다.

[check point]

필요한 내용을 [지문]에서 찾을 줄 알아야 한다. 밑줄 친 문장에 대한 추론 문제도 결국은 문단의 주제와 문장들의 결합이다. 주의할 점은 같은 말을 다르게 표현한다는 점이다.

2019년 11월 수능 41, 42번

국제법에서 일반적으로 조약은 국가나 국제기구들이 그들 사이에 지켜야 할 구체적인 권리와 의무를 명시적으로 합의하여 창출하는 규범이며, 국제 관습법은 조약 체결과 관계없이 국제 사회 일반이 받아들여 지키고 있는 보편적인 규범이다. 반면에 [1-1]경제 관련 국제기구에서 어떤 결정을 하였을 경우, 이 결정 사항 자체는 [1-2]권고적 효력만 있을 뿐 법적 구속력은 없는 것이 일반적이다. 그런데 국제결제은행 산하의 [1-3]바젤위원회가 결정한 BIS 비율 규제와 같은 것들이 비회원의 국가에서도 엄격히 준수되는 모습을 종종 보게 된다. 이처럼 일종의 규범적 성격이 나타나는 현실을 어떻게 이해할지에 대한 논의가 있다. 이는 위반에 대한 제재를 통해 국제법의 효력을 확보하는 데 주안점을 두는 일반적 경향을 되돌아보게 한다. 곧 신뢰가 형성하는 구속력에 주목하는 것이다.

(중략)

바젤 협약은 우리나라를 비롯한 수많은 국가에서 채택하여 제도화하고 있다. 현재 바젤위원회에는 [2-1]28개국의 금융 당국들이 회원으로 가입되어 있으며, 우리 금융 당국은 2009년에 가입하였다. 하지만 [2-2]우리나라는 가입하기 훨씬 전부터 BIS 비율을 도입하여 시행하였으며, 현행 법제에도 이것이 반영되어 있다. 바젤 기준을 따름으로써 은행이 믿을 만하다는 징표를 국제 금융 시장에 보여 주어야 했던 것이다. [2-3]재무 건전성을 의심받는 은행은 국제 금융 시장에 자리를 잡지 못하거나, 심하면 아예 ⓒ 발을 들이지 못할 수도 있다.

바젤위원회에서는 은행 감독 기준을 협의하여 제정한다. 그 헌장에서는 회원들에게 바젤 기준을 자국에 도입할 의무를 부과한다. 하지만 [3-1]바젤위원회가 초국가적 감독 권한이 없으며 그의 결정도 ⓓ 법적 구속력이 없다는 것 또한 밝히고 있다. [3-2]바젤 기준은 100개가 넘는 국가가 채택하여 따른다. 이는 [3-3]국제기구의 결정에 형식적으로 구속을 받지 않는 국가에서까지 자발적으로 받아들여 시행하고 있다는 것인데, 이런 현실을 ㉠ 말랑말랑한 법(soft law)의 모습이라 설명하기도 한다. 이때 [3-4]조약이나 국제 관습법은 그에 대비하여 딱딱한 법(hard law)이라 부르게 된다. 바젤 기준도 장래에 ⓔ 딱딱하게 응고될지 모른다.

112. 바젤위원회가 가입 회원이 없는 국가에 바젤 기준을 준수하도록 요청한다.

113. 바젤위원회 회원의 국가가 준수 의무가 있는 바젤 기준을 실제로는 지키지 않는다.

114. 바젤위원회 회원의 국가가 강제성이 없는 바젤 기준에 대하여 준수 의무를 이행한다.

115. 바젤위원회 회원이 없는 국가에서 바젤 기준을 제도화하여 국내에서 효력이 발생하도록 한다.

116. ⓒ : 바젤위원회에 가입하지

117. ⓓ : 권고적 효력이 있을 뿐이라는

118. ⓔ : 조약이나 국제 관습법이 될지

☑ **비교 대상 : 조약, 국제 관습법, 국제기구의 결정**

조약 : 국가나 국제기구끼리의 규범

국제 관습법 : 조약 체결과 관계없이 모두의 규범

국제기구[1-1]의 결정 : 권고적 효력 ○, 법적 구속력 ✕ [1-2]

⇒ 국제기구 회원 국가에게도 권고적 효력(BIS 비율 규제[1-3])을 가질 뿐이지만 국제기구(바젤위원회)에 가입하지 않은 비회

원 국가도 규제를 지키는 경우가 있다. 왜일까?

⇒ [지문]에 나와 있는 답 : 바젤 기준을 따름으로써 은행이 믿을 만하다는 징표를 국제 금융 시장에 보여 줘야했기 때문[2-3]

㉠ 말랑말랑한 법(soft law)의 모습은 바로 앞 문장에서 보았듯이 "국제기구의 결정에 형식적으로 구속을 받지 않는 국가에서까지 자발적으로 받아들여 시행하고 있다는 것[3-3]"이라고 할 수 있다. 또한 바젤 회원은 현재 28개국[2-1]이지만 바젤 기준을 채택하여 따르는 국가는 100개가 넘는다[3-2]는 점을 본다면 '형식적으로 구속을 받지 않는 국가'란 '권고적 효력을 받지 않는 비회원 국가'임을 알 수 있다. 이 내용과 일치하는가를 보면 되겠다.

(112. 2019년 11월 수능 41번 – ②)

(✕) 비회원 국가가 자발적으로 받아들여 시행하고 있다는 것을 표현해야 하는데 오히려 바젤위원회가 바젤 기준을 준수하도록 요청한다고 설명하고 있으니 틀린 선지이다.

(113. 2019년 11월 수능 41번 – ③)

(✕) 말랑말랑한 법(soft law)은 형식적으로 구속을 받지 않는(=준수 의무가 없는) 국가에서까지 지키고 있다는 점을 본다면 준수 의무가 있는 국가는 당연히 지킬 것을 예상할 수 있다. [지문]에도 준수 의무가 있는 국가가 말랑말랑한 법을 지키지 않는다는 내용은 없다.

(114. 2019년 11월 수능 41번 – ④)

(✕) 바젤위원회 회원의 국가는 형식적으로 구속(=권고적 효력[1-2])을 받고 있으므로 바젤위원회 회원은 당연히 국제기구의 결정을 따를 것이다. 선지의 내용 자체는 맞는 말이지만, ㉠은 국제기구 회원은 물론 비회원들까지 국제기구의 결정을 따르고 있는 상황을 말하는 것이므로 이에 대한 사례라고 볼 수 없다. 회원을 비회원으로 봐서 틀렸다면 선지를 읽은 후 단어별로 다시 체크하는 습관을 들이도록 하자.

115. 2019년 11월 수능 41번 – ⑤

(O) "국제기구의 결정에 형식적으로 구속을 받지 않는 국가에서까지 자발적으로 받아들여 시행하고 있다는 것"과 같은 말을 표현만 다르게 한 것이므로 맞는 선지이다.

[check point]

'형식적으로 구속'이 무엇인지 판단할 수 있어야 했다. 그러려면 바젤위원회의 회원이 몇 명인지, 바젤 협약을 따르고 있는 국가는 몇인지를 찾아봐야 했다. [지문]을 읽을 때 디테일한 숫자는 다시 와서 볼 수도 있다고 생각하자.

116. 2019년 11월 수능 42번 – ③

(X) 두 번째 문단은 바젤위원회에 가입하지도 않은 비회원 국가들이 BIS 비율을 도입하여 지키고 있는 이유를 설명하고 있다. '비회원이더라도 BIS 비율을 지키지 않는다면 재무건전성을 의심받을 수 있고, 재무 건전성을 의심받는 은행은 국제 금융 시장에 자리를 잡지 못하거나, 심하면 아예 발을 들이지 못할 수도 있기 때문[2-3]'에 준수한다는 것이다. 이에 따르면 비회원 국가들은 바젤위원회가 아닌 금융시장에 자리를 잡지 못하거나 아예 발을 들이지 못할까 봐 BIS 비율을 지키고 있는 것이지, 바젤위원회에 가입하고자 BIS비율을 지키고 있는 것은 아니다. 추론 문제는 주로 그 문장의 앞뒤나 해당 문단에 답이 있는 경우가 많다. 그 부분을 주의 깊게 보도록 하자.

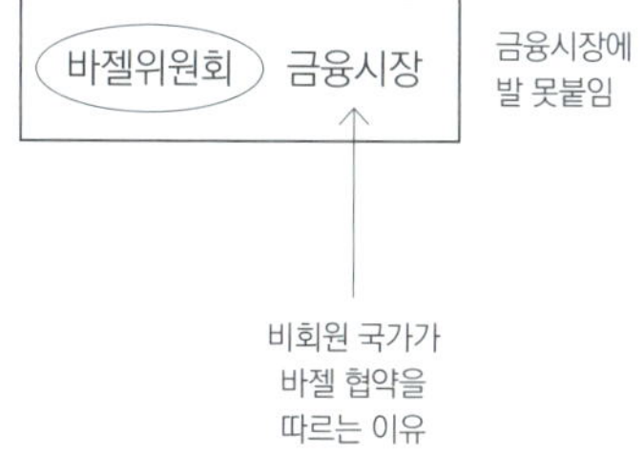

117. 2019년 11월 수능 42번 – ④

(O) 첫 번째 문단에서는 국제기구[1-1]에서 어떤 결정을 하였을 경우 법적 구속력이 없고, 권고적 효력만 있을 뿐[1-2]인데도 국제기구에 가입하지도 않은 비회원 국가가 이 결정

을 따르는 경우가 있음을 설명하면서 이에 대한 예시로 바젤위원회(=국제기구)가 결정한 BIS 비율 규제[1-3](=국제기구의 결정)를 들고 있다. 이를 통해 ⓓ의 '법적 구속력이 없다'는 표현이 첫 번째 문단에 있는 '권고적 효력이 있을 뿐'이라는 표현과 같은 뜻을 가진다는 것을 알 수 있고, 이를 찾아낼 수 있어야 한다.

118. 2019년 11월 수능 42번 – ⑤

(O) 말랑말랑한 법(soft law)은 '국제기구의 결정에 형식적으로 구속을 받지 않는 국가에서까지 자발적으로 받아들여 시행하고 있는 것[3-2]'을 의미한다. 딱딱한 법(hard law)은 그와 반대되는 것으로서 법적 구속력이 있는 규범, 즉 '조약이나 국제 관습법[3-3]'을 의미한다. 따라서 딱딱하게 응고된다는 말은 조약이나 국제 관습법이 된다는 말과 같다. 따라서 맞는 선지이다.

[check point]

1. 포함관계(바젤위원회, 금융시장)를 파악하고 선지에서 묻는 것이 어느 부분에 해당하는 것인지 파악할 줄 알아야 한다. 포함관계를 반대로 바꿔 내는 문제가 흔하다.
2. [지문]에서 숫자가 나오면(회원이 28개국, 100개가 넘는 국가가 채택 등) '다시 와서 확인할 수도 있겠구나'라고 한 번은 생각하고 넘어가자

2019년 6월 모의고사 21번

고대 그리스 시대의 사람들은 신에 의해 우주가 운행된다고 믿는 결정론적 세계관 속에서 신에 대한 두려움이나, [1-1]신이 야기한다고 생각되는 자연재해나 천체 현상 등에 대한 두려움을 떨치지 못했다. [1-2]에피쿠로스는 당대의 사람들이 이러한 잘못된 믿음에서 벗어나도록 하는 것이 중요하다고 보았고, 이를 위해 인간이 행복에 이를 수 있도록 자연학을 바탕으로 자신의 사상을 전개하였다.

(중략)

이러한 에피쿠로스의 자연학은 우주와 인간의 세계에 대한

비결정론적인 이해를 가능하게 한다. 이는 원자의 운동에 관한 에피쿠로스의 설명에서도 명확히 드러난다. 그는 [2-1]원자들이 수직 낙하 운동이라는 법칙에서 벗어나기도 하여 비스듬히 떨어지고 충돌해서 튕겨 나가는 우연적인 운동을 한다고 본다. 그리고 우주는 이러한 원자들에 의해 이루어졌으므로, 우주 역시 우연의 산물이라고 본다. 따라서 우주와 인간의 세계에 [2-2]신의 관여는 없으며, [2-3]인간의 삶에서도 신의 섭리는 찾을 수 없다고 한다. 에피쿠로스는 이러한 생각을 인간이 필연성에 얽매이지 않고 자신의 삶을 주체적으로 살아갈 수 있게 하는 [2-4]자유 의지의 단초로 삼는다.

에피쿠로스는 이를 토대로 자유로운 삶의 근본을 규명하고 인생의 궁극적 목표인 행복으로 이끄는 윤리학을 펼쳐 나간다. 결국 그는 인간이 신의 개입과 우주의 필연성, 사후 세계에 대한 두려움에서 벗어날 수 있도록 함으로써, 자신의 삶을 자율적이고 주체적으로 살 수 있는 길을 열어 주었다. 그리고 쾌락주의적 윤리학을 바탕으로 영혼이 안정된 상태에서 행복 실현을 추구할 수 있는 방안을 제시하였다.

---

119. 윗글을 읽은 학생이 '에피쿠로스'에 대해 비판한다고 할 때, 비판 내용으로 적절한 것만을 〈보기〉에서 있는 대로 고른 것은?

< 보 기 >

ㄱ. 신이 분노와 호의로부터 자유로운 상태라면 인간의 세계에 개입을 하지 않는다는 뜻일 텐데, 왜 신의 섭리에 따라 인간의 삶을 이해[2-2]하려고 하는가?

ㄴ. 원자가 법칙에서 벗어나 우연적인 운동을 한다는 것[2-1]은 인과 관계 없이 뜻하지 않게 움직인다는 뜻일 텐데, 그것이 자유 의지의 단초가 될 수 있는가[2-3]?

ㄹ. 인간이 자연재해를 무서워한다면 자연재해 그 자체 때문일 수도 있을 텐데, 신이 일으키지 않았다고 해서[1-1, 1-2] 자연재해에 대한 두려움에서 벗어날 수 있는가?

✓ 비교 대상 : 고대 그리스 , 에피쿠로스

고대 그리스 : 신에 의해 우주가 운행된다(=결정론적 세계관)
에피쿠로스 : 신은 존재하지만 인간의 세계에 관여는 하지 않는다.(비결정론적)

– 원자들은 우연적인 운동을 함 → 우주는 우연의 산물 → 우주와 인간에게 신의 관여는 없음 → 인간은 필연성에 얽매이지 않고 자유 의지를 가진 존재

고대 그리스	에피쿠로스
– 신에 의해 우주가 운행된다(=결정론적 세계관) – 신에 대한 두려움 → 자연재해에 대한 두려움[1-1]	– 신은 존재하지만 인간의 세계·우주의 운행에 관여하지 않는다.(비결정론적) – 원자들은 우연적인 운동을 함[2-1] → 우주는 우연의 산물 → 우주와 인간에게 신의 관여는 없음[2-2] → 인간은 필연성에 얽매이지 않고 자유 의지[2-4]를 가진 존재 – 사람들에게 신에 대한 두려움에서 벗어나 주체적으로 살 수 있게 함 – 영혼이 안정된 상태에서 행복 실현 추구(=쾌락주의적 윤리학)

이런 문제는 ① 에피쿠로스의 의견과 일치하는지를 확인한 후, ② 적절하게 비판하고 있는지를 따져보아야 한다.

ㄱ (X) 에피쿠로스는 신이 분노와 호의로부터 자유로운 상태이고, 인간의 세계에 개입을 하지 않는다고 생각한 점은 맞다. 하지만 그는 신의 섭리에 따라 인간의 삶을 이해하려고 하지 않았고, 오히려 인간의 삶에서도 신의 섭리는 찾을 수 없다[2-3]고 했다. 이 선지는 ①에피쿠로스의 의견과 일치하지 않으므로 틀린 선지이다.

ㄴ (O) 먼저 ①을 확인해보면 에피쿠로스는 원자가 우연적인 운동[2-1]을 하며, 그렇기 때문에 신의 관여가 있다고 볼 수 없다고 하였다. 또한 그것이 인간의 자유 의지의 단초[2-4]가 된다고 하였다. 따라서 선지의 내용은 에피쿠로스의 의견과 일치한다. 다음으로는 ②를 확인해보자. ㄴ은 우연적인 운동을 한다는 것은 인과 관계 없이 뜻하지 않게 움직인다고 볼 수 있고, 이러한 뜻하지 않은 움직임이 주체적인 것, 즉 자유 의지의 단초가 될 수 있는지 반문하고 있다. 적절한 비판 내용이라고 할 수 있다.

ㄹ (O) 먼저 ①을 확인해보면 에피쿠로스가 자연재해를 신이 일으키지 않았다고 생각했다[1-1, 1-2, 2-2]는 점은 맞다. 다음으

로는 ②를 확인해보자. [지문]에 따르면 고대 그리스 사람들은 신이 자연재해를 일으킨다고 생각하였고[1-1], 이러한 자연재해에 대한 두려움을 가지고 있었다. 에피쿠로스는 신이 인간사에 개입함을 부정[2-2]하여 이러한 두려움에서 벗어나도록[1-2] 했다. 그러나 인간이 자연재해를 무서워하는 이유가 신이 인간사에 개입해서가 아니라, 자연재해 그 자체로 무섭기 때문이라면 신의 개입을 부정하더라도 인간이 두려움에서 벗어날 수 없게 되므로 에피쿠로스의 주장은 약화된다. 따라서 적절한 비판이라고 할 수 있다.

[check point]

A의 입장에서 B의 입장을 비판하거나 평가하는 문제는 먼저 선지에서 설명하고 있는 내용이 B의 입장 또는 A의 입장이 맞는지 판단하여 틀린 선지를 판별하고, 남은 선지에 대해서만 서로 연결·추론하자. 이렇게 한다면 단순 내용 일치만 맞춰서 오답 선지를 걸러낼 수 있으므로 보다 쉽게 문제를 풀 수 있다.

2020년 12월 수능 36번

모델링과 렌더링을 반복하여 생성된 프레임들을 순서대로 표시하면 동영상이 된다. 프레임을 생성할 때, 모델링과 관련된 계산을 완료한 후 그 결과를 이용하여 렌더링을 위한 계산을 한다. 이때 정점의 개수가 많을수록, 해상도가 높아 출력 화소의 수가 많을수록 연산 양이 많아져 연산 시간이 길어진다. 컴퓨터의 중앙처리장치(CPU)는 데이터 연산을 하나씩 순서대로 수행하기 때문에과도한 양의 데이터가 집중되면 미처 연산되지 못한 데이터가 차례를 기다리는 병목 현상이 생겨 프레임이 완성되는 데 오랜 시간이 걸린다. CPU의 그래픽 처리 능력을 보완하기 위해 개발된 ㉠ 그래픽처리장치(GPU)는 연산을 비롯한 데이터 처리를 독립적으로 수행할 수 있는 장치인 코어를 수백에서 수천 개씩 탑재하고 있다. [1-1]GPU의 각 코어는 그래픽 연산에 특화된 연산만을 할 수 있고 CPU의 코어에 비해서 저속으로 연산한다. 하지만 GPU는 동일한 연산을 여러 번 수행해야 하는 경우, 고속으로 출력 영상을 생성할 수 있다. 왜냐하면 GPU는 한 번의 연산에 쓰이는 데이터들을 [1-2]순차적으로 각 코어에 전송한 후, 전체 코어에 하나의 연산 명령어를 전달하면, 각 코어는 모든 데이터를 동시에 연산하여 연산 시간이 짧아지기 때문이다.

---

120. 1개의 코어만 작동할 때, 정점의 위치를 구하기 위한 연산 시간은 1개의 코어를 가진 CPU의 연산 시간과 같다.

121. 정점 위치를 구하기 위한 각 데이터의 연산을 하나씩 순서대로 처리해야 한다면, 다수의 코어가 작동하는 경우 총 연산 시간은 1개의 코어만 작동하는 경우의 총 연산 시간과 같다.

122. 정점 위치를 구하기 위해 연산해야 할 10개의 데이터를 10개의 코어에서 처리할 경우, 모든 데이터를 모든 코어에 전송하는 시간은 1개의 데이터를 1개의 코어에 전송하는 시간과 같다.

	CPU	GPU
코어 개수	1개	수백 ~ 수천 개
각 코어마다 연산 속도	고속 코어	저속 코어
특징	과도한 양의 데이터가 집중되면 병목현상(=차례가 밀림)이 일어나 프레임 완성에 오랜 시간이 걸림	동일한 연산을 여러 번 수행해야 할 경우 많은 코어를 한 번에 가동시켜 연산 시간을 대폭 단축 가능

120. 2020년 12월 수능 36번 - ③

(✕) [지문]에서 'GPU의 각 코어는 CPU의 코어에 비해서 저속으로 연산한다.[1-1]'고 나와 있으므로 GPU에서 1개의 코어만 작동한다고 가정하면 그 연산 속도는 CPU보다 느릴 것이다.

121. 2020년 12월 수능 36번 – ④

(O) GPU에는 코어가 수백에서 수천 개씩 존재한다. GPU가 시간을 단축하는 원리는 하나의 연산을 여러 번 수행해야 하는 때에 여러 코어를 한 번에 작동시키는 것이고 코어의 작동 횟수 자체가 줄어드는 것이 아니다. 즉 GPU가 여러 연산을 수행해야 하는 경우 필요한 연산 수만큼 코어를 작동시키는 횟수가 늘어난다. 따라서 선지에서와 같이 연산을 하나씩 순서대로 처리해야 한다면 1개의 코어만 작동하는 경우의 총 연산시간과 다수의 코어가 작동하는 경우의 총 연산 시간이 같을 것이다.

〈추가 설명〉

"연산a 4번 필요, 연산b 3번 필요, 연산c 1번 필요"한 경우에, 다수의 코어가 작동하더라도 순서대로 하나씩 처리하기 때문에 총 연산에 필요한 과정은 '연산a 4번, 연산b 3번, 연산c 1번'이다. 이는 1개의 코어만 작동할 때와 같다. 연산의 과정이 같으므로 소요되는 총 연산 시간은 같다.

122. 2020년 12월 수능 36번 – ⑤

(X) [지문]에서 'GPU는 한 번의 연산에 쓰이는 데이터들을 순차적으로 각 코어에 전송한 후에 연산을 실시한다'고 했다. 그렇다면 "10개의 코어에 1개의 데이터를 전송하는데 걸리는 시간은 (1개의 코어에 1개의 데이터를 전송하는 시간)×10번"이다.

2018년 11월 수능 41번

다음 상황을 생각해 보자. 나는 현실에서 아침 8시에 출발하는 기차를 놓쳤고, 지각을 했으며, 내가 놓친 기차는 제시간에 목적지에 도착했다. 그리고 나는 "만약 내가 8시 기차를 탔다면, 나는 지각을 하지 않았다."라고 주장한다. 그런데 전통 논리학에서는 "만약 A이면 B이다."라는 형식의 명제는 A가 거짓인 경우에는 B의 참 거짓에 상관없이 참이라고 규정한다. 그럼에도 ⓐ 내가 만약 그 기차를 탔다면 여전히 지각을 했을 것이라고 주장하지는 않는 이유는 무엇일까? 내가 그 [1-1]

기차를 탄 가능세계들을 생각해 보면 그 이유를 알 수 있다. 그 가능세계 중 어떤 세계에서 나는 여전히 지각을 한다. 가령 내가 탄 그 [1-2]기차가 고장으로 선로에 멈춰 운행이 오랫동안 지연된 세계가 그런 예이다. 하지만 [1-3]내가 기차를 탄 세계들 중에서, 내가 기차를 타고 별다른 이변 없이 제시간에 도착한 세계가 그렇지 않은 세계보다 우리의 현실세계와의 유사성이 더 높다. 일반적으로, A가 참인 가능세계들 중에 비교할 때, B도 참인 가능세계가 B가 거짓인 가능세계보다 현실세계와 더 유사하다면, 현실세계의 나는 A가 실현되지 않은 경우에, 만약 A라면 ~B가 아닌 B이라고 말할 수 있다.

123. 내가 그 기차를 타지 않은 가능세계들끼리 비교할 때 기차 고장이 자주 일어나지 않는 가능세계가 현실세계와의 유사성이 높기 때문이다.

124. 내가 그 기차를 탄 가능세계들끼리 비교할 때 내가 지각을 한 가능세계가 내가 지각을 하지 않은 가능세계에 비해 현실세계와의 유사성이 더 낮기 때문이다.

125. 내가 그 기차를 탄 가능세계들끼리 비교할 때 그 가능세계들의 대다수에서 내가 지각을 하지 않았기 때문이다.

	A이면	B이다	총 T/F	기타 이유
	만약 내가 8시 기차를 탔다면	나는 지각을 하지 않았다.		
1	F	T	T	
2		F		
3	T	T	T	4보다 현실세계와의 유사성이 더 ↑
4		F	주장 X	3보다 현실세계와의 유사성이 더 ↓

123. 2018년 11월 수능 41번 – ②

(X) [지문]에서 ⓐ에 대한 답으로 '기차를 탄 가능세계들끼리 [1-1] 비교를 했을 때 기차가 고장으로 지연되어 지각을 한 가능세계[1-2]보다 별다른 이변 없이 제 시간에 도착한 세계 [1-3]가 현실세계와의 유사성이 더 높기 때문'이라고 설명하

고 있으므로 <u>기차를 타지 않은 가능세계들끼리</u> 비교하는 것이 아니다. 따라서 틀린 선지이다.

124. 2018년 11월 수능 41번 – ③

(O) [지문]은 'A이면 B이다.'라는 명제에 관하여 논하고 있다. [지문]은 전통논리학에서 A가 F라면 B가 T/F 상관없이 명제는 T라고 규정하면서도 A가 T일 때, B가 F일 수도 있음을 주장하지 않는다는 점을 지적하고 그 이유를 "내가 만약 기차를 탔다면(A), 여전히 지각을 했을 것(~B)이다."을 예로 들어 설명하고 있다. 기차를 탄 세계(A가 T일 때)들 중에서, 내가 기차를 타고 별다른 이변 없이 제시간에 도착한 세계(B가 T일 때)가 그렇지 않은 세계(B가 F일 때)보다 <u>우리의 현실 세계와의 유사성이 더 높으므로</u> [1-3] 일반적으로 A가 T일 때 B도 T라고 생각하게 된다는 것이다. 이 문장에서 내가 기차를 타고 제시간에 도착한 세계를 지각을 하지 않은 가능세계라고 표현만 바꾼 것이라 123번~125번 중 유일하게 맞는 선지이다.

⇒ <u>기차를 탄 가능세계들끼리</u> 비교할 때 내가 지각을 하지 않은 가능세계가 지각을 한 가능세계에 비해 <u>현실 세계와의 유사성</u>이 더 높기 때문이다.

125. 2018년 11월 수능 41번 – ④

(X) [지문]에서 ⓐ에 대한 답으로 기차를 탄 가능세계끼리 비교 했을 때 '<u>대다수에서 지각을 하지 않아서</u>'가 아니라 지각을 하지 않은 가능세계가 '<u>현실 세계와의 유사성이 더 높아서</u>'라고 하였다. 따라서 틀린 선지이다.

124번보다 이 선지를 먼저 보고 비슷한 말이라 생각해서 넘어갔다면 틀릴 수도 있는 문제이다. [지문]과 비교해보았을 때 100% 확신이 들지 않는다면 바로 답을 고르지 말고 모든 선지를 판별하는 것이 틀릴 확률을 낮춰준다.

[check point]

1. 답을 고를 때 [지문]에 가서 확인해보았는데도 정답이라는 확신이 100% 들지 않고 미심쩍은 기분이 든다면 모든 선지를 판별해 봐야 한다.

2. A의 입장에서 B의 입장을 비판하거나 평가하는 문제는 먼저 선지에서 설명하고 있는 내용이 B의 입장 또는 A의 입장이 맞는지 판단하여 틀린 선지를 판별하고, 남은 선지에 대해서만 서로 연결·추론하자. 이렇게 한다면 단순 내용 일치만 맞춰서 오답 선지를 걸러낼 수 있으므로 보다 쉽게 문제를 풀 수 있다.

2023년 11월 수능 6번

경마식 보도로부터 드러난 선거 방송의 한계를 보완하는 방책 중 하나로 선거 방송 토론회가 활용될 수 있다. 이 토론회를 통해 후보자 간 정책과 자질 등의 차이가 드러날 수 있는데, 현실적인 이유로 초청 대상자는 한정된다. ⓛ「공직선거법」의 선거 방송 토론회 규정은 [1-1]5인 이상의 국회의원을 가진 정당이나 직전 선거에서 3% 이상 득표한 정당이 추천한 후보자, 또는 언론기관의 여론조사 결과 평균 지지율이 5% 이상인 후보자 등을 초청 기준으로 제시하고 있다. 다만 초청 대상이 아닌 후보자들을 위해 별도의 토론회 개최가 가능하고 시간이나 횟수를 다르게 할 수 있다.

이러한 규정이 선거 운동의 기회균등 원칙을 침해하는지에 대해 헌법재판소는 위헌이 아니라고 결정했다. ⓐ 다수 의견 은 방송 토론회의 효율적 운영을 고려할 때 초청 대상 후보자 수가 너무 많으면 제한된 시간 안에 심층적인 토론이 이루어지기 어렵고, 유권자들도 관심이 큰 후보자들의 정책 및 자질을 직접 비교하기 어렵다는 점을 지적하며, 이 규정은 합리적 제한이라고 보았다. 반면 ⓑ 소수 의견 은 이 규정이 가장 효과적인 선거 운동의 기회를 일부 후보자에게서 박탈하며, 유권자에게도 모든 후보자를 동시에 비교하지 못하게 하고, 초청 대상 후보자 [2-1]토론회에 참여한 후보자와 그렇지 못한 후보자를 차별적으로 인식하게 만든다고 지적하였다. [2-2]이 규정을 소수 정당이나 정치 신인 등에 대한 자의적이고 차별적인 침해라고 본 것이다.

126. 주요 후보자의 정책이 가진 치명적 허점을 지적하고 좋은 대안을 제시해 유명해진 정치 신인이 선거 방송 초청 대상 후보자 토론회에 초청받지 못한다면 ⓐ의 입장은 약화되겠군.

정답 및 풀이

127. 어떤 후보자가 지지율이 낮은 후보자 간의 별도 토론회에서 뛰어난 정치 역량을 보여 주었음에도 그 토론회에 참여했다는 이유만으로 지지율이 떨어진다면 ⓑ의 입장은 약화되겠군.

128. 유권자들이 뛰어난 역량을 가진 소수 정당 후보자를 주요 후보자들과 동시에 비교할 수 있는 가장 효율적인 방법이 선거 방송 초청 대상 후보자 토론회라면 ⓑ의 입장은 약화되겠군.

다수 의견	소수 의견
규정은 합리적(찬성)	규정은 비합리적(반대)
– 초청 대상자의 수가 너무 많으면 제한된 시간 안에 심층적인 토론이 이루어지기 어려움 – 초청 대상자의 수가 너무 많다면 유권자들이 관심이 큰 후보자들의 정책 및 자질을 직접 비교하기 어렵게 함 ⇒ 규정은 합리적 제한	– 초청 대상자를 제한함으로써 선거 운동의 기회를 일부 후보자에게서 박탈함 – 유권자에게 모든 후보자를 동시에 비교하지 못하게 함 – 토론회에 참여한 후보자와 그렇지 못한 후보자를 차별적으로 인식하게 만듦 ⇒ 규정은 소수 정당이나 정치 신인 등에 대한 자의적이고 차별적인 침해

[check point]

* 비교 대상 : 다수 의견, 소수 의견
선거 방송 토론회의 초청 대상자를 한정하는 규정 → 위헌이 아님(초청 대상자를 한정하는 것은 합당)

126. 2023년 11월 수능 6번 – ②

(O) '유명해진 정치 신인이 후보자 토론회에 초청받지 못한다'는 것은 후보자 제한을 둔 규정의 단점이라고 볼 수 있다. ⓐ는 규정에 대해 찬성하므로 ⓐ의 입장은 약화된다.

127. 2023년 11월 수능 6번 – ④

(X) 선지의 '어떤 후보자가 뛰어난 정치 역량을 보여주었음에도 별도의 토론회에 참여했다는 이유만으로 지지율이 떨어진다'는 것은 토론회 참석 여부가 후보자의 지지율에

영향을 미친다는 의미이므로, ⓑ가 규정을 반대하면서 제시한 근거 중 하나인 '토론회에 참여한 후보자와 그렇지 못한 후보자를 차별적으로 인식하게 만든다'는 의견과 같다. 따라서 ⓑ의 입장은 강화된다. 따라서 틀린 선지이다.

128. 2023년 11월 수능 6번 – ⑤

(X) 규정에 따르면 소수 정당 후보자들은 후보자 토론회에 참여할 수 없다[1-1, 2-2]. 하지만 선지에서 말하는 것처럼 '유권자들이 소수 정당 후보자를 주요 후보자들과 동시에 비교할 수 있는 가장 효율적인 방법이 후보자 토론회'라고 가정한다면, 이는 유권자에게 모든 후보자를 동시에 비교하지 못하게 한다는 입장인 ⓑ의 의견을 강화한다. 따라서 틀린 선지이다.

[check point]

선지에 상황을 추가로 가져오면서 ○○(찬성) 또는 ■■입장(반대)과 연결짓는 문제는 그 상황이 어느 측의 입장과 일치하는지 판단하여 문제를 풀도록 하자.
→ 주요 후보자의 정책이 가진 치명적 허점을 지적하고 좋은 대안을 제시해 유명해진 정치 신인이 선거 방송 초청 대상 후보자 토론회에 초청받지 못한다.=규정 반대 입장(소수 의견)
→ 어떤 후보자가 지지율이 낮은 후보자 간의 별도 토론회에서 뛰어난 정치 역량을 보여 주었음에도 그 토론회에 참여했다는 이유만으로 지지율이 떨어진다 = 소수 의견

2021년 9월 모의고사 11번

[1-1]임의의 선택이 나의 자유의지의 산물이 되기 위해서는 다음 두 가지 조건을 모두 충족해야 한다. 첫째, 내가 그 선택의 주체여야 한다. 둘째, 나의 선택은 그 이전 사건들에 의해 선결정되지 않아야 한다. 그런데 어떤 선택이 그 이전 사건들에 의해 선결정되어 있다면, 이것은 자유의지를 위한 둘째 조건과 충돌한다.

(중략)

물론 이러한 자유의지와 다른 의미를 지닌 자유의지가 있을 수 있다. 만약 '내가 자유롭게 선택했다'는 말이 단지 '내가 하고자 원했던 것을 했다'는 ⓐ [2-1]욕구 충족적 자유의지를 의미한다면, 나의 선택이 그 이전 사건들에 의해 선결정되어 있든 그렇지 않든 그것은 내 자유의지의 산물일 수 있다. 그러나 이러한 자유의지는 ⓑ 여기서 염두에 두는 두 가지 조건을 모두 충족하는 자유의지와 다르다.

---

129. 어떤 선택을 원해서 한다면 그 선택을 한사람에게 ⓑ가 있을 수 없다.

130. 어떤 선택이 선결정되어 있다면 그 선택을 한 사람에게 ⓐ가 있을 수 없다.

131. 어떤 선택이 선결정되어 있다면 그 선택을 한 사람에게 ⓑ가 있을 수 없다.

[지문 내용]

비교 대상 : 두 가지 조건을 모두 충족하는 자유의지, 욕구 충족적 자유의지

두 가지 조건을 모두 충족하는 자유의지(ⓑ) : 선결정되지 않은 상태에서 주체적으로 결정함[1-1]

욕구 충족적 자유의지ⓐ : 내가 하고자 원했던 것을 함.

→ 나의 선택이 선결정되어 있든 그렇지 않든 욕구 충족적 자유의지의 산물일 수 있다.

⇒ 두 가지 조건을 모두 충족하는 자유의지(ⓑ)는 선결정되지 않은 상태여야하고, 욕구 충족적 자유의지ⓐ는 선결정 되어 있든 그렇지 않든 해당할 수 있다.

선결정○	선결정✕	선결정○	선결정✕
두 가지 조건을 모두 충족하는 자유의지(ⓑ)		욕구 충족적 자유의지ⓐ	
✕	○	○	○

---

129. 2021년 9월 모의고사 11번 – ②

(✕) 어떤 선택을 원해서 한다는 것은 ⓐ욕구 충족적 자유의지를 의미한다. 또한 이는 선택의 주체로서 선택하였다

고 볼 수 있으므로 ⓑ의 첫번째 조건도 충족한다. 다만 ⓐ는 선결정 되어 있든 그렇지 않든 가능하고, ⓑ는 선결정 되지 않은 상태여야 성립한다. 따라서 ⓐ가 ⓑ를 포함하는 관계에 있다고 볼 수 있고, ⓐ에 해당하는 경우에 선결정되지 않은 상태에 있으면 ⓑ가 있을 수 있다. 따라서 틀린 선지이다.

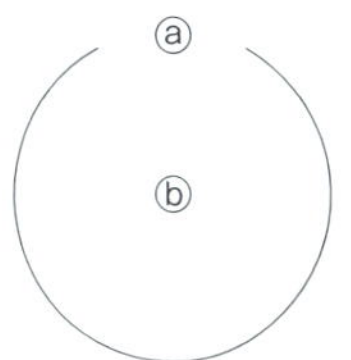

130. 2021년 9월 모의고사 11번 – ③

(✕) ⓐ는 선결정되어 있든 그렇지 않든 가능하다. 따라서 어떤 선택이 선결정되어 있다면 ⓐ가 있을 수 없다는 선지는 틀렸다.

131. 2021년 9월 모의고사 11번 – ④

(○) ⓑ는 선결정되지 않은 상태일 때 가능하다. 따라서 맞는 선지이다.

[check point]

1. 포함관계를 구별한 때는 더 넓은 범위가 무엇인지부터 파악하자

2. [지문]을 읽을 때 굳이 이런 것도 추가로 언급한다 싶은 내용이나, 직접적으로 '○○은 아니다.', '○○을 제외하고'라고 짚고 넘어가는 내용이 있다면 선지에 출제될 가능성이 높다.

   → 위 [지문]에서 『치평요람』의 내용만 설명했어도 충분한데 『자치통감강목』의 편찬 형식을 따르지 않았다고 굳이 언급함.

   → 2023년 9월 모의고사 : 정약용은 노비 이외의 집단에서 사 집단으로 진출할 수 있도록~

   → **반자유의지 논증과 관련된 자유의지를 설명하다가 갑자기 추가적인 내용(욕구 충족적 자유의지)을 설명함: 이 문제의 [지문] 전문을 읽어보는 것을 추천**

2024년 9월 모의고사 5번

추천·보증과 이용후기를 활용한 인터넷 광고가 늘면서 부당 광고 심사 기준이 중요해졌다. 공정거래위원회의 '추천·보증 광고 심사 지침', 인터넷 광고 심사 지침'에 따르면 추천·보증은 사업자의 의견이 아니라 제3자의 독자적 의견으로 인식되는 표현으로서, 해당 상품·용역의 장점을 알리거나 구매·사용을 권장하는 것이다.

(중략)

위의 두 심사 지침에서 말하는 ⓒ 이용후기 광고란 사업자가 자사 홈페이지 등에 게시된 소비자의 상품 이용 후기를 활용해 광고하는 것이다.

132. ⓒ은 사업자가 자사의 홈페이지에 직접 작성해서 게시한 이용후기를 광고로 활용하는 것을 포함하지 않는다.

(132. 2024년 9월 모의고사 5번 - ④)

(O) 소비자의 상품 후기를 활용하는 것이 이용후기 광고이므로, ⓒ은 사업자가 '직접' 작성하여 게시한 이용후기를 포함하지 않는다.

[check point]

이용후기 광고의 개념을 소비자→사업자로 '이동'시켜 틀린 선지로 구성하였다.

2024년 9월 모의고사 8번

블록체인 기술은 데이터를 블록이라는 단위로 묶어 체인 형태로 연결한 것을 여러 대의 컴퓨터에 중복 저장하는 기술이다. 체인 형태로 연결된 블록의 집합을 블록체인이라 하고, 블록체인을 저장하는 컴퓨터를 노드라고 한다. 새로 생성된 블록은 노드들에 전파된다. 노드들은 블록에 포함된 내용이 블록체인의 다른 블록에 있는 내용과 상충되지 않는지, 동일한 내용이 블록체인의 다른 블록에 이중으로 포함되어 있지 않은지 검증한다. 검증이 끝난 블록을 블록체인에 연결할지 여부는 모든 노드들이 참여하는 승인 과정을 통해 정해진다. 승인이 완료된 블록은 블록체인에 연결되고, 이 블록체인은 노드들에 저장된다. 승인 과정에는 합의 알고리즘이 사용되고, 합의 알고리즘의 예로 작업증명이 있다.

133. 합의 알고리즘은 작업증명의 한 예이다.

(133. 2024년 9월 모의고사 8번 - ④)

(X) [지문]에서 합의 알고리즘의 예로 작업증명이 있다고 하였으므로 합의 알고리즘이 작업증명을 포함하는 상위 개념이다. 선지는 포함관계를 뒤바꾸어 출제했다.

[check point]

포함관계를 뒤바꿔 출제한 문제이다. 포함관계를 명확히 파악하자.

2023년 11월 수능 13번

한편, 한비자는 도를 구체적인 사물과 사건에 내재한 개별 법칙의 통합으로 보고, 『노자』의 도에 시비 판단의 근거라는 새로운 의미를 부여했다. 항상 존재하는 도는 개별 법칙을 포괄하기 때문에 다양한 개별 사건의 시비를 판단하는 기준이 될 수 있고, 이러한 도에 근거해서 입법해야 다양한 사건을 판단할 수 있다고 본 것이다. 이러한 이해를 바탕으로 그는 만족을 모르는 인간의 욕망을 사회 혼란의 원인으로 지목한 『노자』의 견해에 동의하면서도, 『노자』에서처럼 욕망을 없애야 한다고 주장하지 않고 인간은 욕망을 필연적으로 가질 수밖에 없음을 지적하며 욕망을 제어하기 위해 법이 필요하다고 강조했다.

134. 사건의 시비에 따라 달라지는 도에 근거하여 법이 제정되어야 한다.

134. 2023년 11월 수능 13번 – ①

(X) [지문]에서 '도에 시비 판단의 근거라는 새로운 의미를 부여함', '도는 시비를 판단하는 기준'이라고 표현하고 있으므로 그 관계는 도→시비라고 할 수 있다. 선지의 "시비에 따라 달라지는 도"라는 표현은 시비→도라고 말한 것이므로 틀린 선지이다.

순서를 뒤바꿔 출제한 선지이다.

⇒ [지문] '도는 시비를 판단하는 기준' ≠ 선지 "시비에 따라 달라지는 도"

[check point]

1. 어떠한 존재가 먼저 있어야 그 이후 반응이나 다른 존재가 있을 수 있다는 식으로도 순서를 설명할 수 있다

   → 주체 없는 인지란 있을 수 없다(=주체 → 인지).

   → 도에 시비 판단의 근거라는 새로운 의미를 부여함(도 → 시비 판단).

2. 순서를 뒤바꿔 놓은 선지이다(○○ → ■■를 ■■ → ○○로 바꿔놓기).

   → 2023년 수능 13(책134번)·14번(책141번), 2023년 6월 모의고사 14번(책137번), 2022년 수능 11번(책149번), 2022년 6월 모의고사 10번(책153번), 2019년 6월 모의고사 38번(책171번), 2020년 수능 34번(169번)

2023년 6월 모의고사 13, 14번

동일론, 기능주의, 설(Searle)은 모두 의식에 대한 논의를 의식을 구현하는 몸의 내부로만 한정하고 있다. 하지만 의식의 하나인 '인지' 즉 '무언가를 알게 됨'은 몸 바깥에서 일어나는 일과 맞물려 벌어진다. 기억나지 않는 정보를 노트북에 저장된 파일을 열람하여 확인하는 것이 한 예이다. 로랜즈 의 확장 인지 이론은 이를 설명하는 이론이다.

그에 따르면 [2-1]인지 과정은 주체에게 '심적 상태'가 생겨나게 하는 과정이다. [2-2]기억이나 믿음이 심적 상태 의 예이다. 심적 상태는 어떤 것에도 의존함이 없이 주체에게 의미를 나타낸다. 예를 들어, 무언가를 기억하는 사람은 자기의 기억이 무엇인지 알아보기 위해 아무것에도 의존할 필요가 없다. 이와 달리 [2-3]'파생적 상태'는 주체의 해석에 의존해서만 또는 사회적 합의에 의존해서만 의미를 나타내는 상태로 정의된다. 앞의 예에서 [2-4]노트북에 저장된 정보는 전자적 신호가 나열된 상태로서 파생적 상태이다. 주체에 의해 열람된 후에도 노트북의 정보는 여전히 파생적 상태이다. 하지만 열람 후 주체에게는 기억이 생겨난다. 로랜즈에게 [2-5]인지 과정은 파생적 상태가 심적 상태로 변환되는 과정이 아니라, [2-6]파생적 상태를 조작함으로써 심적 상태를 생겨나게 하는 과정이다. [2-7]심적 상태가 주체의 몸 외부로 확장되는 것이 아니라, [2-8]심적 상태를 생겨나게 하는 인지 과정이 확장되는 것이다. 이러한 ㉠ 확장된 인지 과정은 인지 주체의 것일 때에만, 다시 말해 환경의 변화를 탐지하고 그에 맞춰 행위를 조절하는 주체와 통합되어 있을 때에만 성립할 수 있다. 즉 [2-9]로랜즈에게 주체 없는 인지란 있을 수 없다. 확장 인지 이론은 의식의 문제를 몸 안으로 한정하지 않고 바깥으로까지 넓혀 설명한다는 의의를 가진다.

(나) 일반적으로 '지각'이란 몸의 감각 기관을 통해 사물에 대해 아는 것을 의미한다.

(중략)

지각은 주체와 대상이 각자로서 존재하기 이전에 나타나는 얽힘의 체험이다. 예를 들어 다른 사람과 손이 맞닿을 때 내가 누군가의 손을 만지는 동시에 나의 손 역시 누군가에 의해 만져진다. 감각하는 것이 동시에 감각되는 것이 되는 얽힘의 순간에, 나는 나와 대상을 확연히 구분한다. 지각이라는 얽힘의 작용이 있어야 주체와 대상이 분리될 수 있다. 다시 말해 [4-1]주체와 대상은 지각이 일어난 이후 비로소 확정된다. 따라서 지각과 감각은 서로 구분되지 않는다.

지각은 물질적 반응이나 의식의 판단이 아니라, 내 몸의 체험이다. 지각은 나의 몸에 의해 이루어지는 것이고, 지각이 이루어지게 하는 것은 모두 나의 몸이다.

135. 로랜즈는 인지 과정이 파생적 상태를 조작하는 과정을 포함한다고 볼 것이다.

136. 확장된 인지 과정이 인지 주체의 것일 때에만 성립할 수 있다는 주장은, 지각 이전에 확정된 주체를 전제한 것이므로 타당하지 않다.

137. 주체와 통합된 경우에만 확장된 인지 과정이 성립할 수 있다는 주장은, 주체와 대상의 분리를 통해서만 지각이 이루어질 수 있다고 보는 것이므로 타당하다.

☑ 비교 대상 : 심적 상태, 파생적 상태 / 로랜즈, (나)의 필자

> 심적 상태 : 어떤 것에도 의존함이 없이 주체에게 의미를 나타내는 것(기억이나 믿음 등)
> 파생적 상태 : 주체의 해석에 의존해서만 또는 사회적 합의에 의존해서만 의미를 나타내는 상태(노트북에 저장된 정보)
> 로랜즈의 인지 과정: 파생적 상태 → 심적 상태 '변환' X, 파생적 상태 조작 → 심적 상태 '생김' ○
> ⇒ 심적 상태가 몸 외부로 확장 X, 인지 과정이 외부에서 몸 내부로 확장 ○ (심적 상태 생김)
>
> 로랜즈 : 주체 → 지각·인지
> (나)의 필자 : (나) : 지각(=감각, 물질적 반응X, 의식의 판단 X, 몸의 체험○)→나/대상 구분·확정
> ⇒ 지각 → 주체

135. 2023년 6월 모의고사 13번 – ④

(○) 로랜즈는 인지과정에 대하여 (파생적 상태가 심적 상태로 변환되는 과정이 아니라) 파생적 상태를 조작함으로써 [2-6] 심적 상태를 생겨나게 하는 과정이라고 하였으므로 인지과정에는 파생적 상태를 조작하는 과정이 포함된다. 따라서 맞는 선지이다.

[check point]

어떤 과정이 다른 과정 안에 있으면 그 과정에 포함된다

i) ㉠을 평가한 내용이 맞는지, ii) (나)의 필자의 관점에서 평가한 것이 맞는지를 모두 확인해야 한다.

136. 2023년 6월 모의고사 14번 – ①

(○) 확장된 인지 과정이 인지 주체의 것일 때에만 성립할 수 있다는 주장(로랜즈)은, 지각 이전에 확정된 주체를 전제한 것(로랜즈, ↔(나)의 필자)이므로 타당하지 않다.

'확장된 인지 과정이 인지 주체의 것일 때에만 성립할 수 있다고 하였다.'가 로랜즈의 입장인 것은 맞다. 그렇다면 '지각 이전에 확정된 주체를 전제한 것'이 로랜즈의 주장이 맞는지 여부 및 (나)의 필자의 관점에서 타당하지 않은지를 판단하여야 한다. 로랜즈는 주체 없는 인지란 있을 수 없다고 생각(주체→인지)하였고, (나)의 필자는 지각이 일어난 이후 주체가 확정(지각→주체)된다고 하였으므로 로랜즈와 (나)의 필자는 인지(또는 지각)과 주체의 순서를 반대로 주장하고 있다. 따라서 '지각 이전에 확정된 주체를 전제'한 것은 로랜즈의 의견이 맞고, (나)의 필자의 관점에서는 타당하지 않다고 평가할 수 있다. 따라서 맞는 선지이다.

+ '지각'은 몸의 감각 기관을 통해 사물에 대해 아는 것을 의미한다. 이는 '인지' 과정에서 파생적 상태를 조작하여 심적 상태를 생겨나게 할 때의 '인지'와 비슷하다고 볼 수 있다. 그렇기 때문에 로랜즈와 (나)의 필자의 순서가 반대라고 판단할 수 있는 것이다. 비교 대상끼리 비교하는 단원에서 훈련했듯이, 비교 대상끼리 순서가 반대인 경우는 거의 문제로 구현된다. 주의하도록 하자.

137. 2023년 6월 모의고사 14번 – ⑤

(✕) 주체와 통합된 경우에만 확장된 인지 과정이 성립할 수 있다는 주장(로랜즈)은, 주체와 대상의 분리를 통해서만 지각이 이루어질 수 있다(로랜즈, (나)의필자)고 보는 것이므로 타당하다.

'주체와 통합된 경우에만 확장된 인지 과정이 성립할 수 있다'가 로랜즈의 입장인 것은 맞다. 하지만 (나)의 필자는 지각을 통해서만 주체와 대상의 분리가 일어난다[4-1]고 하였다. 선지는 그 순서를 뒤바꾼 것으로 (나)의 필자.의 관점에서 판단한 것이 아니다. 따라서 틀린 선지이다.

[check point]

1. 어떠한 존재가 먼저 있어야 그 이후 반응이나 다른 존재가 있을 수 있다는 식으로도 순서를 설명할 수 있다('주체 없는 인지란 있을 수 없다.' :주체→인지).

2. A의 입장에서 B의 입장을 비판하거나 평가하는 문제는 먼저 선지에서 설명하고 있는 내용이 B의 입장 또는 A의 입장이 맞는지 판단하여 틀린 선지를 판별하고, 남은 선지에 대해서만 서로 연결·추론하자. 이렇게 한다면 단순 내용 일치만 맞춰서 오답 선지를 걸러낼 수 있으므로 보다 쉽게 문제를 풀 수 있다.

3. 순서를 뒤바꿔 놓은 선지이다(○○→■■를 ■■→○○로 바꿔놓기).
   → 2023년 수능 13(책134번)·14번(책141번), 2023년 6월 모의고사 14번(책137번), 2022년 수능 11번(책149번), 2022년 6월 모의고사 10번(책153번), 2019년 6월 모의고사 38번(책171번), 2020년 수능 34번(169번)

2021년 6월 모의고사 10번

1764년에 발간된 체사레 베카리아의 『범죄와 형벌』은 커다란 반향을 일으켰다. 형벌에 관한 논리 정연하고 새로운 주장들에 유럽의 지식 사회가 매료된 것이다. 자유와 행복을 추구하는 이성적인 인간을 상정하는 당시 계몽주의 사조에 베카리아는 충실히 호응하여, 이익을 저울질할 줄 알고 그에 따라 행동하는 존재로서 인간을 전제하였다. 사람은 대가 없이 공익만을 위하여 자유를 내어놓지는 않는다. 끊임없는 전쟁과 같은 상태에서 벗어나기 위하여 자유의 일부를 떼어 주고 나머지 자유의 몫을 평온하게 누리기로 합의한 것이다. [1-1] 저마다 할애한 자유의 총합이 주권을 구성하고, [1-2]주권자가 이를 위탁받아 관리한다. 따라서 사회의 형성과 지속을 위한 조건이라 할 법은 저마다의 행복을 증진시킬 때 가장 잘 준수되며, 전체 복리를 위해 법 위반자에게 설정된 것이 형벌이다. 이런 논증으로 베카리아는 형벌권의 행사는 양도의 범위를 벗어날 수 없다는 출발점을 세웠다.

138. 개개인의 국민은 주권자로서 형벌을 시행하는 주체이다.

주권: 개인의 자유(=국민, 여러 명) → 개인의 자유를 총합(=주권, 1개) → 주권자에게 위탁

형벌권: 자유와 마찬가지로 주권자에게 양도함. 양도의 범위를 벗어날 수 없음.

138. 2021년 6월 모의고사 10번 – ③

(X) [지문]에서의 정의에 주목하자. 국민은 개개인인 여러명이고, 주권자는 개개인의 자유를 총합한 주권을 맡은 사람[1-2]이다. 따라서 개개인의 국민이 모두 주권자일 수는 없다. 그럴듯해 보이는 선지를 조심하자. 모든 단어의 정의는 [지문]에서 파악하여야 한다. 단어의 정의를 섞고 순서를 건너뛰어 틀리게 만든 선지이다.

[check point]

1. 모든 개념의 정의와 대상 간의 관계는 [지문]에서 파악하고 유추하여야 한다. 그럴듯해 보이는 선지를 조심하자.

2. 순서를 건너뛰어 연결하고 있다(○→■→★, ○=★).
   → 2021 6월 모의고사 10번(책138번), 2021년 11월 수능 5번(책152번) 2020년 6월 모의고사 26번(책140번)

2022년 6월 모의고사 14번

경제학에서는 증거에 근거한 정책 논의를 위해 사건의 효과를 평가해야 할 경우가 많다. 어떤 사건의 효과를 평가한다는 것은 사건 후의 결과와 사건이 없었을 경우에 나타났을 결과를 비교하는 일이다. 그런데 가상의 결과는 관측할 수 없으므로 실제로는 사건을 경험한 표본들로 구성된 시행집단의 결과와, 사건을 경험하지 않은 표본들로 구성된 비교집단의 결과를 비교하여 사건의 효과를 평가한다. 따라서 이 작업의 관건은 그 사건 외에는 결과에 차이가 날 이유가 없는 두 집단을 구성하는 일이다. 가령 어떤 사건이 임금에 미친 효과를 평가할 때, 그 사건이 없었다면 시행집단과 비교집단의 평균 임금이 같을 수밖에 없도록 두 집단을 구성하는 것이다. 이를 위해서는 두 집단에 표본이 임의로 배정되도록 사건을 설계하는 실험적 방법이 이상적이다. 그러나 사람을 표본으로 하거나 사회 문제를 다룰 때에는 이 방법을 적용할 수 없는 경우가 많다.

139. 사람을 표본으로 하거나 사회 문제를 다룰 때에도 **실험적 방법을 적용하는 경우가 있다.**

실험적 방법

: 시행집단(사건 경험○)의 결과와 비교집단(사건 경험✕)의 결과를 비교하는 방법

– 두 집단에 표본이 임의로 배정되어야 함

– 그 사건이 없었더라면 결과값이 같아야 함

(139. 2022년 6월 모의고사 14번 – ②)

(○) [지문]에서 '사람을 표본으로 하거나 사회 문제를 다룰 때에는 실험적 방법을 적용할 수 없는 경우가 많다'고 하였다. 적용할 수 없는 경우가 많다는 것은, 가능성 측면에서 적용할 수 있는 경우가 조금이나마 있다는 의미이기도 하다.

〈실험적 방법〉

적용할 수 없는 경우(많다)

적용할 수 있는 경우

[check point]

가능성을 판단해보자.

→ '많다'는 의미는 어느 정도 이상을 뜻하는 것이지(약 50%), 100%를 말하는 것은 아니다(2022년 6월 모의고사 14번–책 139번).

→ '~~할 수 있다'는 '~~이다'와 다르다. '~~할 수 있다'는 1%라도 가능성이 있다는 말이고, '~~이다'는 100%라는 말이다(2023년 9월 모의고사 5번–책 144번). 주의하도록 하자.

→ '이윤이 지속되리라 기대할 수는 없다.'는 이윤이 지속될 1%의 가능성도 없다는 말과 같다.(2021년 9월 모의고사 8번–책 192번)

→ '어떤 규정이 다수 의견으로는 기회균등 원칙을 침해하지 않는다고 보았지만 소수 의견은 침해한다고 보았다'면 기회균등 원칙을 침해할 가능성이 있는 규정이다.(2023년 수능 5번–책 185번)

영상 안정화 기술에는 빛을 이용하는 광학적 기술과 소프트웨어를 이용하는 디지털 기술 등이 있다. 광학 영상 안정화(OIS) 기술을 사용하는 카메라 모듈은 렌즈 모듈, 이미지 센서, 자이로 센서, 제어 장치, 렌즈를 움직이는 장치로 구성되어 있다. 렌즈 모듈은 보정용 렌즈들을 포함한 여러 개의 렌즈들로 구성된다. 일반적으로 카메라는 렌즈를 통해 들어온 빛이 [1-1]이미지센서에 닿아 피사체의 상이 맺히고, 피사체의 한 점에 해당하는 위치인 화소마다 빛의 세기에 비례하여 발생한 [1-2]전기 신호가 저장 매체에 영상으로 저장된다. 그런데 [1-3]카메라가 흔들리면 이미지 센서 각각의 화소에 닿는 빛의 세기가 변한다. 이때 OIS 기술이 작동되면 [1-4]자이로 센서가 카메라의 움직임을 감지하여 방향과 속도를 제어 장치에 전달한다. [1-5]제어 장치가 렌즈를 이동시키면 피사체의 상이 유지되면서 영상이 안정된다.

'OIS 기술'에 대한 설명으로 적절하지 않은 것은?

140. 자이로 센서는 이미지 센서에 맺히는 영상을 제어 장치로 전달한다.

• 카메라 영상 과정 :

  렌즈를 통해 빛이 들어옴 → 이미지 센서에서 '상'이 맺힘 → '상'의 화소마다 빛의 세기에 비례한 전기 신호 발생 → 저장 매체에 영상으로 저장

• 카메라의 흔들림→이미지 센서에 닿는 빛의 세기 달라짐→렌즈 이동시켜서 영상 안정시킴

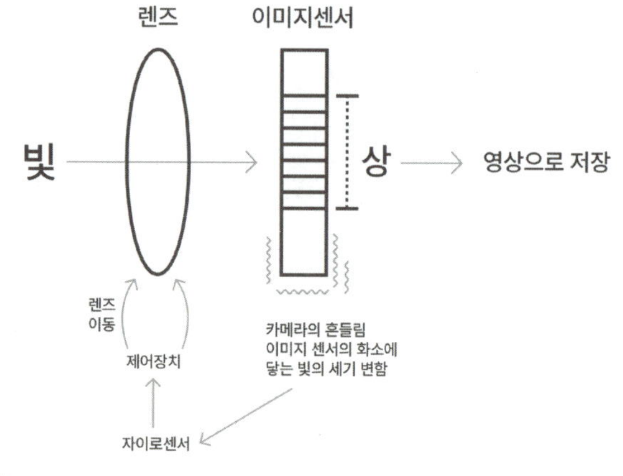

---

140. 2020년 6월 모의고사 26번 – ②

(✗) 자이로 센서의 역할을 묻는 선지이므로 자이로 센서에 대한 부분을 [지문]으로 가서 찾아야 한다. 1-4에 따르면 자이로 센서는 카메라의 움직임에 대한 **방향과 속도**를 제어 장치에 전달한다. 이미지 센서에는 **영상이 아니라** 피사체의 상[1-1]이 맺힌다. 영상은 이미지 센서에 맺힌 피사체의 상의 전기 신호가 저장 매체에 저장된 것[1-2]을 말하는 것이다. 따라서 틀린 선지이다.

[check point]

순서를 건너뛰어 연결하고 있다(○→■→★, ○=★).
→ 2021 6월 모의고사 10번(책138번), 2021년 11월 수능 5번(책152번) 2020년 6월 모의고사 26번(책140번)

2023년 11월 수능 14번

송 이후 원나라에 이르러 성행하던 **도교**는 유학과 불교 등을 받아들여 체계화되었지만, 오징에게는 **주술적인 종교**에 불과했다. ㉠ 유학자의 입장에서 그는 잘못된 가르침을 펴는 도교에 사람들이 빠지는 것을 경계했다. 그는 도교의 시조로 간주된 노자의 가르침이 공자의 학문과 크게 다르지 않음을 밝히고자 『도덕진 경주』를 저술했다.

(중략)

유학자인 설혜는 자신의 ㉡ 학문적 소신에 따라 『노자』를 주석한 『노자집해』를 저술했다. 그는 공자도 존중했던 스승이 노자이므로 노자 사상에 대한 오해를 불식해야 한다고 보았다. 그는 기존의 주석서가 『노자』의 진정한 의미를 제대로 밝히지 못했기 때문에 유학자들이 노자 사상을 이단으로 치부했다고 파악한 것이다. 다양한 경전을 인용하여 『노자』를 해석하면서 그는 『노자』의 도를 인간의 도덕 본성과 그것의 근거인 천명으로 이해하고, 본성과 천명의 이치를 탐구한다는 점에서 노자 사상과 유학이 다르지 않다고 보았다.

---

141. ㉠은 유학에 유입되고 있는 주술성을 제거하는, ㉡은 노자 사상이 탐구하는 대상에 대한 이해를 근거로 노

자 사상과 유학의 공통점을 제시하려는 것으로 표출되었다.

☑ **비교 대상 : 오징, 설혜**

오징	설혜
도교에 부정적 → 노자의 가르침=공자의 학문	도교에 긍정적 → 노자사상=유학

141. 2023년 11월 수능 14번 – ②

(✗) 오징은 유학자이고, 유교가 아닌 도교를 주술적인 종교라고 생각한다. 또한 [지문]은 도교가 유학을 받아들였다고 설명하고 있다. 선지의 "유학에 유입되고 있는 주술성"은 순서가 뒤바뀐 것이다. 따라서 틀린 선지이다.

[check point]

순서를 뒤바꿔 놓은 선지이다(○○→■■를 ■■→○○로 바꿔놓기).
→ 2023년 수능 13(책134번)·14번(책141번), 2023년 6월 모의고사 14번(책137번), 2022년 수능 11번(책149번), 2022년 6월 모의고사 10번(책153번), 2019년 6월 모의고사 38번(책171번), 2020년 수능 34번(169번)

2020년 9월 모의고사 27번

국가, 지방 자치 단체와 같은 행정 주체가 행정 목적을 실현하기 위해 국민의 권리를 제한하거나 국민에게 의무를 부과하는 [1-1]'행정 규제'는 국회가 제정한 법률에 근거해야 한다. 그러나 국회가 아니라, 대통령을 수반으로 하는 [1-2]행정부나 지방 자치 단체와 같은 행정 기관이 제정한 법령인 행정 입법에 의한 행정 규제의 비중이 커지고 있다.

(중략)

행정입법의 유형에는 위임명령, 행정규칙, 조례 등이 있다. 헌법에 따르면, [2-1]국회는 행정 규제 사항에 관한 법률을 제정할 때 특정한 내용에 관한 입법을 행정부에 위임할 수 있

다. 이에 따라 제정된 행정입법을 위임명령이라고 한다. 위임명령은 제정 주체에 따라 대통령령, 총리령, 부령으로 나누어진다. 이들은 모두 국민에게 적용되기 때문에 입법예고, 공포 등의 절차를 거쳐야 한다. 2-2위임명령은 입법부인 국회가 자신의 권한의 일부를 행정부에 맡겼기 때문에 정당화될 수 있다. 그래서 2-3특정한 행정 규제의 근거 법률이 위임명령으로 제정할 사항의 범위를 정하지 않은 채 위임하는 포괄적 위임은 헌법상 삼권 분립 원칙에 저촉된다. 2-4위임된 행정 규제 사항의 대강을 위임 근거 법률의 내용으로부터 예측할 수 있어야 한다는 것이다. 다만 행정 규제 사항의 첨단 기술 관련성이 클수록 위임 근거 법률이 위임할 수 있는 사항의 범위가 넓어진다. 한편, 2-5위임명령이 법률로부터 위임받은 범위를 벗어나서 제정되거나, 위임 근거 법률이 사용한 어구의 의미를 확대하거나 축소하여 제정되어서는 안 된다. ㉠ 위임 명령이 이러한 제한을 위반하여 제정되면 효력이 없다.

---

142. 그 위임명령이 법률의 근거 없이 행정 규제 사항을 규정했기 때문이다.

143. 그 위임명령이 포괄적 위임을 받아 제정된 경우에 해당하기 때문이다.

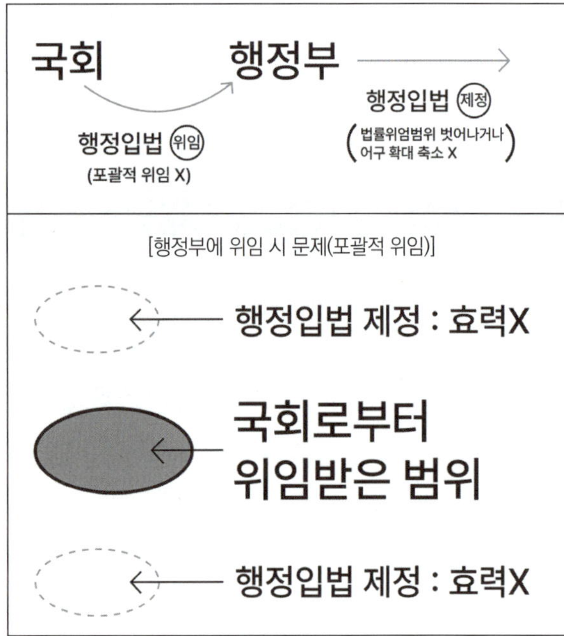

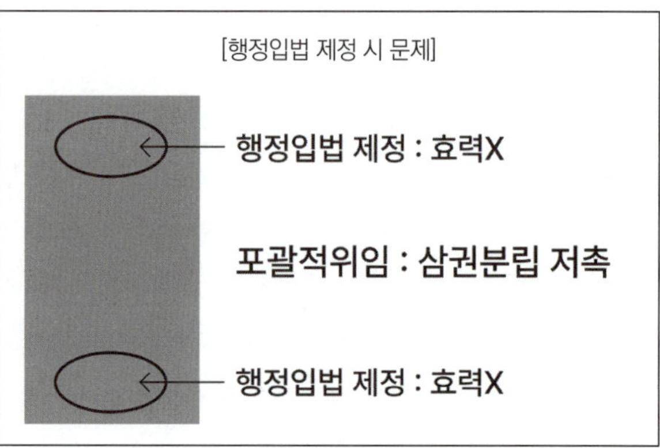

행정 규제의 종류

1. (원칙) '국회가 제정한 법률→행정 규제'
2. (문제에서 묻는 행정규제의 경우) '행정 기관이 제정한 행정입법→행정 규제'

행정 기관에게 입법 권한을 위임하는 과정

'국회 법률 → 특정한 내용 행정부에 위임 → 행정 입법(위임명령)'

⇒ 결론: '국회 법률 → 행정부 위임 → 행정입법 제정 → 행정 규제' : 아래 조건을 만족할 경우 '행정 입법 → 행정 규제'는 국회가 제정한 법률에 근거하게 되어 합법임

조건:

1) 국회가 입법을 위임할 때 문제(포괄적 위임)×
2) 행정 기관이 행정입법을 만들 때 문제×
   – 위임 범위 벗어나서 제정 or
   – 위임 근거 법률이 사용한 어구 의미 확대·축소

㉠: 위임 명령이 이러한 제한(=[지문]에서 2-5 문장)을 위반하여 제정한 경우를 말하고 있으므로 이는 행정 기관이 행정입법을 제정하는 단계에서 문제가 생긴 것이다.

(142. 2020년 9월 모의고사 27번 - ①)

(○) 행정 규제는 국회가 제정한 법률에 근거해야 한다. 하지만 국회가 특정한 내용에 관한 입법을 행정 기관에 위임하여 행정입법이 제정된다면, 이 행정입법에 의한 행정 규제는 국회가 제정한 법률에 근거한 것이므로 효력이 있게 된다.
하지만 행정입법이 법률로부터 위임받은 범위를 벗어나서 제정되거나 위임 근거 법률이 사용한 어구의 의미를 확대하거나 축소하여 제정된다면, 행정입법은 법률이 위임하지 않은 부분을 제정한 것과 마찬가지이므로 행정 규제는 국회가 제정한 법률에 근거하였다고 할 수 없어 효력이 없어진다. 따라서 맞는 선지이다.

(143. 2020년 9월 모의고사 27번 – ②)

(X) 포괄적 위임이란 국회가 행정 기관에 입법을 위임하는 단계에서 생긴 문제로, 행정기관이 행정입법으로 제정할 사항의 범위를 정하지 않은 채[2-3] 위임한 것을 말한다. ㉠에서 말하는 문제는 행정 기관이 행정입법을 제정하는 단계에서 발생한 문제를 언급하는 것이므로 틀린 선지이다. 이 선지는 단계(국회가 입법을 위임, 행정 기관이 입법 제정)별 발생하는 문제를 섞어 놓은 선지이다. 단계별로 설명하는 [지문]이 나오면 구분해서 적어놓도록 하자.

[check point]

[지문]에서 단계별(국회가 입법을 위임, 행정 기관이 입법 제정)로 설명하고 있다면, 먼저 각 단계를 구분하고, 문제가 어느 단계에서 발생한 것인지, 이후에 어떤 영향을 끼치는지 정리하면서 읽어야 한다. [지문] 옆에 손으로 쓰면서 읽는 습관을 들이자.
→ 단계별 문제점을 뒤섞어 놓았다.

2023년 9월 모의고사 5번

데이터 이동권의 법제화로 기업은 데이터의 생성 비용과 거래 비용을 줄일 수 있다. 생성 비용 은 기업 내에서 데이터를 개발할 때 발생하는 비용으로, 기업이 스스로 데이터를 수집할 때보다 전송받은 데이터를 복제 및 재사용하게 되면 절감할 수 있다. 거래 비용 은 경제 주

[A] 체 간 거래 시 발생하는 비용으로, 계약 체결이나 분쟁 해결 등의 과정에서 생긴다. 그런데 데이터 이동권의 법제화로, ㉮ 정보 주체가 지정하여 데이터를 전송받게 된 기업은 ㉯ 정보 주체의 데이터를 보유했던 기업으로부터 데이터를 받으면 비용을 절감할 수 있다. 이에 따라 기업 간 공유나 유통이 촉진되고, 관련 산업이 활성화된다.

한편, 정보 주체가 보안의 신뢰성이 높고 데이터 제공에 따른 혜택이 많은 기업으로 데이터를 이동하면, 데이터가 집중되어 데이터의 공유나 유통이 위축될 수 있다는 우려도 있다. ㉱ 데이터 보유량이 적은 신규 기업은

[B] 기존 기업과 거래를 통해 데이터를 수집하는 것이 데이터 생성 비용 절감에도 효율적이다. 그런데 ㉲ 데이터가 집중된 기존 기업이 집적·처리된 데이터를 공유하려 하지 않으면, 신규 기업의 시장 진입이 어려워져 독점화가 강화될 수 있다.

---

144. [A]와 달리, [B]의 입장에서, 정보 주체의 데이터가 ㉱에서 ㉲로 이동하여 집적·처리될수록 기업 간 공유나 유통이 위축될 수 있다고 보겠군.

145. [B]와 달리 [A]의 입장에서, ㉯는 ㉮로 데이터를 이동하여 경제적 이득을 취할 수 있으므로 데이터의 공유나 유통의 활성화에 기여할 수 있다고 보겠군

☑ 비교 대상 : 생성 비용, 거래 비용

생성 비용 : 기업 내에서 데이터를 개발할 때 발생하는 비용. 전송받은 데이터를 복제 및 재사용하게 되면 절감할 수 있다.
거래 비용 : 경제 주체 간 거래 시 발생하는 비용, 계약 체결이나 분쟁 해결 등의 과정에서 생긴다.
[A] 입장 : ㉯ → ㉮
생성 비용 절감 → 기업 간 공유나 유통 촉진, 산업 활성화
[B] 입장 : ㉲ ↦ ㉱
생성 비용 증가 →시장 진입 어려워져 독점화 강화

(144. 2023년 9월 모의고사 5번 – ④)

(O) ㉯="정보 주체의 데이터를 보유했던 기업", ㉲="데이터가 집중된 기존 기업"이다. [A]는 데이터를 전송하면 기업 간 공유나 유통이 촉진되고 관련 산업이 활성화된다고 본 것에 비해, [B]는 데이터가 집중된 기존 기업이 그를 공유하려 하지 않는다면 데이터의 공유나 유통이 위축될 수 있다고 보았다. 따라서 [A]와 달리 [B]의 입장에서 볼 때, ㉱에서 ㉲로 데이터가 이동하여 집적·처리될수

록 ㉺가 집적·처리된 데이터를 공유하려 하지 않을 수 있으므로 기업 간 공유나 유통이 <u>위축될 수 있다</u>는 선지는 맞는 선지이다.

여기서 "~한다"와 "~할 수 있다"의 차이에 주의하여야 한다. 선지에서는 "위축될 수 있다"라는 표현을 사용하였고, 이는 "위축된다."와 다른 말이다. 100%가 아니라 가능성이 있다는 것을 의미하는 말이므로 맞다.

---

145. 2023년 9월 모의고사 5번 – ⑤

(✗) 선지를 해석해 보면 [A]의 입장에서 ㉯는 ㉮로 데이터를 이동하여 ㉯가 경제적 이득을 취할 수 있으므로 ㉯가 데이터의 공유나 유통의 활성화에 기여할 수 있다고 보겠다는 의미이다. 두 절을 붙일 때 주어를 생략하여 교묘하게 숨긴 선지이다. 꼼꼼하게 읽지 않는다면 지나칠 수 있다. [지문]에서 경제적 이득인 생성 비용을 절감할 수 있는 대상은 ㉮="정보 주체가 지정하여 데이터를 전송받게 된 기업"이다. 선지는 ㉯가 경제적 이득을 취할 수 있다고 보고 있으므로 [지문]의 내용과 달리 그 순서를 바꾼 것이다.

㉯가 데이터를 공유하는 대가로 ㉮에게서 경제적 이득을 취할 수도 있겠지만, 이러한 내용은 [지문]에 나오지 않았다. 모든 선지는 [지문]에서 나오고 [지문]에 근거한다. 상상력을 펼치지 말자.

다'면 기회균등 원칙을 침해할 가능성이 있는 규정이다.(2023년 수능 5번–책 185번)

2. 문장을 읽을 때 항상 주어가 무엇일지 생각하며 읽는 연습을 하자. [지문]과 선지에서 주어를 숨겨 착각하게 만드는 문장들이 더러 있다.

3. 모든 선지는 [지문]에 근거한다. 상상력을 펼치지 말자.

2023년 9월 모의고사 11번

압전체로 사용하는 수정은 특정 방향으로 절단 및 가공하여 납작한 원판 모양으로 만든다. 이후 원판의 양면에 전극을 만든 후 (+)와 (-)극이 교대로 바뀌는 전압을 가하면 수정이 진동한다. 이때 전압의 주파수[*]를 수정의 고유 주파수와 일치시켜 ¹⁻¹수정이 큰 폭으로 진동하도록 하여 진동을 측정하기 쉽게 만든 것이 수정 진동자이다. 고유 주파수란 어떤 물체가 갖는 고유한 진동 주파수인데, 같은 재료의 압전체라도 압전체의 모양과 크기에 따라 달라진다. 수정 진동자에 어떤 물질이 달라붙어 질량이 증가하면 고유 주파수에서 진동하던 수정 진동자의 주파수가 감소한다. 수정 진동자의 주파수는 매우 작은 질량 변화에 민감하게 변하므로 기체 분자나 DNA와 같은 미세한 물질의 질량을 측정할 수 있다. 진동자에서 질량 민감도는 주파수의 변화 정도를 측정된 질량으로 나눈 값인데, 수정 진동자의 질량 민감도는 매우 크다.

[*] 주파수: 진동이 1초 동안 반복하는 횟수 또는 전압의 (+)와 (-)극이 1초 동안, 서로 바뀌고 다시 원래대로 되는 횟수

< 보 기 >

알코올 감지기 A와 B를 이용하여 어떤 밀폐된 공간에 있는 혼합 기체의 알코올 농도를 측정하였다. 이때 A와 B는 모두 진동자에 알코올이 달라붙을 수 있도록 처리되어 있다. A와 B 모두, 시간이 흐름에 따라 주파수가 감소하다가 더 이상 감소하지 않고 일정하게 유지되었다.

(단, 측정하는 동안 밀폐된 공간의 상황은 변동없음)

146. A와 B에서 알코올이 달라붙도록 진동자를 처리한 것은 알코올이 달라붙음에 따라 진동자가 최대한 큰 폭으로 진동할 수 있게 하려는 것이겠군.

☑ **기체 분자·DNA와 같은 미세한 물질의 질량을 측정하기 위한 단계:**

> 전압의 주파수와 수정의 고유 주파수를 일치시킴→수정이 큰 폭으로 진동→진동을 측정하기 쉬워짐→수정 진동자에 어떤 물질이 달라붙어 질량이 증가→수정 진동자의 주파수가 감소

---

146. 2023년 9월 모의고사 11번 – ③

(✕) 압전체에 진동자가 최대한 큰 폭으로 진동할 수 있게 만들면 진동을 측정하기 쉽다(=알코올이 달라붙은 후 주파수 변화를 측정하기 쉽다). 따라서 진동자가 최대한 큰 폭으로 진동하여야 알코올이 달라붙음에 따라 진동을 측정하기 쉬운 것[1-1]이지, 진동자가 최대한 큰 폭으로 진동할 수 있도록 하려는 것은 아니다. 원인과 결과를 뒤바꾼 선지이다. 지문의 표현을 사용했지만 틀리게 연결한 것이므로 대충 읽는다면 '아 이런 내용이 지문에 있었지'하고 맞다고 생각하기 쉽다. 주의하도록 하자.

[check point]

1. [지문]에서 단계별(국회가 입법을 위임, 행정 기관이 입법 제정)로 설명하고 있다면, 먼저 각 단계를 구분하고, 문제가 어느 단계에서 발생한 것인지, 이후에 어떤 영향을 끼치는지 정리하면서 읽어야 한다. [지문] 옆에 손으로 쓰면서 읽는 습관을 들이자.
   → 단계별 문제점을 뒤섞어 놓았다.
2. 원인과 결과를 뒤바꿔 출제한 선지이다
   (○○→■■, ■■→○○).
3. 〈보기〉 문제는 아래 3가지 케이스와 같다.
   첫 번째로, [지문]에서 특정한 부분을 예시로 든 문제(해당 유형 ✓)
   – 〈보기〉에서 예시로 든 부분에 관한 설명을 [지문]에서 찾아야 함

→ 주로 기술·과학·경제·법 지문 (2020년 6월 모의고사 28번–책 19번, 2021년 11월 수능 16번–책 20~21번 등)
두 번째로, [지문]에서 설명한 내용에서 추가적인 내용을 설명한 문제
– [지문]과 공통점 차이점 비교
→ 주로 인문(학자) 지문 (2021년 6월 모의고사 8번 –책 274번~275번 등)
세 번째로, [지문]의 비교 대상끼리 장단점을 섞은 예시를 든 문제
– [지문]의 어느 부분을 섞은 것인지를 판단하여야 함
→ 신유형 (2024년 6월 모의고사 7번–책 40~42번)

2022년 11월 수능 11번

법령의 조문은 대개 'A에 해당하면 B를 해야 한다.'처럼 요건과 효과로 구성된 조건문으로 규정된다. 하지만 [1-1]그 요건이나 효과가 항상 일의적인 것은 아니다. [1-2]법조문에는 구체적 상황을 고려해야 그 상황에 맞는 진정한 의미가 파악되는 불확정 개념이 사용될 수 있기 때문이다. 개인 간 법률관계를 규율하는 민법에서 불확정 개념이 사용된 예로 '손해 배상 예정액이 부당히 과다한 경우에는 법원은 적당히 감액할 수 있다.'라는 조문을 들 수 있다. [1-3]이때 법원은 요건과 효과를 재량으로 판단할 수 있다.

(중략)

불확정 개념은 행정 법령에도 사용된다. 행정 법령은 행정청이 구체적 사실에 대해 행하는 법 집행인 행정 작용을 규율한다. [2-1]법령상 요건이 충족되면 그 효과로서 행정청이 반드시 해야 하는 특정 내용의 행정 작용은 기속행위이다. 반면 법령상 요건이 충족되더라도 그 효과인 행정 작용의 [2-2]구체적 내용을 고를 수 있는 재량이 행정청에 주어져 있을 때, 이러한 재량을 행사하는 행정 작용은 재량 행위이다. 법령에서 불확정 개념이 사용되면 이에 근거한 행정 작용은 대개 재량 행위이다.

[3-1]행정청은 재량으로 재량 행사의 기준을 명확히 정할 수 있는데 이 기준을 재량 준칙이라 한다. [3-2]재량 준칙은 법령이 아니므로 재량 준칙대로 재량을 행사하지 않아도 근거 법령 위반은 아니다. 다만 특정 요건하에 [3-3]재량 준칙대로 특정

한 내용의 적법한 행정 작용이 반복되어 행정 관행이 생긴 후에는, 같은 요건이 충족되면 행정청은 동일한 내용의 행정 작용을 해야 한다. 행정청은 평등 원칙을 지켜야 하기 때문이다.

147. 재량 준칙은 법령이 아니기 때문에[3-2] 일의적이지 않은 개념[1-1]으로 규정된다.

148. 재량 준칙으로 정해진 내용대로[3-2] 재량을 행사하는 행정 작용은 기속 행위이다.

149. 재량 준칙으로 규정된 재량 행사 기준은 반복되어 온 적법한 행정 작용의 내용대로 정해져야 한다.

150. 재량 준칙이 정해져야 행정청은 특정 요건하에 행정 작용의 구체적 내용을 선택할 수 있는 재량을 행사할 수 있다.[3-1]

151. 재량 준칙이 특정 요건에서 적용된 선례가[3-3] 없으면 행정청은 동일한 요건이 충족되어도 행정 작용을 할 때 재량 준칙을 따르지 않을 수 있다.

[지문 내용]

• **법령**
불확정 개념 : 구체적 상황을 고려해야 진정한 의미가 파악됨
(일의적×)→법원은 재량으로 판단할 수 있음.

• **행정 작용**
– 기속 행위 : 법령상 요건이 충족되면 반드시 해야 함
– 재량 행위 : 법령상 요건이 충족되더라도 행정 작용의 구체적 내용을 고를 수 있음
  ← 재량 준칙 : 행정청이 재량으로 정한 재량 행사의 기준
  (반복되면 평등원칙에 따라 동일한 내용의 행정작용을 해야 함).
⇒ 법령 : 불확정 개념 → 대개 재량 행위

---

147. 2022년 11월 수능 11번 – ①

(X) 재량 준칙은 법령이 아니다 (○) 재량 준칙은 일의적이지 않은 개념이다(X) 재량 준칙은 법령이 아니기 때문에 일

의적이지 않은 개념이다 (X)

[지문]의 1문단을 보면 '법령은 항상 일의적인 것은 아니다[1-1]'에 뒤이어 일의적이지 않은 구체적인 상황을 고려해야 진정한 의미가 파악되는 불확정 개념을 설명하고 있다. '불확정'이라는 단어의 뜻과 '손해 배상 예정액이 부당히 과다한 경우에는 법원은 적당히 감액할 수 있다.'라는 예시를 종합해보면, 일의적이지 않다는 말은 '부당히'나 '적당히'와 같이 '불확정'적인 개념으로, 구체적인 상황에 따라 법원이 재량으로 판단할 수 있다는 뜻으로 볼 수 있다. 따라서 일의적이라는 말은 '부당히'나 '적당히'처럼 애매하게 표현한 것이 아니라 확정적으로 표현한 말이다(예: 손해 배상 예정액이 100만원 이상인 경우에는 법원은 20만원 감액한다.).

마지막 문단에서 재량 준칙은 법령은 아니지만 행정청이 재량을 행사해야 할 때 불확정적인 단어를 확실히 하여 결정하기 위해 명확히 정해놓은 기준[3-1]이라고 표현하고 있다. 이를 통해 재량 준칙은 일의적인 개념임을 알 수 있다. 따라서 재량 준칙은 일의적이지만 법령이 아니기 때문에 재량 준칙에 따라 재량을 행사하지 않아도 법령 위반이 아니게 되는 것이지, 재량 준칙 자체가 일의적이지 않은 개념이라서 재량 준칙의 해석에서부터 재량을 행사하여야 한다고 볼 수는 없다.

원인과 결과를 제대로 연결하지 못한 선지이다. 일의적이라는 개념을 [지문]에서 찾아 해석할 수 있어야 한다.

---

148. 2022년 11월 수능 11번 – ②

(X) [지문]을 보면 '기속 행위란 요건이 충족되면 행정청이 반드시 해야 하는 행정 작용[2-1]'이다. 해도 되고 안 해도 되는 경우는 기속 행위라고 할 수 없다. [지문]에서 재량 준칙에 관하여 '재량 준칙대로 재량을 행사하지 않아도 근거 법령 위반은 아니다[3-2]'고 표현하였으므로 재량준칙은 반드시 따라야 하는 것은 아니다. 따라서 재량 준칙으로 정해진 내용대로 재량을 행사하는 행정 작용은 기속 행위가 아니다.

'기속 행위'의 뜻을 [지문]에서 찾아보았어야 하는 선지이다. '반드시' 해야 하는 행위가 기속 행위이다.

---

149. 2022년 11월 수능 11번 – ③

(✗) [지문]의 "재량 준칙대로 적법한 행정 작용이 반복되어 행정 관행이 생긴 후에는 같은 요건이 충족되면 행정청은 동일한 내용의 행정 작용을 해야 한다.[3-3]"='재량 준칙 정함 → 반복 → 행정 관행 생김 → 동일한 상황에서 동일한 행정 작용을 해야 함'이다. 선지에서는 행정 관행이 생긴 이후 재량 준칙을 정한다고 하고 있으므로 순서를 뒤바꾼 것이다. 틀린 선지이다.

---

150. 2022년 11월 수능 11번 – ④

(✗) [지문]에서 '행정청은 <u>재량</u>으로 재량 행사의 기준을 명확히 정할 수 있다'[3-1]고 하고 있다. 이를 통해 재량 준칙을 정하는 것 또한 행정청의 선택에 달린 것이고, 재량준칙을 무조건 정해야 재량을 행사할 수 있는 것은 아님을 알 수 있다. 올바른 순서는 '법령에서 재량/기속 행위를 정해줌 → 재량 행위의 영역임 → 재량 준칙을 정할 수 있음(없어도 됨)'이다.

---

151. 2022년 11월 수능 11번 – ⑤

(○) [지문]의 3-3 문장을 보면, 재량 준칙대로 특정한 내용의 적법한 행정 작용이 반복되어 행정 관행이 생긴 후에는 동일한 내용의 행정 작용을 해야 한다고 나와 있다. 이 선지는 '반복되어 행정 관행이 생기기 전이라면 행정청은 재량 준칙을 따르지 않을 수 있는가'를 묻고 있다. 즉 행정 관행이 생기기 전의 재량준칙의 성격에 관하여 묻는 문제이다. [지문]은 "재량 준칙은 법령이 아니므로 재량 준칙대로 재량을 행사하지 않아도 근거 법령 위반은 아니다."고 말하고 있다. 따라서 행정관행이 생기기 전이라면 재량 준칙을 따르지 않아도 된다. 혼동을 유도한 선지로, 재량준칙에 관한 순서를 제대로 알고 있다면 함정에 빠지지 않을 수 있다. 그 순서는 '재량 준칙 정함(재량 준칙을 따르지 않아도 법령 위반 아님) → 반복 → 행정 관행 생김 → 동일한 상황이 오면 동일하게 행정 작용을 해야 함'이다. 순서를 생각해보고 선지의 상황이 어느 지점인지 판단할 수 있어야 하고, 그 단계별 내용을 제대로 알고 있어야 풀

수 있는 선지이다.

[check point]

1. 선지에서 말하는 부분이 단계별(행정 관행이 생기기 전, 생긴 후)로 각각 어느 단계를 말하고 있는지를 구분할 수 있어야 한다.

2. 원인과 결과 선지에서 제대로 된 원인과 연결하지 않고 [지문]에서 언급되었던 내용을 갖다 붙여 익숙하지만 틀리게 만든 선지를 조심하자.
   → 2020년 수능 19번(책98번), 2022년 수능 11번(147번), 2018년 9월 모의고사 31번(책172번), 2024년 9월 모의고사 16번(책240번)

3. 순서를 뒤바꿔 놓은 선지이다(○○→■■를 ■■→○○로 바꿔놓기).
   → 2023년 수능 13(책134번)·14번(책141번), 2023년 6월 모의고사 14번(책137번), 2022년 수능 11번(책149번), 2022년 6월 모의고사 10번(책153번), 2019년 6월 모의고사 38번(책171번), 2020년 수능 34번(169번)

2021년 11월 수능 5번

정립-반정립-종합. 변증법의 논리적 구조를 일컫는 말이다. 변증법에 따라 철학적 논증을 수행한 인물로는 단연 헤겔이 거명된다. 변증법은 대등한 위상을 지니는 세 범주의 병렬이 아니라, 대립적인 두 범주가 조화로운 통일을 이루어 가는 수렴적 상향성을 구조적 특징으로 한다. 헤겔에게서 변증법은 논증의 방식임을 넘어, 논증 대상 자체의 존재 방식이기도 하다. 즉 세계의 근원적 질서인 '이념'의 내적 구조도, 이념이 시·공간적 현실로서 드러나는 방식도 변증법적이기에, 이념과 현실은 하나의 체계를 이루며, 이 두 차원의 원리를 밝히는 철학적 논증도 변증법적 체계성을 지녀야 한다.

헤겔은 미학도 철저히 변증법적으로 구성된 체계 안에서 다루고자 한다. 그에게서 미학의 대상인 예술은 종교, 철학과 마찬가지로 '절대정신'의 한 형태이다. 절대정신은 절대적 진리인 '이념'을 인식하는 인간 정신의 영역을 가리킨다. 예술·종교·철학은 절대적 진리를 동일한 내용으로 하며, 다만 인식

형식의 차이에 따라 구분된다. 절대정신의 세 형태에 각각 대응하는 형식은 직관·표상·사유이다. '직관'은 주어진 물질적 대상을 감각적으로 지각하는 지성이고, '표상'은 물질적 대상의 유무와 무관하게 내면에서 심상을 떠올리는 지성이며, '사유'는 대상을 개념을 통해 파악하는 순수한 논리적 지성이다. 이에 세 형태는 각각 '직관하는 절대정신', '표상하는 절대정신', '사유하는 절대정신'으로 규정된다. 헤겔에 따르면 직관의 외면성과 표상의 내면성은 사유에서 종합되고, 이에 맞춰 예술의 객관성과 종교의 주관성은 철학에서 종합된다.

152. 절대정신의 세 가지 형태는 지성의 세 가지 형식이 인식하는 대상이다.

[지문 내용]

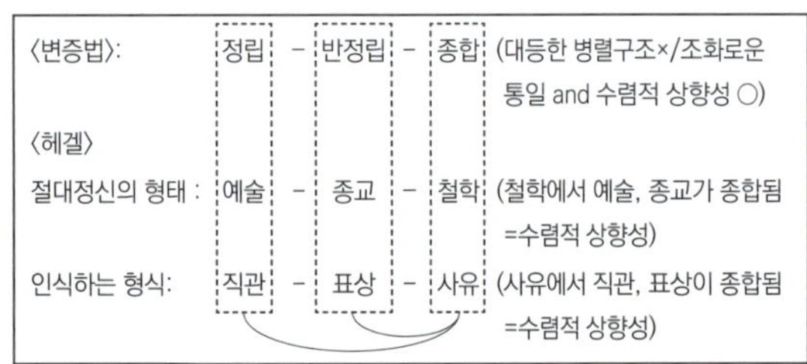

절대 정신: '절대적 진리(=이념)을 인식'하는 인간 정신의 영역
= 내용(절대적 진리)은 같지만 내용을 인식하는 형식에 따라 예술, 종교, 철학이 나뉘어짐.
= 순서: 대상 → 내용 인식(형식에 따라 달라짐)→ 예술·종교·철학

절대정신	예술	종교	철학
인식하는 형식	직관(=물질적 대상을 감각적으로 지각)	표상(=물질적 대상과 무관하게 내면에서 심상을 떠올림)	사유(=대상을 개념을 통해 파악)
내용	동일한 절대적 진리(=이념)		
	대상		

152. 2021년 11월 수능 5번 3번 선지

(X) 순서는 '대상 → 내용 인식(형식에 따라 달라짐) → 절대정신(예술·종교·철학)'이다. 선지는 절대정신이 대상이라고 말하기 때문에 틀린 말이다.

[check point]

순서를 건너뛰어 연결하고 있다(○→■→★, ○=★).
→ 2021 6월 모의고사 10번(책138번), 2021년 11월 수능 5번(책152번) 2020년 6월 모의고사 26번(책140번)

2022년 6월 모의고사 10~13번

혈액은 세포에 필요한 물질을 공급하고 노폐물을 제거한다. 만약 혈관 벽이 손상되어 출혈이 생기면 손상 부위의 혈액이 응고되어 혈액 손실을 막아야 한다. [1-1]혈액 응고는 섬유소 단백질인 피브린이 모여 형성된 섬유소 그물이 혈소판이 응집된 혈소판 마개와 뭉쳐 혈병이라는 덩어리를 만드는 현상이다. 혈액 응고는 [1-2]혈관 속에서도 일어나는데, 이때의 혈병을 혈전이라 한다. [1-3]이물질이 쌓여 동맥 내벽이 두꺼워지는 동맥 경화가 일어나면 그 부위에 혈전 침착, 혈류 감소 등이 일어나 혈관 질환이 발생하기도 한다. 이러한 혈액의 응고 및 원활한 순환에 비타민 K가 중요한 역할을 한다.

비타민 K는 혈액이 응고되도록 돕는다. 지방을 뺀 사료를 먹인 병아리의 경우, 지방에 녹는 어떤 물질이 결핍되어 혈액 응고가 지연된다는 사실을 발견하고 그 물질을 비타민 K로 명명했다. 혈액 응고는 단백질로 이루어진 다양한 인자들이 관여하는 연쇄반응에 의해 일어난다. 우선 여러 [2-1]혈액 응고 인자들이 활성화된 이후 [2-2]프로트롬빈이 활성화되어 트롬빈으로 전환되고, 트롬빈은 혈액에 녹아 있는 피브리노겐을 [2-3]불용성인 피브린으로 바꾼다. [2-4]비타민 K는 프로트롬빈을 비롯한 혈액 응고 인자들이 간세포에서 합성될 때 이들의 활성화에 관여한다. [2-5]활성화는 칼슘 이온과의 결합을 통해 이루어지는데, 이들 혈액 단백질이 칼슘 이온과 결합하려면 카르복실화되어 있어야 한다. 카르복실화는 단백질을 구성하는 아미노산 중 글루탐산이 감마-카르복시글루탐산으로 전환되는 것을 말한다. 이처럼 [2-6]비타민 K에 의해 카르복실화되어

야 활성화가 가능한 표적 단백질을 비타민 K-의존성 단백질
이라 한다.

(중략)

[3-1] ㉠ 비타민 K_1과 ㉡ 비타민 K_2는 모두 비타민 K-의존성
단백질의 활성화를 유도하지만 K_1은 간세포에서, K_2는 그 외
의 세포에서 활성이 높다. 그러므로 혈액 응고 인자의 활성화
는 주로 K_1이, 그 외의 세포에서 합성되는 단백질의 활성화는
주로 K_2가 담당한다.

---

153. 혈전이 형성되면[1-2] 섬유소 그물이 뭉쳐[1-1] 혈액의 손
실을 막는다.

154. 혈관 경화를 방지하려면 이물질이 침착되지 않게 해
야 한다.

155. ㉠과 ㉡은 모두 **표적 단백질의 활성화 이전 단계**에 작
용한다.

< 보 기 >

다음은 혈전으로 인한 질환을 예방 또는 치료하는
약물이다.

(가) 와파린: **트롬빈에는 작용하지 않고** 비타민 K의 작
용을 방해함.

(나) 플라스미노겐 활성제 : 피브리노겐에는 작용하지
않고 피브린을 분해함.

(다) 헤파린 : 비타민 K-의존성 단백질에는 작용하지
않고 트롬빈의 작용을 억제함.

---

156. (나)는 이미 뭉쳐 있던 혈전이 풀어지도록 할 수 있
겠군.

157. (다)는 혈액 응고 인자와 칼슘 이온의 결합을 억제하
겠군.

158. (가)와 (다)는 모두 피브리노겐이 전환되는 것을 억제
하겠군.

159. (나)와 (다)는 모두 피브린 섬유소 그물의 형성을 억
제하겠군.

(X) [지문]을 보면 '혈액 응고는 섬유소 단백질이 모여 형
성된 섬유소 그물이 혈소판이 응집된 혈소판 마개와 뭉
쳐 혈병이라는 덩어리를 만드는 현상'이다. 즉 '섬유소 그
물+혈소판 마개→혈병(=혈전)'의 순으로 형성된다. 선지
는 '혈전→섬유소 그물'이라고 하고 있어 순서가 틀렸다.

(O) [지문]에서 "이물질이 쌓여 동맥 내벽이 두꺼워지는 동
맥 경화가 일어난다[1-3]"라고 되어 있다. 다시 말해 "동맥
경화"="동맥 내벽이 두꺼워지는 것", 이에 대한 원인은
이물질이 '쌓인다는 것'이다. 그렇다면 이물질이 쌓이지
않게 해야 동맥 내벽이 두꺼워지지 않을 것(=혈관 경화
를 방지함)이다. 원인과 결과를 위치만 바꿔서 표현한 선
지이다.

[check point]

1. 순서를 뒤바꿔 놓은 선지이다(○○→■■를 ■■→○○로
바꿔놓기).
   → 2023년 수능 13(책134번)·14(책141번), 2023년
   6월 모의고사 14번(책137번), 2022년 수능 11번(책
   149번), 2022년 6월 모의고사 10번(책153번), 2019
   년 6월 모의고사 38번(책171번), 2020년 수능 34번
   (169번)

2. [지문]에 설명한 원인과 결과를 선지에 위치만 바꿔서 표현
했다.
   → ([지문] 이물질이 쌓여 동맥 경화가 일어난다.→ [선지]
   혈관 경화를 방지하려면 이물질이 침착되지 않게 해야
   한다.)

(O) [지문]의 마지막 문단을 보면 ㉠과 ㉡은 모두 비타민 K-
의존성 단백질의 활성화를 유도[3-1]한다고 되어 있다. 또
한 (중략) 윗 문단을 보면 비타민 K가 표적 단백질(=비타
민 K-의존성 단백질[2-5])을 카르복실화시킨 다음에야[2-5] 표

적 단백질이 활성화가 될 수 있다[2-6]는 것을 알 수 있다. 따라서 비타민 K의 일종인 ㉠과 ㉡는 모두 표적 단백질의 활성화 이전 단계(카르복실화)에 작용한다. 카르복실화, 활성화 등 작용의 순서와, 비타민 K가 정확히 어느 단계에서 필요한지 파악해야 풀 수 있었던 선지이다.

[check point]

1. 선지에서 말하는 부분이 단계별(카르복실화, 활성화)로 각각 어느 단계를 말하고 있는지를 구분할 수 있어야 한다.
2. (특히 생물이나 기술)[지문]에서 '어떠한 작용들이 결과를 나타냄'과 같이 일련의 단계를 설명한다면 반드시 순서를 손으로 써놓아야 한다.

[지문 내용]

혈액 응고 : 피브린 → 섬유소 그물 + 혈소판 마개 → 혈병

비타민 K : 혈액의 응고 및 원활한 순환에 중요한 역할을 함(종류: 비타민 K_1, 비타민 K_2)

–혈액이 응고되도록 도움

〈혈액 응고 과정〉

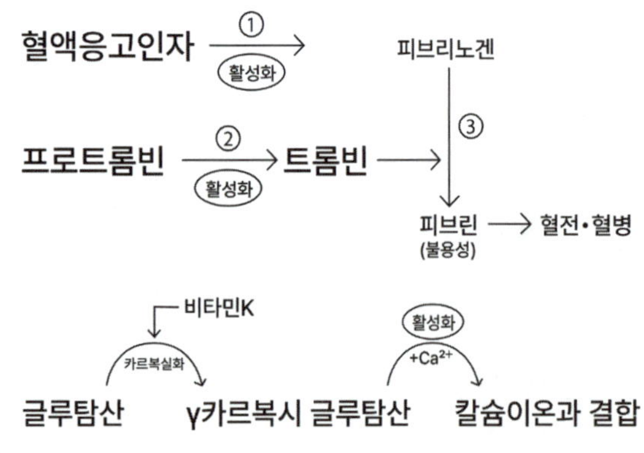

이 문제를 풀기 위해서는 단백질, 비타민 K, 여러 인자들의 작용 순서를 그림으로 그려놨어야 한다. 위 그림을 참고하자.

---

156. 2022년 6월 모의고사 13번 – ②

(O) 피브린은 불용성[2-3]이자 섬유소 단백질[1-1]로, 피브린이 많아진다면 혈전이 생긴다는 점을 유추할 수 있다. (나)는 불용성인 피브린을 분해하기 때문에 혈전이 풀어지도

록 할 것이다.

157. 2022년 6월 모의고사 13번 – ③

(X) : [지문]을 보면 여러 혈액 응고 인자들이 활성화된 이후 프로트롬빈이 활성화된다[2-1, 2-2]고 나와 있으므로 혈액 응고 인자와 프로트롬빈은 다른 인자임을 알 수 있다. 또한 혈액 응고 인자와 프로트롬빈은 모두 활성화(=비타민 K에 의해 카르복실화 된 후 칼슘 이온과 결합 과정)를 거쳐야 하는 단백질, 즉 비타민 K에 의해 카르복실화 되어야 활성화가 가능한 단백질(비타민 K-의존성 단백질)이므로 모두 비타민 K-의존성 단백질이다. (다)는 〈보기〉에서 비타민 K-의존성 단백질에는 작용하지 않는다고 나와 있으므로 혈액 응고 인자의 작용인 활성화(=혈액 응고 인자와 칼슘 이온의 결합)를 억제하지 않는다.
[지문]과 〈보기〉의 문장끼리 내용을 일치시켜 혈액 응고 인자와 프로트롬빈이 비타민 K-의존성 단백질이라는 점을 유추해야 한다.

---

158. 2022년 6월 모의고사 13번 – ④

(O) [지문]에 따르면 비타민 K가 프로트롬빈을 카르복실화 시켜야[2-5]만 카르복실화 된 프로트롬빈이 칼슘이온과 결합하여 트롬빈이 될 수 있다. (가)에서 트롬빈에 직접 작용하지 않더라도 비타민 K의 작용을 방해하면 트롬빈(피브리노겐을 피브린으로 바꿈)의 형성도 억제되므로 (가)의 와파린은 피브리노겐이 전환되는 것을 억제한다. (다)또한 직접적으로 트롬빈의 작용을 억제함으로써 피브리노겐이 전환되는 것을 억제한다.
작용 순서를 손으로 써 놨다면 쉽게 풀 수 있었던 문제이다.

---

159. 2022년 6월 모의고사 13번 – ⑤

(O) (나)는 피브린(섬유소)을 분해하고, (다)는 트롬빈의 작용(피브리노겐을 피브린으로 바꿈)을 억제하므로 모두 피브린 섬유소 그물의 형성을 억제한다.

[check point]

1. (특히 생물이나 기술)[지문]에서 '어떠한 작용들이 결과를 나타냄'과 같이 일련의 단계를 설명한다면 반드시 순서를 손으로 써놓아야 한다.

2. 〈보기〉 문제는 아래 3가지 케이스와 같다.

   첫 번째로, [지문]에서 특정한 부분을 예시로 든 문제(해당 유형 ✓)

   – 〈보기〉에서 예시로 든 부분에 관한 설명을 [지문]에서 찾아야 함

   → 주로 기술·과학·경제·법 지문 (2020년 6월 모의고사 28번–책 19번, 2021년 11월 수능 16번–책 20~21번 등)

   두 번째로, [지문]에서 설명한 내용에서 추가적인 내용을 설명한 문제

   – [지문]과 공통점 차이점 비교

   → 주로 인문(학자) 지문 (2021년 6월 모의고사 8번 –책 274번~275번 등)

   세 번째로, [지문]의 비교 대상끼리 장단점을 섞은 예시를 든 문제

   – [지문]의 어느 부분을 섞은 것인지를 판단하여야 함

   → 신유형 (2024년 6월 모의고사 7번–책 40~42번)

2022년 6월 모의고사 11번

혈액은 세포에 필요한 물질을 공급하고 노폐물을 제거한다. 만약 혈관 벽이 손상되어 출혈이 생기면 손상 부위의 혈액이 응고되어 혈액 손실을 막아야 한다. [1-1]혈액 응고는 섬유소 단백질인 피브린이 모여 형성된 섬유소 그물이 혈소판이 응집된 혈소판 마개와 뭉쳐 혈병이라는 덩어리를 만드는 현상이다. 혈액 응고는 혈관 속에서도 일어나는데, 이때의 혈병을 혈전이라 한다. 이물질이 쌓여 동맥 내벽이 두꺼워지는 동맥 경화가 일어나면 그 부위에 혈전 침착, 혈류 감소 등이 일어나 혈관 질환이 발생하기도 한다. 이러한 혈액의 응고 및 원활한 순환에 비타민 K가 중요한 역할을 한다.

(중략)

그런데 혈관 건강과 관련된 비타민 K의 또 다른 중요한 기능이 발견되었고, 이는 칼슘의 역설 과도 관련이 있다. 나이가 들면 [2-1]뼈 조직의 칼슘 밀도가 낮아져 골다공증이 생기기 쉬운데, 이를 방지하고자 칼슘 보충제를 섭취한다. 하지만 [2-2]

칼슘 보충제를 섭취해서 혈액 내 칼슘 농도는 높아지나 골밀도는 높아지지 않고, 혈관 벽에 칼슘염이 침착되는 혈관 석회화가 진행되어 동맥 경화 및 혈관 질환이 발생하는 경우가 생긴다. [2-3]혈관 석회화는 혈관 근육 세포 등에서 생성되는 MGP라는 단백질에 의해 억제되는데, 이 단백질이 비타민 K-의존성 단백질이다. 비타민 K가 부족하면 MGP 단백질이 활성화되지 못해 혈관 석회화가 유발된다는 것이다.

---

160. 칼슘 보충제를 섭취하면 혈액 내 단백질이 칼슘과 결합하여 혈관 벽에 칼슘이 침착된다는 것이겠군.

161. 칼슘 보충제를 섭취해도 혈액으로 칼슘이 흡수되지 않아 골다공증 개선이 안 되는 경우가 있다는 것이겠군.

- 혈액 응고 : 피브린(단백질) → 섬유소 그물 + 혈소판 마개 → 혈병
- 혈관 석회화 생성 : 칼슘 보충제를 섭취 → 혈액 내 칼슘 농도↑→ 칼슘 침착으로 혈관 석회화
- 비타민 K → MGP(단백질) 활성화 → 혈관 석회화 억제

> **160. 2022년 6월 모의고사 11번 – ④**

(X) [지문]에서 혈관 석회화 생성의 순서는 '칼슘 보충제를 섭취→혈액 내 칼슘 농도↑→칼슘 침착으로 혈관 석회화'이다. '단백질(MGP)'은 혈관 석회화 억제를 하는 물질이다. 기능을 바꿔놓은 선지이다.

+ '단백질이 칼슘과 결합하여' 혈관 벽에 칼슘이 침착된다는 말은 [지문] 어디에도 없다. [지문]의 '피브린이라는 단백질이 혈소판 마개와 뭉쳐 혈병이라는 덩어리가 된다'라는 내용과 비슷하게 표현하여 실수를 유발하기 위한 선지이다. 이 선지는 구·절 끼워넣기 선지에 해당하기도 한다.

> **161. 2022년 6월 모의고사 11번 – ⑤**

(X) 골다공증(=뼈 조직의 칼슘 밀도가 낮아져 있는 상태)이 개선되지 않는 문제는 칼슘 보충제를 섭취해도 뼈로 칼슘

이 흡수되지 않고 혈액으로 칼슘이 축척되어 혈관 석회화가 진행되는 경우를 말한다. 혈관 석회화 생성의 순서는 '칼슘 보충제를 섭취 → 혈액 내 칼슘 농도↑ → 칼슘 침착으로 혈관 석회화'이다. 따라서 칼슘 보충제를 섭취하는 경우 혈액 내 칼슘 농도가 높아지므로 혈액으로 칼슘이 흡수되지 않는다는 말은 틀렸다. 혈액으로 칼슘이 흡수되더라도 혈관 석회화가 진행되어 골다공증 개선이 안 되는 경우가 있을 뿐이다.

이 선지는 읽을 때 '뼈'와 '혈액'을 구분해야 하고, 혈관 석회화의 순서와 그 기능을 분명히 파악하여 '혈액으로는 칼슘이 흡수되지만 뼈로 흡수되지 않아' 골다공증 개선이 안 되는 경우가 있다는 것을 명확히 파악할 수 있었어야 한다.

[check point]

1. (특히 생물이나 기술)[지문]에서 '어떠한 작용들이 결과를 나타냄'과 같이 일련의 단계를 설명한다면 반드시 순서를 손으로 써놓아야 한다(혈관 석회화 생성 순서).

2. 단어를 구분하여 읽자.
   → '혈액'으로 칼슘이 흡수되지 않아를 '뼈'로 흡수되지 않아로 잘못 읽었다면 틀렸을 수도 있다.

3. 어떤 부작용(혈관 석회화)이 발생한다면 어느 단계에서 발생한 것인지 명확히 파악할 수 있어야 한다.

2021년 6월 모의고사 14번

1993년 노벨 화학상은 중합 효소 연쇄 반응(PCR)을 개발한 멀리스에게 수여된다. [1-1]염기 서열을 아는 DNA가 한 분자라도 있으면 이를 다량으로 증폭할 수 있는 길을 열었기 때문이다. PCR는 주형 DNA, 프라이머, DNA 중합 효소, 4종의 뉴클레오타이드가 필요하다. 주형 DNA란 시료로부터 추출하여 PCR에서 DNA증폭의 바탕이 되는 이중 가닥 DNA를 말하며, [1-2]주형 DNA에서 증폭하고자 하는 부위를 표적 DNA라 한다. [1-3]프라이머는 표적 DNA의 일부분과 동일한 염기 서열로 이루어진 짧은 단일 가닥 DNA로, [1-4]2종의 프라이머가 표적 DNA의 시작과 끝에 각각 결합한다. DNA 중합 효소는 DNA를 복제하는데, 단일 가닥 DNA의 [1-5]각 염기 서

열에 대응하는 뉴클레오타이드를 순서대로 결합시켜 이중 가닥 DNA를 생성한다.

---

162. 2종의 프라이머 각각의 염기 서열과 정확히 일치하는 염기 서열을 주형 DNA에서 찾을 수 없다.

162. 2021년 6월 모의고사 14번 – ①

(X) 첫 번째 문단에 "주형 DNA의 일부가 표적 DNA[1-2]"이고 "프라이머는 표적 DNA의 일부분과 동일한 염기 서열로 이루어진 짧은 단일 가닥 DNA[1-3]"이라고 나와 있다. 따라서 프라이머는 표적 DNA과 동일한 염기서열을 가진 물질이고, 표적 DNA는 주형 DNA에 포함되기 때문에 '프라이머의 염기 서열과 정확히 일치하는 염기 서열이 주형 DNA에 있다.'

따라서 틀린 선지이다.

2021년 11월 수능 15번

주차하거나 좁은 길을 지날 때 운전자를 돕는 장치들이 있다. 이 중 차량 전후좌우에 장착된 카메라로 촬영한 영상을 이용하여 차량 주위 360°의 상황을 위에서 내려다본 것 같은 영상을 만들어 차 안의 모니터를 통해 운전자에게 제공하는 장치가 있다. 운전자에게 제공되는 영상이 어떻게 만들어지는지 알아보자.

먼저 차량 주위 바닥에 바둑판 모양의 격자판을 펴 놓고 카메라로 촬영한다. //이 장치에서 사용하는 광각 카메라는 큰 시야각을 갖고 있어 사각지대가 줄지만 빛이 렌즈를 지날 때 [1-1]렌즈 고유의 곡률로 인해 영상이 중심부는 볼록하고 중심부에서 멀수록 더 휘어지는 현상, 즉 렌즈에 의한 상의 왜곡이 발생한다. 이 왜곡에 영향을 주는 [1-2]카메라 자체의 특징을 내부 변수라고 하며 왜곡 계수로 나타낸다. 이를 알 수 있다면 왜곡 모델을 설정하여 왜곡을 보정할 수 있다. 한편 차량에 장착된 [1-3]카메라의 기울어짐 등으로 인해 발생하는 왜곡의 원인을 외부 변수라고 한다. //㉠촬영된 영상과 실세계 격자판을 비교하면 영상에서 격자판이 회전한 각도나 격자판

의 위치 변화를 통해 카메라의 기울어진 각도 등을 알 수 있으므로 왜곡을 보정할 수 있다.

ⓒ 왜곡 보정이 끝나면 영상의 점들에 대응하는 3차원 실세계의 점들을 추정하여 이로부터 ⓒ[2-1]원근 효과가 제거된 영상을 얻는 시점 변환이 필요하다. 카메라가 3차원 실세계를 2차원 영상으로 투영하면 [2-2]크기가 동일한 물체라도 카메라로부터 멀리 있을수록 더 작게 나타나는데, 위에서 내려다보는 시점의 영상에서는 거리에 따른 물체의 크기 변화가 없어야 하기 때문이다. ⓒ 왜곡이 보정된 영상에서의 몇 개의 점과 그에 대응하는 실세계 격자판의 점들의 위치를 알고 있다면, [2-3]영상의 모든 점들과 격자판의 점들 간의 대응 관계를 가상의 좌표계를 이용하여 기술할 수 있다. 이 대응 관계를 이용해서 [2-4]영상의 점들을 격자의 모양과 격자 간의 상대적인 크기가 실세계에서와 동일하게 유지되도록 한 평면에 놓으면 2차원 영상으로 나타난다. 이때 얻은 영상이 ⓒ 위에서 내려다보는 시점의 영상이 된다. 이와 같은 방법으로 구한 각 방향의 영상을 합성하면 차량 주위를 위에서 내려다본 것 같은 영상이 만들어진다.

---

163. ⓒ에서는 ⓒ과 마찬가지로 렌즈와 격자판 사이의 거리가 멀어질수록 격자판이 작아 보이겠군.

164. ⓒ과 실세계 격자판을 비교하여 격자판의 위치 변화를 보정한 ⓒ은 카메라의 기울어짐에 의한 왜곡을 바로잡은 것이겠군.

< 보 기 >

그림은 장치가 장착된 차량의 운전자에게 제공된 영상에서 전방 부분만 보여준 것이다. 차량 전방의 바닥에 그려진 네 개의 도형

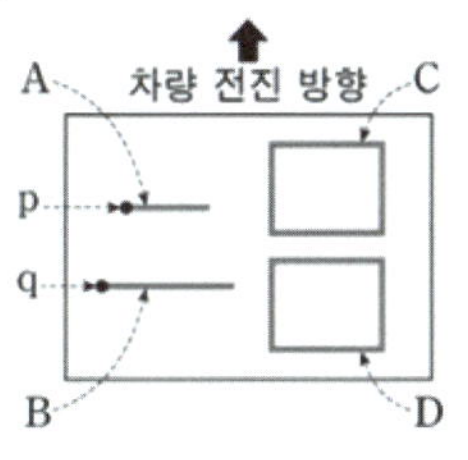

이 영상에서 각각 A, B, C, D로 나타나 있고, C와 D는 직사각형이고 크기는 같다. p와 q는 각각 영상 속 임의의 한 점이다.

165. 시점 변환 전의 영상에서 D는 C보다 더 작은 크기로 영상의 더 아래쪽에 위치한다.

166. B에 대한 A의 상대적 크기는 가상의 좌표계를 이용하여 시점을 변환하기 전의 영상에서보다 더 커진 것이다

[지문 내용]

차량 카메라 촬영 영상 보정 과정 :

ⓒ 촬영된 영상 → 왜곡 보정 → ⓒ 왜곡이 보정된 영상 → 시점 변환 → ⓒ 위에서 내려다보는 시점의 영상

왜곡 보정: 렌즈에 의한 상의 왜곡(=내부 변수), 카메라의 기울어짐으로 인한 왜곡(=외부 변수) 보정

시점 변환: 원근 효과 제거

이 지문은 ⓒ,ⓒ,ⓒ과 설명 간의 위치를 약간 꼬아서 단계를 헷갈리게 만든 지문이다. 지문을 읽을 때 단계를 설명하면서 ⓒ,ⓒ,ⓒ에 밑줄이 쳐져 있다면 어떤 단계인지 알기 위해 밑줄친 ⓒ,ⓒ,ⓒ를 순서와 상관없이 기호로만 바라볼 필요가 있다.

(163. 2021년 11월 수능 15번 − ②)

(○) ⓒ은 원근 효과가 제거되기 전이기 때문에 ⓒ과 마찬가지로 원근 효과(="크기가 동일한 물체라도 카메라로부터 멀리 있을수록 더 작게 나타남"=선지 "렌즈와 격자판 사이의 거리가 멀어질수록 격자판이 작아 보임")가 나타난다. 따라서 맞는 선지이다.

원근 효과는 시점 변환에서 제거된다는 것과 ⓒ과 ⓒ의 단계는 시점 변환이 되기 전 단계라는 것을 알아야 풀 수 있었던 선지이다.

(164. 2021년 11월 수능 15번 − ④)

(✕) ⓒ은 실세계 격자판을 비교하여 영상의 격자판의 위치 변화를 보정[2-3]한(=시점변환=원근 효과를 제거한) 영상이다. 선지의 '카메라의 기울어짐에 의한 왜곡(=왜곡 보정, 외부 변수)'을 바로잡았다는 말은 ⓒ의 전 단계에서 일어난 일이므로 단계 설명을 다르게 연결하여 틀리게 만든 선지이다.

[check point]

1. (특히 생물이나 기술)[지문]에서 '어떠한 작용들이 결과를 나타냄'과 같이 일련의 단계를 설명한다면 반드시 순서를 손으로 써놓아야 한다(영상 보정 순서).
2. 어떠한 작용(왜곡 보정, 시점 변환)이 발생한다면 어느 단계에서 발생한 것인지 명확히 파악할 수 있어야 한다.

〈보기〉의 문제는 차량의 운전자에게 제공된 영상이라고 하였으므로 모든 보정(왜곡 보정, 시점 변환)이 끝난 후의 영상이다. 기술 지문에서는 〈보기〉를 주고 어느 부분을 설명하는지 파악하여야 하는 문제가 자주 나온다.

(165. 2021년 11월 수능 16번 – ②)

(X) 시점 변환은 원근 효과를 제거하는 단계[2-1]이다. 〈보기〉는 시점 변환이 완료된 영상으로 이때의 C와 D의 크기가 동일한 것을 보면, 시점 변환이 되기 전에는 C보다 앞에 있는 D가 C보다 컸을 것이라고 예상할 수 있다. 따라서 틀린 선지이다.
시점 변환의 정확한 기능을 알았어야 하는 선지이다.

(166. 2021년 11월 수능 16번 – ④)

(O) 시점 변환은 원근 효과를 제거하는 단계이다. 원근 효과란 멀리 있는 대상이 작아 보이고 가까운 대상은 커 보이는 효과로, 시점 변환을 하게 되면 멀리 있는 대상은 커지고 가까이 있는 대상은 작아지게 된다. A는 B보다 운전자에게서 멀리 있으므로 시점 변환 전에는 〈보기〉보다 작았을 것이다. 따라서 맞는 선지이다. 166번 또한 165번과 마찬가지로 시점 변환의 정확한 기능을 알았어야 하는 선지이다.

[check point]

1. 단계별로 기능을 설명하고 있다면 그 기능을 명확하게 알 수 있어야 한다.
2. 〈보기〉 문제는 아래 3가지 케이스와 같다.
   첫 번째로, [지문]에서 특정한 부분을 예시로 든 문제(해당 유형✓)

– 〈보기〉에서 예시로 든 부분에 관한 설명을 [지문]에서 찾아야 함
→ 주로 기술·과학·경제·법 지문 (2020년 6월 모의고사 28번–책 19번, 2021년 11월 수능 16번–책 20~21번 등)

두 번째로, [지문]에서 설명한 내용에서 추가적인 내용을 설명한 문제
– [지문]과 공통점 차이점 비교
→ 주로 인문(학자) 지문 (2021년 6월 모의고사 8번 –책 274번~275번 등)

세 번째로, [지문]의 비교 대상끼리 장단점을 섞은 예시를 든 문제
– [지문]의 어느 부분을 섞은 것인지를 판단하여야 함
→ 신유형 (2024년 6월 모의고사 7번–책 40~42번)

2021년 6월 모의고사 12번

베카리아가 볼 때, 형벌은 범죄가 일으킨 결과를 되돌려 놓을 수 없다. 또한 인간을 괴롭히는 것 자체가 그 목적인 것도 아니다. [1-1]형벌의 목적은 오로지 범죄자가 또다시 피해를 끼치지 못하도록 억제하고, 다른 사람들이 그 같은 행위를 하지 못하도록 예방하는 데 있을 뿐이다. 이는 범죄로 얻을 이득, 곧 공익이 입게 되는 그만큼의 손실보다 형벌이 가하는 손해가 조금이라도 크기만 하면 달성된다. 그리고 이러한 손익 관계를 누구나 알 수 있도록 처벌 체계는 명확히 성문법으로 규정되어야 하고, 그 집행의 확실성도 갖추어져야 한다. 결국 범죄를 가로막는 방벽으로 형벌을 바라보는 것이다. 이 울타리의 높이는 살인인지 절도인지 등에 따라 달리해야 한다. 공익을 훼손한 정도에 비례해야 하는 것이다. 그것을 넘어서는 처벌은 폭압이며 불필요하다. 베카리아는 말한다. 상이한 피해를 일으키는 두 범죄에 동일한 형벌을 적용한다면 더 무거운 죄에 대한 억지력이 상실되지 않겠는가.

그는 인간이 감각적인 존재라는 사실에 맞추어 제도가 운용될 것을 역설한다. [2-1]가장 잔혹한 형벌도 계속 시행되다 보면 사회 일반은 그에 무디어져 마침내 그런 것을 봐도 옥살이에 대한 공포 이상을 느끼지 못한다. 인간의 정신에 크나큰 효과를 끼치는 것은 형벌의 [2-2]강도가 아니라 지속이다. 죽는 장면의 목격은 무시무시한 경험이지만 그 기억은 일시적이

고, 자유를 박탈당한 인간이 속죄하는 고통의 모습을 오랫동안 대하는 것이 더욱 강력한 억제 효과를 갖는다는 주장이다. [2-3]더욱 중요한 것을 지키기 위해 희생한 자유에는 무엇보다도 값진 생명이 포함될 수 없다고도 말한다. 이처럼 베카리아는 잔혹한 형벌을 반대하여 휴머니스트로, 최대 다수의 최대 행복을 말하여 공리주의자로, 자유로운 인간들 사이의 합의를 바탕으로 논의를 전개하여 사회 계약론자로 이해된다. 형법학에서도 형벌로 되갚아 준다는 응보주의를 탈피하여 [2-4]장래의 범죄 발생을 방지한다는 일반 예방주의로 나아가는 토대를 세웠다는 평가를 받는다.

167. 베카리아는 사형은 범죄 예방의 효과가 없으므로[1-1] 일반 예방주의의 입장에서 폐지되어야 한다고 주장한다.

☑ **〈베카리아의 형벌 이론〉**

> **형벌의 목적 : 범죄 예방(=응보주의✕ 일반 예방주의◯)**
> → 공익의 손실 〈 형벌의 손해
> → 공익을 훼손한 정도에 비례해야 함
> → 인간은 감각적인 존재 : 형벌의 강도 ✕ 지속 ◯ + 무엇보다도 값진 생명은 희생될 수 없음 → 사형 반대
> ⇒ 잔혹한 형벌 반대 → 휴머니스트, 최대 다수의 최대 행복 → 공리주의자, 자유로운 인간들 사이의 합의를 바탕으로 논의를 전개 → 사회 계약론자

(167. 2021년 6월 모의고사 12번 – ②)

(✕) 단순하게 판단하기 쉬운 구·절의 ◯✕판단부터 한 후에 구·절끼리의 연관이 옳게 되었는지를 판단해야 한다. '베카리아가 사형이 범죄 예방의 효과가 없다고 생각한 것인지', '베카리아가 일반 예방주의의 입장에서 사형이 폐지되어야 한다고 주장하는지', '사형이 범죄 예방의 효과가 없는 것과 일반 예방주의의 입장이 연관이 되어 있는지'를 이 순서로 체크해보자.

먼저 '베카리아가 사형이 범죄 예방의 효과가 없다고 생각한 것인지'를 검토해보자. [지문]의 첫 번째 문단의 1-1 문장은 형벌의 목적이 형벌의 예방에 있다고 설명하고 있

는데, '형벌은 범죄 예방의 효과가 있다.'라는 의미가 내포되어 있다. 사형은 형벌의 하위 개념이므로, 사형은 범죄 예방의 효과가 있다고 할 수 있다. 즉 틀린 선지이다.

+ 베카리아는 잔혹한 형벌(사형 등)을 반대한다. 그는 그 이유로 '형벌의 강도가 일정 이상을 넘어가면 사람들이 무디어져 옥살이에 대한 공포 이상을 느끼지 못하여 효과가 떨어진다[2-1]'는 점, '더욱 중요한 것(=범죄 예방)을 지키기 위해 희생한 자유(=범죄자의 옥살이 등)에는 값진 생명이 포함될 수 없다[2-3]'는 점을 들고 있다. 따라서 사형이 범죄 예방의 효과가 없다고 생각하여 폐지되어야 한다고 주장하는 것은 아니다.

+ 마지막 문장에서 "베카리아는 장래의 범죄 발생을 방지한다는 일반 예방주의로 나아가는 토대를 세웠다는 평가를 받는다.[2-4]"라고 하고 있으므로 베카리아가 일반 예방주의의 입장에서 폐지되어야 한다고 주장하는 것은 맞다.

+ 일반 예방주의란 '장래의 범죄 발생을 방지(=예방)한다'이다. 사형이 범죄 예방의 효과가 없다면 일반 예방주의의 입장에서는 사형 폐지를 주장할 것이다. 따라서 연관되어 있는 것이 맞다.

[check point]

1. 포함관계를 잘 보자
   ⇒ 사형이 형벌에 포함된다. → 형벌은 범죄 예방에 효과가 있다. → 사형은 범죄 예방에 효과가 있다.
2. [지문]에서 따온 여러 구·절의 합으로 이어진 선지는 '구·절의 단순한◯✕(구·절 끼워넣기) → 구·절끼리의 연관' 순서로 판단한다.

2021년 6월 모의고사 15번

1993년 노벨 화학상은 중합 효소 연쇄 반응(PCR)을 개발한 멀리스에게 수여된다. 염기 서열을 아는 DNA가 한 분자라도 있으면 이를 다량으로 증폭할 수 있는 길을 열었기 때문이다. PCR는 주형 DNA, 프라이머, DNA 중합 효소, 4종의 뉴클레오타이드가 필요하다. 주형 DNA란 시료로부터 추출하여 PCR에서 DNA 증폭의 바탕이 되는 이중 가닥 DNA를 말하며, 주형 DNA에서 증폭하고자 하는 부위를 표적 DNA

라 한다. [1-1]프라이머는 표적 DNA의 일부분과 동일한 염기 서열로 이루어진 짧은 단일 가닥 DNA로, 2종의 프라이머가 표적 DNA의 시작과 끝에 각각 결합한다. DNA 중합 효소는 DNA를 복제하는데, 단일 가닥 DNA의 각 염기 서열에 대응하는 뉴클레오타이드를 순서대로 결합시켜 이중 가닥 DNA를 생성한다.

(중략)

㉠ 이중 가닥 DNA 특이 염료는 이중 가닥 DNA에 결합하여 발색하는 형광 물질로, 새로 생성된 이중 가닥 표적 DNA에 결합하여 발색하므로 표적 DNA의 증폭을 알 수 있게 한다. 다만, 이중 가닥 DNA특이 염료는 [2-1]모든 이중 가닥 DNA에 결합할 수 있기 때문에 [2-2]2개의 프라이머끼리 결합하여 이중 가닥의 이합체(二合體)를 형성한 경우에는 이와 결합하여 의도치 않은 발색이 일어난다.

㉡ 형광 표식 탐침은 형광 물질과 이 형광 물질을 억제하는 소광 물질이 붙어 있는 단일 가닥 DNA 단편으로, 표적 DNA에서 프라이머가 결합하지 않는 부위에 특이적으로 결합하도록 설계된다. PCR과정에서 이중 가닥 DNA가 단일 가닥으로 되면, 형광 표식 탐침은 프라이머와 마찬가지로 표적 DNA에 결합한다. 이후 DNA중합 효소에 의해 이중 가닥 DNA가 형성되는 과정 중에 탐침은 표적 DNA와의 결합이 끊어지고 분해된다. 탐침이 분해되어 형광 물질과 소광 물질의 분리가 일어나면 비로소 형광 물질이 발색되며, 이로써 표적 DNA가 증폭되었음을 알 수 있다.

---

168. ㉠은 ㉡과 달리 **프라이머와 결합**[2-2]하여 **이합체를 이룬다.**

☑ **비교 대상 : 이중 가닥 DNA 특이 염료, 형광 표식 탐침**

> 이중 가닥 DNA 특이 염료
>
> : 이중 가닥 표적 DNA에 결합하여 발색
>
> → 단점 : 이중 가닥과 결합하므로 단일 가닥[1-1]인 프라이머끼리 결합하여 이중 가닥(=이합체)[2-2]을 형성하였을 때도 결합하여 발색함.
>
> 형광 표식 탐침
>
> : 단일 가닥이 된 표적 DNA에 결합(발색X) → PCR 과정으로

표적 DNA가 이중 가닥이 될 때 결합이 끊어지면서 발색 ○

→ 공통점 : 이중 가닥 DNA 특이 염료와 형광 표식 탐침은 모두 DNA 증폭되었을 때 발색

→ 차이점 : 이중 가닥 DNA 특이 염료는 DNA와 결합 시 발색, 형광 표식 탐침은 DNA와 결합이 끊어질 때 발색

→ 공통점 : 이중 가닥 DNA 특이 염료와 형광 표식 탐침은 모두 DNA 증폭되었을 때 발색

→ 차이점 : 이중 가닥 DNA 특이 염료는 DNA와 결합 시 발색, 형광 표식 탐침는 DNA와 결합이 끊어질 때 발색

---

168. 2021년 6월 모의고사 15번 – ①

(X) ㉠은 "이중 가닥 DNA에 결합하여 발색하는 형광 물질"이다. 다만, 의도치 않은 발색이 일어날 수 있는데 이 순서가 '프라이머끼리 결합하여 이중 가닥(=이합체) 형성 → 이합체와 ㉠이 결합→의도치 않은 발색'이다. 선지에서는 순서를 '㉠이 프라이머와 결합→이합체를 이룸'이라고 설명하였다. 그러나 ㉠은 단일 가닥과 결합하지 않기 때문에 단일 가닥인 프라이머와 결합하지 않고, 프라이머와 결합하는 경우에도 프라이머'끼리' 결합한 이합체(=이중 가닥)와 ㉠이 결합하는 것이라 순서도 틀렸다고 볼 수 있다.

이 선지는 [지문]의 "이중 가닥 DNA 특이 염료는 프라이머'끼리' 결합한 이합체를 '형성'한 경우 '이와 결합'하여 발색이 일어난다."라는 문장에서 '끼리'와 '와'라는 단어를 맞바꿔 만든 문장이기도 하다. 출제자는 [지문]에 있는 문장에서 단어 하나를 바꿔서 완전히 다른 문장으로 만드는 방법을 자주 사용하므로 조심하자.

[check point]

1. [지문]에 나와 있는 단어의 정의와 연결하자(이합체=이중 가닥, 프라이머=단일 가닥)

2. 선지에서 순서를 건너뛰어 연결했을 때 단계를 명확히 하지 않는다면 틀릴 수 있다.

3. [지문]에 있는 문장에서 단어 하나를 바꿔 전혀 다른 문장으로 만든 선지이다.

- 국민의 알 권리와 언론의 자유를 '침해'→국민의 알 권리와 언론의 자유가 '충돌'(2023년 수능 5번–책1번)

－ 프라이머'끼리' 결합→프라이머'와' 결합(2021년 6월 모의
　고사 15번-책 168번)

2020년 12월 수능 34번

　최근 3D 애니메이션은 섬세한 입체 영상을 구현하여 실물을 촬영한 것 같은 느낌을 준다.

(중략)

　모델링은 3차원 가상 공간에서 물체의 모양과 크기, 공간적인 위치, 표면 특성 등과 관련된 고유의 값을 설정하거나 수정하는 단계이다. 모양과 크기를 설정할 때 주로 3개의 정점으로 형성되는 삼각형을 활용한다. 작은 삼각형의 조합으로 이루어진 그물과 같은 형태로 물체 표면을 표현하는 방식이다. 이 방법으로 복잡한 굴곡이 있는 표면도 정밀하게 표현할 수 있다. 물체 표면을 구성하는 각 삼각형 면에는 고유의 색과 질감 등을 나타내는 표면 특성이 하나씩 지정된다.

　공간에서의 입체에 대한 정보인 이 데이터를 활용하여, 물체를 어디에서 바라보는가를 나타내는 관찰 시점을 기준으로 2차원의 화면을 생성하는 것이 렌더링이다. 전체 화면을 잘게 나눈 점이 화소인데, 정해진 개수의 화소로 화면을 표시하고 각 화소별로 밝기나 색상 등을 나타내는 화솟값이 부여된다. 렌더링 단계에서는 화면 안에서 동일 물체라도 멀리 있는 경우는 작게, 가까이 있는 경우는 크게 보이는 원리를 활용하여 화솟값을 지정함으로써 물체의 원근감을 구현한다. 표면 특성을 나타내는 값을 바탕으로, 다른 물체에 가려짐이나 조명에 의해 물체 표면에 생기는 명암, 그림자 등을 고려하여 화솟값을 정해 줌으로써 물체의 입체감을 구현한다. 화면을 구성하는 모든 화소의 화솟값이 결정되면 하나의 프레임이 생성된다. 이를 화면출력장치를 통해 모니터에 표시하면 정지 영상이 완성된다.

169. 렌더링에서 사용되는 물체 고유의 표면 특성은 화솟값에 의해 결정된다.

[지문 내용]

모델링 : 3차원 가상 공간에서 물체의 모양과 크기, 공간적인 위치, 표면 특성 등과 관련된 고유의 값을 설정하거나 수정하는 단계
ex) 물체A: 모양 (3), 크기 (4), 공간적인 위치 (1,5), 표면 특성 (100)

↓

렌더링 : 모델링에서 얻은 데이터를 활용하여 2차원의 화면을 생성
⇒ 전체 화면을 점(=화소)으로 나누고 각 화소별로 모델링에서 얻은 데이터를 활용한 화솟값(밝기나 색상, 원근감, 입체감)을 정하여 프레임 생성
ex)

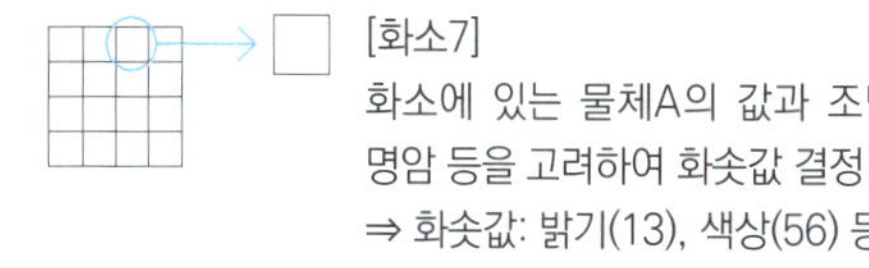

↓

화면출력장치를 통해 모니터에 표시

---

169. 2020년 12월 수능 34번 － ②

(✗) 렌더링에서는 모델링에서 얻은 물체의 모양에 대한 값, 크기에 대한 값들을 이용해 각 화소별로 화솟값을 부여한다. 즉 표면 특성 결정(모델링 과정) → 화솟값 결정(렌더링 과정)의 순서로 진행된다. 선지에서는 이 순서를 뒤바꿔 '화솟값 → 표면 특성 결정'이라고 표현하여 틀리게 만들었다. 맞는 선지이기 위해서는 "렌더링에서 사용되는 물체 고유의 표면 특성은 화솟값을 부여하는 데 활용된다."이어야 한다.

[check point]

1. [지문]에 나와 있는 단어의 정의와 연결하자
　(이합체=이중 가닥, 프라이머=단일 가닥)

2. 순서를 뒤바꿔 놓은 선지이다(○○→■■를 ■■→○○로 바꿔놓기).
　→ 2023년 수능 13(책134번)·14번(책141번), 2023년 6월 모의고사 14번(책137번), 2022년 수능 11번(책149번), 2022년 6월 모의고사 10번(책153번), 2019년 6월 모의고사 38번(책171번), 2020년 수능 34번(169번)

3. '화솟값을 결정할 때 활용'→'화솟값에 의해 결정', 표현이 순서를 뒤바꿀 때 쓰였다.

스마트폰은 다양한 위치 측정 기술을 활용하여 여러 지형 환경에서 위치를 측정한다. 위치에는 절대 위치와 상대 위치가 있다. 절대 위치는 위도, 경도 등으로 표시된 위치이고, 상대 위치는 특정한 위치를 기준으로 한 상대적인 위치이다.

(중략)

실내에서 위치 측정에 사용 가능한 방법으로는 블루투스 기반의 비콘을 활용하는 기술이 있다. [2-1]비콘은 실내에 고정 설치되어 비콘마다 정해진 식별 번호와 위치 정보가 포함된 신호를 주기적으로 보내는 기기이다. 비콘들은 동일한 세기의 신호를 사방으로 보내지만 비콘으로부터 거리가 멀어질수록, 벽과 같은 장애물이 많을수록 신호의 세기가 약해진다. 단말기가 비콘 신호의 도달 거리 내로 진입하면 [2-2]단말기 안의 수신기가 이 신호를 인식한다. 이 신호를 이용하여 2차원 평면에서의 위치를 측정하는 방법으로는 다음과 같은 것들이 있다.

근접성 기법은 [3-1]단말기가 비콘 신호를 수신하면 해당 비콘의 위치를 단말기의 위치로 정한다. 여러 비콘 신호를 수신했을 경우에는 신호가 가장 강한 비콘의 위치를 단말기의 위치로 정한다.

170. 비콘이 전송하는 식별 번호는 신호가 도달하는 단말기를 구별하기 위한 정보이다.

스마트폰의 위치 결정 순서

: 비콘이 자신의 위치 신호 전송 → 단말기가 신호 수신 → 단말기가 자신의 위치 결정

170. 2019년 9월 모의고사 38번 - ③

(X) 스마트폰의 위치를 측정하는 방법을 소개하는 지문이다. 비콘은 고정되어 있는 상태에서 식별 번호와 위치 정보가 포함된 신호를 사방으로 보내고[2-1], 단말기(=스마트폰) 안의 수신기가 이 신호를 인식[2-2]하여 본인의 위치를 파악[3-1]한다.

따라서 비콘이 전송하는 식별 번호는 단말기를 구별하기 위한 정보가 아니라, 단말기가 비콘을 구별하기 위한 것으로,

비콘의 위치를 단말기의 위치로 정하기 위해 필요한 것이다.

[check point]

송신과 수신하는 대상을 명확히 하고 그 정보들을 송신·수신하는 이유를 파악해야 한다.

⇒ 비콘의 위치·식별 번호 전송 → 단말기가 정보 수신

생명체를 구성하는 단위는 세포이다. 세포는 생명체의 고유한 유전 정보가 담긴 DNA를 가지며 이를 복제하여 증식하고 번식하는 과정을 통해 자신의 DNA를 후세에 전달한다. 세포는 사람과 같은 진핵생물의 진핵세포와, 박테리아나 고세균과 같은 원핵생물의 원핵세포로 구분된다. [1-1]진핵세포는 세포질에 막으로 둘러싸인 핵이 있고 그 안에 DNA가 있지만, 원핵세포는 핵이 없다. 또한 [1-2]진핵세포의 세포질에는 막으로 둘러싸인 여러 종류의 세포 소기관이 있으며, 그중 미토콘드리아는 세포 활동에 필요한 생체 에너지를 생산하는 기관이다. [1-3]대부분의 진핵세포는 미토콘드리아를 필수적으로 가지고 있다.

(중략)

[2-1]미토콘드리아에서 일어나는 대사 과정에 필요한 단백질은 [2-2]세포핵의 DNA로부터 합성되고, 미토콘드리아의 DNA에 남은 유전자 대부분은 생체 에너지를 생산하는 역할을 한다.

171. 미토콘드리아의 대사 과정에 필요한 단백질[2-1]은 미토콘드리아의 막을 통과하여 세포질로 이동해야 한다.

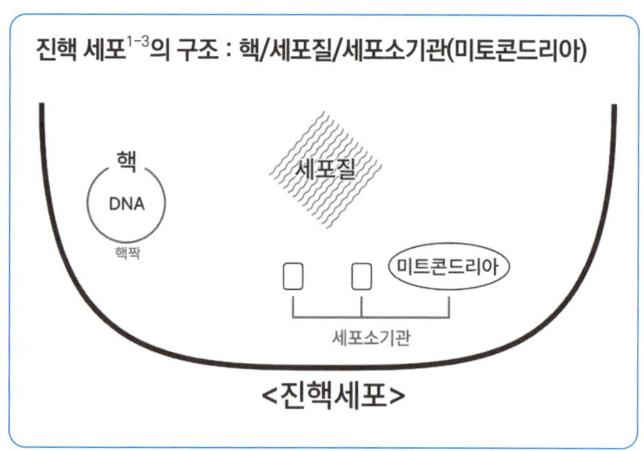

진핵 세포[1-3]의 구조 : 핵/세포질/세포소기관(미토콘드리아)

171. 2019년 6월 모의고사 38번 – ④

(✗) 미토콘드리아를 가지고 있는 진핵세포[1-3]는 'DNA-세포핵[1-1])세포질(미토콘드리아)[1-2] 형식으로 구성되어 있다. 미토콘드리아에서 일어나는 대사 과정에 필요한 단백질[2-1]은 세포핵의 DNA로부터 합성[2-2]된다. 따라서 세포핵에서 단백질을 만들고 세포질을 통과하여 미토콘드리아로 이동할 것임을 알 수 있다. 즉 순서가 세포핵 → 세포질 → 미토콘드리아이다. 하지만 선지에서는 순서를 미토콘드리아 → 세포질이라고 설명하여 틀리게 만들었다.

[check point]

1. 위 [지문]에서와 같이 어떤 단어들의 정의, 구성 장치 등을 나열한다면 [지문]을 이해하는데 쓰이거나 선지에서 내용이 재등장한다.

   → 2021년 6월 모의고사 15번: PCR는 주형 DNA, 프라이머, DNA 중합 효소, 4종의 뉴클레오타이드가 필요하다. 프라이머는 ~

   → 2019년 6월 모의고사 38번 : 진핵세포의 구조 설명

   → 2020년 6월 모의고사 25번 등 카메라 장치 설명

   → 2024년 6월 모의고사 9번 : [지문] '두 원자가 각각 전자를 하나씩 내어놓아 그 두 개의 전자를 한 쌍으로 공유하면 단일 결합', [선지] '두 탄소 원자가 서로 전자를 하나씩 내어놓아 공유하는 결합'

2. 순서를 뒤바꿔 놓은 선지이다(○○→■■를 ■■→○○로 바꿔놓기).

   → 2023년 수능 13(책134번)·14번(책141번), 2023년 6월 모의고사 14번(책137번), 2022년 수능 11번(책149번), 2022년 6월 모의고사 10번(책153번), 2019년 6월 모의고사 38번(책171번), 2020년 수능 34번(169번)

2018년 9월 모의고사 31번

초고진공을 얻기 위해서는 ⓛ 스퍼터 이온 펌프가 널리 쓰인다. 스퍼터 이온 펌프는 진공 통 내부의 기체 분자가 펌프 내부로 유입되도록 진공 통과 연결하여 사용한다. 스퍼터 이온 펌프는 영구 자석, 금속 재질의 속이 뚫린 원통 모양 양극,

[1-1]타이타늄으로 만든 판 형태의 음극으로 구성되어 있다. [1-2]자석 때문에 생기는 자기장이 원통 모양 양극의 축 방향으로 걸려 있고, 양극과 음극 간에는 2~7kV의 고전압이 걸려 있다. 양극과 음극 간에 걸린 [1-3]고전압의 영향으로 음극에서 방출된 전자는 자기장의 영향을 받아 복잡한 형태의 궤적을 그리며 양극으로 이동한다. 이 과정에서 음극에서 방출된 전자는 주변의 기체 분자와 충돌하여 기체 분자를 그것의 구성 요소인 양이온과 스퍼터 이온 펌프 전자로 분리시킨다. 여기서 자기장은 전자가 양극까지 이동하는 거리를 자기장이 없을 때보다 증가시켜 주어 전자와 기체 분자와의 충돌 빈도를 높여 준다. [1-4]이 과정에서 생성된 양이온은 전기력에

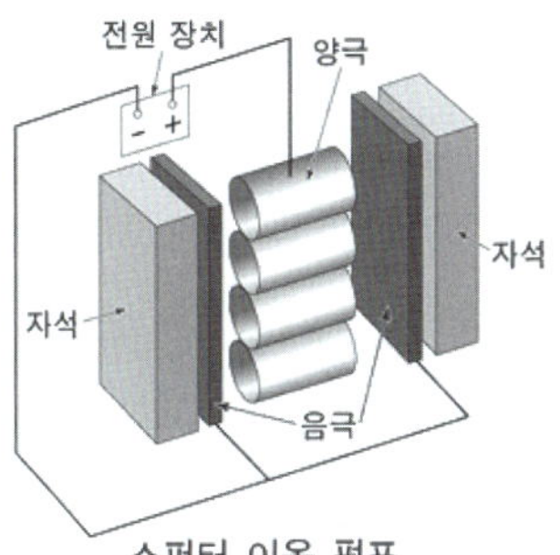

의해 음극으로 당겨져 음극에 박히게 되어 이동 불가능한 상태가 된다. 이 과정이 1차 펌프 작용이다. 또한 [1-5]양이온이 음극에 충돌하면 타이타늄이 떨어져 나와 충돌 지점 주변에 들러붙는다. 이렇게 들러붙은 [1-6]타이타늄은 높은 화학 반응성 때문에 여러 기체 분자와 쉽게 반응하여, 떠돌아다니던 기체 분자를 흡착한다. 이는 떠돌아다니는 기체 분자의 수를 줄이는 효과가 있으므로 이를 2차 펌프 작용이라 부른다. [1-7]이렇듯 1, 2차 펌프 작용을 통해 스퍼터 이온 펌프는 초고진공 상태를 만들 수 있다.

172. 고전압과 전자의 상호 작용으로 자기장[1-2, 1-3]을 만든다.

173. 떠돌아다니던 기체 분자를 흡착하는 물질[1-1, 1-6]을 내놓는다.

174. 전자와 기체 분자의 충돌로 만들어진 양이온[1-3]을 고정시킨다.

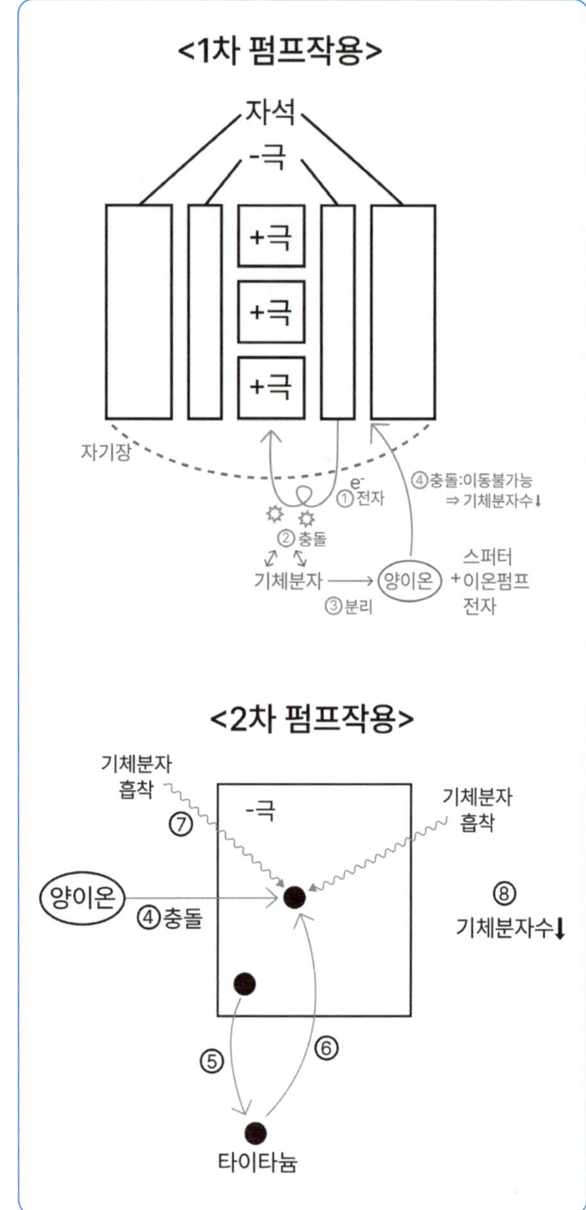

(O) 음극은 타이타늄으로 만들어져 있다[1-1]. 1차 펌프 작용을 통해 양이온이 음극에 박히게 되면 타이타늄은 음극[1-1, 1-5]에서 떨어져 나와, 떠돌아다니는 기체 분자와 반응[1-6]하여 음극에 흡착시킨다. 즉 '음극이 떠돌아다니던 기체 분자를 흡착하는 물질'인 '타이타늄'을 내놓는다. 따라서 맞는 선지이다.

'떠돌아다니던 기체 분자를 흡착하는 물질'이 무엇을 말하는 것인지 [지문]으로 찾아가서 확인하는 과정이 필요하다.

(X) 고전압의 영향으로 음극에서 방출된[1-3] 전자가 자석 때문에 생긴 자기장[1-2] 때문에 복잡한 형태의 궤적을 그리며 양극으로 이동한다. 자기장은 자석 때문에 생기는 것이지 고전압과 전자의 상호작용으로 생기는 것이 아니다. 원인과 결과를 다르게 연결하여 틀리게 만든 선지이다. 원인과 결과, 단계와 순서를 파악하며 읽는 방법은 매우 중요하다.

(O) 전자와 기체 분자의 충돌로 만들어진 양이온을 고정시키는 단계[1-3]는 1차 펌프 작용이다. 전자는 고전압의 영향으로 음극에서 방출되어 기체 분자와 충돌하는데, 이 과정에서 기체 분자를 양이온과 스퍼터 이온 펌프 전자로 분리시킨다. 기체 분자에서 분리된 양이온은 음극에 박혀 고정된다. 따라서 맞는 선지이다.

1차 펌프 작용의 과정을 물어본 선지이다. 순서를 제대로 이해해야 풀 수 있다.

[check point]

1. (특히 생물이나 기술)[지문]에서 '어떠한 작용들이 결과를 나타냄'과 같이 일련의 단계를 설명한다면 반드시 순서를 손으로 써놓아야 한다(스퍼터 이온 펌프 작동 원리).

2. 원인과 결과 선지에서 제대로 된 원인과 연결하지 않고 [지문]에서 언급되었던 내용을 갖다 붙여 익숙하지만 틀리게 만든 선지를 조심하자.
   → 2020년 수능 19번(책98번), 2022년 수능 11번(147번), 2018년 9월 모의고사 31번(책172번), 2024년 9월 모의고사 16번(책240번)

일반적인 다른 약속처럼 계약도 서로의 의사표시가 합치하여 성립하지만, 이때의 의사는 일정한 법률 효과의 발생을 목적으로 한다는 점에서 차이가 있다. 한 예로 매매 계약은 '팔겠다'는 일방의 의사 표시와 '사겠다'는 상대방의 의사 표시가 합치함으로써 성립하며, 1-1매도인은 매수인에게 매매 목적물의 소유권을 이전하여야 할 의무를 짐과 동시에 매매 대금의 지급을 청구할 권리를 갖는다. 반대로 매수인은 매도인에게 매매 대금을 지급할 의무가 있고 소유권의 이전을 청구할 권리를 갖는다. 양 당사자는 서로 권리를 행사하고 서로 의무를 이행하는 관계에 놓이는 것이다. 1-2채권과 채무는 발생한 법률 효과가 동전의 양면처럼 서로 다른 방향에서 파악되는 것이라 할 수 있다.

이처럼 2-1의사 표시를 필수적 요소로 하여 법률 효과를 발생시키는 행위들을 법률 행위라 한다.

(중략)

갑과 을은 3-1을이 소유한 그림 A를 갑에게 매도하는 것을 내용으로 하는 매매 계약을 체결하였다. ㉠ 을의 채무는 그림 A의 소유권을 갑에게 이전하는 것이다. 동산인 물건의 소유권을 이전하는 방식은 그 물건을 인도하는 것이다. 갑은 그림 A가 너무나 마음에 들었기 때문에 그것을 인도받기 전에 대금 전액을 금전으로 지급하였다. 그런데 갑이 아무리 그림 A를 넘겨달라고 청구하여도 을은 인도해 주지 않았다. 이런 경우 갑이 사적으로 물리력을 행사하여 해결하는 것은 엄격히 금지된다.

(중략)

을이 그림 A를 넘겨주지 않은 까닭은 갑으로부터 매매 대금을 받은 뒤에 을의 과실로 불이 나 그림 A가 타 없어졌기 때문이다. 결국 채무는 이행 불능이 되었다. 소송을 하더라도 불능의 내용을 이행하라는 판결은 나올 수 없다. 그림 A의 소실이 계약 체결 전이었다면, 그 계약은 실현 불가능한 내용을 담고 있기 때문에 체결할 때부터 계약 자체가 무효이다. 이행 불능이 채무자의 과실 때문에 일어난 것이라면 채무자가 채무 불이행에 대한 책임을 져야 한다.

이때 5-1채무 불이행은 갑이나 을의 의사 표시가 작용한 것이 아니라, 매매 목적물의 소실에 따른 이행 불능으로 말미암은 것이다. 이러한 사건을 통해서도 법률 효과가 발생한다. 5-2채무 불이행에 대한 책임은 갑으로 하여금 계약을 해제할

수 있는 권리를 갖게 한다. 갑이 계약 해제권을 행사하면 그때까지 유효했던 계약이 처음부터 효력이 없는 것으로 된다. 이때의 5-3계약 해제는 일방의 의사 표시만으로 성립한다. 따라서 갑이 해제권을 행사하는 데에 을의 승낙은 요건이 되지 않는다. 이러한 법률 행위를 단독 행위라 한다.

6-1갑은 계약을 해제하였다. 이로써 6-2그 계약으로 발생한 채권과 채무는 없던 것이 된다. 당연히 계약의 양 당사자는 자신의 채무를 이행할 필요가 없다. 6-3이미 이행된 것이 있다면 계약이 체결되기 전의 상태로 돌려놓아야 한다. 이를 청구할 수 있는 권리가 원상회복 청구권이다. 6-4계약의 해제로 갑은 원상회복 청구권을 행사할 수 있으며, 이러한 ㉡ 갑의 채권은 6-5결국 을에게 매매 대금을 반환해 달라고 청구할 수 있는 권리가 된다.

---

175. 법률 행위가 없으면2-1 법률 효과가 발생하지 않는다5-1.

176. ㉠과 ㉡은 ㉠이 이행되면 그 결과로 ㉡이 소멸하는 관계이다.

177. ㉠과 ㉡은 동일한 계약의 효과를 서로 다른 측면에서 바라본 것2-1이다.

178. ㉠에는 물건을 인도할 의무1-1가 있고, ㉡에는 금전의 지급을 청구할 권리6-5가 있다.

(175. 2018년 11월 수능 16번 − ③)

(X) 법률 행위란, 의사 표시를 필수적 요소로 하고, 법률 효과를 발생시키는 행위2-1이다. 따라서 법률 행위가 있다면 법률 효과가 발생하는 것은 당연하다. 그러나 그 역이 항상 참인 것은 아니다.

법률 행위란 의사 표시와 법률 효과 발생 둘 다 있어야 하는 행위로, 의사 표시가 필수적으로 없지만 법률 효과를 발생시키거나, 의사 표시가 있지만 법률 효과를 발생시키지 않는다면 법률 행위가 아니다. 의사 표시가 없는데 법률 효과가 발생할 수 있다면 법률 행위가 없더라도 법률 효과가 발생할 수 있다. [지문]에서 의사 표시가 없지만 법률 효과가 발생하는 행위가 있다5-1고 했으므로 틀린 선지이다.

[check point]

어떠한 대상의 조건이 ◯+■+★ 라면 세 가지 모두 충족해야 한다.

[지문 내용]

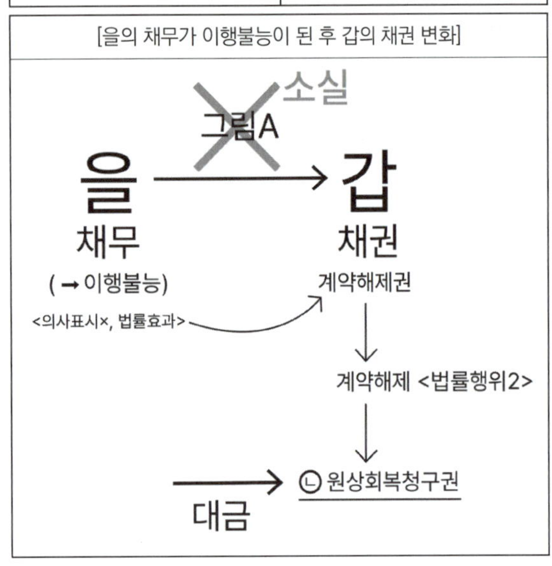

㉠ : 그림 A를 매도하는 것을 내용으로 하는 매매 계약(법률 행위1)[3-1]에서 매도인의 채무

㉡ : 그림 A를 매도하는 것을 내용으로 하는 매매 계약이 없던 것이 되었기 때문에(계약 해제, 법률 행위2)[5-3] 매수인이 계약이 체결되기 전의 상태로 되돌려놓을 것[6-5](을은 받은 대금을 반환)을 청구할 수 있는 권리

---

176. 2018년 11월 수능 17번 – ③

(✗) ㉠이 이행될 수 없어서 그 결과로 갑이 계약을 해제[6-1]하여 갑에게 새로운 권리[6-4](㉡)가 생긴 것이다. 불이 나 그림 A가 타 없어진 줄 알고 갑이 계약을 해제하여 갑에게 ㉡(원상회복청구권)이 생긴 후에, 불에 타지 않은 그림 A가 발견되어 뒤늦게 을이 갑에게 그림 A를 준다고 가정해 보자. 이미 그림 A에 대한 매매 계약은 해제(새로운 법률

행위[5-3])된 상태, 즉 새로운 법률 효과가 일어난 상태(계약은 없던 것이 된 상태[6-2])이므로 ㉡이 소멸하지는 않는다. 이 선지는 어느 중간 단계의 효과를 숨김으로써 다음 단계에 영향이 미치지 않는 것처럼 묻고 있다. 갑과 을의 매매 계약에서 갑의 계약 해제까지의 순서를 정확히 파악하였는지, 각 단계에서 발생한 효과를 이해하고 있는지를 묻고 있는 선지이다.

---

177. 2018년 11월 수능 17번 – ④

(✗) '동일한 계약의 효과를 서로 다른 측면에서 바라본다'는 말은 1-2에서 말한 바(발생한 법률 효과가 동전의 양면처럼 서로 다른 방향에서 파악되는 것)와 같이 채권과 채무가 동일한 계약(매매 계약)의 효과로 매수인, 매도인 각각의 입장에서 채권과 채무가 맞물리는 현상을 말한다.

	매도인	매수인
채권	매매 대금의 지급을 청구할 권리	소유권의 이전을 청구할 권리
채무	매매 목적물의 소유권을 이전하여 할 의무	매매 대금을 지급할 의무

하지만 ㉠은 그림 A를 매도하는 것을 내용으로 하는 매매 계약(법률 행위1)[3-1]에 대한 효과이고, ㉡은 법률 행위 1 이후에 일어난 새로운 법률 행위(법률 행위 1 해제, 법률 행위 2[5-3])에 대한 효과이다. 따라서 어떻게 보면 '동일한 계약'은 맞으나 [지문]에서 설명한 것처럼 '그 효과를 서로 다른 측면에서 바라본 것'과는 다르다. 다른 법률 행위로 각각의 독립적인 효과가 발생한 것이다.

모든 선지는 [지문]으로 연결할 수 있다. 낯선 표현이 어디에서 왔는지를 찾아보자.

---

178. 2018년 11월 수능 17번 – ⑤

(○) ㉠은 을이 그림 A를 매도하는 계약을 체결함으로써 발생한 갑에게 그림 A를 이전하여야 할 의무[1-1]를 말하는 것이고 ㉡은 갑이 그림 A 매도 계약을 해제함으로써 을에게 미리 줬던 매매 대금을 반환해 달라고 청구할 수 있는 권리[6-5]이다.

	매도인	매수인
채권	매매 대금의 지급을 청구할 권리	소유권의 이전을 청구할 권리
채무	매매 목적물의 소유권을 이전하여 할 의무	매매 대금을 지급할 의무

[check point]

1. 순서를 파악하며 각각의 단계가 갖는 효과를 파악하는 능력이 중요하다. 어느 중간 단계의 효과를 숨기면서 다음 단계에 그 영향이 없었던 것처럼 꾸며낸 선지들이 있다.
   → 2018년 수능 17번(책176번), 2019년 9월 모의고사 30번(책299번)

2. 모든 선지의 표현은 [지문]에서 따온 것이다. 낯선 표현이 있다면 [지문]으로 돌아가 찾아보도록 하자([지문] 채권과 채무는 발생한 법률 효과가 동전의 양면처럼 서로 다른 방향에서 파악되는 것→[선지] 동일한 계약의 효과를 서로 다른 측면에서 바라본 것이다.)

2018년 9월 모의고사 30번

㉠ 주사 터널링 현미경(STM)에서는 끝이 첨예한 금속 탐침과 도체 또는 반도체 시료 표면 간에 적당한 전압을 걸어 주고 둘 간의 거리를 좁히게 된다. 탐침과 시료의 거리가 매우 가까우면 양자 역학적 터널링 효과에 의해 둘이 접촉하지 않아도 전류가 흐른다. 이때 탐침과 시료 표면 간의 거리가 원자 단위 크기에서 변하더라도 전류의 크기는 민감하게 달라진다. [1-1]이 점을 이용하면 시료 표면의 높낮이를 원자 단위에서 측정할 수 있다. [1-2]이렇게 민감한 STM도 진공 기술의 뒷받침이 있었기에 널리 사용될 수 있었다.

STM은 대체로 진공 통 안에 설치되어 사용되는데 그 이유는 무엇일까? 기체 분자는 끊임없이 떠돌아다니다가 주변과 충돌한다. 이때 일부 [2-1]기체 분자들은 관찰하려는 시료의 표면에 붙어 표면과 반응하거나 표면을 덮어 시료 표면의 관찰을 방해한다. [2-2]따라서 용이한 관찰을 위해 STM을 활용한 실험에서는 관찰하려고 하는 시료와 기체 분자의 접촉을 최대한 차단할 필요가 있어 진공이 요구되는 것이다. 진공이란 기체 압력이 대기압보다 낮은 상태를 통칭하며 기체 압력이 낮

을수록 진공도가 높다고 한다. 따라서 기체 분자들을 진공 통에서 뽑아내거나 [2-3]진공 통 내부에서 움직이지 못하게 고정하면 진공 통 내부의 기체 압력을 낮출 수 있다.

STM을 활용하는 실험에서 어느 정도의 진공도가 요구되는지를 이해하기 위해서는 '단분자층 형성 시간'의 개념을 이해할 필요가 있다. [3-1]진공 통 내부에서 떠돌아다니던 기체 분자들이 관찰하려는 시료의 표면에 달라붙어 한 층의 막을 형성하기까지 걸리는 시간을 단분자층 형성 시간이라 한다.

(중략)

이런 이유로 STM에서는 시료의 관찰 가능 시간을 확보하기 위해 통상 10^{-9}토르 이하의 초고진공이 요구된다. [5-1]초고진공을 얻기 위해서는 스퍼터 이온 펌프가 널리 쓰인다.

(중략)

양이온이 타이타늄으로 만든 판 형태의 음극에 충돌하면 [6-1]타이타늄이 떨어져 나와 충돌 지점 주변에 들러붙는다. 이렇게 들러붙은 타이타늄은 높은 화학 반응성 때문에 여러 기체 분자와 쉽게 반응하여, [6-2]떠돌아다니던 기체 분자를 흡착한다. 이는 떠돌아다니는 기체 분자의 수를 줄이는 효과가 있으므로 이를 2차 펌프 작용이라 부른다. 이렇듯 1, 2차 펌프 작용을 통해 스퍼터 이온 펌프는 초고진공 상태를 만들 수 있다.

179. 시료 표면의 관찰을 위해서는 시료 표면에 기체의 단분자층 형성이 필요하다.

> 주사 터널링 현미경(STM)
> : 시료 표면의 높낮이를 측정하는 기구
> • STM 순서
> : 기체 분자가 시료 표면에 붙어 반응하거나, 표면을 덮어 관찰을 방해함 → 진공이 요구됨 → 기체 분자를 진공 통에서 뽑아내거나/진공 통 내부에서 움직이지 못하게 고정 → 스퍼터 이온 펌프가 이용됨(초고진공으로 만들어 주는 기구)

179. 2018년 9월 모의고사 30번 – ④

(✕) STM은 전류를 이용하여 시료 표면의 높낮이를 측정[1-1]하는 기구로, 진공 기술의 발달로 사용될 수 있었을[1-2] 정

도로 세밀한 측정이 가능한 기구이다. STM에 진공이 필요한 이유는 기체 분자가 시료의 표면과 반응하거나 시료 표면을 덮어 시료 표면의 관찰을 방해[2-1]하기 때문에 시료와 시체 분자의 접촉을 최대한 차단할 필요가 있기[2-2] 때문이다.

3문단에서 설명한 단분자층은 STM에 필요한 초고진공 상태로 만들기 위해 스퍼터 이온 펌프에서 사용[5-1]하는 방법이다. 스퍼터 이온 펌프에서는 2차 펌프 작용을 통해 타이타늄과 기체 분자를 흡착시켜 음극에 (단)분자층[6-2]을 만든다. 음극의 타이타늄이 떨어져 나와 충돌 지점에 들러붙는다는 내용에서 (단)분자층을 이용하여 초고진동 상태를 만들 수 있다는 것을 유추할 수 있다. 따라서 시료 표면의 관찰을 위해서는 '시료 표면에' 기체의 단분자층 형성이 필요한 것이 아니라(시료 표면에 단분자층을 형성하는 것을 막기 위하여 진공상태를 만드는 것이라고 [지문]에서 설명함), 다른 곳(=스퍼터 이온 펌프)에 단분자층 형성을 통해 진공으로 만들어 시료 표면의 관찰을 방해받지 않도록 해야 하는 것이다.

목적과 수단을 혼동시킨 선지로 단순히 [지문]에서 봤다고 생각하고 넘어간다면 틀릴 수 있다.

+ 요약하자면 'STM을 이용하여 시료 표면을 관찰하려 함 → 시료 표면에 (단)분자층 형성 시 시료 표면 관찰에 방해가 됨 → 스퍼터 이온 펌프를 이용하여 시료 표면이 아닌 다른 곳(=음극)에 (단)분자층 형성하여 초진공상태 만듦 → 시료 표면 관찰'이다.

[check point]

목적과 수단을 확실히 구분하자. 대부분의 오답 선지는 [지문]에서 고른 단어·구·절을 부적절한 곳에 붙여서 만들기 때문이다.

2018년 11월 수능 42번

두 명제가 모두 참인 것도 모두 거짓인 것도 가능하지 않은 관계를 모순 관계라고 한다. 예를 들어, 임의의 명제를 P라고 하면 P와 ~P는 모순 관계이다.(기호 '~'은 부정을 나타낸다.) P와 ~P가 모두 참인 것은 가능하지 않다는 법칙을 무모

순율이라고 한다. 그런데 "다보탑은 경주에 있다."와 "다보탑은 개성에 있을 수도 있었다."는 모순 관계가 아니다. 현실과 다르게 다보탑을 경주가 아닌 곳에 세웠다면 다보탑의 소재지는 지금과 달라졌을 것이다. 철학자들은 이를 두고, P와 ~P가 모두 참인 혹은 모두 거짓인 가능세계는 없지만 다보탑이 개성에 있는 가능세계는 있다고 표현한다.

(중략)

가능세계는 다음의 네 가지 성질을 갖는다. 첫째는 가능세계의 일관성이다. 가능세계는 명칭 그대로 가능한 세계이므로 어떤 것이 가능하지 않다면 그것이 성립하는 가능세계는 없다. 둘째는 가능세계의 포괄성이다. 이것은 어떤 것이 가능하다면 그것이 성립하는 가능세계는 존재한다는 것이다. 셋째는 가능세계의 완결성이다. 어느 세계에서든 임의의 명제 P에 대해 "P이거나 ~P이다."라는 배중률이 성립한다. 즉 P와 ~P 중 하나는 반드시 참이라는 것이다. 넷째는 가능세계의 독립성이다. 한 가능세계는 모든 시간과 공간을 포함해야만 하며, 연속된 시간과 공간에 포함된 존재들은 모두 동일한 하나의 세계에만 속한다. 한 가능세계 W1의 시간과 공간이, 다른 가능세계 W2의 시간과 공간으로 이어질 수는 없다. W1과 W2는 서로 시간과 공간이 전혀 다른 세계이다.

< 보 기 >

명제 "모든 학생은 연필을 쓴다."와 "어떤 학생도 연필을 쓰지 않는다."는 반대 관계이다. 이 말은, 두 명제 다 참인 것은 가능하지 않지만, 둘 중 하나만 참이거나 둘 다 거짓인 것은 가능하다는 뜻이다.

180. 가능세계의 완결성과 독립성에 따르면, 모든 학생이 연필을 쓰는 가능세계가 존재한다는 것과 어떤 학생도 연필을 쓰지 않는 가능세계가 존재한다는 것 중 하나는 반드시 참이고, 그중 한 세계의 시간과 공간이 다른 세계로 이어질 수 없겠군.

181. 가능세계의 포괄성과 독립성에 따르면, "어떤 학생도 연필을 쓰지 않는다."가 성립하면서 그 세계에 속한 한 명의 학생이 연필을 쓰는 가능세계들이 존재하고, 그 세계들의 시간과 공간은 서로 단절되어 있겠군.

182. 가능세계의 <u>완결성</u>에 따르면, 어느 세계에서든 "어떤 학생은 연필을 쓴다."와 "어떤 학생은 연필을 쓰지 않는다." 중 하나는 반드시 참이겠군.

183. 가능세계의 <u>포괄성</u>에 따르면, '"모든 학생은 연필을 쓴다."가 참이거나 "어떤 학생도 연필을 쓰지 않는다."가 참'인 가능세계들이 있겠군.

(180. 2018년 11월 수능 42번 – ①)

(X) 이 선지는 '완결성과 독립성에 따르면, 두 명제 중 하나는 반드시 참이다.'와 '완결성과 독립성에 따르면 두 명제 중 한 세계의 시간과 공간이 다른 세계로 이어질 수 없겠군.' 두 가지를 확인해야 한다.

먼저 쉽게 판단할 수 있는 '완결성과 독립성에 따르면, 두 명제 중 하나는 반드시 참이다.'를 보자. 이는 완결성과 독립성을 떠나서 두 명제 모두 거짓일 수 있기 때문에 옳지 않다(두 명의 학생이 연필을 쓰는 상황 등). 직관적으로도 알 수 있지만, 〈보기〉에서 직접적으로 둘 다 거짓인 것도 가능하다고 알려주기도 했다. 따라서 틀린 선지이다.

+ 추가적으로 '완결성과 독립성에 따르면, 두 명제 중 한 세계의 시간과 공간이 다른 세계로 이어질 수 없다.'를 확인해본다면, [지문]에서 독립성에 따라 한 가능세계의 시간과 공간은 모두 동일한 하나의 세계에만 속한다고 하였으므로 맞다.

(181. 2018년 11월 수능 42번 – ②)

(X) 포괄성과 독립성을 떠나서 어떤 학생도 연필을 쓰지 않는 세계에서는 한 명의 학생이 연필을 쓰는 상황이 존재할 수 없다. 따라서 틀린 선지이다.

+ 만약 어떤 두 명제가 동시에 성립하는 가능세계들이 있다고 한다면, 독립성에 따라 한 가능세계의 시간과 공간은 모두 동일한 하나의 세계에만 속해야 하므로 그 세계들의 시간과 공간은 단절되어 있을 것이라는 점은 맞다.

(182. 2018년 11월 수능 42번 – ③)

(X) 〈보기〉의 두 명제는 반대 관계로, 모순 관계(P와 ~P)와 다르다. "모든 학생은 연필을 쓰는 상황"과 "어떤 학생도 연필을 쓰지 않는 상황"은 극과 극으로, 완결성의 P와 ~P (배중률)의 관계가 아니다. 중간 상황(두 명의 학생이 연필을 쓰는 상황 등)이 존재할 수 있으므로 둘 다 거짓인 경우가 가능하다. 이는 〈보기〉에 직접적으로 제시되어 있다.

(183. 2018년 11월 수능 42번 – ④)

(O) 포괄성이란 어떤 것이 가능하다면 그것이 성립하는 가능세계는 존재한다는 것이다. "모든 학생은 연필을 쓴다."가 참이라면 그것이 성립하는 가능세계는 존재할 것이며, "어떤 학생도 연필을 쓰지 않는다."가 참이라면 그것이 성립하는 가능세계 또한 존재할 것이다.

[지문 내용]

모순 관계 : 'P와 ~P' = '두 명제가 모두 참인 것도 모두 거짓인 것도 가능하지 않은 관계'
예시) '나는 신발을 신고 있다.'와 '나는 신발을 신고 있지 않다.'
〈보기〉
반대 관계 : 두 명제 다 참인 것은 가능하지 않지만, 둘 중 하나만 참이거나 둘 다 거짓인 것은 가능한 관계
예시) '모든 학생은 연필을 쓴다.'와 '어떤 학생도 연필을 쓰지 않는다.'

	명제 1	명제2	결과
	나는 신발을 신고 있다.	나는 신발을 신고 있지 않다.	
모순관계	T	T	나는 신발을 신고 있으면서 신고 있지 않다. ⇒X(가능하지 않음)
	F	F	나는 신발을 신고 있지 않으면서 신고 있다. ⇒X(가능하지 않음)
	T	F	나는 신발을 신고 있다. ⇒O(가능함)
	F	T	나는 신발을 신고 있지 않다. ⇒O

	모든 학생은 연필을 쓴다.	어떤 학생도 연필을 쓰지 않는다.	
반대관계	T	T	모든 학생은 연필을 쓰고 어떤 학생도 연필을 쓰지 않는다. ⇒×
	F	F	모든 학생이 연필을 쓰지는 않고 어떤 학생은 연필을 쓴다. ⇒○
	T	F	모든 학생은 연필을 쓰고 어떤 학생은 연필을 쓴다. ⇒○
	F	T	모든 학생이 연필을 쓰지는 않고 어떤 학생도 연필을 쓰지 않는다. ⇒○

(T는 true, F는 false)

- 일관성 : 어떤 것이 가능하지 않다면 그것이 성립하는 가능
 세계는 없다.
- 포괄성 : 어떤 것이 가능하다면 그것이 성립하는 가능세계는
 존재한다는 것이다.
- 완결성 : 어느 세계에서든 임의의 명제에 대해 배중률이 성
 립한다.
- 독립성 : 한 가능세계는 모든 시간과 공간을 포함해야만 하
 며, 연속된 시간과 공간에 포함된 존재들은 모두 동일한 하
 나의 세계에만 속한다.

〈보기〉 "모든 학생은 연필을 쓴다."와 "어떤 학생도 연필을 쓰
지 않는다."는 모순 관계(P와 ~P)가 아니다. 모든 학생은 연필
을 쓰는 상황과 어떤 학생도 연필을 쓰지 않는 상황 중간에는
무수히 많은 상황, 예로 들어 한 학생이나 두 학생이 연필을 쓰
는 상황 등이 존재하기 때문이다. 따라서 이 문제의 〈보기〉는
[지문]에서 설명한 내용에 추가적인 정보를 주고 있는 문제 유
형이다.

[check point]

1. 선지를 구성하는 확인 대상인 단어·구·절 중 하나라도 틀린
 다면 틀린 선지로 분류하자.
2. 〈보기〉 문제는 아래 3가지 케이스와 같다.
 첫 번째로, [지문]에서 특정한 부분을 예시로 든 문제
 - 〈보기〉에서 예시로 든 부분에 관한 설명을 [지문]에서 찾

아야 함
 → 주로 기술·과학·경제·법 지문 (2020년 6월 모의고사 28
 번–책 19번, 2021년 11월 수능 16번–책 20~21번 등)
 **두 번째로, [지문]에서 설명한 내용에서 추가적인 내용을
 설명한 문제(해당 유형 ✓)**
 - [지문]과 공통점 차이점 비교
 → 주로 인문(학자) 지문 (2021년 6월 모의고사 8번 –책
 274번~275번 등)
 **세 번째로, [지문]의 비교 대상끼리 장단점을 섞은 예시를
 든 문제**
 - [지문]의 어느 부분을 섞은 것인지를 판단하여야 함
 → 신유형 (2024년 6월 모의고사 7번–책 40~42번)

2018년 6월 모의고사 25번

 체결된 계약 내용이 법률에 정해진 내용과 어긋날 때 벌금
이나 과태료같은 법적 불이익이 있을 뿐 아니라 체결된 계약
의 효력 자체도 인정되지 않아 급부 의무가 부정되는 경우가
있다. 이에 해당하는 법조문을 '강행 법규'라고 한다. 이 경
우 계약 당사자들은 상대에게 급부를 하라고 요구할 수는 없
다. 이미 급부를 이행하여 재산적 이익을 넘겨주었다면 이 이
익은 '부당 이득'에 해당하기 때문에 반환을 요구할 수 있다.
즉 '부당 이득 반환 청구권'이 인정된다. 의사와 의사 아닌
사람의 의료 기관 동업을 금지하는 법률 규정은 강행 법규이
다. 따라서 의사와 의사 아닌 사람이 체결한 동업 계약은 계
약의 효력이 부정된다. 다만 계약에 따라 이미 동업 자금을
건넸다면 이 돈을 반환하라고 요구하는 것은 가능하다.
 그러나 강행 법규에 의해 계약의 효력이 부정되었을 때 부
당 이득 반환 청구권이 인정되지 않는 경우도 있다. 급부의
내용이 위조지폐 제작처럼 비도덕적이거나 반사회적인 행동
이라면, 계약의 효력이 인정되지 않을 뿐 아니라 이미 넘겨준
이익을 돌려받을 권리도 부정되는 것이 원칙이다.
 국가가 개인 간의 계약에 개입하는 것은 국가 안보, 사회 질
서, 공공복리 등의 정당한 입법 목적을 달성하기 위해서이다.
이 경우 계약의 자유를 제한하려면 필요한 만큼만 최소로 제
한해야 한다는 '비례 원칙'이 적용된다. 이로 인해 국가가 계
약 당사자들에게 미치는 영향이 다양하게 나타나는 것이다.

< 보 기 >

농지를 빌리려는 A와 농지 주인인 B는 농지를 용도에 맞지 않게 사용하는 것에 합의하여 농지 임대차 계약을 체결하였다. 그리고 A는 B에게 농지 사용료를 지불하고 1년간 농지를 사용하였다. 농지법을 위반한 이 사안에 대해 대법원이 내린 판결은 다음과 같이 요약된다.

첫째, 법률을 위반하여 농지를 빌려 준 사람에게는 벌금이 부과된다. 둘째, 이 사건의 농지 임대차 계약은 농지법을 위반한 것이므로 무효이다. 셋째, 농지를 빌려 준 사람은 받은 사용료를 반환해야 한다. 넷째, 농지를 빌린 사람은 농지를 빌려 써서 얻은 이익을 농지를 빌려 준 사람에게 반환해야 한다.

184. A가 농지를 빌려 써서 얻은 이익을 B에게 반환하라고 판결한 것은 급부의 내용이 비도덕적이거나 반사회적인 행동에 해당한다고 판단했기 때문이겠군.

'강행 법규'

: 계약 내용이 법률에 정해진 내용과 어긋날 때 법적 불이익+ 계약의 효력 인정✕

- 이미 급부를 이행하여 자금을 건넸다면 부당 이득이므로 반환받을 수 있음(부당 이득 반환 청구권)

- 부당 이득 반환 청구권이 인정되지 않는 경우: 급부의 내용이 위조지폐 제작처럼 비도덕적이거나 반사회적인 행동일 때 부당이익을 돌려받을 권리 부정됨(위조지폐를 제작(급부)해주고 금전을 건넸을 때 금전을 돌려받을 수 없음)

계약 내용이 법률에 정해진 내용과 어긋날 때 → 계약의 효력 인정✕	부당 이득 반환 청구권 ○
	급부의 내용이 비도덕적이거나 반사회적인 행동일 때 → 부당 이득 반환 청구권✕

〈보기〉는 강행 법규에 대한 예시를 들고 있다. 〈보기〉의 임대차 계약은 농지법을 위반한 계약이므로 벌금(법적 불이익)이 부과되고 계약 또한 무효이다. 하지만 부당이득반환청구권이 인정된다고 하고 있으므로 법률을 위반하여 농지를 빌려준 행위는 비도덕적이거나 반사회적인 행동은 아닌 것을 알 수 있다.

---

184. 2018년 6월 모의고사 25번 – ④

(✕) 〈보기〉의 내용을 보면 A와 B는 각각 본인이 취한 부당 이득을 반환해야 한다. 급부의 내용이 비도덕적이거나 반사회적인 행동에 해당했다면 판결에서 부당 이득 반환이 인정되지 않았을 것이다. 선지는 다른 경우(비도덕적이거나 반사회적인 행동)와 연결하였으므로 틀린 선지이다. 이 선지는 〈보기〉의 상황과 [지문]의 설명을 맞게 연결할 수 있는지를 묻는 선지이다. [지문]에서 단계를 설명하고, 〈보기〉에서는 그 한 부분을 설명하고 있는 경우 유의하도록 하자. 또 2019년 6월 모의고사 41번(복어, 아메바 문제)와 비교해보자.

[check point]

1. [지문]에서 단계를 구분하고, 〈보기〉에서 한 단계를 예시로 설명한 문제이다.
   - → 2018년 6월 모의고사 25번(농지 임대차 계약)
   - → 2019년 6월 모의고사 41번(복어, 아메바)
   - → 2020년 6월 모의고사 32번(S국)

2. 〈보기〉 문제는 아래 3가지 케이스와 같다.
   첫 번째로, [지문]에서 특정한 부분을 예시로 든 문제(해당 유형 ✓)
   - – 〈보기〉에서 예시로 든 부분에 관한 설명을 [지문]에서 찾아야 함
   - → 주로 기술·과학·경제·법 지문 (2020년 6월 모의고사 28번–책 19번, 2021년 11월 수능 16번–책 20~21번 등)

   두 번째로, [지문]에서 설명한 내용에서 추가적인 내용을 설명한 문제
   - – [지문]과 공통점 차이점 비교
   - → 주로 인문(학자) 지문 (2021년 6월 모의고사 8번 –책 274번~275번 등)

   세 번째로, [지문]의 비교 대상끼리 장단점을 섞은 예시를 든 문제
   - – [지문]의 어느 부분을 섞은 것인지를 판단하여야 함
   - → 신유형 (2024년 6월 모의고사 7번–책 40~42번)
   - ⇒ 2021년 9월 모의고사 16번 〈보기〉문제와 비교해보길 바란다.

2023년 11월 수능 5번

경마식 보도로부터 드러난 선거 방송의 한계를 보완하는 방책 중 하나로 선거 방송 토론회가 활용될 수 있다. 이 토론회를 통해 후보자 간 정책과 자질 등의 차이가 드러날 수 있는데, 현실적인 이유로 초청 대상자는 한정된다.

(중략)

이러한 규정이 선거 운동의 기회균등 원칙을 침해하는지에 대해 헌법재판소는 위헌이 아니라고 결정했다. 다수 의견은 방송 토론회의 효율적 운영을 고려할 때 초청 대상 후보자 수가 너무 많으면 제한된 시간 안에 심층적인 토론이 이루어지기 어렵고, 유권자들도 관심이 큰 후보자들의 정책 및 자질을 직접 비교하기 어렵다는 점을 지적하며, 이 규정은 합리적 제한이라고 보았다. 반면 소수 의견은 이 규정이 가장 효과적인 선거 운동의 기회를 일부 후보자에게서 박탈하며, 유권자에게도 모든 후보자를 동시에 비교하지 못하게 하고, 초청 대상 후보자 토론회에 참여한 후보자와 그렇지 못한 후보자를 차별적으로 인식하게 만든다고 지적하였다. 이 규정을 소수 정당이나 정치 신인 등에 대한 자의적이고 차별적인 침해라고 본 것이다.

---

185. 「공직선거법」에는 선거 운동의 기회가 모든 후보자에게 균등하게 배분되지 못하도록 할 가능성이 있는 규정이 있다.

선거 방송 토론회 초청 대상자 : 제한됨 → 선거 운동의 기회균등 원칙을 침해하는지? ✕
→ 다수 의견 : 초청 대상자 제한 찬성
→ 소수 의견 : 초청 대상자 제한 반대

⌇ 185. 2023년 11월 수능 5번 – ⑤ ⌇

(◯) 세 번째 문단에서 '선거 운동의 기회균등 원칙을 침해하는지'에 대해 헌법재판소는 논의 끝에 합리적 제한이라고 보았지만, 선거 운동의 기회를 일부 후보자에게서 박탈하여 기회균등 원칙을 침해한다고 본다는 소수 의견이 있으므로, 선지에서 말하는 '선거 운동의 기회가 모든 후보자

에게 균등하게 배분되지 못하도록 할 가능성이 있다'에 해당한다고 볼 수 있다.

[check point]

1. 가능성을 판단해보자.
   → '많다'는 의미는 어느 정도 이상을 뜻하는 것이지(약 50%), 100%를 말하는 것은 아니다(2022년 6월 모의고사 14번–책 139번).
   → '~~할 수 있다'는 '~~이다'와 다르다. '~~할 수 있다'는 1%라도 가능성이 있다는 말이고, '~~이다'는 100%라는 말이다(2023년 9월 모의고사 5번–책 144번). 주의하도록 하자.
   → '이윤이 지속되리라 기대할 수는 없다.'는 이윤이 지속될 1%의 가능성도 없다는 말과 같다.(2021년 9월 모의고사 8번–책 192번)
   → '어떤 규정이 다수 의견으로는 기회균등 원칙을 침해하지 않는다고 보았지만 소수 의견은 침해한다고 보았다'면 기회균등 원칙을 침해할 가능성이 있는 규정이다.(2023년 수능 5번–책 185번)
2. 문장을 읽을 때 항상 주어가 무엇일지 생각하며 읽는 연습을 하자. [지문]과 선지에서 주어를 숨겨 착각하게 만드는 문장들이 더러 있다.
3. 모든 선지는 [지문]에 근거한다. 상상력을 펼치지 말자.

2022년 11월 수능 15번

하루에 필요한 에너지의 양은 하루 동안의 총 열량 소모량인 대사량으로 구한다. 그중 1-1기초 대사량은 생존에 필수적인 에너지로, 쾌적한 온도에서 편히 쉬는 1-2동물이 공복 상태에서 생성하는 열량으로 정의된다. 이때 1-3체내에서 생성한 열량은 일정한 체온에서 체외로 발산되는 열량과 같다.

(중략)

19세기의 초기 연구는 체외로 발산되는 열량이 체표 면적에 2-1비례한다고 보았다. 즉 그 둘이 항상 일정한 비(比)를 갖는다는 것이다. 2-2체표 면적은 (체중)$^{0.67}$에 비례하므로, 2-3기초 대사량은 체중이 아닌 (체중)$^{0.67}$에 비례한다고 하였다. 2-4어떤 변수의 증가율은 증가 후 값을 증가 전 값으로 나

눈 값이므로, 체중이 W에서 2W로 커지면 [2-5]체중의 증가율은 (2W) / (W) = 2이다. 이 경우에 [2-6]기초 대사량의 증가율은 $(2W)^{0.67}$ / $(W)^{0.67}$ = $2^{0.67}$, 즉 약 1.6이 된다.

1930년대에 클라이버는 생쥐부터 코끼리까지 다양한 크기의 동물의 기초 대사량 측정 결과를 분석했다.

(중략)

클라이버는 이런 방법에 근거하여 [4-1]동물의 $(체중)^{0.75}$에 기초 대사량이 비례한다고 결론지었다. 이것을 '클라이버의 법칙'이라 하며, [4-2]$(체중)^{0.75}$을 대사 체중이라 부른다. [4-3]대사 체중은 치료제 허용량의 결정에도 이용되는데, 이때 그 양은 대사 체중에 비례하여 정한다. 이는 치료제 허용량이 체내 대사와 밀접한 관련이 있기 때문이다.

---

186. 클라이버의 결론에 따르면, 기초 대사량이 동물의 체표 면적에 비례한다고 볼 수 없겠군.[2-3]

187. 19세기의 초기 연구자들은 체중의 증가율보다 기초 대사량의 증가율이 작다[2-5, 2-6]고 생각했겠군.

188. 코끼리에게 적용하는 치료제 허용량을 기준으로, 체중에 비례하여[2-1] 생쥐에게 적용할 허용량을 정한 후 먹이면 과다 복용이 될 수 있겠군.

[지문 내용]

◦ 비례 관계 : 둘이 항상 일정한 비를 갖는다.

– 체외로 발산되는 열량 ∝ 체표 면적 → 체표 면적 ∝ $(체중)^{0.67}$ → 기초대사량 ∝ $(체중)^{0.67}$.

⇒ 기초대사량과 (체중)은 비례 ✕

◦ 어떤 변수의 증가율 : $\dfrac{증가후값}{증가전값}$

⇒ 예시) 체중 변화: $2W → W$

체중의 증가율 : $\dfrac{2W}{W}$ =2 ,

기초 대사량 증가율 : $\dfrac{(2W)^{0.67}}{(W)^{0.67}}$ = $2^{0.67}$ = , 약 1.6

◦ 클라이버의 법칙 : 동물의 기초대사량 ∝ $(체중)^{0.75}$(=대사체중) ∝ 치료제 허용량

(O) 1문단에서 '비례한다'='그 둘이 항상 일정한 비를 갖는다'[2-1]고 표현하고 있으므로 체표 면적과 기초대사량이 일정한 비를 갖는 관계에 있는지 검토해야 한다. [지문]에서 찾아보면, '체표 면적은 $(체중)^{0.67}$에 비례[2-2]한다', "클라이버는 $(체중)^{0.75}$에 기초 대사량이 비례한다고 결론지었다"라고 하였다. 즉 체표면적 : 기초대사량 = $(체중)^{0.67}$: $(체중)^{0.75}$의 관계에 있으므로 체중에 따라 그 비율이 달라질 것이고, 항상 일정한 비를 갖는 관계에 있다고 볼 수 없다. 따라서 맞는 선지이다.

[지문]에서 직접적으로 (체중)이 아닌 $(체중)^{0.67}$에 비례한다고 언급했다. 이렇게 군이 한 번 언급할 때는 문제에 출제될 확률이 높다.

(O) [지문]에서 19세기의 초기 연구에서 기초 대사량의 증가율은 약 1.6[2-6], 체중의 증가율은 2[2-5]라고 계산했다고 나와 있다. 따라서 체중의 증가율보다 기초 대사량의 증가율이 작다. 맞는 선지이다.

숫자들은 비교할 때 자주 쓰이므로 [지문]을 읽을 때 다시 한번 찾아볼 수 있음을 염두에 두자.

(✕) [지문] 마지막 단원에 "대사 체중은 치료제 허용량의 결정[4-3]에도 이용되는데, 이때 그 양은 대사 체중(=$(체중)^{0.75}$)에 비례하여 정한다."라고 되어있다. 비례한다는 말은 그 둘이 항상 일정한 비를 갖는다는 것이다.

따라서 지문의 식=(코끼리의 치료제 허용량):(생쥐의 치료제 허용량)=$(코끼리의 체중)^{0.75}$:$(생쥐의 체중)^{0.75}$

선지에서 말하는 식= (코끼리의 치료제 허용량):(생쥐의 치료제 허용량)=(코끼리의 체중):(생쥐의 체중)이다.

코끼리의 체중을 10, 생쥐의 체중을 1이라 놓고 계산해 보자.

지문의 식=$(10)^{0.75}$:1, 선지의 식=10:1. $(10)^{0.75}$이 10보다 작으므로 직관적으로 확인할 수 있도록 5라고 가정하면,

지문의 식은 5:1=10:2이고, 선지의 식은 10:1이다. 즉 코끼리에게 적용하는 치료제 허용량을 기준으로 생쥐에게 적용할 허용량을 구하게 되면, (체중)$^{0.75}$대신에 체중으로 비례했을 때 더 작아진다. 따라서 과소복용이 될 것이고, 과다복용이 될 수는 없다. 틀린 선지이다.

비례 반비례 문제는 고정되어있는 값이 무엇인지, 변화하는 값은 무엇인지 명확히 구분해야 한다.

[check point]

1. [지문]을 읽을 때 굳이 이런 것도 추가로 언급한다 싶은 내용이나, 직접적으로 '○○은 아니다.', '○○을 제외하고'라고 짚고 넘어가는 내용이 있다면 선지에 출제될 가능성이 높다.
   - → 위 [지문]에서 『치평요람』의 내용만 설명했어도 충분한데 『자치통감강목』의 편찬 형식을 따르지 않았다고 굳이 언급함.
   - → 2023년 9월 모의고사 : 정약용은 노비 이외의 집단에서 사 집단으로 진출할 수 있도록~
   - → 2022년 9월 모의고사 5번 : 편찬 형식 측면에서는 강목체를 따르지 않았다.
   - → 2022년 수능 15번 : 기초 대사량은 체중이 아닌 (체중)$^{0.67}$에 비례한다.
   - → 2021년 9월 모의고사 11번 : 반자유의지 논증과 관련된 자유의지를 설명하다가 갑자기 추가적인 내용(욕구 충족적 자유의지)을 설명함: 이 문제의 [지문] 전문을 읽어보는 것을 추천
2. [지문]에서 숫자가 나오면 '다시 와서 확인할 수도 있겠구나'라고 한 번은 생각하고 넘어가자
   - → 2019년 수능 42번 : 회원이 28개국, 100개가 넘는 국가가 채택 등
   - → 2022년 수능 15번 : 체중의 증가율 2, 기초 대사량의 증가율 1.6
3. [지문]에서 수식·증감·강약·비례·비율 등의 내용이 나온다면 비례·반비례 문제일 확률이 높다. [지문]에 ↑↓, 수식, 분수 등으로 표시하면서 읽자.

사유 재산 제도하에서는 누구나 자신의 재산을 자유롭게 처분할 수 있다. 그러나 기부와 같이 어떤 재산이 대가 없이 넘어가는 무상 처분 행위가 행해졌을 때는 그 당사자인 무상 처분자와 무상 취득자의 의사와 무관하게 그 결과가 번복될 수 있다. 무상 처분자가 사망하면 상속이 개시되고, 그의 상속인들이 유류분을 반환받을 수 있는 권리인 유류분권을 행사할 수 있기 때문이다. 이때 무상 처분권자는 피상속인이 되고 그의 권리와 의무는 상속인에게 이전된다.

(중략)

피상속인이 상속 개시 당시에 가졌던 재산으로부터 상속받은 이익이 있는 상속인은 유류분에 해당하는 이익의 일부만 반환받을 수 있다. 유류분에 해당하는 이익에서 이미 상속받은 이익을 뺀 값인 유류분 부족액만 반환받을 수 있기 때문이다.

---

189. 무상 처분된 물건이 반환되는 경우 유류분 부족액이 클수록 무상 취득자의 지분이 더 커진다.

(189. 2022년 9월 모의고사 11번 - ②)

(X) 유류분 부족액은 유류분에 해당하는 이익에서 이미 상속받은 이익을 뺀 값이다.

'유류분 – 이미 상속받은 이익 = 유류분 부족액'

무상 취득자는 무상 처분된 물건을 반환해야 하는 사람이고, 상속인은 물건을 돌려받아야 하는 사람이다. 중략 이후 문단에서 상속인은 유류분 부족액만 반환받을 수 있다고 했으므로, 유류분 부족액이 클수록 상속인의 지분이 커지고, 무상 취득자의 지분은 작아질 것이다. 틀린 선지이다.

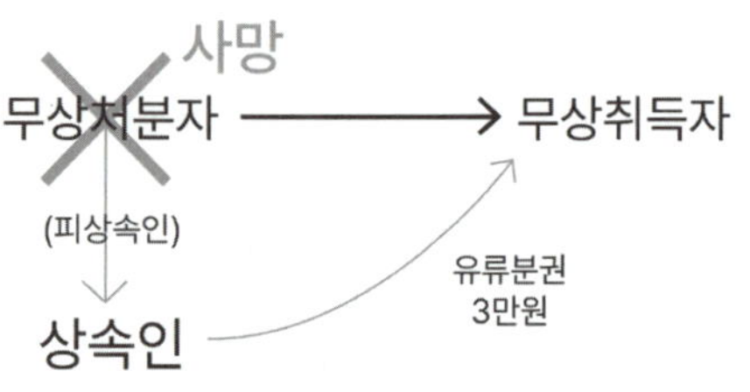

[check point]

뺄셈 문제이다. 뺄셈 문제는 'A − B = C' 각각 구성 요소들이 증감함에 따라 결과값이 어떻게 변하는지, 구성 요소 중 값이 고정되어있는 요소가 있다면 다른 구성 요소들이 어떻게 변하는지를 주의 깊게 보아야 한다.

→ 2020년 6월 모의고사 31번(책205~208번) : 수입 − 비용 = 이윤

→ 2022년 9월 모의고사 11번(책 6번) : 유류분 − 이미 상속 받은 이익 = 유류분 부족액

2022년 9월 모의고사 14번

중요도 는 웹 페이지의 중요성을 값으로 나타낸 것으로 링크 분석 기법으로 측정할 수 있다. 기본적인 링크 분석 기법 에서 웹 체이지 A의 값은 [1-1]A를 링크한 각 웹 페이지들로부터 받는 값의 합이다. 이렇게 받은 A의 값은 [1-2]A가 링크한 다른 웹 페이지들에 균등하게 나눠진다. 즉 A의 값이 4이고 A가 두 개의 링크를 통해 다른 웹 페이지로 연결된다면, A의 값은 유지되면서 두 웹 페이지에는 각각 2가 보내진다.

하지만 두 웹 페이지가 실제로 받는 값은 2에 댐핑 인자를 곱한 값이다. [2-1]댐핑 인자는 사용자들이 웹 페이지를 읽다가 링크를 통해 다른 웹 페이지로 이동하지 않는 비율을 반영한 값으로 1 미만의 값을 가진다. 댐핑 인자는 모든 링크에 동일하게 적용된다. 가령 [2-2]그 비율이 20%이면 댐핑 인자는 0.8이고 두 웹 페이지는 각각 1.6을 받는다. 웹 페이지로 연결된 링크를 통해 받는 값을 모두 반영했을 때의 값이 각 웹 페이지의 중요도이다. 웹 페이지들을 연결하는 링크들은 변할 수 있기 때문에 검색 엔진은 주기적으로 웹 페이지의 중요도를 갱신한다.

190. 사용자가 링크를 따라 다른 웹 페이지로 이동하는 비율이 높을수록[2-1] 댐핑 인자가 커진다[2-2].

[지문 내용]

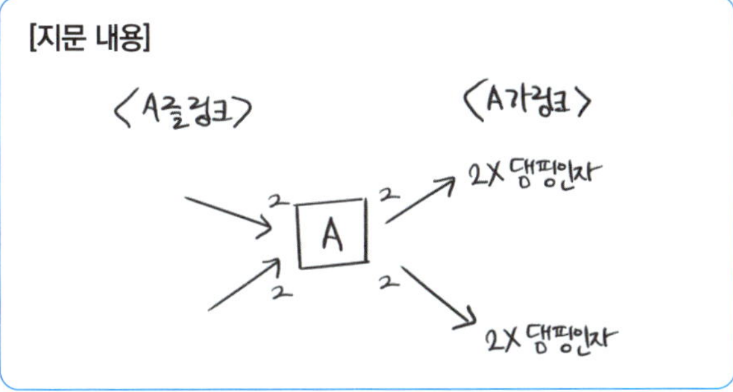

190. 2022년 9월 모의고사 14번 − ②

(O) 중요도는 링크 분석 기법으로 측정하고, 링크 분석 기법은 아래와 같이 측정된다. 위 그림에서 웹 페이지 A의 값은 A를 링크한 웹 페이지로[1-1]부터 받은 값(2)의 합(4)이고 이 값은 A가 링크한 웹페이지[1-2]로 나누어진다. A에서 보낼 때는 각각 균등하게 2로 보내지만, A가 링크한 웹페이지가 받을 때는 2의 값에 댐핑 인자가 곱해진 값(=2×댐핑 인자)가 된다.

댐핑 인자는 '사용자들이 다른 웹 페이지로 이동하지 않는 비율을 반영한 값[2-1]'이다. 비율이 20%면 댐핑 인자[2-2]는 0.8(=1-비율값)로, 서로 반비례함을 알 수 있다. 그렇다면 '사용자들이 다른 웹 페이지로 이동하는 비율'이 높아지면 댐핑 인자도 커질 것이다. 맞는 선지이다.

'이동하지 않는 비율'과 댐핑 인자는 반비례 관계라면 '이동하는 비율'과 '댐핑 인자'는 비례 관계일 것이다. 이렇게 단어를 살짝 바꿔서 한 번 더 생각하도록 출제하는 경향이 있으므로 주의하자.

[check point]

1. 어떠한 대상의 정의를 반대로 바꿔 다른 대상과의 관계를 물어보고 있다.

→ 2022년 9월 모의고사 14번(책 190번): [지문] 댐핑 인자는 사용자들이 링크를 통해 다른 웹 페이지로 이동하지 않는 비율을 반영한 값이다. 가령 그 비율이 20%이면 댐핑 인자는 0.8이다.(이동하지 않는 비율과 댐핑 인자는 반비례 관계) → [선지] 사용자가 링크를 따라 다른 웹 페이지로 이동하는 비율이 높을수록 댐핑 인자가 커진다.(이동하는 비율과 댐핑 인자는 비례 관계)

2. [지문]을 이해할 때 'A를 링크한 웹 페이지들로부터 받는 값', 'A가 링크한 웹 페이지들에 균등하게 나눠진다.'와 같이 A를 링크한 B로부터 받는 값: B → A . A가 링크한 B에

나눠진다. : A→B 어디서 어디로 나눠지고 받는 것인지 확실하게 파악하여야 했다.

	A	B
①	클	클
②	클	작을
③	같을	클
④	작을	클
⑤	작을	작을

2022년 6월 모의고사 14번

이중차분법은 사건을 경험한 표본들로 구성된 시행집단에서 일어난 변화에서 사건을 경험하지 않은 표본들로 구성된 비교집단에서 일어난 변화를 뺀 값을 사건의 효과라고 평가하는 방법이다. 이는 사건이 없었더라도 비교집단에서 일어난 변화와 같은 크기의 변화가 시행집단에서도 일어났을 것이라는 평행추세 가정에 근거해 사건의 효과를 평가한 것이다. 이 가정이 충족되면 사건 전의 상태가 평균적으로 같도록 두 집단을 구성하지 않아도 된다.

(중략)

평행추세 가정이 충족되지 않는 경우에 이중차분법을 적용하면 사건의 효과를 잘못 평가하게 된다. 예컨대 ㉠ 어떤 노동자 교육 프로그램의 고용 증가 효과를 평가할 때, 일자리가 급격히 줄어드는 집단에서 종사하는 노동자의 비중이 비교집단에 비해 시행집단에서 더 큰 경우에는 평행추세 가정이 충족되지 않을 것이다. 그렇다고 해서 집단 간 표본의 통계적 유사성을 높이려고 사건 이전 시기의 시행집단을 비교집단으로 설정하는 것이 평행추세 가정의 충족을 보장하는 것은 아니다. 예컨대 고용처럼 경기변동에 민감한 변화라면 집단 간 표본의 통계적 유사성보다 변화 발생의 동시성이 이 가정의 충족에서 더 중요할 수 있기 때문이다.

---

191. 다음은 이중차분법을 ㉠에 적용할 경우에 나타날 결과를 추론한 것이다. A와 B에 들어갈 말을 바르게 짝지은 것은?

> 프로그램이 없었다면 시행집단에서 일어났을 고용률 증가는, 비교집단에서 일어난 고용률 증가와/보다 (A)것이다. 그러므로 ㉠에 이중차분법을 적용하여 평가한 프로그램의 고용 증가 효과는 평행추세 가정이 충족되는 비교집단을 이용하여 평가한 경우의 효과보다 (B)것이다.

---

191. 2022년 6월 모의고사 14번 – ⑤

[지문 내용]

이중차분법: 시행집단의 변화에서 비교집단의 변화를 비교하는 방법

– 변화 값을 비교하는 것이므로 시행 전·후 값은 서로 달라도 됨.

– '평행추세 가정 : 그 사건이 없었더라면 변화 값이 같아야 함.'에 근거를 두고 있음

	사건 전 값	사건 후 값	변화 값	
시행집단 (사건 경험○)	A	B	| A-B |	같아야 함
비교집단 (사건 경험✕)	C	D	| C-D |	

㉠의 상황: 일자리가 급격히 줄어드는 집단에서 종사하는 노동자의 비중이 비교집단에 비해 시행집단에서 더 큰 경우, 프로그램이 없었다면 시행집단에서 일어났을 고용률 증가는 비교집단에서 일어난 고용률 증가보다 작을 것이다. 또한 교육 프로그램은 고용 증가 효과를 가져올 것이므로 교육 프로그램이 없을 때 시행집단에서의 일자리 감소 속도가 비교집단보다 빠르다면 교육 프로그램의 효과가 실제보다 적게 드러날 것을 예측할 수 있다. 아래에서 실제 숫자를 가정하여 계산해 본다면 더 명확히 알 수 있을 것이다.

아래 〈평행추세 가정이 충족되지 않는 경우〉 표에서 볼 수 있듯이 교육 프로그램이 없었을 때 시행집단(5→1)이 비교집단(4→2)보다 고용률이 더 빠르게 감소하는 상황에서, 실제 효과가 2인 교육 프로그램을 실시한다고 가정한다면 프로그램을 실시하는 경우에 B시점에서의 고용률은 프로그램을 실시하지 않았을 때의 고용률에 비해 2가 올라 3이 된다. 이중차분

법을 적용한 교육 프로그램의 효과는 시행집단과 비교집단의 고용률 변화로 알 수 있는데, 시행집단의 고용률 변화(5-3=2)와 비교집단의 고용률 변화(4-2=2)는 동일하므로 교육 프로그램의 효과는 0, 즉 실제 교육 프로그램의 효과보다 작게 나타나게 된다.

반대로 평행추세 가정이 충족된다면 교육 프로그램이 없을 때 시행집단의 고용률의 감소와 비교집단의 고용률의 감소는 같을 것이다. 그렇다면 시행집단의 고용률은 교육 프로그램의 실제 효과를 온전히 반영할 것이다.

따라서 프로그램이 없었다면 시행집단에서 일어났을 고용률 증가는 비교집단에서 일어난 고용률 증가보다 작을 것이고, 프로그램의 고용 증가 효과는 평행추세 가정이 충족되는 비교집단을 이용하여 평가한 경우의 효과보다 작을 것이다.

이 선지는 평행추세 가정을 제대로 이해하고 있는지 및 '일자리가 급격히 줄어드는 산업에 종사하는 노동자의 비중'이 '고용률 증가'와 반비례 관계임을 파악했는지를 묻는 문제이다. 이렇듯 [지문]에 있는 문장을 비슷하게 바꿔 선지를 출제하므로, 선지와 [지문]의 달라진 표현을 대응시킬 수 있도록 훈련하도록 하자.

〈평행추세 가정이 충족되지 않는 경우〉

	교육 프로그램✕		교육 프로그램◯ (=실제 효과: 2)	
시간	시행집단 고용률	비교집단 고용률	시행집단 고용률	비교집단 고용률
1월 1일(A)	5	4	5	4
12월 31일(B)	1	2	3	2
변화 값(A-B)	4	2	2	2
	평행추세 가정 충족✕		실제 효과 : 2 → 보이는 효과 : 0	

〈평행추세 가정이 충족되는 경우〉

	교육 프로그램✕		교육 프로그램◯ (=실제 효과: 2)	
시간	시행집단 고용률	비교집단 고용률	시행집단 고용률	비교집단 고용률
1월 1일(A)	5	4	5	4
12월 31일(B)	3	2	5	2
변화 값(A-B)	2	2	0	2
	평행추세 가정 충족◯		실제 효과 : 2 → 보이는 효과 : 2	

㉠상황일 때	시행 집단	비교 집단
교육 프로그램이 없었을 때 고용률 증가	↓	↑
교육 프로그램 실제 효과	=	=
이중차분법을 적용하여 평가한 교육 프로그램의 고용 증가 효과	↓	↑

[check point]

'일자리가 급격히 줄어드는 산업에 종사하는 노동자의 비율'
= '고용률 증가'와 반비례 관계임을 알 수 있어야 한다.

2021년 9월 모의고사 8번

일반적으로 독점적 지위를 누린다는 것은 상품의 가격을 결정할 수 있는 힘이 있다는 의미이다. 그럼에도 불구하고 판매자는 구매자의 수요를 고려해야 한다. 대체로 구매자는 상품의 물량이 많을 때보다 적을 때 높은 가격을 지불하고자 하기 때문에, 판매자는 공급량을 감소시킴으로써 더 높은 가격을 책정할 수 있다. 독점적 경쟁 시장의 판매자도 이러한 지위 덕분에 상품에 차별성이 없는 경우를 가정할 때보다 다소 비싼 가격에 상품을 판매하는 경향이 있다. 그러나 그 결과 독점적 경쟁 시장의 ¹⁻¹판매자가 단기적으로 이윤을 보더라도, 그 이윤이 지속되리라 기대할 수는 없다. 이윤을 보는 판매자가 있으면 그러한 이윤에 이끌려 약간 다른 상품을 공급하는 ¹⁻²신규 판매자의 수가 장기적으로 증가하고, 그 결과 기존 판매자가 공급하던 ¹⁻³상품에 대한 수요는 감소하여 이윤이 줄어들 것이기 때문이다.

판매자가 광고 를 통해 상품의 차별성을 알리는 대표적인 방법은 상품에 대한 정보를 전달하는 것이다. 하지만 ²⁻¹많은 비용을 들인 것으로 보이는 광고만으로도 상품의 차별성을 부각할 수 있다. 판매자가 경쟁력에 자신 없는 상품에 많은 광고 비용을 지출하지 않을 것이라는 구매자의 추측을 유도하는 것이 이 광고 방법의 목적이다. ²⁻²가격이 변화할 때 구매자의 상품 수요량이 변하는 정도를 수요의 가격 탄력성 이라 하는데, 구매자가 자신이 선호하는 상품이 차별화되었다고 느낄수록 수요의 가격 탄력성은 감소한다. 이처럼 구매자가 특정 상품에 갖는 충성도가 높아지면, 판매자의 독점적 지위는 강화된다. 판매자는 이렇게 광고가경쟁을 제한하는 효과를 노린다. 독점적 경쟁 시장에 진입하는 신규 판매자도 상품의 차별성을 강조함으로써 독점적 지위를 확보하고자 광고를 빈번하게 이용한다.

'갑' 기업의 광고 기획 초안

∘ 대상: 새로 출시하는 여드름 억제 비누

∘ 기획 근거: 다수의 비누 판매 기업이 다양한 여드름 억제 비누를 판매 중이며, 우리 기업은 여드름 억제 비누 시장에 처음으로 진입하려는 상황이다. 우리 기업의 신제품은 새로운 성분이 함유되어 기존의 어떤 비누보다 여드름 억제 효과가 탁월하며, 국내에서 전량 생산할 계획이다.
현재 여드름 억제 비누 시장을 선도하는 경쟁사인 '을' 기업은 여드름 억제 비누로 이윤을 보고 있으며, 큰 비용을 들여 인기 드라마에 상품을 여러 차례 노출하는 전략으로 광고 중이다. 반면 우리 기업은 이번 광고로 상품에 대한 정보 검색을 많이 하는 소비 집단을 공략하고자 제품 정보를 강조하되, 광고 비용은 최소화하려 한다.

∘ 광고 개요: 새로운 성분의 여드름 억제 효과를 강조하고, 일반인 광고 모델들이 우리 제품의 여드름 억제 효과를 체험한 것을 진술하는 모습을 담은 TV 광고

192. 이 광고로 '갑' 기업이 단기적으로 이윤을 보게 된다면 여드름 억제 비누 시장 내의 판매자 간 경쟁은 장기적으로 약화될 수 있겠어.[1-1]

193. 이 광고가 '갑' 기업의 신제품을 포함하여 여드름 억제 비누 수요의 가격 탄력성을 높인다면[2-2] '갑' 기업은 자사 제품의 가격을 높게 책정할 수 없겠어.

[지문 내용]

• 독점적 경쟁 시장의 판매자는 비싼 가격에 상품을 판매함
→ 신규 판매자의 수가 장기적으로 증가할 것이므로 그 이윤은 지속 기대X
광고 : 상품에 대한 정보를 전달하는 것

→ 많은 비용을 들인 것으로 보이기만 해도 상품의 차별성을 부각할 수 있음
수요의 가격 탄력성 : 가격이 변화할 때 구매자의 상품 수요량이 변하는 정도
→ 구매자가 선호하는 상품이 차별화되었다고 느낄수록 ↓(= 판매자의 독점적 지위↑)

⇒ 광고 ○ → 구매자가 특정 상품에 갖는 충성도↑ → 판매자의 독점적 지위↑, 경쟁↓

〈보기〉의 '을' 기업은 [지문]에서 '많은 비용을 들여 상품을 차별성을 부각하고 있다'[2-1]고 설명한 기업에 해당하고, '갑' 기업은 이제 진입하는 신규 판매자이다. [지문]의 독점적 경쟁 시장에 진입하는 신규 판매자[1-2]와 연관 지을 수 있겠다는 예측을 할 수 있다.

(192. 2021년 9월 모의고사 8번 – ③)

(✕) [지문]에서 "판매자가 단기적으로 이윤을 보더라도, 그 이윤이 지속되리라 기대할 수는 없다.[1-1]"의 문장에서 이윤이 지속되지 않을 것임을 알 수 있다. 또한 "신규 판매자의 수가 장기적으로 증가하고~[1-2]그 결과 이윤이 줄어들 것이다.[1-3]"라고도 설명하고 있으므로, 단기적으로 이윤을 보게 된다고 하더라도 신규 판매자의 수가 장기적으로 증가하여 오히려 경쟁이 강화될 것을 예측할 수 있다. 따라서 경쟁이 장기적으로 약화될 수 있겠다는 이 선지는 틀린 선지이다.

(193. 2021년 9월 모의고사 8번 – ⑤)

(○) [지문]에서 '가격이 변화할 때 구매자의 상품 수요량이 변하는 정도가 수요의 가격 탄력성이라 한다.'라고 나와 있다. 다시 말하면, 수요의 가격 탄력성이 높아진다는 것은 가격이 변할 때 수요량이 크게 변한다는 말이다. 수요의 가격 탄력성이 높아졌을 때 제품을 가격을 높게 책정한다면 수요량이 크게 줄어들 것이다. 따라서 갑 기업이 제품의 가격을 높게 책정하기는 쉽지 않을 것이다. 맞는 선지이다.

[check point]

1. 가능성을 판단해보자.

  → '많다'는 의미는 어느 정도 이상을 뜻하는 것이지(약 50%), 100%를 말하는 것은 아니다(2022년 6월 모의고사 14번-책 139번).

  → '~~할 수 있다'는 '~~이다'와 다르다. '~~할 수 있다'는 1%라도 가능성이 있다는 말이고, '~~이다'는 100%라는 말이다(2023년 9월 모의고사 5번-책 144번). 주의하도록 하자.

  → '이윤이 지속되리라 기대할 수는 없다.'는 이윤이 지속될 1%의 가능성도 없다는 말과 같다.(2021년 9월 모의고사 8번-책 192번)

  → '어떤 규정이 다수 의견으로는 기회균등 원칙을 침해하지 않는다고 보았지만 소수 의견은 침해한다고 보았다'면 기회균등 원칙을 침해할 가능성이 있는 규정이다.(2023년 수능 5번-책 185번)

2. 〈보기〉 문제는 아래 3가지 케이스와 같다.

  첫 번째로, [지문]에서 특정한 부분을 예시로 든 문제(해당 유형 ✓)

  – 〈보기〉에서 예시로 든 부분에 관한 설명을 [지문]에서 찾아야 함

  → 주로 기술·과학·경제·법 지문 (2020년 6월 모의고사 28번-책 19번, 2021년 11월 수능 16번-책 20~21번 등)

  두 번째로, [지문]에서 설명한 내용에서 추가적인 내용을 설명한 문제

  – [지문]과 공통점 차이점 비교

  → 주로 인문(학자) 지문 (2021년 6월 모의고사 8번 –책 274번~275번 등)

  세 번째로, [지문]의 비교 대상끼리 장단점을 섞은 예시를 든 문제

  – [지문]의 어느 부분을 섞은 것인지를 판단하여야 함

  → 신유형 (2024년 6월 모의고사 7번-책 40~42번)

  ⇒ **2021년 9월 모의고사 16번 〈보기〉문제와 비교해보길 바란다.**

2021년 6월 모의고사 17번

1993년 노벨 화학상은 중합 효소 연쇄 반응(PCR)을 개발한 멀리스에게 수여된다. 염기 서열을 아는 DNA가 한 분자라도 있으면 이를 다량으로 증폭할 수 있는 길을 열었기 때문이다. PCR는 주형 DNA, 프라이머, DNA중합 효소, 4종의 뉴클레오타이드가 필요하다. 주형 DNA란 시료로부터 추출하여 PCR에서 DNA 증폭의 바탕이 되는 이중 가닥 DNA를 말하며, 주형 DNA에서 증폭하고자 하는 부위를 표적 DNA라 한다. 프라이머는 표적 DNA의 일부분과 동일한 염기 서열로 이루어진 짧은 단일 가닥 DNA로, 2종의 프라이머가 표적 DNA의 시작과 끝에 각각 결합한다. DNA 중합 효소는 DNA를 복제하는데, 단일 가닥 DNA의 각 염기 서열에 대응하는 뉴클레오타이드를 순서대로 결합시켜 이중 가닥 DNA를 생성한다.

(중략)

이러한 DNA 복제 과정이 한 사이클을 이루며, 사이클마다 표적 DNA의 양은 2배씩 증가한다. 그리고 DNA의 양이 더 이상 증폭되지 않을 정도로 충분히 사이클을 수행한 후 PCR를 종료한다. 전통적인 PCR는 PCR의 최종 산물에 형광 물질을 결합시켜 발색을 통해 표적 DNA의 증폭 여부를 확인한다. 실시간 PCR는 전통적인 PCR와 동일하게 PCR를 실시하지만, [3-1]사이클마다 발색 반응이 일어나도록 하여 누적되는 발색을 통해 표적 DNA의 증폭을 실시간으로 확인할 수 있다.

(중략)

[A] [4-1]실시간 PCR에서 발색도는 증폭된 이중 가닥 표적 DNA의 양에 비례하며, 일정 수준의 발색도에 도달하는 데 필요한 사이클은 표적 DNA의 초기 양에 따라 달라진다. [4-2]사이클의 진행에 따른 발색도의 변화가 연속적인 선으로 표시되며, [4-3]표적 DNA를 검출했다고 판단하는 발색도에 도달하는 데 소요된 사이클을 Ct값이라 한다. 표적 DNA의 농도를 알지 못하는 미지 시료의 Ct값과 표적 DNA의 농도를 알고 있는 표준 시료의 Ct값을 비교하면 미지 시료에 포함된 표적 DNA의 농도를 계산할 수 있다.

194. [A]를 바탕으로 〈보기1〉의 실험 상황을 가정하고 〈보기2〉와 같이 예상 결과를 추론하였다. ㉮~㉰에 들어갈 말로 적절한 것은?

<보기1>

표적 DNA의 농도를 알지 못하는 ⓐ 미지 시료와, 이와 동일한 표적 DNA를 포함하지만 그 농도를 알고 있는 ⓑ 표준 시료가 있다. 각 시료의 DNA를 주형 DNA로 하여 같은 양의 시료로 동일한 조건에서 실시간 PCR를 실시한다.

<보기2>

만약 ⓐ가 ⓑ보다 표적 DNA의 초기 농도가 높다면,

↓

표적 DNA가 증폭되는 동안, 사이클이 진행됨에 따라 시간당 시료의 표적 DNA의 증가량은 ⓐ가 (㉮).

↓

실시간 PCR의 Ct값에서의 발색도는 ⓐ가 (㉯).

↓

따라서 실시간 PCR의 Ct값은 ⓐ가 (㉰).

	㉮	㉯	㉰
①	ⓑ보다 많겠군	ⓑ보다 높겠군	ⓑ보다 크겠군
②	ⓑ보다 많겠군	ⓑ와 같겠군	ⓑ보다 작겠군
③	ⓑ와 같겠군	ⓑ보다 높겠군	ⓑ보다 작겠군
④	ⓑ와 같겠군	ⓑ와 같겠군	ⓑ보다 작겠군
⑤	ⓑ와 같겠군	ⓑ보다 높겠군	ⓑ보다 크겠군

194. 2021년 6월 모의고사 17번 - ②

발색도 : 증폭된 이중 가닥 표적 DNA의 양에 비례함

→ 일정 수준의 발색도(고정값)에 도달하는 데 필요한 사이클(변화값)은 표적 DNA의 초기 양에 비례함

→ 표적 DNA를 검출했다고 판단하는 발색도에 도달하는데 소요된 사이클(Ct)

⇒ 표적 DNA의 농도를 알지 못하는 미지 시료의 Ct값과 표적 DNA의 농도를 알고 있는 표준 시료의 Ct값을 비교하면 미지 시료에 포함된 표적 DNA의 농도를 계산할 수 있음

이 문제는 고정되어있는 값과 변화하는 값, 비례·반비례 관계를 파악해야 하는 문제이다.

㉮: [지문]의 '실시간 PCR는 사이클마다 발색 반응이 일어나도록 하여 누적되는 발색을 통해 표적 DNA의 증폭을 실시간으로 확인할 수 있다.3-1'에서 사이클이 반복되어 DNA 양이 많아질 때마다 발색이 진해짐을 알 수 있다(=DNA양과 발색도는 비례함4-1). 또한 [A]에서 "실시간 PCR에서 발색도는 증폭된 이중 가닥 표적 DNA의 양에 비례한다"고 하였으므로 ⓐ가 ⓑ보다 표적 DNA의 초기 농도가 높다면 사이클이 진행됨에 따라 시간당 시료의 표적 DNA의 증가량은 ⓐ가 ⓑ보다 많을 것이다.

㉯: Ct값이란 "표적 DNA를 검출했다고 판단하는 발색도에 도달하는 데 소요된 사이클"이다(=미리 정해놓은 값인 발색도(고정값)에 도달하는 데 걸리는 사이클 수(변화값)). 표적 DNA를 검출했다고 판단하는 발색도에 ⓐ와 ⓑ가 도달하면 발색도는 고정값이므로 Ct값에 관계없이 일정할 것이다.

㉰: 표적 DNA의 증가량은 ⓐ가 ⓑ보다 많으므로 미리 정해놓은 발색도에 도달하는 데 걸린 사이클 수는 ⓐ가 ⓑ보다 작을 것이다.

[check point]

1. 평가원은 변화하는 대상과 변화하지 않는 대상을 혼동시키는 방식으로 자주 출제한다. 특히 비례·반비례·양적변화 문제를 풀 때 유의하여야 한다.

→ 변화값: 카메라 상, 고정값: 왜곡 계수(곡률)(2021년 수능 15번-책 15번)

→ 변화값: 사이클 값(Ct),
고정값: 표적 DNA를 검출했다고 판단하는 발색도
(2021년 6월 모의고사 17번-책 194번)

→ 변화값 : B가 참이라는 것에 대한 믿음의 정도
고정값 : A가 참이라는 조건하에 B가 참이라는 것에 대한 믿음의 정도 (2019년 수능 19번-책 211번~213번)

→ 변화값 : 국채의 실제 규모·위험 가중치,
고정값 : 300억 원(2019년 11월 수능 40번-책 216번)

→ 변화값 : 화솟값,

고정값 : 화소의 개수 (2020년 수능 37번-책 289번)

질병을 유발하는 병원체에는 세균, 진균, 바이러스 등이 있다. 생명체의 기본 구조에 속하는 세포막은 지질을 주성분으로 하는 이중층이다. 세균과 진균은 일반적으로 세포막 바깥 부분에 세포벽이 있고, [1-1]바이러스의 표면은 세포막 대신 캡시드라고 부르는 단백질로 이루어져 있다. 바이러스의 종류에 따라 [1-2]캡시드 외부가 지질을 주성분으로 하는 피막으로 덮인 경우도 있다. 한편 진균과 일부 세균은 다른 병원체에 비해 건조, 열, 화학 물질에 저항성이 강한 포자를 만든다.

생활 환경에서 병원체의 수를 억제하고 전염병을 예방하기 위한 목적으로 사용하는 방역용 화학 물질을 '항(抗)미생물 화학제'라 한다.

(중략)

항미생물 화학제 중 멸균제는 포자를 포함한 모든 병원체를 파괴한다. 감염방지제는 포자를 제외한 병원체를 사멸시키는 화합물로 병원, 공공시설, 가정의 방역에 사용된다. 감염방지제 중 독성이 약해 사람의 피부나 상처 소독에도 사용이 가능한 항미생물 화학제를 소독제라 한다. [3-1]사람의 세포막도 지질 성분으로 이루어져 있어 소독제라 하더라도 사람의 세포를 죽일 수 있으므로, 눈이나 호흡기 등의 점막에 접촉하지 않도록 주의해야 한다.

< 보 기 >

◦ 가상의 실험 결과

항미생물 화학제로 사용되는 알코올 화합물 A를 변환시켜 다음과 같은 결과를 얻었다.

[결과1] A에서 지질을 손상시키는 기능만을 약화시켜 B를 얻었다.

[결과2] A에서 캡시드를 손상시키는 기능만을 강화시켜 C를 얻었다.

[결과3] B에서 캡시드를 손상시키는 기능만을 강화시켜 D를 얻었다.

◦ 학생의 추론 : 화합물들의 방역 효과와 안전성을 비교해 보면, [가] 고 추론할 수 있어.

(단, 지질 손상 기능과 캡시드 손상 기능은 서로 독립적이며, 화합물 A, B, C, D의 비교 조건은 모두 동일하다고 가정함.)

195. C는 A에 비해 지질 피막이 없는 바이러스에 대한 방역 효과는 크고, 인체에 대한 안전성은 같다.

196. C는 B에 비해 지질 피막이 있는 바이러스에 대한 방역 효과는 크고, 인체에 대한 안전성은 같다.

197. D는 A에 비해 지질 피막이 없는 바이러스에 대한 방역 효과는 크고, 인체에 대한 안전성은 높다.

198. D는 B에 비해 지질 피막이 없는 바이러스에 대한 방역 효과는 크고, 인체에 대한 안전성은 같다.

[지문 내용]

• 비교 대상 : 세균, 진균, 바이러스

세균 : 세포막 + 세포벽

진균 : 세포막 + 세포벽

바이러스 : 세포막 ✕, 캡시드(단백질) ○(+지질 피막)

사람 : 세포막

〈보기〉

항미생물 화학제 종류	지질 손상 기능 (A 기준)	캡시드 손상 기능 (A 기준)
A	−	−
B	↓	−
C	−	↑
D	↓	↑

〈보기〉에서는 지질과 캡시드 손상 기능 두 기능만 다루고 있다. 선지들은 지질 피막이 없는 바이러스, 인체를 논하고 있으니 [지문]에 가서 지질 피막이 없는 바이러스와 인체가 각각 무엇으로 이루어져 있는지 확인할 필요가 있다.

– 지질 피막이 없는 바이러스[1-1]: 캡시드

– 지질 피막이 있는 바이러스[1-2]: 캡시드+지질 피막

– 사람[3-1]: 지질

195. 2020년 9월 모의고사 37번 – ②

(O) C는 A에 비해 캡시드 손상 기능만 강화되었으므로 A에 비해 '지질 피막이 없는 바이러스(캡시드만 존재)'에 대한 방역 효과는 크고, '인체(지질)'에 대한 안전성은 같다.

196. 2020년 9월 모의고사 37번 – ③

(X) C는 B에 비해 지질과 캡시드 손상 기능이 모두 강화되었으므로 B에 비해 '지질 피막이 있는 바이러스(캡시드+지질 피막)'에 대한 방역 효과는 크고, '인체(지질)'에 대한 안전성은 낮다.

197. 2020년 9월 모의고사 37번 – ④

(O) D는 A에 비해 지질 손상 기능은 약화되었고, 캡시드 손상 기능은 강화되었으므로 A에 비해 '지질 피막이 없는 바이러스(캡시드)'에 대한 방역 효과는 크고, '인체(지질)'에 대한 안전성은 높다.

198. 2020년 9월 모의고사 37번 – ⑤

(O) D는 B에 비해 캡시드 손상 기능만 강화되었으므로 '지질 피막이 없는 바이러스(캡시드)'에 대한 방역 효과는 크고, '인체(지질)'에 대한 안전성은 같다.

[check point]

〈보기〉 문제는 아래 3가지 케이스와 같다.

첫 번째로, [지문]에서 특정한 부분을 예시로 든 문제(해당 유형 ✓)

– 〈보기〉에서 예시로 든 부분에 관한 설명을 [지문]에서 찾아야 함

→ 주로 기술·과학·경제·법 지문 (2020년 6월 모의고사 28번–책 19번, 2021년 11월 수능 16번–책 20~21번 등)

두 번째로, [지문]에서 설명한 내용에서 추가적인 내용을 설명한 문제

– [지문]과 공통점 차이점 비교

→ 주로 인문(학자) 지문 (2021년 6월 모의고사 8번 –책 274번~275번 등)

세 번째로, [지문]의 비교 대상끼리 장단점을 섞은 예시를 든 문제

– [지문]의 어느 부분을 섞은 것인지를 판단하여야 함

→ 신유형 (2024년 6월 모의고사 7번–책 40~42번)

2020년 6월 모의고사 32번

[1-1]ICT 산업을 주도하는 국가에서 더 중요한 문제는 ICT 지식 재산 보호의 국제적 강화일 수 있다. 이론적으로 봤을 때 [1-2]지식 재산의 보호가 약할수록 유용한 지식 창출의 유인이 저해되어 지식의 진보가 정체되고, [1-3]지식 재산의 보호가 강할수록 해당 지식에 대한 접근을 막아 소수의 사람만이 혜택을 보게 된다. [1-2]전자로 발생한 손해를 유인 비용, [1-3]후자로 발생한 손해를 접근 비용이라고 한다면, 지식 재산 보호의 최적 수준은 [1-4]두 비용의 합이 최소가 될 때일 것이다. 각국은 그 수준에서 자국의 지식 재산 보호 수준을 설정한다. 특히 보호 정도와 국민 소득의 관계를 보여 주는 한 연구에서는 [1-5]국민 소득이 일정 수준 이상인 상태에서는 국민 소득이 증가할수록 특허 보호 정도가 강해지는 경향이 있지만, [1-6]가장 낮은 소득 수준을 벗어난 국가들은 그들보다 소득 수준이 낮은 국가들보다 오히려 특허 보호가 약한 것으로 나타났다. 이는 지식 재산 보호의 최적 수준에 대해서도 국가별 입장이 다름을 시사한다.

< 보 기 >

S국은 현재 국민 소득이 가장 낮은 수준의 국가이고 ICT 산업에서 주도적인 국가가 아니다. S국의 특허 보호 정책은 지식 재산 보호 정책을 대표한다.

199. ICT 산업에서 주도적인 국가는 S국이 유인 비용을 현재보다 크게 인식하여 지식 재산 보호 수준을 높이기 바라겠군.[1-1]

200. S국에서는 지식 재산 보호 수준이 낮을 때[1-2]가 높을 때보다 지식 재산 창출 의욕의 저하로 인한 손해[1-2]가 더 심각하겠군.

201. S국에서 현재의 특허 제도가 특허권을 과하게 보호한다고 판단한다면 지식 재산 보호 수준을 낮춰 접근 비용을 높이고[1-3] 싶겠군.

202. S국의 국민 소득이 점점 높아진다면 유인 비용과 접근 비용의 합이 최소가 되는[1-4] 지식 재산 보호 수준은 낮아졌다가 높아지겠군.[1-5, 1-6]

203. S국이 지식 재산 보호 수준을 높일 때, 지식의 발전이 저해되어 발생하는 손해[1-2]는 감소하고 다수가 지식 재산의 혜택을 누리지 못하여 발생하는 손해[1-3]는 증가하겠군.

[지문 내용]

유인 비용 : 유용한 지식 창출의 유인이 저해되어 지식의 진보가 정체됨에 따른 손해

접근 비용 : 해당 지시에 대한 접근을 막아 소수의 사람만이 혜택을 보게 됨에 따른 손해

- 지식 재산 보호 ↓ → 지식 창출 ↓ → 유인 비용 ↑ [1-2]
- 지식 재산 보호 ↑ → 지식 접근 ↓ → 접근 비용 ↑ [1-3]

⇒ 두 비용의 합이 최소가 될 때 : 지식 재산 보호의 최적 수준

국민 소득 ↑	특허 보호 정도 ↑[1-5]
==============일정 수준==============	
국민 소득 중간	특허 보호 ↓ ↓[1-6]
국민 소득 가장 낮음	특허 보호 ↓[1-6]

(O) 비용이 ↑이면 손해이다. S국이 유인 비용을 현재보다 크게 인식한다면 이를 줄이길 바랄 것이고, 유인 비용을 줄이기 위하여 지식 재산 보호를 키울 것이다. 또한 [지문]에서 ICT산업을 주도하는 국가에서는 지식 재산 보호의 국제적 강화를 선호[1-1]한다고 하였으므로 맞는 선지이다.

(O) 지식 재산 창출 의욕의 저하로 인한 손해는 유인 비용[1-2]이다. 지식 재산 보호 수준이 낮을 때는 지식 창출이 줄어들어 유인 비용이 늘어난다.[1-2] 유인 비용이 늘어나면 손해가 더 심각해지므로 맞는 선지이다.

(X) 특허 제도가 특허권을 과하게 보호한다고 판단되면 지식 재산 보호 수준을 낮출 것이라는 말은 맞다. 하지만 그로써 접근 비용이 낮아질 것[1-3]이므로 틀린 선지이다.

(O) S국은 현재 국민 소득이 가장 낮은 수준이다. 국민 소득이 일정 수준 이상인 상태에서는 국민 소득이 증가할수록 특허 보호 정도도 강해지는 경향이 있지만, 국민의 소득이 가장 낮은 소득 수준을 벗어난 국가들은 그들보다 소득 수준이 낮은 국가들보다 오히려 특허 보호가 약한 것으로 나타났으므로[1-5, 1-6], S국의 국민 소득이 점점 높아진다면 특허 보호 정도가 더 약해졌다가, 국민 소득이 일정 수준 이상이 된 후부터는 강해질 것이다.

(O) 위의 ·를 보면, 지식 재산 보호 수준을 높이는 경우 '지식의 발전이 저해되어 발생하는 손해(=유인 비용)[1-2]'는 낮아지고, '다수가 지식 재산의 혜택을 누리지 못하여 발생하는 손해(=접근 비용)[1-3]'는 증가한다. 따라서 맞는 선지이다.

[check point]

1. [지문]에서 단계를 구분하고, 〈보기〉에서 한 단계를 예시로 설명한 문제이다.

   이 [지문]에서는 국민 소득이 일정 수준 이상인 국가, 국민 소득이 가장 낮은 국가, 가장 낮은 소득 수준을 벗어난 국

가로 총 3개의 단계로 나누어 놓았다.

→2018년 6월 모의고사 25번(농지 임대차 계약)

→2019년 6월 모의고사 41번(복어, 아메바)

→2020년 6월 모의고사 32번(S국)

2. 〈보기〉 문제는 아래 3가지 케이스와 같다.

첫 번째로, [지문]에서 특정한 부분을 예시로 든 문제(해당 유형 ✓)

– 〈보기〉에서 예시로 든 부분에 관한 설명을 [지문]에서 찾아야 함

→ 주로 기술·과학·경제·법 지문 (2020년 6월 모의고사 28번–책 19번, 2021년 11월 수능 16번–책 20~21번 등)

두 번째로, [지문]에서 설명한 내용에서 추가적인 내용을 설명한 문제

– [지문]과 공통점 차이점 비교

→ 주로 인문(학자) 지문 (2021년 6월 모의고사 8번 –책 274번~275번 등)

세 번째로, [지문]의 비교 대상끼리 장단점을 섞은 예시를 든 문제

– [지문]의 어느 부분을 섞은 것인지를 판단하여야 함

→ 신유형 (2024년 6월 모의고사 7번–책 40~42번)

⇒ 2021년 9월 모의고사 16번 〈보기〉문제와 비교해보길 바란다.

2019년 9월 모의고사 29번

물건의 소유권이 양도되려면, 소유자가 양도인이 되어 양수인과 유효한 양도 계약을 하고 이에 더하여 소유권 양도를 공시해야 한다. ㉠ 점유로 소유권이 공시되는 동산 의 소유권 양도는 점유를 넘겨주는 점유 인도로 공시된다.

(중략)

양도인이 소유자가 아니더라도 양수인이 점유 인도를 받으면 소유권을 취득할 수 있을까? [2-1]점유로 공시되는 동산의 경우 양수인이 충분히 주의를 했는데도 양도인이 소유자가 아님을 알지 못한 채 양도인과 유효한 계약을 하고, 점유 인도로 공시를 했다면 양수인은 소유권을 취득한다. 이것을 '선의취득'이라 한다.

(중략)

반면에 국가가 관리하는 공적 기록인 [3-1]등기 · 등록으로 공

시되어야 하는 물건은 아예 선의취득 대상이 아니다. ㉡ 법률이 등록 대상으로 규정한 자동차, 항공기 등의 동산은 [3-2]등록으로 공시되는 물건이고, 토지 · 건물과 같은 부동산은 등기로 공시되는 물건이다. 이러한 고가의 재산에 대해 [3-3]선의취득을 허용하게 되면 원래 소유자의 의사에 반하는 소유권 박탈이 일어나게 된다. [3-4]이것은 거래 안전에만 치중하고 원래 소유자의 권리 보호를 경시한 것이 되어 바람직하지 않다고 볼 수 있다.

---

204. ㉡은 ㉠과 달리, 원래 소유자의 권리 보호가 거래 안전보다 중시[3-4]되는 대상이다.

[지문 내용]

〈소유권 양도 : 공시하여야 함〉

점유로 소유권이 공시되는 동산 : 점유 인도로 공시 → 선의 취득 대상 ○

법률이 등록 대상으로 규정한 자동차, 항공기 등의 동산 : 등록으로 공시 → 선의취득 대상 ✕

토지·건물과 같은 부동산 : 등기로 공시 → 선의취득 대상 ✕

선의취득 : 양수인이 충분히 주의를 했는데도 양도인이 소유자가 아님을 알지 못한 채 양도인과 유효한 계약을 하고, 점유 인도로 공시를 했다면 양수인이 소유권을 취득하는 제도

---

204. 2019년 9월 모의고사 29번 – ②

(O) ㉠은 선의취득 대상[2-1]이지만 ㉡은 선의취득 대상이 아니다[3-1, 3-2]. 선의취득시에는 원래 소유자의 의사에 반하는 소유권 박탈이 일어나게 되는데[3-3], ㉡은 고가의 재산이기 때문에 이에 대해 선의취득을 허용하게 되면 거래 안전에만 치중하고 원래 소유자의 권리 보호를 경시[3-4]한 것이 되기 때문이다. [지문]에서는 ㉡에 대하여 선의취득을 허용했을 때 나타나는 결과에 대해 바람직하지 않다고 하였고, 선지에서는 선의취득을 금지한 상태의 ㉡에 대하여 언급하고 있다. 따라서 [지문]에서 설명하는 결과를 뒤바꾸어 선지에 적용하면 된다. 한눈에 보기에 편하게 정리하면 아래 표와 같다.

	거래 안전	원래 소유자의 권리 보호
선의취득 허용(가정)	↑(치중)	↓(경시)
선의취득 금지 (선지 상황. [지문]을 읽고 추론)	↓	↑

따라서 현재 ⓒ은 ⑦과 달리 원래 소유자의 권리 보호가 거래 안전보다 중시되는 상태로, ②는 맞는 선지이다.

[check point]

[지문]에서 설명한 ↑와 ↓를 선지가 원하는 바에 맞춰 바꿀 수 있어야 한다.

2020년 6월 모의고사 31,33번

일부 국가에서는 ICT 다국적 기업에 대해 디지털세 도입을 진행 중이다. 디지털세는 이를 도입한 국가에서 ICT 다국적 기업이 거둔 수입에 대해 부과되는 세금이다. 디지털세의 배경에는 법인세 감소에 대한 각국의 우려가 있다. 법인세는 국가가 기업으로부터 걷는 세금 중 가장 중요한 것으로, 재화나 서비스의 판매 등을 통해 거둔 [1-1]수입에서 제반 비용을 제외하고 남은 이윤에 [1-2]대해 부과하는 세금이라 할 수 있다.

⑦ 많은 ICT 다국적 기업이 법인세율이 현저하게 낮은 국가에 자회사를 설립하고 그 자회사에 이윤을 몰아주는 방식으로 법인세를 회피한다는 비판이 있어 왔다. 예를 들면 ICT 다국적 기업 Z사는 법인세율이 매우 낮은 A국에 자회사를 세워 특허의 사용 권한을 부여한다. 그리고 [2-1]법인세율이 A국보다 높은 B국에 설립된 Z사의 자회사에서 특허 사용으로 수입이 발생하면 Z사는 B국의 자회사로 하여금 A국의 자회사에 특허 사용에 대한 수수료인 로열티를 지출하도록 한다. 그 결과 Z사는 ⓐ B국의 자회사에 법인세가 부과될 이윤을 최소화한다. ICT 다국적 기업의 본사를 많이 보유한 국가에서도 해당 기업에 대한 법인세 징수는 문제가 된다.

< 보 기 >

○ **과제** : '⑦을 근거로 ICT 다국적 기업에 디지털세가 부과되는 것이 타당한가?'를 검증할 가설에 대한 판단

• 가설

ICT 다국적 기업 자회사들의 수입 대비 이윤의 비율은 법인세율이 높은 국가일수록 낮다.

• 판단

가설이 참이라면 ⟨ ㉑ ⟩고 할 수 있으므로 ⑦을 근거로 디지털세를 부과하는 것을 지지할 수 있겠군.

문맥상 ⓐ와 바꿔 쓰기에 적절하지 <u>않은</u> 것은?

205. A국의 자회사가 거두는 수입을 늘린다.

206. A국의 자회사가 얻게 될 이윤을 줄인다.

207. B국의 자회사가 낼 법인세를 최소화한다.

208. B국의 자회사가 지출하는 제반 비용을 늘린다.

㉑에 들어갈 말로 가장 적절한 것은?

209. ICT 다국적 기업 자회사의 수입 대비 제반 비용의 비율이 법인세율이 낮은 국가일수록 높다.

210. ICT 다국적 기업이 법인세율이 높은 국가의 자회사에서 수입에 비해 이윤을 줄이는 방식으로 법인세를 줄이고 있다.

[지문 내용]

⑦의 상황을 그림으로 표현하면 아래와 같다. 법인세율이 낮은 국가의 회사에 이윤을 몰아주고, 법인세율이 높은 국가의 회사에는 이윤을 최소화하여 같은 수입으로 세금을 적게 내려고 하는 방법이다.

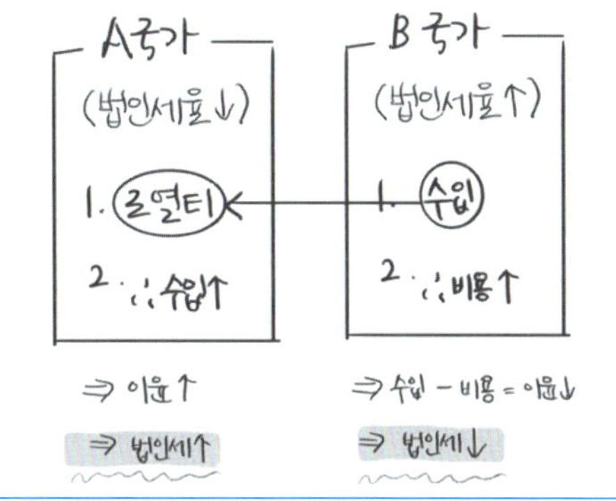

〈보기〉에서 가설은 "자회사의 수입 대비 이윤의 비율은 법인세율이 높은 국가일수록 낮다."이고 이 말은 "법인세율이 높은 국가일수록 이윤의 비율은 낮다."는 말과 같다. '수입 − 비용 = 이윤[1-1]'에서 비용이 ↑이면 이윤이 ↓이므로 결국 법인세율이 높은 국가일수록 비용이 높다는 뜻이다. 따라서 이 가설은 [지문]과 일치하는 상황이다.

---

205. 2020년 6월 모의고사 31번 − ③

(X) [지문]과 〈보기〉의 상황은 같고, 법인세율이 낮은 국가일수록 이윤을 몰아주므로 수입 대비 제반 비용의 비율은 줄어든다. 따라서 틀린 선지이다.

---

206. 2020년 6월 모의고사 31번 − ④

(O) 위 그림을 보면 기업이 법인세율이 높은 국가에서 이윤을 줄이는 방식으로 법인세를 줄이고 있으니 맞는 선지이다.

[check point]

1. 뺄셈 문제이다. 뺄셈 문제는 'A − B = C' 각각 구성 요소들이 증감함에 따라 결과값이 어떻게 변하는지, 구성 요소 중 값이 고정되어있는 요소가 있다면 다른 구성 요소들이 어떻게 변하는지를 주의 깊게 보아야 한다.
   - → 2020년 6월 모의고사 31번(책205~208번) : 수입 − 비용 = 이윤
   - → 2022년 9월 모의고사 11번(책 6번) : 유류분 − 이미 상속받은 이익 = 유류분 부족액
2. 〈보기〉 문제는 아래 3가지 케이스와 같다.
   첫 번째로, [지문]에서 특정한 부분을 예시로 든 문제(해당 유형 ✓)
   - – 〈보기〉에서 예시로 든 부분에 관한 설명을 [지문]에서 찾아야 함
   - → 주로 기술·과학·경제·법 지문 (2020년 6월 모의고사 28번–책 19번, 2021년 11월 수능 16번–책 20~21번 등)
   두 번째로, [지문]에서 설명한 내용에서 추가적인 내용을 설명한 문제
   - – [지문]과 공통점 차이점 비교
   - → 주로 인문(학자) 지문 (2021년 6월 모의고사 8번 –책

274번~275번 등)
   세 번째로, [지문]의 비교 대상끼리 장단점을 섞은 예시를 든 문제
   - – [지문]의 어느 부분을 섞은 것인지를 판단하여야 함
   - → 신유형 (2024년 6월 모의고사 7번–책 40~42번)
   - ⇒ 2021년 9월 모의고사 16번 〈보기〉문제와 비교해보길 바란다.

문맥상 @는 위의 그림에서 알 수 있다시피 비용을 늘리고, 이윤을 줄이고, 법인세를 줄이는 결론을 말하는 것이다.

---

207. 2020년 6월 모의고사 33번 − ②

(O) B국이 A국에게 로열티를 제공한다고 했으므로 A국의 자회사가 거두는 수입을 늘리는 것은 맞다.

---

208. 2020년 6월 모의고사 33번 − ③

(X) A국은 로열티를 얻으므로 수입이 늘어나고, 곧 이윤이 늘어난다. 틀린 선지이다.

---

209. 2020년 6월 모의고사 33번 − ④

(O) B국은 A국에게 로열티를 제공하므로 비용이 늘어나고 이윤이 줄어든다. 법인세는 이윤에 대해 부과하는 세금[1-2]이므로 줄어든다. 따라서 맞는 선지이다.

---

210. 2020년 6월 모의고사 33번 − ⑤

(O) 그림을 보면 B국은 A국에게 로열티를 제공하므로 비용이 늘어난다. 맞는 선지이다.

+ @에서는 법인세가 부과할 이윤을 최소화한다고 되어 있다. 이윤을 최소화하기 위해서는 비용을 늘리거나 수입을 줄여야 하는데, 수입을 줄이는 것에 대해서는 [지문]에 언급된 바도 없고 상식적으로도 기업이 수입을 줄이면서 법인세를 줄이려

고 하지는 않을 것이다. 즉 비용을 늘려 이윤을 낮출 것이다. [지문]에서는 A국의 자회사에게 로열티를 지급하여 이윤을 낮춘다고 하였다. 즉 이 로열티가 비용이라는 뜻이다. 따라서 B국의 자회사는 비용을 늘리고 있다. 맞는 선지이다.

[check point]

[지문]에서 단계적인 영향을 설명하고 있다면 이를 그림으로 표현해놓자.

2019년 11월 수능 19번

우리는 종종 임의의 명제가 참인지 거짓인지 새롭게 알게 된다. 이것을 베이즈주의자의 표현으로 바꾸면 그 명제가 참인지 거짓인지에 대해 가장 강한 믿음의 정도를 새롭게 갖는다는 것이다. 베이즈주의자는 이런 경우에 믿음의 정도가 어떤 방식으로 변해야 하는지에 대해 정교한 설명을 제공한다. 이에 따르면, 인식 주체가 특정 시점에 임의의 명제 A가 참이라는 것만을 또는 거짓이라는 것만을 새롭게 알게 됐을 때, 다른 임의의 명제 B에 대한 인식 주체의 기존 믿음의 정도의 변화는 조건화 원리의 적용을 받는다. 이는 믿음의 정도의 변화에 관한 원리로서, 만약 인식 주체가 [1-1]A가 참이라는 것만을 새롭게 알게 된다면, B가 참이라는 것에 대한 그 인식 주체의 믿음의 정도는 애초의 믿음의 정도에서 A가 참이라는 조건하에 B가 참이라는 것에 대한 믿음의 정도로 되어야 함을 의미한다. 예를 들어 갑이 '내일 비가 온다.'가 참이라는 것을 약하게 믿고 있고, '오늘 비가 온다.'가 참이라는 조건하에서는 '내일 비가 온다.'가 참이라는 것을 강하게 믿는다고 해 보자. 조건화 원리에 따르면, 갑이 실제로 '오늘 비가 온다.'가 참이라는 것만을 새롭게 알게 될 때, '내일 비가 온다.'가 참이라는 것을 그 이전보다 더 강하게 믿는 것이 합리적이다. 조건화 원리는 새롭게 알게 된 명제가 동시에 둘 이상인 경우에도 마찬가지로 적용된다. 다만 이 원리는 믿음의 정도에 관한 것이지 행위에 관한 것은 아니다.

< 보 기 >

[독서 후 심화 활동]

글의 내용을 다른 상황에 적용해 보자.

• 상황
　병과 정은 공동 발표 내용을 기록한 흰색 수첩 하나를 잃어버렸다는 것을 알게 되었다. 그 수첩에는 병의 이름이 적혀 있다. 이와 관련해 병과 정은 다음 명제 ㉮가 참이라고 믿지만 믿음의 정도가 아주 강하지는 않다.

㉮ 병의 수첩은 체육관에 있다.

병 혹은 정이 참이라고 새롭게 알게 될 수 있는 명제는 다음과 같다.

㉯ 체육관에 누군가의 이름이 적힌 흰색 수첩이 있다.
㉰ 병의 이름이 적혀 있지만 어떤 색인지 확인이 안 된 수첩이 병의 집에 있다.

병과 정은 ㉯와 ㉰ 이외에는 ㉮와 관련이 있는 어떤 명제도 새롭게 알게 되지 않고, 조건화 원리에 의해서만 자신들의 믿음의 정도를 바꾼다.

• 적용

[A]

211. 병이 ㉯를 알게 된 후에 ㉰를 추가로 알게 된다면, ㉮가 참이라는 것에 대한 병의 믿음의 정도는 ㉰를 추가로 알기 전보다 더 약해질 수 있겠군.

212. 병이 ㉯와 ㉰를 동시에 알게 된다면, ㉮가 참이라는 것에 대한 병의 믿음의 정도는 ㉯와 ㉰가 참이라는 조건하에 ㉮가 참이라는 것에 대한 믿음의 정도로 변하겠군.

213. 병과 정이 ㉯를 알게 되기 전에 ㉮가 참이라는 것에 대한 믿음의 정도가 서로 다르다면, ㉯만을 알게 된 후에는 ㉮가 참이라는 것에 대한 병과 정의 믿음의 정도가 같을 수 없겠군.

[지문 내용]

- 베이즈주의, 조건화 원리 : B가 참이라는 믿음의 정도 → A가 참이라는 사실을 알게 됨 → B가 참이라는 믿음의 정도는 A가 참이라는 사실을 전제한 정도로 변화[1-1]

  예) 오늘 비가 오면 80%의 확률로 내일 비가 온다.

  – 내일 비가 올 가능성 20% → 오늘 비가 온다는 사실을 알게 됨 → 내일 비가 올 가능성 80%로 변화

내일 비가 온다	→	오늘 비가 온다는 사실을 알게 됨	→	내일 비가 온다
20%				80%

〈보기〉

병과 정은 흰색 수첩 하나를 잃어버림. 또한 수첩에 병의 이름이 적혀 있다는 사실을 알고 있음.

---

211. 2019년 11월 수능 19번 – ③

(O) ㉮→㉯→㉰를 표로 나타내면 아래와 같다.

㉮병의 수첩은 체육관에 있다.	+	㉯체육관에 누군가의 이름이 적힌 흰색 수첩이 있다.	→	㉮병의 수첩은 체육관에 있다.	+	㉰병의 이름이 적혀 있지만 어떤 색인지 확인이 안 된 수첩이 병의 집에 있다.	→	㉮병의 수첩은 체육관에 있다.
– (믿음의 정도 : 약함)				↑				↓

병과 정은 "㉮병의 수첩은 체육관에 있다."고 믿고 있는데, '잃어버린 흰색 수첩에 병의 이름이 적혀 있다.'는 사실을 알고 있는 상태에서 "㉯체육관에 누군가의 이름이 적힌 흰색 수첩이 있다."는 것을 알게 된다면 믿음의 정도는 올라갈 것이다. 하지만 "㉰병의 이름이 적혀 있지만 어떤 색인지는 모르는 수첩이 병의 집에 있다."는 사실을 추가로 알게 되면 '수첩이 체육관에 있을 수도 있겠지만 병의 집에 있을 수도 있다'라고 생각하고 믿음의 정도는 이전보다 약해질 것이다. 따라서 맞는 선지이다.

---

212. 2019년 11월 수능 19번 – ④

(O) [지문]의 1-1에서 찾아볼 수 있다.

㉮병의 수첩은 체육관에 있다.	+	㉯체육관에 누군가의 이름이 적힌 흰색 수첩이 있다.	㉰병의 이름이 적혀 있지만 어떤 색인지 확인이 안 된 수첩이 병의 집에 있다.	→	㉮병의 수첩은 체육관에 있다.
– (약함)					㉯+㉰가 참일 때의 ㉮에 대한 믿음 정도로 바뀜

---

213. 2019년 11월 수능 19번 – ⑤

(X) [지문]에서는 'B가 참이라는 믿음의 정도 → A가 참이라는 사실을 알게 됨 → B가 참이라는 믿음의 정도는 A가 참이라는 사실을 전제한 정도로 변화[1-1]'라고 설명한다. 여기에서 'A가 참이라는 사실을 알기 전에 가지고 있었던 B가 참이라는 믿음의 정도'는 이후 변하게 될 'A가 참이라는 사실을 알게 되었을 때의 B가 참이라는 믿음의 정도'에 아무런 영향을 주지 않는다. A가 참일 때 B가 참이라는 믿음의 정도는 이미 정해져있기 때문에 그 고정값으로 변하기 때문이다. 따라서 틀린 선지이다.

고정값(A가 참이라는 조건하에 B가 참이라는 것에 대한 믿음의 정도)이 무엇인지, 변화값(B가 참이라는 것에 대한 믿음의 정도)이 무엇인지 잘 구별해야 한다.

㉮병의 수첩은 체육관에 있다.	+	㉯체육관에 누군가의 이름이 적힌 흰색 수첩이 있다.	→	㉮병의 수첩은 체육관에 있다.
30%				50%(고정값)
㉮병의 수첩은 체육관에 있다.	+	㉯체육관에 누군가의 이름이 적힌 흰색 수첩이 있다.	→	㉮병의 수첩은 체육관에 있다.
70%				50%(고정값)

[check point]

1. 평가원은 변화하는 대상(변화값)과 변화하지 않는 대상(고정값)을 혼동시켜 출제를 자주 한다. 특히 비례·반비례·양적변화 문제를 풀 때 유의하여야 한다.

   → 변화값: 카메라 상, 고정값: 왜곡 계수(곡률)(2021년 수능 15번–책 15번)

   → 변화값: 사이클 값(Ct),

   고정값: 표적 DNA를 검출했다고 판단하는 발색도 (2021년 6월 모의고사 17번–책 194번)

   → 변화값 : B가 참이라는 것에 대한 믿음의 정도

   고정값 : A가 참이라는 조건하에 B가 참이라는 것에 대한 믿음의 정도 (2019년 수능 19번–책 211번~213번)

   → 변화값 : 국채의 실제 규모·위험 가중치,

   고정값 : 300억 원(2019년 11월 수능 40번–책 216번)

   → 변화값 : 화솟값,

   고정값 : 화소의 개수 (2020년 수능 37번–책 289번)

2. 〈보기〉 문제는 아래 3가지 케이스와 같다.

   첫 번째로, [지문]에서 특정한 부분을 예시로 든 문제(해당 유형 ✓)

- 〈보기〉에서 예시로 든 부분에 관한 설명을 [지문]에서 찾아야 함

→ 주로 기술·과학·경제·법 지문 (2020년 6월 모의고사 28번−책 19번, 2021년 11월 수능 16번−책 20~21번 등)

두 번째로, [지문]에서 설명한 내용에서 추가적인 내용을 설명한 문제

−[지문]과 공통점 차이점 비교

→ 주로 인문(학자) 지문 (2021년 6월 모의고사 8번 −책 274번~275번 등)

세 번째로, [지문]의 비교 대상끼리 장단점을 섞은 예시를 든 문제

− [지문]의 어느 부분을 섞은 것인지를 판단하여야 함

→ 신유형 (2024년 6월 모의고사 7번−책 40~42번)

⇒ 2021년 9월 모의고사 16번 〈보기〉문제와 비교해보길 바란다.

2019년 11월 수능 39, 40번

BIS 비율 은 은행의 재무 건전성을 유지하는 데 필요한 최소한의 자기자본 비율을 설정하여 궁극적으로 예금자와 금융 시스템을 보호하기 위해 바젤위원회에서 도입한 것이다. 바젤위원회에서는 BIS 비율이 적어도 규제 비율인 8%는 되어야 한다는 기준을 제시하였다. 이에 대한 식은 다음과 같다.

$$BIS\ 비율\ =\ \frac{자기자본}{위험가중자산}\ \times\ 100\ \geq\ 8(\%)$$

여기서 자기자본은 은행의 기본자본, 보완자본 및 단기후순위 채무의 합으로, 2-1위험가중자산은 보유 자산에 각 자산의 신용 위험에 대한 위험 가중치를 곱한 값들의 합으로 구하였다. 2-2위험 가중치는 자산 유형별 신용 위험을 반영하는 것인데, OECD 국가의 국채는 0%, 회사채는 100%가 획일적으로 부여되었다. 이후 금융 자산의 가격 변동에 따른 시장 위험도 반영해야 한다는 요구가 커지자, 바젤위원회는 위험가중자산을 신용 위험에 따른 부분과 시장 위험에 따른 부분의 합으로 새로 정의하여 BIS 비율을 산출하도록 하였다. 2-3신용 위험의 경우와 달리 시장 위험의 측정 방식은 감독 기관의 승인하에 은행의 선택에 따라 사용할 수 있게 하여 바젤 I 협약이 1996년에 완성되었다.

금융 혁신의 진전으로 '바젤 I' 협약의 한계가 드러나자 2004년에 바젤 II 협약이 도입되었다. 여기에서 BIS 비율의 위험가중자산은 신용 위험에 대한 위험 가중치에 자산의 유형과 신용도를 모두 고려하도록 수정되었다. 신용 위험의 측정 방식은 표준 모형이나 내부 모형 가운데 하나를 은행이 이용할 수 있게 되었다. 3-1표준 모형 에서는 OECD 국가의 국채는 0%에서 150%까지, 회사채는 20%에서 150%까지 위험 가중치를 구분하여 신용도가 높을수록 낮게 부과한다. 예를 들어 실제 보유한 회사채가 100억 원인데 신용 위험 가중치가 20%라면 위험가중자산에서 그 회사채는 20억 원으로 계산된다. 3-2내부 모형 은 은행이 선택한 위험 측정 방식을 감독 기관의 승인하에 그 은행이 사용할 수 있도록 하는 것이다. 또한 감독 기관은 필요시 위험가중자산에 대한 자기자본의 최저 비율이 규제 비율을 초과하도록 자국 은행에 요구할 수 있게 함으로써 자기자본의 경직된 기준을 보완하고자 했다.

---

214. 바젤 II 협약에 따르면, 보유하고 있는 OECD 국가의 국채를 매각한 뒤 이를 회사채에 투자한다면 BIS 비율은 항상 높아진다.

< 보 기 >

갑 은행이 어느 해 말에 발표한 자기자본 및 위험가중자산은 아래 표와 같다. 갑 은행은 OECD 국가의 국채와 회사채만을 자산으로 보유했으며, 바젤 II 협약의 표준 모형에 따라 BIS 비율을 산출하여 공시하였다. 이때 회사채에 반영된 위험 가중치는 50%이다. 그 이외의 자본 및 자산은 모두 무시한다.

항목	자기자본		
	기본자본	보완자본	단기후순위채무
금액	50억 원	20억 원	40억 원

항목	위험 가중치를 반영하여 산출한 위험가중자산		
	신용 위험에 따른 위험가중자산		시장 위험에 따른 위험가중자산
	국채	회사채	
금액	300억 원	300억 원	400억 원

215. 갑 은행이 보유 중인 회사채의 위험 가중치가 20%였다면 BIS 비율은 공시된 비율보다 높았겠군.

216. 갑 은행이 보유 중인 국채의 실제 규모가 회사채의 실제 규모보다 컸다면 위험 가중치는 국채가 회사채보다 낮았겠군.

217. 갑 은행이 바젤 I 협약의 기준으로 신용 위험에 따른 위험가중자산을 산출한다면 회사채는 600억 원이 되겠군.

[지문 내용]

자기자본= 기본자본+보완자본+단기후순위 채무

위험가중자산 = Σ(보유 자산×위험 가중치) ⇒ 신용 위험에 대한 부분+시장 위험에 대한 부분

[바젤 I]

* 위험 가중치:

– 자산 유형별로 산정. 국채 0%, 회사채 100%

　(신용 위험에 대한 부분은 은행이 선택할 수 있음)

[바젤 II]

* 위험 가중치:

– 신용 위험에 대한 부분: 자산 유형별과 신용도를 모두 고려_표준 모형 or 내부 모형

– 표준모형: 국채는 0%~150%까지, 회사채는 20%~150%까지 신용도와 반비례로 부과

– 내부모형: 은행이 선택한 위험 측정 방식을 감독 기관의 승인하에 사용할 수 있도록 함

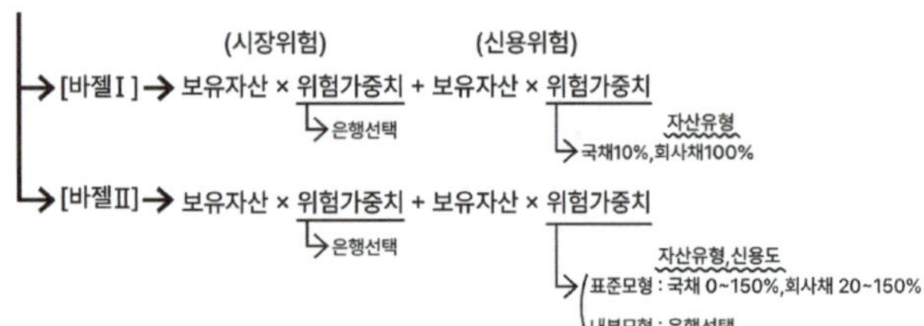

214. 2019년 11월 수능 39번 – ③

(X) "국채를 매각한 뒤 회사채에 투자"하는 상황은 BIS 비율에서 분자인 자기자본(기본자본+보완자본+단기후순위 채무)은 그대로이고 분모인 위험가중자산(Σ(보유 자

산×위험 가중치))에서 변화가 있는 상황이다. 이때 "BIS 비율이 항상 높아지"려면, 분모인 위험가중자산은 작아져야 한다. 위험가중자산이 작아지려면 자산의 위험 가중치 자체가 낮아지거나, 높은 위험 가중치에 해당하는 자산이 낮은 위험 가중치에 해당하는 자산으로 이동하여야 한다. 하지만 바젤 II 협약에 따르면 위험가중자산을 산정할 때 각 보유 자산에 곱할 위험 가중치는 표준 모형[3-1]에서는 국채 0%~150%, 회사채 20%~150%까지, 내부 모형[3-2]에서는 은행이 선택한 방식으로 선택한다. 즉 내부 모형의 경우에는 위험 가중치가 국채 20% 회사채 70% 혹은 국채 80% 회사채 30%처럼 은행마다 비율이 제각각일 수 있다는 말이다. 따라서 표준 모형을 선택한 경우 국채와 회사채의 위험 가중치가 중복되는 구간이 있으므로 국채의 위험 가중치가 항상 회사채의 위험 가중치보다 높다고 할 수 없고, 내부 모형을 선택한 경우에도 마찬가지로 은행이 정하는 비율에 따라 위험가중치가 정해지므로, 국채의 위험가중치가 항상 회사채의 위험가중치보다 높다고 볼 수 없다.

위험 가중치의 비율의 우열이 정해지지 않았는데도 불구하고 '○○행동을 한다면 BIS 비율 또는 위험가중자산이 항상 높아진다거나 낮아진다.'고 설명하고 있으므로 틀린 선지이다.

[check point]

선지에서 '항상' 높아진다는 등 100%의 상황을 가정한다면 예외는 없는 것인지 고려해보자

---

215. 2019년 11월 수능 40번 – ②

(O) 〈보기〉에 있는 표는 갑 은행이 바젤 II 협약에 따라 자기자본과 위험가중자산을 계산하여 나타낸 자료이다. [지문]에 따르면 위험가중자산[2-1]이란 보유 자산에 위험 가중치를 곱하고 더하여 산출해낸 값이다. 회사채로부터 산출해낸 위험가중자산의 금액은 300억 원이고, 회사채의 위험가중치가 50%이므로 은행의 회사채 실제 규모는 600억 원이라는 것을 알 수 있다(600억 원 × 50% = 300억 원). 그런데 만약 회사채의 위험 가중치가 20%라면 '600억 원

× 20%= 120억 원'이 돼서 위험가중자산에 더해질 회사채의 값은 300억 원에서 120억 원으로 줄어든다. 위험가중자산이 줄어들게 되면 BIS 비율은 높아지게 될 것이므로 맞는 선지이다.

이 선지를 풀기 위해서는 먼저 〈보기〉에 주어진 표가 은행의 실제 자산이 아닌 바젤 II 협약에 따라 산출된 자산이라는 점을 알아차렸어야 했다. 다음으로는 [지문]을 읽으며 위험가중자산을 산출하는 기준을 정확히 이해하고 '산출된 〈보기〉의 자산→은행의 실제 자산→새로운 위험가중치(20%)로 계산한 자산'을 계산해 낼 수 있어야 했다. 또 마지막으로 위험가중자산인 분모가 줄어들면 BIS 비율이 높아질 것이라는 점을 이용하여 선지의 정오를 판별할 수 있어야 했다. 3단계의 사고 과정이 필요했던 선지로 각 단계에서 실수하지 않도록 유의하여야 한다.

---

216. 2019년 11월 수능 40번 – ③

(O) 〈보기〉에 있는 표는 갑 은행이 바젤 II 협약에 따라 자기자본과 위험가중자산을 계산하여 나타낸 자료이다. [지문]에 따르면 위험가중자산[2-1]이란 보유 자산에 위험 가중치를 곱하고 더하여 산출해낸 값이다. 따라서 '국채의 실제 규모 × 위험 가중치 = 300억 원', '회사채의 실제 규모 × 50%= 300억 원'이다. 국채의 실제 규모가 회사채의 실제 규모보다 컸다면 더 작은 위험 가중치를 곱해야 회사채와 같은 금액(300억 원)으로 산출될 것이므로 맞는 선지이다.

고정값(〈보기〉에서 바젤 II 협약에 따라 계산되어 있는 국채, 회사채 각 300억 원)과 변동값(국채의 실제 규모, 국채의 위험 가중치, 회사채의 실제 규모, 회사채의 위험 가중치)을 구분하고 고정값이 고정되어있기 위해 변동값이 어떻게 증감하여야 하는지를 판별할 수 있어야 하는 선지이다. 똑같은 값이 계산되려면 '큰 값(국채)×작은 값(국채의 위험 가중치)=작은 값(회사채)×큰 값(회사채의 위험 가중치)'이어야 한다.

---

217. 2019년 11월 수능 40번 – ④

(O) 〈보기〉는 바젤 II 협약에 따라 계산한 자료이다. 〈보기〉

에서 회사채에 반영된 위험 가중치는 50%라 하였고, '회사채의 실제 규모 × 50% = 300억 원'이므로 회사채의 실제 규모는 600억원이다. 또한 바젤 I 협약에서 신용 위험의 경우[2-3] 국채와 회사채의 위험 가중치는 국채 0%, 회사채 100%[2-2]로 정해져 있다. 따라서 바젤 I 협약의 기준으로 계산한 위험가중자산은 600억 원(=600억 원×100%)이다. 맞는 선지이다.

[check point]

1. 곱셈 문제와 분수 문제는 'A × B = C', '$\dfrac{A}{B}$ = C' 각 구성 요소들이 증감함에 따라 결과값이 어떻게 변하는지, 구성 요소 중 하나의 값이 고정되어 있다면 다른 구성 요소들이 어떻게 변하는지를 주의 깊게 보아야 한다.

   → 2019년 11월 수능 40번 : '국채의 실제 규모 × 국채의 위험 가중치 = 300억 원', '$\dfrac{\text{자기자본}}{\text{위험가중자산}}$ = BIS 비율'

2. 평가원은 변화하는 대상(변화값)과 변화하지 않는 대상(고정값)을 혼동시켜 출제를 자주 한다. 특히 비례·반비례·양적변화 문제를 풀 때 유의하여야 한다.

   → 변화값: 카메라 상, 고정값: 왜곡 계수(곡률)(2021년 수능 15번–책 15번)

   → 변화값: 사이클 값(Ct),
   고정값 : 표적 DNA를 검출했다고 판단하는 발색도 (2021년 6월 모의고사 17번–책 194번)

   → 변화값 : B가 참이라는 것에 대한 믿음의 정도
   고정값 : A가 참이라는 조건하에 B가 참이라는 것에 대한 믿음의 정도 (2019년 수능 19번–책 211번~213번)

   → 변화값 : 국채의 실제 규모·위험 가중치,
   고정값 : 300억 원(2019년 11월 수능 40번–책 216번)

   → 변화값 : 화솟값,
   고정값 : 화소의 개수 (2020년 수능 37번–책 289번)

3. 〈보기〉 문제는 아래 3가지 케이스와 같다.

   첫 번째로, [지문]에서 특정한 부분을 예시로 든 문제(해당 유형 ✓)

   – 〈보기〉에서 예시로 든 부분에 관한 설명을 [지문]에서 찾아야 함

   → 주로 기술·과학·경제·법 지문 (2020년 6월 모의고사 28번–책 19번, 2021년 11월 수능 16번–책 20~21번 등)

   두 번째로, [지문]에서 설명한 내용에서 추가적인 내용을 설명한 문제

   – [지문]과 공통점 차이점 비교

→ 주로 인문(학자) 지문 (2021년 6월 모의고사 8번 −책 274번~275번 등)

세 번째로, [지문]의 비교 대상끼리 장단점을 섞은 예시를 든 문제

– [지문]의 어느 부분을 섞은 것인지를 판단하여야 함

→ 신유형 (2024년 6월 모의고사 7번−책 40~42번)

2019년 9월 모의고사 41번

한편 실내에서 위치 측정에 사용 가능한 방법으로는 블루투스 기반의 비콘을 활용하는 기술이 있다. 비콘은 실내에 고정 설치되어 비콘마다 정해진 식별 번호와 위치 정보가 포함된 신호를 주기적으로 보내는 기기이다. 비콘들은 동일한 세기의 신호를 사방으로 보내지만 비콘으로부터 [1-1]거리가 멀어질수록, 벽과 같은 장애물이 많을수록 신호의 세기가 약해진다. 단말기가 비콘 신호의 도달 거리 내로 진입하면 단말기 안의 수신기가 이 신호를 인식한다. 이 신호를 이용하여 2차원 평면에서의 위치를 측정하는 방법으로는 다음과 같은 것들이 있다.

(중략)

삼변측량 기법은 3개 이상의 [2-1]비콘으로부터 수신된 신호 세기를 측정하여 단말기와 비콘 사이의 거리로 환산한다. [2-2]각 비콘을 중심으로 이 거리를 반지름으로 하는 원을 그리고, [2-3]그 교점을 단말기의 현재 위치로 정한다. [2-4]교점이 하나로 모이지 않는 경우에는 세 원에 공통으로 속한 영역의 중심점을 단말기의 위치로 측정한다.

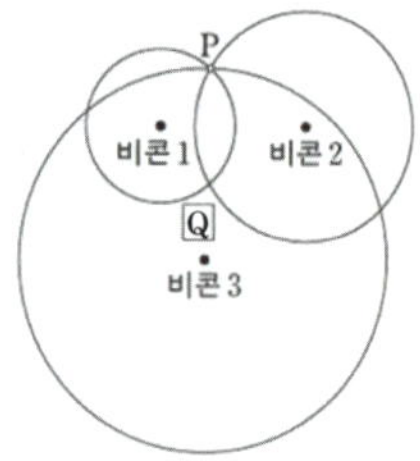

< 보 기 >

* 각 원의 반지름은 신호 세기로 환산한 비콘과 단말기 사이의 거리이다.
* 신호 세기에 영향을 미치는 장애물이 의 위치에 있다.

(단, 세 원에 공통으로 속한 영역이 항상 존재한다고 가정하며, 신호 세기에 영향을 미치는 다른 요소는 고려하지 않음.)

218. 측정된 신호 세기를 약한 것부터 나열하면[1-1] 비콘 1, 비콘 2,,비콘 3의 신호 순이겠군.

219. 실제 단말기의 위치는 삼변측량 기법으로 측정된 위치에 비해 비콘 3에 더 가까이 있겠군[1-1,2-3].

220. Q 의 위치에 있는 장애물이 제거된다면, 삼변측량 기법으로 측정되는 단말기의 위치는 현재 측정된 위치에서 P 방향으로 이동하겠군.

221. 단말기에서 측정되는 비콘 2의 신호 세기만 약해진다면, 삼변측량 기법으로 측정되는 단말기의 위치는 현재 측정된 위치에서 비콘 2 방향으로 이동하겠군.

[지문 내용]

· 실내에서 위치 결정 순서

: 비콘이 자신의 식별 번호·위치 신호 전송 → 단말기가 신호 수신 → 단말기가 자신의 위치 결정

◦ '비콘으로부터 거리가↑,장애물↑'수록 비콘의 신호의 세기 ↓

· 삼변측량 기법 : 3개 이상의 비콘으로부터 수신된 신호 세기를 측정 → 비콘과 단말기의 거리로 환산 → 거리를 반지름으로 하는 원을 그림 → 그 교점을 단말기의 현재 위치로 정함

<보기>에서 3개의 비콘을 보면, [지문]에서 설명한 삼변측량 기법을 예시로 들었음을 알 수 있다.

---

218. 2019년 9월 모의고사 41번 − ②

(X) 삼변측량 기법은 3개 이상의 비콘을 중심으로 거리를 반지름으로[2-2] 하는 각 원을 그려 놓고 그 교점을 단말기의 위치로 추정하는 기법이다. 또한 1-1에서 비콘과 단말기 사이의 거리가 멀어질수록 신호의 세기가 약해진다[1-1]고 했다. 따라서 원의 반지름이 클수록 거리가 멀게 측정된 것이고, 신호의 세기가 약할 것임을 알 수 있다. 즉, 신호의

세기를 약한 것부터 나열하면 비콘 3, 비콘 2, 비콘 1이다. 이 선지는 [지문]의 여러 문장에서 여러 정보를 추출하여 연결할 수 있는지와 비례·반비례 관계를 파악하고 있는지를 묻는 선지이다.

219. 2019년 9월 모의고사 41번 – ③

(○) 삼변측량 기법으로 측정한 단말기의 위치는 원 3개의 교점[2-3]인 P이다. 하지만 〈보기〉에서 볼 수 있는 바와 같이 P에서 비콘 3 방향에 $\boxed{Q}$ 라는 장애물이 있으므로 실제 단말기의 위치는 P와 다를 것이고, 실제 단말기의 위치를 추정하기 위하여 장애물이 비콘의 신호에 어떤 영향을 미치는지 확인해야 한다. 1-1에서 비콘의 신호는 거리가 멀수록, 장애물이 많을수록 신호의 세기가 약해진다고 했다. 따라서 비콘 3의 신호의 세기는 실제보다 약하게 측정되었을 것이고, 실제 신호보다 약하게 측정되었다는 것은 비콘 3이 실제보다 멀리 있는 것으로 측정[1-1]되었다는 것을 의미한다. 즉 실제 단말기의 위치는 측정된 위치에 비해 비콘 3에 더 가까이 있을 것이므로 맞는 선지이다.

220. 2019년 9월 모의고사 41번 – ④

(✕) $\boxed{Q}$ 의 장애물이 사라진다면, 비콘 3의 신호 세기가 〈보기〉의 상황에서보다 커질 것이므로 비콘 3과 단말기 사이의 거리가 작게 측정되어 원의 반지름이 작아질 것이다. 비콘 3의 원이 작아진다면, 세 원의 교점이나 세 원에 공통으로 속한 영역의 중심점이 비콘 3쪽으로 이동할 것이므로 단말기의 위치는 세 원의 교점인 현재 P의 위치[2-2]에서 비콘 3쪽으로 이동[2-3]할 것이다.

이 선지에서 고정값은 비콘 1, 비콘 2의 원이고, 변동값은 비콘 3의 원이다. 고정값이 그대로이고 변동값이 커지거나 줄어들 때 결과가 어떻게 변할지 유추할 수 있어야 한다.

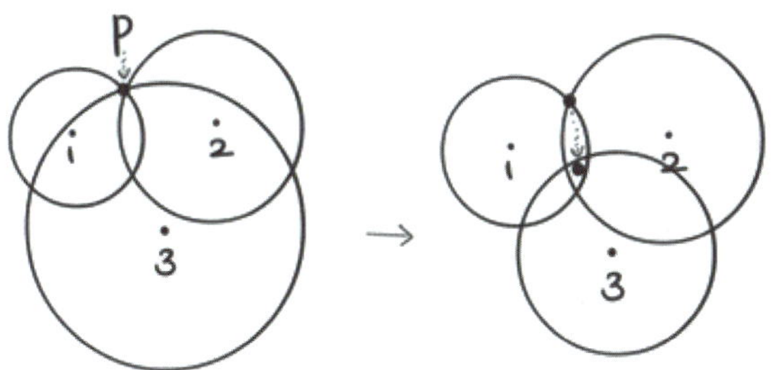

221. 2019년 9월 모의고사 41번 – ⑤

(✕) 비콘 2의 신호 세기가 약해진다면, 비콘 2의 원은 커질 것[2-1]이다. 그렇다면 세 원의 교점이나 세 원에 공통으로 속한 영역의 중심점이 비콘 2의 반대편으로 이동할 것이므로, 단말기의 위치는 P에서 비콘 2로부터 멀리 떨어지는 방향으로 이동할 것이다.

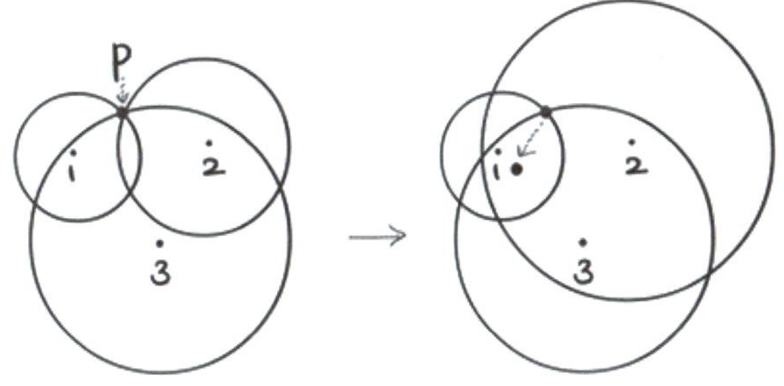

[check point]

1. [지문]에서 수식·증감·강약·비례·비율 등의 내용이 나온다면 비례·반비례 문제일 확률이 높다. [지문]에 ↑↓, 수식, 분수 등으로 표시하면서 읽자.

2. 선지의 답을 도출하기 위해서 [지문]에서 여러 문장에서 정보를 추출하여 연결할 수 있어야 한다.
   → '거리가 멀어질수록 신호의 세기가 약해진다'. '신호 세기를 측정하여~ 거리로 환산한다.'. '이 거리를 반지름으로 하는 원을 그리고 ~'
   ⇒ 거리가 멀수록 신호의 세기가 약해지고 원의 크기도 작아진다.

3. 〈보기〉 문제는 아래 3가지 케이스와 같다.
   첫 번째로, [지문]에서 특정한 부분을 예시로 든 문제(해당 유형 ✓)
   – 〈보기〉에서 예시로 든 부분에 관한 설명을 [지문]에서 찾아야 함
   → 주로 기술·과학·경제·법 지문 (2020년 6월 모의고사 28번–책 19번, 2021년 11월 수능 16번–책 20~21번 등)
   두 번째로, [지문]에서 설명한 내용에서 추가적인 내용을 설명한 문제
   – [지문]과 공통점 차이점 비교
   → 주로 인문(학자) 지문 (2021년 6월 모의고사 8번 –책 274번~275번 등)
   세 번째로, [지문]의 비교 대상끼리 장단점을 섞은 예시를

든 문제
- [지문]의 어느 부분을 섞은 것인지를 판단하여야 함
→ 신유형 (2024년 6월 모의고사 7번-책 40~42번)
⇒ 2021년 9월 모의고사 16번 〈보기〉문제와 비교해보길
  바란다.

2019년 6월 모의고사 29번

금융을 통화 정책의 전달 경로로만 보는 전통적인 경제학에서는 금융감독 정책이 개별 금융 회사의 건전성 확보를 통해 금융 안정을 달성하고자 하는 미시 건전성 정책에 집중해야 한다고 보았다. 이러한 관점은 금융이 직접적인 생산 수단이 아니므로 단기적일 때와는 달리 장기적으로는 경제 성장에 영향을 미치지 못한다는 인식과, 자산 시장에서는 가격이 본질적 가치를 초과하여 폭등하는 버블이 존재하지 않는다는 효율적 시장 가설에 기인한다. 미시 건전성 정책은 개별 금융 회사의 건전성에 대한 예방적 규제 성격을 가진 정책 수단을 활용하는데, 그 예로는 향후 손실에 대비하여 [1-1]금융 회사의 자기자본 하한을 설정하는 최저 자기자본 규제를 들 수 있다.

(중략)

거시 건전성이란 개별 금융 회사 차원이 아니라 금융 시스템 차원의 위기 가능성이 낮아 건전한 상태를 말하고, 거시 건전성 정책은 금융 시스템의 건전성을 추구하는 규제 및 감독 등을 포괄하는 활동을 의미한다. 이때, 거시 건전성 정책은 미시 건전성이 거시 건전성을 담보할 수 있는 충분조건이 되지 못한다는 '구성의 오류'에 논리적 기반을 두고 있다. 거시 건전성 정책은 금융 시스템 위험 요인에 대한 예방적 규제를 통해 금융 시스템의 건전성을 추구한다는 점에서, 미시 건전성 정책과는 차별화된다.

거시 건전성 정책의 목표를 효과적으로 달성하기 위해서는 경기 변동과 금융 시스템 위험 요인 간의 상관관계를 감안한 정책 수단의 도입이 필요하다. 금융 시스템 위험 요인은 경기 순응성을 가진다. 즉 [3-1]경기가 호황일 때는 금융 회사들이 대출을 늘려 신용 공급을 팽창시킴에 따라 자산 가격이 급등하고, 이는 [3-2]다시 경기를 더 과열시키는 반면 불황일 때는 그 반대의 상황이 일어난다. [3-3]이를 완화할 수 있는 정책 수단으로는 경기 대응 완충자본 제도를 들 수 있다. 이 제도는 정책 당국이 [3-4]경기 과열기에 금융 회사로 하여금 최저 자기자본에 추가적인 자기자본, 즉 완충자본을 쌓도록 하여 과도한 신용 팽창을 억제시킨다. 한편 적립된 완충자본은 경기 침체기에 대출 재원으로 쓰도록 함으로써 신용이 충분히 공급되도록 한다.

---

222. 윗글을 바탕으로 할 때, 〈보기〉의 A~D에 들어갈 말을 바르게 짝지은 것은?

〈 보 기 〉

미시 건전성 정책과 거시 건전성 정책 간에는 정책 수단 운용에서 입장 차이가 존재한다. 경기가 (A)일 때 (B) 건전성 정책에서는 완충자본을 (C)하도록 하고, (D) 건전성 정책에서는 최소 수준 이상의 자기자본을 유지하도록 하여 개별 금융 회사의 건전성을 확보하려 한다.

	A	B	C	D
①	불황	거시	사용	미시
②	호황	거시	사용	미시
③	불황	거시	적립	미시
④	호황	미시	적립	거시
⑤	불황	미시	사용	거시

(222. 2019년 6월 모의고사 29번 – ①)

[지문 내용]

• 비교 대상 : 미시 건전성 정책, 거시 건전성 정책

미시 건전성 정책: 개별 금융 회사의 건전성 확보를 통해 금융 안정을 달성하고자 함.

- 금융이 장기적으로는 경제 성장에 영향X

- 자산 시장에서는 버블X(=효율적 시장 가설)

- 개별 금융 회사의 건전성에 대한 예방적 규제 성격을 가진 정책 →'최저 자기자본 규제'

거시 건전성 정책: 개별 금융 회사 차원X, 금융 시스템 차원 ○

- 미시 건전성이 충족된다 해도 거시 건전성이 반드시 충족되지는 않는다는 '구성의 오류'에서 발단됨

- 개별 금융 회사가 아닌 금융 시스템 차원에서 예방적 규제 실시
- 경기 변동과 금융 시스템 위험 요인 간의 상관관계를 감안한 정책 수단 도입→'경기 대응 완충자본 제도'

	미시 건전성 정책	거시 건전성 정책
규모	개별 금융 회사 차원	금융 시스템 차원
발단	- 금융이 장기적으로는 경제 성장에 영향X - 자산 시장에서는 버블X (=효율적 시장 가설)	- 미시 건전성이 충족된다 해도 거시 건전성이 반드시 충족되지는 않는다.(=구성의 오류)
정책 방향	개별 금융회사에 대한 예방적 규제 성격을 가진 정책	금융 시스템 차원에서 예방적 규제 실시
정책	최저 자기자본 규제	경기 대응 완충자본 제도

〈보기〉

B에 들어갈 완충자본[3-3]과 관련된 정책은 거시 건전성 정책이고, D에 들어갈 최소 수준 이상의 자기 자본[1-1]을 유지하도록 하는 정책은 미시 건전성 정책이다.

④⑤는 제외하고 ①②③중에 정답이 있다.

요약하자면 (A: 불황/호황)일때 완충자본을 (C: 사용/적립)이고 최소 수준 이상의 자기자본을 유지[1-1]하는 상황이다. A와 C만 선택하면 된다.

방법 1. 〈보기〉의 최소 수준 이상의 자기자본을 보고 선택하는 방법:

미시 건전성 정책은 향후 손실에 대비하여 금융 회사의 자기자본 하한을 설정하는 '최저 자기자본 규제'가 있다. '최저 자기자본 규제'는 금융 회사 내의 자본 상황이 어떻게 되든 최소 수준 이상의 자기자본은 유지하라는 정책[1-1]인데, 이를 보고 불황/호황을 구분할 수는 없다. 언제나 최소 수준 이상의 자기자본을 유지하여야 하기 때문이다.

방법 2. [지문]의 거시 건전성 정책에서 완충 자본을 어떻게 운용하는지를 보고 선택하는 방법:

〈보기〉에 정해져 있는 정보로 찾을 수 없다면 [지문]을 보고 불황일 때 완충자본을 사용/적립하는지 여부 및 호황일 때 완충자본을 사용/적립하는지를 짝지어 봐야 한다. 3-4를 보면 경기 과열기에 완충자본을 적립한다고 나와 있고, 여기서 경기 과열기는 경기 호황을 뜻한다[3-1, 3-2]. 따라서 (A:C기준) 호황:적립, or 불황:사용이다. 알맞게 짝지은 것은 ①번이다.

1. 정확히 답이 정해져 있다기보다(호황/불황) 어느 쪽도 답이 될 수 있고 다만 알맞게 연결해 놓은 선지가 답이 되는 경우가 있다(호황:적립, 불황:사용).

2. 〈보기〉 문제는 아래 3가지 케이스와 같다.

첫 번째로, [지문]에서 특정한 부분을 예시로 든 문제(해당 유형 ✓)

- 〈보기〉에서 예시로 든 부분에 관한 설명을 [지문]에서 찾아야 함
→ 주로 기술·과학·경제·법 지문 (2020년 6월 모의고사 28번-책 19번, 2021년 11월 수능 16번-책 20~21번 등)

두 번째로, [지문]에서 설명한 내용에서 추가적인 내용을 설명한 문제

- [지문]과 공통점 차이점 비교
→ 주로 인문(학자) 지문 (2021년 6월 모의고사 8번 -책 274번~275번 등)

세 번째로, [지문]의 비교 대상끼리 장단점을 섞은 예시를 든 문제

- [지문]의 어느 부분을 섞은 것인지를 판단하여야 함
→ 신유형 (2024년 6월 모의고사 7번-책 40~42번)

대한민국 정부가 해외에서 발행한 채권의 CDS 프리미엄은 우리가 매체에서 자주 접하는 경제 지표의 하나이다. 이 지표를 이해하기 위해서는 채권의 '신용 위험'과 '신용 파산 스와프(CDS)'의 개념을 살펴볼 필요가 있다.

채권은 정부나 기업이 자금을 조달하기 위해발행하며 그 가격은 채권이 매매되는 채권 시장에서 결정된다.

(중략)

우리나라의 신용 평가 제도에서는 원화로 이자와 원금의 지급을 약속한 채권 가운데 발행자의 지급 능력이 최상급인 채권에 AAA라는 최고 신용 등급이 부여된다. 원금과 이자가 지급되지 않아 부도가 난 채권에는 D라는 최저 신용 등급이 주어진다. 그 외의 [3-1]채권은 신용 위험이 커지는 순서에 따라 AA, A, BBB, BB 등 점차 낮아지는 등급 범주로 평가된다. 이들 [3-2]각 등급 범주 내에서도 신용 위험의 상대적인 크고 작음에 따라 각각 '-'나 '+'를 붙이거나 하여 각 범주가 세 단계

의 신용 등급으로 세분되는 경우가 있다.

CDS 는 채권 투자자들이 신용 위험을 피하려는 목적으로 활용하는 파생 금융 상품이다. CDS 거래는 '보장 매입자'와 '보장 매도자' 사이에서 이루어진다. 여기서 '보장'이란 신용 위험으로부터의 보호를 뜻한다. 보장 매도자는, 보장 매입자가 보유한 채권에서 부도가 나면 이에 따른 손실을 보상하는 역할을 한다. [4-1]CDS 거래를 통해 채권의 신용 위험은 보장 매입자로부터 보장 매도자로 이전된다. [4-2]CDS 거래에서 신용 위험의 이전이 일어나는 대상 자산을 '기초 자산'이라 한다.

가령 은행 갑은, 기업 을이 발행한 채권을 매입하면서 그것의 신용 위험을 피하기 위해 보험 회사 병과 CDS 계약을 체결할 수 있다. 이때 [5-1]기초 자산은 을이 발행한 채권이다.

보장 매도자는 기초 자산의 신용 위험을 부담하는 것에 대한 보상으로 보장 매입자로부터 일종의 보험료를 받는데, 이것의 요율이 CDS 프리미엄이다. 다른 요인이 동일한 경우, ㉣ [6-1]기초 자산의 신용 위험이 크면 CDS 프리미엄도 크다. 한편 ㉤ 보장 매도자의 지급 능력이 우수할수록 보장 매입자는 유사시 손실을 보다 확실히 보전받을 수 있으므로 보다 큰 CDS 프리미엄을 기꺼이 지불하는 경향이 있다. 만약 보장 매도자가 발행한 채권이 있다면, 그 신용 등급으로 보장 매도자의 지급 능력을 판단할 수 있다. 이에 따라 다른 요인이 동일한 경우, [6-2]보장 매도자가 발행한 채권의 신용 등급이 높으면 CDS 프리미엄은 크다.

---

223. 〈보기〉의 ㉮~㉺ 중 CDS 프리미엄 이 두 번째로 큰 것은?

```
┌──────────────── < 보 기 > ────────────────┐
```

CDS 거래	기초 자산의 신용 등급	보장 매도자 발행 채권의 신용 등급
㉮	BB+	AAA
㉯	BB+	AA-
㉰	BBB-	A-
㉱	BBB-	AA-
㉲	BBB-	A+

윗글의 ㉣과 ㉤을 기준으로 서로 다른 CDS 거래 ㉮~㉲를 비교하여 CDS 프리미엄의 크기에 순서를 매길 수 있다. (단, 기초 자산의 발행자와 보장 매도자는 한국 기업이며, ㉮~㉲에서 제시된 조건 외에 다른 조건은 동일하다.)

① ㉮　　② ㉯　　③ ㉰　　④ ㉱　　⑤ ㉲

X가 2015년 12월 31일에 이자와 원금의 지급이 완료되는 채권 B_X를 2011년 1월 1일에 발행했다. 발행 즉시 B_X 전량을 매입한 Y는 B_X를 기초 자산으로 하는 CDS 계약을 Z와 체결하고 보장 매입자가 되었다. 계약 체결 당시 B_X의 신용 등급은 A-, Z가 발행한 채권의 신용 등급은 AAA였다. 2011년 9월 17일, X의 재무 상황 악화로 B_X의 신용 위험에 대한 우려가 발생하였다. 2012년 12월 30일, X의 지급 능력이 2011년 8월 시점보다 개선되었다. 2013년 9월에는 Z가 발행한 채권의 신용 등급이 AA+로 변경되었다. 2013년 10월 2일, B_X의 CDS 프리미엄은 100bp였다. (단, X, Y, Z는 모두 한국 기업이며 신용 등급은 매월 말일에 변경될 수 있다. 이 CDS 계약은 2015년 12월 31일까지 매월 1일에 갱신되며 CDS 프리미엄은 매월 1일에 변경될 수 있다. 제시된 것 외에 다른 요인에는 변화가 없다.)

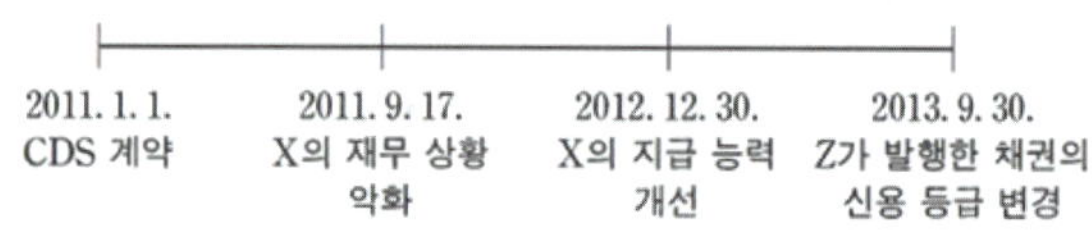

224. 2013년 1월에는 B_X의 신용 위험으로 Z가 손실을 입을 가능성이 2011년 10월보다 작아졌겠군.

225. 2013년 3월에는 B_X에 대한 CDS 프리미엄이 100bp보다 작았겠군.

[지문 내용]

채권: 정부나 기업이 자금이 필요해서 채권 투자자에게 돈을 받고 발행함

CDS: 채권 투자자들이 신용 위험을 피하기 위해 활용하는 파생 금융 상품. 보험과 비슷함.

· 채권의 신용 등급: 채권은 신용 위험이 커지는 순서에 따라 (=신용 위험이 커질수록) AA, A, BBB, BB 등으로 등급이 점차 낮아진다[3-1]. 그리고 같은 등급에서도 높으면 +, 낮으면 -로 표시[3-2]. 또한 기초 자산(=채권[5-1])의 신용 위험이 크면(=신용 등급이 낮으면) CDS 프리미엄도 크다[6-1].

· 보장 매도자 발행 채권의 신용 등급 : 보장 매도자가 발행한 채권의 신용 등급이 높으면 CDS 프리미엄은 크다[6-2].

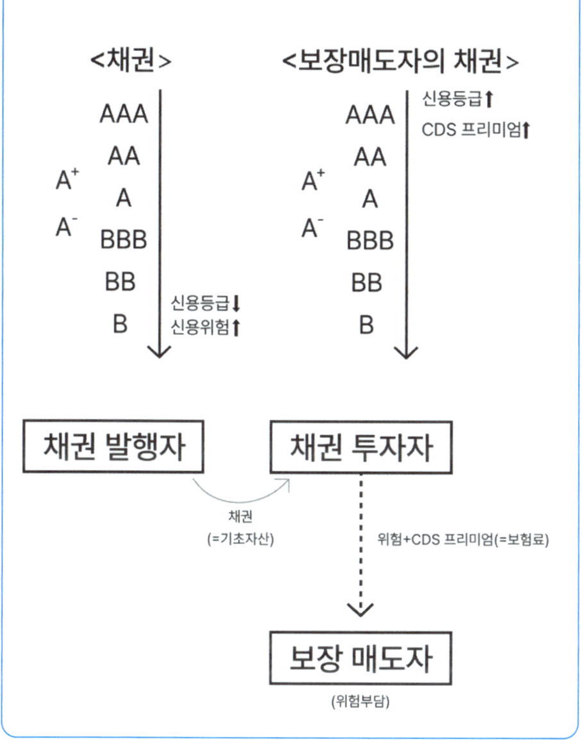

> **223. 2018년 9월 모의고사 23번**

② CDS 프리미엄이 크려면 기초 자산(채권[5-1])의 신용 등급은 낮아야 하고[3-1, 6-1], 보장 매도자 발행 채권의 신용 등급은 높아야 한다[6-2]. 먼저 기초 자산의 신용 등급을 기준으로 골라보자. BB+가 BBB-보다 등급이 낮으므로 BB+인 CDS 거래가 CDS 프리미엄이 더 높을 것이다. 이제 기초 자산의 신용 등급이 동일하게 BB+인 ㉮, ㉯ 중에 무엇이 더 CDS 프리미엄이 큰지 확인하기 위해 보장 매도자 발행 채권의 신용 등급을 비교해야 한다. 보장 매도자 발행 채권의 신용 등급에서는 AAA가 AA-보다 신용 등급이 높으므로 CDS 프리미엄은 ㉮가 첫 번째로 크고 두 번째로는 ㉯가 크다.

이 문제는 ① '신용 위험이 커지는 순서에 따라'라는 말을 '신용 위험이 커질수록'으로 해석할 수 있어야 하고, ② 신용 등급의 높낮이에 관하여 AA, A, BBB, BB 등의 순으로 점차 낮아지는 등급[3-1]이고, 각 등급 범주 내에서[3-2] 높은 등급에는 +, 낮은 등급에는 − 를 붙인다고 한 것을 보아, AA, A, BBB, BB 순으로 등급이 낮아지지만 같은 등급인 AA 안에서도 AA+, AA-로 나뉘는 것을 놓치지 않았어야 하고, ③ 신용 위험이 커질수록 신용 등급은 낮아지므로 반비례 관계인데, 반비례 관계는 헷갈리기 쉬워 주의했어야 하는 문제다. [지문]에서 설명하는 내용이 한 번에 들어오지 않는다면 지문 옆에 정리를 해 놓도록 하자.

[check point]

1. 'A가 커지는 순서에 따라 점차 낮아지는 등급 범주'='A가 커질수록 등급이 낮아진다.'(비례 반비례 표현)와 '각 등급 범주 내에서 +나 −를 붙여 신용 등급을 세분화한다.'(단계 구분, 같은 등급에서 +와−로 나뉘어짐)로 비례·반비례 유형과 단계 구분을 합쳐놓았다. [지문]을 읽으면서 한눈에 파악되지 않는다면 그림을 그려 정리해 놓도록 하자.

2. 〈보기〉 문제는 아래 3가지 케이스와 같다.

   첫 번째로, [지문]에서 특정한 부분을 예시로 든 문제(해당 유형 ✓)

   - 〈보기〉에서 예시로 든 부분에 관한 설명을 [지문]에서 찾아야 함
   → 주로 기술·과학·경제·법 지문 (2020년 6월 모의고사 28번−책 19번, 2021년 11월 수능 16번−책 20~21번 등)

   두 번째로, [지문]에서 설명한 내용에서 추가적인 내용을 설명한 문제

   - [지문]과 공통점 차이점 비교
   → 주로 인문(학자) 지문 (2021년 6월 모의고사 8번 −책 274번~275번 등)

   세 번째로, [지문]의 비교 대상끼리 장단점을 섞은 예시를 든 문제

   - [지문]의 어느 부분을 섞은 것인지를 판단하여야 함
   → 신유형 (2024년 6월 모의고사 7번−책 40~42번)
   ⇒ 2021년 9월 모의고사 16번 〈보기〉문제와 비교해보길 바란다.

> 〈보기〉의 설명을 요약하면 아래 그림과 같다.
>
> X: 채권 발행자
> Y: 채권 투자자, 보장 매수자
> Z: 보장 매도자
> + 채권 B_X은 신용 위험이 커지면 등급이 낮아진다[3-1].
>
> | (채권 B_X의 신용 등급, Z가 발행한 채권의 신용 등급) |
> | (예외_2013년 10월 2일: 채권 BX의 CDS 프리미엄 가격, Z가 발행한 채권의 신용 등급) |
>
> 11.1.1.　11.9.17.　12.12.30.　13.9.30.　┊　13.10.2.
>
> A⁻ AAA　↓AAA　↑AAA　- AA⁺　┊　100bp.AA⁺

---

224. 2018년 9월 모의고사 24번 – ③

(O) 2013년 1월은 2012년 12월 30일 이후이고, 2011년 10월은 2011년 9월 17일과 2012년 12월 30일 사이이다. 〈보기〉에 따르면 2013년 1월은 2011년 10월보다 채권 B_X의 신용 등급이 높아 신용 위험은 낮아져 있는 상태[3-1]이다. CDS 거래를 통해 채권 B_X의 신용 위험은 Y에서 Z로 이전[4-1]되므로 Z가 손실을 입을 가능성은 2013년 1월이 2011년 10월보다 낮다. 따라서 맞는 선지이다.

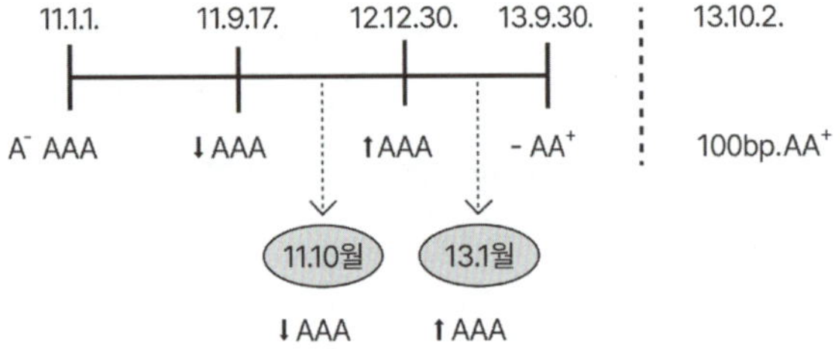

---

225. 2018년 9월 모의고사 24번 – ④

(X) 2013년 3월에서부터 2013년 10월 2일까지 채권 B_X의 신용 위험은 변화가 없지만 Z가 발행한 채권의 신용 등급은 AAA에서 AA+로 낮아진다[3-1]. Z가 발행한 채권의 신용 등급과 CDS 프리미엄은 비례[4-3]하므로, 2013년 3월은 2013년 10월 2일보다 CDS 프리미엄이 높았을 것이다. 따라서 틀린 선지이다.

> **[check point]**
>
> 1. 이 문제는 시기별로 〈보기〉의 설명을 잘 정리해놓으면 풀리는 문제이다. 이러한 문제로 정보를 정리하는 습관을 길러놓도록 하자.
> 2. 〈보기〉 문제는 아래 3가지 케이스와 같다.
>   **첫 번째로, [지문]에서 특정한 부분을 예시로 든 문제(해당 유형 ✓)**
>   – 〈보기〉에서 예시로 든 부분에 관한 설명을 [지문]에서 찾아야 함
>   → 주로 기술·과학·경제·법 지문 (2020년 6월 모의고사 28번–책 19번, 2021년 11월 수능 16번–책 20~21번 등)
>   **두 번째로, [지문]에서 설명한 내용에서 추가적인 내용을 설명한 문제**
>   – [지문]과 공통점 차이점 비교
>   → 주로 인문(학자) 지문 (2021년 6월 모의고사 8번 –책 274번~275번 등)
>   **세 번째로, [지문]의 비교 대상끼리 장단점을 섞은 예시를 든 문제**
>   – [지문]의 어느 부분을 섞은 것인지를 판단하여야 함
>   → 신유형 (2024년 6월 모의고사 7번–책 40~42번)

2018년 6월 모의고사 37번

한편, 검사용 키트는 휴대성과 신속성 외에 정확성도 중요하다. 키트의 정확성을 측정하기 위해서는 키트를 이용해 여러 번의 검사를 실시하고 그 결과를 분석한다. [1-1]키트가 시료에 목표 성분이 들어있다고 판정하면 이를 양성이라고 한다. 이때 [1-2]시료에 목표 성분이 실제로 존재하면 진양성, [1-3]시료에 목표 성분이 없다면 위양성이라고 한다. 반대로 [1-4]키트가 시료에 목표 성분이 들어 있지 않다고 판정하면 음성이라고 한다. 이 경우 [1-5]실제로 목표 성분이 없다면 진음성, [1-6]목표 성분이 있다면 위음성이라고 한다. 현실에서 위양성이나 위음성을 배제할 수 있는 키트는 없다.

여러 번의 검사 결과를 통해 키트의 정확도를 구하는데, 정확도란 시료를 분석할 때 올바른 검사 결과를 얻을 확률이다. 정확도는 민감도와 특이도로 나뉜다. [2-1]민감도는 시료에 목표 성분이 존재하는 경우에 대해 키트가 이를 양성으로 판정한 비율이다. [2-2]특이도는 시료에 목표 성분이 없는 경우에 대해 키트가 이를 음성으로 판정한 비율이다. 민감도와 특이도가 모두 높아 정확도가 높은 키트가 가장 이상적이지만 현실에서는 그렇지 않은 경우가 많아서 상황에 따라 민감도나 특이도를 고려하여 키트를 선택해야 한다.

---

226. 윗글을 참고할 때, 〈보기〉의 A와 B에 들어갈 말을 올바르게 짝지은 것은?

검사용 키트를 가지고 여러 번의 검사를 실시하여 키트의 정확성을 측정하였을 때, 검사 결과 (A)인 경우가 적을수록 민감도는 높고, (B)인 경우가 많을수록 특이도는 높다.

	A	B
①	진양성	진음성
②	진양성	위음성
③	위양성	위음성
④	위음성	진음성
⑤	위음성	위양성

[지문 내용]

판정(양/음성)을 이름 짓는 기준으로 잡고 앞글자에 진짜라면 '진', 가짜라면 '위'를 붙인다.

[지문]에서의 분류	문제에서 요구하는 분류
(민감도) 진양성 : ○ ↖ / 위양성 : ✕ ↙ → 양성 (특이도) 위음성 : ○ ↖ / 진음성 : ✕ ↙ → 음성	○ → 양성 : 진양성 (민감도) / ↘ 음성 : 위음성 ✕ → 양성 : 위양성 / ↘ 음성 : 진음성 (특이도)

– 양성이라고 판정하였지만 목표 성분이 없었다 : 위양성
– 양성이라고 판정하였지만 목표 성분이 있었다 : 진양성
– 음성이라고 판정하였지만 목표 성분이 없었다 : 진음성
– 음성이라고 판정하였지만 목표 성분이 있었다 : 위음성

---

226. 2018년 6월 모의고사 37번

④ A는 민감도와 관련되어 있고, B는 특이도와 관련되어 있다.

A: (위음성) 민감도는 시료에 목표 성분이 존재하는 경우에 대해 키트가 이를 양성으로 판정한 비율[2-1]이다. 따라서 민감도는 목표 성분이 있을 때 키트가 목표 성분이 있다고 판정하는(진양성[1-2]) 비율이 높을 때 가장 높다. 그렇다면 목표 성분이 있을 때 키트가 목표 성분이 없다고 판정(위음성[1-6])하는 비율이 적어야 목표 성분이 있을 때 목표 성

이 있다고 판정하는 비율이 높아질 것(100%−위음성(%)=진음성(%))이므로, 위음성이 적을수록 민감도가 높다.

B: (진음성) 특이도는 시료에 목표 성분이 없는 경우에 대해 키트가 이를 음성으로 판정한 비율[2-2]이다. 특이도가 높기 위해서는 시료에 목표 성분이 없는 경우에 키트가 없다고 판정하는 비율이 높아야 할 것이다. 따라서 진음성일 경우가 많을수록 특이도가 높다.

[지문]에서는 "키트가 판정한 결과값을 제시 → 목표성분이 존재할 때 / 존재하지 않을 때"를 설명했지만 문제에서는 "목표 성분이 존재할 때 / 존재하지 않을 때 → 키트가 판정한 결과값"의 순으로 거꾸로 도출하도록 했으므로 틀리기 쉽다. 헷갈리지 않도록 유의하자.

[check point]

1. [지문]의 분류를 거꾸로 설명하여 헷갈리게 만든 문제이다.
2. 〈보기〉 문제는 아래 3가지 케이스와 같다.

   첫 번째로, [지문]에서 특정한 부분을 예시로 든 문제(해당 유형 ✓)
   – 〈보기〉에서 예시로 든 부분에 관한 설명을 [지문]에서 찾아야 함
   → 주로 기술·과학·경제·법 지문 (2020년 6월 모의고사 28번–책 19번, 2021년 11월 수능 16번–책 20~21번 등)

   두 번째로, [지문]에서 설명한 내용에서 추가적인 내용을 설명한 문제
   – [지문]과 공통점 차이점 비교
   → 주로 인문(학자) 지문 (2021년 6월 모의고사 8번 –책 274번~275번 등)

   세 번째로, [지문]의 비교 대상끼리 장단점을 섞은 예시를 든 문제
   – [지문]의 어느 부분을 섞은 것인지를 판단하여야 함
   → 신유형 (2024년 6월 모의고사 7번–책 40~42번)

2023년 6월 모의고사 9번

분자들이 만나 화학 반응을 진행하는 데 필요한 최소한의 운동 에너지를 활성화 에너지라 한다. [1-1]활성화 에너지가 작

은 반응은, 반응의 활성화 에너지보다 큰 운동 에너지를 가진 분자들이 많아 반응이 빠르게 진행된다. [1-2]활성화 에너지를 조절하여 반응 속도에 변화를 주는 물질을 촉매라고 하며, [1-3]반응 속도를 빠르게 하는 능력을 촉매 활성이라 한다. 촉매는 촉매가 없을 때와는 활성화 에너지가 다른, 새로운 반응 경로를 제공한다. 화학 산업에서는 주로 고체 촉매가 이용되는데, 액체나 기체인 생성물을 촉매로부터 분리하는 별도의 공정이 필요 없기 때문이다. [1-4]고체 촉매는 대부분 활성 성분, 지지체, 증진제로 구성된다.

[2-1]활성 성분은 그 표면에 반응물을 흡착시켜 촉매 활성을 제공하는 물질이다.

(중략)

일반적으로 고체 촉매에서는 반응에 관여하는 표면의 활성 성분 원자가 많을수록 반응물의 흡착이 많아 촉매 활성이 높아진다.

금속은 열적 안정성이 낮아, 화학 반응이 일어나는 [3-1]고온에서 금속 원자들로 이루어진 작은 입자들이 서로 달라붙어 큰 입자를 이루게 되는데 이를 소결이라 한다. 입자가 [3-2]소결되면 금속 활성 성분의 전체 표면적은 줄어든다. 이러한 문제를 해결하는 것이 지지체이다. 작은 금속 입자들을 표면적이 넓고 [3-3]열적 안정성이 높은 지지체의 표면에 분산하면 소결로 인한 촉매 활성 저하가 억제된다. 따라서 소량의 금속으로도 ㉠ 금속을 활성 성분으로 사용하는 고체 촉매의 활성을 높일 수 있다.

[9번] ㉠의 촉매 활성을 높이는 방법은?

227. 반응물을 흡착[2-1]하는 금속 원자의 개수를 늘린다[3-1, 3-2].

228. 반응물의 반응 속도를 늦추는[1-3] 지지체를 사용한다.

229. 반응에 대한 활성화 에너지를 크게 하는[1-1, 1-2, 1-3] 금속을 사용한다.

[지문 내용]

활성화 에너지 : 화학 반응을 진행하는데 필요한 최소한의 운동 에너지

촉매 : 활성화 에너지를 낮추어 반응 속도를 빠르게 하는 물질.

주로 고체 촉매가 이용됨

활성 성분 : 촉매에서 반응물을 흡착시키는 부분

⇒ 활성화 에너지가 작아야 반응이 빠르게 진행됨

⇒ 촉매를 이용하여 활성화 에너지를 낮춤

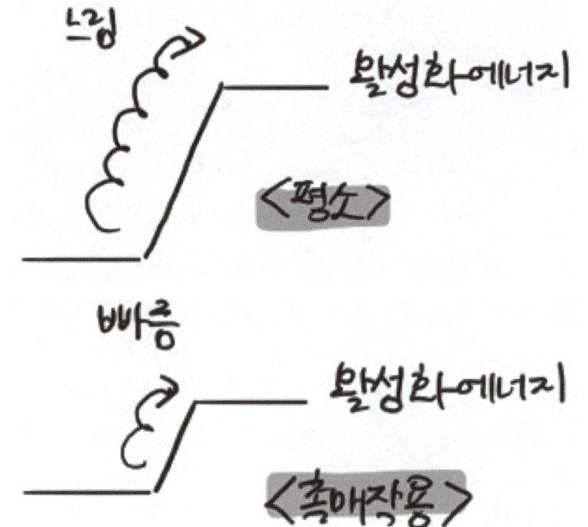

금속 : 고온에서 작은 입자들이 달라붙어 큰 입자를 이룸(소결이 진행됨)

⇒ 금속 촉매 활성 성분의 전체 표면적이 줄어듦

⇒ 안정성이 높은 지지체를 이용하여 소결을 억제함

227. 2023년 6월 모의고사 9번 - ①

(O) 네 번째 문단에서 고체 촉매에 있어서 지지체의 역할을 설명하고 있다. 금속 고체 촉매의 경우 소결 현상[3-1]으로 인해 표면 면적이 줄어들어 활성이 줄어드는데[3-2], 지지체[3-3] 가 금속(활성 성분)의 소결로 인한 활성 저하를 억제한다는 것이다. 소결 현상이란 금속 고체 촉매들이 서로 달라붙어 활성 성분의 표면적이 줄어드는 것을 뜻하는 것으로 촉매 활성에 부정적인 역할을 하는 것을 고려했을 때, 그와 반대로 반응물을 흡착(=활성 성분)하는 금속 원자의 개수를 늘린다면 촉매 활성이 높아질 것임을 추론할 수 있다.

228. 2023년 6월 모의고사 9번 - ③

(X) 촉매 활성이 높아진다는 말은 반응물의 반응 속도를 높아지게[1-3] 한다는 말이다. 따라서 '반응 속도를 늦추는' 지지체를 사용한다면 촉매 활성이 낮아질 것이다.

229. 2023년 6월 모의고사 9번 - ④

(✕) 활성화 에너지를 낮추어야[1-1] 반응 속도가 빨라진다. 활성화 에너지를 낮추어 반응 속도를 높이는 작용이 촉매의 기능이다. 활성화 에너지를 크게 한다면 반응 속도는 느려질 것이고, 이는 촉매 활성이 낮아지게 한다. 따라서 틀린 선지이다.

[check point]

1. 비례 반비례 관계 파악하기(시각화)

   → 촉매 활성 ↑ : 활성화 에너지 ↓ : 활성 성분 ↑ : 반응 속도↑

2. 같은 말 다르게 표현하기(패러프레이징)

   → [지문] '활성 성분은 그 표면에 반응물을 흡착시켜 촉매 활성을 제공하는 물질이다.', '고온에서 금속 원자들로 이루어진 작은 입자들이 서로 달라붙어 큰 입자를 이루는 현상을 소결이라 한다.', '입자가 소결되면 금속 활성 성분의 전체 표면적은 줄어든다.' ≒[선지] '반응물을 흡착하는 금속 원자의 개수를 늘리면 촉매 활성이 높아진다.'

2018년 9월 모의고사 32번

진공이란 기체 압력이 대기압보다 낮은 상태를 통칭하며 [1-1]기체 압력이 낮을수록 진공도가 높다고 한다. 진공 통 내부의 온도가 일정하고 한 종류의 기체 분자만 존재할 경우, 기체 분자의 종류와 상관없이 통 내부의 [1-2]기체 압력은 단위 부피당 떠돌아다니는 기체 분자의 수에 비례한다.

(중략)

STM을 활용하는 실험에서 어느 정도의 진공도가 요구되는지를 이해하기 위해서는 '단분자층 형성 시간'의 개념을 이해할 필요가 있다. 진공 통 내부에서 떠돌아다니던 기체 분자들이 관찰하려는 시료의 표면에 달라붙어 한 층의 막을 형성하기까지 걸리는 시간을 단분자층 형성 시간이라 한다. 이 시간은 ㉠ 시료의 표면과 충돌한 기체 분자들이 표면에 달라붙을 확률이 클수록, ㉡ 단위 면적당 기체 분자의 충돌 빈도가 높을수록 짧다. 또한 ㉢ 기체 운동론에 따르면 고정된 온도에서 [2-1]기체 분자의 질량이 크거나 ㉣ [2-2]기체의 압력이 낮을수

록 단분자층 형성 시간은 길다. 가령 질소의 경우 20℃, 760 토르[*]대기압에서 단분자층 형성 시간은 3×10^{-9}초이지만, 같은 온도에서 압력이 10^{-9}토르로 낮아지면 대략 2,500초로 증가한다. 이런 이유로 STM에서는 시료의 관찰 가능 시간을 확보하기 위해 통상 10^{-9}토르 이하의 초고진공이 요구된다.

[*] 토르(torr) : 기체 압력의 단위.

< 보 기 >

STM을 사용하여 규소의 표면을 관찰하는 실험을 하려고 한다. 동일한 사양의 STM이 설치된, 동일한 부피의 진공 통 A~E가 있고, 각 진공 통 내부에 있는 기체 분자의 정보는 다음 표와 같다. ㉤ 진공 통 A 안의 기체 압력은 10^{-9}토르이며, 모든 진공 통의 내부 온도는 20℃이다. (단, ㉠ 기체 분자가 규소 표면과 충돌하여 달라붙을 확률은 기체의 종류와 관계없이 일정하며, 제시되지 않은 모든 조건은 각 진공 통에서 동일하다. N은 일정한 자연수이다.)

진공 통	기체	㉢ 분자의 질량 (amu[*])	㉣ 단위 부피당 기체 분자 수 (개/ cm3)
A	질소	28	4N
B	질소	28	2N
C	질소	28	7N
D	산소	32	N
E	이산화 탄소	44	N

[*] amu: 원자 질량 단위.

230. B 내부의 기체 압력은 10^{-9}토르보다 낮겠군.

231. C 내부의 진공도는 B 내부의 진공도보다 낮겠군.

232. D 내부에서의 단분자층 형성 시간은 A의 경우보다 길겠군.

233. E 내부의 시료 표면에 대한 단위 면적당 기체 분자의 충돌 빈도는 D의 경우보다 높겠군.

[지문 내용]

단분자층 형성 시간에 영향을 끼치는 요소는 총 4가지이다. 비례 반비례 관계는 다음과 같다.

㉠ 시료의 표면과 충돌한 기체 분자들이 표면에 달라붙을 확률	㉡ 단위 면적당 기체 분자의 충돌 빈도	㉢ 기체 분자의 질량	㉣ 기체의 압력 (=단위 부피당 떠돌아다니는 기체 분자의 수[1-1])
↑	↑	↑	↓
단분자층 형성 시간		단분자층 형성 시간	
↓		↑	

〈보기〉에서 ㉠은 기체의 종류와 관계없이 모두 같다고 하였으므로 논외이다. ㉡(〈보기〉에서 언급 ×), ㉢(분자의 질량), ㉣(기체의 압력=단위 부피당 떠돌아다니는 기체 분자의 수[1-2]: A 10⁻⁹토르)만 고려하면 된다.

〔230. 2018년 9월 모의고사 32번 – ②〕

(O) 진공 통 A 안의 기체 압력은 10^{-9}토르이다. B는 A와 비교하면 기체의 종류, 분자의 질량은 모두 같고 단위 부피당 기체 분자 수만 더 적다. 단위 부피당 기체 분자 수는 ㉣이고, 단위 부피당 기체 분자 수는 기체 압력에 비례[1-2]한다. 따라서 B가 A보다 기체 압력이 작기 때문에 B 내부의 기체 압력은 10^{-9}토르보다 낮다.

〔231. 2018년 9월 모의고사 32번 – ③〕

(O) 진공도는 기체 압력과 반비례[1-1]하고, 기체 압력은 단위 부피당 기체 분자 수와 비례[1-2]한다. C의 단위 부피당 기체 분자 수는 7N이고 B의 단위 부피당 기체 분자 수는 2N으로 C가 B보다 단위 부피당 기체 분자 수가 크고, 기체 압력도 크다. 따라서 진공도는 C가 B보다 낮다.

〔232. 2018년 9월 모의고사 32번 – ④〕

(O) D와 A의 차이를 보면 기체 종류, 분자의 질량, 단위 부피당 기체 분자 수 모두 다르다. 〈보기〉에서 기체의 종류는 단분자층 형성 시간에 영향을 끼치지 않기 때문에 제외한

다. D가 A보다 분자의 질량이 크고, 단위 부피당 기체 분자 수는 적다. 기체 분자의 질량은 단분자층 형성 시간과 비례[2-1]하고 단위 부피당 떠돌아다니는 기체 분자 수[1-2]는 단분자층 형성 시간과 반비례[2-2]하므로 D가 A보다 단분자층 형성 시간이 길다.

〔233. 2018년 9월 모의고사 32번 – ⑤〕

(X) E는 D보다 분자의 질량이 크다(단위 부피당 기체 분자 수는 같으므로 논외, 〈보기〉에서 기체의 종류는 단분자층 형성 시간에 영향을 끼치지 않으므로 논외). 분자의 질량은 단분자층 형성 시간과 비례하고, 단분자층 형성 시간은 단위 면적당 기체 분자의 충돌 빈도와 반비례하므로 분자의 질량은 단위 면적당 기체 분자의 충돌 빈도와 반비례 관계이다. 따라서 E는 D보다 단위 면적당 기체 분자의 충돌 빈도가 낮다.

[check point]

1. 이 문제는 각 〈보기〉에서 분류해놓은 '기체, 분자의 질량, 단위 부피당 기체 분자 수'가 각각 [지문]에서 어느 부분에 해당하는지를 파악하고, [지문]에서 언급하는 여러 가지 요소들(분자의 질량, 기체 압력, 기체 분자의 수, 단분자층 형성 시간 등)의 비례·반비례 관계를 파악하는 문제이다. 헷갈리지 않는다면 [지문]에 ↑↓표시를 해놓고 문제를 풀 때 찾아가면 되고, 헷갈린다면 위의 표처럼 따로 정리를 하면서 읽어도 좋다.

2. 〈보기〉 문제는 아래 3가지 케이스와 같다.

   첫 번째로, [지문]에서 특정한 부분을 예시로 든 문제(해당 유형 ✓)

   – 〈보기〉에서 예시로 든 부분에 관한 설명을 [지문]에서 찾아야 함

   → 주로 기술·과학·경제·법 지문 (2020년 6월 모의고사 28번–책 19번, 2021년 11월 수능 16번–책 20~21번 등)

   두 번째로, [지문]에서 설명한 내용에서 추가적인 내용을 설명한 문제

   – [지문]과 공통점 차이점 비교

   → 주로 인문(학자) 지문 (2021년 6월 모의고사 8번 –책 274번~275번 등)

   세 번째로, [지문]의 비교 대상끼리 장단점을 섞은 예시를 든 문제

– [지문]의 어느 부분을 섞은 것인지를 판단하여야 함

→ 신유형 (2024년 6월 모의고사 7번–책 40~42번)

2023년 11월 수능 5번

「공직선거법」의 규정에 따르면, 당선인을 예상케 하는 여론조사를 실시하는 것은 언제든지 가능하지만, 그 결과의 보도는 선거일 6일 전부터 투표 마감 시각까지 금지된다.

(중략)

경마식 보도로부터 드러난 선거 방송의 한계를 보완하는 방책 중 하나로 선거 방송 토론회가 활용될 수 있다. 이 토론회를 통해 후보자 간 정책과 자질 등의 차이가 드러날 수 있는데, 현실적인 이유로 초청 대상자는 한정된다. 「공직선거법」의 선거 방송 토론회 규정은 5인 이상의 국회의원을 가진 정당이나 직전 선거에서 3% 이상 득표한 정당이 추천한 후보자, 또는 언론기관의 여론조사 결과 평균 지지율이 5% 이상인 후보자 등을 초청 기준으로 제시하고 있다.

234. 정당의 추천을 받지 못해도 선거 방송의 초청 대상 후보자 토론회에 참여할 수 있다.

235. 선거일에 당선인 예측 선거 여론조사를 실시하고 표 마감 시각 이후에 그 결과를 보도할 수 있다.

> 선거 방송 토론회 초청 대상자 :
> 1. (5인 이상의 국회의원을 가진 정당 or 직전 선거에서 3% 이상 득표한 정당)이 추천한 후보자
> 2. 언론기관의 여론조사 결과 평균 지지율이 5% 이상인 후보자

234. 2023년 11월 수능 5번 – ②

(O) 두 번째 문단을 보면 [{(5인 이상의 국회의원을 가진 정당)이나 (직전 선거에서 3% 이상 득표한 정당)}이 추천한 후보자] 또는 [언론기관의 여론조사 결과 평균 지지율이 5% 이상인 후보자]가 초청 대상자임을 알 수 있다. 이에 따르면 정당의 추천을 받지 못한 경우에도 언론기관의 여론조사 결과 평균 지지율이 5% 이상인 후보자라면 선거 방송 토론회 초청 대상자가 될 수 있다. 맞는 선지이다.

235. 2023년 11월 수능 5번 – ④

(O) 첫 번째 문단에서 "당선인을 예상케 하는 여론조사를 실시하는 것은 언제든지 가능"하다고 하고 있으므로 선지에서와 같이 "선거일에 당선인 예측 선거 여론조사를 실시"할 수 있다. 결과 보도 시기에 대해서는 [지문]에서 "결과의 보도는 투표 마감 시각까지 금지"라고 설명하고 있는데, 이는 선지의 표현인 "표 마감 시각 이후에 그 결과를 보도할 수 있"다는 말과 같은 의미이다. 따라서 맞는 선지이다.

[지문]에 있는 문장을 같은 의미지만 다른 표현으로 바꾸어 선지를 만드는 일이 빈번하므로 주의하도록 하자.

[check point]

[지문]에서 설명한 문장과 선지의 설명을 일치시킬 수 있어야 한다. 모든 선지는 [지문]에서 따온 단어·구·절로 이루어지거나, [지문]에 있는 문장을 비슷하게 바꿔 구성되기 때문이다.

→ [선지] "피상속인이 생전에 다른 사람에게 재산을 팔다."
= [지문] 처분 행위

→ [선지] "무상으로 취득한 재산에 대한 권리는 무상 취득자 자신의 의사에 반하여 제한될 수 있다." = [지문] "무상 처분 행위가 행해졌을 때는 그 당사자인 무상 처분자와 무상 취득자의 의사와 무관하게 그 결과가 번복될 수 있다."

→ [선지] "투표 마감 시각 이후 결과를 보도할 수 있다." = [지문] "그 결과의 보도는 투표 마감 시각까지 금지된다."

2023년 11월 수능 13번

「노자」에서 '도(道)'는 만물 생성의 근원으로 묘사된다. 도를 천지 만물의 존재와 본질의 근거라고 본 한비자의 이해도 이와 다르지 않다. 그는 자연과 인간 사회의 모든 현상은 도의 영향을 받지 않을 수 없다고 보고, 인간 사회의 일은 도에 따라 제대로 행했는가의 여부에 따라 그 성패가 드러나는 것

이라고 이해했다.

(중략)

한편, 한비자는 도를 구체적인 사물과 사건에 내재한 개별 법칙의 통합으로 보고, 『노자』의 도에 시비 판단의 근거라는 새로운 의미를 부여했다.

한비자의 견해로 적절하지 않은 것은?

236. 인간 사회의 흥망성쇠는 사람이 도에 따라 올바르게 행하였는가의 여부에 좌우되는 것이다.

237. 도는 만물의 근원이면서 동시에 현실 사회의 개별 사물과 사건에 내재한 법칙을 포괄하는 것이다.

> 236. 2023년 11월 수능 13번 – ④

(○) [지문]에서 한비자는 '인간 사회의 일은 도에 따라 제대로 행했는가의 여부에 따라 그 성패가 드러나는 것이라고 이해했다.'라고 표현하고 있다. [지문]의 '인간 사회의 일이 성패가 드러나는 것'은 선지에서의 "흥망성쇠"와 대응하는 표현이고, [지문]의 "도에 따라 제대로 행했는가의 여부에 따라"는 선지에서의 "사람이 도에 따라 올바르게 행하였는가의 여부"와 대응하는 표현이므로 맞는 선지이다.

> 237. 2023년 11월 수능 13번 – ⑤

(○) 선지의 "만물의 근원"=[지문]의 "만물 생성의 근원", 선지의 "현실 사회의 개별 사물과 사건에 내재한 법칙을 포괄하는 것"="도를 구체적인 사물과 사건에 내재한 개별 법칙의 통합으로 봄"으로 대응시켜, 같은 문장을 다르게 표현하여 구성한 선지이다.

[check point]

[지문]에서 설명한 문장과 선지의 설명을 일치시킬 수 있어야 한다. 모든 선지는 [지문]에서 따온 단어·구·절로 이루어지거나, [지문]에 있는 문장을 비슷하게 바꿔 구성되기 때문이다.

2024년 9월 모의고사 9번

블록체인 기술은 데이터를 블록이라는 단위로 묶어 체인 형태로 연결한 것을 여러 대의 컴퓨터에 중복 저장하는 기술이다. 체인 형태로 연결된 블록의 집합을 블록체인이라 하고, 블록체인을 저장하는 컴퓨터를 노드라고 한다. [1-1]새로 생성된 블록은 노드들에 전파된다. [1-2]노드들은 블록에 포함된 내용이 블록체인의 다른 블록에 있는 내용과 상충되지 않는지, 동일한 내용이 블록체인의 다른 블록에 이중으로 포함되어 있지 않은지 검증한다. 검증이 끝난 블록을 블록체인에 연결할지 여부는 모든 노드들이 참여하는 승인 과정을 통해 정해진다. [1-3]승인이 완료된 블록은 블록체인에 연결되고, 이 블록체인은 노드들에 저장된다.

---

238. 블록이 블록체인에 연결되기 위해서는 블록의 데이터가 블록체인의 다른 데이터와 비교되어야[1-2] 한다.

[지문 내용]

· 새로 생성된 블록:
노드들에 전파 → 노드들의 '검증' → 노드들의 '승인 과정' → 블록체인에 연결

* 검증 : 블록의 내용이 블록체인의 다른 블록의 내용과 상충되지 않는지, 동일한 내용이 이중으로 포함되어 있지 않은지를 검증

> 238. 2024년 9월 모의고사 9번 – ④

(○) [지문]은 새로 생성된 블록이 블록체인에 연결되는 과정을 설명하고 있다. [지문]에서 "블록에 포함된 내용이 블록체인의 다른 블록에 있는 내용과 상충되지 않는지, 동일한 내용이 블록체인의 다른 블록에 이중으로 포함되어 있지 않은지 검증[1-2]하여야 한다고 설명하고 있는데, 이는 "블록의 데이터가 블록체인의 다른 데이터와 비교되는 것"과 같은 말이다. 이렇듯 [지문]의 여러 문장에서 정보를 가져오되 표현을 다르게 하여 연결하는 등의 방법으로 맞는 선지를 만든다.

[check point]

선지의 모든 정보는 [지문]에서 찾을 수 있다.

2024년 6월 모의고사 9번

분자를 구성하는 원자들이 서로 전자를 공유하여 안정한 상태가 되는 결합을 공유 결합이라 한다. [1-1]두 원자가 각각 전자를 하나씩 내어놓아 그 두 개의 전자를 한 쌍으로 공유하면 단일 결합이라 하고, 두 쌍을 공유하면 이중 결합이라 한다.

(중략)

에틸렌의 중합에는 여러 가지 방법이 있는데 그중에 하나는 과산화물 개시제를 사용하는 것이다. 열을 흡수한 과산화물 개시제는 가장 바깥 껍질에 7개의 전자가 있는 불안정한 상태의 원자를 가진 분자로 분해된다. 이 불안정한 원자는 안정해지기 위해 에틸렌이 가진 탄소의 이중 결합 중 더 약한 결합을 끊어 버리면서 에틸렌의 한쪽 탄소 원자와 전자를 공유하며 단일 결합한다. 그러면 다른 쪽 탄소 원자는 공유되지 못한, 홀로 남은 전자를 갖게 된다. 이 불안정한 탄소 원자는 같은 방식으로 다른 에틸렌 분자와 반응을 하게 되고, 이와 같은 반응이 이어지며 불안정해지는 탄소 원자가 계속 생성된다. 에틸렌 분자들이 결합하여 더해지면 이것들은 사슬 형태를 이루며, 이 사슬은 지속적으로 성장하고 사슬 끝에는 불안정한 탄소 원자가 존재하게 된다.

239. 사슬의 중간에 두 탄소 원자가 서로 전자를 하나씩 내어놓아 공유하는 결합이 존재한다.

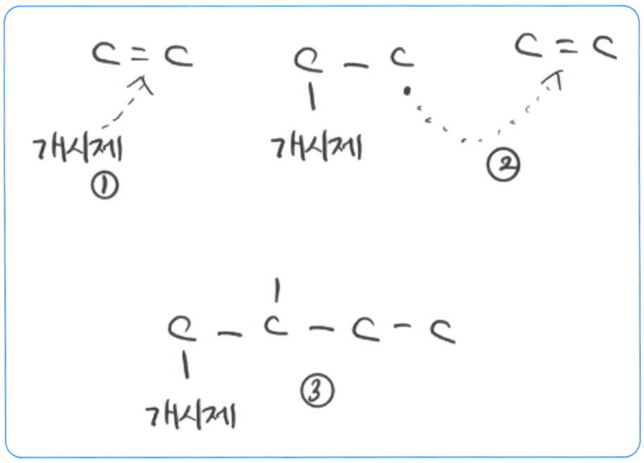

239. 2024년 6월 모의고사 9번 - ②

(○) 선지의 "서로 전자를 하나씩 내어놓아 공유하는 결합[1-1]"은 [지문]의 "단일 결합"을 의미한다. [지문]에서 "불안정한 원자가 에틸렌의 탄소와 단일 결합하면서 다른 쪽 탄소 원자가 불안정해지며 이 불안정한 탄소는 같은 방식으로 다른 에틸렌 분자와 반응을 한다"고 설명하고 있는데, 여기서 "같은 방식"이란 "불안정한 원자(=이중 결합의 한 쪽 탄소 원자)가 탄소와 단일 결합 하는 것"을 의미하므로 사슬의 중간에 두 탄소 원자에 단일 결합이 존재한다. 따라서 맞는 선지이다.

이 선지는 사슬 성장 과정을 이해하여야 풀 수 있는 문제이다. [지문]에서 '단일 결합'한다고 적어놓고 선지에서는 '단일 결합'의 정의를 풀어서 표현한 점을 주의하자.

[check point]

1. 위 [지문]에서와 같이 어떤 단어들의 정의, 구성 장치 등을 나열한다면 [지문]을 이해하는데 쓰이거나 선지에서 내용이 재등장한다.

→ 2021년 6월 모의고사 15번 : PCR는 주형 DNA, 프라이머, DNA 중합 효소, 4종의 뉴클레오타이드가 필요하다. 프라이머는 ~

→ 2020년 6월 모의고사 25번 : 카메라 장치 설명

→ 2024년 6월 모의고사 9번 : [지문] '두 원자가 각각 전자를 하나씩 내어놓아 그 두 개의 전자를 한 쌍으로 공유하면 단일 결합', [선지] '두 탄소 원자가 서로 전자를 하나씩 내어놓아 공유하는 결합'

2024년 9월 모의고사 16번

정신분학적 영화 이론(B)에 따르면 관객이 영화에서 느끼는 현실감은 상상적인 것이며 환영이다. 영화와 관객의 심리 사이의 관계를 다루는 정신분석학적 영화 이론은 영화와 관객 사이에 발생하는 동일시 현상에 주목한다. 이런 동일시 현상은 영화 장치로 인해 발생한다. 이때 영화 장치는 카메라, 영화의 서사, 영화관의 환경 등을 아우르는 개념이다. [1-1]가장 대표적인 동일시 현상은 관객이 영화의 등장인물에 자신을

일치시키는 것이다 이런 동일시는 극영화뿐 아니라 다큐멘터리 영화에서도 발생한다. 그런데 [1-2]관객이 보고 있는 인물과 사물은 영화가 상영되는 그 시간과 장소에는 존재하지 않는다. 그 인물과 사물의 부재를 채우는 역할은 관객의 몫이다. [1-3]관객은 상상적 작업을 통해, 영화가 보여 주는 세계의 중심에 자신을 위치시킴으로써, 허구적 세계와 현실 사이의 간극을 없앤다.

(중략)

정신분석학적 영화 이론은 영화가 은폐하고 있는 특정한 이념을 관객이 의심하지 않고 자신의 것으로 받아들일 위험이 있다고 경고한다. 이는 관객이 비판적 거리를 유지하면서 영화를 볼 수 있도록, [2-1]영화가 환영임을 영화 스스로 폭로하는 설정이 담겨 있는 대안적인 영화가 필요하다는 주장으로 이어진다.

···················· < 보 기 > ····················

최근 영화관에서 본 두 편의 영화가 기억에 남는다. ㉮ 첫째 번 영화는 고단하게 살아가는 한 가족의 일상을 표현한 작품이다. 다큐멘터리라는 착각이 들 정도로 사실적인 영화였다. 작품에 대해 더 찾아보니 거리에서 인공조명 없이 촬영되었고, 주인공은 연기 경험이 없는 일반인이었다고 한다. 마지막에 아버지가 아들의 손을 꼭 잡아 줄 때, 마치 내 손을 잡아 주는 것처럼 느껴져 감동적이었다. 열린 결말이라서 주인공 가족이 앞으로 어떻게 살아갈지 궁금했다. ㉯ 둘째 번 영화는 초인적 주인공이 외계의 침략자를 물리치는 내용이다. 영화 후반부까지 사건 전개를 예측하지 못할 정도로 반전을 거듭하는 이야기와 실재라고 착각할 정도로 뛰어난 컴퓨터 그래픽 화면은 으뜸이었지만, 뻔한 결말은 아쉬웠다. 그래도 주인공이 침략자를 무찌르는 장면에서는 내가 주인공이 되어 세상을 구하는 것 같아서 쾌감이 느껴졌다. 그런데 영화가 끝나고 생각해 보니 왜 세계의 평화는 서구인이 지키고, 특정 나라에서 일어나는 사건이 인류의 위기인지 의아했다.

240. B의 관점에서 보면, 학생이 ㉯에서 의아함을 떠올린 것은 ㉯가 관객으로 하여금 비판적 거리를 유지하며 영화를 볼 수 있도록 하는 대안적인 영화이기 때문이다.

241. B의 관점에서 보면, 학생이 ㉮에서 감동을 받은 것과 ㉯에서 쾌감을 느낀 것은 상상적 작업을 통해 허구적 세계의 중심에 자신을 위치시켰기 때문이다.

[지문 내용]

정신분석학적 영화 이론 : 관객이 영화에서 느끼는 현실감은 상상, 환영임

– 동일시 현상 : 관객이 영화의 등장인물에 자신을 일치시키는 현상[1-1]. 영화 장치로 발생, 관객이 상상적 작업을 통해 영화가 보여주는 세계의 중심에 자신을 위치시킴으로써 허구적 세계와 현실 사이의 간극을 없앰[1-3]

– 영화의 특정한 이념을 관객이 의심하지 않고 자신의 것으로 받아들일 위험이 있다고 경고 → 대안적인 영화(=영화가 환영임을 스스로 폭로하는 영화)가 필요

㉮: 다큐멘터리, 동일시 현상('마치 내 손을 잡아 주는 것처럼')

㉯: 컴퓨터 그래픽, 동일시 현상('내가 주인공이 되어 세상을 구하는 것 같아서')

---

240. 2024년 9월 모의고사 16번 – ④

(✕) '대안적인 영화'란 '영화가 환영임을 스스로 폭로하는 설정이 담겨있는 영화[2-1]'이다. 학생이 ㉯에서 의아함을 떠올린 것은 맞지만, 영화 감상 후에 영화의 의미를 비판적으로 생각한 결과일 뿐 ㉯ 자체는 '실재라고 착각할 정도로 뛰어난 컴퓨터 그래픽'을 이용하여 '동일시 현상'을 의도한 영화이다. 〈보기〉에서 ㉯에서 영화가 환영임을 스스로 폭로한다는 내용이 전혀 없는 것을 주목해야 한다. 이 선지는 '대안적인 영화'의 정의를 [지문]에서 찾아내어 ㉯가 대안적인 영화가 맞는지를 판별하여야 한다. 학생이 의아함을 떠올린 결과는 그대로 두고, 그렇게 생각하게 된 원인을 바꿔치기(학생의 비판적인 생각→㉯가 대안적인 영화이기 때문)하여 오답으로 유도한 선지로 틀리기 쉬우니 주의하도록 하자.

241. 2024년 9월 모의고사 16번 – ⑤

(O) ㉮와 ㉯에서는 모두 '동일시 현상'이 나타났다. [지문]에 따르면 이 '동일시 현상'은 관객의 상상적 작업을 통해 영화가 보여주는 세계의 중심에 자신을 위치시킴으로써, 허구적 세계와 현실 사이의 간극을 없애는 방식으로 발생한다.[1-3] 대표적인 '동일시 현상'은 관객이 영화의 등장인물에 자신을 일치시키는 것이다.

이 선지는 '동일시 현상'의 정의를 [지문] 내의 다른 표현으로 대체하여 구성한 선지이다. '영화'='허구적 세계'로 바꾼 것을 알아차리고 선지의 설명을 동일시 현상과 연결할 수 있었는지, 또한 ㉮와 ㉯에서 동일시 현상이 나타났는지를 판별할 수 있었는지를 점검해야 한다.

[check point]

1. 원인과 결과 선지에서 제대로 된 원인과 연결하지 않고 [지문]에서 언급되었던 내용을 갖다 붙여 익숙하지만 틀리게 만든 선지를 조심하자.
   - → 2020년 수능 19번(책98번), 2022년 수능 11번(147번), 2018년 9월 모의고사 31번(책172번), 2024년 9월 모의고사 16번(책240번)

2. [지문]에서 설명한 단어의 정의와 선지의 설명을 일치시킬 수 있어야 한다.
   - → 대안적인 영화, 동일시 현상

3. **첫 번째로, [지문]에서 특정한 부분을 예시로 든 문제 (해당 유형 ✓)**
   - – 〈보기〉에서 예시로 든 부분에 관한 설명을 [지문]에서 찾아야 함
   - → 주로 기술·과학·경제·법 지문 (2020년 6월 모의고사 28번, 2021년 11월 수능 15번 등)

   두 번째로, [지문]에서 설명한 내용에서 추가적인 내용을 설명한 문제
   - – [지문]과 공통점 차이점 비교
   - → 주로 인문(학자) 지문 (2021년 6월 모의고사 8번 등)

   세 번째로, [지문]의 비교 대상끼리 장단점을 섞은 예시를 든 문제
   - – [지문]의 어느 부분을 섞은 것인지를 판단하여야 함
   - → 신유형 (2024년 6월 모의고사 7번)

조선 왕조의 기본 법전인 [1-1]『경국대전』에 규정된 신분제는 신분을 양인과 천인으로 나눈 양천제이다. 양인은 과거에 응시할 수 있었지만, 납세와 군역 등의 의무를 져야 했다. 천인은 개인이나 국가에 소속되어 천역(賤役)을 담당했다. 관료 집단을 뜻하던 양반이 16세기 이후 세습적으로 군역 면제 등의 차별적 특혜를 받는 신분으로 굳어짐에 따라 [1-2]양인은 사회적으로 양반, 중인, 상민으로 분화되었다. [1-3]이러한 법적, 사회적 신분제는 갑오개혁으로 철폐되기 이전까지 조선 사회의 근간이 되었다.

(중략)

18세기 이후 경제적으로 성장한 상민층에서는 '유학(幼學)'직역[*]을 얻고자 하는 현상이 나타났다. 유학은 벼슬을 하지 않은 유생(儒生)을 지칭했으나, 이 시기에는 관료로 진출하지 못한 이들을 가리키는 직역 명칭으로 굳어졌다. 호적상 유학은 군역 면제라는 특권이 있어서 [2-1]상민층이 원하는 직역이었다. 유학 직역의 획득은 제도적으로 양반이 되는 것을 의미하였으나 그것이 곧 온전한 양반으로 인정받는 것을 의미하는 것은 아니었다.

[*] 직역: 신분에 따라 정해진 의무로서의 역할

---

242. 『경국대전』반포 이후 갑오개혁까지[1-3] 조선의 법적 신분제에는 두 개의 신분[1-1]이 존재했다.

243. 조선 후기 '유학'의 증가 현상은 『경국대전』의 신분 체계[1-1]가 작동하지 않는 현상을 보여주는 것이었다.

법적 신분제	특징	사회적 신분제
양인	–과거에 응시할 수 있음 –납세와 군역 등의 의무가 있음	양반 중인 상민
천인	–개인이나 국가에 소속되어 천역(賤役)을 담당(=노비)	천인

242. 2023년 9월 모의고사 12번 – ②

(O) [지문]에 따르면 법전에는 양인과 천인의 두 개의 신분으로 나눈 양천제를 규정하였으나, 16세기 이후부터 사회

적으로 양인은 양반, 중인, 상민으로 분화되었다[1,2]. 이에 따르면 법적 신분제는 두 개의 신분(양인, 천인)으로 구분했지만, 사회적 신분제는 16세기를 기점으로 하여 그 이전에는 두 개의 신분(양인, 천인), 그 이후에는 네 개의 신분(양반, 중인, 상민, 천인)으로 구분됨을 알 수 있다. 즉 경국대전 반포 이래 법적 신분제는 그대로였으므로 조선의 '법적 신분제'에는 두 개의 신분이 존재했다는 선지는 맞는 선지이다.

> + 첫 문단의 마지막 줄에서 법적, 사회적 신분제라고 **직접적으로 구분**[1,3]해 놓은 것을 보고 법적, 사회적 신분제는 각각 따로 구분된 개념임을 알 수 있었어야 하는 선지이다.

243. 2023년 9월 모의고사 12번 - ④

(X) 선지의 "『경국대전』의 신분 체계"는 양인, 천인의 두 개의 신분으로 나뉘는 '법적인 신분 체계'를 말한다. 그렇다면 "『경국대전』의 신분 체계가 작동하지 않는 현상"이란 양인과 천인 사이의 구분이 약해지는 현상을 의미한다. [지문]에서 신분 체계가 작동하지 않는 현상을 찾아보자면 "18세기 이후에 나타난 상민층이 유학 직역을 획득함으로써 제도적으로 양반이 되는 현상[2,1]"을 들 수 있으나, 이는 양인 내에서의 신분 격차의 변동을 의미하는 것일 뿐 양인과 천인 사이의 신분 격차의 변동을 의미하는 것이 아니다. 따라서 틀린 선지이다.

[지문]에서 설명한 신분 체계를 정확히 구분해야 풀 수 있는 선지이다. 법적 신분과 사회적 신분과 같이 비슷해 보이는 개념도 구분할 수 있도록 하자.

[check point]

[지문]에서 단계나 체계(법적 신분제, 사회적 신분제)를 설명하고, 직접적으로도 구분(이러한 법적, 사회적 신분제는)해놓은 것을 통해 다른 개념임을 알 수 있어야 한다.

2022년 9월 모의고사 10, 11번

[1,1]사유 재산 제도하에서는 누구나 자신의 재산을 자유롭게 처분할 수 있다. 그러나 기부와 같이 어떤 재산이 대가 없이 넘어가는 [1,2]무상 처분 행위가 행해졌을 때는 그 당사자인 무상 처분자와 무상 취득자의 의사와 무관하게 그 결과가 번복될 수 있다. 무상 처분자가 [1,3]사망하면 상속이 개시되고, [1,4]그의 상속인들이 유류분을 반환받을 수 있는 권리인 유류분권을 행사할 수 있기 때문이다. 이때 무상 처분권자는 피상속인이 되고 그의 권리와 의무는 상속인에게 이전된다.

유류분은 피상속인의 무상 처분 행위가 없었다고 가정할 때 상속인들이 상속받을 수 있었을 이익 중 법으로 보장된 부분이다.

(중략)

피상속인이 상속 개시 당시에 가졌던 재산으로부터 상속받은 이익이 있는 상속인은 유류분에 해당하는 이익의 일부만 반환받을 수 있다. 유류분에 해당하는 이익에서 이미 상속받은 이익을 뺀 값인 유류분 부족액만 반환받을 수 있기 때문이다. 유류분 부족액의 가치는 금액으로 계산되지만 항상 돈으로 반환되는 것은 아니다. 만약 무상 처분된 재산이 돈이 아니라 [2,1]물건이나 주식처럼 돈 이외의 재산이라면, 처분된 재산 자체가 반환 대상이 되는 것이 원칙이다. 다만 그 재산 자체를 반환 하는 것이 불가능한 때에는 무상 취득자는 돈으로 반환해야 한다. 또한 [2,2]재산 자체의 반환이 가능해도 유류분권자와 무상 취득자의 합의에 의해 돈으로 반환될 수도 있다.

---

244. 피상속인이 생전에 다른 사람에게 판 재산은 유류분권의 대상이 될 수 없다.

245. 무상으로 취득한 재산에 대한 권리는 무상 취득자 자신의 의사에 반하여 제한될 수 있다.

246. 유류분권자가 유류분 부족액을 물건 대신 돈으로 반환하라고 요구하더라도 무상 취득자는 무상 취득한 물건으로 반환할 수 있다.

[지문 내용]

무상 처분 행위: 어떤 재산이 대가 없이 넘어가는 행위 (기부 등) → 무상 처분자가 사망 시 상속인들이 유류분권을 행사할 수 있음

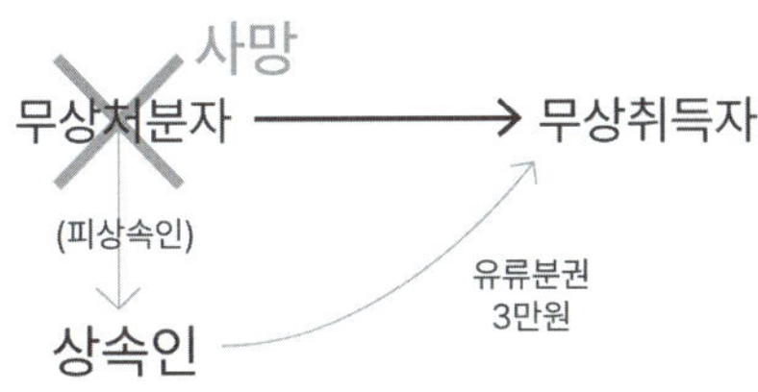

〈무상 처분된 재산의 반환 대상〉

돈 이외의 재산	(원칙)처분된 재산 자체가 반환 대상	(예외1 : 불가능할 때) 돈으로 반환하여야 함.
		(예외2 : 합의 시)돈으로 반환될 수 있음

---

244. 2022년 9월 모의고사 10번 – ④

(O) [지문]에서는 '누구나 자신의 재산을 처분할 수 있다[1-1]. 그러나 무상 처분 행위가 행해졌을 때[1-2] 상속인들이 유류분권을 행사[1-4]할 경우 <u>번복될 수 있다</u>.'라고 설명하고 있다. 이 말은 곧 무상 처분 행위가 아닌 경우는 번복되지 않는다는 것이고, 다시 말하면 무상 처분 행위와는 달리 처분 행위는 유류분권의 대상이 될 수 없다는 말이다. 선지의 "피상속인이 생전에 다른 사람에게 판 재산"은 처분 행위를 뜻하므로 맞는 선지이다.

---

245. 2022년 9월 모의고사 10번 – ⑤

(O) 선지의 "무상으로 취득한 재산에 대한 권리는 무상 취득자 자신의 의사에 반하여 제한될 수 있다."라는 문장은 [지문]의 "무상 처분 행위가 행해졌을 때는 그 당사자인 무상 처분자와 무상 취득자의 의사와 무관하게 그 결과가 번복될 수 있다.[1-2]"라는 문장과 같은 의미를 담고 있는 것으로서 표현만 다르게 한 것이므로 맞는 선지이다.

---

246. 2022년 9월 모의고사 11번 – ④

(O) [지문]의 "재산 자체의 반환이 가능해도 유류분권자와 무상 취득자의 합의에 의해 돈으로 반환될 수도 있다.[2-2]"라는 말은 돈으로 반환하자는 합의가 없다면 원칙대로 처분된 재산 자체가 반환 대상이라는 말과 같다. 선지에서는 유류분권자와 무상 취득자 간에 합의가 안 된 상황을 가정하고 있으므로, 무상 취득자는 처분된 재산 자체(=물건이나 주식처럼 돈 이외의 재산)를 반환할 수 있다.

[check point]

1. [지문]에서 설명한 문장과 선지의 설명을 일치시킬 수 있어야 한다. 모든 선지는 [지문]에서 따온 단어·구·절로 이루어지거나, [지문]에 있는 문장을 비슷하게 바꿔 구성되기 때문이다.
   → [선지] "피상속인이 생전에 다른 사람에게 재산을 팔다."= [지문] 처분 행위
   → [선지] "무상으로 취득한 재산에 대한 권리는 무상 취득자 자신의 의사에 반하여 제한될 수 있다." = [지문] "무상 처분 행위가 행해졌을 때는 그 당사자인 무상 처분자와 무상 취득자의 의사와 무관하게 그 결과가 번복될 수 있다."

2. 선지에서 하는 말을 해석할 수 있어야 한다.
   → '사상적 공백'='사상이 없음'
     (2024년 6월 모의고사 7번: 본 책 9번 ㄷ)
   → '현행대로 유지하여야'='변경하지 말고 그대로 있자'
     (2024년 6월 모의고사 7번: 본 책 41번)
   → '유류분권자가 유류분 부족액을 물건 대신 돈으로 반환하라고 요구하더라도 무상 취득자는 무상 취득한 물건으로 반환할 수 있다.'='서로 합의가 되지 않은 상황'
     (2022년 9월 모의고사 11번: 본 책 246번)

2023년 11월 수능 16번

(나) 송 이후 원나라에 이르러 성행하던 도교는 유학과 불교 등을 받아들여 체계화되었지만, [오징]에게는 주술적인 종교에 불과했다. 유학자의 입장에서 그는 잘못된 가르침을 펴는 도교에 사람들이 빠지는 것을 경계했다. 그는 도교의 시조로 간주된 노자의 가르침이 공자의 학문과 크게 다르지 않음

을 밝히고자 『도덕진경주』를 저술했다. [1-1]그는 도와 유학 이념을 관련짓는 구절을 추가하는 등 『노자』의 일부 내용을 바꾸고 기존 구성 체제를 재편했다. 『노자』의 도를 근원적인 불변하는 도로 본 그는 모든 이치를 내재한 도가 현실화하여 천지 만물이 생성된다고 이해했다. 이런 관점에서 [1-2]그는 유학의 인의예지가 도의 쇠퇴 때문에 나타난 것이라는 『노자』와 달리 도가 현실화하여 드러난 것으로 해석하고, 인간이 마땅히 따라야 할 사회 규범과 사회 질서 체계도 도가 현실화한 결과로 파악했다.

원이 쇠퇴하고 명나라가 들어선 이후 유학과 도가 등 여러 사상이 합류하는 사조가 무르익는 가운데, 유학자인 설혜는 자신의 학문적 소신에 따라 『노자』를 주석한 『노자집해』를 저술했다. 그는 공자도 존중했던 스승이 노자이므로 [2-1]노자 사상에 대한 오해를 불식해야 한다고 보았다. 그는 [2-2]기존의 주석서가 『노자』의 진정한 의미를 제대로 밝히지 못했기 때문에 유학자들이 노자 사상을 이단으로 치부했다고 파악한 것이다. 다양한 경전을 인용하여 『노자』를 해석하면서 그는 『노자』의 도를 인간의 도덕 본성과 그것의 근거인 천명으로 이해하고, 본성과 천명의 이치를 탐구한다는 점에서 [2-3]노자 사상과 유학이 다르지 않다고 보았다. 또한 그는 『노자』에서 인의 등을 비판한 것은 도덕을 근본으로 삼게 하기 위한 충고라고 파악했다.

< 보 기 >

청나라 초기의 유학자 왕부지는 [b-1]『노자』의 본래 뜻을 드러내어 노자 사상을 비판하고자 『노자연』을 저술했다. [b-2]노자 사상의 비현실성을 드러내어 [b-3]유학의 실용적 가치를 부각하고자 했던 그는 기존의 [b-4]『노자』 주석서가 노자 사상이 아닌 사상을 기준으로 삼았기 때문에 『노자』뿐만 아니라 주석자의 사상마저 왜곡했다고 비판했다. 『노자』에서 아무런 행동을 하지 않아도 천하가 다스려진다고 한 것 등을 비판한 그는, 『노자』에서처럼 단순히 인간의 이기적 욕망을 없애는 것이 아니라 사회 질서 유지를 위해 유학 규범을 활용해야 한다고 강조했다.

247. 왕부지는 『노자』의 본래 뜻을 파악해야 한다고 보았 [b-1]으므로, 오징이 『노자』를 주석하면서 자신의 이해에 따라 원문의 구성과 내용을 수정한 것[1-1]이 잘못이라고 보겠군.

248. 왕부지는 주석자가 유학을 기준으로 『노자』를 이해하면 주석자의 사상도 왜곡된다고 보았[b-4]으므로, 오징이 유학의 인의예지를 『노자』의 도가 현실화한 것으로 본 것[1-2]을 비판하겠군.

249. 왕부지는 『노자』에 담긴 비현실성을 드러내야 한다고 보았[b-2]으므로, 설혜가 기존의 『노자』 주석서들을 비판하며 드러낸 학문적 입장[2-3]이 유학의 실용적 가치를 부각한다[b-3]고 보겠군.

(247. 2023년 11월 수능 16번 - ③)

(O) 〈보기〉의 "왕부지는 『노자』의 본래 뜻을 드러내어[b-1] 노자 사상을 비판하고자"라는 문장을 선지에서는 "왕부지는 노자의 본래 뜻을 파악해야 한다"로 변형하여 삽입하였다. 또한 [지문]의 "오징은 도와 유학 이념을 관련짓는 구절을 추가하는 등 『노자』의 일부 내용을 바꾸고 기존 구성 체계를 재편함[1-1]"과 선지의 "오징이 『노자』를 주석하면서 자신의 이해에 따라 원문의 구성과 내용을 수정한 것"은 같은 말이므로 왕부지와 오징 각각의 주장은 선지에 알맞게 반영되었다. 그리고 왕부지는 주석서가 노자 사상이 아닌 사상을 기준으로 삼은 것을 비판하고 있으므로, 자신의 이해에 따라 내용 등을 수정한 오징을 잘못이라고 볼 것이다.

이 선지는 학자 각자의 입장을 맞게 반영하였고 그에 대한 서로의 판단(찬성, 반대 등)도 맞게 구성한 선지이다. 문제를 풀 때 각 쟁점을 모두 검토하였는지 확인해보자.

(248. 2023년 11월 수능 16번 - ④)

(O) 〈보기〉에서 "왕부지는 기존의 『노자』 주석서가 노자 사상이 아닌 사상을 기준으로 삼았기 때문에 『노자』뿐만 아니라 주석자의 사상마저 왜곡했다.[b-4]"고 서술하고 있다.

이를 선지에서는 "유학을 기준으로 『노자』를 이해하면 주석자의 사상도 왜곡된다고 보았음"으로 변형하여 표현하였다. 여기서 왕부지가 말한 '노자 사상이 아닌 사상'이 유학인지 검토해보자. 기존의 『노자』 주석서들의 예시로 [지문]에서 설명한 『도덕진 경주』, 『노자집해』 등이 있고, 위 주석서들의 저자는 모두 유학자이므로 "노자 사상이 아닌 사상"은 유학인 것으로 추측할 수 있다. 즉 선지에 맞게 반영하였다고 볼 수 있다.

또한 선지에서 "오징이 유학의 인의예지를 『노자』의 도가 현실화한 것으로 본 것[1,2]"은 [지문]에서 설명한 오징의 주장을 제대로 반영하였고, 이러한 오징의 주장은 『노자』와 달리 해석한 것으로 노자 사상이 아닌 사상을 기준으로 삼은 것에 해당하여 왕부지가 비판적으로 보는 대상에 해당한다. 학자들의 입장을 모두 옳게 반영하였고, 그에 대한 서로의 판단도 옳으므로 맞는 선지이다.

[지문 내용, 〈보기〉]

[지문]		〈보기〉
원나라	명나라	청나라
오징	설혜	왕부지
유학자, 도교에 부정적	유학자, 도교에 우호적	유학자, 도교에 부정적
노자의 가르침=공자의 가르침 → 도교 사람들을 유학으로 포섭하려고 함	노자 사상 = 유학	노자 사상은 비현실적, 유학은 실용적
불변하는 도 →천지 만물 생성		
도의 쇠퇴→인의예지×		
도의 현실화 →인의예지·사회 규범·사회 질서○	도 : 인간의 도덕본성과 도덕본성의 근거인 천명	
도교 △ 유교 ○ 사람들 × ⌣ ○↗ 외유: 도교/노자 = 유교/공자	기존의 노자 사상의 주석서가 노자의 진정한 의미를 밝히지 못했기 때문에 유학자들이 노자 사상을 이단으로 치부하였다고 주장	기존의 주석서들 : 노자 사상이 아닌 사상을 기준으로 삼음 → 노자·주석자의 사상 모두 왜곡
현실화 ○ 쇠퇴 × [도] → 인의예지, 사회규범 변화 ×		노자 : 아무런 행동을 하지 않아도 천하가 다스려진다. ↔ 사회 질서 유지를 위해 유학을 활용하여야 함

〈보기〉에서 왕부지는 유학을 긍정하고 노자 사상을 부정적으로 보고 있으며, 노자 사상의 본질을 드러내어 그를 비판해야 한다고 생각한다.

[지문]에서 오징은 유학을 긍정하지만 유학과 불교 등을 받아들인 노자 사상(도교)을 부정한다. 도교가 성행하는 것을 경계

하여, 노자의 가르침과 유학이 크게 다르지 않음을 밝히고자 유학의 관점에서 『노자』를 변형하여 파악했다.

설혜는 유학을 긍정하고 노자 사상이 오해를 받고 있을 뿐 유학과 다르지 않다고 생각하여 두 사상 모두 긍정한다.

---

249. 2023년 11월 수능 16번 – ⑤

(X) 이 선지는 〈보기〉의 "왕부지는 노자 사상의 비현실성을 드러내어[b-2] 유학의 실용적 가치를 부각하고자[b-3]"라는 문장에 '설혜의 학문적 입장'을 삽입한 선지이다. '설혜의 학문적 입장'은 [지문]의 "기존의 주석서가 『노자』의 진정한 의미를 제대로 밝히지 못했기 때문에 유학자들이 노자 사상을 이단으로 치부했다고 파악[2-2]"하였다는 문장과 "노자 사상과 유학이 다르지 않다.[2-3]"는 문장에서 알 수 있다시피 노자 사상을 긍정하는 것과 같다. 즉 '노자 사상의 비현실성을 드러내어 유학의 실용적 가치[b-3]를 부각하고자' 했던 노자 사상에 부정적인 왕부지와 다른 입장이다. 따라서 왕부지가 설혜의 학문적 입장이 유학의 실용적 가치를 부각한다고 보았다고 한 이 선지는 틀린 선지이다. 이 선지는 각 학자의 입장은 맞게 반영하였다고 볼 수 있지만, 그에 대한 서로의 판단을 틀리게 반영하였다.

[check point]

1. '학자들의 입장 + 그에 따른 서로의 판단' 선지는 '첫 번째로 [지문]에서 설명한 학자들의 입장을 알맞게 반영하였는지, 두 번째로 그 입장에 대한 판단이 옳은지'의 순서대로 판단한다. 대부분 학자의 입장을 제대로 반영하지 않아 첫 번째 순서에서 걸러지지만 이 문제는 두 번째에서 틀리게 반영하였다.

2. 〈보기〉 문제는 아래 3가지 케이스와 같다.
   첫 번째로, [지문]에서 특정한 부분을 예시로 든 문제
   – 〈보기〉에서 예시로 든 부분에 관한 설명을 [지문]에서 찾아야 함
   → 주로 기술·과학·경제·법 지문 (2020년 6월 모의고사 28번 – 책 19번, 2021년 11월 수능 16번 – 책 20~21번 등)
   두 번째로, [지문]에서 설명한 내용에서 추가적인 내용을 설명한 문제(해당 유형 ✓)
   – [지문]과 공통점 차이점 비교
   → 주로 인문(학자) 지문 (2021년 6월 모의고사 8번 – 책

274번~275번 등)

세 번째로, [지문]의 비교 대상끼리 장단점을 섞은 예시를 든 문제

– [지문]의 어느 부분을 섞은 것인지를 판단하여야 함

→ 신유형 (2024년 6월 모의고사 7번–책 40~42번)

⇒ 2021년 9월 모의고사 16번 〈보기〉문제와 비교해보길 바란다.

2022년 11월 수능 16번

중국에서 비롯된 유서(類書)는 고금의 서적에서 자료를 수집하고 항목별로 분류, 정리하여 이용에 편리하도록 편찬한 서적이다. 일반적으로 유서는 기존 서적에서 필요한 부분을 뽑아 배열할 뿐 상호 비교하거나 편찬자의 해석을 가하지 않았다. 유서는 [1-1]모든 주제를 망라한 일반 유서와 [1-2]특정 주제를 다룬 전문유서로 나눌 수 있으며, 편찬 방식은 책에 따라 다른 경우가 많았다.

(중략)

17세기의 이수광은 주자학뿐 아니라 다른 학문에 대해서도 열린 태도를 가지고 있었다. 주자학에 기초하여 도덕에 관한 학문과 경전에 관한 학문 등이 주류였던 당시 상황에서, 그는 [2-1]『지봉유설』을 통해 당대 조선의 지식을 망라하여 항목화하고 자신의 견해를 덧붙였을 뿐 아니라 사신의 일원으로 중국에서 접한 [2-2]서양 관련 지식을 객관적으로 소개했다.

(중략)

18세기의 이익은 서학 지식 자체를 [3-1]『성호사설』의 표제어로 삼았고, [3-2]기존의 학설을 정당화하거나 배제하는 근거로 서학을 수용하는 등 서학을 지적 자원으로 활용하였다. 특히 그는 서학의 세부 내용을 다른 분야로 확대하며 상호 참조하는 방식으로 지식을 심화하고 확장하여 소개하였다.

(중략)

19세기의 이규경도 『오주연문장전산고』를 편찬하면서 서학을 적극 활용하였다. 그는 『성호사설』의 분류 체계를 적용하였고 이익과 마찬가지로 서학의 천문학, 우주론 등의 내용을 수록하였다. 그가 주로 유서의 지적 자원으로 활용한 중국의 서학 연구서들은 서학을 소화하여 중국의 학문과 절충한 것이었고, [4-1]서학이 가지는 진보성의 토대가 중국이라는 서

학 중국 원류설을 반영한 것이었다. 이에 따라 이규경은 이 책들에 담긴 중국화한 서학 지식과 [4-2]서학 중국 원류설을 받아들였고, [4-3]문명의 척도로 여겨진 기존의 중화 관념에서 탈피하지 않으면서도 서학 수용의 이질감과 부담감에서 자유로울 수 있었다.

〈 보 기 〉

서유구의 『임원경제지』는 19세기까지의 조선과 중국 서적들에서 [b-1]향촌 관련 부분을 발췌, 분류하고 고증한 유서이다. 국가를 위한다는 목적의식을 명시한 이 유서에는 향촌 사대부의 이상적인 삶을 제시하는 과정에서 향촌 구성원 전체의 삶의 조건을 개선할 수 있는 방안이 실렸고, [b-2]향촌 실생활에서 활용할 수 있는 내용이 집성되었다. 주자학을 기반으로 실증과 실용의 자세를 견지했던 서유구의 입장, [b-3]서학 중국 원류설, 중국과 비교한 조선의 현실 등이 반영되었다. 안설을 부기했으며, 제한적으로 색인을 넣어 검색이 가능하도록 하였다.

---

250. 당대 지식을 망라하고 서양 관련 지식을 소개하고자 한 『지봉유설』[1-1, 2-1]에 비해 특정한 주제를 중심으로 편찬[b-1]되는 전문 유서[1-2]의 성격이 두드러지게 드러났군.

251. 기존 학설의 정당화 내지 배제에 관심을 두었던 『성호사설』[3-2]에 비해 향촌 사회 구성원의 삶에 필요한 실용적인 지식의 활용[b-2]에 대한 관심이 드러나겠군.

252. 중국을 문명의 척도로 받아들였던 『오주연문장전산고』[4-1]와 달리 중화 관념에 구애되지 않고[b-3] 중국의 현실과 조선의 현실을 비교한 내용이 확인되겠군.

---

250. 2022년 11월 수능 16번 – ③

(O) [지문]에서 "이수광은 『지봉유설』을 통해 당대 조선의 지식을 망라하여 항목화하고[2-1]" "서양 관련 지식을 객관적으로 소개했다.[2-2]"고 하였으므로 『지봉유설』은 일반 유서[1-1]임을 알 수 있고, 〈보기〉의 『임원경제지』는 향촌 관련 부분을 발췌해서 고증한 유서로 특정 주제(향촌)를 다

룬 전문 유서[1-2]라고 볼 수 있으므로 맞는 선지이다.
이 선지는 단순 내용 일치 문제이다. [지문]과 〈보기〉에서 각 서적의 특징을 찾아 개념(일반, 전문 유서)과 연결할 수 있는지를 묻고 있고, 이들끼리의 입장 차이(반대, 찬성)는 묻고 있지 않다.

251. 2022년 11월 수능 16번 - ④

(O) [지문]의 "이익은 서학 지식 자체를 『성호사설』의 표제어로 삼았고[3-1], 기존의 학설을 정당화하거나 배제하는 근거로 서학을 수용하는 등[3-2]"이라는 문장이 선지에서는 "기존 학설의 정당화 내지 배제에 관심을 두었던 『성호사설』"로 변형되어 들어갔다고 보아야 한다. 또한 〈보기〉에서 "향촌 실생활에서 활용할 수 있는 내용이 집성되었다"고 설명하고 있으므로 "향촌 사회 구성원의 삶에 필요한 실용적인 지식의 활용에 대한 관심이 드러났다"는 선지는 맞다. 문장을 변형시켰지만 결국은 의미가 같도록 선지를 구성한 것에 유의하자.

252. 2022년 11월 수능 16번 - ⑤

(X) [지문]에서 『오주연문장전산고』에 대하여 "문명의 척도로 여겨진 기존의 중화 관념에서 탈피하지 않았다[4-3]고 서술하고 있다. 이를 보면 선지의 『오주연문장전산고』 부분에 대한 설명은 맞다. 반면 『임원경제지』에 대해서는 〈보기〉에서 중국에 대해 어떤 입장을 보이고 있는지 언급하고 있지 않으며, 오직 "서학 중국 원류설[b-3]"이라는 단어만 들어가 있다. 따라서 서학 중국 원류설과 이에 대한 [지문]의 설명을 매치하여 선지의 정오판단을 하였어야 한다. [지문]을 보면 "서학이 가지는 진보성의 토대가 중국이라는 서학 중국 원류설[4-1]"이라는 부분이 있으므로 "중화 관념에 구애되지 않고" 부분은 틀렸다.

[지문]을 읽은 후에 〈보기〉를 읽었으므로 '서학 중국 원류설'이라는 개념이 뭔지 잊어버렸을 수 있다. 혹은 〈보기〉를 읽고 선지를 읽었는데 〈보기〉에서 '서학 중국 원류설'이라고 했다는 사실 자체도 잊어버렸을 수 있다. 하지만 선지에서 『오주연문장전산고』의 중화 관념에 대해 논하고 있는 것을 본 후에는 〈보기〉에서 중화 관념에 대한 정

보를 찾아내려고 노력해야 하고, 그 정보가 '서학 중국 원류설'이라는 점을 알아차릴 수 있어야 했다. 이후 '서학 중국 원류설'이 무엇을 의미하는지를 [지문]에서 찾아갈 생각을 하여 맞췄어야 한다. 모든 선지의 정보는 [지문]이나 〈보기〉에 있다는 점을 명심하여야 한다. 또한 [지문]과 선지, 〈보기〉끼리 단어와 구·절끼리 내용이 일치하는지 각 개념을 연결하여 논리적으로 판단하여야 할 수 있어야 한다. 주로 대상의 정의, 예시로 많이 내용 일치시켜 연결하므로 주의하자.

> **[지문 내용]**
>
> 일반 유서 : 모든 주제를 망라함
>
> 전문 유서 : 특정 주제를 다룸

[지문]		
이수광	이익	이규경
- 당대 조선 지식 항목화 + 자신의 견해 덧붙임 + 서양 관련 지식 소개	- 서학 : 기존의 학설 정당화, 배제하는 근거 - 서학의 세부 내용을 다른 분야로 확대하며 상호 참조하는 방식으로 지식을 심화·확장	- 중국의 서학 연구서(서학과 중국의 학문 절충) 활용 - 서학 중국 원류설(서학이 가지는 진보성의 토대는 중국)
『지봉유설』	『성호사설』	『오주연문장전산고』
	- 『성호사설』의 분류체계 반영 - 서학의 천문학, 우주론 등의 내용 수록	

〈보기〉
서유구
-조선과 중국 서적들에게서 향촌 관련 부분을 발췌, 고증 -향촌 사대부의 이상적인 삶+향촌 구성원 전체의 삶의 조건을 개선할 수 있는 방안+ 향촌 실생활에서 활용할 수 있는 내용 -서유구의 입장(주자학 기반)+ 중국 원류설 반영
『임원경제지』

[check point]

1. [지문]에서 설명한 단어의 정의와 〈보기〉, 선지의 설명을 일치시킬 수 있어야 한다.

   → [지문] '서학 중국 원류설 : 서학이 가지는 진보성의 토대는 중국', 〈보기〉 '서학 중국 원류설' , [선지] '중화 관념에 구애되지 않고'

→ [지문] '전문 유서 : 특정 주제를 다룸' , 〈보기〉 '향촌 관련 부분을 발췌, 분류하고 고증한 유서' , [선지] '특정한 주제를 중심으로 편찬되는 전문 유서'

2. 같은 말 다르게 표현하기(패러프레이징)

→ "향촌 실생활에서 활용할 수 있는 내용이 집성됨" = "향촌 사회 구성원의 삶에 필요한 실용적인 지식의 활용에 대한 관심이 드러났다."

3. 〈보기〉 문제는 아래 3가지 케이스와 같다.

첫 번째로, [지문]에서 특정한 부분을 예시로 든 문제

– 〈보기〉에서 예시로 든 부분에 관한 설명을 [지문]에서 찾아야 함

→ 주로 기술·과학·경제·법 지문 (2020년 6월 모의고사 28번-책 19번, 2021년 11월 수능 16번-책 20~21번 등)

두 번째로, [지문]에서 설명한 내용에서 추가적인 내용을 설명한 문제(해당 유형 ✓)

– [지문]과 공통점 차이점 비교

→ 주로 인문(학자) 지문 (2021년 6월 모의고사 8번 –책 274번~275번 등)

세 번째로, [지문]의 비교 대상끼리 장단점을 섞은 예시를 든 문제

– [지문]의 어느 부분을 섞은 것인지를 판단하여야 함

→ 신유형 (2024년 6월 모의고사 7번–책 40~42번)

2022년 9월 모의고사 14, 16번

중요도는 웹 페이지의 중요성을 값으로 나타낸 것으로 링크 분석 기법으로 측정할 수 있다. 기본적인 링크 분석 기법에서 [1-1]웹 페이지 A의 값은 A를 링크한 각 웹 페이지들로부터 받는 값의 합이다. 이렇게 받은 [1-2]A의 값은 A가 링크한 다른 웹 페이지들에 균등하게 나눠진다. 즉 A의 값이 4이고 A가 두 개의 링크를 통해 다른 웹 페이지로 연결된다면, A의 값은 유지되면서 두 웹 페이지에는 각각 2가 보내진다.

하지만 두 웹 페이지가 실제로 받는 값은 2에 댐핑 인자를 곱한 값이다. 댐핑 인자는 사용자들이 웹 페이지를 읽다가 링크를 통해 다른 웹 페이지로 이동하지 않는 비율을 반영한 값으로 1 미만의 값을 가진다. 댐핑 인자는 모든 링크에 동일하게 적용된다. 가령 그 비율이 20%이면 댐핑 인자는 0.8이고 두 웹 페이지는 각각 1.6을 받는다. 웹 페이지로 연결된 링크를 통

해 받는 값을 모두 반영했을 때의 값이 각 웹 페이지의 중요도이다. 웹 페이지들을 연결하는 링크들은 변할 수 있기 때문에 검색 엔진은 주기적으로 웹 페이지의 중요도를 갱신한다.

---

253. 웹 페이지의 중요도는 다른 웹 페이지에서 받는 값과 다른 웹 페이지에 나눠 주는 값의 합이다.

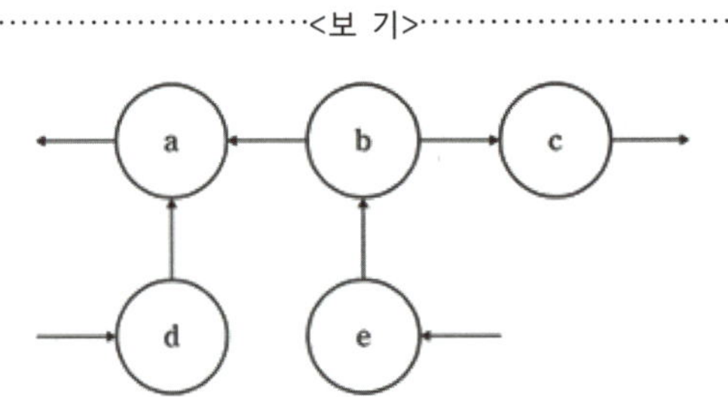

원은 웹 페이지이고, 화살표는 웹 페이지에서 링크를 통해 화살표 방향의 다른 웹 페이지로 연결됨을 뜻한다. 댐핑 인자는 0.5이고, d와 e의 중요도는 16으로 고정된 값이다.

(단, 링크와 댐핑 인자 외에 웹 페이지의 중요도에 영향을 주는 다른 요소는 고려하지 않음.)

254. a의 중요도는 16이다.

255. a가 b와 d로부터 각각 받는 값은 같다.

256. b에서 a로의 링크가 끊어지면 b와 c의 중요도는 같다.

257. e에서 a로의 링크가 추가되면 b의 중요도는 6이다.

258. e에서 c로의 링크가 추가되면 c의 중요도는 5이다.

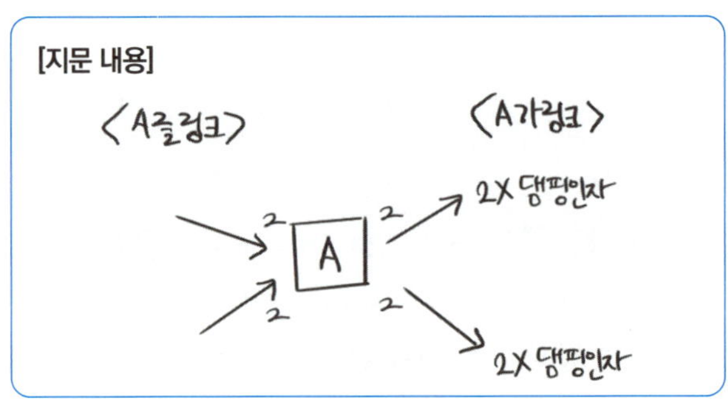

253. 2022년 9월 모의고사 14번 – ④

(✗) 중요도는 링크 분석 기법으로 측정할 수 있고, 링크 분석 기법에서 웹 페이지 A의 값은 "A를 링크한 각 웹 페이지들로부터 받는 값들의 합[1-1]"이다. 따라서 중요도는 "받는 값들의 합"이다. A가 다른 웹페이지를 링크하더라도 받는 값들의 합이 다른 웹페이지에 나뉘어지는 것일 뿐 중요도는 받는 값들의 합이라는 부분은 변함이 없다. 하지만 "선지는 받는 값과 나눠 주는 값의 합"=(받는 값들의 합)+(나눠주는 값들의 합)이라고 표현하였다. 완전히 다른 말이므로 틀린 선지이다.

[check point]

따로 생각해야 하는 대상들을 합쳐서 같다고 표현한 선지이다.

→ 2021년 6월 모의고사 15번 : 프라이머'끼리' 결합→프라이머'와' 결합

→ 2022년 9월 모의고사 14번 : 중요도는 A를 링크한 각 웹 페이지들로부터 '받는 값들의 합'→중요도는 다른 웹 페이지에서 '받는 값과' 다른 웹 페이지에 '나눠 주는 값'의 '합'

254. 2022년 9월 모의고사 16번 – ①

(✗) d의 중요도는 16이고, d가 링크한 웹페이지는 a 뿐이므로 a로 16이 보내지지만 a는 16×0.5(댐핑인자)=8을 받게 된다. 또한 e의 중요도도 16이고 e가 링크한 웹페이지는 b 뿐이므로 b 역시 8을 받게 된다. 하지만 b가 링크한 웹페이지는 a와 c 두 개이므로 8을 두 개로 나눈 값인 4씩 보내지게 되고, 각각 4×0.5(댐핑인자)=2씩 받게 되어 a는 총 d에게서 8과 b로부터 2를 받아 중요도가 10이 된다. 따라서 틀린 선지이다.

255. 2022년 9월 모의고사 16번 – ②

(✗) d의 중요도는 16이고, d가 링크한 웹페이지는 a 뿐이므로 a로 16이 보내지지만 a는 16×0.5(댐핑인자)=8을 받게 된다. 또한 e의 중요도도 16이고 e가 링크한 웹페이지는 b 뿐이므로 b 역시 8을 받게 된다. 하지만 b가 링크한

웹페이지는 a와 c 두 개이므로 8을 두 개로 나눈 값인 4씩 보내지게 되고, 각각 4×0.5(댐핑인자)=2씩 받게 되어 a는 b로부터 8을 받고, d로부터 2를 받아 받는 값이 다르므로 틀린 선지이다.

256. 2022년 9월 모의고사 16번 – ③

(✗) b의 중요도는 e로부터 받은 8(16×0.5=8)이다. b에서 a로의 링크가 끊어지면 b가 링크한 웹페이지는 c 한 개이므로 8을 c에게 보내게 된다. 따라서 c는 8×0.5=4를 받게 되므로 b의 중요도는 8, c의 중요도는 4로 같지 않다.

257. 2022년 9월 모의고사 16번 – ④

(✗) e에서 a로의 링크가 추가되면 e는 b와 a에게 각각 8씩 나눠주게 되고, b는 8×0.5=4를 받게 된다. 따라서 틀린 선지이다.

258. 2022년 9월 모의고사 16번 – ⑤

(○) e에서 c로의 링크가 추가되면 e는 b와 c에게 8씩 나눠주게 되고, b와 c는 각각 8×0.5=4씩 받게 된다. 또한 b는 a와 c에게 2씩 나눠주게 되니 a와 c는 각각 2×0.5=1씩 받게 되므로 c는 e로부터 4, b로부터 1을 받아 중요도는 그의 총합인 5이다. 따라서 맞는 선지이다.

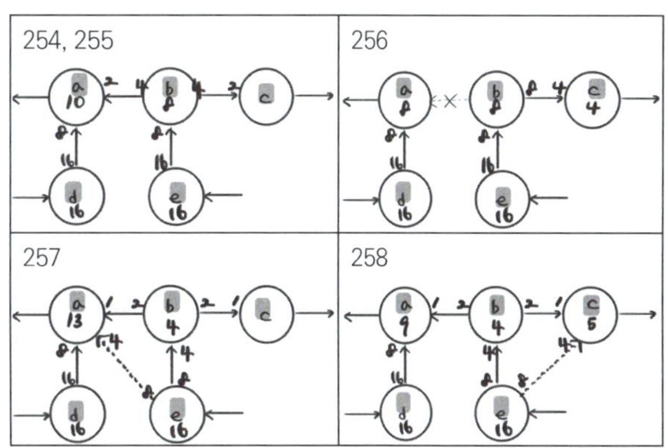

[check point]

1. [지문]에서 어떤 과정이 진행되는 단계를 설명하면 차근차 근 따라가며 이해하여야 한다. 옆에 그림을 그려가며 이해 하여도 되고, 그 단계를 반영한 문제인 〈보기〉를 보며 먼저 풀어도 된다.

2. 〈보기〉 문제는 아래 3가지 케이스와 같다.

   첫 번째로, [지문]에서 특정한 부분을 예시로 든 문제(해당 유형 ✓)

   – 〈보기〉에서 예시로 든 부분에 관한 설명을 [지문]에서 찾 아야 함

   → 주로 기술·과학·경제·법 지문 (2020년 6월 모의고사 28 번–책 19번, 2021년 11월 수능 16번–책 20~21번 등)

   두 번째로, [지문]에서 설명한 내용에서 추가적인 내용을 설명한 문제

   – [지문]과 공통점 차이점 비교

   → 주로 인문(학자) 지문 (2021년 6월 모의고사 8번 –책 274번~275번 등)

   세 번째로, [지문]의 비교 대상끼리 장단점을 섞은 예시를 든 문제

   – [지문]의 어느 부분을 섞은 것인지를 판단하여야 함

   → 신유형 (2024년 6월 모의고사 7번–책 40~42번)

   ⇒ **2021년 9월 모의고사 16번 〈보기〉문제와 비교해보길 바란다.**

2022년 6월 모의고사 14번

경제학에서는 증거에 근거한 정책 논의를 위해 사건의 효 과를 평가해야 할 경우가 많다. 어떤 사건의 효과를 평가한다 는 것은 사건 후의 결과와 사건이 없었을 경우에 나타났을 결 과를 비교하는 일이다. 그런데 가상의 결과는 관측할 수 없으 므로 실제로는 사건을 경험한 표본들로 구성된 [1-1]시행집단의 결과와, 사건을 경험하지 않은 표본들로 구성된 [1-2]비교집단 의 결과를 비교하여 사건의 효과를 평가한다. 따라서 이 작업 의 관건은 그 사건 외에는 결과에 차이가 날 이유가 없는 두 집단을 구성하는 일이다. 가령 어떤 사건이 임금에 미친 효과 를 평가할 때, 그 사건이 없었다면 시행집단과 비교집단의 평 균 임금이 같을 수밖에 없도록 두 집단을 구성하는 것이다. 이를 위해서는 두 집단에 표본이 임의로 배정되도록 사건을

설계하는 실험적 방법이 이상적이다. 그러나 사람을 표본으 로 하거나 사회 문제를 다룰 때에는 이 방법을 적용할 수 없 는 경우가 많다.

이중차분법은 [2-1]시행집단에서 일어난 변화에서 [2-2]비교집 단에서 일어난 변화를 뺀 값을 사건의 효과라고 평가하는 방 법이다. 이는 [2-3]사건이 없었더라도 비교집단에서 일어난 변 화와 같은 크기의 변화가 시행집단에서도 일어났을 것이라는 평행추세 가정에 근거해 사건의 효과를 평가한 것이다. 이 가 정이 충족되면 사건 전의 상태가 평균적으로 같도록 두 집단 을 구성하지 않아도 된다.

[3-1]이중차분법은 1854년에 스노가 처음 사용했다고 알려져 있다. 그는 두 수도 회사로부터 물을 공급받는 런던의 동일 지 역 주민들에 주목했다. 같은 수원을 사용하던 두 회사 중 한 회사만 수원을 바꿨는데 주민들은 자신의 수원을 몰랐다. [3-2] 스노는 수원이 바뀐 주민들과 바뀌지 않은 주민들의 수원 교 체 전후 콜레라로 인한 사망률의 변화들을 비교함으로써 콜레 라가 공기가 아닌 물을 통해 전염된다는 결론을 내렸다.

---

259. 평행추세 가정에서는 특정 사건 이외에는 두 집단의 변화에 차이가 날 이유가 없다고 전제한다.

260. 스노의 연구에서 시행집단과 비교집단의 콜레라 사 망률은 사건 후뿐만 아니라 사건 전에도 차이가 있었 을 수 있다.

261. 스노는 수원이 바뀐 주민들과 바뀌지 않은 주민들 사 이에 공기의 차이는 없다고 보았을 것이다.

[지문 내용]

비교 대상 : 실험적 방법, 이중차분법

- 실험적 방법 : 시행집단의 결과[1-1]와 비교집단의 결과[1-2]를 비교하는 방법

  – 결과 값을 비교하는 것이므로 시행 전의 값은 같아야함

  – 그 사건이 없었더라면 결과 값이 같아야함

- 이중차분법 : 시행집단의 변화[2-1]에서 비교집단의 변화[2-2]를 비교하는 방법

  – 변화 값을 비교하는 것이므로 시행 전 후의 값은 서로 달 라도 됨

– 평행추세 가정 : 그 사건이 없었더라면 <u>변화 값</u>이 같아야
함.

	사건 전 값	사건 후 값	변화 값
시행집단 (사건 경험○)	A	B	│A-B│
비교집단 (사건 경험×)	C	D	│C-D│

---

259. 2022년 6월 모의고사 14번 – ③

(○) [지문]의 "사건이 없었더라도 비교집단에서 일어난 변
화와 같은 크기의 변화가 시행집단에서도 일어났을 것이
라는 평행추세 가정[2-3]"을 통해 '평행추세 가정'이란 '사
건이 없더라면 비교집단과 시행집단에서 일어나는 변화
의 크기는 같을 것이라는 가정'을 의미한다는 것을 알 수
있다. 이는 선지의 "특정 사건 이외에는 두 집단의 변화
에 차이가 날 이유가 없다."는 문장과 같은 말이므로 맞
는 선지이다.

같은 문장을 다르게 표현하여 출제한 선지이다.

---

260. 2022년 6월 모의고사 14번 – ④

(○) 스노의 연구는 이중차분법이다. 이중차분법은 시행집단
의 변화 값(│A-B│)과 비교집단의 변화 값(│C-D│)을
비교하여 평가하는 것으로, 평행추세 가정에 근거한 방
법이다. 이중차분법은 집단 내에서 발생한 변화값에 주
목하는 것이지 사건 전후의 상태를 비교하는 것이 아니
다. B와 D의 값이 차이가 난다고 가정해보자. 그렇다고
하더라도 A와 C의 값에 동일한 차이가 나면 │A-B│와
│C-D│의 값에는 영향이 없을 것이다. 또한 [지문]에도
'평행추세 가정이 충족되는 사건 전의 상태가 평균적으로
같도록 두 집단을 구성하지 않아도 된다'는 내용이 있다.
따라서 맞는 선지이다.

ex) 아래 표에서 시행집단의 변화 값은 4, 비교집단의 변
화 값은 3이다. 이중차분법은 사건이 없었더라면 비교집
단의 변화 값만큼 시행집단에서 변화가 일어날 것이라 가
정한다.결과적으로 아래 표와 같은 경우에도 스노의 연구
와 동일한 결과를 도출해 낼 수 있다.

	사건 전 값	사건 후 값	변화 값
시행집단 (사건 경험○)	7	3	4
비교집단 (사건 경험×)	5	2	3

이중차분법은 변화값끼리 비교하는 것을 고려하여 사건
전과 후의 값은 다를 수 있음을 생각할 수 있었어야 하는
선지이다. 평행추세 가정 때문에 틀렸다고 착각할 수 있
는 선지로, '변화'와 '상태'와 같이 비슷하지만 다른 단
어들을 [지문]에서 발견할 수 있도록 훈련하는 것이 필
요하다.

---

261. 2022년 6월 모의고사 14번 – ⑤

(○) 이중차분법은 "시행집단에서 일어난 변화에서 비교집
단에서 일어난 변화를 뺀 값을 <u>사건의 효과</u>라고 평가하
는 방법"이고, <u>사건이 없었더라면</u> 비교집단과 시행집단
에 같은 크기의 변화가 있었을 것이라는 평행추세 가정에
근거하고 있다. 스노의 연구에서의 '사건'은 수원의 변화
이므로, 시행집단과 비교집단에서의 공기의 차이는 없다
고 보아야 한다.

이중차분법의 정의를 파악하고, 선지의 가정을 이중차분
법의 정의에 대입하여 생각해볼 수 있었어야 한다.

[check point]

1. [지문]에서 비슷하지만 다른 단어는 꼼꼼히 구분해 놓자
   → '책임'과 '채무' (2020년 수능 29번–책 51번)
   → '합성'과 '활성' (2022년 6월 모의고사 12번–책 10번)
   → '추정'과 '측정' (2022년 수능 16번–책 79번~83번)
   → '결과'와 '변화' (2022년 6월 모의고사 14번–책 259번
   ~261번)
   → '자기 자본'과 '기본 자본'(2019년 수능 40번–책 22번)

2. 같은 말 다르게 표현하기(패러프레이징)
   → '시행집단에서 일어난 변화에서 비교집단에서 일어난
   변화를 뺀 값을 사건의 효과라고 평가하는 방법'늑'시행
   집단과 비교집단의 값은 사건 후분만 아니라 사건 전에
   도 차이가 있을 수 있다.'
   → '사건이 없었더라도 비교집단에서 일어난 변화와 같은

크기의 변화가 시행집단에서도 일어났을 것이라는 평행 추세 가정'≒'평행추세 가정에서는 특정 사건 이외에는 두 집단의 변화에 차이가 날 이유가 없다고 전제한다.'

2022년 6월 모의고사 8번

조선 초기에 진행된 고려 관련 역사서 편찬은 고려 멸망의 필연성과 조선 건국의 정당성을 드러내는 작업이었다. 편찬자들은 다양한 방식으로 고려와 조선의 차별성을 부각하고, 고려보다 조선이 뛰어남을 설득하고자 하였다.

태조의 명으로 고려 말에 찬술되었던 자료들을 모아 고려에 관한 역사서가 편찬되었지만, 왕실이 아닌 편찬자의 주관이 개입되었다는 비판이 제기되는 등 여러 문제점이 지적되었다. 이에 태종은 고려의 역사서를 다시 만들라는 명을 내렸다. 이후 ²⁻¹고려의 용어들을 그대로 싣자는 주장과 ²⁻²유교적 사대주의에 따른 명분에 맞추어 고쳐 쓰자는 주장이 맞서는 등 세종 대까지도 논란이 계속되었지만, 문종 대에 이르러 『고려사』 편찬이 완성되었다. 이 과정에서 역사 연구에 관심을 기울인 세종은 ³⁻¹경서(經書)가 학문의 근본이라면 ³⁻²역사서는 학문을 현실에서 구현하는 것으로 파악하고, 집현전 학자들과의 경연을 통해 경서와 역사서에 대한 이해를 쌓아 갔다.

이런 분위기에서 세종은 중국과 우리나라의 흥망성쇠를 담은 『치평요람』의 편찬을 명하였고, 집현전 학자들은 원(元)까지의 중국 역사와 고려까지의 우리 역사를 정리하였다. 정리 과정에서 주자학적 역사관이 담긴 『자치통감강목』에 따라 역대 국가를 정통과 비정통으로 구분했지만, 편찬 형식 측면에서는 강목체를 따르지 않았다. 또한 올바른 정치의 여부에 따라 국가의 운명이 다하고 천명이 옮겨 간다는 내용을 드러내고자 기존 역사서와 달리 국가 간 전쟁과 외교 문제, 국가 말기의 혼란과 새 국가 초기의 혼란 수습 등을 부각하였다.

<보 기>

ㄱ. 대부분 옛일의 성패를 논하기 좋아하고 그 일의 진위를 자세히 살피지 않는다. 하지만 ^{b-1}진위를 분명히 한 후에야 성패가 어긋나지 않을 수 있다. 이는 역사 서술의 근원인 자료를 ^{b-2}바로잡고 깨끗이 한다는 뜻이다.

ㄴ. ^{b-3}고금의 흥망은 현실의 객관적 형세인 시세의 흐름에 따르는 것이며, 사림(士林)의 ^{b-4}재주와 덕행으로 말미암은 것은 아니었다. 그러므로 천하의 일은 ^{b-5}시세가 제일 중요하고, 행복과 불행이 다음이며, 옳고 그름의 구분은 마지막이라고 하는 것이다.

ㄷ. 도(道)의 ^{b-6}본체는 경서에 있지만 ^{b-7}그것의 큰 쓰임은 역사서에 담겨 있다. 역사란 선을 높이고 악을 낮추며 선을 권면하고 악을 징계하는 것이다.

262. ㄱ의 관점에 따르면, 『고려사』 편찬 과정에서 고려의 용어를 고쳐 쓰자고 한 의견은 역사 서술의 근원인 자료를 바로잡고 깨끗이 하자는 것이라고 볼 수 있겠군.

263. ㄴ의 관점에 따르면, 『치평요람』에 서술된 국가의 흥망은 그 원인이 인물들의 능력보다는^{b-4} 객관적 형세인 시세의 흐름에 있다^{b-5}고 보아야겠군.

264. ㄷ의 관점에 따르면, 『치평요람』 편찬과 관련한 세종의 생각에서 학문의 근본은 도의 본체³⁻¹에, 현실에서 학문의 구현은 도의 큰 쓰임³⁻²에 대응하겠군.

[지문 내용]

〈고려사〉

태조	– 왕실이 아닌 편찬자의 주관이 개입되었다는 문제점 제기
태종	– 역사서 다시 만듦 – 고려의 용어들을 그대로 싣자 vs 명분에 맞추어 고쳐 쓰자
세종	– 경서가 학문의 근본, 역사서는 학문을 현실에서 구현하는 것
문종	– 『고려사』 편찬 완성

〈치평요람〉

– 중국과 우리나라의 흥망성쇠를 담음
– 『자치통감강목』에 따라 역대 국가를 정통·비정통으로 구분
– '올바른 정치의 여부에 따라 국가의 운명이 다하고 천명이 옮겨 간다'
→ 국가 간 전쟁과 외교 문제, 새 국가 초기의 혼란 수습 부각

262. 2022년 6월 모의고사 8번 – ②

(X) 선지에서 '자료를 바로잡고 깨끗이 한다.[b-2]'는 표현을 사용한 것은 〈보기〉의 ㄱ에서의 '진위를 분명히 한다[b-1]'는 문장을 다르게 표현한 것이다. 또한 진위를 분명히 한다는 것은 사실과 거짓을 분명히 한다는 뜻이므로, 고려사를 편찬할 때 있었던 대립되는 두 개의 주장 ("고려의 용어들을 그대로 싣자는 주장[2-1]"과 "유교적 사대주의에 따른 명분에 맞추어 고쳐 쓰자는 주장[2-2]") 중 "고려의 용어들을 그대로 싣자는 주장"과 결이 같다. 그런데 선지에서는 고려의 용어를 고쳐 쓰자고 한 의견과 자료를 바로잡고 깨끗이 하자는 것을 연결하고 있다. 고려의 용어를 고쳐 쓰자는 주장은 유교적 사대주의에 따른 명분에 맞추기 위한 것이므로 사실과 거짓을 분명히 하자는 입장과는 맞지 않는다. 즉 이 선지는 다른 비교 대상으로 잘못 연결하여 틀리게 만든 선지이다. [지문]이나 〈보기〉에서 나온 표현이기 때문에 맞다고 생각할 수 있는 부분이므로 항상 확인하고 넘어가도록 하자.

263. 2022년 6월 모의고사 8번 – ③

(O) 이 선지는 ㄴ만 읽어봐도 알 수 있는 선지이다. ㄴ에서 고금의 흥망은 사람의 재주와 덕행보다[b-4] 시세의 흐름[b-3]에 따르는 것이라고 했다. 따라서 맞는 선지이다.

264. 2022년 6월 모의고사 8번 – ⑤

(O) ㄷ에서 '도의 본체= 경서[b-6]', '큰 쓰임= 역사서[b-7]'에 담겨있다고 한다. 세종은 '경서=학문의 근본[3-1]', '역사서=학문을 현실에서 구현[3-2]'이라고 생각했다. 각각 일치시키면 도의 '본체=경서=학문의 근본', '큰 쓰임=역사서=학문을 현실에서 구현'이므로 맞는 선지이다.

[check point]

1. [지문]에서 대립하는 사례(고려의 용어들을 그대로 싣자 vs 명분에 맞추어 고쳐 쓰자, 경서=도의 본체 vs 역사서=쓰임)를 제시할 때는 비교 대상을 일치시키는 문제로 출제할 수 있음을 예상하고 읽도록 하자

→ 2022년 6월 모의고사 8번(책 262번) : 고려의 용어들을 그대로 싣자 vs 명분에 맞추어 고쳐 쓰자
→ 2020년 수능 27번(책289번): 민법상의 권리 '계약 없이 법률로 정해진 요건의 충족으로 발생 vs 계약의 효력으로 발생'

2. 〈보기〉문제는 아래 3가지 케이스와 같다.

첫 번째로, [지문]에서 특정한 부분을 예시로 든 문제

– 〈보기〉에서 예시로 든 부분에 관한 설명을 [지문]에서 찾아야 함
→ 주로 기술·과학·경제·법 지문 (2020년 6월 모의고사 28번–책 19번, 2021년 11월 수능 16번–책 20~21번 등)

두 번째로, [지문]에서 설명한 내용에서 추가적인 내용을 설명한 문제(해당 유형 ✓)

– [지문]과 공통점 차이점 비교
→ 주로 인문(학자) 지문 (2021년 6월 모의고사 8번 –책 274번~275번 등)

세 번째로, [지문]의 비교 대상끼리 장단점을 섞은 예시를 든 문제

– [지문]의 어느 부분을 섞은 것인지를 판단하여야 함
→ 신유형 (2024년 6월 모의고사 7번–책 40~42번)

2021년 11월 수능 5번

정립-반정립-종합. 변증법의 논리적 구조를 일컫는 말이다. 변증법에 따라 철학적 논증을 수행한 인물로는 단연 헤겔이 거명된다. 변증법은 대등한 위상을 지니는 세 범주의 병렬이 아니라, 대립적인 두 범주가 조화로운 통일을 이루어 가는 수렴적 상향성을 구조적 특징으로 한다. 헤겔에게서 변증법은 논증의 방식임을 넘어, 논증 대상 자체의 존재 방식이기도 하다. 즉 [1-1]세계의 근원적 질서인 '이념'의 내적 구조도, 이념이 시·공간적 현실로서 드러나는 방식도 변증법적이기에, 이념과 현실은 하나의 체계를 이루며, 이 두 차원의 원리를 밝히는 철학적 논증도 변증법적 체계성을 지녀야 한다.

헤겔은 미학도 철저히 변증법적으로 구성된 체계 안에서 다루고자 한다. 그에게서 미학의 대상인 예술은 종교, 철학과 마찬가지로 '절대정신'의 한 형태이다. 절대정신은 절대적 진리인 '이념'을 인식하는 인간 정신의 영역을 가리킨다. [2-1]예술·종교·철학은 절대적 진리를 동일한 내용으로 하며, 다만

인식 형식의 차이에 따라 구분된다. 절대정신의 세 형태에 각각 대응하는 형식은 직관·표상·사유이다. '직관'은 주어진 물질적 대상을 감각적으로 지각하는 지성이고, '표상'은 물질적 대상의 유무와 무관하게 내면에서 심상을 떠올리는 지성이며, '사유'는 대상을 개념을 통해 파악하는 순수한 논리적 지성이다. 이에 세 형태는 각각 '직관하는 절대정신', '표상하는 절대정신', '사유하는 절대정신'으로 규정된다. 헤겔에 따르면 직관의 외면성과 표상의 내면성은 사유에서 종합되고, 이에 맞춰 예술의 객관성과 종교의 주관성은 철학에서 종합된다.

---

265. 예술·종교·철학 간에는 인식 내용의 동일성과 인식 형식의 상이성이 존재한다.

266. 세계의 근원적 질서와 시·공간적 현실은 하나의 변증법적 체계를 이룬다.

[지문 내용]

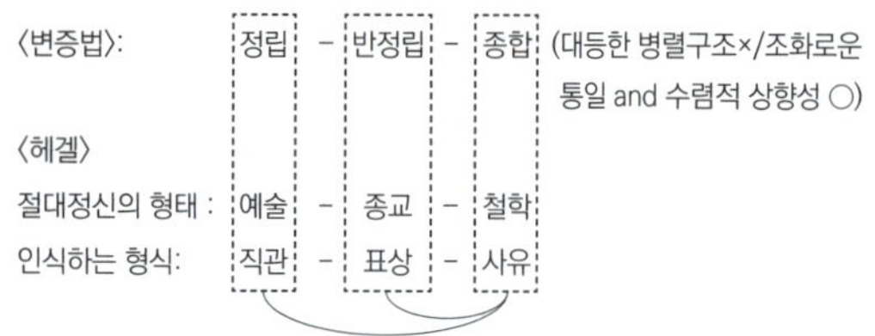

절대 정신: '절대적 진리(=이념)를 인식'하는 인간 정신의 영역
= 내용(절대적 진리)은 같지만 내용을 인식하는 형식에 따라 예술, 종교, 철학으로 구분됨.
= 순서: 대상 → 내용 인식(형식에 따라 달라짐) → 예술·종교·철학

내용	동일한 절대적 진리(=이념)		
인식하는 형식	직관(=물질적 대상을 감각적으로 지각)	표상(=물질적 대상과 무관하게 내면에서 심상을 떠올림)	사유(=대상을 개념을 통해 파악)
절대 정신	예술	종교	철학

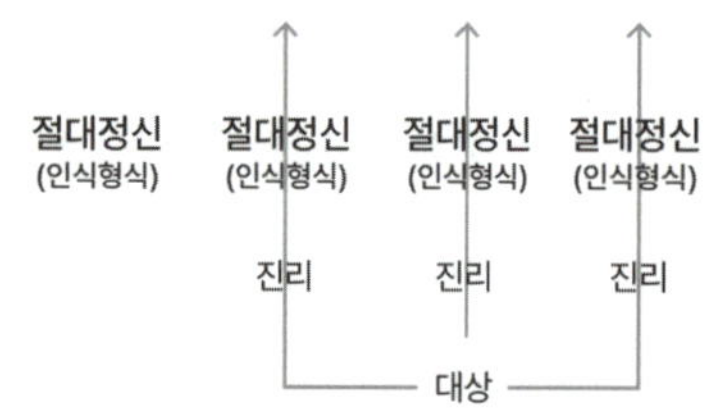

(O) [지문]에서 "예술·종교·철학은 절대적 진리를 동일한 내용[2-1](=인식 내용의 동일성)으로 하며, 다만 인식 형식의 차이[2-1](=인식 형식의 상이성)에 따라 구분된다."고 표현하고 있다. 선지는 [지문]의 내용을 다른 표현으로 대체한 것이다. 따라서 맞는 선지이다.

(O) [지문]에서 "세계의 근원적 질서인 '이념'의 내적 구조도, 이념이 시·공간적 현실로서 드러나는 방식도 변증법적이기에[1-1]"라고 표현하고 있다. 이는 선지의 '세계의 근원적 질서와 시·공간적 현실은 하나의 변증법적 체계를 이룬다.'는 문장과 같은 의미를 담고 있다. 즉 선지는 [지문]의 내용을 다르게 표현한 것이다. 따라서 맞는 선지이다.

[check point]

1. 같은 말 다르게 표현하기(패러프레이징)

→ '예술·종교·철학은 절대적 진리를 동일한 내용으로 하며, 다만 인식 형식의 차이에 따라 구분된다.' ≒ '예술·종교·철학 간에는 인식 내용의 동일성과 인식 형식의 상이성이 존재한다.'

→ '세계의 근원적 질서인 '이념'의 내적 구조도, 이념이 시·공간적 현실로서 드러나는 방식도 변증법적이기에, 이념과 현실은 하나의 체계를 이룬다.' ≒ '세계의 근원적 질서와 시·공간적 현실은 하나의 변증법적 체계를 이룬다.'

2021년 6월 모의고사 6번

야구공을 던지면 땅 위의 공 그림자도 따라 움직인다. 공이 움직여서 그림자가 움직인 것이지 그림자 자체가 움직여서 그림자의 위치가 변한 것은 아니다. 과정 이론은 이 차이를 다음과 같이 설명한다.[1-1] 과정은 대상의 시공간적 궤적이다. 날아가는 야구공은 물론이고 땅에 멈추어 있는 공도 시간

은 흘러가고 있기에 시공간적 궤적을 그리고 있다. 공이 멈추어 있는 상태도 과정인 것이다. 그런데 [1-2]모든 과정이 인과적 과정 은 아니다. [1-3]어떤 과정은 다른 과정과 한 시공간적 지점에서 만난다. 즉, 두 과정이 교차한다. 만약 교차에서 표지, 즉 [1-4]대상의 변화된 물리적 속성이 도입되면 이후의 모든 지점에서 그 표지를 전달할 수 있는 과정이 인과적 과정이다.

가령 바나나가 [2-1]a지점에서 b지점까지 이동하는 과정을 과정1 이라고 하자. [2-2]a와 b의 중간 지점에서 바나나를 한 입 베어 내는 과정2 가 과정1과 교차했다. 이 교차로 표지가 과정1에 도입되었고 이 표지는 b까지 전달될 수 있다. 즉, [2-3]바나나는 베어 낸 만큼이 없어진 채로 줄곧 b까지 이동할 수 있다. 따라서 과정1은 인과적 과정이다. 바나나가 이동한 것이 바나나가 b에 위치한 결과의 원인인 것이다. 한편, 바나나의 그림자가 스크린에 생긴다고 하자. [2-4]바나나의 그림자가 스크린상의 a′지점에서 b′지점까지 움직이는 과정을 과정3 이라 하자. [2-5]과정1과 과정2의 교차 이후 스크린상의 그림자 역시 변한다. 그런데 [2-6]a′과 b′사이의 스크린 표면의 한 지점에 울퉁불퉁한 스티로폼이 부착되는 과정4 가 과정3과 교차했다고 하자. [2-7]그림자가 그 지점과 겹치면서 일그러짐이라는 표지가 과정3에 도입되지만, [2-8]그 지점을 지나가면 그림자는 다시 원래대로 돌아오고 스티로폼은 그대로이다. 이처럼 [2-9]과정3은 다른 과정과의 교차로 도입된 표지를 전달할 수 없다.

---

267. 바나나와 그 그림자는 서로 다른 시공간적 궤적[1-1]을 그린다.

268. 과정1이 과정2와 교차하기 이전과 이후에서, 바나나가 지닌 물리적 속성은 다르다.

269. 과정1과 달리[2-3] 과정3은 인과적 과정이 아니다.[2-9]

270. 바나나의 일부를 베어 냄으로써 변화된 바나나 그림자의 모양은 과정3이 과정2와 교차함으로써 도입된 표지이다.

271. 과정3과 과정4의 교차로 도입된 표지는 과정3으로도 과정4로도 전달되지 않는다[2-9].

[지문 내용]

과정 : 대상의 시공간적 궤적[1-1]

교차: 어떤 과정과 다른 과정이 한 시공간적 지점에서 만남[1-3]

인지적 과정 : 대상의 변화된 물리적 속성이 도입되면 이후의 모든 지점에서 그 표지를 전달할 수 있는 과정[1-4]

예1) 야구공을 던지면 땅 위의 공 그림자도 움직임

⇒ 야구공의 움직임(:과정○, 인지적 과정:○) 공 그림자의 움직임(:과정○, 인지적 과정:×)

예2)

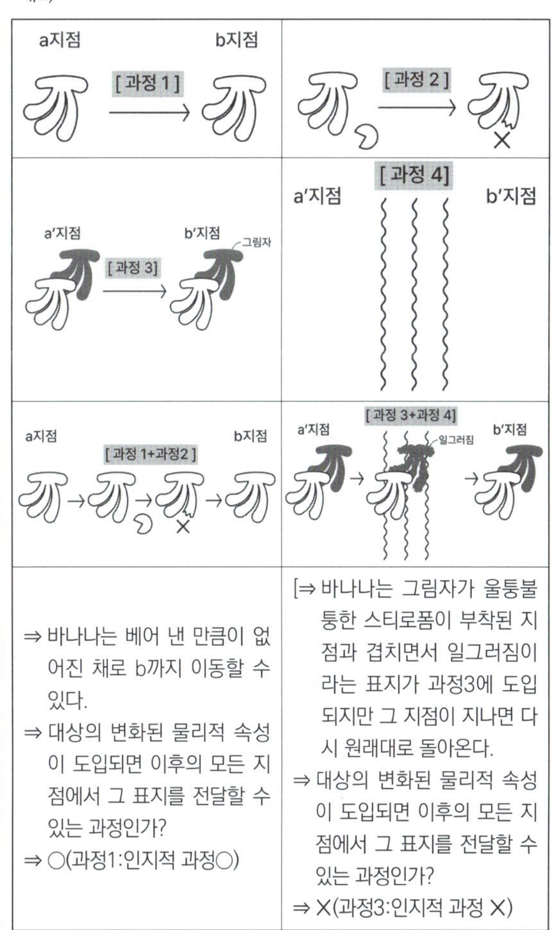

267. 2021년 6월 모의고사 6번 – ①

(O) [지문]에서 "과정은 대상의 시공간적 궤적[1-1]"이라고 말한다. 바나나가 a지점에서 b지점까지 움직이는 시공간과 그 그림자가 스크린상의 a′지점에서 b′지점까지 움직이는 시공간은 다르므로 바나나와 그 그림자는 서로 다른 시공간적 궤적을 그린다. 따라서 맞는 선지이다.

---

268. 2021년 6월 모의고사 6번 - ②

(O) [지문]에서는 "대상의 변화된 물리적 속성이 도입되면 이후의 모든 지점에서 그 표지를 전달할 수 있는 과정[1-4]이 인과적 과정이다.", "바나나는 베어낸 만큼이 없어진 채로 줄곧 b까지 이동할 수 있으므로 과정1은 인과적 과정[2-3]이다."라고 설명하고 있다. 즉 과정 1은 인과적 과정으로 어떤 지점에서 변화된 물리적 속성이 도입되었음을 알 수 있고, 과정1과 과정2가 교차한 이후의 모든 지점에서 바나나가 베어낸 만큼이 없어진 채로 유지되므로 바나나를 베어낸 것은 바나나의 물리적 속성을 변화시킨다는 것을 추론할 수 있다. 따라서 맞는 선지이다.

269. 2021년 6월 모의고사 6번 - ③

(O) [지문]에서 과정1은 인과적 과정이라고 직접적으로 언급하였다. 다만 과정3에 관하여는 다른 과정과의 교차로 도입된 표지를 전달할 수 없다[2-9]고 언급하였고, 이는 과정3이 인과적 과정이 아닌 것을 표현했다고 볼 수 있다. 따라서 맞는 선지이다.

270. 2021년 6월 모의고사 6번 - ④

(X) 선지의 '바나나의 일부를 베어 냄으로써 변화된 바나나 그림자의 모양'은 과정1과 과정2가 교차한 결과이다. 이는 [지문]의 "과정1과 과정2의 교차 이후 스크린상의 그림자 역시 변한다."[2-5] 문장에서 알 수 있다.

또한 교차란 [지문]에서 알 수 있다시피 "어떤 과정과 다른 과정이 한 시공간적 지점에서 만나는 것[1-3]"을 의미하는데, 과정3의 시공간적 궤적은 '바나나의 그림자'가 '스크린상[2-4]'에서 움직이는 궤적으로, 과정3(스크린상의 그림자)과 과정2(바나나를 베어 내는 행위)는 한 시공간적 지점에서 만날 수 없다.

두 가지 도출로 보았을 때 틀린 선지이다.

271. 2021년 6월 모의고사 6번 - ⑤

(O) [지문]을 보면 "과정3은 다른 과정(=과정4)과의 교차로 도입된 표지를 전달할 수 없다[2-9].", "그림자가 그 지점과 겹치면서 일그러짐이라는 표지가 과정3에 도입되지만 그 지점을 지나가면 그림자는 다시 원래대로 돌아온다[2-7, 2-8]."고 표현하고 있다. 이를 통해 과정3이 인지적 과정이 아님을 알 수 있다. 교차로 도입된 표지는 과정3으로 전달되지 않는다. 또한 바나나가 일그러졌다가 원래대로 돌아오고 스티로폼이 부착된 곳도 변화가 없는 것을 보아 교차로 도입된 표지는 과정4로도 전달되지 않는다. 따라서 맞는 선지이다.

> **[check point]**
>
> 단순 발췌로 판별할 수 있는 선지를 제외하고 나머지 선지를 판별할 때는 [지문]을 다시 읽고 대상끼리 비교 또는 순서를 비교하면서 이해해보자.

2021년 9월 모의고사 16번

'메타버스(metaverse)'는 '초월'이라는 의미의 '메타(meta)'와 '세계'를 뜻하는 '유니버스(universe)'의 합성어로, 현실 세계와 가상 공간이 적극적으로 상호 작용하는 공간을 의미한다. 감각 전달 장치는 메타버스 속에서 사용자를 대신하는 아바타가 보고 만지는 것으로 설정된 감각을 사용자에게 전달하는 장치이다. 사용자는 이를 통하여 가상 공간을 현실감 있게 체험하면서 메타버스에 몰입하게 된다.

(중략)

한편 사용자의 움직임을 아바타에게 전달하는 공간 이동 장치를 이용하면, 사용자는 몰입도 높은 메타버스 체험을 할 수 있다. 공간 이동 장치인 가상 현실 트레드밀은 일정한 공간에 설치되어 360도 방향으로 사용자의 이동이 가능하도록 바닥의 움직임을 지원한다.

가상 현실 트레드밀과 함께 사용되는 모션 트래킹 시스템은 사용자의 동작에 따라 아바타가 동일하게 움직일 수 있도록 동기화하는 시스템으로, 동작 추적 센서, 관성 측정 센서, 압력 센서 등으로 구성된다. 동작 추적 센서는 사용자의 동작을 파악하며, 관성 측정 센서 는 사용자의 이동 속도 변화율 및 회전 속도를 측정한다. 압력 센서 는 서로 다른 물체 간에 작용하는 압력을 측정한다. 만약 바닥에 압력 센서가 부착된 신발을 사용자가 신고 뛰면, 압력 센서는 지면과 발바닥 사이의 압력을 감지하여 사용자가 뛰는 힘을 파악할 수 있다. 모션 트래킹 시스템이 사용자의 동작 정보를 컴퓨터에 전달하면, 컴퓨터는 사용자가 움직이는 방향과 속도에 맞춰 트레드밀의 바닥을 제어한다. 이와 같이 사용자의 이동 동작에 따라 트레드밀의 움직임이 변경되기도 하지만, 아바타가 존재하는 가상 공간의 환경 변화에 따라 트레드밀 바닥의 진행 속도 및 방향, 기울기 등이 변경되기도 한다.

[지문 내용]

공간 이동 장치(-가상 현실 트레드밀) : 360도 방향으로 사용자의 이동이 가능하도록 바닥의 움직임을 지원하는 장치

모션 트래킹 시스템 : 사용자의 동작에 따라 아바타가 동일하게 움직일 수 있도록 동기화하는 시스템

- 동작 추적 센서 : 사용자의 동작을 파악
- 관성 측정 센서 : 사용자의 이동 속도 변화율 및 회전 속도 측정
- 압력 센서 : 서로 다른 물체 간에 작용하는 압력 측정
· 사용자의 이동 동작에 따른 제어 과정: 모션 트래킹 시스템 → 컴퓨터에 전달 → 트레드밀의 바닥을 제어
· 가상 공간의 환경 변화에 따른 제어 과정 : 가상 공간의 환경 변화 → 트레드밀 바닥 변경

〈보기〉에서 동작 추적 센서의 하나인 "키넥트 센서"에 대해 설명하고 있다. 그렇다면 [지문]에서 동작 추적 센서가 어떤 기능인지 찾아볼 필요가 있다. [지문]은 동작 추적 센터에 대해 "사용자의 동작을 파악"하는 장치라고 설명하고 있다. 이를 통해 〈보기〉의 "키넥트 센서"는 적외선 카메라와 RGB카메라를 이용해 사용자의 동작을 파악하는 장치임을 알 수 있다.

< 보 기 >

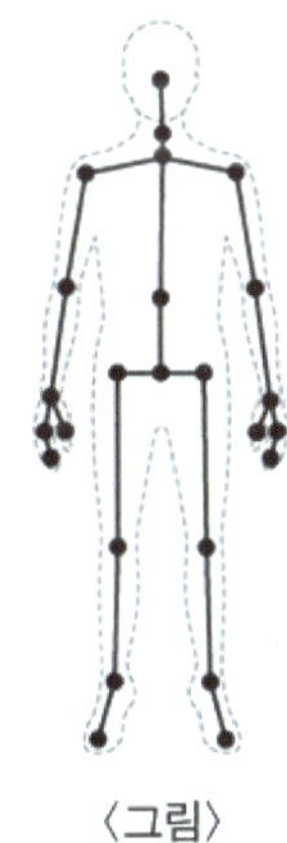

〈그림〉

동작 추적 센서의 하나인 키넥트 센서는 적외선 카메라와 RGB카메라 등으로 구성된다. 적외선 카메라는 광원에서 발산된 적외선이 피사체의 표면에서 반사되어 수신되기까지 걸리는 시간을 측정하여, 피사체의 입체 정보를 포함하는 저해상도 단색 이미지를 제공한다. 반면 RGB카메라는 피사체의 고해상도 컬러 이미지를 제공한다. 키넥트 센서는 저해상도 입체 이미지를 고해상도 컬러 이미지에 투영하여 사용자가 검출되는 경우, 〈그림〉과 같이 신체 부위에 대응되는 25개의 연결점을 선으로 이은 3D 골격 이미지를 제공한다.

272. 키넥트 센서는 가상 공간에 있는 물체들 간의 거리를 측정하여 입체감을 구현할 수 있다.

273. 연결점의 수와 위치의 제약 때문에 사용자의 골격 이미지로는 사용자의 얼굴 표정 변화를 아바타에게 전달할 수 없다.

---

272. 2021년 9월 모의고사 16번 – ①

(✕) 키넥트 센서는 사용자의 동작을 파악하는 장치로, 현실 공간에서의 사용자의 동작을 파악하는 역할을 한다. 가상 공간에 있는 물체 간의 거리를 측정하는 장치가 아니다. 따라서 틀린 선지이다.

〈보기〉에서 다루고 있는 장치가 무슨 장치인지 파악하지 못했다면 풀 수 없는 문제이다. 특히 기술 지문은 [지문]에서 설명한 장치 중 하나를 예시로 보여주는 〈보기〉 문제가 자주 나오니 유의하자. (예시 : 차량 전후좌우 카메라 문제- 2021년 수능 15번)

---

273. 2021년 9월 모의고사 16번 – ④

(○) 키넥트 센서는 25개의 연결점을 선으로 이은 3D 골격 이미지를 제공하는데, 〈보기〉에서 그 25개의 연결점을 보여주고 있다. 이 연결점들은 얼굴에는 한 개만 존재하

는데, 얼굴 표정 변화를 알기 위해서는 한 개의 연결점으로는 부족할 것임을 예측할 수 있다. 따라서 맞는 선지이다.

[check point]

1. 〈보기〉 문제는 아래 3가지 케이스와 같다.

   첫 번째로, [지문]에서 특정한 부분을 예시로 든 문제(해당 유형 ✓)

   – 〈보기〉에서 예시로 든 부분에 관한 설명을 [지문]에서 찾아야 함

   → 주로 기술·과학·경제·법 지문 (2020년 6월 모의고사 28번–책 19번, 2021년 11월 수능 16번–책 20~21번 등)

   두 번째로, [지문]에서 설명한 내용에서 추가적인 내용을 설명한 문제

   – [지문]과 공통점 차이점 비교

   → 주로 인문(학자) 지문 (2021년 6월 모의고사 8번 –책 274번~275번 등)

   세 번째로, [지문]의 비교 대상끼리 장단점을 섞은 예시를 든 문제

   – [지문]의 어느 부분을 섞은 것인지를 판단하여야 함

   → 신유형 (2024년 6월 모의고사 7번–책 40~42번)

2021년 6월 모의고사 5번,8번

근대 이후 서양의 철학자들은 [1-1]과학적 세계관이 대두하면서 이전과는 달리 [1-2]인과를 물리적 작용 사이의 관계로 국한하려는 경향을 보였다. 문제는 흄이 지적했듯이 [1-3]인과 관계 그 자체는 직접 관찰할 수 없다는 것이다. 원인과 결과에 해당하는 사건만을 관찰할 수 있을 뿐이다. 가령 "추위 때문에 강물이 얼었다."는 직접 관찰한 물리적 사실을 진술한 것이 아니다. 그래서 [1-4]인과가 과학적 개념인지에 대한 의심이 철학자들 사이에 제기되었다. 이에 [1-5]인과를 과학적 세계관에 입각하여 이해하려는 시도가 새먼의 과정 이론이다.

(중략)

자연 현상과 인간사를 인과 관계로 설명하는 동아시아의 대표적 논의는 재이론(災異論)이다. 한대(漢代)의 동중서는 하늘이 [2-1]덕을 잃은 군주에게 재이를 내려 견책한다는 천견

설과, [2-2]인간과 하늘에 공통된 음양의 기(氣)를 통해 하늘과 인간이 서로 감응한다는 천인감응론을 결합하여 재이론을 체계화하였다. 그에 따르면, 군주가 [2-3]실정(失政)을 저지르면 그로 말미암아 변화된 음양의 기를 통해 감응한 하늘이 가뭄과 홍수, 일식과 월식 등 재이를 통해 경고를 내린다. 이때 재이는 군주권이 하늘로부터 비롯된 것임을 입증하는 것이자 군주의 실정에 대한 경고였다.

(중략)

이후 재이에 대한 예언적 해석은 비판의 대상이 되었고, 천인감응론 또한 부정되기도 하였다. 하지만 재이론은 여전히 정치 현장에서 사라지지 않았다. [3-1]송대(宋代)에 이르러, 주희는 천문학의 발달로 [3-2]예측 가능하게 된 일월식을 [3-3]재이로 간주하지 않는 경향을 수용하였고, [3-4]재이를 근본적으로 이치에 의해 설명되기 어려운 자연 현상으로 간주하였다. 하지만 당시까지도 재이에 대해 군주의 적극적인 대응을 유도하며 안전한 언론 활동의 기회를 제공했던 재이론이 폐기되는 것은, 신하의 입장에서 유용한 정치적 기제를 잃는 것이었다. 이 때문에 그는 군주를 경계하는 적절한 방법을 찾고자 [3-5]재이론을 고수하였다. 그는 재이에 대한 개별적 대응 대신 [3-6]군주에게 허물과 잘못이 쌓이면 이에 하늘이 감응하여 변칙적인 자연 현상이 일어날 것이라는 전반적 대응설을 제시하고, 재이를 군주의 심성 수양 문제로 귀결시키며 재이론의 역사적 수명을 연장하였다.

---

274. 인과가 과학적 세계관과 부합하지 않는다[1-4]고 생각하는 철학자가 근대 이후 서양에 나타났다.

275. 천문학의 발달에 따라 일월식이 예측 가능해지면서 송대에는 이를 설명 가능한 자연 현상으로 보는 경향이 있었다.

< 보 기 >

㉮ [b-1]인과 관계란 서로 다른 대상들이 물리적 성질들을 서로 주고받는 관계일 수밖에 없다. 그러한 두 대상은 시공간적으로 연결되어 있어야만 한다.

㉯ 덕이 잘 닦인 [b-2]치세에서는 재이를 찾아볼 수 없었고, 세상의 변고는 모두 난세의 때에 출현했으니, 하늘과 인간이 서로 통하는 관계임을 알 수 있다.

276. 인과 관계를 대상 간의 물리적 상호 작용으로 국한하는 ㉯의 입장[b-1]은 대상 간의 감응을 기반으로 한 동중서의 재이론[2-2]이 보여 준 입장과 **부합**하겠군.

277. 치세와 난세의 차이를 재이의 출현 여부로 설명하는 ㉯[b-2]에 대해 동중서[2-3]와 주희[3-5]는 모두 재이론에 입각하여 수용 가능한 견해라는 입장을 취하겠군.

---

274. 2021년 6월 모의고사 5번 – ③

(O) [지문]의 첫 문단을 보면, 근대 이후 과학적 세계관이 대두[1-1]하면서 서양의 철학자들은 인과를 물리적 작용 사이의 관계로 국한하려는 경향[1-2]을 보였지만 동시에 인과가 과학적 개념인지를 의심하는 철학자들 또한 나타났음[1-4]을 알 수 있다. 선지의 "인과가 과학적 세계관과 부합하지 않는다고 생각하는 철학자가 근대 이후 서양에 나타났다."는 문장은 이를 다르게 표현한 것이다. 따라서 맞는 선지이다.

---

275. 2021년 6월 모의고사 5번 – ⑤

(O) 세 번째 문단을 보면 "송대에 이르러[3-1]", "예측 가능하게 된 일월식[3-2]을 재이로 간주하지 않는 경향[3-3]"과, "재이를 근본적으로 이치에 의해 설명되기 어려운 자연 현상으로 간주[3-4]"했음을 알 수 있다. '송대에는 재이를 이치에 의해 설명되기 어려운 자연 현상으로 한정했으며 예측 가능하게 된 일월식을 재이로 간주하지 않는 경향이 있었다.'는 사실을 알 수 있다. 선지의 "일월식이 예측 가능해지면서 송대에는 이를 설명 가능한 자연현상으로 보는 경향이 있었다."는 표현은 이를 다르게 표현한 것이므로 맞는 선지이다.

[지문]의 여러 문장을 조합하여 추정할 수 있는지 묻는 선지이다. 필요한 정보들을 [지문]에서 찾아 같은 뜻인지 판단할 수 있어야 한다.

[지문 내용]

- 비교 대상 : 근대 이전 서양의 철학자들, 근대 이후 서양의 철학자들, 흄, 새먼의 과정이론

근대 이전	⟺ 근대 이후	(→문제제기) 흄	(→보완) 새먼
	- 과학적 세계관 대두 - 인과=물리적 작용으로 국한	- 인과 관계 자체는 물리적으로 관찰할 수 없음 ⇒ 인과는 과학적 개념인가?	- 물리적 속성이 도입되는 과정만 인과적 과정으로 분류 ⇒ 흄이 제기한 문제 보완함

한대의 동중서

: 재이론=천인감응론(=인간과 하늘에 공통된 음양의 기를 통해 하늘과 인간이 서로 감응한다)+천견설(=하늘이 덕을 잃은 군주에게 재이를 내려 견책한다)

= 군주가 실정→인간과 하늘의 음양의 기가 변화→하늘의 감응→재이를 통해 경고를 내림

송대의 주희

: 일월식 → 예측 가능 → 재이 ✕

(재이: 이치에 의해 설명되기 어려운 자연 현상)

- 재이 : 군주 경계하는 정치적 기제로 재이론 고수

- 전반적 대응설 : 재이에 대한 개별적 대응 ✕, 군주에게 잘못이 쌓이면 하늘이 감응하여 변칙적인 자연 현상 ◯

---

276. 2021년 6월 모의고사 8번 – ②

(✕) 이 선지는 '㉯의 입장+[지문]에 나오는 학자의 입장+㉯와 [지문]학자의 관계'로 구성되어 있다. 이런 구성의 선지를 판단할 때는 '학자의 입장 ◯✕ 판별→ 서로 관계가 어떤지 체크' 순으로 가는 것이 편하다.

선지의 "㉯의 입장은 인과 관계를 대상 간의 물리적 상호 작용으로 국한한다."는 표현은 〈보기〉의 ㉯에서 "인과 관계란 서로 다른 대상들이 물리적 성질들을 서로 주고받는 관계일 수밖에 없다."는 것과 같은 의미이다. 또한 [지문]의 동중서는 "인간과 하늘에 공통된 음양의 기를 통해 하늘과 인간이 서로 감응한다.[2-2]"고 보았고, 이는 선지에서의 "대상 간의 감응을 기반으로 한 동중서의 재이론"과 같은 표현임을 알 수 있다. 즉, 학자들의 입장은 잘 연결되었다. 하지만 ㉯의 '인과를 대상 간의 물리적 상호 작용으로 국한'되었다는 표현을 보면 동중서의 '음양의 기를 통해 감응하는 관계'라는 입장과 **부합하지 않는** 것을 알 수 있다. 따라서 틀린 선지이다.

277. 2021년 6월 모의고사 8번 - ③

(○) 이 선지는 '(㉓의 의견+동중서+주희의 의견)+(㉓와 동중서, 주희의 관계)'로 구성되어 있다.

㉓는 '치세에는 재이가 없고, 난세에는 재이가 있다.[b-2]'고 말하였으므로 선지에서 "㉓는 치세와 난세의 차이를 재이의 출현 여부로 설명함"은 맞다. 동중서의 의견 또한 [지문]에서 '하늘이 덕을 잃은 군주에게 재이를 내려 견책한다', '군주가 실정을 저지르면 ~ 재이를 통해 경고를 내린다.[2-1]'고 설명하고 있으므로 ㉓의 의견인 '치세에는 재이가 없고, 난세에는 재이가 있다.'와 같다고 볼 수 있다. 즉 동중서는 ㉓의 의견에 수용 가능한 견해라는 입장을 취할 것이다.

또한 주희의 의견에 대해 [지문]에서 "재이론을 고수함[3-5]", "군주에게 허물과 잘못이 쌓이면 이에 하늘이 감응하여 변칙적인 자연 현상이 일어날 것[3-6]"이라고 설명하고 있고, 이는 ㉓의 의견인 '치세에는 재이가 없고, 난세에는 재이가 있다.'와 같은 의미이다. 따라서 맞는 선지이다.

[check point]

1. [지문]에 정보가 분산되어 있을 수 있으므로 필요한 정보를 [지문]에서 찾을 수 있어야 한다.

2. 〈보기〉 문제는 아래 3가지 케이스와 같다.

   첫 번째로, [지문]에서 특정한 부분을 예시로 든 문제(해당 유형 ✓)
   - 〈보기〉에서 예시로 든 부분에 관한 설명을 [지문]에서 찾아야 함
   - → 주로 기술·과학·경제·법 지문 (2020년 6월 모의고사 28번-책 19번, 2021년 11월 수능 16번-책 20~21번 등)

   두 번째로, [지문]에서 설명한 내용에서 추가적인 내용을 설명한 문제
   - [지문]과 공통점 차이점 비교
   - → 주로 인문(학자) 지문 (2021년 6월 모의고사 8번 -책 274번~275번 등)

   세 번째로, [지문]의 비교 대상끼리 장단점을 섞은 예시를 든 문제
   - [지문]의 어느 부분을 섞은 것인지를 판단하여야 함
   - → 신유형 (2024년 6월 모의고사 7번-책 40~42번)

[1-1]채권은 어떤 사람이 다른 사람에게 특정 행위를 요구할 수 있는 권리이다. 이 [1-2]특정 행위를 급부라 하고, 특정 행위를 해주어야 할 의무를 채무라 한다. 채무자가 채권을 가진 이에게 급부를 이행하면 채권에 대응하는 채무는 소멸한다. 급부는 재화나 서비스 제공인 경우가 많지만 그 외의 내용일 수도 있다.

민법상의 권리는 여러 가지가 있는데 [2-1]계약 없이 법률로 정해진 요건의 충족으로 발생하기도 하지만 대개 계약의 효력으로 발생한다. [2-2]계약[1]이란 권리 발생 등에 관한 당사자의 합의로서, 계약이 성립하면 합의 내용대로 권리 발생 등의 효력이 인정되는 것이 원칙이다. 당장 필요한 재화나 서비스는 그 제공을 급부로 하는 계약을 성립시켜 확보하면 되지만 [2-3]미래에 필요할 수도 있는 재화나 서비스라면 계약을 성립시킬 수 있는 권리를 확보하는 것이 유리하다. 이를 위해 '예약'[2]이 활용된다. 일상에서 예약[3]이라고 할 때와 법적인 관점에서의 예약[2]은 구별된다. ㉠[2-4]기차 탑승을 위해 미리 돈을 지불하고 승차권을 구입하는 것을 '기차 승차권을 예약했다'고도 하지만 이 경우는 [2-5]예약에 해당하지 않는 계약[1]이다. 법적으로 예약[2]은 당사자들이 합의한 내용대로 권리가 발생하는 계약의 일종으로, 재화나 서비스 제공을 급부 내용으로 하는 다른 계약인 '본계약'을 성립시킬 수 있는 권리 발생을 목적으로 한다.

[A] 예약[2]은 예약상 권리자가 가지는 권리의 법적 성질에 따라 두 가지 유형으로 나뉜다. 첫째는 채권을 발생시키는 예약이다. [3-1]이 채권의 급부 내용은 '예약상 권리자의 본계약 성립 요구에 대해 상대방이 승낙하는 것'이다. 회사의 급식 업체 공모에 따라 여러 업체가 신청한 경우 [3-2]그중 한 업체가 선정되었다고 회사에서 통지하면 예약이 성립한다. 이에 따라 선정된 업체가 [3-3]급식을 제공하고 대금을 받기로 하는 본계약 체결을 요청하면 회사는 이에 응할 의무를 진다. 둘째는 예약 완결권을 발생시키는 예약이다. 이 경우 예약상 권리자가 [3-4]본계약을 성립시키겠다는 의사를 표시하는 것만으로 본계약이 성립한다. 가족 행사를 위해 식당을 예약한 사람이 식당에 도착하여 예약 완결권을 행사하면 곧바로 본계약이 성립하므로 식사 제공이라는 급부에 대한 계약상의 채권이 발생한다.

---

278. 기차 승차권을 미리 구입하는 것은 **계약을 성립시키면서**[2-5] 채권의 행사 시점을 미래로 정해 두는 것이다.

279. 승차권 구입은 **계약 없이 법률로 정해진 요건을 충족**[2-1]하여 서비스를 제공받을 권리를 발생시키는 행위이다.

280. 미리 돈을 지불하는 것은 **미래에 필요한 기차 탑승 서**비스 이용이라는 계약을 성립시킬 수 있는 권리를 확보한 것[2-5]이다.

281. [A]에 제시된 예시를 활용하여, 예약의 유형에 따라 **예약상 권리자**가 요구할 수 있는 급부에 대해 정리한 것이다. ㄱ~ㄷ에 들어갈 내용을 선택하시오.

구분	채권을 발생시키는 예약	예약 완결권을 발생시키는 예약
예약상 급부	ㄱ	ㄴ
본계약상 급부	ㄷ	식사 제공

ㄱ   급식 계약 승낙 / 없음

ㄴ   식사 제공 계약 체결 / 없음

ㄷ   급식 대금 지급 / 급식 제공

[지문 내용]

채권 : 특정 행위를 요구할 수 있는 권리

급부 : 특정 행위

채무 : 특정 행위를 해주어야 할 의무

• 비교 대상 : 계약, 법적인 관점에서의 예약, 일상에서 예약

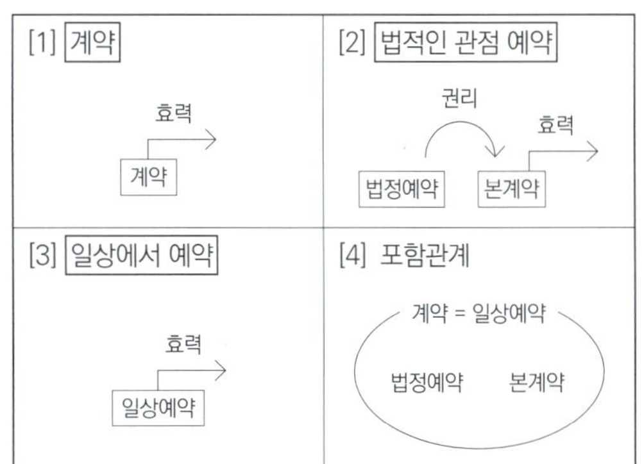

• 비교 대상 : 예약[2]_채권을 발생시키는 예약, 예약 완결권을 발생시키는 예약

– 채권을 발생시키는 예약 : 회사에서 급식 공모에 여러 업체가 신청→한 업체 선정 통지(예약 성립)→선정된 업체가 본계약 체결 요청→ 회사는 응할 의무가 있음

– 예약 완결권을 발생시키는 예약 : 예약상 권리자가 본계약을 성립시키겠다는 의사를 표시하는 것만으로 본계약 성립
예) 식당 예약→예약자가 식당에 도착(예약 완결권 행사)→곧바로 본계약 성립

278. 2020년 12월 수능 27번 – ③

(O) 선지의 "기차 승차권을 미리 구입하는 것"은 [지문]에서 볼 수 있는 바와 같이 "예약에 해당하지 않는 계약[1][2-5]"이다. [지문]에서는 "계약[1]이란 권리 발생 등에 관한 당사자의 합의로서, 계약이 성립하면 합의 내용대로 권리 발생 등의 효력이 인정되는 것이 원칙이다.[2-2]"라고 설명하고 있다. 간단히 말하면 '당사자의 합의로 계약의 성립→합의 내용대로 권리 발생'인 것이다.

이를 '기차 승차권을 미리 구입하는 상황'에 대입해보면, 합의로 계약이 성립되므로 기차 승차권을 구입할 때가 계약 성립 시점이 된다. 그 합의 내용이 미래의 기차 탑승을 위해 돈을 지불하고 승차권을 구입하는 것이므로, 채권(=[지문] "어떤 사람이 다른 사람에게 특정 행위를 요구할 수 있는 권리"=나를 기차에 태우도록 할 수 있는 권리)의 행사 시점을 미래로 정해둔 것이라고 볼 수 있다.

이 선지는 채권과 계약[1]의 의미를 정확히 알고 있는지, 선지의 예시는 어떤 상황인지를 묻고 있다. 계약의 성립 여부 및 기차 탑승 시점이 미래인 것을 보아 채권의 행사 시점이 미래임을 유추해야 한다.

279. 2020년 12월 수능 27번 – ④

(X) [지문]의 두 번째 문단에서 "민법상의 권리는 **계약 없이 법률로 정해진 요건의 충족으로 발생**하기도 하지만 대개 **계약의 효력으로 발생**[2-1]한다."라고 설명하고 있다. 이를 통해 민법상의 권리는 '① 계약 없이 법률로 정해진 요건의 충족으로 발생, ② 계약의 효력으로 발생' 의 두 가지로 나뉘는 것을 알 수 있다. 승차권 구입은 '예약에 해당

하지 않는 계약[1][2-5]'이므로 ② 계약의 효력으로 발생하는 사례에 해당한다. 따라서 승차권 구입이 ①의 사례에 해당한다고 보는 ④는 틀린 선지이다.

개념이 둘로 나뉘는 경우 선지의 내용이 어디에 해당하는지를 자주 출제하니 유의하자. (2022년 6월 모의고사 8번, '고려의 용어들을 그대로 싣자 vs 명분에 맞추어 고쳐 쓰자'와 유사함)

---

280. 2020년 12월 수능 27번 - ⑤

(X) 선지의 "미리 돈을 지불하는 것", 즉 "기차 승차권을 미리 구입하는 것"은 일상에서 예약[3]이다. 그런데 선지의 "미래에 필요한 기차 탑승 서비스 이용이라는 계약을 성립시킬 수 있는 권리를 확보"하는 행위는 [지문]에서 말하는 "미래에 필요할 수도 있는 재화나 서비스라면 계약을 성립시킬 수 있는 권리를 확보하는 것, 즉 예약[2]"에 해당한다. 이 선지는 비교 대상을 서로 다르게 연결했기 때문에 틀렸다.

[check point]

1. 비교 대상 (특히 '인물'이나 '이론', '시대', '여러 가지 방법 차이', '분류', '대상의 변화' , '확장·추가적인 재료 출현' 등) 나오면 공통점, 차이점 파악 중요
   →공통점이나 차이점을 언급하여 정답 선지로 출제하거나,
   → 대상의 설명이나 내용을 바꾸거나, 비교 대상끼리의 공통점을 차이점으로, 차이점을 서로 뒤바꾸어 오답 선지로도 출제함
2. [지문]에서 대립하는 사례(고려의 용어들을 그대로 싣자 vs 명분에 맞추어 고쳐 쓰자, 경서=도의 본체 vs 역사서=쓰임)를 제시할 때는 비교 대상을 일치시키는 문제로 출제할 수 있음을 예상하고 읽도록 하자
   → 2022년 6월 모의고사 8번(책 262번) : 고려의 용어들을 그대로 싣자 vs 명분에 맞추어 고쳐 쓰자
   → 2020년 수능 27번(책289번): 민법상의 권리 '계약 없이 법률로 정해진 요건의 충족으로 발생 vs 계약의 효력으로 발생'

---

281. 2020년 12월 수능 28번

'예약상 권리자'가 요구할 수 있는 '급부'(=요구하면 해줘야할 특정 행위)에 대해 묻고 있다.

〈예약상 권리자〉
· 채권을 발생시키는 예약의 예시 : 급식 업체 선정
· 예약 완결권을 발생시키는 예약의 예시 : 식당 예약

종류		채권을 발생시키는 예약		예약 완결권을 발생시키는 예약	
예약[2] 시점		업체가 선정되었다고 회사에서 통지함		식당 예약	
예약상 권리자의 채권	상대방의 급부	본계약 성립을 요구할 수 있는 권리	본계약 승낙	-	-
본계약 시점		급식을 제공하고 대금을 받기로 함(=급식 계약)		의사 표시(=식당에 도착하여 예약 완결권 행사)	
예약상 권리자의 채권	상대방의 급부	대금을 신청할 수 있는 권리	대금 지급	식사 제공을 요구할 수 있는 권리	식사 제공

ㄱ (급식 계약 승낙) [A]에서 채권을 발생시키는 예약(=본계약 전의 법적 예약)의 급부는 "예약상 권리자의 본계약 성립 요구에 대해 상대방이 승낙하는 것[3-1]"이라 했다. 즉 [A]의 경우에 "예약상 권리자(=업체 선정 통지를 받은 급식 업체)의 본계약(=급식 계약) 성립 요구에 대해 상대방이 승낙하는 것"이다. 요약하면 '급식 계약 승낙'이다.

ㄴ (없음) 예약 완결권을 발생시키는 예약은 추가로 본계약을 체결하지 않아도 예약상 권리자(손님)의 '의사 표시'[3-4]만으로도 자동으로 본계약이 성립되는 유형이다. 손님이 예약 시간에 맞춰 식당에 도착한다면 식당 주인은 자연히 자리로 안내하는 등의 행동을 할 것이다. 이로써 본계약이 성립하는 것이므로 본계약 시에 식당 주인은 따로 해야 할 행위가 없고, 따라서 예약상 권리자가 요구할 수 있는 예약상 급부는 없다.

ㄷ (급식 대금 지급) 급부란 '채권자가 요구하면 해줘야 하는 특정 행위[1-1]'를 의미하고, [지문]의 채권을 발생시키는 예약의 예시에서의 본계약은 급식 계약이다. 급식 계약에서 급식 업체가 급식을 제공하고 대금을 받아야 하므로 예약상 권리자(급식 업체)가 요구할 수 있는 급부는 급식 대금 지급이다.

[check point]

[지문]에서 예약에 대한 유형(채권을 발생시키는 예약, 예약 완결권을 발생시키는 예약)을 예시를 들며 설명하고 있다. 이럴 때는 위에서 설명한 개념들(예약, 본계약, 급부 등)과 연결해가며 읽어야 하고, 이 예시를 왜 설명하는지 목적을 생각하며 읽어야 한다. 이에 대해 물어보는 문제가 있을 확률이 높다(문제를 같이 풀면서 [지문]을 읽어도 된다.)

→ 2020년 수능 28번 : 급식 업체 공모, 식사 예약_ 예약, 계약, 본계약, 급부 등

→ 2021년 6월 모의고사 6번 : '과정' 설명 (바나나와 그림자)_인과적 과정, 교차 등

2020년 6월 모의고사 17번

한국, 중국 등 [1-1]동아시아 사회에서 오랫동안 유지되었던 과거제는 세습적 권리와 무관하게 능력주의적인 [1-2]시험을 통해 관료를 선발하는 제도라는 점에서 합리성을 갖추고 있었다.

(중략)

[2-1]동아시아에서 과거제가 천 년이 넘게 시행된 것은 과거제의 합리성이 사회적 안정에 기여했음을 보여 준다. 과거제는 왕조의 교체와 같은 변화에도 불구하고 동질적인 엘리트층의 연속성을 가져왔다. 그리고 이러한 연속성은 관료 선발 과정뿐 아니라 관료제에 기초한 통치의 안정성에도 기여했다.

과거제를 장기간 유지한 것은 세계적으로 드문 현상이었다. [3-1]과거제에 대한 정보는 선교사들을 통해 유럽에 전해져 많은 관심을 불러일으켰다. 일군의 유럽 계몽사상가들은 학자의 지식이 귀족의 세습적 지위보다 우위에 있는 체제를 정치적인 합리성을 갖춘 것으로 보았다. 이러한 관심은 사상적 동향뿐 아니라 [3-2]실질적인 사회 제도에까지 영향을 미쳐서, 관료 선발에 시험을 통한 경쟁이 도입되기도 했다.

---

282. 시험을 통한 관료 선발 제도는 동아시아[1-1]뿐만 아니라 유럽에서도 실시[3-2]되었다.

[지문 내용]

과거제 : 시험을 통해 관료를 선발하는 제도. 동아시아→유럽

---

282. 2020년 6월 모의고사 17번 - ①

(O) 선지가 맞는지 판단하기 위해서는 ① 시험을 통한 관료 선발 제도가 무엇인지, ② 동아시아에서 실시되었는지, ③ 유럽에서 실시되었는지 3가지를 확인해야 한다. '시험을 통한 관료 선발 제도'는 1-1과 1-2문장에서도 알 수 있다시피 과거제이다. [지문]에서 과거제는 동아시아에서 오랫동안 유지되었다[1-1]고 하였으므로 과거제가 동아시아에서 실시되었다는 것은 맞다. 또한 [지문]에서 과거제에 대하여 '과거제가 동아시아에서 유럽으로 전해져 많은 관심을 불러일으키고, 실질적인 사회 제도[3-2]에까지 영향을 미쳐서 시험을 통한 경쟁(=과거제)이 도입되기도 했다.'라고 설명하고 있으므로 유럽에서도 시험을 통한 관료 선발 제도(=과거제)가 시행이 되었음을 알 수 있다. 따라서 맞는 선지이다.

이 선지는 "실질적인 사회 제도에까지 영향을 미쳐서 ~ 도입되기도 했다."라는 문장에서 과거제가 유럽에서 실시되었다는 점을 유추해야 하는 문제이다. 같은 말을 다르게 표현한 패턴이다.

2019년 9월 모의고사 38, 39번

스마트폰은 다양한 위치 측정 기술을 활용하여 여러 지형 환경에서 위치를 측정한다. 위치에는 절대 위치와 상대 위치가 있다. 절대 위치는 위도, 경도 등으로 표시된 위치이고, 상대 위치는 특정한 위치를 기준으로 한 상대적인 위치이다.

실외에서는 주로 [2-1]스마트폰 단말기에 내장된 GPS(위성항법장치)나 IMU(관성측정장치)를 사용한다. GPS는 위성으로부터 오는 신호를 이용하여 절대 위치를 측정한다. [2-2]GPS는 위치 오차가 시간에 따라 누적되지 않는다. 그러나 [2-3]전파 지연 등으로 접속 초기에 짧은 시간 동안이지만 큰 오차가 발생하고 [2-4]실내나 터널 등에서는 GPS신호를 받기 어렵다. IMU는 내장된 센서로 [2-5]가속도와 속도를 측정하여 [2-6]위치 변화를 계산하고 초기 위치를 기준으로 하는 상대 위치를 구한다.

단기간 움직임에 대한 측정 성능이 뛰어나지만 2-7센서가 측정한 값의 오차가 누적되기 때문에 시간이 지날수록 위치 오차가 커진다. 이 두 방식을 함께 사용하면 서로의 단점을 보완하여 오차를 줄일 수 있다.

---

283. IMU는 단말기2-1가 초기 위치로부터 얼마나 떨어져 있는지를 계산하여2-5 단말기의 위치를 구한다.

284. GPS는 단말기가 터널에 진입 시 발생한 오차2-4를 터널을 통과하는 동안 보정할 수 있다.

285. IMU의 오차가 커지는 것은 가속도와 속도를 측정2-5할 때 생기는 오차가 누적2-7되기 때문이다.

[지문 내용]

- 비교 대상 : GPS, IMU
- GPS : 위치 전파를 받아 순간적인 절대 위치를 파악한다.
- IMU : 초기 위치를 기준으로 위치 변화를 계산하여 상대 위치를 구한다.

(283. 2019년 9월 모의고사 38번 – ⑤)

(O) 2-6을 변형시킨 선지이다. [지문]에서는 IMU는 단말기에 내장되어 있고2-1, IMU는 위치 변화를 계산하고 초기 위치를 기준으로 단말기 위치를 구한다2-6고 설명하고 있다. 선지의 '단말기가 초기 위치로부터 얼마나 떨어져 있는지를 계산하여 단말기의 위치를 구한다.'는 문장은 이를 달리 표현한 것이다.

이 선지는 여러 문장을 합치면서 살짝 변형하여 구성한 선지로, 같은 말을 다르게 표현한 패턴이다.

(284. 2019년 9월 모의고사 39번 – ④)

(X) [지문]에 따르면 GPS는 위치 전파를 받아 단말기의 절대 위치를 파악한다. 그런데 GPS는 오차가 시간에 따라 누적되지 않는다. 하지만 전파 지연 등으로 큰 오차가 발생하거나 실내나 터널 등에서는 GPS신호를 받기 어렵다는 단점2-4이 있다. 하지만 GPS가 오차를 보정할 수 있다는

내용은 [지문]에 없다. 따라서 GPS는 위성으로부터 오는 신호를 수신하여 실시간으로 절대 위치를 알려주는 것일 뿐 오차를 보정하거나 누적시키지 않는다고 보아야 한다. [지문]에서 설명하는 내용의 핵심(GPS는 무슨 장치인가?_실시간으로 절대 위치를 파악하는 장치)을 파악하고 이 선지를 보면 오차를 보정할 수 있다는 선지는 틀렸다는 것을 알 수 있다. 또 이 선지는 [지문]에 없는 내용을 확정적으로 집어넣은 선지이다. 이렇게 [지문]에서 설명하지 않은 부분을 [지문]에서 설명한 내용과 섞어 맞는 것처럼 만든 선지가 빈번하게 출제되니 기억해두자.

(285. 2019년 9월 모의고사 39번 – ⑤)

(O) 2-7 '센서가 측정한 값의 오차가 누적되기 때문에 시간이 지날수록 위치 오차가 커진다.'에서 '센서가 측정한 값'을 IMU가 측정한 값인 가속도와 속도2-5로 바꾼 선지이다.

+ IMU는 가속도와 속도를 측정한 값2-5으로 위치 변화를 계산하여 단말기의 상대 위치를 구하는 기계2-6이다. IMU은 측정한 값2-7의 오차가 누적되기 때문에 시간이 지날수록 위치 오차가 커진다는 단점이 있는데, IMU이 측정하는 값은 가속도와 속도이므로 2-7은 가속도와 속도를 측정할 때 생기는 오차가 누적된다는 말과 같다.

[check point]

1. 같은 말 다르게 표현하기(패러프레이징)
   → '실질적인 사회 제도에까지 영향을 미쳐서, ~~가 도입되었다.' ≒ '제도가 실시되었다.'
   → 'IMU는 단말기에 내장되어 있고', 'IMU는 내장된 센서로 가속도와 속도를 측정하여 위치 변화를 계산하고 초기 위치를 기준으로 하는 상대 위치를 구한다.' ≒ 'IMU는 단말기가 초기 위치로부터 얼마나 떨어져 있는지를 계산하여 단말기의 위치를 구한다.'
   → 'IMU는 가속도와 속도를 측정한 값으로 단말기의 상대 위치를 구함', 'IMU는 측정한 값의 오차가 누적됨' ≒ 'IMU의 오차가 커지는 것은 가속도와 속도를 측정할 때 생기는 오차가 누적되기 때문'

최근 3D 애니메이션은 섬세한 입체 영상을 구현하여 실물을 촬영한 것 같은 느낌을 준다.

(중략)

모델링은 3차원 가상 공간에서 물체의 모양과 크기, 공간적인 위치, 표면 특성 등과 관련된 고유의 값을 설정하거나 수정하는 단계이다. 모양과 크기를 설정할 때 주로 3개의 정점으로 형성되는 삼각형을 활용한다. 작은 삼각형의 조합으로 이루어진 그물과 같은 형태로 물체 표면을 표현하는 방식이다. 이 방법으로 복잡한 굴곡이 있는 표면도 정밀하게 표현할 수 있다. 이때 [2-1]삼각형의 꼭짓점들은 물체의 모양과 크기를 결정하는 정점이 되는데, 이 정점들의 개수는 물체가 변형되어도 변하지 않으며, [2-2]정점들의 상대적 위치는 물체 고유의 모양이 변하지 않는 한 달라지지 않는다. 물체가 커지거나 작아지는 경우에는 정점 사이의 간격이 넓어지거나 좁아지고, 물체가 회전하거나 이동하는 경우에는 정점들이 간격을 유지하면서 회전축을 중심으로 회전하거나 동일 방향으로 동일 거리만큼 이동한다. 물체 표면을 구성하는 각 삼각형 면에는 [2-3]고유의 색과 질감 등을 나타내는 표면 특성이 하나씩 지정된다.

공간에서의 입체에 대한 정보인 이 데이터를 활용하여, [3-1]물체를 어디에서 바라보는가를 나타내는 관찰 시점을 기준으로 2차원의 화면을 생성하는 것이 렌더링이다. [3-2]전체 화면을 잘게 나눈 점이 화소인데, 정해진 개수의 화소로 화면을 표시하고 각 화소별로 밝기나 색상 등을 나타내는 화솟값이 부여된다. 렌더링 단계에서는 화면 안에서 [3-3]동일 물체라도 멀리 있는 경우는 작게, 가까이 있는 경우는 크게 보이는 원리를 활용하여 화솟값을 지정함으로써 물체의 [3-4]원근감을 구현한다. 표면 특성을 나타내는 값을 바탕으로, 다른 물체에 가려짐이나 조명에 의해 물체 표면에 생기는 명암, 그림자 등을 고려하여 화솟값을 정해 줌으로써 물체의 [3-5]입체감을 구현한다. 화면을 구성하는 [3-6]모든 화소의 화솟값이 결정되면 하나의 프레임이 생성된다. 이를 화면출력장치를 통해 모니터에 표시하면 정지 영상이 완성된다.

286. 물체의 원근감[3-4]과 입체감[3-5]은 관찰 시점을 기준으로[3-1] 구현한다.

	〔장면 구상〕	〔장면 스케치〕
장면 1	주인공 '네모'가 얼굴을 정면으로 향한 채 입에 아직 불지 않은 풍선을 물고 있다.	
장면 2	'네모'가 바람을 불어 넣어 풍선이 점점 커진다.	
장면 3	풍선이 더 이상 커지지 않고 모양을 유지한 채, '네모'는 풍선과 함께 하늘로 날아올라 점점 멀어지는 모습이 보인다.	

287. 장면 1의 렌더링 단계에서 풍선에 가려 보이지 않는 입 부분의 삼각형들의 표면 특성은 화솟값을 구하는 데 사용되지 않겠군.

288. 장면 3의 모델링 단계에서 풍선에 있는 정점들이 이루는 삼각형들이 작아지겠군.

289. 장면 3의 렌더링 단계에서 전체 화면에서 화솟값이 부여되는 화소의 개수는 변하지 않겠군.

---

286. 2020년 12월 수능 34번 – ③

(○) '원근감[3-4]', '입체감[3-5]'은 렌더링에서 구현하는 특징이고 렌더링은 "관찰 시점[3-1]"을 기준으로 생성하므로 맞는 선지이다.

이 선지는 [지문]의 렌더링에 대한 설명 중 여러 문장에 있는 정보를 합쳐놓은 문장이다. [지문]을 다 읽은 후 선지를 풀 때 필요한 내용이 어디 있었는지 잊어버리기 쉽다. 선지를 읽고 필요한 정보를 [지문]으로 돌아가 찾아보자.

[check point]

같은 말을 다르게 표현(여러 문장)

→ '렌더링은 원근감, 입체감을 구현한다.', '물체를 어디에서 바라보는가를 나타내는 관찰 시점을 기준으로 2차원의 화면을 생성하는 것이 렌더링' ≒ '물체의 원근감과 입체감은 관찰 시점을 기준으로 구현한다.'

---

287. 2020년 12월 수능 37번 – ①

(O) 렌더링은 [지문]에서 알 수 있듯이 '물체를 어디에서 바라보는가[3-1]를 나타내는 관찰 시점을 기준으로' 2차원의 화면을 생성하는 것으로, 각 화소별로 화솟값[3-2]을 부여하는 방법을 통해 이루어진다. 또한 표면 특성[2-3]이란 "고유의 색과 질감 등을 나타내는 것"을 말한다. 따라서 바라보는 장소에서 보이지 않는 부분의 고유의 색과 질감 등(=표면 특성)은 화솟값을 부여하는 데 필요하지 않을 것이라 예상할 수 있다.

대상의 정의는 내용 일치 선지에서 매우 빈번하게 사용된다. [지문]을 읽을 때도 정의가 나오면 눈여겨보고, 선지를 판단할 때도 정의를 찾아가서 다시 보는 습관을 들이자.

---

288. 2020년 12월 수능 37번 – ④

(X) 장면 3은 "풍선이 더 이상 커지지 않고 모양을 유지한 채, 점점 멀어지는 모습이 보인다."라고 나와 있다. [지문]을 보면 모델링 단계에서는 "삼각형의 꼭짓점(=정점)들의 상대적 위치는 물체 고유의 모양이 변하지 않는 한 달라지지 않는다."라고 나와 있다. "풍선이 커지지 않고 모양을 유지한 채 점점 멀어지는 모습"은 풍선의 고유의 크기와 모양은 고정된 상태로 점점 멀어져 작아지는 것처럼 보이는 것을 의미한다. 멀리 있는 경우에 작게 보이는 것은 원근감[3-4]과 관련된 점이므로 모델링이 아니라 렌더링에서 구현해야 할 성질이다. 풍선의 모양은 변하지 않으므로 모델링에서 삼각형 꼭짓점(정점)의 위치는 변하지 않을 것이다. 틀린 선지이다.

〈보기〉에서 모양을 유지한 채라는 절을 보고 군이 이러한 표현을 한 이유가 있을 것이라는 감이 왔어야 한다. 모델링에서는 모양을 구현하고, 렌더링은 원근감을 구현한다. 장면 3에서 풍선은 점점 작아지는 것처럼 보이지만 원근감이 반영되었을 뿐 고유의 모양은 그대로라는 점을 〈보기〉에서 "모양을 유지한 채"라는 절을 언급함으로써 한 번 더 꼬집어 줬다는 것을 알 수 있다. 모델링에서는 삼각형이 작아지지 않음을 유추할 수 있도록 힌트를 준 것이다. 이를 놓치지 않아야 한다.

[지문 내용]

> 모델링 : 3차원 가상 공간에서 물체의 모양과 크기, 공간적인 위치, 표면 특성 등과 관련된 고유의 값을 설정하거나 수정하는 단계
> ex) 물체A: 모양 (3), 크기 (4), 공간적인 위치 (1,5), 표면 특성 (100)

↓

> 렌더링 : 모델링에서 얻은 데이터를 활용하여 2차원의 화면을 생성
> ⇒ 전체 화면을 점(=화소)으로 나누고 각 화소별로 모델링에서 얻은 데이터를 활용한 화솟값(밝기나 색상, 원근감, 입체감)을 정하여 프레임 생성
> ex) 화소에 있는 물체A의 값과 조명, 명암 등을 고려하여 화솟값 결정
> ⇒ 화솟값: 밝기(13), 색상(56) 등

↓

> 화면출력장치를 통해 모니터에 표시

---

289. 2020년 12월 수능 37번 – ⑤

(O) [지문]을 보면 "전체 화면을 잘게 나눈 점이 화소인데, 정해진 개수의 화소로 화면을 표시하고 각 화소별로 밝기나 색상 등을 나타내는 화솟값이 부여된다[3-2]."라고 나와 있다. 우선 이 부분에서 총 화소의 개수는 변하지 않는다는 것을 알 수 있다.

또한 [지문]에서 "모든 화소의 화솟값이 결정되면 하나의 프레임이 생성되고 이를 모니터에 표시하여 영상을 완성한다"고 설명하고 있는데, 이는 전체 화면에 존재하는 모든 화소의 화솟값을 지정해야 영상이 완성된다는 말과 같다. 따라서 장면 3을 만들 때 풍선이 점점 멀어지는 것을 표현하기 위하여 각 화소들의 화솟값은 변할 수 있어도 화솟값이 부여되는 화소의 개수는 변하지 않는다.

이 선지는 화솟값과 화소의 개수를 혼동하면 안되는 선지였다. 변화하는 대상(화솟값)과 변화하지 않는 대상(화소의 개수)를 혼동시켜 출제한 선지이기도 하다.

[check point]

1. [지문]에서 설명한 단어의 정의와 〈보기〉, 선지의 설명을 일치시킬 수 있어야 한다.
   - → [지문] '렌더링 : 물체를 어디에서 바라보는가를 나타내는 관찰 시점을 기준으로 2차원의 화면을 생성', [선지] '풍선에 가려 보이지 않는 부분의 표면 특성은 화솟값을 구하는 데 사용되지 않겠군'
   - → [지문] '버블 : 가격이 본질적 가치를 초과하여 폭등하

는 현상', 〈보기〉 '경기 침체기에 확대된 신용 공급이 자산 시장으로 과도하게 유입되어 의도치 않은 문제를 일으킬 수 있다.', [선지] '경기 침체기에 자산 가격 버블이 발생하는 경우를 설명할 수 있겠군.'

2. 비교 대상 중에 무엇에 해당하는지를 구별할 수 있어야 한다.
   → [지문] '모델링 : 물체의 모양과 크기 등과 관련된 고유의 값을 설정하는 단계, 렌더링 : 원근감과 입체감을 구현하는 단계', [선지] : '풍선이 커지지 않고 모양을 유지(모델링)한 채, 하늘로 날아올라 점점 멀어지는 모습(렌더링)이 보인다.'

3. 평가원은 변화하는 대상(변화값)과 변화하지 않는 대상(고정값)을 혼동시켜 출제를 자주 한다. 특히 비례·반비례·양적변화 문제를 풀 때 유의하여야 한다.
   → 변화값: 카메라 상, 고정값: 왜곡 계수(곡률)(2021년 수능 15번–책 15번)
   → 변화값: 사이클 값(Ct),
      고정값: 표적 DNA를 검출했다고 판단하는 발색도 (2021년 6월 모의고사 17번–책 194번)
   → 변화값 : B가 참이라는 것에 대한 믿음의 정도
      고정값 : A가 참이라는 조건하에 B가 참이라는 것에 대한 믿음의 정도 (2019년 수능 19번–책 211번~213번)
   → 변화값 : 국채의 실제 규모·위험 가중치,
      고정값 : 300억 원(2019년 11월 수능 40번–책 216번)
   → 변화값 : 화솟값,
      고정값 : 화소의 개수 (2020년 수능 37번–책 289번)

4. 〈보기〉 문제는 아래 3가지 케이스와 같다.
   첫 번째로, [지문]에서 특정한 부분을 예시로 든 문제(해당 유형 ✓)
   – 〈보기〉에서 예시로 든 부분에 관한 설명을 [지문]에서 찾아야 함
   → 주로 기술·과학·경제·법 지문 (2020년 6월 모의고사 28번–책 19번, 2021년 11월 수능 16번–책 20~21번 등)
   두 번째로, [지문]에서 설명한 내용에서 추가적인 내용을 설명한 문제
   – [지문]과 공통점 차이점 비교
   → 주로 인문(학자) 지문 (2021년 6월 모의고사 8번 –책 274번~275번 등)
   세 번째로, [지문]의 비교 대상끼리 장단점을 섞은 예시를 든 문제
   – [지문]의 어느 부분을 섞은 것인지를 판단하여야 함
   → 신유형 (2024년 6월 모의고사 7번–책 40~42번)

2020년 9월 모의고사 28번

국가, 지방 자치 단체와 같은 행정 주체가 행정 목적을 실현하기 위해 국민의 권리를 제한하거나 국민에게 의무를 부과하는 '행정 규제'는 국회가 제정한 법률에 근거해야 한다. 그러나 국회가 아니라, 대통령을 수반으로 하는 행정부나 지방 자치 단체와 같은 행정 기관이 제정한 법령인 행정입법에 의한 행정 규제의 비중이 커지고 있다.

(중략)

행정입법의 유형에는 위임명령, 행정규칙, 조례 등이 있다.

(중략)

행정규칙은 원래 행정부의 직제나 사무 처리 절차에 관한 행정입법으로서 고시(告示), 예규 등이 여기에 속한다. 일반 국민에게는 직접 적용되지 않기 때문에, 법률로부터 위임받지 않아도 유효하게 제정될 수 있고 위임명령 제정 시와 동일한 절차를 거칠 필요가 없다. 그러나 행정 규제사항에 관하여 행정규칙이 제정되는 예외적인 경우도 있다. [3-1]위임된 사항이 첨단 기술과의 관련성이 매우 커서 위임명령으로는 대응하기 어려워 불가피한 경우, [3-2]위임 근거 법률이 행정입법의 제정 주체만 지정하고 행정입법의 유형을 지정하지 않았다면 위임된 사항이 고시나 예규로 제정될 수 있다. 이런 경우의 행정규칙은 [3-3]위임명령과 달리, 입법예고, 공포 등을 거치지 않고 제정된다.

---

290. 행정 규제 사항을 규정하는 경우, 위임명령의 제정 절차를 따르지 않는다.[3-3]

291. 행정 규제 사항을 규정하는 경우, 위임 근거 법률의 위임을 받은 제정 주체에 의해 제정[3-2]된다.

292. 행정 규제 사항을 규정하는 경우, 위임 근거 법률로부터 위임받을 수 있는 사항의 범위가 위임명령과 같다[3-1].

| 행정
규칙 | 행정부의 직제나 사무 처리 절차에 관한 행정 입법 | - 일반 국민에게 직접 적용 X
- 법률로부터 위임받지 않아도 유효하게 제정 ○
- 위임명령 제정 시와 동일한 절차 X |
| | 행정 규제 사항에 관하여 행정규칙이 제정되는 예외적인 경우 | - 위임된 사항이 첨단 기술가의 관련성이 매우 커서 위임명령으로는 대응하기 어려워 불가피한 경우
- 위임 근거 법률이 행정입법의 제정 주체만 지정하고 행정입법의 유형을 지정하지 않은 상황일 경우
- 위임명령과 달리 입법예고, 공포 등을 거치지 않고 제정됨 |

---

290. 2020년 9월 모의고사 28번 – ③

(O) [지문] 마지막 문장에서 "이런 경우의 행정규칙은 위임명령과 달리[3-3] 입법예고, 공포 등을 거치지 않고 제정된다."라는 문장에서 알 수 있다. 이 문장에서의 "이런 경우의 행정 규칙"이란 행정 규제 사항에 관하여 행정 규칙이 제정되는 예외적인 경우를 말하는 것이다. 또한 [지문]의 같은 문장에서 '위임명령과 달리'라는 부분을 보면 위임명령은 "입법예고, 공포 등"을 거쳐야 제정됨을 알 수 있고, 이를 통해 "입법예고, 공포 등"이 "위임명령의 제정 절차"인 점을 유추할 수 있다. 따라서 맞는 선지이다.

[지문]의 문장과 같은 뜻이지만 다른 표현을 사용하여 출제한 선지이다.

---

291. 2020년 9월 모의고사 28번 – ④

(O) [지문]을 보면 행정 규제 사항에 관하여 행정 규칙이 제정되는 예외적인 경우를 소개하고 있는데, '위임된 사항이 첨단 기술과의 관련성이 매우 높은 경우라 위임명령으로는 대응하기 어려워 불가피한 경우에는 위임 근거 법률이 행정입법의 제정 주체만 지정하고 행정입법의 유형을 지정하지 않았다면 고시나 예규로 제정될 수 있다.'라고 설명하고 있다. 위 상황은 위임 법률이 행정입법의 제정 주체를 지정했지만 행정입법의 유형을 지정하지 않았을 때에 해당한다. [지문]에 따르면 고시나 예규는 행정규칙이고, 행정규칙은 행정입법이고 행정입법은 행정기관이 제정해야 하므로, 위임 받은 행정기관이 고시나 예규를 제정해야 할 것이다. 따라서 맞는 선지이다.

---

292. 2020년 9월 모의고사 28번 – ⑤

(X) [지문]의 마지막 문장을 보면 '위임된 사항이 첨단 기술과의 관련성이 매우 커서 위임명령으로는 대응하기 어려워 불가피한 경우 고시나 예규로 제정될 수 있다.'라고 한다. 위임명령으로는 대응하기 어려운 경우에는 고시나 예규로 제정될 수 있다는 말은 위임명령보다 넓은 범위를 고시나 예규로 제정할 수 있는 것이다. 따라서 틀린 선지이다.

이 선지는 포함관계를 묻는 선지에도 해당하고, 문장을 변형하여 출제한 선지에도 해당한다.

[check point]

같은 말 다르게 표현하기(패러프레이징)

→ [지문] '이런 경우의 행정규칙은 위임명령과 달리, 입법예고, 공포 등을 거치지 않고 제정된다.' ≒ [선지] '행정 규제 사항을 규정하는 경우, 위임명령의 제정 절차를 따르지 않는다.'

→ [지문] '위임된 사항이 첨단 기술과의 관련성이 매우 커서 위임명령으로는 대응하기 어려워 불가피한 경우 행정규칙으로 제정될 수 있다.' ≒ [선지] '위임 근거 법률로부터 위임받을 수 있는 사항의 범위가 위임명령과 같다.'

2020년 9월 모의고사 29번

국가, 지방 자치 단체와 같은 행정 주체가 행정 목적을 실현하기 위해 국민의 권리를 제한하거나 국민에게 의무를 부과하는 '행정 규제'는 국회가 제정한 법률에 근거해야 한다. 그러나 국회가 아니라, 대통령을 수반으로 하는 행정부나 지방 자치 단체와 같은 행정 기관이 제정한 법령인 행정입법에 의한 행정 규제의 비중이 커지고 있다.

(중략)

행정입법의 유형에는 위임명령, 행정규칙, 조례 등이 있다. 헌법에 따르면, 국회는 행정 규제 사항에 관한 법률을 제정할 때 특정한 내용에 관한 입법을 행정부에 위임할 수 있다. 이에 따라 제정된 행정입법을 위임명령이라고 한다. [2-1]위임명령은 제정 주체에 따라 대통령령, 총리령, 부령으로 나누어진다. [2-2]이들은 모두 국민에게 적용되기 때문에 입법예고, 공포 등의 절차를 거쳐야 한다. 위임명령은 입법부인 국회가 자신의 권한의 일부를 행정부에 맡겼기 때문에 정당화될 수 있다. 그래서 특정한 행정 규제의 근거 법률이 위임명령으로 제정할 사항의 범위를 정하지 않은 채 위임하는 포괄적 위임은 헌법상 삼권 분립 원칙에 저촉된다. 위임된 행정 규제 사항의 대강을 위임 근거 법률의 내용으로부터예측할 수 있어야 한다는 것이다. 한편, 위임명령이 법률로부터 위임받은 범위를 벗어나서 제정되거나, [2-3]위임 근거 법률이 사용한 어구의 의미를 확대하거나 축소하여 제정되어서는 안된다.

(중략)

조례는 [3-1]지방 의회가 제정하는 행정입법으로 지역의 특수성을 반영하여 제정되고 지역에서 발생하는 사안에 대해 적용된다. 제정 주체가 지방 자치 단체의 기관인 지방 의회라는 점에서 행정부에서 제정하는 위임명령, 행정규칙과 구별된다. [3-2]조례도 행정 규제 사항을 규정하려면 법률의 위임에 근거해야 한다. 또한 법률로부터 포괄적 위임을 받을 수 있지만 [3-3]위임 근거 법률이 사용한 어구의 의미를 다르게 사용할 수 없다. [3-4]조례는 입법예고, 공포 등의 절차를 거쳐 제정된다.

293. ㉰의 제5조는 ㉮의 제16조로부터 제정할 사항의 범위가 정해져 위임을 받았겠군.

294. ㉰는 ㉱와 달리 입법예고와 공포 절차를 거쳤겠군.

295. ㉰에 나오는 '광고물'의 의미와 ㉱에 나오는 '광고물'의 의미는 일치하겠군.

< 보 기 >

갑은 새로 개업한 자신의 가게 홍보를 위해 인근 자연 공원에 현수막을 설치하려고 한다. 현수막 설치에 관한 행정 규제의 내용을 확인하기 위해 ○○ 시청에 문의하고 아래와 같은 회신을 받았다.

문의하신 내용에 대해 다음과 같이 알려 드립니다.
㉮「옥외광고물 등의 관리와 옥외광고산업 진흥에 관한 법률」제3조(광고물 등의 허가 또는 신고)에 따른 허가 또는 신고 대상 광고물에 관한 사항은 대통령령인 ㉰「옥외 광고물 등의 관리와 옥외광고산업

진흥에 관한 법률 시행령」제5조에 규정되어 있습니다. 이에 따르면 문의하신 규격의 현수막을 설치하시려면 설치 전에 신고하셔야 합니다.

또한 위 법률 제16조(광고물 실명제)에 의하면, 신고 번호, 표시 기간, 제작자명 등을 표시하도록 규정하고 있습니다. 표시하는 방법에 대해서는 ㉱ ○○ 시 지방 의회에서 제정한 법령에 따르셔야 합니다.

행정 규제의 종류

1. (원칙) '국회가 제정한 법률→행정 규제'
2. (예외) '행정 기관이 제정한 행정입법→행정 규제'
· 비교 대상: 행정입법의 종류– 위임명령, 행정규칙(중략), 조례
위임명령 : 국회가 행정 규제 사항에 관한 법률을 제정할 때 특정한 내용에 관한 입법을 행정부에 위임하여 제정된 행정입법
– 대통령령, 총리령, 부령
– 입법예고, 공포 등의 절차 거쳐야 함
– 포괄적 위임×
– 법률로부터 위임받은 범위를 벗어나서 제정되거나, 위임 근거 법률이 사용한 어구의 의미를 다르게 사용×
조례 : 지방 의회가 제정하는 행정입법
– 지역의 특수성을 반영하여 제정, 지역에서 발생하는 사안에 대해 적용
– 법률의 위임에 근거해야 함.
– 포괄적 위임을 받을 수 있지만, 위임 근거 법률이 사용한 어구의 의미를 다르게 사용할 수 ×
– 입법예고, 공포 등의 절차 거쳐 제정

〈보기〉에서 ㉮는 '국회가 제정한 법률' ㉰는 '위임명령(대통령령[2-1])' ㉱는 '조례'(지방 의회가 제정[3-1])이다. (위임 관계: ㉮ 제3조 → ㉰ 제5조, ㉮ 제16조 → ㉱)
선지를 읽고 [지문]의 각 해당하는 부분에 가서 확인하는 형식으로 문제를 풀면 되겠다.

293. 2020년 9월 모의고사 29번 – ②

(X) 〈보기〉에도 나와 있는 바와 같이 위임 관계는 '㉮ 제3조 → ㉯ 제5조'이다. ㉮의 제16조는 ㉰의 위임 근거 법률이다. 틀린 선지이다.

각 위임 법률이 무엇인지 짝짓는 선지이다. [지문]에 모두 나와 있으니(위임명령-대통령령,총리령,부령[2-1], 조례-지방의회가 제정[3-1]) 잘 연결하기만 하면 된다.

294. 2020년 9월 모의고사 29번 – ③

(X) ㉯는 위임명령이고 ㉰는 조례이다. [지문]의 위임명령 설명을 보면 "이들은 모두 국민에게 적용되기 때문에 입법예고, 공포 등의 절차를 거쳐야 한다[2-2]."라고 하고 있으며, 조례 에 관한 설명에 따르면 마지막 문장에 "조례는 입법예고, 공포 등의 절차를 거쳐 제정된다[3-4]."라고 나와 있다. 따라서 둘 다 입법예고와 공포 절차를 거치므로 틀린 선지이다.

비교 대상끼리의 공통점을 차이점으로 바꿔 출제한 선지이다.

295. 2020년 9월 모의고사 29번 – ④

(O) [지문]을 보면 위임명령 부분에서 "위임 근거 법률이 사용한 어구의 의미를 확대하거나 축소하여 제정되어서는 안된다[2-3].", 조례 부분에서도 "위임 근거 법률이 사용한 어구의 의미를 다르게 사용할 수 없다[3-3]."고 되어있다. 따라서 "위임 근거 법률 ㉮→위임명령(대통령령) ㉯, 위임 근거 법률 ㉮→조례 ㉰"임을 고려했을 때 ㉮, ㉯, ㉰의 어구는 모두 같은 의미여야 하므로 맞는 선지이다.

비교 대상 사이의 공통점을 언급한 선지이다.

[check point]

1. 비교 대상 (특히 '인물'이나 '이론', '시대', '여러 가지 방법 차이', '분류', '대상의 변화', '확장·추가적인 재료 출현' 등) 나오면 공통점, 차이점 파악 중요
   → 공통점이나 차이점을 언급하여 정답 선지로 출제거나,
   → 대상의 설명이나 내용을 바꾸거나, 비교 대상끼리의 공

통점을 차이점으로, 차이점을 서로 뒤바꾸어 오답 선지로도 출제함

2. 〈보기〉 문제는 아래 3가지 케이스와 같다.

   첫 번째로, [지문]에서 특정한 부분을 예시로 든 문제(해당 유형 ✓)
   – 〈보기〉에서 예시로 든 부분에 관한 설명을 [지문]에서 찾아야 함
   → 주로 기술·과학·경제·법 지문 (2020년 6월 모의고사 28번–책 19번, 2021년 11월 수능 16번–책 20~21번 등)

   두 번째로, [지문]에서 설명한 내용에서 추가적인 내용을 설명한 문제
   – [지문]과 공통점 차이점 비교
   → 주로 인문(학자) 지문 (2021년 6월 모의고사 8번 –책 274번~275번 등)

   세 번째로, [지문]의 비교 대상끼리 장단점을 섞은 예시를 든 문제
   – [지문]의 어느 부분을 섞은 것인지를 판단하여야 함
   → 신유형 (2024년 6월 모의고사 7번–책 40~42번)

2019년 9월 모의고사 27,28,30번

물건을 사용하고 있는 사람이 그 물건의 주인일까? 점유란 물건에 대한 사실상의 지배 상태를 뜻한다. 이에 비해 소유란 어떤 물건을 사용·수익·처분할 수 있는 권리를 가진 상태라고 정의된다. 따라서 점유자와 소유자가 항상 일치하지는 않는다.

물건을 빌려 쓰거나 보관하고 있는 것을 포함하여 물건을 [2-1]물리적으로 지배하는 상태를 직접점유라고 한다. 이에 비해 어떤 물건을 빌려 쓰거나 보관하는 사람에게 그 물건의 반환을 청구할 수 있는 권리를 가진 사람도 사실상의 지배를 한다고 볼 수 있다. 이와 같이 반환청구권을 가진 상태를 간접점유라고 한다. [2-2]직접점유와 간접점유는 모두 점유에 해당한다. 점유는 소유자를 공시하는 기능도 수행한다. [2-3]공시란 물건에 대해 누가 어떤 권리를 가지고 있는지를 알려주는 것이다. [2-4]물건 중에서 피아노, 금반지, 가방 등과 같은 [2-5]대부분의 동산은 점유에 의해 소유권이 공시된다.

[3-1]물건의 소유권이 양도되려면, 소유자가 양도인이 되어 양수인과 유효한 양도 계약을 하고 이에 더하여 소유권 양도

를 공시해야 한다. [3-2]점유로 소유권이 공시되는 동산의 소유권 양도는 점유를 넘겨주는 점유 인도로 공시된다. [3-3]양수인이 간접점유를 하여 소유권 이전이 공시되는 경우로서 '점유개정'과 '반환청구권 양도'가 있다. 예를 들어 A가 B에게 피아노의 소유권을 양도하기로 계약하되 사흘간 빌려 쓰는 것으로 합의한 경우, B는 A에게 피아노를 사흘 후 돌려 달라고 요구할 수 있는 반환청구권을 가지게 된다. 이처럼 [3-4]양도인이 직접점유를 유지하지만, 양수인에게 점유 인도가 이루어진 것으로 간주되는 경우를 점유개정이라고 한다. 한편 C가 자신이 소유한 가방을 D에게 맡겨 두어 이에 대한 반환청구권을 가지게 되었는데, 이 가방의 소유권을 E에게 양도하는 계약을 체결하였다고 하자. 이때 [3-5]C가 D에게 통지하여 가방 주인이 바뀌었으니 가방을 E에게 반환하라고 알려 주면 D가 보관 중인 가방에 대한 반환청구권은 C로부터 E에게로 넘어간다. 이 경우를 반환청구권 양도라고 한다.

양도인이 소유자가 아니더라도 양수인이 점유 인도를 받으면 소유권을 취득할 수 있을까? 점유로 공시되는 동산의 경우 [4-1]양수인이 충분히 주의를 했는데도 양도인이 소유자가 아님을 알지 못한 채 양도인과 유효한 계약을 하고, 점유 인도로 공시를 했다면 양수인은 소유권을 취득한다. 이것을 '선의취득'이라 한다. [4-2]다만 간접점유에 의한 인도 방법 중 점유개정으로는 선의취득을 하지 못한다. 선의취득으로 양수인이 소유권을 취득하면 원래 소유자는 원하지 않아도 소유권을 상실하게 된다.

---

296. 가방[2-4]에 대해 누가 소유권을 가지고 있는지를 알게 해주는 방법[2-3]은 점유이다[2-5].

297. 유효한 양도 계약[3-1]으로 피아노[2-4]의 소유자가 되려면 피아노에 대해 직접점유나 간접점유 중 하나[2-2]를 갖춰야 한다.

─────── < 보 기 > ───────

갑과 을은, 갑이 끼고 있었던 금반지[2-4]의 소유권을 을에게 양도하기로 하는 유효한 계약을 했다. 갑과 을은, [B-1]갑이 이 금반지를 보관하다가 을이 요구할 때 넘겨주기로 합의했다(점유개정) 을은 소유권 양도 계약

을 할 때 양도인이 소유자라고 믿었고 양도인이 소유자인지 확인하기 위해 충분히 주의[4-1]했다. [B-2]을은 일주일 후 병과 유효한 소유권 양도 계약을 했고(반환청구권 양도), 갑에게 통지하여 사흘 후 병에게 금반지를 넘겨주라고 알려 주었다.

298. 갑이 금반지 소유자였다면, 을은 갑으로부터 물리적 지배를 넘겨받지 않았으나[2-1] 점유 인도[2-2, 3-2]를 받은 것으로 간주한다.

299. 갑이 금반지 소유자가 아니었더라도, 병은 을로부터 을이 가진 소유권을 양도받아 취득한다.

300. 갑이 금반지 소유자가 아니었더라도, 을은 반환청구권 양도로 병에게 점유 인도를 한 것으로 간주된다.

301. 갑이 금반지 소유자가 아니었더라도, 병이 계약할 때 양도인이 소유자라고 믿었고 양도인이 소유자인지 확인하기 위해 충분히 주의했다면[4-1], 병은 소유권을 취득한다.

[지문 내용]

점유 : 물건에 대한 사실상의 지배 상태

– 직접점유: 물리적으로 지배하는 상태

– 간접점유: 물리적으로 지배하지는 않지만 반환을 청구할 수 있는 권리를 가진 상태

소유 : 사용·수익·처분할 수 있는 권리를 가진 상태

물건의 소유권 양도: 유효한 양도 계약+공시(=점유 인도)

⇒ 점유 중 간접점유의 방법으로 공시하는 방법: 점유개정, 반환청구권 양도

– 점유개정: 양도인(A)이 유효한 양도 계약 후에도 물건을 사용하는 등의 직접점유를 하고, 양수인(B)은 반환청구권을 가지는 간접점유의 방법으로 점유인도를 받음. (간접점유 또한 점유이고 공시의 방법이 될 수 있음)

선의취득 : (X) 양도인(A)이 소유권이 없는 때 B가 충분한 주의를 기울였는데도 A가 소유자가 아님을 알지 못한 채 유효한 계약을 하였을 경우에도 선의취득이 되지 못함.

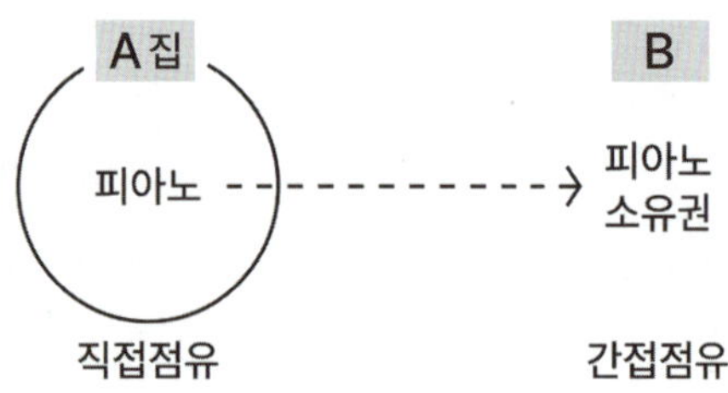

– 반환청구권 양도: 물건을 직접 점유한 사람(A)은 따로 있고 반환청구권을 가진 상태(간접점유,B)에서 소유권을 타인(C)에게 양도함.

선의 취득 : (○) 이때 반환청구권을 양도한 사람(B)이 소유자(사용·수익·처분할 수 있는 권리를 가진 상태)가 아닐 때에 C가 충분히 주의를 했는데도 B가 소유자가 아님을 모른 채 유효한 계약을 하고 공시를 했다면 선의 취득이 될 수 있음.

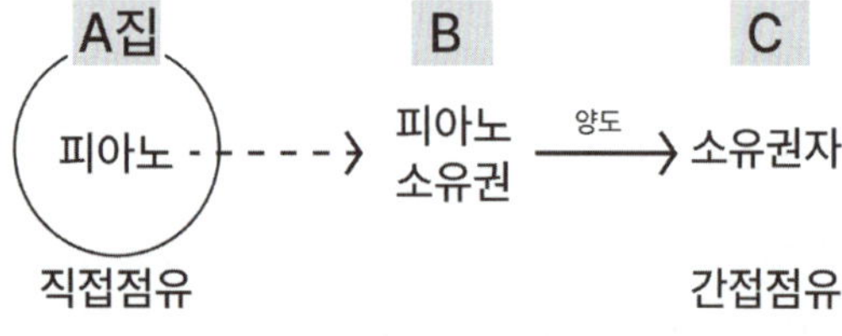

(○) '가방2-4에 대해 누가 소유권을 가지고 있는지를 알게 해 주는 방법2-3은 점유2-5이다.'는 선지의 문장을 보자. '대부분의 동산은 점유에 의해 소유권이 공시된다.2-5'라는 문장에서 동산을 가방2-4으로 대체하고, 공시는 공시의 정의인 '물건에 대해 누가 어떤 권리를 가지고 있는지를 알려주는 것'2-3으로 대체한 문장이다. 이처럼 보통 선지는 여러 문장을 섞어 놓기 때문에 그때그때 [지문]에서 필요한 정보를 찾아낼 수 있는 능력이 필요하다. 또한 [지문]에서 설명한 예시를 구체적 사례로 연결하는 선지도 빈출하므로 [지문] 읽을 때 예시나 정의가 나오면 한 번쯤 생각하고 넘어가자.

(○) 27번의 ④번과 마찬가지로 여러 문장을 종합해서 만든 선지이다. '유효한 양도 계약3-1으로 피아노2-4의 소유자가 되려면 피아노에 대해 직접점유나 간접점유 중 하나2-2를 갖춰야 한다.' 이 선지는 '물건의 소유권이 양도되려면, 소유자가 양도인이 되어 양수인과 유효한 양도 계약을 하고 이에 더하여 소유권 양도를 공시해야 한다.3-1'에서 물건을 피아노2-4로 대체한 것이다. 소유권 양도의 공시 방법은 '대부분의 동산은 점유에 의해 소유권이 공시된다'는 문장(2-5)과 '직접점유와 간접점유는 모두 점유에 해당한다'는 문장(2-2)을 섞어서 대체하였다.

예시와 정의는 [지문]과 선지를 연결하는 데 자주 쓰이므로 매우 중요하다.

> **[check point]**
>
> 단어의 정의나 예시는 선지와 지문을 연결시킬 때 빈번히 쓰인다.
>
> → 2019년 9월 모의고사 28번
>
> [지문] "물건 중에서 피아노, 금반지, 가방 등과 같은 대부분의 동산은 점유에 의해 소유권이 공시된다.", "직접점유와 간접점유는 모두 점유에 해당한다."
>
> [선지] "피아노에 대해 직접점유나 간접점유 중 하나를 갖춰야 한다."

→ 2023년 6월 모의고사 13번

[지문] "기억이나 믿음이 심적 상태의 예이다.", "심적 상태
가 주체의 몸 외부로 확장되는 것이 아니다"

[선지] "로랜즈는 기억이 주체의 몸 바깥으로 확장될 수 있
다고 볼 것이다."

〈보기〉의 갑과 을의 상황은 점유개정, 을과 병의 상황은 반환
청구권 양도이다.

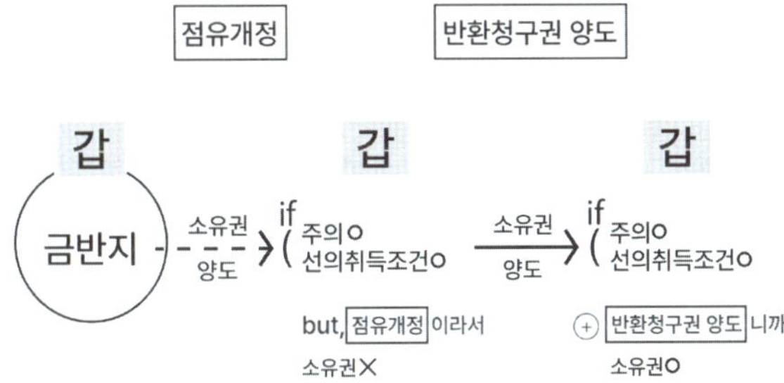

298. 2019년 9월 모의고사 30번 – ②

(O) 갑이 금반지 소유자였으므로 선의취득의 대상인지 여부
는 문제되지 않는다. 〈보기〉에 따르면 갑과 을은 유효한
계약을 해서 을이 소유권을 가지게 되었지만, 갑이 금반
지를 보관(직접점유)하고 을은 간접 점유를 하게 된다. 따
라서 점유개정을 한 경우에 해당한다. 을은 물리적 지배
(직접점유[2-1])를 넘겨받지 않았으나 간접점유를 하는 상
태에 있으므로, 점유인도를 받은 상태[2-2]이다. 맞는 선지
이다.

299. 2019년 9월 모의고사 30번 – ③

(X) 갑이 금반지 소유자가 아니었다면 양수인이 소유권을
취득할 수 있는지는 선의취득의 영역으로 넘어간다. 선
의취득은 간접점유에 의한 인도 방법[3-3](점유개정, 반환
청구권 양도) 중 반환청구권 양도에 관해서만 인정[4-2]된
다. 갑, 을, 병 관계가 점유개정인지 혹은 반환청구권 양
도인지 여부를 판단하여야 하는데, 을은 갑으로부터 점유
개정[3-4]의 방식으로, 병은 을로부터 반환청구권 양도[3-5]의
방식으로 인도받았다. 따라서 갑이 금반지 소유자가 아니
었다면 을은 소유권을 취득하지 못한다. 다만 병은 반환
청구권 양도의 방식으로 인도받았으므로 을이 소유권이

없더라도 병이 선의취득의 조건을 충족하였다면 소유권
을 취득하게 된다. 그러나 이를 두고 병이 을로부터 을이
가진 소유권을 양도받아 취득한 것이라고 볼 수는 없다.
을은 갑으로부터 소유권을 취득하지 못하여 애초에 소유
권이 없는 상태이기 때문이다. ('을이 가진 소유권을 양도
받아'='을은 소유권이 있다.') 문장에 숨겨진 뜻을 파악해
야 하는 선지이다.

300. 2019년 9월 모의고사 30번 – ④

(O) 갑이 금반지 소유자가 아니었으므로 299번과 같이 선의
취득의 영역으로 넘어간다. 앞서 살펴본 바와 같이 갑과
을은 점유개정, 을과 병은 반환청구권 양도이고, 반환청
구권 양도는 선의취득이 가능하므로 금반지가 동산이라
면 병은 소유권을 취득할 수 있다. 금반지는 2-4에서 말
한 동산의 예시에 해당하므로 맞는 선지이다.

301. 2019년 9월 모의고사 30번 – ⑤

(O) 갑이 금반지 소유자가 아니었다면 299번과 같이 선의
취득의 영역으로 넘어간다. 선지에서 주어진 "병이 계약
할 때 양도인이 소유자라고 믿었고 양도인이 소유자인지
확인하기 위해 충분히 주의했다면[4-1]"은 선의취득의 조건
이다. 즉 "병이 선의취득의 조건을 충족하였다면 선의취
득하는가"를 묻는 것이다. 을과 병의 관계는 반환청구권
양도이고, 반환청구권 양도는 선의취득 대상이므로 맞는
선지이다.

[check point]

1. 순서를 파악하며 각각의 단계가 갖는 효과를 파악하는 능
력이 중요하다. 어느 중간 단계의 효과를 숨기면서 다음 단
계에 그 영향이 없었던 것처럼 꾸며낸 선지들이 있다.
(299번에서 을은 소유권을 취득하지 못하는 상황에서 병
이 선의취득하게 됨.→을이 소유권을 취득한 상황에서 병
이 선의취득한 것처럼 꾸며냄)
→ 2018년 수능 17번(책176번), 2019년 9월 모의고사
30번(책299번)

2. 선지에서 하는 말을 해석할 수 있어야 한다.

→ '사상적 공백'='사상이 없음' (202년 6월 모의고사 7번: 본 책 9번 ㄷ)

→ '현행대로 유지하여야'='변경하지 말고 그대로 있자' (2024년 6월 모의고사 7번: 본 책 41번)

→ '유류분권자가 유류분 부족액을 물건 대신 돈으로 반환하라고 요구하더라도 무상 취득자는 무상 취득한 물건으로 반환할 수 있다.'='서로 합의가 되지 않은 상황' (2022년 9월 모의고사 11번: 본 책 246번)

→ '을이 가진 소유권을 양도받아'='을은 소유권이 있다.' (2019년 9월 모의고사 30번: 본 책 299번)

→ '"다보탑은 개성에 있을 수도 있었다."가 거짓이라면'='다보탑은 개성에 있을 수 없었다.'(2018년 수능 40번: 본 책 330번)

2019년 6월 모의고사 30번

전통적인 통화 정책은 정책 금리를 활용하여 물가를 안정시키고 경제 안정을 도모하는 것을 목표로 한다. 중앙은행은 경기가 과열되었을 때 정책 금리 인상을 통해 경기를 진정시키고자 한다. 정책 금리 인상으로 시장 금리도 높아지면 가계 및 기업에 대한 대출 감소로 신용 공급이 축소된다. 신용 공급의 축소는 경제 내 수요를 줄여 물가를 안정시키고 경기를 진정시킨다. 반면 경기가 침체되었을 때는 반대의 과정을 통해 경기를 부양시키고자 한다.

금융을 통화 정책의 전달 경로로만 보는 전통적인 경제학에서는 금융감독 정책이 개별 금융 회사의 건전성 확보를 통해 금융 안정을 달성하고자 하는 미시 건전성 정책에 집중해야 한다고 보았다. 이러한 관점은 금융이 직접적인 생산 수단이 아니므로 단기적일 때와는 달리 장기적으로는 경제 성장에 영향을 미치지 못한다는 인식과, [2-1]자산 시장에서는 가격이 본질적 가치를 초과하여 폭등하는 버블이 존재하지 않는다는 효율적 시장 가설에 기인한다. 미시 건전성 정책은 개별 금융 회사의 건전성에 대한 예방적 규제 성격을 가진 정책 수단을 활용하는데, 그 예로는 향후 손실에 대비하여 금융 회사의 자기자본 하한을 설정하는 최저 자기자본 규제를 들 수 있다.

(중략)

거시 건전성이란 개별 금융 회사 차원이 아니라 금융 시스템 차원의 위기 가능성이 낮아 건전한 상태를 말하고, 거시 건전성 정책은 금융 시스템의 건전성을 추구하는 규제 및 감독 등을 포괄하는 활동을 의미한다. 이때, 거시 건전성 정책은 미시 건전성이 거시 건전성을 담보할 수 있는 충분조건이 되지 못한다는 '구성의 오류'에 논리적 기반을 두고 있다. 거시 건전성 정책은 금융 시스템 위험 요인에 대한 예방적 규제를 통해 금융 시스템의 건전성을 추구한다는 점에서, 미시 건전성 정책과는 차별화된다.

거시 건전성 정책의 목표를 효과적으로 달성하기 위해서는 경기 변동과 금융 시스템 위험 요인 간의 상관관계를 감안한 정책 수단의 도입이 필요하다. 금융 시스템 위험 요인은 경기 순응성을 가진다. [4-1]즉 경기가 호황일 때는 금융 회사들이 대출을 늘려 신용 공급을 팽창시킴에 따라 자산 가격이 급등하고, 이는 다시 경기를 더 과열시키는 반면 불황일 때는 그 반대의 상황이 일어난다. [4-2]이를 완화할 수 있는 정책 수단으로는 경기 대응 완충자본 제도를 들 수 있다. 이 제도는 정책 당국이 경기 과열기에 금융 회사로 하여금 최저 자기자본에 추가적인 자기자본, 즉 완충자본을 쌓도록 하여 과도한 신용 팽창을 억제시킨다. 한편 [4-3]적립된 완충자본은 경기 침체기에 대출 재원으로 쓰도록 함으로써 신용이 충분히 공급되도록 한다.

< 보 기 >

[b-1]현실에서의 통화 정책 효과는 경기에 대해 비대칭적인 것으로 알려져 있다. 통화 정책은 [b-2]경기 과열을 억제하는 데는 효과적이지만 경기 침체를 벗어나는 데는 효과가 미미하기 때문이다. 경기 침체를 극복하기 위해 중앙은행의 [b-3]정책 금리 인하로 은행이 대출을 늘려 신용 공급을 확대하려 해도, [b-4]가계의 소비 심리가 위축되었거나 기업이 투자할 대상이 마땅치 않을 경우 전통적인 통화 정책에서 기대되는 효과는 나타나지 않게 된다. 오히려 [b-5]확대된 신용 공급이 주식이나 부동산 등 자산 시장으로 과도하게 유입되어 의도치 않은 문제를 일으킬 수 있다.

경제학자들은 [b-6]경제 주체들이 경기 상황에 대해 비대칭적으로 반응하기 때문에 나타나는 이러한 현상을 '끈 밀어올리기(pushing on a string)'라고 부른다. 이는 끈을 당겨서 아래로 내리는 것은 쉽지만, 밀어서 위로 올리는 것은 어렵다는 것에 빗댄 것이다.

302. '끈 밀어올리기'를 통해 경기 침체기에 자산 가격 버블[2-1]이 발생하는 경우를 설명할 수 있겠군.

303. 현실에서 경기가 침체되었을 경우 정책 금리 인하에 따른 경기 부양 효과는 경제 주체의 심리[b-4]에 따라 달라질 수 있겠군.

304. '끈 밀어올리기'가 있을 경우 경기 침체기에 금융 안정을 달성하려면 경기 대응 완충자본 제도의 도입이 필요하겠군.

305. 통화 정책 효과가 경기에 대해 비대칭적이라면[b-1] 경기 침체기[b-2]에는 정책 금리 조정 이외의 방안을 도입할 필요가 있겠군.

306. 통화 정책 효과가 경기에 대해 비대칭적이라면[b-1] 정책 금리 인상[b-3]은 신용 공급을 축소[b-5]시킴으로써 경기를 진정시킬 수 있겠군.

[지문 내용]

- 비교 대상 : 미시 건전성 정책, 거시 건전성 정책

미시 건전성 정책 : 개별 금융 회사의 건전성 확보를 통해 금융 안정을 달성하고자 함.

- 금융이 장기적으로는 경제 성장에 영향×
- 자산 시장에서는 버블×(=효율적 시장 가설)
- 개별 금융 회사의 건전성에 대한 예방적 규제 성격을 가진 정책→'최저 자기자본 규제'

거시 건전성 정책 : 개별 금융 회사 차원×, 금융 시스템 차원○

- 미시 건전성이 충족된다 해도 거시 건전성이 반드시 충족되지는 않는다는 '구성의 오류'에서 발단됨
- 개별 금융 회사가 아닌 금융 시스템 차원에서 예방적 규제 실시
- 경기 변동과 금융 시스템 위험 요인 간의 상관관계를 감안한 정책 수단 도입→'경기 대응 완충자본 제도'

	미시 건전성 정책	거시 건전성 정책
규모	개별 금융 회사 차원	금융 시스템 차원
발단	– 금융이 장기적으로는 경제 성장에 영향× – 자산 시장에서는 버블×(=효율적 시장 가설)	– 미시 건전성이 충족된다해도 거시 건전성이 반드시 충족되지는 않는다.(=구성의 오류)
정책 방향	개별 금융회사에 대한 예방적 규제 성격을 가진 정책	금융 시스템 차원에서 예방적 규제 실시
정책	최저 자기자본 규제	경기 대응 완충자본 제도

[지문]에서는 경기 호황/불황일 때 해결할 수 있는 정책으로 '미시 건전성 정책: 자기자본 하한을 설정하는 최저 자기자본 규제', '거시 건전성 정책: 최저 자기자본에 완충자본을 쌓도록 하여 적절히 대비하도록 함'을 소개하고 있는데 이들은 모두 금융 회사 안의 자본을 이용하여 호황/불황이 올 때를 대비하는 방법이다.

〈보기〉는 이에 더해서 추가적인 정보를 소개하고 있는데, 경제 주체(가계, 기업)들이 현실에서는 경기 상황에 비대칭적인 반응을 보이기 때문에 경기가 불황일 때는 정책의 효과가 미미한 현상(='끈 밀어올리기')을 알려주고 있다.

[지문]은 대비책이고, 〈보기〉는 실질적인 반응에 의한 문제점이기 때문에 〈보기〉와 [지문]을 일대일 대응시키기는 어렵다. 이러한 경우는 'i) [지문]과 일치하는지 ii) 〈보기〉와 일치하는지 iii) [지문]과 〈보기〉의 연결상태가 적절한지' 순서로 보는 것이 좋은데, 이 문제는 302~306번까지 모두 〈보기〉 내용과 관련되어 있으므로 바로 ii)부터 확인해보면 된다.

---

302. 2019년 6월 모의고사 30번 – ①

(○) '끈 밀어올리기'란 〈보기〉의 상황을 말하는 것으로, 〈보기〉는 자산 시장에 관해서 "경기 침체기에 정책 금리를 인하한다고 하더라도 경제 주체들이 확대된 신용 공급이 주식이나 부동산 등 자산 시장으로 과도하게 유입[b-5]되어 의도치 않은 문제를 일으킬 수 있다"고 설명하고 있다. 이 선지가 맞는 선지이기 위해서는 위 밑줄 친 부분이 버블과 관련되어 있어야 한다. [지문]에 버블과 관련된 말이 나왔는지 찾아보자. 버블이란 자산 시장에서 가격이 본질적 가치를 초과하여 폭등하는 것[2-1]이다. 그렇다면 버블이 〈보기〉에서 말한 과도하게 유입되어 일으키는 의도치 않은 문제에 포함될 것을 추측할 수 있다. 확대된 신용 공급이 자산 시장으로 과도하게 유입되는 경우에는 시장이 과열되어 자산의 가격이 본질적 가치를 초과하여 형성될 수 있기 때문이다. 따라서 맞는 선지이다.

〈보기〉에서 말한 상황과 [지문]에서 말한 단어의 정의를 일치시킬 수 있는가를 묻는 선지이다.

---

303. 2019년 6월 모의고사 30번 – ②

(○) '현실에서 경기가 침체 되었을 경우'는 〈보기〉의 상황을

말하는 것이다. 〈보기〉에서 경기 침체 시에 <u>경제 주체의 소비 심리[b-4]·반응[b-6]</u>에 따라 생기는 의도치 않은 문제 등으로 인하여 경기 부양의 효과는 떨어짐을 설명하고 있다. 즉 경제 주체의 소비 심리가 경기 침체 시 경기 부양 효과에 영향을 미치는 요소이므로 맞는 선지이다.

이 선지는 〈보기〉에서 언급된 상황을 같은 의미이지만 다른 표현을 사용하여 구성하였다.

---

304. 2019년 6월 모의고사 30번 – ③

(X) '경기 대응 완충자본 제도'는 통화 정책으로, 경기 호황에는 자본 비축을, 경기 침체에는 <u>자본 사용[4-3]</u>을 하도록 하여 경기 순응성을 완화하기 위한 제도이다. 하지만 〈보기〉는 '끈 밀어올리기' 현상을 소개하면서 "은행이 대출을 늘려 신용 공급을 확대하려 해도, 가계의 소비 심리가 위축되었거나 기업이 투자할 대상이 마땅치 않을 경우 전통적인 통화 정책에서 기대되는 효과는 나타나지 않게 된다"고 하여 현실에서 경기 침체 시에 전통적인 통화 정책의 효과를 평가하고 있다. 〈보기〉에서 경기 침체를 극복하기 위해 은행이 대출을 늘리는 등 신용 공급을 확대하려 해도 정책의 효과가 미미하다고 보기 때문에, '경기 대응 완충자본 제도'를 도입한다 해도 경기 침체기에 금융 안정을 달성하기는 어려울 것이다. 따라서 틀린 선지이다.

---

305. 2019년 6월 모의고사 30번 – ④

(O) '통화 정책 효과가 경기에 대해 비대칭적이라면'은 〈보기〉의 상황을 가리키는 것이다. 〈보기〉에서 경기 침체시 <u>정책 금리 인하를 한다고 해도[b-3]</u> 의도치 않은 문제 등으로 <u>경기 부양의 효과는 떨어짐[b-2]</u>을 설명하고 있으므로 정책 금리 조정 이외의 방안을 마련할 필요가 있다. 따라서 맞는 선지이다.

---

306. 2019년 6월 모의고사 30번 – ⑤

(O) '통화 정책 효과가 경기에 대해 비대칭적이라면'은 〈보

기〉의 상황을 가리키는 것이다. 〈보기〉에서 경기 침체기에 정책 금리 인하[b-3]를 한다는 것으로 보아 정책 금리 인상은 경기 과열기에 실시하는 정책이다. 또한 〈보기〉에서 통화 정책이 경기 과열을 억제하는 데는 효과적[b-2]이라고 하고 있으므로, 경기 과열기에 정책 금리 인상을 하면 신용 공급이 축소되어 경기를 진정시킬 수 있을 것이다. 따라서 맞는 선지이다.

[check point]

1. [지문]에서 설명한 단어의 정의와 〈보기〉, 선지의 설명을 일치시킬 수 있어야 한다.
   → [지문] '렌더링 : 물체를 어디에서 바라보는가를 나타내는 관찰 시점을 기준으로 2차원의 화면을 생성', [선지] '풍선에 가려 보이지 않는 부분의 표면 특성은 화솟값을 구하는 데 사용되지 않겠군'
   → [지문] '버블 : 가격이 본질적 가치를 초과하여 폭등하는 현상', 〈보기〉 '경기 침체기에 확대된 신용 공급이 자산 시장으로 과도하게 유입되어 의도치 않은 문제를 일으킬 수 있다.', [선지] '경기 침체기에 자산 가격 버블이 발생하는 경우를 설명할 수 있겠군.'

2. 같은 말 다르게 표현하기(패러프레이징)
   → 〈보기〉 '경기 침체를 극복하기 위해 ~~를 해도, 가계의 소비 심리가 위축되었거나 기업이 투자할 대상이 마땅치 않을 경우 전통적인 통화 정책에서 기대되는 효과는 나타나지 않게 된다. ≒ [선지] '경기가 침체되었을 경우 정책 금리 인하에 따른 경기 부양 효과는 경제 주체의 심리에 따라 달라질 수 있겠군.'

3. 〈보기〉 문제는 아래 3가지 케이스와 같다.
   첫 번째로, [지문]에서 특정한 부분을 예시로 든 문제
   – 〈보기〉에서 예시로 든 부분에 관한 설명을 [지문]에서 찾아야 함
   → 주로 기술·과학·경제·법 지문 (2020년 6월 모의고사 28번–책 19번, 2021년 11월 수능 16번–책 20~21번 등)
   두 번째로, [지문]에서 설명한 내용에서 추가적인 내용을 설명한 문제(해당 유형 ✓)
   – [지문]과 공통점 차이점 비교
   → 주로 인문(학자) 지문 (2021년 6월 모의고사 8번 –책 274번~275번 등)
   세 번째로, [지문]의 비교 대상끼리 장단점을 섞은 예시를 든 문제

– [지문]의 어느 부분을 섞은 것인지를 판단하여야 함

→ 신유형 (2024년 6월 모의고사 7번–책 40~42번)

2019년 6월 모의고사 38,40,41번

전자 현미경의 등장으로 미토콘드리아의 내부까지 세밀히 관찰하게 되고, [1-1]미토콘드리아 안에는 세포핵의 DNA와는 다른 DNA가 있으며 단백질을 합성하는 [1-2]자신만의 리보솜을 가지고 있다는 사실이 밝혀지면서 공생발생설이 새롭게 부각되었다.

공생발생설에 따르면 진핵생물은 원생미토콘드리아가 고세균의 세포 안에서 내부 공생[*]을 하다가 탄생했다고 본다. 고세균의 핵의 형성과 내부 공생의 시작 중 어느 것이 먼저인지에 대해서는 논란이 있지만, [2-1]고세균은 세포질에 핵이 생겨 진핵세포가 되고 [2-2]원생미토콘드리아는 세포 소기관인 미토콘드리아가 되어 진핵생물이 탄생했다는 것이다. 미토콘드리아가 원래 박테리아의 한 종류였다는 근거는 여러 가지가 있다. [2-3]박테리아와 마찬가지로 새로운 미토콘드리아는 이미 존재하는 미토콘드리아의 '이분 분열'을 통해서만 만들어진다. 미토콘드리아의 막에는 [2-4]진핵세포막의 수송 단백질과는 다른 종류의 수송 단백질인 포린이 존재하고 [2-5]박테리아의 세포막에 있는 카디오리핀이 존재한다. 또 [2-6]미토콘드리아의 리보솜은 진핵세포의 리보솜보다 박테리아의 리보솜과 더 유사하다.

미토콘드리아는 여전히 고유한 DNA를 가진 채 복제와 증식이 이루어지는데도, 미토콘드리아와 진핵세포 사이의 관계를 공생[*] 관계로 보지 않는 이유는 무엇일까? [3-1]두 생명체가 서로 떨어져서 살 수 없더라도 각자의 개체성을 잃을 정도로 유기적 상호작용이 강하지 않다면 그 둘은 공생 관계에 있다고 보는데, 미토콘드리아와 진핵세포 간의 유기적 상호작용은 둘을 다른 개체로 볼 수 없을 만큼 매우 강하기 때문이다. [3-2]미토콘드리아가 개체성을 잃고 세포 소기관이 되었다고 보는 근거는, [3-3]진핵세포가 미토콘드리아의 증식을 조절하고, [3-4]자신을 복제하여 증식할 때 미토콘드리아도 함께 복제하여 증식시킨다는 것이다. [3-5]또한 미토콘드리아의 유전자의 많은 부분이 세포핵의 DNA로 옮겨 가 미토콘드리아의 DNA 길이가 현저히 짧아졌다는 것이다. 미토콘드리아에서 일어나는

대사 과정에 필요한 단백질은 세포핵의 DNA로부터 합성되고, 미토콘드리아의 DNA에 남은 유전자 대부분은 생체 에너지를 생산하는 역할을 한다.

[*] 공생 : 서로 다른 생명체가 함께 살아가는 것

[*] 내부 공생 : 어느 생명체의 세포 안에서 다른 생명체가 공생하는 것

307. 새로운 미토콘드리아를 복제하기 위해서는 세포 안에 미토콘드리아가 반드시 있어야 한다.[2-2, 2-3]

308. 진핵세포가 되기 전의 고세균이 원생미토콘드리아보다 진핵세포와 더 강한 인과성[2-1]으로 연결되어 있다.

309. 각각의 세포 소기관이 박테리아로부터 비롯되었다고 판단할 수 있는 것만을 〈보기〉에서 고른 것은?

─────── < 보 기 > ───────

ㄱ. 세포 소기관이 자신의 DNA를 가지고 있다[1-1]는 것과 이분 분열[2-3]을 한다는 것을 확인하였다.

ㄴ. 세포 소기관이 자신의 DNA를 가지고 있다[1-1]는 것과 진핵세포의 리보솜을 가지고 있다[2-6]는 것을 확인하였다.

ㄷ. 세포 소기관이 막으로 둘러싸여 있다는 것과 막에는 수송 단백질이 있는 것을 확인하였다.

ㄹ. 세포 소기관이 막으로 둘러싸여 있다는 것과 막에는 다량의 카디오리핀이 있는 것을 확인하였다.

윗글을 바탕으로 〈보기〉를 이해한 내용을 O, X 판단해보시오.

─────── < 보 기 > ───────

◦ 복어는 테트로도톡신이라는 신경 독소를 가지고 있지만 테트로도톡신을 스스로 만들지 못하고 체내에서 서식하는 미생물이 이를 생산한다. 복어는 독소를 생산하는 미생물에게 서식처를 제공하는 대신 포식자로부터 자신을 방어할 수 있는 무기를 갖게 되었다. [b-1]만약 복어의 체내에 있는 미생물을 제거하면 복어는 독소를 가지지 못하나 생존에는 지장이 없었다.

◦ 실험실의 아메바가 병원성 박테리아에 감염되어 대부분의 아메바가 죽고 일부 아메바는 생존하였다. 생존한 [b-2]아메바의 세포질에서 서식하는 박테리아는 스스로 복제하여 증식할 수 있었고 더 이상 병원성을 지니지는 않았다. 아메바에게는 무해하지만 박테리아에게는 치명적인 항생제를 아메바에게 투여하면 [b-3]박테리아와 함께 아메바도 죽었다.

310. 병원성을 잃은 '아메바의 세포질에서 서식하는 박테리아'는 세포 소기관으로 변한 것이겠군.

311. 복어의 '체내에서 서식하는 미생물'은 '복어'와의 유기적 상호작용이 강해진다면 개체성을 잃을 수 있겠군[3-1].

312. 복어의 세포가 증식할 때 복어의 체내에서 '독소를 생산하는 미생물'의 DNA도 함께 증식하는 것은 아니겠군[3-4].

313. '아메바의 세포질에서 서식하는 박테리아'가 개체성을 잃었다면 '아메바의 세포질에서 서식하는 박테리아'의 DNA 길이는 짧아졌겠군.

314. '아메바의 세포질에서 서식하는 박테리아'와 '아메바' 사이의 관계와 '복어'와 '독소를 생산하는 미생물' 사이의 관계는 모두 공생 관계이겠군.

[지문 내용]

• 고세균+원생미토콘드리아→진핵 생물

– 고세균→핵 생성→진핵 세포

– (고세균 안)원생미토콘드리아→(진핵세포의 세포 소기관)미토콘드리아→진핵 생물

〈미토콘드리아가 원래 박테리아의 한 종류였다는 근거〉

– '이분 분열'

– 진핵세포막의 수송 단백질과는 다른 종류인 수송 단백질 '포린' 존재

– 박테리아의 세포막에 있는 '카디오리핀' 존재

– 리보솜이 진핵세포의 리보솜보다 박테리아의 리보솜과 더 유사함

• 공생 관계의 단계[3-1]

유형		
유형 1	두 생명체가 서로 떨어져 살 수 ○	공생 관계 ○
유형 2	두 생명체가 서로 떨어져 살 수 ✕ + 각자의 개체성을 잃을정도로 유기적 상호작용이 강하지는 ✕	공생 관계 ○
유형 3	두 생명체가 서로 떨어져 살 수 ✕ + 각자의 개체성을 잃을정도로 유기적 상호작용이 강함 ○ (진핵세포와 미토콘드리아의 관계)	공생 관계 ✕ (개체성을 잃고 세포 소기관)

– (유형 2와 유형 3 구별 조건) 각자의 개체성을 잃을 정도로 유기적 상호작용이 강한 정도:
'진핵세포가 미토콘드리아의 증식을 조절한다. + 미토콘드리아의 DNA 길이가 짧아졌다.'

---

307. 2019년 6월 모의고사 38번 – ③

(O) 미토콘드리아는 진핵세포의 세포 소기관[2-2]이다. 따라서 미토콘드리아는 진핵세포 안에서만 존재한다. 또한 새로운 미토콘드리아는 이미 존재하는 미토콘드리아의 '이분 분열'을 통해서만[2-3] 만들어지므로 새로운 미토콘드리아를 복제하기 위해서는 세포 안에 미토콘드리아가 반드시 있어야 한다. 따라서 맞는 선지이다.

여러 문장을 종합해 결과를 추론해야 하는 선지이다.

---

308. 2019년 6월 모의고사 38번 – ⑤

(O) 진핵세포는 고세균이 변화[2-1]해서 만들어졌다. 원생미토콘드리아는 고세균 안에서 진핵세포의 세포 소기관인 미토콘드리아[2-2]가 된다. 따라서 고세균과 원생미토콘드리아는 다른 생물이었음을 알 수 있다. 다른 생물이었던 원생미토콘드리아와 달리 고세균이 진화하여 진핵세포가 되었으므로 고세균은 원생미토콘드리아보다 진핵세포와 더 강한 인과성을 가지고 있다.

이 문제는 각각 다른 변화 순서를 구분할 수 있는지를 물어보고 있다. '고세균→진핵세포, 원생미토콘드리아→미토콘드리아'라면 고세균과 원생미토콘드리아보다 고세균과 진핵세포가 더 강한 인과성을 가진다고 파악할 수 있어야 한다.

309. 2019년 6월 모의고사 40번

이 문제는 [지문]에 나와 있는 내부 공생설에 대한 근거와 박테리아로부터 비롯되었다는 그 근거들을 일치시킬 수 있는지를 묻는 문제이다.

1. 내부 공생설에 대한 근거 : 자신만의 DNA와 리보솜을 가지고 있음
2. 박테리아로부터 비롯되었다는 근거 :
   - 이분분열을 함.
   - 세포막에 카디오리핀 존재.
   - 진핵세포의 리보솜보다 박테리아의 리보솜과 더 유사함.
   - 진핵세포막의 수송 단백질과는 다른 종류의 수송 단백질이 존재.

ㄱ (○) 공생발생설은 미토콘드리아가 자신만의 DNA[1-1]와 리보솜[1-2]을 가지고 있다는 점에서 출발했다. 미토콘드리아는 원래부터 세포 소기관이 아니라 위의 두 가지 이유로 서로 다른 생물이 내부 공생을 하다가 세포 소기관이 되었다는 것이다. 따라서 자신만의 DNA를 가지고 있다는 말로부터 원래부터 세포 소기관이 아니었음을, 박테리아와의 공통점인 '이분 분열'을 통해서만 만들어진다[2-3]는 점으로부터 ㄱ이 박테리아로부터 비롯되었음을 유추할 수 있다.

ㄴ (✕) 자신만의 DNA를 가지고 있다[1-1]는 점은 원래부터 세포 소기관이었던 것이 아니라 다른 생물끼리 내부 공생을 하다가 세포 소기관이 되었다는 것을 의미한다. 또한 [지문]은 미토콘드리아가 원래 박테리아의 한 종류였다는 근거 중에 하나로 미토콘드리아의 리보솜이 진핵세포의 리보솜보다 박테리아의 리보솜과 더 유사하다[2-6]는 점을 들었으므로 ㄴ이 진핵세포의 리보솜을 가지고 있다는 점은 오히려 박테리아로부터 비롯되었다는 판단을 약화하는 요소가 된다. 따라서 틀린 선지이다.

ㄷ (✕) [지문]에서는 미토콘드리아가 원래 박테리아의 한 종류였다는 근거로 진핵세포막의 수송 단백질과는 다른 종류의 수송 단백질[2-4]이 존재한다는 점을 언급했다. 이를 통해 진핵세포막과 미토콘드리아에는 모두 수송 단백질이 존재하지만 서로 다른 종류임을 알 수 있다. ㄷ에서 말하는 것처럼 수송 단백질이 있다는 점만 확인하였다면 이 수송 단

백질이 진핵세포막에 있는 수송 단백질과 같은 종류인지 다른 종류인지 알 수 없으므로 틀린 선지이다.

ㄹ (○) [지문]에서 미토콘드리아가 원래 박테리아의 한 종류였다는 근거로 박테리아의 세포막에 있는 카디오리핀[2-5]이 있다는 점을 들고 있다. 따라서 맞는 선지이다.

<보 기>

∘ 복어와 미생물: 서로 떨어져 살 수 있으므로[b-1] 유형 1, 공생 관계○
∘ 아메바와 박테리아: 서로 떨어져 살 수는 없지만[b-3] 박테리아는 스스로 복제하여 증식할 수 있으므로 유형 2, 공생 관계○

이 문제는 [지문]에서 단계를 구분하여 표현하지 않은 유형으로, 〈보기〉의 각 예시가 [지문]에서 어느 단계를 말하는지 헷갈릴 수 있는 문제이다.

310. 2019년 6월 모의고사 41번 – ①

(✕) 아메바와 박테리아는 유형 2로, 공생 관계이다. 세포 소기관으로 변하는 것은 유형 3이다. 따라서 틀린 선지이다.

311. 2019년 6월 모의고사 41번 – ②

(○) [지문]의 '각자의 개체성을 잃을 정도로 유기적 상호작용이 강하지 않다면 둘은 공생 관계다.'[3-1]는 문장은 선지의 '유기적 상호작용이 강하다면 각자의 개체성을 잃게 될 수도 있다.'와 같은 말이다. 따라서 맞는 선지이다.

312. 2019년 6월 모의고사 41번 – ③

(○) 복어와 미생물은 유형 1, 공생 관계이다. 복어와 미생물이 미토콘드리아와 진핵세포처럼 강한 유기적 상호작용을 가지고 있어 세포 소기관 관계에 있다면 세포가 자신

을 복제하여 증식할 때 세포 소기관도 함께 복제하여 증식시킬 것이지만[3-4] 복어와 미생물은 공생 관계이므로 그렇지 않다. 따라서 맞는 선지이다.

---

313. 2019년 6월 모의고사 41번 – ④

(O) 개체성을 잃는다면(=유형 3이 된다면) 첫 번째로 아메바가 박테리아의 증식을 조절할 것이고, 두 번째로 박테리아의 DNA 길이가 짧아졌을 것이다. 3-2에서 미토콘드리아가 개체성을 잃고 세포 소기관이 되었다고 보는 근거로 3-3을 설명하면서 "또한" 3-4도 충족해야 한다고 언급하고 있으므로, 두 가지 모두 충족해야 개체성을 잃고 세포 소기관 관계가 되는 것을 알 수 있다. 따라서 유형 3이 된다면 박테리아의 DNA 길이는 짧아질 것이다.

---

314. 2019년 6월 모의고사 41번 – ⑤

(O) 아메바와 박테리아는 유형 2이고 복어와 미생물은 유형 1로 모두 공생 관계이다. 3-1문장에서 공생관계에는 3가지 유형이 있는 것을 알 수 있는데, '두 생명체가 서로 떨어져서 살 수 있는 유형 1(공생 관계), 두 생명체가 서로 떨어져서 살 수 없지만 각자의 개체성을 잃을 정도로 유기적 상호작용이 강하지 않는 유형 2(공생 관계), 두 생명체가 서로 떨어져서 살 수 없고 각자의 개체성을 잃을 정도로 유기적 상호작용이 강한 유형 3(공생 관계×)'이 바로 그것이다. 복어와 미생물은 미생물을 제거하면 복어가 생존할 수 있으므로 유형 1이고, 아메바와 박테리아는 박테리아가 죽으면 아메바도 함께 죽지만 박테리아가 <u>스스로 복제하여 증식할 수 있으므로(조건 1[3-3] 미충족)</u> 유형 2이다. 따라서 모두 공생 관계가 맞다.

[check point]

1. 필요한 정보를 찾아서 선지를 도출할 수 있어야 한다. 정보는 여러 문장에 걸쳐 있을 수 있다. (내부공생설에 대한 근거, 박테리아로부터 비롯되었다는 근거)
2. [지문]에서 단계를 구분하고, 〈보기〉에서 한 단계를 예시로 설명한 문제이다.

이 [지문]에서는 서로 떨어져 살 수 있는 관계(유형1), 서로 떨어져 살 수 없지만 각자의 개체성을 잃을 정도로 유기적 상호작용이 강하지는 않은 관계(유형2), 서로 떨어져 살 수 없고 각자의 개체성을 잃을 정도로 유기적 상호작용이 강한 관계(유형3)으로 총 3개의 단계로 나누어 놓았다.

→2018년 6월 모의고사 25번(농지 임대차 계약)

→2019년 6월 모의고사 41번(복어, 아메바)

→2020년 6월 모의고사 32번(S국)

3. **〈보기〉 문제는 아래 3가지 케이스와 같다.**

첫 번째로, [지문]에서 특정한 부분을 예시로 든 문제(해당 유형 ✓)

– 〈보기〉에서 예시로 든 부분에 관한 설명을 [지문]에서 찾아야 함

→ 주로 기술·과학·경제·법 지문 (2020년 6월 모의고사 28번–책 19번, 2021년 11월 수능 16번–책 20~21번 등)

두 번째로, [지문]에서 설명한 내용에서 추가적인 내용을 설명한 문제

– [지문]과 공통점 차이점 비교

→ 주로 인문(학자) 지문 (2021년 6월 모의고사 8번 –책 274번~275번 등)

세 번째로, [지문]의 비교 대상끼리 장단점을 섞은 예시를 든 문제

– [지문]의 어느 부분을 섞은 것인지를 판단하여야 함

→ 신유형 (2024년 6월 모의고사 7번–책 40~42번)

2020년 6월 모의고사 26번

영상 안정화 기술에는 빛을 이용하는 광학적 기술과 소프트웨어를 이용하는 디지털 기술 등이 있다. 광학 영상 안정화(OIS) 기술을 사용하는 카메라 모듈은 렌즈 모듈, 이미지 센서, 자이로 센서, 제어 장치, 렌즈를 움직이는 장치로 구성되어 있다. 렌즈 모듈은 보정용 렌즈들을 포함한 여러 개의 렌즈들로 구성된다. 일반적으로 카메라는 렌즈를 통해 들어온 빛이 [1-1]이미지센서에 닿아 피사체의 상이 맺히고, 피사체의 한 점에 해당하는 위치인 화소마다 빛의 세기에 비례하여 발생한 [1-2]전기 신호가 저장 매체에 영상으로 저장된다. 그런데 [1-3]카메라가 흔들리면 이미지 센서 각각의 화소에 닿는 빛의 세기가 변한다. 이때 OIS 기술이 작동되면 [1-4]자이로 센서가

카메라의 움직임을 감지하여 방향과 속도를 제어 장치에 전달한다. [1-5]제어 장치가 렌즈를 이동시키면 피사체의 상이 유지되면서 영상이 안정된다.

렌즈를 움직이는 방법 중에는 보이스코일 모터를 이용하는 방법이 많이 쓰인다. 보이스코일 모터를 포함한 카메라 모듈은 중앙에 위치한 렌즈 주위에 코일과 자석이 배치되어 있다. 카메라가 흔들리면 제어 장치에 의해 코일에 전류가 흘러서 자기장과 전류의 직각 방향으로 전류의 크기에 비례하는 힘이 발생한다. 이 힘이 렌즈를 이동시켜 흔들림에 의한 영향이 상쇄되고 피사체의 상이 유지된다. [2-1]이외에도 카메라가흔들릴 때 이미지 센서를 움직여 흔들림을 감쇄하는 방식도 이용된다.

OIS 기술이 [3-1]손 떨림을 훌륭하게 보정해 줄 수는 있지만 렌즈의 이동 범위에 한계가 있어 보정할 수 있는 움직임의 폭이 좁다.

'OIS 기술'에 대한 설명으로 적절하지 않은 것은?

315. 자이로 센서가 카메라 움직임을 정확히 알려도 렌즈 이동의 범위에는 한계가 있다.

316. 흔들림에 의해 피사체의 상이 이동하면 원래의 위치로 돌아오도록 렌즈나 이미지 센서를 이동시킨다.

[지문 내용]

- 카메라 영상 과정 :
  렌즈를 통해 빛이 들어옴→이미지 센서에서 '상'이 맺힘 → '상'의 화소마다 빛의 세기에 비례한 전기 신호 발생 → 저장 매체에 영상으로 저장

- 카메라의 흔들림 → 이미지 센서에 닿는 빛의 세기 달라짐 → 렌즈 이동시켜서 영상 안정시킴

〈카메라가 흔들릴 때〉

① 렌즈를 움직이는 방법: 보이스코일 모터 이용
  – 제어 장치 → 코일에 전류 흐름 → 자기장과 전류의 직각 방향으로 전류의 크기에 비례하는 힘 발생 → 렌즈 이동

② 이미지 센서를 움직여 흔들림 감쇄하는 방법

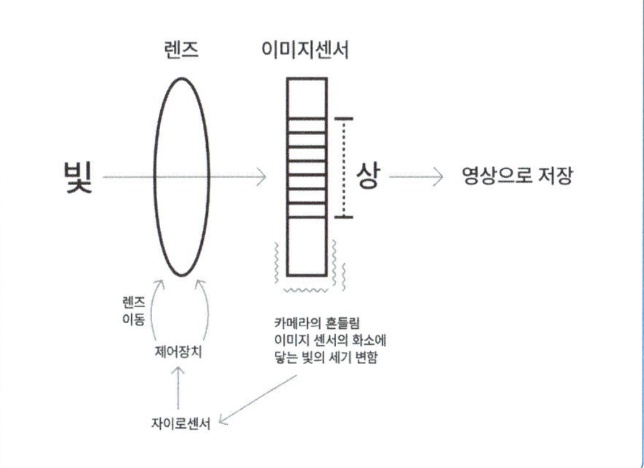

(315. 2020년 6월 모의고사 26번 – ④)

(O) [지문]에서 'OSI는 손 떨림을 훌륭하게 보정해 줄 수는 있지만 렌즈의 이동 범위에 한계가 있어[3-1] 보정할 수 있는 움직임의 폭이 좁다.'고 설명하고 있다. 이 말은 'OSI가 완벽하게 작동하여도(=자이로 센서가 카메라 움직임을 정확히 알려도) 렌즈의 이동 범위에는 한계가 있다'는 말과 같다. '손 떨림 정도'의 흔들림 이상은 렌즈의 이동 범위에 한계가 있기 때문에 큰 흔들림은 보정할 수 없다는 것이다. 따라서 맞는 선지이다.

이런 형태의 선지를 풀기 위해서는 같은 의미를 가진 문장을 해석할 수 있어야 한다.

(316. 2020년 6월 모의고사 26번 – ⑤)

(O) 이미지 센서에는 피사체의 상이 맺히고[1-1], 카메라가 흔들리면 이미지 센서 각각의 화소에 닿는 빛의 세기가 변한다[1-3]. 따라서 선지의 '흔들림에 의해 피사체의 상이 이동하면'이라는 표현은 맞다.

또 OIS 기술은 영상이 흔들릴 때 이를 보정하는 방법으로 "① 제어 장치를 이용해 렌즈를 이동시키거나[1-5], ② 이미지 센서를 움직여 흔들림을 감쇄하는 방법[2-1]"의 두 가지 방법을 사용한다. 따라서 "흔들림에 의해 피사체의 상이 이동하면(=카메라가 흔들려 영상이 불안정해지면) 원래의 위치로 돌아오도록 렌즈(①)나 이미지 센서를 이동(②)시킨다."는 맞는 선지이다.

여러 문장을 합쳐놓은 선지이다.

[check point]

같은 말 다르게 표현하기(패러프레이징)

→ [지문] 'OSI 기술이 작동되면 자이로 센서가 카메라의 움직임을 감지하여 제어 장치에 전달한다.', 'OSI는 손 떨림을 훌륭하게 보정해 줄 수는 있지만 렌즈의 이동 범위에 한계가 있어 보정할 수 있는 움직임의 폭이 좁다.' = [선지] '자이로 센서가 카메라 움직임을 정확히 알려도 렌즈 이동의 범위에는 한계가 있다.'

2019년 11월 수능 26번

다음으로는 [1-1]사람의 조직 및 장기와 유사한 다른 동물의 이식편을 인간에게 이식하는 '이종 이식'이 있다.

(중략)

[2-1]이종 이식의 또 다른 문제는 내인성 레트로바이러스이다. 내인성 레트로바이러스는 생명체의 DNA의 일부분으로, 레트로바이러스로부터 유래된 것으로 여겨지는 부위들이다. 이는 바이러스의 활성을 가지지 않으며 [2-2]사람을 포함한 모든 포유류에 존재한다. 레트로바이러스는 자신의 유전 정보를 RNA에 담고 있고 [2-3]역전사 효소를 갖고 있는 바이러스로서, 특정한 종류의 세포를 감염시킨다. 유전 정보가 담긴 DNA로부터 RNA가 생성되는 전사 과정만 일어날 수 있는 다른 생명체와는 달리, 레트로바이러스는 다른 생명체의 세포에 들어간 후 [2-4]역전사 과정을 통해 자신의 RNA를 DNA로 바꾸고 그 세포의 DNA에 끼어들어 감염시킨다. 이후에는 다른 바이러스와 마찬가지로 자신이 속해 있는 생명체를 숙주로 삼아 숙주 세포의 시스템을 이용하여 복제, 증식하고 일정한 조건이 되면 숙주 세포를 파괴한다.

그런데 [3-1]정자, 난자와 같은 생식 세포가 레트로바이러스에 감염되고도 살아남는 경우가 있었다. 이런 세포로부터 유래된 자손의 모든 세포가 갖게 된 것이 내인성 레트로바이러스이다. 내인성 레트로바이러스는 세대가 지나면서 돌연변이로 인해 염기 서열의 변화가 일어나며 해당 세포 안에서는 바이러스로 활동하지 않는다. [3-2]그러나 내인성 레트로바이러스를 떼어 내어 다른 종의 세포 속에 주입하면 이는 레트로바이러스로 변환되어 그 세포를 감염시키기도 한다. 따라서 미니 돼지의 DNA에 포함된 내인성 레트로바이러스를 효과적으로

제거하는 기술이 개발 중에 있다.

---

317. 이종 이식[1-1, 2-1, 3-2]을 하는 것만으로도 바이러스 감염의 원인[3-2]이 될 수 있다.

318. 포유동물[2-2, 3-1] 과거에 어느 조상이 레트로바이러스에 의해 감염된 적이 있다.[3-1]

319. 레트로바이러스는 숙주 세포의 역전사 효소를 이용하여[2-3, 2-4] RNA를 DNA로 바꾼다.[2-4]

[지문 내용]

- 비교 대상: 레트로바이러스, 내인성 레트로바이러스
- 순서 : ⓒ 레트로바이러스 → ⓐ 내인성 레트로바이러스

ⓒ레트로 바이러스		ⓐ 내인성 레트로 바이러스
·자신의 유전 정보 (RNA)를 가지고 있는 바이러스 ·역전사 효소를 가지고 있음 ·특정한 세포 감염 시킴 (→ 숙주 파괴)	→	·생명체 DNA의 일부분 ·바이러스 활성X ·모든 포유류에 존재 ·어떠한 개체의 생식 세포가 레트로 바이러스에 감염되고도 살아남은 경우, 자손의 모든 세포가 갖게 됨

이종 이식 : 다른 동물의 이식편을 인간에게 이식하는 방법
– 이종 이식 시 내인성 레트로바이러스가 레트로바이러스로 변환되어 세포를 감염시키기도 함[3-2]

---

317. 2019년 11월 수능 26번 – ③

(O) 이종 이식이란 다른 종의 장기와 같은 이식편을 이식하는 것[1-1]이다. 3-2에서 내인성 레트로바이러스를 다른 종의 세포 속에 주입(=이종 이식)하면 그 세포를 감염시키기도 한다고 설명하고 있으므로 맞는 선지이다.

---

318. 2019년 11월 수능 26번 – ④

(O) [지문]에 따르면 레트로바이러스에 감염되고도 살아남은 생식 세포가 수정되어 자손이 태어난다면 그 자손들의 모든 세포가 내인성 레트로바이러스를 갖게 된다.[3-1] 레트

로바이러스에 감염이 되어야 내인성 레트로바이러스를 가질 수 있다는 것이다. 이에 더해 [지문]에서 내인성 레트로바이러스는 모든 포유류에 존재한다[2-2] 는 것까지 종합하면 "포유동물은 과거에 어느 조상이 레트로바이러스에 의해 감염된 적이 있다"는 맞는 선지이다.

319. 2019년 11월 수능 26번 – ⑤

(X) 레트로바이러스는 자신의 역전사 효소[2-3]를 갖고 있는 바이러스로 다른 생명체의 세포에 들어간 후 역전사 과정[2-4]을 통해 RNA를 DNA로 바꾼다. 레트로바이러스는 당연히 본인의 역전사 효소가 있으므로 본인의 역전사 효소를 이용해 역전사 과정을 일으킬 것이다. 따라서 틀린 선지이다.

[check point]

여러 문장을 합쳐 같은 말을 다른 방식으로 표현
→ [지문] '이종 이식은 다른 종의 장기와 같은 이식편을 이식하는 것이다.', '내인성 레트로바이러스를 다른 종의 세포 속에 주입하면 그 세포를 감염시키기도 한다.' = [선지] '이종 이식을 하는 것만으로도 바이러스 감염의 원인이 될 수 있다.'
→ '레트로바이러스에 감염되고도 살아남은 경우 이런 세포로부터 유래된 자손의 모든 세포가 갖게 된 것이 내인성레트로바이러스이다.', '내인성 레트로바이러스는 모든 포유류에 존재한다.' = [선지] '포유동물은 과거에 어느 조상이 레트로바이러스에 의해 감염된 적이 있다.'

2018년 11월 수능 16, 19번

일반적인 다른 약속처럼 계약도 서로의 의사표시가 합치하여 성립하지만, 이때의 [1-1]의사는 일정한 법률 효과의 발생을 목적으로 한다는 점에서 차이가 있다. 한 예로 매매 계약은 '팔겠다'는 일방의 의사 표시와 '사겠다'는 상대방의 의사 표시가 합치함으로써 성립하며, 매도인은 매수인에게 매매 목적물의 소유권을 이전하여야 할 의무를 짐과 동시에 매매 대금의 지급을 청구할 권리를 갖는다. 반대로 매수인은 매도인에게 매매 대금을 지급할 의무가 있고 소유권의 이전을 청구할 권리를 갖는다. [1-2]양 당사자는 서로 권리를 행사하고 서로 의무를 이행하는 관계에 놓이는 것이다.

이처럼 의사 표시를 필수적 요소로 하여 [2-1]법률 효과를 발생시키는 행위들을 법률 행위라 한다. 계약은 법률 행위의 일종으로서, [2-2]당사자에게 일정한 청구권과 이행 의무를 발생시킨다. [2-3]청구권을 내용으로 하는 권리가 채권이고, [2-4]그에 따라 이행을 해야 할 의무가 채무이다. 따라서 [2-5]채권과 채무는 발생한 법률 효과가 동전의 양면처럼 서로 다른 방향에서 파악되는 것이라 할 수 있다. [2-6]채무자가 채무의 내용대로 이행하여 채권을 소멸시키는 것을 변제라 한다.

(중략)

[3-1]채권의 내용은 민법과 같은 실체법에서 규정하고 있고, 그것을 [3-2]강제적으로 실현할 수 있도록 민사 소송법이나 민사 집행법같은 절차법이 갖추어져 있다. 갑은 소를 제기하여 판결로써 자기가 가진 채권의 존재와 내용을 공적으로 확정받을 수 있고, 나아가 [3-3]법원에 강제 집행을 신청할 수도 있다. [3-4]강제 집행은 국가가 물리적 실력을 행사하여 채무자의 의사에 구애받지 않고 채무의 내용을 실행시켜 채권이 실현되도록 하는 제도이다.

320. 실체법[3-1]에는 청구권[2-2]에 관한 규정이 있다.

321. 절차법[3-2]에 강제 집행 제도[3-5]가 마련되어 있다.

322. 법원[3-4]을 통하여 물리력으로 채권을 실현할 수 있다.[3-5]

< 보 기 >

증여는 당사자의 일방이 자기의 재산을 무상으로 상대방에게 줄 [B-1]의사를 표시하고 상대방이 이를 승낙함으로써 성립하는 계약이다. [B-2]증여자만 이행 의무를 진다는 점이 특징이다.

유언은 유언자의 사망과 동시에 일정한 [B-3]법률 효과를 발생시키려는 것을 목적으로 하는데, [B-4]유언자의 의사 표시만으로 유효하게 성립하고 의사 표시의 상대방이 필요 없다는 점에서 증여와 차이가 있다.

323. 증여와 유언은 법률 효과를 발생시키려는 목적[2-1, 2-2]이 있다는 점이 공통된다.

324. 증여는 변제의 의무를 발생시키지 않는다[2-6]는 점에서 매매와 차이가 있다.

325. 증여는 당사자 일방만이 이행한다[B-2]는 점에서 양 당사자가 서로 이행하는 관계를 갖는 매매[1-2]와 차이가 있다.

단어의 정의, 문장들을 이어붙여 같은 말을 다르게 표현하는 패턴의 문제이다. 선지에서 필요한 정보를 [지문]에서 찾아내 연결할 수 있어야 한다.

〔 **320. 2018년 11월 수능 16번 – ①** 〕

(O) [지문]에서 채권의 내용은 민법과 같은 실체법에서 규정하고 있다[3-1], 청구권을 내용으로 하는 권리가 채권[2-2]이라고 설명하고 있다. 즉 실체법에 청구권에 대한 내용이 있다고 할 수 있다. 선지에서 '실체법-채권-청구권'을 연결한 것이다. 따라서 맞는 선지이다.

〔 **321. 2018년 11월 수능 16번 – ②** 〕

(O) 3-5에서 '강제 집행'은 채무자의 의사에 구애받지 않고 채권을 강제적으로 실현하는 행위[3-5]임을 알 수 있다. 따라서 '채권을 강제적으로 실현'하는 것이 '강제 집행 제도'이다. 또한 '채권을 강제적으로 실현'할 수 있도록 절차법이 갖추어져 있다[3-2]고 하므로 맞는 선지이다.

〔 **322. 2018년 11월 수능 16번 – ④** 〕

(O) 3-4에서 법원에 강제 집행을 신청할 수 있다는 것을 알 수 있고, '강제 집행'은 물리력으로 채권을 실현하는 행위[3-5]이므로 맞는 선지이다.

[check point]

같은 말 다르게 표현하기(패러프레이징)

→ [지문] '채권의 내용은 민법과 같은 실체법에서 규정하고 있다.', '청구권을 내용으로 하는 권리가 채권' ≒[선지] '실체법에는 청구권에 관한 규정이 있다.'

→ [지문] '강제 집행은 국가가 물리적 실력을 행사하여 채무자의 의사에 구애받지 않고 채무의 내용을 실행시켜 채권이 실현되도록 하는 제도이다.', '채권을 강제적으로 실현할 수 있또록 절차법이 갖추어져 있다.' ≒[선지] '절차법에 강제 집행 제도가 마련되어 있다.'

→ [지문] '법원에 강제 집행을 신청할 수 있다.', '강제 집행은 물리력으로 채권을 실현하는 제도' ≒[선지] '법원을 통하여 물리력으로 채권을 실현할 수 있다.'

[지문 내용]

계약-(법률행위)의사표시를 필수적 요소로 하여 법률 효과를 발생시키는 행위

	매도인	매수인
채권 (청구권)	매매 대금의 지급을 청구할 권리	소유권의 이전을 청구할 권리
채무 (이행의무)	매매 목적물의 소유권을 이전하여 할 의무	매매 대금을 지급할 의무

실체법 : (민법) 채권의 내용

절차법 : (민사 소송법, 민사 집행법) 채권을 강제적으로 실현해주는 법

〈보기〉에서 [지문]에서 다루지 않은 추가적인 정보를 주고 있다. 추가적인 정보를 줄 때는 [지문] 내용과의 공통점·차이점에 주목해야 한다.

증여 : 당사자의 일방이 의사를 표시하고+상대방이 승낙⇒성립
    – 증여자만 이행 의무(=채무)를 짐

유언 : 유언자의 의사 표시⇒성립
    – 유언자의 사망과 동시에 일정한 법률 효과를 발생시킴
    – 의사 표시의 상대방이 필요 없음(증여와 차이점)

323. 2018년 11월 수능 19번 – ②

(O) 유언은 〈보기〉에서 법률 효과를 발생시키려는 목적으로 한다[B-3]고 직접적으로 나와 있다. 그렇다면 증여의 목적은 무엇인지 알기 위해, 먼저 '법률 효과가 발생한다'의 의미를 찾아야 한다. [지문]의 2문단을 읽어보면 법률 행위를 함으로써 법률 효과를 발생[2-1]시키고, 법률 효과는 일정한 청구권과 이행 의무를 발생시킨다[2-2]는 것을 알 수 있다. 이를 증여에 적용해 보면, 〈보기〉에서 증여자가 이행 의무를 진다고 설명하고 있고 증여자는 당사자로서 이행 의무를 지게 되므로 증여는 법률 효과를 발생시키게 된다. 따라서 맞는 선지이다.

어떤 정보가 필요한지 살피고 [지문]에서 찾아 선지와 비교할 수 있어야 한다. 단어의 정의는 내용 일치에 자주 쓰인다.

324. 2018년 11월 수능 19번 – ③

(X) 변제란 채무자가 채무의 내용대로 이행하여 채권을 소멸시키는 것[2-6]이다. 증여는 증여자가 이행 의무를 지고[B-2], 이행 의무를 지는 사람은 채무자[2-4]이므로, 증여자는 채무자로서 채무를 소멸시킬 의무(=변제의 의무)가 있다. 따라서 틀린 선지이다.

물론 매매도 채무자가 변제의 의무를 갖는다.[1-2] 따라서 이 선지는 [지문]에서 설명한 매매와의 공통점을 차이점으로 바꿔 출제한 선지이다. 〈보기〉에서 추가적인 정보가 등장한다면 [지문] 내용과의 공통점과 차이점을 비교하는 선지가 나오니 유의하자.

325. 2018년 11월 수능 19번 – ④

(O) 증여는 증여자만 이행 의무[B-3]를 진다. 하지만 매매는 양 당사자가 서로 의무를 이행하는 관계[1-2]에 놓인다. 따라서 맞는 선지이다. 두 개념의 차이점을 언급한 문제이다.

[check point]

〈보기〉 문제는 아래 3가지 케이스와 같다.

첫 번째로, [지문]에서 특정한 부분을 예시로 든 문제

– 〈보기〉에서 예시로 든 부분에 관한 설명을 [지문]에서 찾아야 함

→ 주로 기술·과학·경제·법 지문 (2020년 6월 모의고사 28번–책 19번, 2021년 11월 수능 16번–책 20~21번 등)

두 번째로, [지문]에서 설명한 내용에서 추가적인 내용을 설명한 문제(해당 유형 ✓)

– [지문]과 공통점 차이점 비교

→ 주로 인문(학자) 지문 (2021년 6월 모의고사 8번 –책 274번~275번 등)

세 번째로, [지문]의 비교 대상끼리 장단점을 섞은 예시를 든 문제

– [지문]의 어느 부분을 섞은 것인지를 판단하여야 함

→ 신유형 (2024년 6월 모의고사 7번–책 40~42번)

2018년 11월 수능 39,40번

[1-1]두 명제가 모두 참인 것도 모두 거짓인 것도 가능하지 않은 관계를 모순 관계라고 한다. 예를 들어, 임의의 명제를 P라고 하면 P와 ~P는 모순 관계이다.(기호 '~'은 부정을 나타낸다.) P와 ~P가 모두 참인 것은 가능하지 않다는 법칙을 무모순율이라고 한다. 그런데 "㉠ 다보탑은 경주에 있다."와 "㉡ 다보탑은 개성에 있을 수도 있었다."는 [1-2]모순관계가 아니다. [1-3]현실과 다르게 다보탑을 경주가 아닌 곳에 세웠다면 다보탑의 소재지는 지금과 달라졌을 것이다. 철학자들은 이를 두고, P와 ~P가 모두 참인 혹은 모두 거짓인 가능세계는 없지만 다보탑이 개성에 있는 가능세계는 있다고 표현한다.

'가능세계'의 개념은 일상 언어에서 흔히 쓰이는 필연성과 가능성에 관한 진술을 분석하는 데 중요한 역할을 한다. 'P는 가능하다'는 P가 적어도 하나의 가능세계에서 성립한다는 뜻이며, [2-1]'P는 필연적이다'는 P가 모든 가능세계에서 성립한다는 뜻이다. "만약 Q이면 Q이다."를 비롯한 필연적인 명제들은 모든 가능세계에서 성립한다. "다보탑은 경주에 있다."와 같이 가능하지만 필연적이지는 않은 명제는 우리의 현실 세계를 비롯한 어떤 가능세계에서는 성립하고 또 어떤 가능세계에서는 성립하지 않는다.

가능세계는 다음의 네 가지 성질을 갖는다.

(중략)

셋째는 가능세계의 완결성이다. ³⁻¹어느 세계에서든 임의의 명제 P에 대해 "P이거나 ~P이다."라는 배중률이 성립한다. 즉 P와 ~P 중 하나는 반드시 참이라는 것이다.

---

326. 배중률은 모든 가능세계에서 성립³⁻¹한다.

327. 필연적인 명제가 성립하지 않는²⁻¹ 가능세계가 있다.

328. "만약 다보탑이 개성에 있다면, 다보탑은 개성에 있다."가 성립하는 가능세계 중에는 ㉠이 거짓인 가능세계는 없다.

329. ㉡과 "다보탑은 개성에 있지 않다."는 모순 관계가 아니다.

330. 만약 ㉡이 거짓이라면 어떤 가능세계에서도 다보탑이 개성에 있지 않다.

331. ㉠과 ㉡은 현실세계¹⁻³에서 둘 다 참인 것이 가능하다.

[지문 내용]

모순 관계 : 'P와 ~P' = '두 명제가 모두 참인 것도 모두 거짓인 것도 가능하지 않은 관계'
예시) '나는 신발을 신고 있다.'와 '나는 신발을 신고 있지 않다.'

P는 가능하다 : P가 적어도 하나의 가능세계에서 성립된다.
P는 필연적이다 : P가 모든 가능세계에서 성립한다.
완결성 : 어느 세계에서든 배중률(P이거나 ~P이다)이 성립한다.

〔 326. 2018년 11월 수능 39번 – ① 〕

(○) 3-1를 보면 어느 세계에서든 배중률이 성립한다. 이는 배중률은 모든 세계에서 성립한다는 말과 같다. 같은 말을 다르게 표현한 선지이다.

〔 327. 2018년 11월 수능 39번 – ③ 〕

(✗) 필연적인 명제는 모든 가능세계에서 성립한다²⁻¹. 즉 필연적인 명제가 성립하지 않는 가능세계는 없다. 틀린 선지이다.

[check point]

같은 말 다르게 표현하기(패러프레이징)
→ [지문] '어느 세계에서든 임의의 명제 P에 대해 배중률이 성립한다.' ≒[선지] '배중률은 모든 가능세계에서 성립한다.'
→ [지문] "P는 필연적이다'는 P가 모든 가능세계에서 성립한다는 뜻이다.' ≒[선지] '필연적인 명제가 성립하지 않는 가능세계가 있다.'

〔 328. 2018년 11월 수능 40번 – ② 〕

(✗) "만약 다보탑이 개성에 있다면, 다보탑은 개성에 있다."가 성립하는 가능세계에서는 다보탑이 개성에 있게 된다. 하지만 ㉠은 "다보탑은 경주에 있다."는 명제이므로 ㉠이 거짓이 된다. 따라서 틀린 선지이다.

〔 329. 2018년 11월 수능 40번 – ③ 〕

(○) "다보탑은 개성에 있을 수도 있었다."와 "다보탑은 개성에 있지 않다."는 모순 관계가 아니다. 모순 관계란 두 명제가 모두 참인 것도 모두 거짓인 것도 가능하지 않은 관계인데, 다보탑이 개성에 있을 수 있었지만 결과적으로 개성에 있지 않은 가능세계가 존재기 때문에 두 명제는 모순 관계가 아니다. 따라서 맞는 선지이다.
이 선지는 [지문]에서 모순 관계의 정확한 정의가 무엇인지를 찾고, 가정을 통해 모순 관계에 해당하는지 아닌지를 판단해야 하는 선지이다.

〔 330. 2018년 11월 수능 40번 – ④ 〕

(○) "다보탑이 개성에 있을 수도 있었다."가 거짓이라면 '다보탑이 개성에 있을 수 없었다'를 의미한다. 다보탑이 개

성에 있을 수 없었다면 어떤 가능세계에서도 다보탑이 개성에 있지 않을 것이므로 맞는 선지이다.

---

331. 2018년 11월 수능 40번 – ⑤

(○) 현실세계에서 ㉠"다보탑은 경주에 있다."[1-3] 와 ㉡"다보탑은 개성에 있을 수도 있었다."가 모두 참일 수도 있을 것이다. 다보탑이 과거에 어떤 논의 등을 통해 개성에 있게 될 수도 있었지만 결국 현재에는 경주에 있게 된 상황도 가능하기 때문이다. 따라서 맞는 선지이다.

[check point]

1. [지문]에서 설명한 단어의 정의와 〈보기〉, 선지의 설명을 일치시킬 수 있어야 한다.
   → [지문] '모순 관계 : (P와 ~P의 관계) 두 명제가 모두 참인 것도 모두 거짓인 것도 가능하지 않은 관계' , [선지] '"다보탑은 개성에 있을 수도 있었다."와 "다보탑은 개성에 있지 않다."는 모순 관계가 아니다.'

2. 선지에서 하는 말을 해석할 수 있어야 한다.
   → '사상적 공백'='사상이 없음' (202년 6월 모의고사 7번: 본 책 9번 ㄷ)
   → '현행대로 유지하여야'='변경하지 말고 그대로 있자' (2024년 6월 모의고사 7번: 본 책 41번)
   → '유류분권자가 유류분 부족액을 물건 대신 돈으로 반환하라고 요구하더라도 무상 취득자는 무상 취득한 물건으로 반환할 수 있다.'='서로 합의가 되지 않은 상황' (2022년 9월 모의고사 11번: 본 책 246번)
   → '을이 가진 소유권을 양도받아'='을은 소유권이 있다.' (2019년 9월 모의고사 30번: 본 책 299번)
   → '"다보탑은 개성에 있을 수도 있었다."가 거짓이라면'='다보탑은 개성에 있을 수 없었다.'(2018년 수능 40번: 본 책 330번)

2019년 11월 수능 38번

국제법에서 일반적으로 조약은 국가나 국제기구들이 그들 사이에 지켜야 할 구체적인 권리와 의무를 명시적으로 합의하여 창출하는 규범이며, 국제 관습법은 조약 체결과 관계없이 국제 사회 일반이 받아들여 지키고 있는 보편적인 규범이다. 반면에 경제 관련 국제기구에서 어떤 결정을 하였을 경우, 이 결정 사항 자체는 권고적 효력만 있을 뿐 법적 구속력은 없는 것이 일반적이다. 그런데 국제결제은행 산하의 바젤위원회가 결정한 BIS 비율 규제와 같은 것들이 비회원의 국가에서도 엄격히 준수되는 모습을 종종 보게 된다. 이처럼 일종의 규범적 성격이 나타나는 현실을 어떻게 이해할지에 대한 논의가 있다. 이는 위반에 대한 제재를 통해 국제법의 효력을 확보하는 데 주안점을 두는 일반적 경향을 되돌아보게 한다.

(중략)

바젤 협약은 우리나라를 비롯한 수많은 국가에서 채택하여 제도화하고 있다. 현재 바젤위원회에는 28개국의 금융 당국들이 회원으로 가입되어 있으며, 우리 금융 당국은 2009년에 가입하였다. 하지만 우리나라는 가입하기 훨씬 전부터 BIS 비율을 도입하여 시행하였으며, 현행 법제에도 이것이 반영되어 있다. [1-1]바젤 기준을 따름으로써 은행이 믿을 만하다는 징표를 국제 금융 시장에 보여 주어야 했던 것이다. [1-2]재무 건전성을 의심받는 은행은 국제 금융 시장에 자리를 잡지 못하거나, 심하면 아예 발을 들이지 못할 수도 있다.

---

332. 국제기구의 결정을 지키지 않을 때 입게 될 불이익은 그 결정이 준수되도록 하는 역할을 한다.

[지문 내용]

· 비교 대상 : 조약, 국제 관습법, 국제기구의 결정

조약 : 국가나 국제기구끼리의 규범

국제 관습법 : 조약 체결과 관계없이 보편적으로 지키는 규범

국제기구의 결정 : 회원에게 권고적 효력○, 법적 구속력×

⇒ 해당 국제기구와는 관련 없는 '비회원의 국가'에서도 엄격히 준수되는 모습이 있음(=규범적 성격)

〈일반적 경향〉	〈규범적 성격〉
조약, 국제 관습법	국제기구의 결정
⇒ 위반에 대한 제재를 통해 국제법의 효력을 확보하는 일반적 경향	비회원의 국가에서도 엄격히 준수되는 모습 ⇒ 일종의 규범적 성격

332. 2019년 11월 수능 38번 – ④

(○) [지문]의 1-1, 1-2문장을 보면 '바젤 기준을 따름으로써 은행이 믿을만하다는 징표를 국제 금융 시장에 보여 주어야 했던 것이다.', '재무 건전성을 의심받는 은행은 국제 금융 시장에 자리를 잡지 못하거나, 심하면 아예 발을 들이지 못할 수도 있다.'라고 표현하고 있다. 바젤 협약은 국제기구의 결정 사항의 예시에 해당하므로, 위 문장을 종합하면 국제기구의 결정에 따른 기준을 맞추지 못하는 은행은 국제 금융 시장에 자리를 잡지 못하는 등의 불이익을 받을 수 있기 때문에 법적인 제재가 없어도 이를 지키려고 노력한다는 것을 알 수 있다. 따라서 맞는 선지이다. [지문]의 문장에서 어떤 뜻이 내포되어 있는지를 알아야 하고, 이를 선지와 연결 지을 수 있어야 한다.

[check point]

같은 말 다르게 표현하기(패러프레이징)
→ [지문] '위반에 대한 제재를 통해 국제법의 효력을 확보하는 데 주안점을 두는 일반적 경향을 되돌아보게 한다.' ≒ '위반에 대한 제재를 하면 국제법의 효력을 확보할 수 있다.' = [선지] '국제기구의 결정을 지키지 않을 때 입게 될 불이익은 그 결정이 준수되도록 하는 역할을 한다.'

2018년 6월 모의고사 23번

[A]사무실의 [1-1]방충망이 낡아서 파손되었다면 세입자와 사무실을 빌려 준 건물주 중 누가 고쳐야 할까? 이 경우, [1-2]민법전의 법조문에 의하면 임대인인 건물주가 수선할 의무를 진다. 그러나 사무실을 빌릴 때, 간단한 파손은 세입자가 스스로 해결한다는 내용을 계약서에 포함하는 경우도 있다. 이처럼 법률의 규정과 계약의 내용이 어긋날 때 어떤 것이 우선 적용되어야 하는가, 법적 불이익은 없는가 등의 문제가 발생한다.

사법(私法)은 개인과 개인 사이의 재산, 가족 관계 등에 적용되는 법으로서 이 법의 영역에서는 '계약 자유의 원칙'이 적용된다. [2-1]계약의 구체적인 내용 결정 등은 당사자들 스스로 정할 수 있다는 것이다. 따라서 [2-2]당사자들이 사법에 속하는 법률의 규정과 어긋난 내용으로 계약을 체결한 경우에 계약 내용이 우선 적용된다. 이처럼 법률상으로 규정되어 있더라도 [2-3]당사자가 자유롭게 계약 내용을 정할 수 있는 법률 규정을 '임의 법규'라고 한다. 사법은 원칙적으로 임의 법규이므로, [2-4]사법으로 규정한 내용에 대해 당사자들이 계약으로 달리 정하지 않았다면 원칙적으로 법률의 규정이 적용된다. [2-5]위에서 본 임대인의 수선 의무 조항이 이에 해당한다.

[3-1]그러나 법률로 정해진 내용과 어긋나게 계약을 하면 당사자들에게 벌금이나 과태료 같은 법적 불이익이 있거나 계약의 효력이 부정되는 예외적인 경우도 있다. 우선, 체결된 계약 내용이 법률에 정해진 내용과 어긋날 때 법적 불이익이 있지만 계약의 효력 자체는 그대로 두는 경우가 있다. 이에 해당하는 법조문을 '단속 법규'라고 한다. 공인 중개사가 자신이 소유한 부동산을 고객에게 직접 파는 것을 금지하는 규정은 단속 법규에 해당한다.

(중략)

한편 체결된 계약 내용이 법률에 정해진 내용과 어긋날 때 법적 불이익이 있을 뿐 아니라 체결된 계약의 효력 자체도 인정되지 않아 급부 의무가 부정되는 경우가 있다. 이에 해당하는 법조문을 '강행 법규'라고 한다. 의사와 의사 아닌 사람의 의료 기관 동업을 금지하는 법률 규정은 강행 법규이다.

---

333. [A]에 제시된 물음에 대한 답으로 맞는 것을 〈보기〉에서 고르시오

┄┄┄┄┄┄┄┄┄┄< 보 기 >┄┄┄┄┄┄┄┄┄┄

ㄱ. 계약서에 방충망 수선에 관한 내용이 없으면 건물주가 수선 의무를 지고, 수선 의무를 계약에 포함하지 않은 것에 대한 법적 불이익은 누구에게도 없다.

ㄷ. 계약서에 세입자가 방충망을 수선한다는 내용이 있으면 세입자가 수선 의무를 지고, 법률 내용과 다르게 계약한 것에 대한 법적 불이익은 누구에게도 없다.

ㄹ. 계약서에 세입자가 방충망을 수선한다는 내용이 있으면 세입자가 수선 의무를 지고, 건물주는 법률 내용과 다르게 계약한 것에 대해 법적 불이익을 받는다.

> **"계약 내용 vs 법 내용" 내용이 서로 상충하면 어느 것을 따라야 할까?**
>
> → 임의 법규
>
> : 계약의 구체적인 내용 등은 당사자들 스스로 정할 수 있고, 법률의 규정보다 계약서가 우선한다. 계약을 따르고, 당사자들에게 법적 불이익X_예시)임대인의 수선 의무 조항
>
> → 단속 법규
>
> : 계약은 따르되, 당사자들에게 법적 불이익_예시)공인중개사 자신이 소유한 부동산을 직접 파는 것을 금지하는 규정
>
> → 강행 법규
>
> : 계약 무효, 당사자들에게 법적 불이익_예시)의사와 의사가 아닌 사람의 의료기관 동업을 금지하는 법률 규정

[A] 상황은 '임대인의 수선 의무 조항'[2-5]으로, 임의 법규에 해당[2-5]한다. 따라서 당사자들이 자유롭게 계약 내용을 정할 수 있고[2-3] 계약 내용이 법보다 우선[2-2]한다. 또한 3-1문장을 보면 법과 어긋나게 계약을 했을 때 법적 불이익이 있거나 계약의 효력이 부정되는 경우들을 소개하고 있는데, 그 예시로 임의 법규와는 다른 법규들을 제시하고 있다. 따라서 임의 법규는 법과 어긋나게 계약을 했다고 해도 법적 불이익이 없고 계약의 효력이 부정되지 않는다는 것을 알 수 있다.

ㄱ (○) 방충망이 낡아서 파손된 경우 법조문에 의하면 임대인인 건물주가 수선할 의무[1-2]를 진다. [A] 상황은 임의 법규와 관련된 상황으로 계약에 내용이 없다면 법에 따른다. 따라서 건물주가 수선 의무를 지고, 법적 불이익은 누구에게도 없다.

ㄴ (○) 임의 법규는 계약서가 법보다 우선한다. 계약서에 세입자가 방충망을 수선한다는 내용이 있으면 세입자가 수선 의무를 지고, 법적 불이익은 누구에게도 없다.

ㄹ (✕) 임의 법규는 계약서가 법보다 우선한다. 계약서에 세입자가 방충망을 수선한다는 내용이 있으면 세입자가 수선 의무를 지고, 단속 법규, 강행 법규와는 다르게 임의 법규는 법률 내용과 다르게 계약했어도 법적 불이익은 누구에게도 없다.

> **[check point]**
>
> 필요한 정보를 찾아서 선지와 연결시킬 수 있어야 한다. 정보는 여러 문장에 걸쳐 있을 수 있다.
>
> →2019년 6월 모의고사 38번 : [지문]에서 내부공생설에 대한 근거, 박테리아로부터 비롯되었다는 근거 찾고 〈보기〉와 일치시키기
>
> →2018년 6월 모의고사 23번(책333번) : [지문]에서 임의 법규에 관한 특징을 찾고 〈보기〉와 대응시키기

2018년 6월 모의고사 38번

LFIA 키트를 이용하면 키트에 나타나는 선을 통해, [1-1]액상의 시료에서 검출하고자 하는 목표 성분의 유무를 간편하게 확인할 수 있다. LFIA 키트는 가로로 긴 납작한 막대 모양인데, 시료 패드, 결합 패드, 반응막, 흡수 패드가 순서대로 나란히 배열된 구조로 되어 있다. 시료 패드로 흡수된 시료는 결합 패드에서 복합체와 함께 반응막을 지나 여분의 시료가 흡수되는 흡수 패드로 이동한다. 결합 패드에 있는 [1-2]복합체는 금-나노 입자 또는 형광 비드 등의 표지 물질에 특정 물질이 붙어 이루어진다. [1-3]표지 물질은 발색 반응에 의해 색깔을 내는데, 이 표지 물질에 붙어 있는 특정 물질은 키트 방식에 따라 종류가 다르다. 일반적으로 한 가지 목표 성분을 검출하는 키트의 반응막에는 항체들이 띠 모양으로 두 가닥 고정되어 있는데, 그중 시료 패드와 가까운 쪽에 있는 가닥이 검사선이고 다른 가닥은 표준선이다. 표지 물질이 검사선이나 표준선에 놓이면 발색 반응에 의해 반응선이 나타난다. [1-4]검사선이 발색되어 나타나는 반응선을 통해서는 목표 성분의 유무를 판정할 수 있다. [1-5]표준선이 발색된 반응선이 나타나면 검사가 정상적으로 진행되었음을 알 수 있다.

LFIA 키트는 주로 직접 방식 또는 경쟁 방식으로 제작되는데, 방식에 따라 검사선의 발색 여부가 의미하는 바가 다르다. 직접 방식에서 복합체에 포함된 특정 물질은 목표 성분에 결합할 수 있는 항체이다. 시료에 목표 성분이 포함되어 있다면 목표 성분은 이 항체와 일차적으로 결합하고, 이후 검사선의 고정된 항체와 결합한다. 따라서 [2-1]검사선이 발색되면 시료에서 목표 성분이 검출되었다고 판정한다. 한편 [2-2]경쟁 방식에서 복합체에 포함된 특정 물질은 목표 성분에 대한

항체가 아니라 목표 성분 자체이다. 만약 시료에 목표 성분이 포함되어 있으면 시료의 목표 성분과 복합체의 목표 성분이 서로 검사선의 항체와 결합하려 경쟁한다. [2-3]이때 시료에 목표 성분이 충분히 많다면 시료의 목표 성분은 복합체의 목표 성분이 검사선의 항체와 결합하는 것을 방해하므로 검사선이 발색되지 않는다. [2-4]직접 방식은 세균이나 분자량이 큰 단백질 등을 검출할 때 이용하고, 경쟁 방식은 항생 물질처럼 목표 성분의 크기가 작은 경우에 이용한다.

(중략)

여러 번의 검사 결과를 통해 키트의 정확도를 구하는데, [3-1]정확도란 시료를 분석할 때 올바른 검사 결과를 얻을 확률이다. 정확도는 민감도와 특이도로 나뉜다. [3-2]민감도는 시료에 목표 성분이 존재하는 경우에 대해 키트가 이를 양성*으로 판정한 비율이다. [3-3]특이도는 시료에 목표 성분이 없는 경우에 대해 키트가 이를 음성*으로 판정한 비율이다. 민감도와 특이도가 모두 높아 정확도가 높은 키트가 가장 이상적이지만 현실에서는 그렇지 않은 경우가 많아서 상황에 따라 민감도나 특이도를 고려하여 키트를 선택해야 한다.

＊ 양성: 키트가 시료에 목표 성분이 들어 있다고 판정

＊ 음성: 키트가 시료에 목표 성분이 들어 있지 않다고 판정

＜ 보 기 ＞

살모넬라균은 집단 식중독을 일으키는 대표적인 병원성 [B-1]세균이다. 기존의 살모넬라균 분석법은 [B-2]정확도는 높으나 [B-3]3~5일의 시간이 소요되어 [B-4]질병 발생 시 신속한 진단 및 예방에 어려움이 있었다. 살모넬라균은 감염 속도가 빠르므로 다량의 시료 중 오염이 의심되는 시료부터 신속하게 골라낸 후에 이 시료만을 대상으로 더 정확한 방법으로 분석하여 [B-5]오염 여부를 확정 짓는 것이 효과적이다. 최근에 기존 방법보다 [B-6]정확도는 낮으나 저렴한 비용으로 살모넬라균만을 [B-7]신속하게 검출할 수 있는 ⓐ LFIA 방식의 새로운 키트 가 개발되었다고 한다.

334. ⓐ의 결합 패드에는 표지 물질에 살모넬라균이 붙어 있는 복합체[2-2]가 들어 있겠군.

335. ⓐ를 이용하여 음식물의 살모넬라균 오염 여부를 검사하려면 시료를 액체 상태로[1-1] 만들어야겠군.

336. ⓐ를 이용하여 현장에서 살모넬라균 오염 의심 시료를 선별하기 위해서는 특이도보다 민감도가 높은 것이 더 효과적이겠군.

337. ⓐ를 이용하여 살모넬라균이 검출되었다고 키트가 판정한 경우에도 기존의 분석법으로는 균이 검출되지 않을 수 있겠군.

과학·기술 지문은 [지문]에서 설명한 내용을 〈보기〉 문제로 구현한다. 먼저 〈보기〉의 상황을 분석하여 [지문]의 어떤 내용을 설명하고 있는지 판단하는 것이 중요하다.

〈보기〉에서 두 가지 분석법을 설명하고 있다.

기존의 살모넬라균 분석법은 정확도는 높으나 검출 속도는 느리고,

LFIA 방식의 새로운 키트는 정확도는 낮으나 검출 속도는 빠르다.

둘 다 살모넬라균인 세균을 검출하는 방식이므로 직접 방식일 것이다. 정확도를 설명한 마지막 문단과 관련되어 있음을 알 수 있다.

334. 2018년 6월 모의고사 38번 - ②

(✕) 선지의 'ⓐ의 결합 패드에는 표지 물질에 살모넬라균이 붙어 있는 복합체가 들어 있겠군.'이라는 문장은 'ⓐ는 경쟁 방식[2-2]이다.'와 같은 말이다. 직접 방식과 경쟁 방식을 구분하는 방법은 2-4에서 설명하는데, 〈보기〉에서 말한 세균[B-1]은 직접 방식에 해당하므로 선지와 일치하지 않는다. 따라서 틀린 선지이다.

이 선지 역시 [지문]에서 설명한 특정 방법을 그대로 써놓기보다 방법에 대한 설명을 함으로써 비교 대상 중 어떤 것을 의미하는지 파악할 수 있는가를 묻는다. 단어의 정의, 특징들은 이런 식의 내용 일치 패턴으로 자주 쓰인다.

(335. 2018년 6월 모의고사 38번 – ③)

(O) 시료가 액체가 아니어도 LFIA 키트를 사용할 수 있는지를 확인해야 한다. 1-1에서 '액상의 시료에서 검출하고자 하는 목표 성분의 유무를 확인할 수 있는 키트'가 LFIA 키트라고 설명하고 있다. 따라서 LFIA 키트는 '액상의 시료'만 이용할 수 있으므로 맞는 선지이다. 흘려보낼 수 있는 정보를 [지문]에서 꼼꼼하게 찾는 습관을 들이자.

[지문 내용]

〈LFIA 키트 검사 반응 과정〉

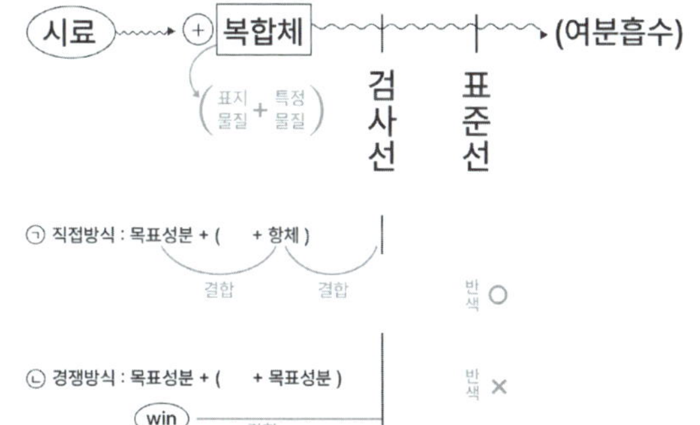

직접 방식	경쟁 방식
목표 성분 ○ → 발색 ○	목표 성분 ○ → 발색 ✕ 목표 성분 ✕ → 발색 ○

– 민감도 : 시료에 목표 성분이 존재하는 경우에 대해 키트가 이를 양성으로 판정한 비율

– 특이도 : 시료에 목표 성분이 없는 경우에 대해 키트가 이를 음성으로 판정한 비율

(336. 2018년 6월 모의고사 38번 – ④)

(O) 특이도는 시료에 목표 성분이 없는 경우에 없다고 판정하는 비율[3-3]이고, 민감도는 시료에 목표 성분이 있을 경우에 있다고 판정하는 비율[3-2]이다. ⓐ는 질병 발생 시 진단을 위해[B-4] 오염 여부를 확정 지으려고[B-5] 사용하는 키트이므로, 시료에 목표 성분이 있을 때 있다고 판정하는 비율이 높아야 한다. 따라서 특이도보다 민감도가 높아야 한다. 맞는 선지이다.

(337. 2018년 6월 모의고사 38번 – ⑤)

(O) ⓐ는 기존의 살모넬라균 분석법보다 정확도가 낮다[B-6]. ⓐ가 살모넬라균이 검출되었다고 하였더라도 틀렸을 수 있다는 말이다. 따라서 ⓐ와 기존의 분석법과 결과가 다를 수 있으므로 맞는 선지이다.

[check point]

1. [지문]에서 설명한 단어의 정의와 〈보기〉, 선지의 설명을 일치시킬 수 있어야 한다.
   → [지문] '경쟁 방식 : 복합체에 포함된 특정 물질은 목표 성분에 대한 항체가 아니라 목표 성분 자체이다.', [선지] '결합 패드에는 표지 물질에 살모넬라균이 붙어 있는 복합체가 들어 있겠군.'

2. [지문]을 읽었을 때는 흘려보내기 쉬운 조건을 선지에서 언급한다면, 다시 [지문]으로 돌아가 찾을 수 있어야한다.
   → 2021년 6월 모의고사 14번(책 90번) : [선지] 실시간 PCR는 가열 과정을 거쳐야 시료에 포함된 표적 DNA의 양을 증폭할 수 있다.
   → 2018년 6월 모의고사 38번(책 335번) : [선지] 음식물의 살모넬라균 오염 여부를 검사하려면 시료를 액체 상태로 만들어야겠군.

3. 〈보기〉 문제는 아래 3가지 케이스와 같다.
   첫 번째로, [지문]에서 특정한 부분을 예시로 든 문제(해당 유형 ✓)
   – 〈보기〉에서 예시로 든 부분에 관한 설명을 [지문]에서 찾아야 함
   → 주로 기술·과학·경제·법 지문 (2020년 6월 모의고사 28번–책 19번, 2021년 11월 수능 16번–책 20~21번 등)
   두 번째로, [지문]에서 설명한 내용에서 추가적인 내용을 설명한 문제
   – [지문]과 공통점 차이점 비교
   → 주로 인문(학자) 지문 (2021년 6월 모의고사 8번 –책 274번~275번 등)
   세 번째로, [지문]의 비교 대상끼리 장단점을 섞은 예시를 든 문제
   – [지문]의 어느 부분을 섞은 것인지를 판단하여야 함
   → 신유형 (2024년 6월 모의고사 7번–책 40~42번)

2018년 11월 수능 28,30번

16세기 전반에 [1-1]서양에서 태양 중심설을 지구 중심설의 대안으로 제시하며 시작된 천문학 분야의 개혁은 [1-2]경험주의의 확산과 수리 과학의 발전을 통해 형이상학을 뒤바꾸는 변혁으로 이어졌다. 서양의 우주론이 전파되자 중국에서는 중국과 서양의 우주론을 회통하려는 시도가 전개되었고, 이 과정에서 자신의 지적 유산에 대한 관심이 제고되었다.

(중략)

16세기 말부터 중국에 본격 유입된 서양 과학은, [2-1]청 왕조가 1644년 중국의 역법(曆法)을 기반으로 서양 천문학 모델과 계산법을 수용한 시헌력을 공식 채택함에 따라 그 위상이 구체화되었다. 브라헤와 케플러의 천문 이론을 차례대로 수용하여 정확도를 높인 시헌력이 생활 리듬으로 자리 잡았지만, 중국 지식인들은 서양 과학이 중국의 지적 유산에 적절히 연결되지 않으면 아무리 효율적이더라도 불온한 요소로 여겼다. 이에 따라 서양 과학에 매료된 학자들도 어떤 방식으로든 ㉠ 서양 과학과 중국 전통 사이의 적절한 관계 맺음을 통해 이 문제를 해결하고자 하였다.

17세기 웅명우와 [3-1]방이지 등은 [3-2]중국 고대 문헌에 수록된 우주론에 대해서는 부정적 태도를 견지하면서 [3-3]성리학적 기론(氣論)에 입각하여 실증적인 [3-4]서양 과학을 재해석한 [3-5]독창적 이론을 제시하였다. 수성과 금성이 태양 주위를 회전한다는 그들의 태양계 학설은 브라헤의 영향이었지만, 태양의 크기에 대한 서양 천문학 이론에 의문을 제기하고 기(氣)와 빛을 결부하여 제시한 광학 이론은 그들이 창안한 것이었다.

17세기 후반 왕석천과 [4-1]매문정은 [4-2]서양 과학의 영향을 받아 [4-3]경험적 추론과 [4-4]수학적 계산을 통해 우주의 원리를 파악하고자 하였다. 그러면서 [4-5]서양 과학의 우수한 면은 모두 중국 고전에 이미 갖추어져 있던 것인데 웅명우 등이 이를 깨닫지 못한 채 [4-6]성리학 같은 형이상학에 몰두했다고 비판했다. [4-7]매문정은 고대 문헌에 언급된, 하늘이 땅의 네 모퉁이를 가릴 수 없을 것이라는 증자의 말을 땅이 둥글다는 서양 이론과 연결하는 등 [4-8]서양 과학의 중국 기원론을 뒷받침하였다.

중국 천문학을 중심으로 서양 천문학을 회통하려는 [5-1]매문정의 입장은 18세기 초를 기점으로 중국의 공식 입장으로 채택되었으며, 이 입장은 중국의 역대 지식 성과물을 망라한 총서인 『사고전서』에 그대로 반영되었다.

338. 중국에 서양의 천문학적 성과가 자리 잡게 된 데에는 국가의 역할이[2-1] 작용하였다.

339. 중국에서는 18세기[5-1]에 자국의 고대 우주론을 긍정하는 입장이 주류[4-5]가 되었다.

340. 서양에서는[1-1] 중국과 달리[4-3] 경험적 추론에 기초한 우주론이 제기[1-2, 4-3]되었다.

341. 방이지[3-1]는 서양 우주론의 영향을 받았[3-4]지만 서양의 이론과 구별되는 새 이론의 수립을 시도[3-5]하였다.

342. 매문정[4-1]은 중국 고대 문헌에 나타나는 천문학적 전통[4-6]과 서양 과학의 수학적 방법론[4-2, 4-4]을 모두 활용하였다.

343. 성리학적 기론을 긍정한 학자들[3-3]은 중국 고대 문헌의 우주론을 근거[3-2]로 서양 우주론을 받아들여 새 이론을 창안하였다.

[지문 내용]

16세기 말		– 시헌력 공식 채택 – 서양 과학을 중국의 지적 유산에 적절히 연결하고 싶어함
17세기	웅명우, 방이지	– 중국 고대 문헌에 수록된 우주론에 부정적 – 성리학적 기론에 입각하여 실증적인 서양 과학을 재해석함 – 브라헤의 영향+광학 이론(창안)
17세기 후반	왕석천, 매문정	– 경험적 추론+수학적 계산 – 서양 과학의 우수한 면은 모두 중국 고전에 이미 갖추어져 있던 것↔웅명우는 깨닫지 못하고, 성리학같은 형이상학에 몰두 – 매문정 : (서양 과학의 중국 기원론) 증자의 말을 서양 이론과 연결함.
18세기 초		– 매문정의 입장을 공식 입장으로 채택

338. 2018년 11월 수능 28번 – ③

(O) 중국에 서양의 천문학적 성과가 자리 잡는데 국가의 역할이 작용했는지 [지문]에서 찾아야 한다. 2-1에서 청 왕

조가 서양 천문학 모델과 계산법을 수용한 시헌력을 공식 채택했다고 하였다. 따라서 맞는 선지이다.

---

339. 2018년 11월 수능 28번 – ④

(O) 18세기 초 중국에서 매문정의 입장이 중국의 공식 입장으로 채택[5-1]되었다. 매문정은 고대 문헌에 언급된[4-7] 증자의 말을 서양 이론과 연결하는 등 서양 과학의 중국 기원론을 뒷받침[4-8]하는 입장이고, 서양 과학의 우수한 면은 모두 중국 고전에 이미 갖추어져 있다[4-5]고 생각한다는 점에서 자국의 고대 우주론을 긍정하고 있다. 따라서 맞는 선지이다.

여러 문장들을 타고타고 올라가 연결짓는 선지이다.

---

340. 2018년 11월 수능 28번 – ⑤

(X) 서양은 경험적 추론에 기초한 우주론이 제기되었는지, 또 중국에서는 경험적 추론에 대한 우주론이 없었는지를 찾아보면 된다. 1문단을 보면 서양[1-1]에서 발생한 천문학 분야의 개혁은 경험주의의 확산[1-2]을 통해 형이상학을 뒤바꾸는 변혁으로 이어졌다. 이를 통해 천문학 분야가 경험주의에 기초하여 발전한 것임을 알 수 있다. 중국은 매문정[4-1]이 경험적 추론[4-3]을 통해 우주의 원리를 파악하고자 하였다. 따라서 서양과 중국 모두 경험적 추론에 기초한 우주론이 제기되었으므로 틀린 선지이다.

공통점을 차이점으로 뒤바꿔 출제한 선지이다. '경험적 추론'과 관련한 내용을 서양, 중국 모두 각각 [지문]에서 빠르게 찾을 수 있어야 했다.

[check point]

같은 말 다르게 표현하기(패러프레이징)

→ [지문] '청 왕조가 1644년 중국의 역법(曆法)을 기반으로 서양 천문학 모델과 계산법을 수용한 시헌력을 공식 채택함'≒[선지] '중국에 서양의 천문학적 성과가 자리 잡게 된 데에는 국가의 역할이 작용하였다.'

→ [지문] '매문정의 입장은 18세기 초를 기점으로 중국의 공식 입장으로 채택되었다.', '매문정은 서양 과학의 우수한

면은 모두 중국 고전에 이미 갖추어져 있던 것인데'≒[선지] '중국에서는 18세기에 자국의 고대 우주론을 긍정하는 입장이 주류가 되었다.'

---

341. 2018년 11월 수능 30번 – ③

(O) 방이지는 서양 과학을 재해석[3-4]한 독창적 이론을 제시[3-5]하였다. 따라서 맞는 선지이다.

---

342. 2018년 11월 수능 30번 – ④

(O) 매문정에 대한 내용을 말하고 있으므로 [지문]에서 매문정에 대하여 설명한 부분과 동일한지 판단해야 한다. [지문]을 보면 매문정은 서양 과학의 우수한 면은 모두 중국 고전에 이미 갖추어져 있던 것[4-5]이라 했고, 고대 문헌에 언급된 증자의 말을 서양 이론과 연결하여 서양 과학의 중국 기원론을 뒷받침했으며[4-7], 또한 서양 과학의 영향을 받아 수학적 계산[4-4]을 통해 우주의 원리를 파악하고자 하였다. 따라서 맞는 선지이다.

---

343. 2018년 11월 수능 30번 – ⑤

(X) '성리학적 기론을 긍정한 학자'는 '웅명우와 방이지'이다. 3-3문장을 보면 웅명우와 방이지가 성리학적 기론에 입각하였음을 알 수 있다. 또한 같은 문장에서 매문정은 웅명우 등이 성리학 같은 형이상학에 몰두하였음을 비판하였다고 서술하고 있으므로[4-6] 매문정은 성리학에 부정적임을 알 수 있다. 따라서 웅명우와 방이지가 중국 고대 문헌의 우주론에 근거하고 있는지 여부가 문제되는데, 그들은 중국 고대 문헌의 우주론에 부정적인 입장이므로[3-2] 틀린 선지이다.

이렇게 부분 부분을 잘라 [지문]으로 가서 확인할 수 있는지를 물어보는 선지가 많다. 대부분 같은 말을 비슷하게 표현해서 맞는 선지로 만들거나, 반대로 표현하여 틀린 선지로 만든다.

[check point]

같은 말 다르게 표현하기(패러프레이징)

→ [지문] '17세기 웅명우와 방이지 등은 중국 고대 문헌에 수록된 우주론에 대해서는 부정적 태도를 견지하면서 성리학적 기론에 입각하여 실증적인 서양 과학을 재해석한 독창적 이론을 제시하였다.' ≒ [선지] '방이지는 서양 우주론의 영향을 받았지만 서양의 이론과 구별되는 새 이론의 수립을 시도하였다.'

→ [지문] '매문정은 서양 과학의 영향을 받아 경험적 추론과 수학적 계산을 통해 우주의 원리를 파악하고자 하였다.', '매문정은 고대 문헌에 언급된 증자의 말을 땅이 둥글다는 서양 이론과 연결하는 등 서양 과학의 중국 기원론을 뒷받침하였다.' ≒ [선지] '매문정은 중국 고대 문헌에 나타나는 천문학적 전통과 서양 과학의 수학적 방법론을 모두 활용하였다.'

2019년 11월 수능 27번

신체의 세포, 조직, 장기가 손상되어 더 이상 제 기능을 하지 못할 때에 이를 대체하기 위해 이식을 실시한다. 이때 이식으로 옮겨 붙이는 세포, 조직, 장기를 이식편이라 한다. 자신이나 일란성 쌍둥이의 이식편을 이용할 수 없다면 다른 사람의 이식편으로 '동종 이식'을 실시한다.

(중략)

이식에는 많은 비용이 소요될 뿐만 아니라 이식이 가능한 동종 이식편의 수가 매우 부족하기 때문에 이를 대체하는 방법이 개발되고 있다. 우선 인공 심장과 같은 '전자 기기 인공 장기'를 이용하는 방법이 있다. 하지만 이는 장기의 기능을 일시적으로 대체하는 데 사용되며, 추가 전력 공급 및 [2-1]정기적 부품 교체 등이 요구되는 단점이 있고, 아직 인간의 장기를 완전히 대체할 만큼 정교한 단계에 이르지는 못했다.

이상적인 이식편이 갖추어야 할 조건으로 적절하지 않은 것은?

344. 이식편의 비용을 낮추어서 정기 교체가 용이해야 한다.

344. 2019년 11월 수능 27번 - ①

(✕) [지문]에서 첫 문단에서는 이식을 소개하고, 두 번째 문단에서는 이식의 단점과 대체 방법에 대해 설명하고 있다. 특히 '전자 기기 인공 장기'는 추가 전력 공급 및 정기적 부품 교체[2-1] 등이 요구되는 단점이 있다고 설명한다. 따라서 정기 교체가 용이하도록 하는 것은 이상적인 이식편이 갖추어야 할 조건으로 적절하지 않다.

2024년 9월 모의고사 5번

'표시광고법'은 소비자를 속이거나 오인하게 할 우려가 있는 부당한 광고를 금지한다. 광고는 [1-1]표현의 자유와 영업의 자유로 보호받는다. 하지만 사실과 다르거나 사실을 지나치게 부풀리는 거짓·과장 광고, 사실을 은폐하거나 축소하는 기만 광고를 금지한다.

(중략)

추천·보증과 이용후기를 활용한 인터넷 광고가 늘면서 부당 광고 심사 기준이 중요해졌다. 공정거래위원회의 '추천·보증 광고 심사 지침', 인터넷 광고 심사 지침'에 따르면 추천·보증은 사업자의 의견이 아니라 제3자의 독자적 의견으로 인식되는 표현으로서, 해당 상품·용역의 장점을 알리거나 구매·사용을 권장하는 것이다.

(중략)

위의 두 심사 지침에서 말하는 ⓒ 이용후기 광고란 사업자가 자사 홈페이지 등에 게시된 소비자의 상품 이용 후기를 활용해 광고하는 것이다.

345. ⓒ을 할 때 사업자는 영업의 자유를 보호받지만 표현의 자유는 보호받지 못한다.

345. 2024년 9월 모의고사 5번 - ③

(✕) 1-1에서 광고는 표현의 자유와 영업의 자유로부터 보호받는다고 하였다. ⓒ은 광고의 한 종류이다. 따라서 ⓒ은 표현의 자유와 영업의 자유로부터 모두 보호받으므로, 표현의 자유는 보호받지 못한다는 틀린 선지이다.

[check point]

두 지문 모두 [지문]에서 언급한 내용의 한 부분을 반대로 바꿔 출제한 선지이다.

2019년 수능 27번은 단점을 장점으로 바꿔 출제하였고, 2024년 9월 모의고사 5번은 '보호받는다'를 '보호받지 못한다'고 바꿔 출제하였다. 긍정을 부정으로, 부정을 긍정으로 바꿔 틀린 선지로 자주 출제된다.

2020년 9월 모의고사 35번

항미생물 화학제의 작용기제는 크게 병원체의 표면을 손상시키는 방식과 병원체 내부에서 대사 기능을 저해하는 방식으로 나눌 수 있지만, 많은 경우 두 기제가 함께 작용한다. 고농도 에탄올 등의 알코올 화합물은 세포막의 기본 성분인 지질을 용해시키고 단백질을 변성시키며, 병원성 세균에서는 세포벽을 약화시킨다. 또한 알코올 화합물은 지질 피막이 없는 바이러스보다 지질 피막이 있는 병원성 바이러스에서 방역 효과가 크다. 지질 피막은 병원성 바이러스가 사람을 감염시키는 과정에서 중요한 역할을 하기 때문에, 지질을 손상시키는 기능을 가진 항미생물 화학제만으로도 병원성 바이러스에 대한 방역 효과가 있다. 지질 피막의 유무와 관계없이 다양한 바이러스의 감염 예방을 위해서는 [1-1]하이포염소산 소듐 등의 산화제가 널리 사용된다. 병원성 바이러스의 방역에 사용되는 [1-2]산화제는 바이러스의 공통적인 표면 구조를 이루는 캡시드를 손상시키는 기능이 있어 바이러스를 파괴하거나 바이러스의 감염력을 잃게 한다.

병원체의 표면에 생긴 약간의 손상이 병원체를 사멸시키는 데 충분하지 않더라도, 항미생물 화학제가 내부로 침투하면 살균 효과가 증가한다. 알킬화제와 [2-1]산화제는 병원체의 내부로 침투하면 필수적인 물질 대사를 정지시킨다. 글루타르 알데하이드와 같은 [2-2]알킬화제가 알킬 작용기를 단백질에 결합시키면 단백질을 변성시켜 기능을 상실하게 하고, 핵산의 염기에 결합시키면 핵산을 비정상 구조로 변화시켜 유전자 복제와 발현을 교란한다. 산화제인 [2-3]하이포염소산 소듐은 병원체 내에서 불특정한 단백질들을 산화시켜 단백질로 이루어진 효소들의 기능을 비활성화하고 병원체를 사멸에 이르게 한다.

346. 하이포염소산 소듐은 병원체의 내부가 아니라[2-3] 표면의 단백질을 손상시킨다.

347. 알킬화제는 병원체 내 핵산의 염기에 알킬 작용기를 결합시켜 유전자의 발현을 방해한다.

[지문 내용]

항미생물 화학제의 작용기제 방식 : 1. '병원체의 표면 손상' 2. '병원체 내부 기능 저해'

1. 병원체의 표면 손상
   - 알코올 화합물(고농도 에탄올 등) : 세포막의 지질 용해, 세포벽 약화
   - 산화제(하이포염소산 소듐 등) : 바이러스의 공통적인 표면 구조를 손상시킴
2. 병원체 내부 기능 저해
   - 알킬화제(글루타르, 알데하이드 등): 알킬 작용기를 단백질에 결합시켜 단백질 기능을 상실시킴 or 알킬 작용기를 핵산의 염기에 결합시키면 유전자 복제와 발현을 교란함
   - 산화제: 병원체 내에서 단백질을 산화시켜 효소들의 기능을 비활성화함

346. 2020년 9월 모의고사 35번 – ②

(X) '하이포염소산 소듐'='산화제'[1-1]이다. [지문]에서는 산화제의 기능을 1. '병원체의 표면 손상', 2. '병원체 내부 기능 저해'라고 설명한다. 산화제는 '바이러스의 공통적인 표면 구조를 이루는 캡시드를 손상시키는 기능이 있다[1-2].', '하이포염소산 소듐은 병원체 내에서 불특정한 단백질들을 산화시켜 단백질로 이루어진 효소들의 기능을 비활성화하고 병원체를 사멸에 이르게 한다[2-3].'라고 설명된다. 따라서 선지를 보면 하이포염소산 소듐이 병원체의 내부의 단백질을 손상시키는 것도 맞고, 표면의 단백질을 손상시키는 것도 맞다. 1.이 맞는지 확인하고서 2.는 아니겠지 하며 어물쩍 넘기면 안된다. 선지에서 "○○가 아니다."라고 말한다면 그 부분을 정확히 확인해야 한다.

347. 2020년 9월 모의고사 35번 – ④

(O) : "알킬화제가 알킬 작용기를 단백질에 결합시키면 단백질을 변성시켜 기능을 상실하게 하고, 핵산의 염기에 결합시키면 핵산을 비정상 구조로 변화시켜 유전자 복제와 발현을 교란한다[2-2]."를 보면 쉼표 뒤 문장에 목적어가 생략되어 있다. 즉 "알킬화제가 알킬 작용기를 단백질에 결합시키면 단백질을 변성시켜 기능을 상실하게 하고, (알킬 작용기를) 핵산의 염기에 결합시키면 핵산을 비정상 구조로 변화시켜 유전자 복제와 발현을 교란한다."이다. 이어진 문장에서 같은 주어나 목적어를 생략하여 헷갈리게 하는 패턴이 가끔 나오니 유의하자.

[check point]

같은 말 다르게 표현하기(패러프레이징)
→ [지문] '알킬화제가 알킬 작용기를 단백질에 결합시키면 단백질을 변성시켜 기능을 상실하게 하고, 핵산의 염기에 결합시키면 핵산을 비정상 구조로 변화시켜 유전자 복제와 발현을 교란한다.' ≒ [선지] '알킬화제는 병원체 내 핵산의 염기에 알킬 작용기를 결합시켜 유전자의 발현을 방해한다.'

2022년 6월 모의고사 5번

전국 시대의 혼란을 종식한 진(秦)은 분서갱유를 단행하며 사상 통제를 기도했다. 당시 권력자였던 이사(李斯)에게 역사 지식은 전통만 따지는 허언이었고, 학문은 법과 제도에 대해 논란을 일으키는 원인에 불과했다. 이에 따라 전국 시대의 『순자』처럼 다른 사상을 비판적으로 흡수하여 통합 학문의 틀을 보여 준 분위기는 일시적으로 약화되었다. 이에 한(漢) 초기 사상가들의 과제는 진의 멸망 원인을 분석하고 이에 기초한 안정적 통치 방안을 제시하며, 힘의 지배를 숭상하던 당시 지배 세력의 태도를 극복하는 것이다.

348. 전국 시대에는 『순자』처럼 여러 사상을 통합하려는 학문 경향이 있었다.

348. 2022년 6월 모의고사 5번 – ②

(O) [지문]을 보면 "전국 시대의 『순자』처럼 다른 사상을 비판적으로 흡수하여 통합 학문의 틀을 보여준 분위기는 일시적으로 약화되었다."라고 설명하고 있다. 이 말은 '전국 시대와 『순자』는 다른 사상을 흡수하여 통합 학문의 틀을 보여주었다.'와 같다. 따라서 ②는 맞는 선지이다. '비판적'이라는 단어에 꽂혀 전체 맥락을 놓치지 말자.

[check point]

같은 말 다르게 표현하기(패러프레이징)
→ [지문] '전국 시대의 『순자』처럼 다른 사상을 비판적으로 흡수하여 통합 학문의 틀을 보여준'≒[선지] '전국 시대에는 『순자』처럼 여러 사상을 통합하려는 학문 경향이 있었다.'

2023년 6월 모의고사 13, 16번

동일론, 기능주의, 설은 모두 의식에 대한 논의를 의식을 구현하는 몸의 내부로만 한정하고 있다. 하지만 의식의 하나인 '인지' 즉 '무언가를 알게 됨'은 몸 바깥에서 일어나는 일과 맞물려 벌어진다. 기억나지 않는 정보를 노트북에 저장된 파일을 열람하여 확인하는 것이 한 예이다. 로랜즈의 확장 인지 이론은 이를 설명하는 이론이다.

그에 따르면 [2-1]인지 과정은 주체에게 '심적 상태'가 생겨나게 하는 과정이다. [2-2]기억이나 믿음이 심적 상태의 예이다. 심적 상태는 어떤 것에도 의존함이 없이 주체에게 의미를 나타낸다. 예를 들어, 무언가를 기억하는 사람은 자기의 기억이 무엇인지 알아보기 위해 아무것도 의존할 필요가 없다. 이와 달리 [2-3]파생적 상태는 주체의 해석에 의존해서만 또는 사회적 합의에 의존해서만 의미를 나타내는 상태로 정의된다. 앞의 예에서 [2-4]노트북에 저장된 정보는 전자적 신호가 나열된 상태로서 파생적 상태이다. 주체에 의해 열람된 후에도 노트북의 정보는 여전히 파생적 상태이다. 하지만 열람 후 주체에게는 기억이 생겨난다. 로랜즈에게 인지 과정은 [2-5]파생적 상태가 심적 상태로 변환되는 과정이 아니라, [2-6]파생적 상태를 조작함으로써 심적 상태를 생겨나게 하는 과정이다. [2-7]

심적 상태가 주체의 몸 외부로 확장되는 것이 아니라, [2-8]심적 상태를 생겨나게 하는 인지 과정이 확장되는 것이다. 이러한 확장된 인지 과정은 인지 주체의 것일 때에만, 다시 말해 환경의 변화를 탐지하고 그에 맞춰 행위를 조절하는 주체와 통합되어 있을 때에만 성립할 수 있다. 즉 로랜즈에게 주체 없는 인지란 있을 수 없다. 확장 인지 이론은 의식의 문제를 몸 안으로 한정하지 않고 바깥으로까지 넓혀 설명한다는 의의를 가진다.

(나)

지각은 주체와 대상이 각자로서 존재하기 이전에 나타나는 얽힘의 체험이다. 예를 들어 다른 사람과 손이 맞닿을 때 내가 누군가의 손을 만지는 동시에 나의 손 역시 누군가에 의해 만져진다. 감각하는 것이 동시에 감각되는 얽힘의 순간에, 나는 나와 대상을 확연히 구분한다. 지각이라는 얽힘의 작용이 있어야 주체와 대상이 분리될 수 있다. 다시 말해 주체와 대상은 지각이 일어난 이후 비로소 확정된다. 따라서 지각과 감각은 서로 구분되지 않는다.

지각은 물질적 반응이나 의식의 판단이 아니라, 내 몸의 체험이다. [4-1]지각은 나의 몸에 의해 이루어지는 것이고, [4-2]지각이 이루어지게 하는 것은 모두 나의 몸이다.

---

249. 로랜즈는 기억[2-2]이 주체의 몸 바깥으로 확장[2-7]될 수 있다고 볼 것이다.

> ·················· < 보 기 > ··················
>
> 빛이 완전히 차단된 암실에 A와 B 두 명의 사람이 있다. A는 막대기로 주변을 더듬어 사물의 위치를 파악한다. 막대기 사용에 익숙한 A는 사물에 부딪친 막대기의 진동을 통해 사물의 위치를 파악할 수 있다.

350. 확장 인지 이론에 따르면, 암실 내 사물에 부딪친 막대기의 진동이 A의 해석에 의존해서만 의미를 나타내는 경우[2-3] 그 진동 상태는 파생적 상태가 아니겠군.

351. (나)에서 몸에 의한 지각을 주장하는 입장에 따르면, 막대기에 의해 A가 사물의 위치를 지각하는 경우 막대기는 A의 몸의 일부라고 할 수 있겠군.

(가)

· 비교 대상 : 심적 상태, 파생적 상태

심적 상태 : 어떤 것에도 의존함이 없이 주체에게 의미를 나타내는 것(기억이나 믿음 등)

파생적 상태 : 주체의 해석에 의존해서만 또는 사회적 합의에 의존해서만 의미를 나타내는 상태(노트북에 저장된 정보)

로랜즈의 인지 과정 : 파생적 상태 →심적 상태로 '변환' ×, 파생적 상태 조작→심적 상태 '생김'○

⇒ 심적 상태가 몸 외부로 확장×, 인지 과정이 외부에서 몸 내부로 확장○(심적 상태 생김)

⇒ 주체→인지

(나) 지각(=감각)→주체와 대상 구분

–지각 : 물질적 반응×, 의식의 판단×, 내 몸의 체험○

---

349. 2023년 6월 모의고사 13번 – ③

(✕) [지문]에서 기억은 심적 상태[2-2]이며, 로랜즈는 심적 상태가 확장되는 것이 아니라 (심적 상태를 생겨나게 하는) 인지 과정이 확장되는 것이라고 보았다는 것을 알 수 있다. 따라서 '심적 상태인 기억이 확장된다'는 틀린 선지이다.

[check point]

단어의 정의나 예시는 선지와 지문을 연결시킬 때 빈번히 쓰인다.

→ 2019년 9월 모의고사 28번

[지문] "물건 중에서 피아노, 금반지, 가방 등과 같은 대부분의 동산은 점유에 의해 소유권이 공시된다.", "직접점유와 간접점유는 모두 점유에 해당한다."

[선지] "피아노에 대해 직접점유나 간접점유 중 하나를 갖춰야 한다."

→ 2023년 6월 모의고사 13번

[지문] "기억이나 믿음이 심적 상태의 예이다.", "심적 상태가 주체의 몸 외부로 확장되는 것이 아니다"

[선지] "로랜즈는 기억이 주체의 몸 바깥으로 확장될 수 있다고 볼 것이다."

(X) [지문]을 보면, 로랜즈의 확장 인지 이론은 파생적 상태에 대해 "주체의 해석에 의존해서만 (또는 사회적 합의에 의존해서만) 의미를 나타내는 상태[2-3]"라고 설명하고 있다. 따라서 해석에 의존해서만 의미를 나타내는 경우 파생적 상태가 맞다.

○와 ×를 뒤바꿔 오답으로 낸 선지이다. 〈보기〉 문제는 〈보기〉와 [지문]의 내용을 연결해서 이해할 수 있는지를 묻기 때문에, 〈보기〉를 읽지 않아도 지문 내용에 어긋나서 틀리는 선지들이 있다.

(O) 몸에 의한 지각을 주장하는 입장은 (나)의 입장이다. (나)는 지각은 나의 몸에 의해 이루어지는 것이고, '지각이 이루어지게 하는 것은 모두 나의 몸[4-2]'이라고 했으므로, 막대기에 의해 A가 사물의 위치를 지각하는 경우 막대기 또한 나의 몸이 맞다. 따라서 맞는 선지이다.

[check point]

1. 사회적 통념이 반영된 문제는 조금 더 유의해서 볼 필요가 있다.
   → [지문] '지각이 이루어지게 하는 것은 모두 나의 몸이다.', 〈보기〉 'A는 막대기로 주변을 더듬어 사물의 위치를 파악한다.' [선지] '막대기는 A의 몸의 일부라고 할 수 있겠군.'
2. 〈보기〉 문제는 아래 3가지 케이스와 같다.
   첫 번째로, [지문]에서 특정한 부분을 예시로 든 문제(해당 유형 ✓)
   – 〈보기〉에서 예시로 든 부분에 관한 설명을 [지문]에서 찾아야 함
   → 주로 기술·과학·경제·법 지문 (2020년 6월 모의고사 28번–책 19번, 2021년 11월 수능 16번–책 20~21번 등)
   두 번째로, [지문]에서 설명한 내용에서 추가적인 내용을 설명한 문제
   – [지문]과 공통점 차이점 비교
   → 주로 인문(학자) 지문 (2021년 6월 모의고사 8번 –책 274번~275번 등)

세 번째로, [지문]의 비교 대상끼리 장단점을 섞은 예시를 든 문제
   – [지문]의 어느 부분을 섞은 것인지를 판단하여야 함
   → 신유형 (2024년 6월 모의고사 7번–책 40~42번)
   ⇒ 2021년 9월 모의고사 16번 〈보기〉 문제와 비교해보길 바란다.

2018년 11월 수능 31번

17세기 후반에 뉴턴은 태양 중심설을 역학적으로 정당화하였다. 그는 만유인력 가설로부터 케플러의 행성 운동 법칙들을 성공적으로 연역했다. 이때 가정된 [1-1]만유인력은 두 질점*이 서로 당기는 힘으로, 그 크기는 [1-2]두 질점의 질량의 곱에 비례하고 거리의 제곱에 반비례한다. 지구를 포함하는 천체들이 밀도가 균질하거나 구 대칭*을 이루는 구라면 [1-3]천체가 그 천체 밖 어떤 질점을 당기는 만유인력은, 그 천체를 잘게 나눈 부피 요소들 각각이 그 천체 밖 어떤 질점을 당기는 만유인력을 모두 더하여 구할 수 있다. 또한 여기에서 [1-4]지구보다 질량이 큰 태양과 지구가 서로 당기는 만유인력이 서로 같음을 증명할 수 있다. 뉴턴은 이 원리를 적용하여 달의 공전 궤도와 사과의 낙하 운동 등에 관한 실측값을 연역함으로써 만유인력의 실재를 입증하였다.

＊ 질점 : 크기가 없고 질량이 모여 있다고 보는 이론상의 물체.

＊ 구대칭 : 어떤 물체가 중심으로부터 모든 방향으로 같은 거리에서 같은 특성을 갖는 상태.

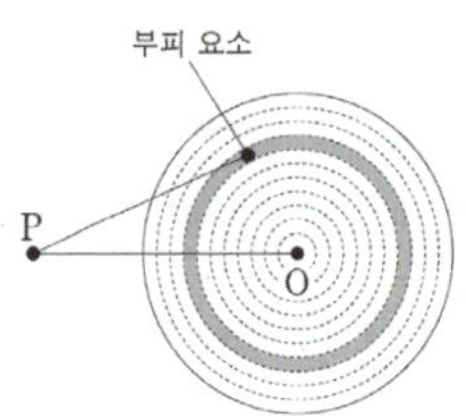

‥‥‥‥‥ < 보 기 > ‥‥‥‥‥

구는 무한히 작은 부피 요소들로 이루어져 있다. 그 부피 요소들이 빈틈없이 한 겹으로 배열되어 구 껍질을 이루고, 그런 구 껍질들이 구의 중심 O 주위에 [b-1]반지름을 달리하며 양파처럼 겹겹이 싸여 구를 이룬다. 이때 부피 요소는 그것의 [b-2]부피와 밀도를 곱한 값을 질량으로 갖는 질점으로 볼 수 있다.

(1) [b-3]같은 밀도의 부피 요소들이 하나의 구 껍질을 구성하면, 이 부피 요소들이 구 외부의 질점 P를 당기는 만유인력들의 총합은, 그 구 껍질과 동일한 질량을 갖는 질점이 그 구 껍질의 중심 O에서 P를 당기는 만유인력과 같다.

(2) (1)에서의 구 껍질들이 구를 구성할 때, 그 동심의 [b-4]구 껍질들이 P를 당기는 만유인력들의 총합은, 그 구와 동일한 질량을 갖는 질점이 그 구의 중심 O에서 P를 당기는 만유인력과 같다.

(1), (2)에 의하면, 밀도가 균질하거나 구 대칭인 구를 구성하는 부피 요소들이 P를 당기는 만유인력들의 총합은, 그 구와 동일한 질량을 갖는 질점이 그 구의 중심 O에서 P를 당기는 만유인력과 같다.

352. 밀도가 균질한 하나의 행성을 구성하는 동심의 구 껍질들이 같은 두께일 때, 하나의 구 껍질이 태양을 당기는 만유인력은 그 구 껍질의 반지름이 클수록 커지겠군.

353. 태양의 중심에 있는 질량이 m인 질점이 지구 전체를 당기는 만유인력은, 지구의 중심에 있는 질량이 m인 질점이 태양 전체를 당기는 만유인력과 크기가 같겠군[1-1, 1-2].

354. 질량이 M인 지구와 질량이 m인 달은, 둘의 중심 사이의 거리만큼 떨어져 있으면서 질량이 M, m인 두 질점 사이의 만유인력과 동일한 크기의 힘으로 서로 당기겠군.

355. 태양을 구성하는 하나의 부피 요소와 지구 사이에 작용하는 만유 인력은, 지구를 구성하는 모든 부피 요소들과 태양의 그 부피 요소 사이에 작용하는 만유인력들을 모두 더하면 구해지겠군.

356. 반지름이 R, 질량이 M인 지구와 지구 표면에서 높이 h에 중심이 있는 질량이 m인 구슬 사이의 만유인력은, R+h의 거리만큼 떨어져 있으면서 질량이 M, m인 두 질점 사이의 만유인력과 크기가 같겠군.

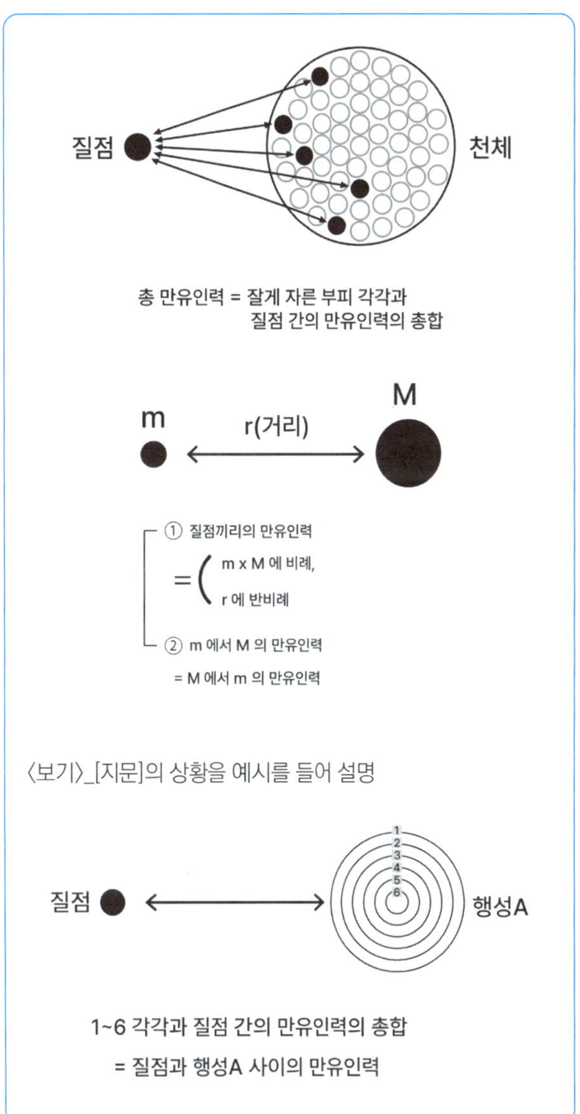

352. 2018년 11월 수능 31번 – ①

(O) 만유인력의 크기는 두 질점의 질량의 곱에 비례[1-2]한다. 구 껍질들이 같은 두께일 때, 반지름이 커질수록 껍질의 부피가 커지므로 질량(부피 × 밀도[b-2])이 커질 것이다. 따라서 반지름이 클수록 각 껍질과 질점 간의 만유인력의 크기는 커질 것이다.

353. 2018년 11월 수능 31번 – ②

(X) 만유인력의 크기는 두 질점의 질량의 곱에 비례[1-2]한다. 태양의 중심에 있는 질량이 m인 질점과 지구 전체를 당기는 만유인력의 크기는 m×(지구 질량)에 비례할 것이다. 반면 지구의 중심에 있는 질량이 m인 질점이 태양 전

체를 당기는 만유인력의 크기는 m×(태양 질량)에 비례할 것이다. 따라서 m×(지구 질량)≠m×(태양 질량)이므로 틀린 선지이다.

---

354. 2018년 11월 수능 31번 - ③

(O) 만유인력은 두 질점 질량의 곱에 비례하고 거리의 제곱에 반비례한다. 또한 한 질점A에서 다른 질점 B를 당기는 힘은 질점 B에서 질점 A를 당기는 힘과 같다. 따라서 질량이 M인 지구와 질량이 m인 달은, 지구와 달 사이의 거리와 같은 거리에 있고 질량이 M,m인 두 질점 사이의 만유인력과 같을 것이다.

---

355. 2018년 11월 수능 31번 - ④

(O) 어떤 질점과 천체(구) 간의 만유인력은 질점과 천체의 각 부피 요소 간의 만유인력을 총 합친 값과 같다[1-3]. b-4를 보면 구 껍질이 질점으로 취급할 수 있다는 것을 알 수 있다. 따라서 태양 하나의 부피 요소(질점)와 지구 사이에 작용하는 만유인력은 태양의 그 부피요소(질점)와 지구를 구성하는 모든 부피 요소 간의 만유인력을 합친 값과 같다.

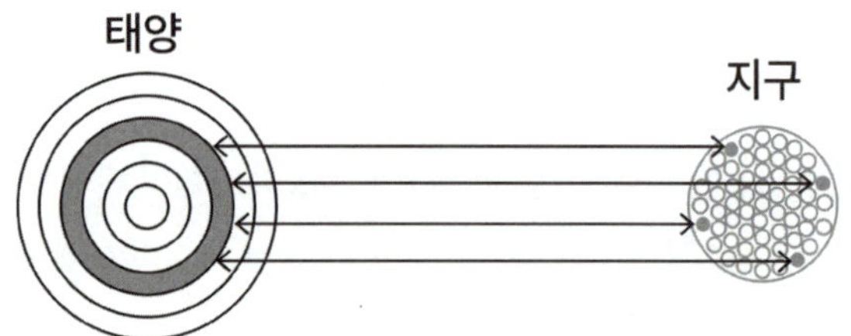

태양의 부피요소와 지구간의 만유인력
= 태양의 부피요소와 지구를 구성한 모든 부피요소 간의 만유인력들의 총합

---

356. 2018년 11월 수능 31번 - ⑤

(O) b-3을 보면 구와 질점 간의 만유인력은 구의 중심과 질점 간의 만유인력과 같은 점, 즉 구의 중심을 질점으로 취급한다는 사실을 알 수 있다. 따라서 반지름이 R, 질량이

M인 지구와 지구 표면에서 높이 h에 중심이 있는 질량이 m인 구슬 사이의 만유인력은 두 구의 중심 간의 거리인 R+h의 거리만큼 떨어져 있으면서 질량이 M,m인 두 질점 사이의 만유인력과 크기가 같다.

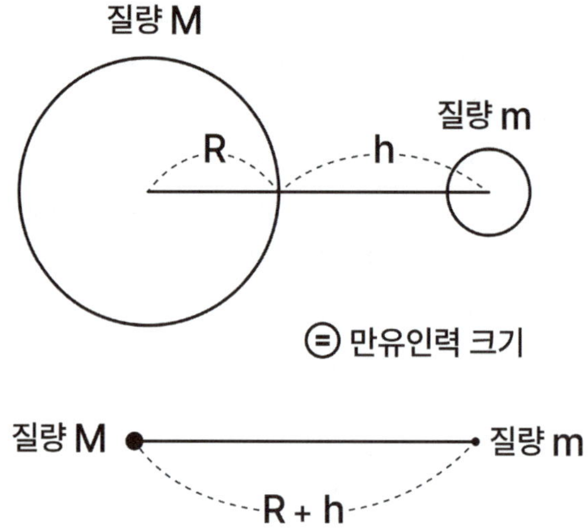

[check point]

〈보기〉 문제는 아래 3가지 케이스와 같다.

첫 번째로, [지문]에서 특정한 부분을 예시로 든 문제(해당 유형 ✓)

- 〈보기〉에서 예시로 든 부분에 관한 설명을 [지문]에서 찾아야 함

→ 주로 기술·과학·경제·법 지문 (2020년 6월 모의고사 28번–책 19번, 2021년 11월 수능 16번–책 20~21번 등)

두 번째로, [지문]에서 설명한 내용에서 추가적인 내용을 설명한 문제

- [지문]과 공통점 차이점 비교

→ 주로 인문(학자) 지문 (2021년 6월 모의고사 8번 –책 274번~275번 등)

세 번째로, [지문]의 비교 대상끼리 장단점을 섞은 예시를 든 문제

- [지문]의 어느 부분을 섞은 것인지를 판단하여야 함

→ 신유형 (2024년 6월 모의고사 7번–책 40~42번)

2021년 6월 모의고사 2번

특정 주제를 깊이 있게 탐구하기 위한 독서에서는 기록의 역할이 부각된다. 탐구 과정에서 개인적으로 구성한 의미를 기록하는 것은 읽은 내용의 망각을 방지하며, [1-1]비판과 토론의 자료로서 [1-2]사회적 차원의 의미 구성에 기여한다. 또한 보고서, 논문, 단행본 등의 형태로 발전하여 공동체의 지식이 축적되는 토대를 이룬다. 이렇게 볼 때 특정 주제를 깊이 있게 탐구하기 위한 독서는 학문 탐구의 과정에서 글을 읽고 의견을 주고받으며 토론하는 [1-3]강론 또는 기록을 권유했던 전통과도 맥을 같이한다.

< 보 기 >

학문하는 데는 연속적으로 공부하는 것을 중히 여긴다. 한번이라도 그 맥이 끊어지게 되면 정신이 새어 나가고 성의가 흩어져 버리니, 어떻게 학문의 깊은 뜻을 꿰뚫어 볼 수 있겠는가? 벗끼리 서로 돕는 것으로는 함께 모여 학문을 강론하는 것보다 나은 것이 없다. 그런데 퇴계(退溪)는 "읽은 것을 얼굴을 마주하고 강론하는 것이 좋기는 하지만, 항상 [b-1]마음속의 생각을 다 드러내지는 못하고 만다. 그러니 [b-2]의문이 드는 부분을 뽑아 [b-3]기록해서 벗에게 보내 자세히 살펴볼 수 있게 하는 것만 못하다."라고 하였다. 그 뜻이 참으로 옳다.

-이익, 「서독승면론」-

357. '마음속의 생각'[b-1]이나 '의문이 드는 부분'[b-2]을 '강론' 또는 '기록'[1-3]을 통해 공유하는 것은 사회적 차원의 의미 구성 과정과 연결된다[1-2].

358. '기록해서 벗에게 보내 자세히 살펴볼 수 있게 하는 것'[b-3]은 비판과 토론의 자료로 기능할 수 있는 기록의 의의[1-1]를 드러낸다.

[지문 내용]

〈특정 주제를 깊이 있게 탐구하기 위한 독서에서 기록의 역할〉
– 망각 방지
– 사회적 차원의 의미 구성에 기여
– 공동체의 지식이 축적되는 토대를 이룸

357. 2021년 6월 모의고사 2번 – ④

(O) '마음속의 생각'이나 '의문이 드는 부분'은 〈보기〉에서 기록의 의의를, '강론' 또는 '기록'은 [지문]에서 글을 읽고 의견을 주고받으며 토론하는 내용을 설명하면서 언급한 단어로 〈보기〉와 [지문]의 내용이 연결되는 부분이다. 이에 더해 [지문]에서는 '기록'에 대해 비판과 토론의 자료로서 사회적 차원의 의미 구성에 기여[1-2]한다고 설명하고 있으므로 맞는 선지이다.

358. 2021년 6월 모의고사 2번 – ⑤

(O) '기록해서 벗에게 보내 자세히 살펴볼 수 있게 하는 것'은 〈보기〉에서 볼 수 있듯이 강론보다 기록의 효과를 높게 보는 표현이다. [지문]은 기록의 의의를 비판과 토론의 자료로서 기능한다는 점이라고 설명하고 있으므로 이를 종합한 358번은 맞는 선지이다.

[check point]

〈보기〉와 [지문]에 해당하는 내용을 서로 대응시킨 선지들이다.

2022년 9월 모의고사 8번

한편 아도르노의 미학은 예술의 영역을 극도로 축소시키고 있다. 즉 그 자신은 동일화의 폭력을 비판하지만, 자신이 추구하는 전위 예술만이 진정한 예술이라고 주장하며 전위 예술의 관점에서 예술의 동일화를 시도하고 있다. 특히 이는 현실 속 다양한 예술의 가치가 발견될 기회를 박탈한다. 실수로 찍혀 작가의 어떠한 주관도 결여된 사진에서조차 새로운 예술 정신을 발견하는 것이 가능하다는 베냐민의 지적처럼, 전위 예술이 아닌 예술에서도 미적 가치를 발견할 수 있다. 또한 대중음악이 사회적 저항의 메시지를 전달하는 사례도 있듯이, 자본의 논리에 편승한 대중 예술이라 하더라도 사회에 대한 비판적 기능을 수행하는 경우도 있다.

<보 기>

주말 동안 미술관에서 작품을 관람했다. 기억에 남는 세 작품이 있었다. 첫 번째 작품의 제목은 「자화상」이었지만 얼굴의 형상을 전혀 찾아볼 수 없는 기괴한 모습이었고, 제각각의 형태와 색채들이 이곳저곳 흩어져 있어 불편한 감정만 느껴졌다. 두 번째 작품은 사회에 비판적인 유명 연예인의 얼굴을 묘사한 그림으로, 대량 복제되어 유통되는 작품이었다. 그리고 사용된 색채와 구도가 TV에서 본 상업 광고의 한 장면같이 익숙하게 느껴져서 좋았다. 세 번째 작품은 시골 마을의 서정적인 풍경을 사실적으로 묘사한 그림으로 색감과 조형미가 뛰어나 오랫동안 기억에 잔상으로 남았다.

359. B : 첫 번째 작품의 흩어져 있는 형태와 색채가 예술가의 표현 의도를 담고 있지 않더라도 그 작품에서 예술적 가치를 발견할 수 있습니다.

[지문]에서는 아도르노의 미학은 예술의 영역을 축소시킨다는 점에서 비판하고 있으며, 다양한 예술의 가치를 추구한다.
- 작가의 어떠한 주관도 결여된 사진에서조차 예술 정신을 발견할 수 있다.
- 전위 예술이 아닌 예술에서도 미적 가치를 발견할 수 있다.
- 자본의 논리에 편승한 대중 예술이라 하더라도 사회에 대한 비판적 기능을 수행하는 경우도 있다.

359. 2022년 9월 모의고사 8번 - ④

(O) [지문]에서 '글쓴이는 작가의 어떠한 주관도 결여된 사진에서조차 예술 정신을 발견할 수 있다.'고 언급하였다. 따라서 맞는 선지이다. 대부분 [지문]에서 관련 내용을 언급하니 찾아가서 답을 도출하면 된다.

[check point]

같은 말 다르게 표현하기(패러프레이징)

→ [지문] '실수로 찍혀 작가의 어떠한 주관도 결여된 사진에서조차 새로운 예술 정신을 발견하는 것이 가능하다는 베냐민의 지적처럼, 전위 예술이 아닌 예술에서도 미적 가치를 발견할 수 있다.' ≒ [선지] '첫 번째 작품의 흩어져 있는 형태와 색채가 예술가의 표현 의도를 담고 있지 않더라도 그 작품에서 예술적 가치를 발견할 수 있습니다.'

2023년 6월 모의고사 10번

분자들이 만나 화학 반응을 진행하는 데 필요한 최소한의 운동 에너지를 활성화 에너지라 한다. 활성화 에너지가 작은 반응은, 반응의 활성화 에너지보다 큰 운동 에너지를 가진 분자들이 많아 반응이 빠르게 진행된다. 활성화 에너지를 조절하여 반응 속도에 변화를 주는 물질을 촉매라고 하며, 반응 속도를 빠르게 하는 능력을 촉매 활성이라 한다. 촉매는 촉매가 없을 때와는 활성화 에너지가 다른, 새로운 반응 경로를 제공한다. 화학 산업에서는 주로 고체 촉매가 이용되는데, 액체나 기체인 생성물을 촉매로부터 분리하는 별도의 공정이 필요 없기 때문이다. 고체 촉매는 대부분 활성 성분, 지지체, 증진제로 구성된다.

활성 성분은 그 표면에 반응물을 흡착시켜 촉매 활성을 제공하는 물질이다.

(중략)

일반적으로 고체 촉매에서는 반응에 관여하는 표면의 활성 성분 원자가 많을수록 반응물의 흡착이 많아 촉매 활성이 높아진다.

금속은 열적 안정성이 낮아, 화학 반응이 일어나는 [4-1]고온에서 금속 원자들로 이루어진 작은 입자들이 서로 달라붙어 큰 입자를 이루게 되는데 이를 소결이라 한다. 입자가 소결되면 금속 활성 성분의 전체 표면적은 줄어든다. 이러한 문제를 해결하는 것이 지지체이다. 작은 금속 입자들을 표면적이 넓고 [4-2]열적 안정성이 높은 지지체의 표면에 분산하면 소결로 인한 촉매 활성 저하가 억제된다. 따라서 소량의 금속으로도 ⊙ 금속을 활성 성분으로 사용하는 고체 촉매의 활성을 높일 수 있다.

증진제는 촉매에 소량 포함되어 활성을 조절한다. [5-1]활성 성분의 표면 구조를 변화시켜 소결을 억제하기도 하고, [5-2]활성 성분의 전자 밀도를 변화시켜 흡착 세기를 조절하기도 한다. 고체 촉매는 활성 성분이 반드시 있어야 하지만 경우에 따라 증진제나 지지체를 포함하지 않기도 한다.

< 보 기 >

아세틸렌은 보통 선택적 수소화 공정을 통하여 에틸렌으로 변환된다. 이 공정에서 사용되는 고체 촉매는 팔라듐 금속 입자를 실리카 표면에 분산하여 만들며, 아세틸렌과 수소는 팔라듐 표면에 흡착되어 반응한다. 여기서 실리카는 표면적이 넓고 열적 안정성이 높다. 이때, 촉매에 규소를 소량 포함시키면 활성 성분의 표면 구조가 변화되어 고온에서 팔라듐의 소결이 억제된다. 또한 은을 소량 포함시키면 팔라듐의 전자 밀도가 높아지고 팔라듐 표면에 반응물이 흡착되는 세기가 조절되어 원하는 반응을 얻을 수 있다.

360. 규소와 은은 모두 증진제에 해당[5-1, 5-2]한다.

361. 실리카는 낮은 온도[4-1]에서 활성 성분을 소결[4-2]한다.

[지문 내용]

- 활성화 에너지 : 화학 반응을 진행하는데 필요한 최소한의 운동 에너지
- 촉매 : 활성화 에너지를 낮추어 반응 속도를 빠르게 하는 물질. 주로 고체 촉매가 이용됨

  (활성 성분+지지체+증진제로 구성)
- 활성 성분 : 촉매에서 반응물을 흡착시키는 부분

  ⇒ 활성화 에너지가 작아야 반응이 빠르게 진행됨

  ⇒ 촉매를 이용하여 활성화 에너지를 낮춤

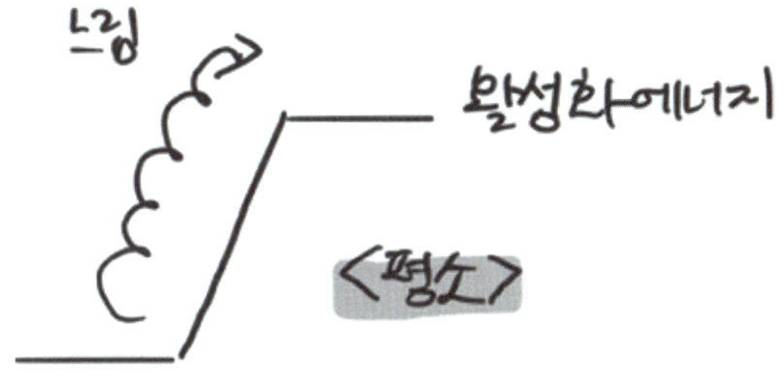

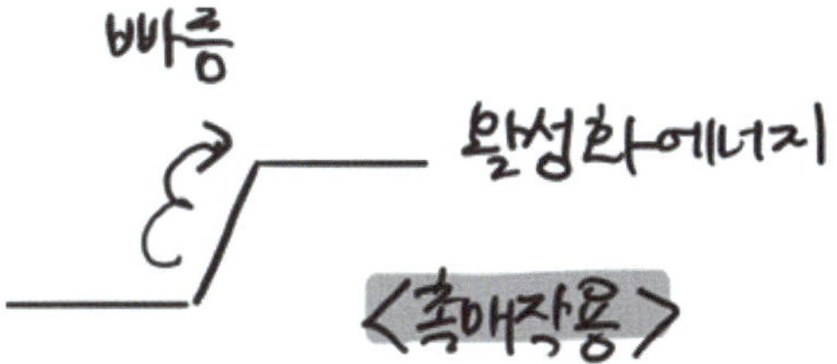

- 금속 : 고온에서 작은 입자들이 달라붙어 큰 입자를 이룸(소결이 진행됨)

  ⇒ 금속 촉매 활성 성분의 전체 표면적이 줄어듦

  ⇒ 안정성이 높은 지지체를 이용하여 소결을 억제함
- 증진제 : 촉매에 포함되어 활성을 조절하는 물질.

  (소결을 억제하기도 하고, 흡착 세기를 조절하기도 함)

〈보기〉

화학반응 : 아세틸렌→에틸렌

고체 촉매 : 활성 성분(팔라듐 금속 입자) + 지지체(실리카) + 증진제(규소 or 은)로 구성

---

360. 2023년 6월 모의고사 10번 – ③

(O) 〈보기〉에서 규소는 활성 성분의 표면 구조를 변화시키고, 은은 팔라듐 표면에 반응물이 흡착되는 세기를 조절한다. 이 작용들은 모두 [지문]의 증진제의 기능으로 소개된 것이다. 따라서 규소와 은 모두 증진제에 해당한다.

---

361. 2023년 6월 모의고사 10번 – ④

(X) 〈보기〉에서 실리카를 표면적이 넓고 열적 안정성이 높으며, 고체 촉매는 팔라듐 금속 입자를 실리카 표면에 분산하여 만든다고 설명하였다. 이는 지지체의 특성이므로 〈보기〉의 실리카를 [지문]의 지지체와 대응시킬 수 있다. [지문]의 지지체 문단에서 소결이란 고온에서[4-1] 금속 원자들이 서로 달라붙는 현상이라고 설명하였으므로 저온에서 소결한다는 말은 맞지 않다. 또한 실리카는 활성 성분을 소결하는 것도 아니다. 지지체는 금속의 활성 성분이 합쳐지는 현상(=소결)을 막기 위해 존재하는 것으로, 활성 성분을 소결한다는 것은 정반대의 서술이다. 따라서 조건과 결과가 모두 틀린 문장이다.

[check point]

1. 대상의 정의와 대상을 일치시키기
   → [지문] '증진제는 활성 성분의 표면 구조를 변화시켜 소결을 억제하기도 하고, 활성 성분의 전자 밀도를 변화시켜 흡착 세기를 조절하기도 한다.' → 〈보기〉 '규소를 소량 포함시키면 활성 성분의 표면 구조가 변화되어 고온에서 팔라듐의 소결이 억제된다. 은을 소량 포함시키면 팔라듐의 전자 밀도가 높아지고 팔라듐 표면에 반응물이 흡착되는 세기가 조절되어 원하는 반응을 얻을 수 있다.' → [선지] '규소와 은은 모두 증진제에 해당한다.'

2. 〈보기〉 문제는 아래 3가지 케이스와 같다.

   첫 번째로, [지문]에서 특정한 부분을 예시로 든 문제(해당 유형 ✓)
   – 〈보기〉에서 예시로 든 부분에 관한 설명을 [지문]에서 찾아야 함
   → 주로 기술·과학·경제·법 지문 (2020년 6월 모의고사 28번–책 19번, 2021년 11월 수능 16번–책 20~21번 등)

   두 번째로, [지문]에서 설명한 내용에서 추가적인 내용을 설명한 문제
   – [지문]과 공통점 차이점 비교
   → 주로 인문(학자) 지문 (2021년 6월 모의고사 8번 –책 274번~275번 등)

   세 번째로, [지문]의 비교 대상끼리 장단점을 섞은 예시를 든 문제
   – [지문]의 어느 부분을 섞은 것인지를 판단하여야 함
   → 신유형 (2024년 6월 모의고사 7번–책 40~42번)

2022년 6월 모의고사 16번

경제학에서는 증거에 근거한 정책 논의를 위해 사건의 효과를 평가해야 할 경우가 많다. 어떤 사건의 효과를 평가한다는 것은 사건 후의 결과와 사건이 없었을 경우에 나타났을 결과를 비교하는 일이다. 그런데 가상의 결과는 관측할 수 없으므로 실제로는 사건을 경험한 표본들로 구성된 시행집단의 결과와, 사건을 경험하지 않은 표본들로 구성된 비교집단의 결과를 비교하여 사건의 효과를 평가한다. 따라서 이 작업의 관건은 그 사건 외에는 결과에 차이가 날 이유가 없는 두 집단을 구성하는 일이다. 가령 어떤 사건이 임금에 미친 효과를 평가할 때, 그 사건이 없었다면 시행집단과 비교집단의 평균 임금이 같을 수밖에 없도록 두 집단을 구성하는 것이다. 이를 위해서는 두 집단에 표본이 임의로 배정되도록 사건을 설계하는 실험적 방법이 이상적이다. 그러나 사람을 표본으로 하거나 사회 문제를 다룰 때에는 이 방법을 적용할 수 없는 경우가 많다.

이중차분법은 [2-1]시행집단에서 일어난 변화에서 비교집단에서 일어난 변화를 뺀 값을 사건의 효과라고 평가하는 방법이다. 이는 [2-2]사건이 없었더라도 비교집단에서 일어난 변화와 같은 크기의 변화가 시행집단에서도 일어났을 것이라는 평행추세 가정에 근거해 사건의 효과를 평가한 것이다. 이 가정이 충족되면 사건 전의 상태가 평균적으로 같도록 두 집단을 구성하지 않아도 된다.

(중략)

그렇다고 해서 집단 간 표본의 통계적 유사성을 높이려고 [3-1]사건 이전 시기의 시행집단을 비교집단으로 설정하는 것이 평행추세 가정의 충족을 보장하는 것은 아니다. 예컨대 [3-2]고용처럼 경기변동에 민감한 변화라면 집단 간 표본의 통계적 유사성보다 변화 발생의 동시성이 이 가정의 충족에서 더 중요할 수 있기 때문이다.

──────

──────〈보 기〉──────

아래의 표는 S국가의 P주와 그에 인접한 Q주에 위치한 식당들을 1992년 1월 초와 12월 말에 조사한 결과의 일부이다. P주는 1992년 4월에 최저임금을 시간당 4달러에서 5달러로 올렸고, Q주는 1992년에 최저임금을 올리지 않았다. P주 저임금 식당들은, 최저임금 인상 전에 시간당 4달러의 임금을 지급했고 최저임금 인상 후에 임금이 상승했다. P주 고임금 식당들은, 최저임금 인상 전에 이미 시간당 5달러보다 더 높은 임금을 지급했고최저임금 인상 후에도 임금이 상승하지 않았다. 이때 최저임금 인상에 따른 임금 상승이 고용에 미친 효과를 평가한다고 하자.

집단	평균 피고용인 수(단위: 명)		
	사건 전(A)	사건 후(B)	변화(B-A)
P주 저임금 식당	19.6	20.9	1.3
P주 고임금 식당	22.3	20.2	-2.1
Q주 식당	23.3	21.2	-2.1

362. 비교집단을 Q주 식당들로 택해 **이중차분법을 적용**하면 시행집단에서 **최저임금 인상에 따른 임금 상승의 고용 효과**[2-1]는 3.4명 증가로 평가된다.

363. 비교집단의 변화를, P주 고임금 식당들의 1992년 1년간 변화로 파악할 경우보다 시행집단의 1991년[3-1] 1년간 변화로 파악할 경우에 **더 신뢰할 만한 평가**를 얻는다.

364. 비교집단을 Q주 식당들로 택하든 P주 고임금 식당들로 택하든 비교집단에서 일어난 변화가 동일하다는 사실은 **평행추세 가정의 충족에 대한 신뢰도를 높인다**[2-2].

[지문 내용]

· 비교 대상 : 실험적 방법, 이중차분법

실험적 방법 : 시행집단의 결과[1-1]와 비교집단의 결과[1-2]를 비교하는 방법

− 결과 값을 비교하는 것이므로 시행 전의 값은 같아야함

− 어떤 사건이 없었더라면 결과 값이 같아야함

이중차분법 : 시행집단의 변화[2-1]에서 비교집단의 변화[2-2]를 비교하는 방법

− 변화 값을 비교하는 것이므로 시행 전 후의 값은 서로 달라도 됨.

− 평행추세 가정 : 어떤 사건이 없었더라면 변화 값이 같아야 함.

	사건 전 값	사건 후 값	변화 값
시행집단 (사건 경험○)	A	B	| A−B |
비교집단 (사건 경험×)	C	D	| C−D |

〈보기〉

사건 : 1992년 동안 최저임금 인상에 따른 임금 상승(4달러 → 5달러)

사건의 효과 : 임금 상승이 고용에 미친 효과

P주 저임금 식당	4달러→5달러	시행집단
P주 고임금 식당	5달러(변동×)	비교집단1
Q주 식당	4달러(변동×)	비교집단2

(O) 이중차분법에서의 사건의 효과는 시행집단에서 일어난 '변화'와 비교집단에서 일어난 '변화'를 뺀 값이다. 비교집단을 Q주 식당으로 잡는다면 사건의 효과는 P주 저임금 식당에서 일어난 '변화'인 1.3에서 Q주 식당에서 일어난 '변화'인 −2.1을 뺀 값이므로 +3.4명이 된다. 따라서 맞는 선지이다.

선지에서 원하는 정보(이중차분법을 적용하였을 때 사건의 효과)를 [지문]에서 찾을 수 있어야 하고, 시행집단을 구별해 내 적용할 수 있어야 하는 선지이다.

(X) [지문]에서는 '고용[3-2]처럼 경기변동에 민감한 변화라면 사건 이전 시기[3-1]의 시행집단을 비교집단으로 설정하는 것이 평행추세 가정의 충족을 보장하는 것은 아니라'고 설명하고 있다. 〈보기〉의 사안은 1992년 1년 동안의 변화를 다루고 있으므로, 비교집단의 변화를 P주 저임금 식당들의 1991년 1년간 변화로 파악한다는 것은 사건 이전 시기의 시행집단을 비교집단으로 설정한다는 것을 의미한다. 이에 더해 〈보기〉는 고용의 변화를 평가하고 있으므로 [지문]에서 설명한 상황(3-1,3-2)을 바로 적용할 수 있다. 따라서 틀린 선지이다.

(O) 평행추세 가정이란 '사건이 없었더라도 비교집단에서 일어난 변화와 같은 크기의 변화가 시행집단에서도 일어났을 것'이라는 가정이다. P주 고임금 식당은 임금이 1992년 내내 5달러로 변동이 없었고, Q주 식당에서도 임금이 1992년 내내 4달러로 변동이 없었다. 이는 사건(임금 상승)이 없었다는 것을 의미하고, 사건이 없었던 두 주에서 모두 같은 변화가 일어났다는 것은 같은 변화가 시행집단에서도 일어났을 것이라는 말에 신빙성을 더해준다. 따라서 맞는 선지이다.

[check point]

1. [지문]을 읽을 때 굳이 이런 것도 추가로 언급한다 싶은 내용이나, 직접적으로 '○○은 아니다.', '○○을 제외하고'라고 짚고 넘어가는 내용이 있다면 선지에 출제될 가능성이 높다.

    → 2023년 9월 모의고사 : 정약용은 <u>노비 이외의 집단</u>에서 사 집단으로 진출할 수 있도록~

    → 2022년 9월 모의고사 5번 : 편찬 형식 측면에서는 <u>강목체를 따르지 않았다.</u>

    → 2022년 수능 15번 : 기초 대사량은 체중이 아닌 (체중)$^{0.67}$에 비례한다.

    → 2021년 9월 모의고사 11번 : 반자유의지 논증과 관련된 자유의지를 설명하다가 갑자기 추가적인 내용(욕구 충족적 자유의지)을 설명함: 이 문제의 [지문] 전문을 읽어보는 것을 추천

    → 2022년 6월 모의고사 16번 : 그렇다고 해서 집단 간 표본의 통계적 유사성을 높이려고 사건 이전 시기의 시행 집단을 비교집단으로 설정하는 것이 <u>평행추세 가정의 충족을 보장하는 것은 아니다.</u>

2. **〈보기〉 문제**는 아래 3가지 케이스와 같다.

    첫 번째로, [지문]에서 특정한 부분을 예시로 든 문제(해당 유형 ✓)

    – 〈보기〉에서 예시로 든 부분에 관한 설명을 [지문]에서 찾아야 함

    → 주로 기술·과학·경제·법 지문 (2020년 6월 모의고사 28번–책 19번, 2021년 11월 수능 16번–책 20~21번 등)

    두 번째로, [지문]에서 설명한 내용에서 추가적인 내용을 설명한 문제

    – [지문]과 공통점 차이점 비교

    → 주로 인문(학자) 지문 (2021년 6월 모의고사 8번 –책 274번~275번 등)

    세 번째로, [지문]의 비교 대상끼리 장단점을 섞은 예시를 든 문제

    – [지문]의 어느 부분을 섞은 것인지를 판단하여야 함

    → 신유형 (2024년 6월 모의고사 7번–책 40~42번)

3. 단어에 집중하자 1991년과 1992년을 구분하였어야 한다.

001 ×	037 ○	073 (○,○), (○,○), (○,×), (×,×)	109 ×	146 ×
002 ×	038 ×	074 ×	110 ×	147 ×
003 ×	039 ×	075 ×	111 ×	148 ×
004 ×	040 ○	076 ×	112 ×	149 ×
005 ○	041 ×	077 ○	113 ×	150 ×
006 ×	042 ×	078 ×	114 ×	151 ○
007 ×	043 ×	079 ×	115 ○	152 ×
008 ×	044 ×	080 ×	116 ×	153 ×
009 ㄱ(○,○) ㄷ(×,×)	045 ○	081 ×	117 ○	154 ○
	046 ×	082 ○	118 ○	155 ○
010 ×	047 ○	083 ×	119 ㄴ, ㄹ	156 ○
011 ×	048 ○	084 ×	120 ×	157 ×
012 ×	049 ×	085 ○	121 ○	158 ○
013 ×	050 ○	086 ○	122 ×	159 ○
014 ○	051 ×	087 ×	123 ×	160 ×
015 ×	052 ×	088 ×	124 ○	161 ×
016 ×	053 ○	089 ○	125 ×	162 ×
017 ×	054 ○	090 ○	126 ○	163 ○
018 ×	055 ×	091 ×	127 ×	164 ×
019 ×	056 ×	092 ○	128 ×	165 ×
020 ×	057 ×	093 ×	129 ×	166 ○
021 ×	058 ×	094 ○	130 ×	167 ×
022 ×	059 ×	095 ×	131 ○	168 ×
023 ×	060 ×	096 ×	132 ○	169 ×
024 ×	061 ○	097 ○	133 ×	170 ×
025 ×	062 ○	098 ×	134 ×	171 ×
026 ×	063 ×	099 ×	135 ○	172 ×
027 ×	064 ○	100 ×	136 ○	173 ○
028 ×	065 ○	101 ○	137 ×	174 ○
029 ×	066 ○	102 ×	138 ×	175 ×
030 ×	067 ×	103 ×	139 ○	176 ×
031 ×	068 ×	104 ×	140 ×	177 ×
032 ×	069 ○	105 ○	141 ×	178 ○
033 ○	070 ×	106 ×	142 ○	179 ×
034 ×	071 ○	107 ○	143 ×	180 ×
035 ×	072 (×,×), (×,○), (○,○), (○,×)	108 ○	144 ○	181 ×
036 ○			145 ×	182 ×

183 ○	220 ×	257 ×	292 ×	329 ○
184 ×	221 ×	258 ○	293 ×	330 ○
185 ○	222 ①	259 ○	294 ×	331 ○
186 ○	223 ②	260 ○	295 ○	332 ○
187 ○	224 ○	261 ○	296 ○	333 ㄱ, ㄷ
188 ×	225 ×	262 ×	297 ○	334 ×
189 ×	226 ④	263 ○	298 ○	335 ○
190 ○	227 ○	264 ○	299 ×	336 ○
191 ⑤	228 ×	265 ○	300 ○	337 ○
192 ×	229 ×	266 ○	301 ○	338 ○
193 ○	230 ○	267 ○	302 ○	339 ○
194 ②	231 ○	268 ○	303 ○	340 ×
195 ○	232 ○	269 ○	304 ×	341 ○
196 ×	233 ×	270 ×	305 ○	342 ○
197 ○	234 ○	271 ○	306 ○	343 ×
198 ○	235 ○	272 ×	307 ○	344 ×
199 ○	236 ○	273 ○	308 ○	345 ×
200 ○	237 ○	274 ○	309 ㄱ, ㄹ	346 ×
201 ×	238 ○	275 ○	310 ×	347 ○
202 ○	239 ○	276 ×	311 ○	348 ○
203 ○	240 ×	277 ○	312 ○	349 ×
204 ○	241 ○	278 ○	313 ○	350 ×
205 ×	242 ○	279 ×	314 ○	351 ○
206 ○	243 ×	280 ×	315 ○	352 ○
207 ○	244 ○	281 (급식 계약 승낙	316 ○	353 ×
208 ×	245 ○	/없음	317 ○	354 ○
209 ○	246 ○	/급식 대금 지급)	318 ○	355 ○
210 ○	247 ○	282 ○	319 ×	356 ○
211 ○	248 ○	283 ○	320 ○	357 ○
212 ○	249 ×	284 ×	321 ○	358 ○
213 ×	250 ○	285 ○	322 ○	359 ○
214 ×	251 ○	286 ○	323 ○	360 ○
215 ○	252 ×	287 ○	324 ×	361 ×
216 ○	253 ×	288 ×	325 ○	362 ○
217 ○	254 ×	289 ○	326 ○	363 ×
218 ×	255 ×	290 ○	327 ×	364 ○
219 ○	256 ×	291 ○	328 ×	

MEMO

MEMO

MEMO

MEMO

MEMO

선지콕 국어 독서
고난도 선지로 논리 훈련하기

1판 1쇄 발행 2025년 9월 24일

저자 박수진

편집 윤혜린   **마케팅·지원** 이창민

펴낸곳 (주)하움출판사   **펴낸이** 문현광

이메일 haum1000@naver.com   **홈페이지** haum.kr
블로그 blog.naver.com/haum1000   **인스타그램** @haum1007

ISBN 979-11-7374-141-8(53710)